AUX SOURCES
DU MODÈLE LIBÉRAL FRANÇAIS

Sous la direction de
ALAIN MADELIN

AUX SOURCES DU MODÈLE LIBÉRAL FRANÇAIS

PERRIN
Association d'Histoire de l'Entreprise

ISBN : 2262-01206-7

Préface

LE MODÈLE LIBÉRAL FRANÇAIS

par Alain MADELIN

Il existe un modèle libéral français; le libéralisme n'est pas un produit importé d'origine anglo-saxonne. Il fut un produit d'exportation. Il y a dans notre histoire économique non seulement des moments forts de libéralisme, mais une dynamique puissante et continue. Tel est le fil directeur des travaux rassemblés dans cet ouvrage que j'ai le plaisir de préfacer.

C'est avec enthousiasme que j'ai accueilli, il y a maintenant un peu plus de trois ans, la suggestion de Christian Stoffaes, dans le cadre du programme pour l'Histoire de l'Entreprise, d'organiser en collaboration avec l'Institut EURO 92 une série de conférences sur « les dynamiques libérales de l'histoire économique de la France ».

Depuis la dernière guerre, l'historiographie officielle a pris l'habitude de présenter l'histoire économique de la France depuis la Révolution comme une sorte de montée continue vers toujours plus d'État; un État dont les interventions croissantes seraient rendues nécessaires par les insuffisances et les défaillances des mécanismes de régulation libéraux.

En réalité, il n'en est rien. Certes, nous sommes aujourd'hui bien tous convaincus qu'il y a trop d'État dans notre pays, et que l'avenir ne se fera pas sans la réintroduction d'une forte dose de réformes libérales. Mais cette étatisation a plus été le fruit d'un mouvement sinusoïdal où ont alterné des phases successives d'étatisme et de libéralisme, que le résultat d'une montée constante et progressive vers un dirigisme répondant à une sorte de nécessité historique de long terme.

Le but de ces conférences est de nous rappeler ce que furent ces moments libéraux de l'histoire de France; de montrer que toute notre histoire économique ne se résume pas en un schéma mécanique d'accroissement de la part de l'État dans la vie de nos concitoyens, mais qu'on y retrouve aussi la permanence d'un certain nombre de dynamiques libérales.

C'est donc avec plaisir que je n'ai pas hésité à accorder mon patronage à ce programme de conférences. D'autant que j'y retrouvais une autre préoccupation qui m'est chère : réparer l'ignorance de tous ceux qui croient pouvoir dénigrer la valeur des idées libérales et présentent le libéralisme comme une idéologie d'importation, étrangère pour l'essentiel à l'esprit de notre culture.

Une formidable amnésie

Par formation, par tradition, le Français ne serait pas fait pour un libéralisme qui, par nature, nous dit-on, correspond beaucoup mieux aux particularités historiques et sociologiques du monde anglo-saxon qu'au nôtre.

Tout cela n'est que sottise, je n'hésite pas à l'affirmer haut et fort. Si j'apprécie le contenu de ce recueil de conférences – et si j'en recommande instamment la lecture – c'est notamment parce qu'il fait clairement apparaître à quel point cette attitude, cette idée reçue, est le fruit d'une formidable amnésie collective. Nous avons perdu de vue le rôle central joué par les auteurs libéraux français des XVIIIe et XIXe siècles dans la formation, la conceptualisation et la diffusion des idées libérales. Sans leurs apports, le libéralisme serait sans doute resté une pensée inachevée. Ces conférences sont pour moi une façon de leur rendre aujourd'hui justice.

Rien n'est plus habituel, par exemple, que de faire remonter les sources de la pensée économique libérale à Adam Smith. Le philosophe écossais serait non seulement le fondateur de la science économique, mais plus encore le véritable inventeur, le « découvreur » du libéralisme économique. Présenter les choses ainsi occulte tous les apports d'une tradition française qui, tout au long du XVIIIe siècle, a produit des œuvres essentielles. Elle minimise notamment le rôle fondamental de Turgot dans la formation des concepts de base de la pensée économique libérale moderne. Des travaux scientifiques ont récemment révélé l'ampleur des emprunts qu'Adam Smith avait réalisés auprès de son illustre contemporain français.

De même, on oublie que la grande littérature libérale des États-Unis s'inscrit directement dans la tradition d'une école d'économie politique américaine fondée au début du XIXe siècle par l'ancien président Thomas Jefferson sur la base d'un manuel qui n'était autre que la traduction réalisée par lui d'un ouvrage d'un auteur français, le comte Destutt de Tracy. Ainsi, bien des idées qui nous reviennent aujourd'hui d'outre-Atlantique ne sont en fait que des reformulations et développements modernisés de concepts ou d'analyses dont les prémisses ont généralement été posées par des auteurs bien français : par exemple toute l'analyse moderne des mécanismes de la croissance de l'État que l'on retrouve déjà anticipée chez les auteurs libéraux de la Restauration (Charles Comte, Charles Dunoyer, Augustin Thierry), et plus encore chez Bastiat et les collaborateurs du *Journal des Économistes*.

Sur un plan scientifique, beaucoup d'économistes seront sans doute étonnés d'apprendre qu'il existe actuellement un courant anglo-saxon qui vise à réhabiliter l'œuvre de ces économistes français du XIXe siècle en démontrant que leurs jugements se fondaient sur une démarche scientifique incomparablement supérieure à celle de leurs rivaux britanniques, les fameux *Manchestériens* (Ricardo, Malthus...) présentés dans tous les cours d'université comme les fondateurs, à la suite d'Adam Smith, de la vraie science économique. Alors que ces derniers éprouvaient encore beaucoup de mal à résoudre le problème des origines de la valeur – et contribuaient ainsi à entretenir les germes de ce qui allait plus tard former le cœur de la doctrine marxiste –, les économistes français rejetaient déjà résolument les ambiguïtés de la théorie de la valeur-travail pour adopter (malheureusement sans être encore en mesure de l'expliciter clairement) une conception « subjective » et très moderne de la valeur.

Enfin, il est à la mode d'accuser les libéraux contemporains du péché d'*économicisme*, et de leur reprocher de ne plus accorder suffisamment d'attention aux vraies valeurs de l'*humanisme* européen. En faisant le procès de l'État-étouffe-tout, en appelant à la régression des dépenses publiques, en condamnant les nationalisations et les excès de l'économie administrée, en dénonçant les abus de la protection socialisée, en se faisant les défenseurs de la propriété, les libéraux « à l'anglo-saxonne » trahiraient les idéaux humanistes de leur tradition. Le libéralisme présenterait le défaut rédhibitoire de conduire à la victoire des comportements individualistes, au détriment de tout ce qui peut incarner la présence de valeurs de solidarité ou d'identités collectives.

Ce procès de l'individualisme n'a rien de nouveau. C'était déjà ce que socialistes et conservateurs reprochaient de concert aux libéraux français du XIXe siècle. Les travaux de ces derniers prouvent pourtant à quel point ce reproche est infondé, et résulte plus de fantasmes idéologiques et politiques que d'une analyse réelle de la pensée de ceux qui étaient concernés.

Que Benjamin Constant ou Alexis de Tocqueville échappent généralement à cette opprobe n'empêche pas que les autres partageaient le plus souvent la même conviction sur l'importance du rôle des traditions, du respect des valeurs et des solidarités communautaires, mais que c'était précisément au nom de la préservation de celles-ci qu'ils s'attaquaient au monopole de l'État moderne avec une virulence très souvent bien au-delà de ce que l'on trouve aujourd'hui dans la pensée libérale, même la plus agressive. Excellents prophètes de ce qui allait s'enchaîner avec l'avènement des États-providence contemporains, et en raison même des leçons qu'ils avaient eux-mêmes tirées de leur expérience révolutionnaire, les libéraux français du XIXe siècle ont été les premiers à comprendre que c'est l'excès d'État qui conduisait paradoxalement à l'anomie sociale aujourd'hui si fréquemment mise au débit du libéralisme. Il s'agit là de messages qu'il n'est pas inutile de redécouvrir dans le climat actuel, où la mode est à nouveau de mettre tous les péchés du monde sur le dos d'un libéralisme qui, en réalité, ne correspond en rien aux pratiques actuelles du pouvoir.

Les vrais contours du libéralisme

Ces remarques sur l'histoire de la pensée libérale dans notre pays me conduisent tout naturellement à profiter de cette préface pour préciser une nouvelle fois les contours et limites de cette pensée libérale dont je me réclame, ainsi que les contributions qu'elle apporte, tant au progrès social qu'au progrès économique.

Ainsi que je l'ai déjà évoqué, la pensée libérale est très souvent assimilée à un certain nombre de recettes économiques qui asservissent l'homme et le mettraient au service exclusif des chiffres. En réalité, cela n'a aucun sens. La pensée libérale, avant d'être une pensée économique, est pour moi une pensée philosophique, juridique et politique de la libération de l'homme.

1. *Un libéralisme philosophique et politique*

Le libéralisme correspond d'abord et avant tout à l'idée que l'homme est un être moral, un être de conscience, un être libre, libre de faire le bien comme le mal. Et c'est précisément cette liberté de choisir en conscience de faire l'un ou l'autre, l'un plutôt que l'autre, qui fonde sa responsabilité ; responsabilité vis-à-vis de Dieu son Créateur pour les uns, vis-à-vis des exigences de sa raison pour les autres. A son tour, c'est parce que le libéralisme voit d'abord et avant tout dans chaque être individuel ce qu'il y a de responsable, qu'il en conclut que tous les hommes sont moralement égaux, et qu'il pose ainsi le principe de l'égale dignité de tous les êtres humains.

Défini de cette façon, le libéralisme est le produit d'une longue histoire philosophique qui débute en Grèce il y a vingt-cinq siècles, puis portée par le grand souffle du christianisme et finalement consacrée par les Déclarations des droits de l'homme et du citoyen de 1789, véritable charte des libertés individuelles. C'est une doctrine qui, par construction, se déclare l'ennemie irréductible de toutes les thèses qui prônent l'inégalité des hommes ou des races.

Concrètement, cela veut dire que pour les libéraux il existe au-dessus de tout pouvoir humain, qu'il soit d'essence autocratique ou démocratique, une autre loi, fruit de la nature de l'homme, de son histoire et de notre civilisation, qui s'impose à lui comme à tous les autres hommes, et qui limite ce qu'il peut naturellement faire – par exemple violer les droits des autres. Au nom de ce principe essentiel, je suis de ceux qui considèrent que si 51 % des Français, ou même 99 % votaient la suppression des Droits de l'homme, cela n'empêcherait pas ceux-ci de continuer à exister, et donc de s'imposer à tous comme un devoir moral.

Pour moi, c'est d'abord cela être libéral. C'est un refus farouche de la loi du plus fort; et donc de ramener le droit à la simple expression du choix des plus forts, ou des plus nombreux.

2. *Un libéralisme juridique*

Il s'ensuit qu'aux yeux d'un libéral la démocratie ne peut se réduire à l'exercice du seul principe majoritaire. La loi de la majorité doit se trouver équilibrée par un principe de limitation du pouvoir qui protège les droits des minorités – à commencer par ceux de la plus petite de ces minorités, l'individu.

C'est ainsi que la conception libérale de la démocratie repose sur la présence de limites constitutionnelles délimitant les pouvoirs du législateur et du gouvernement. Dans la démocratie libérale, la loi ne saurait se réduire à la volonté et aux caprices d'une majorité d'un jour. La loi ne peut être que le produit de procédures complexes où s'inscrit l'héritage accumulé d'une longue histoire juridique et culturelle.

Le libéralisme est donc une approche des relations humaines et politiques fondée sur la priorité de l'ordre juridique.

Il existe deux méthodes pour assurer l'ordre social : la première consiste à donner des ordres, à en user et à en abuser, en étendant indéfiniment le pouvoir des contraintes de l'État. La seconde cherche non pas à commander les hommes au moyen d'une autorité dite supérieure, mais à établir les droits et les obligations réciproques des individus. C'est la méthode juridique, la méthode libérale.

Bien souvent au lieu de réclamer « moins d'État », nous devrions en fait demander « plus de droit ». Telle est la vraie démarche libérale.

3. *Un libéralisme économique*

Le libéralisme économique est bien évidemment indissociable des deux caractéristiques précédentes. C'est l'ordre juridique d'une société d'hommes libres, citoyens d'un État soumis au droit – l'État de droit –, qui est la source de la croissance et de la prospérité économique.

L'essor des disciplines macro-économiques nous a habitués à raisonner en termes de « demande », de « capital », « d'investissement », de « productivité »... Mais à manier les équations de plus en plus complexes, nous en sommes arrivés à perdre de vue l'essentiel : à savoir qu' « il n'y a de richesse que d'hommes ».

Pour le libéral que je suis, la croissance, l'emploi n'ont en définitive d'autre origine que l'homme, sa liberté et sa créativité. Ce n'est pas dans l'étude de la macro-économique que se trouve le secret de la prospérité économique, mais dans les institutions et la manière dont elles stimulent sa créativité en faisant appel à sa liberté et à son sens de la responsabilité.

A cet égard, la référence du libéralisme au « laissez-faire » est la source d'immenses malentendus. Ce n'est pas le libéralisme en soi, mais la trahison des grands principes de droit par des États qui ne conservent plus que les apparences de l'ordre libéral qui est la cause des grands dérèglements économiques et sociaux.

Historiquement, le « laissez-faire, laissez-passer » constituait une réaction contre le colbertisme, son dirigisme étouffant et ses privilèges sclérosants. C'était, prioritairement, une revendication de responsabilités. « Laissez-faire, laissez-passer », c'était une façon de permettre l'ascension des individus, la liberté d'épanouissement des originalités personnelles.

C'est ainsi une erreur que de laisser croire que la pensée libérale réduit l'homme au rôle de simple agent économique dont la seule fonction serait de produire, de consommer ou d'investir. Pour un libéral, l'économie est d'abord et avant tout faite d'hommes et de femmes plus ou moins incités à faire preuve d'initiative, à entreprendre, à innover, à travailler, à faire preuve de responsabilité dans des structures sociales qui favorisent plus ou moins le meilleur de chacun.

4. *La dimension sociale du libéralisme*

Celle-ci est encore plus mal connue. L'étiquette libérale a trop servi dans le passé à couvrir des marchandises frelatées et diverses formes de conservatisme qui n'avaient rien à voir avec le libéralisme.

C'est ainsi que le libéralisme est trop souvent identifié à une absence de générosité sociale, une loi de la jungle où le fort triompherait aisément des faibles. Ce n'est pas exact.

Certes, pour les libéraux, la confiance dans les libertés économiques est le plus sûr moyen pour conduire à la prospérité. Mais les libéraux sont les premiers à reconnaître que s'il y a dans l'homme un besoin de liberté, il y existe aussi bien entendu un besoin de sécurité.

Cette vérité d'évidence, vous la retrouverez très clairement exprimée chez les libéraux français du XIXe siècle. Chez Frédéric Bastiat par exemple, qui a consacré de très belles pages à montrer que le besoin de sécurité est fondamental dans l'âme humaine, et qu'il faut travailler à donner aux hommes les moyens d'assurer leur sécurité car cela ne se fait pas tout seul.

C'est pourquoi les libéraux du XIXe siècle furent les initiateurs de nombreuses institutions de protection sociale sous forme d'assurances ou de sociétés de secours mutuels; institutions destinées à prévenir la maladie, le chômage, ou la vieillesse, à permettre aux ouvriers de se créer un patrimoine au travers de caisses d'épargne. C'est un libéral, l'économiste Gustave de Molinari, qui, joignant l'acte à la parole, tenta par exemple le premier en France de créer des « Bourses du travail ». Bien des expériences et réalisations, qui ont marqué l'évolution de notre société et de son environnement social à la fin du XIXe siècle, furent en fait le produit d'initiatives libérales.

La grande différence avec la pensée sociale contemporaine est que les libéraux mettent l'accent sur le rôle prioritaire des associations et du monde associatif. La pensée libérale est une pensée d'équilibre, une pensée qui considère que si l'on veut éviter l'oppression des faibles par les forts il existe une autre voie que le recours à la loi ou à l'État : la libre association. Le libéral est quelqu'un qui, à une intervention de l'État, préfère, chaque fois que cela est possible, une intervention des intéressés eux-mêmes, spontanément associés.

C'est ainsi, là encore, qu'au XIXe siècle, ce sont les libéraux qui, en France, demandaient la liberté des syndicats, syndicats libres et libre entreprise étant à leurs yeux deux formes complémentaires d'un même ordre social. Pour autant toutefois que ces syndicats respectent eux-mêmes le jeu des libertés, et n'utilisent pas l'État pour passer d'un ordre de contrats volontaires à un nouvel ordre d'essence réglementaire construit sur une pyramide d'alibis quasi contractuels.

La pensée du XXIe siècle

Pour terminer, je voudrais montrer que ces idées, bien qu'elles soient – dans les conférences regroupées dans ce livre – illustrées par la pensée de gens d'hier, sont en réalité plus actuelles que jamais.

A la veille de notre entrée dans le XXIe siècle, nous sommes en effet confrontés à un formidable changement. Après la révolution agricole, puis la révolution industrielle, voici que se profile la troisième grande vague de changement dans l'histoire de l'Humanité.

La mondialisation de l'économie, la réduction des distances et l'accélération du temps, la révolution des technologies de l'information et de la communication annoncent une nouvelle civilisation. A la civilisation de l'usine va succéder celle du savoir et de l'épanouissement personnel.

Nous vivons la révolution d'une économie globale où capitaux et informations ne connaissent plus de frontières. Une économie où ce ne sont plus seulement les matières premières ou les sources d'énergie qui comptent, mais, de plus en plus, le savoir, le travail, l'organisation. Nous entrons dans un monde où, plus que jamais ce sont les talents, les capacités d'imagination et de créativité des hommes qui vont compter.

Le XXe siècle a été le siècle des États avec ses deux guerres mondiales, puis celui de l'État-providence et du pouvoir montant des bureaucraties. Depuis le grand événement que fut la chute du mur de

Berlin, le XXIe siècle apporte au contraire avec lui la promesse d'un monde qui fera davantage confiance à l'homme, d'un monde qui remet l'homme au cœur de la société.

Les nouveaux horizons de la science apportent non seulement de nouvelles chances de prospérité, d'emplois et de croissance, mais encore une croissance d'un type nouveau : une croissance plus soucieuse de l'homme et de son environnement, lui offrant de nouvelles possibilités d'être et d'apprendre. Une croissance créatrice de nouveaux produits de nouveaux services, donc de nouveaux métiers, et porteuse d'une culture plus accessible.

Simultanément, cette plus grande ouverture au monde suscite un besoin de proximité, la nécessité de repères sécurisants et d'espaces à taille humaine, et la possibilité de s'épanouir au sein de multiples communautés – dont la plus naturelle reste la famille –, d'associations volontaires, de solidarités professionnelles et culturelles.

J'en tire personnellement la conclusion : ce XXIe siècle sera un siècle de citoyens plus libres et plus responsables, plus autonomes mais aussi plus solidaires au sein d'une société de plus grande harmonie ; un siècle donnant davantage de place à une société civile infiniment plus riche.

Bien évidemment, je ne dis pas que cette mutation ira sans problème. J'en déduis néanmoins que ce siècle sera marqué par un grand choix libéral, un retour en force de systèmes de valeurs et de cohésion sociétale beaucoup plus proches des valeurs libérales auxquelles j'adhère, et que cela n'a jamais été le cas depuis bien longtemps.

Les chrétiens-démocrates et les libéraux allemands, les libéraux et les travaillistes hollandais, les conservateurs... et même les travaillistes britanniques sont en train de prendre le grand virage libéral du XXIe siècle. Ils ont compris. Serons-nous les derniers à saisir le sens du nouveau monde dans lequel nous entrons, et à répondre à l'appel ?

Voilà pourquoi il est si important aujourd'hui de renouer avec les racines historiques et intellectuelles du libéralisme et notamment du libéralisme français, sans doute le plus riche de tous. Voilà pourquoi je me félicite encore une fois de l'initiative qui a été prise, malgré son hétérogénéité, de rassembler ces conférences en un ouvrage disponible pour le grand public. Mon souhait est que ces conférences se poursuivent, et qu'elles permettent aux libéraux français d'aller encore plus dans l'exploration et la connaissance de leur grand passé pour préparer l'avenir.

Présentation

LES DYNAMIQUES LIBÉRALES DE L'HISTOIRE ÉCONOMIQUE DE LA FRANCE

par Christian Stoffaës et Henri Lepage

I – *L'exception française : une démocratie libérale*

Au dictionnaire français des idées reçues, à la rubrique libéralisme on peut lire : ultra ; à capitalisme : féroce ; à concurrence : sauvage. L'idée reçue n'est-elle pas, au contraire, celle d'une France viscéralement antilibérale ?

Il est généralement admis que les Français seraient irréductiblement hostiles au libéralisme. Les idées libérales – même si on en vient à reconnaître qu'elles prospèrent dans le monde entier – ne seraient-ils pas de chez nous. Notre vieux fonds latin, catholique, rural mépriserait congénitalement le commerce et l'argent. Le libéralisme serait un produit importé, en provenance de nations qui ne partagent ni notre culture, ni nos valeurs – les pays anglo-saxons. L'État-nation centralisé dans ses métamorphoses successives – de la monarchie d'Ancien Régime au jacobinisme républicain et à l'État-Providence socialisé – serait le point focal de la société française à travers les âges. Les porte-parole des idées libérales seraient une secte d'intellectuels utopistes, sans prise sur la société, mal enracinés dans le concret. En somme, la France serait en quelque sorte génétiquement antilibérale, ou a-libérale...

Quant à l'histoire économique de la France, elle se lirait comme une montée constante de l'intervention de l'État dans l'économie, pour suppléer aux insuffisances d'un capitalisme privé pusillanime, qui préfèrerait systématiquement les placements fonciers, en or et en rente d'État aux risques de l'entreprise industrielle et commerciale. Le sens de l'histoire serait ainsi clairement tracé conduisant, dans une ligne continue, du colbertisme mercantiliste de la monarchie au saint-simonisme de la révolution industrielle, de la planification de la Reconstruction aux grands projets industriels du gaullisme et aux nationalisations de 1981, en réponse aux déficiences de l'esprit d'entreprise.

« Celui qui contrôle le passé commande au présent : c'est pourquoi le passé appartient au Parti. » La maxime pourrait être de Lénine : elle est de George Orwell, incomparable analyste de la méthode marxiste de prise du pouvoir intellectuel qui, selon Gramsci, précède la victoire politique. L'interprétation de l'histoire est en effet une puissante arme idéologique : c'est elle qui donne le sens, elle qui trace la ligne directrice, elle qui établit la cohérence de la vision politique. Il est bien vrai qu'il y a un magistère historien.

Mais l'histoire n'est pas que propagande au service d'une idéologie : elle est, aussi, scientifique – avec sa définition du vrai et du faux, ses méthodes de recherches et ses preuves, son exploitation des sources originelles. Il existe des vérités historiques – comme il existe aussi des erreurs et des manipulations historiques. Ce qui ne veut pas dire qu'on ne trouve pas dans la pensée historique des révolutions conceptuelles, des changements de points de vues, des révisions de sens – tout comme il existe des révolutions coperniciennes dans les sciences dites exactes.

Ce changement de paradigme – au sens de Thomas Kuhn – a eu lieu dans les sciences économiques : sous l'influence de l'École de Chicago, la généralisation libéral-monétariste succéda, il y a vingt ans, à la génération keynésienne.

Concernant les rapports de la France et du libéralisme, le moment de cette relecture n'est-il pas venu aussi en histoire ?

Cet ouvrage rassemble les contributions présentées depuis trois ans au séminaire sur les *Dynamiques libérales de l'histoire économique de la France* organisé chaque mois à la Sorbonne sous l'égide d'Alain Madelin qui en eut l'initiative en 1994 lorsqu'il était ministre des Entreprises.

La thèse centrale développée dans le cadre de ces travaux de recherche est qu'il n'y a pas de prédisposition antilibérale fatale et que, tout au contraire, vit dans notre pays une tradition libérale ancienne et vivace, à trois niveaux :

– tant dans la pensée économique – les œuvres intellectuelles, les mouvements de pensée, etc. ;

– que dans les politiques économiques – les lois et règlements, l'action économique, financière, sociale de l'État ;

– et dans l'économie réelle – la production, les entreprises, les marchés.

Le libéralisme n'est pas ce qu'on veut faire croire.

Le libéralisme en France n'est pas technocratique et marginal : il est au contraire profondément enraciné dans la société. Le libéralisme n'est pas importé de contrées étrangères : il a été, et demeure, un produit d'exportation. Le libéralisme n'est pas conservateur : il est une force de progrès et de mouvement et fut longtemps identifié à la gauche de l'échiquier politique face aux forces du conservatisme et de la réaction. Les tendances antilibérales sont de tous les bords, l'inclination corporatiste de certaines fractions patronales autant que la sympathie des syndicats à l'égard des monopoles d'État. Il ne s'agit pas simplement de « moments » de libéralisme – périodes isolées dans une marée montante historique de dirigisme et de socialisation de l'économie. Il s'agit d'une dynamique – c'est-à-dire d'un mouvement constant, d'un rayonnement international, d'une ligne de force – tant dans l'économie productive que dans la pensée. Enfin, alors que le libéralisme avait longtemps paru être, dans la vision marxiste, contraire au sens de l'histoire, il se retrouve au contraire, à l'orée du XXIe siècle, en plein dans la dynamique historique mondiale.

Le propos de cet ouvrage n'est pas de prétendre démontrer que la France a toujours été championne du monde des libéralismes. Son ambition – plus modeste et plus réaliste – est de faire justice de l'image d'une France irréductiblement hostile au libéralisme économique. Elle est de rappeler qu'il existe une force libérale historique et puissante, profondément enracinée dans la société et dans les comportements économiques, à côté et en concurrence d'autres tendances étatistes – dirigistes, interventionnistes – qui sont trop fréquemment et complaisamment mises en avant jusqu'à sembler occuper tout l'espace du caractère français.

Certes, la France paraît aujourd'hui – malgré les quelques réformes conduites ces dernières années – être en retard de réformes libérales, lorsqu'on les mesure à l'aune du puissant mouvement mondial de libéralisation économique et de globalisation du libre-échange. A l'heure où même Moscou et Pékin privatisent, l'État en France demeure hypertrophié et l'économie française empêtrée dans un tissu de réglementations, de contraintes et de prélèvements obligatoires. Le programme des partis politiques français qui se réclament du libéralisme fait pâle figure à côté de ceux des partis sociaux-démocrates scandinaves, du Parti travailliste britannique, du Parti socialiste ouvrier espagnol, du Parti de la gauche démocratique (ex-communiste) italien...

Mais la culture économique d'un pays et les mentalités collectives ne se jugent pas simplement sur une période de quelques années. Depuis trois siècles, il faut le souligner, la force libérale a été très souvent dominante en France – par exemple au Siècle des lumières, sous la monarchie de Juillet, durant le Second Empire, pendant les premières décennies de la IIIe République, avec le plan de 1958 et ces dernières années, avec la construction européenne. Elle a certes quelquefois cédé le pas à d'autres tendances – dirigistes, étatistes, socialistes, corporatistes – pour des périodes temporaires, et le plus souvent dans des circonstances de drame pour le pays. Mais l'exception n'est pas là où on le pense généralement : il ne s'agit pas seulement de « moments libéraux » isolés ; la continuité française est libérale. D'ailleurs, ces luttes d'influence permanente entre idéologies adverses ne sont-elles pas le signe éclatant d'une démocratie libérale vivace ?

En définitive, sur la longue période, le « fonds culturel » français – catholique, égalitaire, rural, militaire, centralisateur, jacobin, administratif – ne doit pas faire oublier que la fille aînée de l'Église est aussi – et surtout – la patrie des Droits de l'homme et du citoyen, la protectrice du libre arbitre et de la laïcité, le lieu de naissance de la révolution industrielle et de l'entreprise, une économie ouverte et exportatrice – c'est-à-dire une démocratie libérale et une économie libérale.

Dans la perspective historique longue, la France se situe dans le groupe de tête des nations libérales – derrière l'Amérique certes, mais à peu près à pied d'égalité avec l'Angleterre qui est allée beaucoup plus loin qu'elle dans l'État-Providence, avant la révolution thatchérienne. Les « régimes forts » de l'entre-deux-guerres ne classaient-ils d'ailleurs pas la France « dans le même sac – celui des démocraties libérales – » que les Anglos-Saxons ?

La révolution libérale française date de 1789, suivant de quelques années seulement l'indépendance américaine : mais le libéralisme français, alors en gestation, a marqué les esprits et l'économie tout au long du Siècle des lumières. Rappelons que, pendant ce temps et jusque fort avant dans le XXe siècle, la plupart des pays d'Europe occidentale demeuraient prisonniers de structures politiques, religieuses et économiques héritées du Moyen Age. Alors que la Révolution privatise les biens nationaux et assure l'égalité des enfants entre eux dans leur droit à hériter de leurs parents – mesure d'équité libérale fondamentale dans le contexte de l'époque –, la plupart des pays européens n'abolissent, eux, le droit d'aînesse et ne dispersent les grandes propriétés seigneuriales ou collectives que tard dans le XXe siècle. Pour ne pas parler de la situation de l'Europe orientale ou des zones non européennes, où le libéralisme économique tout autant que politique est encore dans les limbes...

Dans la continuité libérale de l'expansion économique française, depuis les origines de la révolution industrielle, on observe certes des périodes noires – de croissance ralentie, de difficultés industrielles, de stagnation de l'investissement, de protectionnisme, de corporatisme et de dirigisme. Davantage qu'à une impuissance congénitale des entreprises françaises ou à une irréductible pusillanimité du capitalisme national, ces phases antilibérales apparaissent liées à des événements dramatiques – en particulier les guerres, qui affaiblissent le pays, mobilisent les ressources à des fins militaires, l'épargne et les énergies créatrices dans la reconstruction du pays ou les dépenses d'armement. Ce sont donc ces périodes antilibérales qui apparaissent, dans cette analyse, comme des moments temporaires. Alors, le rôle économique de l'État prend en effet le dessus pendant quelque temps – pour gérer la pénurie, pour conduire l'économie de guerre au service des besoins de l'Armée – avant de s'effacer derrière la dynamique libérale, une fois les conditions normales rétablies. Ainsi en est-il des guerres de la

Révolution et de l'Empire; de la Première et la Deuxième Guerre mondiale, etc. qui affaiblirent durablement les forces économiques du pays et débouchèrent sur une prise en main par l'État de l'économie de guerre. Les phases prolongées de récession économique et de stagnation de l'investissement productif – comme les périodes 1870-1895 et 1920-1950 – correspondent à des cycles dépressifs observables dans l'ensemble de l'économie mondiale. Mais elles sont aggravées, en France, par les conséquences des guerres : en l'occurrence l'affaiblissement consécutif respectivement d'une part à la défaite de 1870, au paiement des réparations, à l'obsession du réarmement pour faire face à la menace allemande, d'autre part à la guerre de 1914-1918 laissant la France exsangue et épuisée, impuissante à maintenir son statut de grande puissance européenne, débouchant sur l'effondrement de 1940 et l'Occupation.

L'intervention de l'État dans l'économie ne serait donc pas – contrairement à l'idée reçue – une caractéristique intrinsèque de la culture économique française, ni n'obéirait à une quelconque tendance inexorable : mais elle est, au contraire, circonstancielle, passagère et conséquence d'événements exogènes à la sphère économique et sociale. Sans nier les penchants étatistes et dirigistes de « l'exception française » ni la force des fractions antilibérales de la société, il convient donc de les relativiser – distinguer ce qui est essentiel de ce qui est accessoire.

Le libéralisme n'est pas un catalogue de recettes : c'est une philosophie, un système de valeurs, une vision d'ensemble. Le libéralisme est un bloc, les libertés sont indissociables – qu'il s'agisse de la démocratie représentative des libertés civiles, de pensée, économiques. Quand on confisque l'une, les autres sont en péril – comme l'ont prouvé, entre autres, les dérives de l'économie centralement planifiée. Or la France est une démocratie libérale : il n'y en a pas encore tellement de par le monde pour que cette caractéristique culturelle ne soit pas soulignée. Et c'est une des plus anciennes avec l'Angleterre et l'Amérique : donc une des plus enracinées dans les mentalités. Et surtout notre culture nationale est fondamentalement humaniste, plaçant donc l'individu au premier rang – c'est-à-dire la liberté : le libéralisme est un humanisme. Même s'il faut relativiser les approches simplificatrices fondées sur la « mentalité des peuples » – elle est bien plus individualiste que collectiviste, marquée d'une aspiration à l'équité et à la justice plus qu'à l'égalité. L'individualisme égalitaire – c'est-à-dire la citoyenneté républicaine, l'égalité des chances – n'est-ce pas la définition d'un fonds culturel fondamentalement libéral? « Les hommes naissent libres et égaux en droit » et « les droits naturels et imprescriptibles sont [dans l'ordre] la liberté, la propriété, la sûreté et la résistance à l'oppression » énonce la maxime fondamentale de notre bloc constitutionnel, la Déclaration des droits de l'homme et du citoyen du 26 août 1789 : c'est-à-dire égalité au départ, équité à l'arrivée – et non pas l'égalitarisme comme une fin en soi.

Le monde de la production exprime aussi la dynamique libérale. Les Français sont individualistes, créatifs, entreprenants, profondément attachés aux libertés économiques comme aux libertés civiles. C'est en France, aussi, que la notion d'entreprise et d'entrepreneur est la plus ancienne : de la manufacture des origines jusqu'à la grande firme multinationale diversifiée contemporaine, la France a toujours été à la pointe de la modernisation des entreprises. Pour la révolution industrielle elle rivalisa pour la première place avec l'Angleterre jusqu'à ce que, à la fin du XIXe siècle, elles soient toutes deux rattrapées par l'Amérique et l'Allemagne – et avant qu'elle n'entame son brillant rétablissement au milieu du XXe siècle surclassant cette fois l'Angleterre. Au fond, entre toutes les nations, la France est celle qui se sera le plus constamment maintenue dans le peloton de tête de la prospérité économique.

Quant à la pensée libérale française, elle apparaît tout aussi dynamique que le sont les forces entrepreneuriales. Au XVIIIe siècle, la France dominait l'univers intellectuel de l'Europe, en économie comme dans les autres disciplines : l'apport d'Adam Smith, généralement considéré comme l'inventeur du libéralisme économique, est précédé d'une tradition libérale française extrêmement vivace, de Quesnay à Turgot ; au XIXe siècle, les Jean-Baptiste Say et Frédéric Bastiat n'ont rien à envier en termes de notoriété internationale et de rayonnement intellectuel à leurs homologues anglais. Les anglo-saxons n'ont pas le monopole du libéralisme.

Ces vérités historiques ont certes été quelque peu occultées par les conceptions dominantes qui tinrent le haut du pavé dans notre pays ces dernières décennies. Il serait intéressant de s'interroger sur les causes de cette occultation : mais ce n'est pas le propos de cet ouvrage, dont l'objet est de dérouler le fil de la continuité libérale.

II – *Repenser 1789 : la révolution libérale*

Si l'on veut illustrer le relativisme de l'interprétation historique, on ne saurait trouver de meilleur exemple que l'analyse des images successives de la Révolution française : il vaut qu'on s'y arrête pour illustrer le propos de cet ouvrage. La Révolution vit dans l'esprit de chaque Français. Aujourd'hui encore, la vision – ou plutôt les visions – de la Révolution occupent une place singulière dans les mentalités de notre pays : ses grands acteurs, ses dates-clefs, ses espérance et ses drames hantent nos références politiques. Plus que toute autre étape historique, elle est, par son message universel, l'événement-fondateur de la France moderne, la marque essentielle de son identité distinctive, l'horizon indépassable de sa culture politique. Elle structure l'espace politique et idéologique, chaque parti, chaque mouvement de pensée s'étant défini, se définissant encore par sa vision de la Révolution.

A chaque époque sa vision. Tout au long du XIXe siècle – où les révolutions se succèdent à peu près tous les vingt ans – les principales forces politiques – légitimistes, orléanistes, bonapartistes, républicains – se définissent par leur vision de la « mère des révolutions ». Le XXe siècle ne sera pas en reste – où les socialistes, les communistes, les pétainistes, les gaullistes, les libéraux, etc. développent chacun leur propre interprétation.

Chaque génération, donc, s'interroge sur le sens de cet immense événement : la manière dont les intellectuels et les historiens ont façonné, à une époque donnée, l'image de la Révolution, l'utilisation qu'en ont faite dans leurs combats les partis ou factions politiques et les mouvements sociaux organisés démontrent la fonction idéologique éminente de l'interprétation historique de cette grande rupture.

Depuis deux siècles, nous dit François Furet, l'analyste des passions révolutionnaires, brillant auteur de *Penser la Révolution française*, les Français ne cessent – consciemment ou inconsciemment – de rejouer la même pièce, dans le jeu dialectique de l'action et de la réaction politiques. Ainsi la rupture de 1789, le paroxysme de 1793, suivis du 9 Thermidor, du 18 Brumaire, de la tentative de retour à l'ordre ancien de la Restauration de 1815 ; les journées de 1830 et celles de 1848, suivies du coup d'État de 1851 ; la Commune de 1871 et l'avènement de la République ; 1936 et le Front populaire, suivis de 1940 et de la Révolution nationale de Vichy ; 1946 et la Libération ; la série pourrait sans nul doute se prolonger jusqu'en 1958 et en 1981...

Les mises en scène de la Grande Révolution accompagnent chacune de ces ruptures politiques : en même temps que se prennent ces grands tournants de l'histoire de France se succèdent les interprétations de 1789, de ses causes et de ses conséquences. Mais les visions de l'histoire se métamorphosent à chaque génération d'historiens. Ainsi furent-elles successivement libérale, égalitaire, réactionnaire, bourgeoise, romantique, populaire, démocrate, républicaine, socialiste, communiste. A chaque époque, la lecture dominante de la Révolution – généralement construite sur une œuvre historique à succès – devient une arme politique essentielle.

C'est alors même que se déroulait la Révolution française qu'on a commencé d'en raconter l'histoire : Barnave, qui en fut un des acteurs essentiels ; Rabaud Saint-Étienne dès 1792 ; Necker en l'an V ; Molleville en l'an IX ; Lacretelle en 1806, etc. Dès le Consulat et l'Empire, alors que s'éclipsent les traumatismes de la Terreur et de la Réaction thermidorienne, on cherche avec Mme de Staël à renouer avec les espérances libérales des débuts de la Révolution. La description héroïque met en scène les grandes journées révolutionnaires et fait défiler ses « hommes illustres » – Mirabeau, Robespierre, Danton, etc. : chacun choisit son héros.

Si la description événementielle ne cherche pas à interpréter, l'École historique française s'affirme avec éclat sous la Restauration, alors que les représentants de la bourgeoisie libérale siègent à la gauche de la Chambre introuvable et s'opposent frontalement à la réaction ultra. Chateaubriand et bien d'autres conservateurs s'illustrent dans la philosophie de la Révolution. Les nostalgiques de l'Ancien Régime privilégient la théorie du complot, fustigeant les francs-maçons, l'or anglais, les tyrans sanguinaires et les « monstres » de la Révolution. Alors qu'ils appellent à l'expiation des fautes qui ont causé la fin du monde disparu, *L'Histoire de la Révolution française* d'Adolphe Thiers paraît en 1823, celle d'Auguste Mignet en 1824. Pour eux, la Révolution fut la conséquence logique des blocages de l'ancien système : « Lorsqu'une réforme est devenue nécessaire et que le moment de l'accomplir est venu, rien ne l'empêche et tout la sert. » Ou encore : « Les États généraux ne firent que décréter une révolution déjà faite. » La dérive dictatoriale de l'an II, à leurs yeux, fut causée par l'alliance de la contre-révolution de Coblence et de la Vendée avec la coalition des régimes monarchiques menacés : « Les privilégiés ont voulu empêcher la Révolution ; l'Europe a tenté de la soumettre ; la résistance intérieure a conduit à la souveraineté de la multitude ; l'agression du dehors à la domination militaire. » Benjamin Constant établit le caractère indissociable des libéralismes philosophiques, politiques, économiques – « libertés en tout ». Pour les historiens libéraux, il s'agit alors, face à la réaction nobiliaire, de sauvegarder l'œuvre de 1789 consacrée par la charte de 1814.

La révolution de 1830 assoit définitivement le règne du libéralisme, « rattachant sans retour notre ordre social au grand mouvement de 1789 ». Sous la monarchie de Juillet, l'axe des préoccupations des historiens se déplace pour se fixer non plus sur la « révolution bourgeoise de 1789 » mais sur la « révolution populaire de 1793 ». Face à la bourgeoisie, la critique socialiste commence alors de prendre forme cohérente, alors que gonflent les effectifs des ouvriers au service des manufactures et que s'amplifie la contestation du capitalisme bourgeois. Utopie socialiste, romantisme populaire : aux théories sociales de Proudhon et autres Saint-Simon, répond l'historiographie révolutionnaire populaire. La Révolution, dès lors, n'est plus seulement vue « d'en haut » – à travers ses Assemblées révolutionnaires, ses partis, ses élites, et ses grands hommes – mais « d'en bas » – à travers le mouvement des masses et les structures sociales.

Jules Michelet fait entrer le peuple sur la scène en publiant *L'Histoire de la Révolution française* en quatre volumes de 1847 à 1853. Œuvre d'histoire scientifique, s'appuyant sur des sources puisées aux dépôts des archives, c'est aussi une œuvre partisane, écrite dans le contexte de la Révolution de 1848 et de l'opposition républicaine au Coup d'État du Second Empire. « Le peuple souverain s'avance » pour substituer la volonté générale au « bon plaisir ». Pour lui, c'est l'aspiration à l'égalité plus qu'à la liberté qui est l'essentiel. « Qu'est-ce que la Révolution, interroge-t-il ? La réaction de l'équité, l'avènement tardif de la justice éternelle. » Le talent littéraire de Michelet n'est pas pour rien dans le succès populaire de son œuvre : mais c'est le contexte politique qui assure son triomphe, car elle fournit une arme intellectuelle décisive aux adversaires du libéralisme, alors dominant dans la société bourgeoise et installé aux commandes du pouvoir. La plume ardente de Michelet ressuscite dans de vastes fresques les grandes journées du Paris révolutionnaire, fait revivre les profondeurs du peuple parisien, souligne l'immense rayonnement des « croyants de l'avenir » dans l'Europe entière. Nul mieux que lui n'a décrit « la grande lumière née de l'éclair du 14 juillet », l'élan patriotique de 1792, le drame de la guerre civile de 1793. Romantique, Michelet sait rendre l'élan généreux, la ferveur désintéressée et l'enthousiasme révolutionnaire. Pourtant, en écrivant « au cœur même de Paris, dans les noires et profondes rues ouvrières, fermentait le socialisme, une révolution sous la Révolution », Michelet transpose à l'évidence à la fin du XVIIIe siècle ses inclinations politiques d'homme du XIXe siècle qui sera chassé des Archives et du Collège de France par Napoléon III : la propagande politique perce sous l'œuvre de science et sous le talent littéraire. Il s'interdit de maudire 1793 au nom de 1789, ou de mépriser 1789 au nom de 1793, comme le font beaucoup de ses contemporains : déjà on s'écarte de la vision libérale.

L'inspiration démocrate, républicaine, sociale et nationale marque tout autant *La Révolution* d'Edgard Quinet, parue en 1865, et celle de Louis Blanc, en douze volumes, publiés jusqu'en 1862. Pour Quinet, l'histoire étant la réalisation des idées, il lie la Révolution au passé national – « le legs fatal de l'histoire de France ».

Dans *L'Ancien Régime et la Révolution* paru en 1856, Alexis de Tocqueville, hobereau provincial, catholique et conservateur – tout autant que Quinet est partisan déclaré de la Révolution – s'attache à retracer le caractère fatal de celle-ci dans les institutions et la société d'Ancien Régime : « Il n'y eut jamais d'événements plus grands, conduits de plus loin, mieux préparés et moins prévus. » Observateur attentif de *La Démocratie en Amérique*, Tocqueville s'attache à la comparaison des mentalités collectives et aux comportements sociaux, mettant l'accent sur les deux passions principales des Français au XVIIIe siècle : « L'une venant de loin, la haine violente et inextinguible de l'inégalité ; l'autre plus récente et moins enracinée, celle de vivre non seulement égaux mais libres. » Alors qu'il marque sa sensibilité à l'essor de la bourgeoisie et à ses revendications, Tocqueville s'intéresse peu au peuple. Il néglige aussi les aspirations à la décentralisation des pouvoirs, thème qui eut dérangé la ligne essentielle de l'ouvrage qui ramène tout le cours de l'histoire de France aux progrès continus de l'État centralisé.

La génération nouvelle d'historiens qui suit la défaite de 1870 et la chute de l'Empire est marquée par le conservatisme. Obsédés par le drame de la Commune, ils s'effraient des progrès de la révolution sociale. Dans *Les Origines de la France contemporaine*, paru en 1875, Hypolite Taine reporte sa peur des communards sur le peuple de 1793. Soucieux de défendre l'ordre social menacé, il prend le parti de la noblesse contre la bourgeoisie, de la bourgeoisie contre le peuple ne voyant qu'envie cupide ici, qu'instinct sanguinaire là. Dans son pessimisme fondamental, Taine écarte de son propos la guerre et ses conséquences pour n'observer, dans le cours de la Révolution, qu'imbrication de forces sociales, d'intérêts personnels et de passions collectives.

A l'inverse, l'essor du mouvement ouvrier et des idées socialistes engendre une tradition historiographique toute différente – inaugurée par la publication par Jean Jaurès de 1901 à 1904, et significativement intitulée *Histoire socialiste de la Révolution française* : on ne saurait mieux traduire le caractère éminemment politique de la vision de l'histoire. L'attention des historiens se porte alors sur les classes populaires, pour étudier avec méthode leurs conditions d'existence, pour comprendre les mobiles de leurs comportements. Exalté par Michelet, caricaturé par Taine, le peuple est désormais resitué scientifiquement à son rôle historique. Pratiquant l'analyse marxiste, Jaurès dresse un vaste tableau de la société française de la fin de l'Ancien Régime et des causes économiques et sociales de la Révolution. En permettant l'essor de la bourgeoisie, « la Révolution a préparé indirectement l'avènement du prolétariat » et donc du socialisme. « Les conditions économiques, la forme de la production et de la propriété sont le fonds même de l'histoire. » A chaque période, « la structure économique de la société détermine les formes politiques, les mœurs sociales et même la direction générale de la pensée ». L'inspiration de Jaurès est donc « à la fois matérialiste avec Marx et mystique avec Michelet ». Son œuvre peut être considérée comme fondatrice du « socialisme à la française », marquée à la fois par la dialectique marxiste, par la générosité romantique et par un humanisme profond. Car Jaurès n'a garde d'oublier « la haute dignité de l'esprit libre », l'homme « force pensante et agissante qui ne se laisse pas réduire brutalement, mécaniquement à une formule économique ».

Le monument élevé par Jaurès à la Révolution française – œuvre de foi idéologique, œuvre de combat politique, œuvre scientifique aussi, puisée dans les sources et les textes originaux – marquera toute l'historiographie révolutionnaire du XXe siècle – Aulard, avec son *Histoire politique de la Révolution française* de 1901, et sa *Révolution française et le Régime féodal* de 1919 ; Mathiez avec *La Vie chère et le mouvement social sous la Terreur* de 1927, etc. Les masses paysannes trouvent aussi leur historien avec la thèse sur *Les Paysans du Nord pendant la Révolution française* – où est soulignée l'existence, à côté des mouvements citadins sur lesquels s'est fixée jusqu'alors l'attention des historiens, d'un mouvement rural autonome et puissant : les luttes contre l'exploitation seigneuriale, la crise agraire, les jacqueries antiféodales, la Grande Peur de 1789.

Les masses urbaines, autour du mouvement sans-culotte sont mises au centre de l'analyse par l'historiographie d'inspiration communiste, qui s'impose aux lendemains de la Libération. Dans *La Lutte de classes sous la Première République*, publié en 1946, Daniel Guérin identifie dans la sans-culotterie parisienne l'avant-garde de la Révolution prolétarienne du XXe siècle. Albert Soboul – qui influencera de sa vision toute une génération d'historiens – met également le prolétariat urbain en exergue dans *Les Sans-Culottes parisiens en l'an II*. Avec Robespierre et Saint-Just, les principaux héros révolutionnaires de l'historiographie communiste sont Hébert et les hébertistes, Babeuf et son Mouvement des Égaux, qu'étouffera le réactionnaire Directoire : la Révolution française est une étape de la lutte des classes, annonciatrice de la Commune, des guerres sociales du XXe siècle et de la Révolution russe.

Toutefois, au sein même de ce qui fut interprétation dominante de la pensée française du milieu du XXe siècle, nombreux sont les historiens qui développent d'autres conceptions – par exemple la vision libérale – de François Furet à François Crouzet admirateur de l'Angleterre.

Une page, désormais, est tournée. La référence marxiste a perdu de son attrait – c'est peu dire – après l'effondrement de l'URSS. Alors que la France contemporaine est gagnée – comme l'Europe entière, comme le monde entier – par les idées libérales, n'est-il pas temps de remettre au premier plan l'interprétation libérale de la Révolution française – celle-là même qui prédominait, rappelons-le, pour ses contemporains ?

Il faut dépasser les interprétations guidées par les circonstances politiques du moment pour revenir aux sources, pour se rappeler l'événement révolutionnaire tel qu'il se situait dans l'époque. La fin de l'Ancien Régime est une société bloquée – à la fois par l'organisation économique et sociale héritée des temps féodaux et par l'absolutisme monarchique qui en termes économiques, s'incarne en mercantilisme, monopoles d'État, taxes écrasantes, etc. L'idée fondamentale du progrès, face aux conservatismes, c'est le libéralisme : les libéraux, c'est la Gauche. Les libertés forment alors un tout inséparable : liberté de pensée, face au carcan de l'obscurantisme et du cléricalisme ; libertés politiques et civiles, face à l'absolutisme monarchique ; libertés économiques, face aux privilèges seigneuriaux, aux protectionnismes, aux corporatismes, au poids des taxes, aux monopoles colbertistes et aux réglementations mercantilistes. La Révolution française s'inscrit dans un cadre commun aux nations occidentales riveraines de l'Océan Atlantique, à ce moment de leur histoire, un siècle après la Révolution libérale anglaise, une décennie après la guerre d'Indépendance américaine, quelques années avant des mouvements analogues qui transformeront progressivement toutes les nations de l'Europe occidentale.

Révolution occidentale donc. La Réforme et le jansénisme ont préparé le terrain au libéralisme de pensée, avant que la Révocation de l'édit de Nantes – acte antilibéral s'il en fut – ne fasse émigrer de nombreux protestants et ne prive la France de grands talents d'entrepreneurs et de professionnels. La réaction contre l'absolutisme du Roi-Soleil, la négation des libertés politiques, l'asservissement de l'économie aux besoins de l'État et aux nécessités de la guerre commence dès la Régence. Les règnes de Louis XV et de Louis XVI glorifient les producteurs et les savants. Les intellectuels du Siècle des lumières ont préparé le terrain – qu'ils soient philosophes, économistes, scientifiques. Dans l'économie, les arts et métiers et les inventions fleurissent en France, annonçant la révolution industrielle. Mais la société bloquée de l'Ancien Régime freine les tentatives de réformes : alors même que tout le monde savait ce qu'il fallait faire, tabous et léthargies résistent aux réformateurs. Les forces vives de la société civile sont libérales : la société d'État ne l'est pas.

Mais la Révolution française n'est pas que libérale. C'est avec la déclaration de guerre de l'Assemblée législative à l'empereur d'Autriche que prend fin sa phase d'ouverture. Pour quelles raisons ? Cette dérive était-elle fatale, intrinsèquement liée à la dynamique révolutionnaire dévoreuse de ses propres enfants ? La République, gravement menacée par la guerre extérieure comme par la guerre civile, assiégée par la lutte des factions politiques, par la trahison, par la corruption engendre alors la dictature et le régime de Terreur. L'économie de guerre débouche sur l'inflation des assignats, sur la vie chère, sur la taxation des prix, sur l'économie dirigée.

Le marxisme n'ignorait pas la dimension libérale de la Révolution de 1789, dénommée bourgeoise : mais sa dérive devait obéir à un enchaînement fatal. « La guerre de 1792 fut, jusqu'à un certain point, une guerre économique » (Mathiez) ; « La guerre voulue par les Girondins n'était conforme qu'aux intérêts de la nation bourgeoise » (Soboul). Dans cette vision, la Révolution française n'est qu'une étape dans le mouvement historique de la lutte des classes, inachevée, annonçant les futures révolutions prolétariennes : 93 était en germe dans 89. Dans l'inexorable mécanique de la lutte des classes, la « révolution bourgeoise de 1789 » portait en elle la « révolution populaire de l'an II », la conquête des libertés débouchant fatalement sur l'aspiration égalitaire, la libération des forces sociales étant l'antichambre naturelle de la dictature populaire de la Terreur, la « démocratie formelle » de 1789-1791 précédant l'esquisse de démocratie sociale du régime d'Assemblée de la Convention montagnarde – jusqu'à ce que s'enclenche le cycle de la réaction des classes dominantes menacées, de Thermidor à Brumaire, de l'Empire à la Restauration.

L'histoire a davantage retenu de la Révolution française les périodes dramatiques de la Terreur que les réformes libérales de la Constituante ; les figures hautes en couleur de Saint-Just et de Robespierre que celles des modérés ; la flamboyance de la Convention montagnarde que la masse anonyme des Feuillants.

Maintenant que le libéralisme paraît avoir marqué des points décisifs dans le monde entier – à tel point qu'on a pu saluer « la fin de l'histoire » – la révolution libérale française doit être vue pour ce qu'elle fut. Il serait abusif de rechercher, dans la rupture de l'an II, des causes prétendument économiques et sociales : le tournant de la Révolution fut provoqué par des causes principalement politiques et extérieures. L'évidence historique s'impose : 1789 fut une révolution libérale s'inscrivant dans un mouvement général de libéralisation commun aux nations occidentales. Il est temps de revenir aux sources.

III – *Culte de l'État, rejet du libéralisme : confusions de sens*

Lorsqu'on assimile le penchant bien connu des Français pour l'État à un irréductible rejet du libéralisme, on commet une confusion de sens. Pour dépasser les idées reçues, il convient d'abord d'être précis sur les concepts : se garder des contresens tout autant que des amalgames. État/nation ; justice/équité/égalité ; étatisme/dirigisme/collectivisme/corporatisme/ ; État centralisé/État fédéral/État libéral ; économie de marché/économie dirigée/économie administrée/économie planifiée ; centralisme/fédéralisme ; libéralisme/bourgeoisie/grand capital, etc. : c'est la nature même des mots d'être polysémiques. Les Français sont-ils attachés à l'égalité ou à la justice ? Adorent-ils l'État ou bien l'identité et l'unité de la nation ? Analysons les mots pour éviter les contresens.

Lorsqu'on évoque un supposé attachement congénital des Français à l'État, on pense généralement à une notion d'État qui serait radicalement antinomique du libéralisme – à savoir l'État redistributeur, l'État corporatiste, l'État dirigiste. Certes il est bien vrai qu'à partir du milieu du xxe siècle l'État, en France comme dans d'autres pays, s'est mis à intervenir dans tous les domaines de la vie en société, prélevant une part sans cesse croissante de la richesse afin de la recycler dans l'immense mécanique redistributive et interventionniste de l'État-providence. Mais il faut se garder des amalgames : l'État keynésien et planiste est jeune à l'échelle de l'histoire longue. Les racines profondes du culte de l'État dans les mentalités françaises concernent d'abord son rôle régalien de gardien de la sécurité nationale, de garant de l'ordre et de la loi, de protecteur des libertés. C'est à la nation et à la justice que les Français apparaissent en vérité si puissamment attachés : c'est-à-dire à la protection de leurs libertés. En ce sens, l'État auquel les Français sont culturellement attachés n'est pas antilibéral. Aujourd'hui, alors que le pays est devenu contempteur de l'État-Léviathan et insatisfait de l'État-providence, il doit retrouver son sens historique de l'État, l'État gardien du libéralisme.

La *nation* : en Occident, c'est la France qui a inventé l'État-nation et qui en est le plus ancien modèle. Dès le Moyen Age, le sentiment national s'affirme, dans le sillage de l'ambition des rois de France étendant le champ de leur autorité face à leurs puissants voisins. Avec la République, le sentiment national s'émancipe de la monarchie pour devenir une adhésion libre et citoyenne – « un plébiscite de tous les jours », selon Renan. Cette identité distinctive si puissamment ressentie par les Français, ce sentiment messianique de détenir un message universel – successivement l'héritage de la Rome légiste, la Chrétienté, les Droits de l'homme, le principe des nationalités, etc. – avaient besoin d'une incarnation pour se défendre contre l'emprise de la domination extérieure et de tout impérialisme à prétention mondialiste. Il n'y aurait pas eu de nation française sans l'État ; il n'y aurait pas eu d'État sans pouvoir central ; il n'y aurait pas eu de pouvoir fort sans l'Administration.

C'est cela le sens profond de l'attachement historique des Français à l'État – bien davantage qu'un quelconque goût immodéré pour le dirigisme ou le collectivisme. Il n'est pas contradictoire du libéralisme ; sauf lorsque la nation menacée doit rassembler toutes ses forces – y compris économiques – derrière l'État, afin de résister à l'annihilation. Alors en effet l'État envahit tout mais ce sont comme des exceptions historiques plutôt que des tendances lourdes.

L'*unité* : l'État c'est aussi l'aspiration à l'unité du pays. La France, héritière des tribus gauloises, est une société querelleuse, divisée en groupes rivaux, en partis opposés, en corporations qui se déchirent. C'est précisément parce qu'ils se sentent toujours sous la menace de l'anarchie que, selon André Siegfried, les Français ont l'« âme gouvernementale ». Sous l'Ancien Régime, la monarchie était l'indispensable force centripète – qui s'est affirmée avec difficulté – face aux forces centrifuges – féodalités locales, provinces et villes, Église, influences étrangères. Le jacobinisme révolutionnaire impose les principes républicains contre les ordres de la société, les pouvoirs provinciaux et les corps intermédiaires. C'est quand elle se sent menacée de désordre et de morcellement que la France fait appel à l'État fort, incarné dans un homme fort : la guerre civile engendre Robespierre, le Directoire Bonaparte, la défaite de 1940 Pétain, la Libération et l'Algérie Charles de Gaulle.

La *justice* : de même, quand on souligne que les Français sont plus attachés à l'égalité qu'à la liberté, ne commet-on pas une erreur de sens analogue à celle qui consiste à confondre État et nation ? Sécurité intérieure, sécurité extérieure : la lutte contre l'injustice constitue le but et la justification de l'État tout autant que la protection de l'identité et de la souveraineté nationales. En ce sens l'État, bien loin d'en être antinomique, est le garant indispensable des libertés. En effet, la liberté appréhendée non seulement comme pouvoir formel d'agir, comme absence d'interdiction, mais encore comme pouvoir concret et effectif de faire telle ou telle chose, de concrétiser tel ou tel projet, bref d'entreprendre, a besoin de l'État. C'est l'État qui produit des règles applicables d'une façon identique à tous, assurant la dimension juridique de l'égalité des chances. C'est l'État, à travers la justice, qui sanctionne les atteintes aux libertés. C'est l'État qui, par l'action administrative, assure l'égalité et la liberté concrètes, en ce qu'il peut compenser des inégalités et des entraves préexistantes. Ainsi, l'État, par une sorte de remise à niveaux des chances concrètes de chacun par rapport à celles des autres, est celui qui non seulement garantit mais institue les libertés effectives. En France, c'est la passion pour les libertés qui a engendré celle de l'État : la Révolution les liait intimement. En cela, la tâche confiée à l'État d'assurer l'effectivité des libertés de toutes natures, d'instituer l'égalité des chances et d'imposer l'uniformité des règles aplicables à tous a été le contrepoids nécessaire à une tendance française néfaste : celle qui pousse à la division, la querelle et la revendication de multiples statuts particuliers. La passion française de l'uniformité et de l'équité des règles apparaît ainsi comme le nécessaire contrepoids d'une autre passion non moins enracinée – celle de la fragmentation de la société en une multitude de groupes querelleurs. Le droit romain – avec ses règles fixées dans le marbre, égales pour tous – est-il moins « libéral » que le droit anglo-saxon – évolutif et jurisprudentiel, pouvoir des juges, droit du plus fort ?

L'administration royale était la protection contre les potentats locaux, le recours contre l'arbitraire des féodaux. La Révolution française abolit la vénalité des charges judiciaires, que la monarchie avait laissé s'instaurer. Les parlements, tout au long du XVIIIe siècle, s'étaient opposés au roi, bloquant toute velléité de réforme, défendant les privilèges sous l'argument de la lutte contre l'absolutisme. En l'absence de codification dans de larges domaines – où us et coutumes locaux proliféraient – les juges d'Ancien Régime créaient le droit, allant jusqu'à refuser l'enregistrement des édits royaux. La France des parlements contribua puissamment à abattre la monarchie. Mais la République, consciente des risques d'une magistrature trop indépendante, ne manifesta qu'ingratitude envers la noblesse de robe : la prérogative de la loi fut réservée aux assemblées élues ; le rôle des juges circonscrit à l'application de celle-ci.

Dans un mouvement continu qui va de l'Ancien Régime à la République, l'État central a ainsi uniformisé la règle de droit dans toutes les provinces ; réduit les coutumes et les particularismes régionaux ; instauré l'unité des impôts et taxes, des obligations citoyennes, des corps de fonctionnaires chargés de l'application de la loi commune.

Ce qu'on appelle la centralisation jacobine, ce n'est pas l'antilibéralisme : c'est l'idéologie de l'équité citoyenne, de la justice égale pour tous – c'est-à-dire l'uniformisation et la démocratisation des règles du droit – c'est-à-dire en définitive le fondement des libertés, économiques comme politiques.

L'unification des règles et des procédures, on le voit, n'a rien à voir avec le collectivisme: il faut se garder de confondre avec l'égalitarisme la justice égale pour tous, la loi impersonnelle traitant chaque citoyen de façon égale. Cette réflexion ne s'applique pas qu'au XVIIIe siècle : aux origines de la Ve République, c'est parce qu'il rétablit l'autorité de l'État sur les factions politiques et les corporations économiques que de Gaulle peut imposer au pays la révolution libérale du plan de 1958 qui permet à la France de fonder l'Europe et lui assure quinze années d'expansion.

L'État-passion : la relation des Français à l'État est par ailleurs ambiguë – faite d'amour immodéré comme de haine irrationnelle. Les Français sont rétifs au joug de l'autorité et haïssent l'oppression : c'est le fondement de leur culture essentiellement libérale. Lorsque l'État joue son rôle de protection, voire d'institution des libertés et de l'égalité, il est accepté car, se faisant serviteur des libertés, il n'exerce pas à proprement parler de contrainte. Mais si l'État protecteur des libertés, de la justice et de la nation, se fait oppresseur, alors son pouvoir de contrainte est contesté, les Français se révoltent contre lui. C'est donc sur le fondement constant du libéralisme que l'intervention de l'État est soit acceptée, voire demandée, soit refusée.

La centralisation: l'État en France, c'est aussi la prééminence de Paris sur les provinces. Tout le mouvement de l'histoire – y compris la révolution libérale de 1781 – a bénéficié à Paris, à la centralisation des administrations : le dessin en étoile des grands réseaux d'infrastructures, la localisation des centres financiers et des sièges sociaux, la concentration des universités et des centres de recherche. Mais il faut, là aussi, se garder des amalgames simplificateurs : il ne faut pas opposer centralisation administrative et libéralisme ; décentralisation et fédéralisme ne sont pas synonymes de libéralisme. Pouvoirs féodaux, favoritisme et népotisme hier, mafia et anarchie aujourd'hui : ce n'est pas parce que l'autorité centrale de l'ex-Union soviétique a éclaté en une multitude de pouvoirs publics locaux qu'elle en est devenue plus libérale. Ce n'est pas parce que Londres regroupe dans son champ urbain l'essentiel des forces vives de l'Angleterre – tout comme Paris en France – que le Royaume-Uni mérite d'être taxé d'antilibéralisme congénital.

Le *libéralisme à explosion* : les Français ont la réputation de ne pas être réformistes mais révolutionnaires. Les chocs politiques, les ruptures brutales – voire les violences civiles – parsèment notre histoire. Entre 1789 et 1802, la France a ainsi changé six fois de régime politique puis cinq fois à nouveau de 1815 à 1871 ; au XXe siècle, elle a changé trois fois de Constitution. L'excès idéologique, les promesses irréalistes, la démagogie imprécatoire semblent la rendre inapte au réformisme, auquel elle préfère le théâtre des « grands soirs » et autres « tables rases ». Aujourd'hui encore, la France est un des pays où règnent le plus la « langue de bois » et les interdits idéologiques ; où la question sociale demeure la plus controversée ; où le régime politique est le moins stabilisé ; où les « conquêtes sociales » sont systématiquement présentées comme révolutionnaires : 1793, 1936, 1946, 1981 – pas moins d'ailleurs que les réformes libérales : 1789, 1830, 1958, 1986...

Cette caractéristique politique fut maintes fois déplorée : elle coûta cher au pays que la brutalité révolutionnaire laissa exsangue à plusieurs étapes de son histoire. Mais elle a aussi ses bénéfices : la destruction créatrice, selon Schumpeter, n'est-elle pas le moteur de l'innovation et de la croissance économique ? Si la France nouvelle de l'après-guerre se releva si brillamment, c'est aussi parce qu'elle purgea d'un coup les forces d'immobilisme de l'ancienne France – contrairement à l'Angleterre réformiste qui ne sut pas, à la même époque, rénover ses structures sociales et industrielles.

La lecture marxiste a imposé l'amalgame libéralisme/bourgeoisie/grand capital ainsi que la distinction démocratie formelle/démocratie réelle – opposant la démocratie populaire et son parti unique à la démocratie libérale pluraliste. Pourtant, il ne faut pas identifier le libéralisme à la domination de la classe bourgeoise. Libéralisme n'est pas synonyme de bourgeoisie : le libéralisme est fondamentalement populaire, lorsqu'il s'agit d'assurer l'égalité des chances, de récompenser l'initiative créatrice et le travail, de garantir la mobilité sociale de susciter le tissu vivant des créateurs d'entreprises et des PME. La politique de concurrence lutte contre les abus de position dominante, les ententes, les conflits d'intérêts, prohibe les collusions de la haute banque et de la grande industrie, les cartels et les trusts – c'est-à-dire les excès de pouvoir du grand capital.

La France de Jules Méline, certes, est protectionniste. Mais son protectionnisme – essentiellement agricole – est autrement plus modeste que l'Amérique du *tariff* et que l'Allemagne du *Zollverein*, « pays neufs » construisant tous deux leur industrie naissante à la fin du XIXe siècle à l'abri de puissantes barrières douanières – politique théorisée par l'économiste allemand Friedrich List. De même, n'est-ce pas la France qui a inventé le *Welfare State* mais l'Angleterre – en mettant en place au lendemain de la Deuxième Guerre mondiale un système de protection autrement plus puissant et redistributif que notre Sécurité sociale. La théorisation des idées économiques antilibérales ne s'est pas élaborée en France : Keynes n'est-il pas un économiste anglais ; Marx un philosophe allemand ?

IV – *Chronologie libérale*

Chacun connaît l'importance en histoire du découpage chronologique. C'est en effet la sélection des dates-césures et la caractéristique identitaire de chacune des périodes retenues dans le choix d'une chronologie qui donnent au récit historique tout son sens. Une chronologie recèle toujours quelque arbitraire : fondement de l'interprétation historique, elle est en ce sens un instrument idéologique. Aussi ne faut-il pas s'étonner que l'option retenue pour présenter cette histoire économique libérale de la France ne corresponde pas aux périodicités généralement usitées.

Par exemple, il est généralement entendu – on vient de le rappeler – que « la Révolution française est un bloc » – selon le mot de Clemenceau – c'est-à-dire qu'elle formerait un tout indissociable dont les parties s'enchaînent mécaniquement : 89 et 93 vont ensemble, l'une étant la conséquence de l'autre. Toute différente est la chronologie proposée ici pour cette période : elle propose au contraire de rassembler dans une même vision unitaire la période 1750-1791 – *de la Société bloquée de la fin de l'Ancien Régime à la Révolution libérale* – à savoir l'Assemblée constituante et l'Assemblée législative jusqu'au déclenchement de la guerre contre l'Europe coalisée au début de 1792. La continuité s'impose en effet, si l'on y réfléchit, entre le Siècle des lumières et les grandes réformes économiques et sociales libérales que les trois premières années de la Révolution apportent à la société française : l'instauration de la liberté du commerce et d'établissement – accompagnant, dans une cohérence remarquable, les grandes réformes libérales politiques et institutionnelles – les libertés civiles ; la Déclaration des droits de l'homme ; l'Assemblée élue et la Monarchie constitutionnelle ; l'abrogation des privilèges seigneuriaux ; le démantèlement de l'État colbertiste, de ses compagnies à charte et de ses monopoles mercantilistes ; la réforme fiscale ; l'affirmation du droit de propriété privée ; la départementalisation ; les poids et mesures ; la dissolution des ordres de l'Ancien Régime ; la constitution civile du clergé ; l'abolition de l'esclavage ; l'émancipation des Juifs et la citoyenneté des minorités confessionnelles, etc.

Nombreux sont les réformateurs qui, avant la Révolution, inspirés par les Physiocrates, se sont essayés sans succès – ou avec des succès relatifs – à la tâche des réformes libérales : Turgot, Calonne, Necker entre autres. La fin de l'Ancien Régime, c'est une société bloquée qui n'arrive pas à accoucher de ses réformes. Et pourtant, tout le monde sait ce qu'il faut faire : les exemples de la Révolution libérale anglaise et de l'Indépendance américaine sont présents à tous les esprits. Face aux conversatismes, aux corporatismes, à l'absolutisme, le progrès a pour nom liberté, dans tous les domaines : politique, avec la démocratie parlementaire élective ; philosophique, avec la liberté de conscience et de culte ; économique, avec la maîtrise des dépenses et des prélèvements de l'État, le droit de propriété, la liberté du commerce et de l'entreprise. La rupture de 1789 permet, en quelques semaines, en quelques mois, de mettre en pratique les idées de la société civile des Philosophes et des Encyclopédistes. Cette rapidité dans les réformes, cette unité d'action veut dire que tout était prêt : la continuité libérale est ici évidente.

A la suite de la période de troubles qui va de 1792 à la fin du Directoire – mise entre parenthèses de notre point de vue, celui de l'histoire libérale – la seconde période retenue couvre *la Naissance des libertés économiques : 1800-1840*. C'est alors que se stabilise autour de Napoléon le régime politique – compromis entre la réaction conservatrice et la préservation des acquis de la Révolution – qu'apparaît la notion de libéralisme, par exemple dans la déclaration de Madame de Staël au 18 Brumaire qui vise à renouer avec l'inspiration des espérances libérales des débuts de la Révolution. L'œuvre législative et économique du Consulat et de l'Empire – le code civil et le code de commerce, la monnaie et la Banque de France, les institutions administratives – consolide le régime de liberté économique. La Restauration voit ensuite s'affronter les tentatives des « ultras » pour revenir à l'Ancien Régime et la contestation libérale, qui se bat pour maintenir les conquêtes de 1789 consolidées par la charte de 1814. La monarchie de Juillet établit la victoire des libertés économiques, cette fois fortement consolidées et définitivement ancrées dans la société française. De Guizot à Thiers, de Benjamin Constant à Frédéric Bastiat, la pensée libérale règne sans partage – dans la presse, à l'Université, au Parlement et au gouvernement – pendant que s'épanouissent les entrepreneurs, les manufactures et la prospérité économique.

La troisième période – *les Dynamiques libérales de l'ère industrielle : 1840-1914* – couvre la phase d'industrialisation de l'économie française – qui débute avec la construction des chemins de fer et se poursuit avec la « seconde révolution industrielle » entamée à partir de la fin du XIXe siècle. Contrairement à l'idée reçue, ce n'est pas un retour en force du colbertisme : même si progressent les idées socialistes, le Second Empire est fondamentalement libéral, tout comme l'est la IIIe République radicale. C'est l'ère de la technique et des ingénieurs, célébrée par les saint-simoniens. C'est aussi l'ère du marché : le transport ferroviaire ouvre la liberté des échanges et de la concurrence, en créant un espace économique national, en désenclavant les économies régionales et locales jadis autarciques, en permettant la spécialisation des productions en grandes séries des manufactures, en entraînant le développement des industries lourdes du charbon et de la métallurgie. C'est l'ère de l'urbanisation, avec l'aménagement des grandes villes.

C'est enfin la naissance des grandes entreprises : le régime libéral des concessions de chemins de fer – qui fait appel aux capitaux privés pour exploiter cette immense innovation technologique – mobilise des ressources financières considérables, nécessitant l'appel à l'épargne publique : l'économie capitaliste s'enracine, avec le statut juridique des sociétés par actions à responsabilité limitée, l'activité de la banque d'affaires et de la Bourse des valeurs. L'alliance de la technique, de l'esprit d'entreprise et du capital transforme profondément l'économie : nombreux sont les ingénieurs-entrepreneurs, les négociants, les banquiers qui se lancent dans l'aventure industrielle pour exploiter les grandes découvertes techniques – le métier à tisser, la vapeur, la fonte, les matériaux de construction pour la première industrialisation ; le charbon, l'acier, la mécanique, l'électricité, la chimie pour la seconde industrialisation, à partir de la fin du siècle.

L'apogée de cette grande période libérale de l'histoire économique, c'est le Traité de commerce franco-britannique de 1860 qui réunit dans une vaste zone de libre-échange les principales puissances industrielles de l'époque. Après la croissance économique rapide du Second Empire, les débuts de la IIIe République sont marqués par un ralentissement prononcé de l'activité économique – une longue phase de récession qui engendre des faillites et des réactions protectionnistes, mercantilistes et malthusiennes en même temps que progressent l'emprise des idées socialistes et la formation des syndicats. C'est aussi au chapitre des idées économiques le début de la contestation sociale du capitalisme. Soulignons, toutefois, que ce mouvement de protectionnisme et de mise en cause du libéralisme économique n'est pas propre à la France, et que notre pays ne se trouve pas à sa tête. Avec la reprise de l'économie mondiale, le libéralisme regagne du terrain. L'expansion coloniale ouvre de nouveaux marchés. La Belle Époque des premières années du XXe siècle verra à nouveau l'économie française participer pleinement à la reprise mondiale, avant la rupture de la Première Guerre mondiale.

La quatrième période – *Crises, expansion, Europe : de la France dirigiste à la France libérale : de 1919 à nos jours* – peut elle-même se subdiviser, du point de vue de l'histoire économique libérale, en deux phases :

– De la fin de la Première Guerre mondiale à la Reconstruction, entre 1919 et 1950 – les guerres et les crises –, où alternent phases de récession, mercantilisme économique, économie de guerre et de pénurie et dirigisme industriel – du Front populaire à la Reconstruction en passant par Vichy jusqu'au plan Pinay et au Traité de la CECA, qui ouvre la perspective du marché européen ;

– De 1951 à nos jours, où les progrès du libre-échange mondial et de l'intégration économique communautaire sont la force motrice de la croissance et où l'économie française redevient libérale.

La première période est marquée, en France comme en Europe et dans le monde entier, par les conséquences économiques et sociales de la Première Guerre, qui a profondément transformé les équilibres traditionnels : troubles géopolitiques, avec la Révolution russe, la destructuration des États d'Europe centrale, la rivalité des impérialismes, la course aux armements ; troubles économiques, avec les déficits publics et l'inflation consécutifs à la guerre, les dévaluations en chaîne, le krach de Wall Street, la Grande Dépression et le chômage ; troubles politico-idéologiques, avec la montée du communisme, du fascisme, de la social-démocratie, la contestation extrême de la démocratie libérale et du capitalisme.

Pour corriger ces troubles, pour répondre aux impératifs de la lutte contre le chômage, du réarmement puis de l'économie de guerre, l'économie dirigée et le protectionnisme s'imposent, en France comme dans la plupart des pays développés. La Seconde Guerre mondiale renforce encore la contestation du libéralisme économique, avec la gestion de l'économie de pénurie, les nationalisations de la Libération, la planification centralisée de la Reconstruction et le financement public des investissements. Sous l'influence des idées keynésiennes, l'État-Providence s'impose en France comme en Europe, dans le cadre de la « politique macroéconomique » et du plein emploi.

A partir du début des années 1950, à mesure que se rétablissent les équilibres de l'économie mondiale, la dynamique libérale reprend ses droits avec le plan de stabilisation Pinay de 1951, la Communauté Charbon-Acier, le traité de Rome enfin. 1958, c'est à la fois le rétablissement de l'autorité de l'État et des institutions, en même temps que l'ouverture libérale avec le Plan Rueff : l'économie française se libère des multiples entraves héritées de l'économie dirigée et malthusienne pour entrer avec succès dans le Marché commun. Il s'ensuivra quinze années de prospérité – jusqu'au choc pétrolier de 1973 qui ouvre une période prolongée de récession inflationniste où rivalisent les méthodes libérales – la libération des prix de 1978, les privatisations de 1986, etc. et les méthodes dirigistes – les aides systématiques aux industries en difficulté, les nationalisations de 1981, etc. pour tenter de lutter contre la montée du chômage.

Mais l'impératif de la construction européenne impose progressivement le principe libéral : à compter du plan de rigueur de 1983 et du traité du Marché unique de 1985, et sous l'influence de la révolution néo-libérale mondiale, la dynamique libérale l'emporte à nouveau en France – avec la réhabilitation de l'entreprise et du marché, la déréglementation des marchés financiers, les privatisations, l'ouverture à la concurrence des services publics, le traité de Maastricht et la marche vers la Monnaie unique.

C. S.

V – *Les libéraux du* XIX*e siècle*

Une période entre toutes marque l'apogée de la pensée économique libérale française : il vaut qu'on s'y arrête dans cette présentation. Il est en effet étonnant de voir à quel point le courant libéral français au XIXe siècle reste aujourd'hui encore mal connu, même de grands auteurs libéraux contemporains.

Cette série de conférences répondait au double souci, d'une part, de contester l'image d'une France irréductiblement hostile au libéralisme, d'autre part, de faire redécouvrir ce que le libéralisme, en tant que doctrine politique et économique, doit aux apports de penseurs et d'auteurs français.

Comment identifier les périodes « libérales » de la société française ? La tendance la plus naturelle consiste à partir de l'idée que le libéralisme, c'est, d'abord, un progrès des libertés civiles et politiques – donc un mouvement qui est fondamentalement lié au processus de « démocratisation » des institutions et de vie politique du pays, ensuite, un progrès des libertés économiques – donc une doctrine dont le succès se mesure à la place croissante que les mécanismes de régulation capitalistes occupent dans la société.

C'est à ce double titre, par exemple, que la monarchie de Juillet passe pour l'un des temps forts de l'avènement du libéralisme en France. Et que, à côté des grands écrivains libéraux du XIXe siècle – Benjamin Constant, Alexis de Tocqueville –, on retrouve le plus souvent cités des hommes politiques – comme Guizot ou Thiers. Il en va de même pour la IIIe République – au moins jusqu'au grand retournement protectionniste de la fin du siècle.

Ma thèse est qu'une telle approche conduit à faire l'amalgame entre des personnalités qui, s'ils partagent certaines options « libérales », ou du moins certaines proclivités à la « libéralisation » de la vie économique ou politique, s'opposent en réalité très profondément dès qu'il est question de choix philosophiques et éthiques fondamentaux.

Prenons Guizot ou Thiers. Qu'ils aient contribué à la modernisation libérale de l'économie française, et donc au processus d'industrialisation et de développement qui marque leur époque, est incontestable. De même pour leur apport à la mise en place progressive des éléments d'une démocratie moderne. Mais cette action est loin d'en faire des « libéraux » à part entière – au sens de Jean-Baptiste Say, de Frédéric Bastiat, ou même de Benjamin Constant.

Ces hommes restent fondamentalement des « conservateurs » – c'est-à-dire des individus pour lesquels la libéralisation de la vie économique ne peut pas se concevoir sans le maintient d'un État fort et très présent, garant de la continuité d'une certaine morale et de certains comportements économiques et sociaux.

Avec le développement de l'idéologie saint-simonienne, l'affirmation de la prééminence des grandes écoles et la puissance montante des confréries d'ingénieurs issus de l'École polytechnique, des Mines, et des Ponts et Chaussées, la monarchie de Juillet, tout en étant une période favorable à l'essor d'une nouvelle bourgeoisie « libérale », est loin d'avoir le moindre rapport avec l'idéal de « dépolitisation » et de retrait de l'État formulé aux débuts de la Restauration par des auteurs libéraux aujourd'hui bien oubliés, mais fort à la mode à l'époque, comme Charles Comte, Charles Dunoyer et Augustin Thiéry (qui se posaient la question de savoir comment une révolution faite pour la liberté avait pu se retourner contre elle).

Si le commerce et la liberté du commerce se développent – notamment avec le grand traité franco-anglais sous le Second Empire – c'est moins sous l'impulsion d'hommes d'États conduits par l'ambition de créer une véritable société de liberté (ce qui était la vision des auteurs de la Constitution américaine), que sous celle d'ingénieurs et de banquiers menés par une idéologie « industrialiste » qui n'hésitent pas à sacrifier le droit, tel qu'on l'entendait encore au début du siècle (et que l'entendent notamment encore les « vrais » libéraux de l'époque) aux exigences d'intérêts économiques et industriels sectoriels.

A bien y regarder, c'est là, dans cette connivence entre une bourgeoisie naissante « capitaliste » et soi-disant « libérale » – parce qu'elle est favorable à l'élargissement des franchises politiques dont elle est la première bénéficiaire – et l'appareil d'un État qui continue en réalité à se mêler de beaucoup de choses (cf. la manière dont l'Administration, à la différence de l'Angleterre, encadre étroitement le développement des chemins de fer), que réside en réalité la véritable continuité française, avec certes des hauts et des bas plus ou moins prononcés (voir par exemple l'épisode de Vichy), mais qui ne changent guère la nature du phénomène.

Les vrais « libéraux » du XIXe siècle ne se trouvent pas dans l'Administration, chez les hommes politiques, ni même les grands entrepreneurs de l'époque (qui sont saint-simoniens) : ils sont ailleurs. Ce sont des journalistes, des intellectuels, des professeurs, des magistrats. Leurs univers, c'est l'Université, et en particulier les facultés de droit. S'ils ont progressivement sombré dans un long oubli, dont certains commencent tout juste à réémerger, c'est parce qu'ils s'inscrivent dans une tradition intellectuelle radicalement différente de l'idéologie « républicaine » qui normalise la pensée française de la seconde partie du XIXe, et que l'historiographie contemporaine, à cause de sa focalisation sur les phénomènes politiques, considère comme spécifiquement représentative de ce que serait la forme française du libéralisme.

Pour comprendre ce qu'est la pensée de ces hommes, il faut tout simplement relire les passages écrits par Hayek à propos des « deux libéralismes ».

Que nous dit-il ? Qu'il faut soigneusement distinguer – et non confondre, comme la plupart des gens le font – les deux notions de *démocratie* et de *libéralisme*. Toute doctrine politique, explique-t-il, doit répondre à deux questions fort différentes qui ont donné lieu à des traditions distinctes en ce qui concerne l'histoire du concept de liberté en Occident : d'une part, qui doit détenir le pouvoir politique ; d'autre part, quelles doivent être les *limites* du pouvoir, quels que soient ceux qui le détiennent.

La première question est résolue par l'invention du concept de *démocratie* : la démocratie est le système institutionnel en vertu duquel la question de l'identité des détenteurs du pouvoir est résolue pacifiquement, de manière pluraliste, grâce à un mécanisme qui permet aux gouvernés de changer leurs gouvernants au terme d'une procédure pacifique.

La seconde est d'une tout autre nature, et c'est elle qui conduit à la véritable notion de *libéralisme* ; tout pouvoir politique n'est légitime que pour autant qu'il respecte un droit et un sens de la justice qui lui préexistent, qui sont le fruit d'une longue évolution historique, et qui seuls permettent ce fragile miracle qu'est une coopération humaine de longue durée efficiente et sans conflit majeur.

Partant de là, explique Hayek, les Anglo-Saxons ont développé une version philosophique et politique du libéralisme dont l'idée centrale est que, s'il est bien d'accepter la règle de la majorité comme méthode de décision, celle-ci n'est pas pour autant une source d'autorité suffisante pour admettre ce que doit être le contenu même de la décision, c'est-à-dire le droit.

Les continentaux, de leur côté, sous l'influence du rationalisme constructiviste français (Voltaire, Rousseau, Condorcet...), ont cultivé une autre vision considérée elle aussi comme un progrès du libéralisme – et pourtant totalement opposée – où il suffit que la majorité veuille quelque chose pour considérer que cette chose est bonne en soi et s'impose comme source de droit.

Cette opposition entre deux formes de « libéralismes » que propose Hayek correspond, dans le domaine des idées, à une réalité historique : d'un côté, la démocratie « à l'américaine », avec le contrôle juridictionnel des lois qui fait l'admiration de Tocqueville lors de son voyage aux USA ; de l'autre, la démocratie « à la française », avec l'omnipotence du pouvoir législatif dont le souvenir hante tout au long du XIXe siècle les républicains et les partisans de la révolution sociale.

Mais comme toutes les oppositions, elle est trop simplificatrice, trop réductrice. En plaçant sans autre forme de procès les intellectuels français dans le camp des « démocrates doctrinaires », Hayek commet une profonde injustice à l'égard de tout le courant libéral qui a marqué la scène intellectuelle et universitaire française depuis Mercier de la Rivière, Turgot et les Physiocrates jusqu'aux auteurs du *Journal des économistes* et leurs héritiers de la fin du XIXe siècle, en passant par les idéologues de la Révolution et de l'Empire, le comte Destutt de Tracy, Jean-Baptiste Say, son fils Hugo Say, les journalistes de la Restauration – Frédéric Bastiat, Gustave de Molinari, Frédéric Passy, Yves Guyot – et même au début de ce siècle le Pr Louis Leroy Beaulieu.

Pourquoi ? Parce que, lorsqu'on regarde de près la structure de leur pensée et de leurs écrits, il est clair qu'ils appartiennent précisément au même univers philosophique lockien, naturaliste et « propriétariste » (anti-hobbésien) que celui que Hayek décrit comme incarnant la véritable tradition libérale, en le plaçant sous l'étiquette anglo-saxonne. Et que cet univers philosophique est aussi celui qui, jusque vers la fin de la première moitié de ce siècle, malgré l'invention du code civil, continue d'imprégner très majoritairement la culture et la pratique des magistrats et milieux juridiques français – jusqu'à ce qu'il soit supplanté par l'émergence des doctrines du droit positif, qui représentent pour les juristes la traduction de ce que le dogmatisme démocratique est au niveau de la pensée politique.

S'il est vrai que l'organisation de cette série de conférences répondait d'abord au souci de contester l'image d'une France irréductiblement hostile au libéralisme, il nous a semblé que ces rendez-vous étaient aussi une excellente occasion pour faire redécouvrir par le public français le véritable visage d'une tradition philosophique et politique restée trop longtemps victime d'un authentique phénomène d'amnésie collective sélective.

H. L.

***

Hier et demain

La France a la réputation, parmi les pays d'économie de marché qui ont réussi, de constituer le système économique et social qui reste le plus proche du modèle étatisé – avec sa révérence pour le plan ; pour les fonctionnaires et la haute technocratie ; avec l'organisation si particulière de son oligopole social, ses grands services publics, sa Sécurité sociale et son système d'enseignement, son secteur nationalisé étendu. Le modèle étatique a été imité par le secteur privé : on peut dire qu'il imprègne la société tout entière.

Il faut aujourd'hui dissiper le charme sous lequel est pris notre pays depuis un demi-siècle, qui l'empêche aujourd'hui de voir le monde tel qu'il est, pour s'adapter pleinement à la société d'information et à l'économie globale du XXIe siècle. Lorsqu'il s'agit de modernisation, on préfère parler d'Europe, d'Internet, de mondialisation plutôt que de s'avouer libéral, comme si le mot écorchait la bouche : étrange réticence. Pour que les yeux s'ouvrent, pour rendre possibles les indispensables réformes, il faut prendre conscience des racines libérales de notre pays.

Au XVIIIe siècle comme au XIXe la France se reconnaissait libérale. Les guerres et les crises provoquent la scission – il est bien vrai qu'au XXe siècle, dans la pensée française, le libéralisme n'est plus un bloc indissociable : l'économie de marché et le capitalisme sont présentés sous un jour véritablement inhumain, l'individualisme libéral comme ennemi du lien social. Mais les événements de cette fin de XXe siècle viennent réhabiliter le vieux principe libéral : les libertés sont inséparables ; rejeter le libéralisme économique au nom des libertés réelles mène à la dictature ; l'Amérique a gagné ; le système soviétique ne laisse pas vraiment le souvenir d'un humanisme.

Alors que s'approche l'an 2000, la confiance dans l'homme et dans le progrès est revenue. Le XXIe siècle, alors, n'aura-t-il été qu'une parenthèse ? Une antithèse plutôt : le siècle des crises et des guerres mondiales, des grandes inflations et des grandes dépressions, des idéologies et des totalitarismes. Un siècle de pessimisme – réaction peut-être au siècle du progrès et de l'humanisme qui avait rompu peut-être trop brutalement un millénaire d'économie et de société immobiles.

Les idées libérales, aujourd'hui, sont à nouveau solidement implantées dans les mentalités françaises, consolidées par l'adhésion à la construction européenne, par l'effondrement de « l'autre modèle » – l'économie planifiée soviétique – et par les succès remportés dans le monde entier par la révolution néo-libérale et par l'économie de marché. Le moment est venu de se souvenir que ces idées sont – aussi – des idées françaises.

C.S.

I

L'Ancien Régime : de la société bloquée à la révolution libérale 1750-1791

Présentation

par Christian STOFFAËS

La Révolution française, contrairement à une idée reçue, est d'abord d'inspiration libérale. En quelques mois, les États généraux de 1789 puis l'Assemblée constituante abolissent les privilèges féodaux et les corporations de métiers, affirment le droit de propriété, établissent la liberté du commerce, du travail et de l'entreprise en votant la loi Le Chapelier, démantèlent l'État mercantiliste de l'Ancien Régime, organisent la privatisation de la propriété collective et des biens nationaux. Ainsi les décrets d'Allarde votés les 2 et 17 mars 1791 stipulent-ils : « Il sera libre à toute personne de faire tel négoce ou d'exercer telle profession, art ou métier qu'il trouvera bon. »

Au siècle des Lumières, les trois libéralismes – philosophique, politique, économique – forment un tout indissociable. Le libéralisme c'est le combat libérateur contre les pouvoirs et les systèmes qui subordonnent à leurs propres finalités l'épanouissement de l'invididu. La liberté de conscience s'oppose au carcan de la religion d'État et du cléricalisme : le libre arbitre, la laïcité sont en germe dans la Réforme. La liberté politique et les libertés civiles s'incarnent dans la démocratie représentative – la monarchie constitutionnelle ou l'État républicain – face à l'autocratie, au despotisme, à l'absolutisme monarchique : la révolution parlementaire anglaise, l'indépendance américaine ont montré la voie. La liberté économique, inséparable des précédentes, c'est l'ouverture des échanges et la libération des initiatives individuelles créatives contre le corporatisme, l'étatisme et le dirigisme, face aux réglementations professionnelles des corporations, communautés de métiers, maîtrises et jurandes ; contre les privilèges seigneuriaux, droits de chasse, de pêche, de moulins et autres fours banaux hérités de la féodalité médiévale ; en réaction contre le poids des tailles, aides, gabelles, dîmes, papiers timbrés, péages, octrois et autres droits de douane ; contre les monopoles d'État, les compagnies à charte, les manufactures royales, les corps d'inspection, concessions et fermes générales du colbertisme ; prenant résolument le contre-pied de la conception mercantiliste qui voit dans l'économie une arme de la guerre, le prolongement de la souveraineté.

Dans la conception d'Ancien Régime, l'économie est en effet subordonnée au carcan immuable de l'organisation sociale ancienne, où la Noblesse et le Clergé occupent les places dominantes; le tiers-état – comme son nom l'indique – étant inférieur aux deux autres; les professions sont organisées en corporations de métiers ou en charges royales; le commerce extérieur est un instrument de souveraineté nationale, étroitement soumis à l'État; le monde de la production est essentiellement considéré comme une source fiscale, « taillable et corvéable à merci », pour sa capacité contributive aux besoins de l'État.

Pour la pensée progressiste de l'époque, les trois libertés forment un tout indissociable et sont l'incarnation du progrès humain : on sait d'ailleurs qu'aujourd'hui encore, dans le monde anglo-saxon, le parti libéral est à gauche. Depuis la Renaissance et la Réforme, depuis l'édit de Nantes, sa Révocation et l'émigration des protestants, le libéralisme français se cherche. Sans la Révocation, nul doute que la révolution libérale eût éclos plus tôt des forces vives du pays. L'exemple de la grande révolution libérale anglaise du XVIIe *siècle inspire le Mouvement des lumières, qui avec ses philosophes et ses encyclopédistes, démontre la vigueur des idées libérales dans notre pays.*

Le XVIIIe *siècle cherchera à rompre avec le système absolutiste où l'économie est subordonnée à l'État. Sous le Roi-Soleil lui-même, de nombreuses voix se font entendre – Vauban, Boisguilbert, etc. – pour dénoncer l'appauvrissement du Royaume, écrasé sous les taxes et le poids de l'économie de guerre. Dès la fin du* XVIIe *siècle, nombreuses sont les revendications qui réclament la liberté du commerce. « La liberté crée la prospérité » selon* Le Détail de la France *de Pierre le Pesant de Boisguilbert, paru en 1695. « La liberté est ce qu'il y a de plus essentiel dans le commerce », écrit Jean-François Melon en 1735 dans son* Essai politique sur le commerce. *Le relais idées libérales dans la politique économique du royaume est pris par de grands commis de l'État – tels Silhouette, Maurepas, d'Argenson. L'École des physiocrates – qui ne le cède en rien en créativité à l'École classique anglaise – atteste le rayonnement des économistes libéraux français qui avec Quesnay et Lemercier de la Rivière, proclament l'efficacité de l'ordre naturel « qui s'établit par la propriété et la liberté, sans le secours d'aucune loi ». La publication en 1758 du* Tableau économique *de François Quesnay, suivie en 1760 des* Maximes générales du gouvernement économique d'un royaume agricole *prônant la liberté du commerce des grains soulèvent l'enthousiasme général et suscite une véritable école, suivie au ministère par Bertin, Trudaine, d'Ormesson. Vincent de Gournay, intendant du Commerce, applique les idées libérales à l'industrie en faisant reculer l'interventionnisme d'État. La Monarchie éclairée célèbre la France des laboureurs et des artisans, développe les grands travaux. Les ministres réformateurs de Louis XV et de Louis XVI – Calonne, Turgot, Necker, etc. – se heurtent toutefois, dans leurs tentatives de changement, à la société bloquée de l'Ancien Régime – non seulement l'Administration mais surtout les particularismes provinciaux, l'héritage féodal et le pouvoir des Parlements. Mais leurs idées sont massivement soutenues par la société civile : tabous, léthargies, crispation des intérêts catégoriels, c'est la société d'État – non la société civile – qui manifeste son impuissance à la Réforme.*

S'il ne s'écoula que trois semaines entre la journée du 14 juillet et la nuit du 4 août, c'est évidemment parce que tout était prêt : c'est que tout le monde savait ce qu'il fallait faire mais que personne n'osait le faire. Partie intégrante d'un grand mouvement de la civilisation occidentale commun à l'Angleterre, aux États-Unis et à une partie de l'ouest de l'Europe – la « révolution Atlantique » –, la Révolution française détruit en quelques semaines l'édifice vermoulu du régime féodal et les ordres privilégiés qui entravaient les libertés économiques fondamentales, abolit les particularismes locaux et provinciaux, unifie le marché national, fait éclore l'économie capitaliste qui était en gestation dans les cadres de l'Ancien Régime.

Traduisons en termes d'aujourd'hui les grandes réformes de la Révolution. Qu'est-ce que la réunion des États généraux – l'application du principe démocratique « pas de taxation sans représentation » – sinon une révolte fiscale contre le poids écrasant des taxes, l'inefficacité de l'impôt et de sa collecte, la gabegie financière et les dépenses inutiles de la Monarchie, qui s'est révélée incapable de maîtriser les déficits et les dépenses publiques ? Qu'est-ce que l'œuvre législative de l'Assemblée constituante, sinon une déréglementation générale de l'économie et l'établissement des libertés économiques fondamentales – notamment à travers la loi Le Chapelier et les décrets d'Allarde ? Qu'est-ce que la nuit du 4 août, sinon la suppression des privilèges et règlements hérités du Moyen Age et l'abolition des entraves aux libertés économiques ? Qu'est-ce que la Déclaration des droits de l'homme et du citoyen sinon une charte des libertés – civiles tout autant qu'économiques ? Qu'est-ce que la vente des biens nationaux sinon une opération de privatisation sans précédent de biens collectifs, ecclésiastiques et seigneuriaux, qui n'a rien à envier à la révolution des enclosures *britanniques ?*

Le peuple de Paris – l'acteur des grandes journées révolutionnaires – est constitué de boutiquiers, d'artisans, de commerçants – c'est-à-dire de forces économiques productives et libérales : c'est lui qui a fait la Révolution, tout autant que les intellectuels – philosophes, encyclopédistes et physiocrates – tout autant que les Parlements de province, les gens de robe et la bourgeoisie d'affaires.

L'esprit d'entreprise, le génie inventif scientifique et technique des producteurs sont vivaces : tout autant que l'Angleterre, ce fut la France de cette époque – première puissance économique en Europe, grâce à la prospérité de son agriculture – qui engendra la révolution industrielle, expression qui désigne la constellation d'inventions techniques qui, à la fin du XVIIIe siècle, bouleversa la manière de produire – la mécanisation, les manufactures – en particulier avec la machine à vapeur et le métier à tisser. James Watt et Arkwright, certes, sont anglais. Leurs figures, hautement et justement célébrées ne doivent pas dissimuler qu'une révolution industrielle est avant tout un mouvement de société.

Dans la France du XVIIIe siècle, les arts et métiers s'épanouissent dans les provinces et à Paris tout autant qu'outre-Manche. Les inventeurs transfèrent à l'économie les découvertes des sciences, qui font l'objet d'un engouement général, sous l'influence des Encyclopédistes. Mais les producteurs sont entravés par les réglementations archaïques et par le poids de l'économie d'État. Ils réclament la liberté du commerce et d'établissement. La Monarchie développe les grands travaux d'aménagement et les infrastructures de transport afin d'accompagner le développement de l'économie. Certes, le colbertisme a développé les arsenaux d'État – pour la marine et pour l'artillerie, qui sont la base de l'industrie moderne – et les manufactures royales opérant sous un régime de monopole. Certes l'inspection des manufactures et la législation des métiers jurés encadrent l'activité économique d'un faisceau de réglementations. Mais, au XVIIIe siècle, l'économie de l'ère absolutiste est en régression, le « secteur libre » se développe rapidement, particulièrement à Paris.

La France est le plus grand pays textilier, notamment dans les secteurs de la laine et de la soie. A partir de 1760, l'entreprise familiale – souvent venue du négoce des textiles – multiplie les filatures de coton, adoptant les méthodes et les machines venues d'Angleterre. Comme en Angleterre, le capital foncier s'investit dans l'industrie – par exemple avec les mines d'Anzin. La production de fonte au coke à l'usine du Creusot débute en 1785 : ses hauts fourneaux sont les plus avancés de l'époque. Les réformateurs de l'État d'Ancien Régime encouragent l'introduction des inventions : mais ce sont les réformes libérales de la Révolution qui créent le cadre favorable à l'épanouissement de l'activité économique, jusqu'à ce que les troubles de la dérive de la Révolution à partir de l'an II ne viennent briser, temporairement, cet élan.

La difficile émergence d'une économie libérale

par

Jean Meyer

La spécificité des XVIIe et XVIIIe siècles français tient à ce que j'appellerai les valses-hésitations du pouvoir face aux réalités économiques ou encore des pouvoirs économiques face au pouvoir politique.

Le petit texte qui suit constitue cependant une surprise par rapport aux idées reçues :

Si le Roi n'est pas persuadé que la plus grande richesse d'un prince est d'avoir des sujets riches, et si pour les rendre tels il n'emploie pas toute son industrie,[au sens du XVIIe siècle du terme], et s'il ne fait pas tous ses efforts pour faire fleurir le commerce, lequel ne peut se faire sans une grande protection contre toutes sortes de vexations d'impôts, et des entreprises des personnes puissantes qui ne voient pas que les autres passent leur volonté, s'il ne permet pas à tout le monde de s'en mêler à sa fantaisie sans être contraint de suivre celle des autres. (...) Grande protection, entière liberté et peu d'impôts sont les trois grands secrets d'attirer et de maintenir le commerce dans un Royaume.

Ceci est le texte d'une maxime du duc de Montausier, éducateur principal, gouverneur de Monseigneur, le propre fils de Louis XIV, et date probablement des années 1669 et 1670. Cet enseignement de la liberté au propre fils du Roi est un fait tout de même surprenant et nous change de certaines habitudes d'interprétations du pouvoir royal. Les textes de ce genre-là sont cependant nombreux car il existe, au sein même du pouvoir politique français de la monarchie dite d'Ancien Régime, tout un courant, parfois souterrain, parfois un peu plus visible, mais qui enfin émerge à la fin du XVIIIe siècle sans réussir à s'imposer, pour lequel la liberté du commerce est pratiquement un dogme auquel on se réfère constamment.

Cela ne répond évidemment pas tout à fait aux visions classiques des doctrines politiques. Ceci étant, ce texte mériterait une exégèse, parce qu'il contient des éléments parfaitement contradictoires, dont, au fond, les idéologies politiques de l'époque de Louis XIV et du XVIIIe siècle ne rendent pas compte. D'un côté, on proclame la liberté entière du commerce et la nécessaire diminution des impôts, mais de l'autre, ce libéralisme avant la lettre ne pouvant s'imposer, il doit être favorisé par des mesures de type monopolistique. Et c'est là, me semble-t-il, l'une des contradictions fondamentales et l'une des raisons, parmi beaucoup d'autres, de l'échec de cette difficile naissance du libéralisme, de ce va-et-vient perpétuel entre le protectionnisme et l'ouverture à l'extérieur. Nous retrouverons d'ailleurs pratiquement les mêmes phénomènes dans le monde commercial dont il sera question plus loin.

Le moindre des paradoxes est déjà d'évoquer une chose qui n'a pas encore de nom. Reprenons cela tout d'abord : le mot libéralisme est apparu dans des conditions obscures qui ont d'ailleurs intrigué Littré ; Littré en écrivant son article « Libéral – Libéralisme » dans le sens qui est celui de la politique et de l'économie au XVIIIe siècle, hésitait entre différentes versions : il citait en particulier *La Vieille Fille* de Balzac (1837) où la description du « héros » Dubousquier, énonce qu'il avait « fait le sacrifice de ses opinions libérales, mot qui venait d'être créé par l'empereur Alexandre et qui procédait, je crois, de Mme de Staël par Benjamin Constant ». Naissance compliquée et trop tardive ; la date littéraire la plus précoce est 1802 avec *Le Génie du christianisme*, où Chateaubriand écrit dans le chapitre de comparaison entre Bossuet, Pascal et les auteurs et philosophes du XVIIIe siècle : « Si le siècle de Louis XIV a conçu toutes les idées libérales, pourquoi donc n'en a-t-il pas fait le même usage que nous ? », ce qui est, finalement, toujours le fond du problème.

Mme de Staël emploie pour la première fois le mot en 1807 dans *Corinne,* un livre qui est le manifeste féministe par excellence : « Les Florentins, » écrit-elle, « qui ont possédé la liberté ou des princes d'un caractère libéral. » Mais ici l'usage du mot est encore ambigu, à cheval à la fois sur la définition traditionnelle (« sont éclairés et doux ») et le sens nouveau.

En fait, il faut bien distinguer le domaine littéraire, qui est très souvent un simple haut-parleur, et d'autre part le phénomène politique, qui, ici, est privilégié. Dans le manifeste de Bonaparte du 15 Brumaire, on trouve les mots « les idées libérales », le « libéralisme », etc. Ce qui atteste de la tendance de la fin du Directoire, où en effet le mot libéral prend son sens à la fois politique et économique.

Passons rapidement la chronologie de l'histoire des idées, au passage du mercantilisme à la physiocratie, avec ses orthodoxes comme Dupont de Nemours, face aux hétérodoxes, qui sont déjà des semi-libéraux, comme par exemple Turgot et le passage aux idées libérales qui finissent par l'emporter un petit peu timidement pour aboutir au traité de libre-échange de 1786 entre la France et l'Angleterre. Tout cela est bien connu.

Des prises de décision lentes et complexes

Occupons-nous plutôt de la réalité du pouvoir, de l'action du pouvoir. Comment fonctionne le pouvoir de l'Ancien Régime ? On voit le roi, on voit les ministres, mais qu'y a-t-il derrière ? Les études récentes, en particulier allemandes et anglaises, auxquelles je me suis joint, font apparaître un phénomène extrêmement curieux : on savait déjà que dans la pratique le nombre des décideurs était très restreint, mais on découvre qu'il est à peu près en nombre égal en Prusse, en Angleterre et en France.

Comment cela fonctionne-t-il ? C'est essentiellement grâce aux correspondances des premiers commis que l'on peut tracer une première ébauche de la prise de décision à la fin du règne de Louis XIV pour l'opposer ensuite aux prises de décisions commerciales. Cette prise de décision est le fait d'un nombre très restreint de gens ; une minorité de gens, mais une minorité influente, qui prend les neuf dixièmes des décisions. Les habitudes administratives françaises d'Ancien Régime sont d'ailleurs à cet égard remarquables d'efficacité. La page est divisée en deux : les propositions des bureaux, c'est-à-dire des premiers commis à droite, et les annotations marginales à gauche, soit de la plume du ministre, du secrétaire d'État ou du chancelier, soit du roi en personne, avec une correspondance souvent très directe du roi avec les premiers commis, court-circuitant les ministres.

Nous avons donc une prise de décision complexe ; comment fonctionne-t-elle en matière commerciale ? Elle a été mise au point par Colbert et par son entourage : pratiquement aucune décision concernant le commerce et l'industrie, au sens actuel du terme, n'est prise sans une enquête préalable. Les grandes enquêtes de l'Ancien Régime surabondent, et on doit dire qu'au niveau historique, elles ont été trop peu exploitées. On forme un projet ; le premier commis l'envoie à tous les intendants, qui les envoie en règle générale à ce que nous appelons son chef de cabinet, lequel les répercute aux instances intéressées, c'est-à-dire aux gens de commerce ou aux grands négociants. Ceux-ci annotent les textes, disent leurs refus, disent leurs propositions, et tout cela remonte la filière.

C'est donc une prise de position lente, compliquée, qui se retrouve dans à peu près tous les domaines. C'est là un des aspects les plus ignorés d'un régime qui fonctionnait beaucoup plus démocratiquement qu'on ne le suppose, en particulier avec le Conseil du commerce, dont un historien américain récent pouvait dire que c'était somme toute le régime le plus démocratique de l'Europe d'Ancien Régime, l'Angleterre étant bien entendue exceptée. Ce qui fait que les réticences, les volte-face du pouvoir en matière de décision politique sont très souvent le reflet (et parfois mot à mot) des hésitations du commerce lui-même. Il faut donc mettre en parallèle les variations du pouvoir politique, avec les variations de l'opinion négociante, puisque c'est cette opinion qui, en fin de compte, l'emporte.

Une opinion commerçante hésitante et contradictoire

Pour observer les variations de l'opinion commerçante, partons par exemple d'une période de crise militaire, de la guerre de Trente Ans, dans les années 1640. On peut distinguer deux groupes de négociants : les négociants portuaires (en tête les Nantais, beaucoup moins les Bordelais, qui sont en retrait) demandent une mesure de protectionnisme à outrance face aux Hollandais. Et le grand rapport adressé au Conseil royal en 1640 par les Nantais contient quelques descriptions à vrai dire assez pittoresques de l'affaire. En face, il y a le lobby des marchands merciers de Paris, qui sont des puissances, et des grands négociants lyonnais, qui sont en partie d'origine italienne, et d'autre part des grands négociants de la région de Troyes, et un peu moins de la région de Reims.

Ce qui nous fait observer un autre paradoxe : le mercantilisme colbertien est issu d'un milieu qui est à l'exact opposé des opinions de Colbert. Celui-ci a arbitré la situation pour aboutir finalement à un mercantilisme dont il est pertinent de se demander si c'est un vrai mercantilisme. Il me semble que Colbert (qui n'était pas très intelligent, et très peu porté vers les choses abstraites, disons le brutalement) a plaqué ce qu'il avait compris des théories mercantilistes sur des mesures toutes opportunistes. En particulier les idées concernant les corporations sont purement et simplement des édits bursaux, destinés à faire rentrer le plus d'argent possible dans les caisses de l'État et qui finalement contredisent les principes mêmes de la politique colbertienne.

Or, cette situation va évoluer et aboutir à des crises de conscience et des prises de position totalement contradictoires avec ce que je viens de vous décrire : le milieu négociant atlantique va de plus en plus évoluer précisément vers l'ouverture sur l'extérieur.

Dans les années 1690, Descazeaux du Hallay, grand négociant nantais, dans son très remarquable mémoire au Conseil du commerce de 1702, dit très clairement pourquoi. Les négociants ont, par la guerre de course, pendant la ligue d'Augsbourg, et surtout grâce aux énormes bénéfices réalisés dans le commerce des mers du Sud aux temps de la guerre de Succession d'Espagne, mesuré l'exacte importance de l'économie mondiale. C'est à peu près en ces termes que s'exprime Descazeaux du Hallay, qui est un basque. Le capital basque, tant espagnol que français, a joué un certain rôle dans le développement commercial nantais et bordelais. Nous avons de ce fait à partir des années 1690 la formation d'une première grande strate de négociants d'envergure internationale dans lequel l'étranger représente à peu près 10 % des négociants, et à peu près 15 % du capital : essentiellement des Irlandais, des Anglais jacobites, ou des Allemands du Nord, en particulier des villes hanséates. Ce qui nous explique que les huguenots vont se réfugier très souvent dans les villes hanséates où certains banquiers hambourgeois sont encore des descendants de ces huguenots. En face de ce groupe, le pouvoir ne sait pas trop quoi faire, puisque cette opposition est devenue une opposition libérale-commerciale, qui a tendance à se répercuter sur le plan politique, dans une critique de plus en plus virulente du pouvoir du gouvernement de la monarchie absolue (on voit Boisguillebert et Vauban annoncer le libéralisme économique). Ainsi on assiste au renversement des fronts : c'est le pouvoir qui désormais se rigidifie, alors que le commerce, lui, se développe.

Intervient un troisième élément au début du XVIIIe siècle, dont on peut souligner la puissance, ce sont les grands planteurs des Antilles. Ils ont fort mauvaise réputation, à cause de l'esclavage, mais on doit cependant souligner que ce milieu de grands planteurs, très lié à la Cour, est composé souvent de gens politiquement très évolués, souhaitant l'indépendance, la semi-indépendance ou l'autonomie des colonies, et pratiquant une ouverture massive vers la Hollande, et l'Angleterre, contraire à toute la théorie de l'Exclusif sur lequel reposent le commerce colonial anglais et français. Il semble ici que l'exutoire pratique qui a permis à la machine de ne pas sauter est l'intensité, l'énormité de la contrebande ; contrebande aux colonies, contrebande entre la France et l'Angleterre, contrebande terrestre, qui est tout simplement le moyen de tourner les réglementations. C'est le même phénomène que les effets de la grande gabelle sur les bandes de Mandrins.

Tout cela suscite évidemment le mouvement politique, et le mouvement de réflexion politico-économique ; et c'est ainsi qu'apparaissent finalement à partir des années 1740, les idées qui vont aboutir à un code de doctrines relativement antimercantilistes, anticommerciales, qui conduit avec Quesnay à la naissance de la physiocratie. Ceci constitue une première étape relative de libération de souhait, de libération efficace avec Silhouette, le premier contrôleur général (1759) à avoir supprimé les corvées, le premier à avoir pensé à supprimer les corporations, et évidemment, le mouvement lié à Turgot.

Mais dans le même temps nous assistons à une autre évolution tout à fait parallèle et d'une énorme influence. Mettons-nous un instant à la place d'un Louis XIII ou d'un Richelieu, (qui dans ce domaine avait d'ailleurs des idées fort originales) : quelles étaient les conséquences prévisibles des mesures politiques ou des mesures économiques, faute de statistique, faute de connaissances pratiques, voire géographiques (Rappelons-nous que c'est en 1676 que la nouvelle carte de France fondée par les Cassini permet d'établir la superficie exacte du Royaume en le diminuant de un tiers de ce que l'on pensait être, et la population française n'était pas connue). Ces politiques économiques, ces penseurs, étaient donc obligés de penser dans le vague, dans un brouillard dont tous les états européens tentent de sortir et ici la France est un peu victime de sa superficie et de son énormité relative. Un ordre donné à Versailles et transmis à Marseille met trois semaines pour y parvenir, et trois semaines évidemment pour un accusé de réception.

Or il se produit un très grand mouvement qui se traduit par ce que les Anglais ont appelé les mathématiques politiques (King, Petty, Davenant), mais aussi par le très grand mouvement caméraliste allemand. Le caméralisme allemand est singulièrement sous-estimé par les historiens français et il constitue, par l'accumulation des ouvrages d'érudition universitaire de la fin du XVIIe et surtout du XVIIIe, une mine de connaissances économiques à peu près inépuisable. En d'autres termes, il se produit quelque chose de semblable à l'une des multiples redécouvertes de l'Antiquité du XVIe, c'est la découverte des possibilités réelles des États. Dans ces conditions, il ne pouvait pas être question de mettre au point une théorie économique avant que ces données soient relativement fiables ; vous avez là-dessus un admirable article de l'un de nos collègues allemands qui enseigne maintenant aux Etats Unis, M. Kossleck, sur la prévisibilité de la politique de Frédéric II le Grand, qui me paraît être l'une des méthodes de réflexion possible [1]. Disons que l'on ne parvient à avoir une idée de la balance du commerce qu'à partir de 1715.

Le dernier élément c'est la désacralisation de la politique. La politique est considérée comme un secret, et les Français ne pouvaient pas connaître l'état des finances de la France, avant le grand ouvrage de Necker, qui est d'une fausseté parfaite, mais qui est la première grande révélation et qui, de ce fait, battra tous les records de tirage de l'Ancien Régime (plus de 100 000 exemplaires) [2]. A titre de comparaison, une édition moyenne compte entre 1 000 et 1 500 exemplaires.

C'est dans ce contexte qu'il faut se placer pour apprécier les idées politiques, les idées économiques, la difficile naissance du libéralisme. Qu'il faille libéraliser le commerce, pratiquement tout le monde, au XVIIe, moins au XVIIIe, en était d'accord ; car nous assistions effectivement, à la fin du XVIIIe siècle, à une renaissance assez paradoxale du colbertisme principalement dans les bureaux du secrétariat d'État à la marine (et, au fond, si nous connaissons Colbert, c'est à cette école mercantiliste, néo-mercantiliste, que nous le devons). Là encore il faudrait peut-être nuancer un certain nombre de choses : Quel est le but de Colbert ? Lorsqu'il parle des manufactures d'État, de quoi est-il question ? Voici une phrase colbertienne assez typique : « Une entreprise qui est soutenue par l'État, si elle ne fait pas de bénéfices au bout de cinq ans, doit être abandonnée. »

Colbert n'a appliqué ceci qu'en petite partie pour une raison très simple : son but était de faire de la force militaire française la force la plus importante d'Europe, et par conséquent de créer une industrie de guerre, des arsenaux, terrestres et maritimes, de manière à assurer une indépendance totale vis-à-vis de l'étranger. En 1661, la France importait la quasi-totalité de son armement léger et lourd et en 1690 pratiquement tous les besoins sont couverts. La grande réussite de Colbert et de ses successeurs réside précisément dans la mise en place de cette industrie lourde. D'ailleurs, là aussi il faudrait combattre les idées reçues : de 1660 à 1670, l'industrie textile, le taux de croissance de l'industrie de la laine est de l'ordre de 0,5 % par an et à partir de 1670 de 1 % par an : cela n'est pas négligeable pour une économie préindustrielle !

Les idées mercantilistes rigidifient les structures et tout ce qui précède et concerne la lente consultation de l'Ancien Régime est, évidemment facteur de rigidification : distances géographiques, longues consultations préalables, et longue réflexion personnelle du souverain après. D'où l'effort sur les routes et l'efficacité des routes royales, même si celles-ci, avec le problème de la corvée étaient d'abord et avant tout destinées à permettre l'arrivée des canons aux frontières ou aux arsenaux. De même l'urbanisme français du XVIIIe siècle est en partie un urbanisme d'origine militaire, comme d'ailleurs les grandes écoles, les Ponts et Chaussées, qui est avec l'École des diplomates de Strasbourg la plus ancienne des écoles françaises (ce n'est pas la Révolution qui les a créées). Là encore, l'Ancien Régime n'a pas su trancher un certain nombre de débats. Les corporations ont fait l'enjeu d'innombrables enquêtes, et en particulier les deux grandes enquêtes de 1758 et de 1763 qui présentent des difficultés de consultation considérables puisqu'elles se trouvent disséminées dans les archives des intendances de province et n'ont pas été réunies.

Pour la France du Nord, les corporations représentent à peu près la moitié des gens occupés dans les différents métiers. Pour le reste, les métiers libres, il y a à l'intérieur de Paris des zones très vastes comme le faubourg Saint-Antoine, où le travail est libre et protégé, et l'enceinte du Temple. Le faubourg Saint-Antoine reposait sur les privilèges de l'Abbaye royale de Saint-Antoine réservée aux filles de France, mais aussi et avant tout servait de protection aux réfugiés ; il s'était accru par les réfugiés de la guerre de Trente Ans. On ne pouvait pas les rembourser de leurs pertes, donc on les remboursait par cette liberté du travail protégé. Évidemment, les heurts entre corporations parisiennes et le Faubourg sont innombrables et encombrent les juridictions.

La monarchie d'avant 1789 connaît encore très mal les réalités économiques ; elle essaie de les comprendre mais il faut d'abord se faire obéir et se faire obéir est très difficile. (« Nous avons les meilleures lois du monde, mais nous ne les appliquons pas », écrit Saint-Simon).

En face, les nécessités du commerce, l'ouverture sur le monde atlantique se fait de plus en plus grande, et le monde des négociants est, lui, international ; doublement international, par son origine, mais surtout étranger par la constitution de ses sociétés. Les sociétés maritimes sont en grande partie des sociétés internationales familiales entre, en particulier l'Irlande, la France, l'Espagne et les Antilles. Que disent ces négociants ? Terminons par deux citations : Face aux pays nouvellement entrés dans le circuit économique, un négociant nantais envoie au secrétariat d'État à la Marine un long mémoire sur les dangers de la concurrence de l'Inde :

Aux Indes, dans le Bengale, pratiquement un ouvrier travaille pour un bol de riz et une tasse d'eau par jour ; nous n'arriverons jamais à forcer les ouvriers à se contenter de pareil régime. Par conséquent il n'y a qu'une solution, de faire le travail par les machines.

En 1792 on constate que « l'emploi des machines substituées aux hommes » permet à l'Angleterre « de l'emporter sur les marchés de l'Europe sur les autres pays ».

La deuxième citation date du 26 septembre 1716 :

Les négociants n'étant chargés que de leurs affaires particulières, ne sont point obligés de se régler sur l'intérêt général ; tous les sujets du Roy doivent attendre uniquement de l'attention et de la sagesse du Conseil les moyens qui peuvent opérer leur soulagement.

NOTES

1. *L'Avenir du passé.*
2. *De l'administration des finances de la France*, Paris, 1784.

Marché politique et droits de propriété
Les origines institutionnelles du retard français

par

Hilton Root

L'histoire nous apprend que participer à un marché, c'était autrefois bénéficier d'un droit concédé pour des raisons politiques : à l'origine de nombreux marchés, on trouve fréquemment des privilèges qui ont été accordés à certains membres de la hiérarchie politique car, pour ouvrir un marché ou y intervenir, il fallait être un homme de poids. En effet, dans leur quête perpétuelle de ressources financières, les gouvernants médiévaux avaient interdit toute activité de profit, ce qui leur permettait de vendre des exemptions à ces mêmes interdictions. Au cœur de la politique médiévale, on bute constamment sur les rivalités que suscite l'obtention de monopoles exclusifs [1].

Lorsqu'un droit de propriété – à savoir le droit d'intervenir sur un marché – est clairement déterminé, peu importe au fond à qui il fut concédé à l'origine. Nous sommes là au cœur même de la pensée économique, qui repose sur l'idée qu'en économie de marché, les utilisateurs qui prétendront à l'acquisition d'un droit de propriété sont ceux-là mêmes qui seront à même d'en faire l'usage le plus efficace. Autrement dit, le système sera efficient tant qu'il existera des marchés sur lesquels les utilisateurs susceptibles d'exploiter à coût réduit un droit de propriété pourront l'acquérir au détriment de celui, moins performant, auquel il a été primitivement attribué. Il y a un seul cas dans lequel l'attribution antérieure du droit de propriété joue au détriment de l'efficience économique : lorsque les coûts de transaction que supposerait le transfert de ce droit excèdent les bénéfices qui en seraient attendus [2].

Lorsqu'on observe l'évolution des marchés au cours de l'histoire, on comprend pourquoi les privilèges et franchises innombrables qui étaient inégalement distribués parmi les populations de l'époque moderne ne pouvaient s'échanger librement comme le suppose la théorie. En effet, droits d'usage, exemptions d'impôt, prérogatives juridiques, monopoles de fabrication, emplois publics possédés à titre privé, droits de vendre ou acheter tous types de produits ou services, droit d'accès à l'économie internationale – tous ces droits étaient distribués à des individus ou des groupes comme autant de propriétés par des gouvernants en quête de revenus [3]. Ceux-ci érigèrent des coûts de transaction comme autant de barrières pour ne donner accès à toute la gamme des échanges possibles qu'à ceux-là qui étaient producteurs de revenus pour l'État et ses clients.

Aussi de nombreux marchés de droits de propriété théoriquement envisageables ne purent-ils être effectivement créés : ce fut le cas en particulier lorsque l'initiateur éventuel de tel ou tel marché, qui en aurait supporté le coût, n'était pas assuré d'en capter le bénéfice. Or il y avait des coûts – ceux qu'impliquent le contrôle et la gestion du marché, ainsi que ceux de la collecte d'information sur vendeurs et acheteurs éventuels [4]. Et ces coûts s'accroissaient, par exemple les coûts salariaux, à mesure que les marchés, traitant des produits et services plus nombreux sur une aire géographique plus large, devenaient plus complexes. Plus de produits, plus de gens concernés, plus de capital immobilisé – cela implique des systèmes d'information plus amples, cela implique aussi de se donner les moyens de contrôler la qualité des produits et la bonne exécution des contrats. Il peut être fort coûteux pour un vendeur de faire la promotion de la qualité améliorée d'un produit (on donne souvent en exemple le contrôle de la teneur du lait en crème ou le contrôle vétérinaire des bêtes à abattre) ; par contre, le marché de ce produit s'élargira d'autant plus que le transitaire, sur la place du marché, pourra assurer au vendeur un coût réduit pour la promotion de la qualité de ce produit. Pour le transitaire – celui qui fait le marché –, mettre en évidence la qualité du produit a l'avantage de réduire, chez l'acheteur comme chez le vendeur, la tentation de tromperie sur la marchandise [5]. Réduire les différences de qualité entre les produits de différents vendeurs, c'est créer les conditions d'une augmentation de la demande.

Bien que les services d'un tel gestionnaire de marché soient souvent indispensables pour mettre en rapport acheteurs et vendeurs, il n'en reste pas moins qu'il n'existera de gestionnaire que s'il est assuré de tirer un certain flux de bénéfices de son intervention [6]. S'il ne se crée pas autant de marchés de droits de propriété qu'il serait concevable, c'est parce que les avantages à en attendre ne peuvent pas toujours être captés par celui qui en supporterait le coût, c'est-à-dire celui qui gère le marché. L'histoire de la banque de placement au XXe siècle nous montre de plus que, lorsque la collecte d'information, comme sa distribution ultérieure, est coûteuse, la réputation de l'organisateur de marché joue un rôle essentiel [7].

Ajoutons à cela que les transferts de droits de propriété impliquent des contrats souvent fort délicats à rédiger, dont, en outre, il n'est pas toujours facile de garantir la bonne exécution à venir : si le propriétaire d'un droit a accepté de transférer une partie du revenu que ce droit lui procure, il faut trouver des garanties pour le maintien des dispositions contractuelles à l'avenir. Dans l'Ancien Régime comme de notre temps, un seul exercice financier ne pouvait suffire à donner pleine compensation au propriétaire pour l'abandon de son droit. En cas de transfert de la gestion d'un marché local, de transfert d'une redevance féodale ou de compensation à donner au propriétaire d'esclaves pour qu'il consente à leur affranchissement, il fallait trouver des montages propres à garantir la continuité des paiements [8]. La rédaction de contrats destinés à désintéresser des détenteurs de droits pouvait s'avérer fort épineuse [9].

Les droits de propriété soumis à la loyauté politique

Sous l'Ancien Régime, des individus se sont souvent vu ouvrir l'accès à un système de droits de propriété en contrepartie d'un engagement de loyauté politique. Autoriser la mise aux enchères de tels droits aurait évidemment ruiné ce système de clientèle. C'est pourquoi les gouvernants ont généralement réservé l'accès à un tel marché au petit cercle de leur clientèle sans se préoccuper de l'efficience économique de l'attribution de ces droits ni de leur gestion ultérieure. Le favoritisme persiste dans les régimes autocratiques parce que les gouvernants sont à la fois ceux qui allouent les droits et ceux qui les font respecter [10]. S'il n'y a pas de distinction entre le système juridique et le système politique, il se peut que le respect des contrats ne soit pas assuré ; aussi les producteurs qui pourraient être plus efficients que les favoris du pouvoir ne sont-ils guère tentés de racheter les droits de ces derniers.

Parce qu'elle était la grande dispensatrice de ces droits, la Couronne française pensait pouvoir compter sur la loyauté d'une ample clientèle [11]. De fait, l'allocation de droits de propriété en contrepartie de loyauté au régime a contribué à donner à celui-ci une assise sociale ; mais il en est résulté des inefficiences économiques [12]. En effet, de tels droits de propriété – impliquant loyauté au régime – ne pouvaient avoir de valeur que pour des acquéreurs éventuels favorables au roi, le danger de voir ces droits récusés étant sans parade pour les autres. C'était donc restreindre le nombre des enfants intéressés à l'échange, et la liquidité de ces droits en pâtissait : il était bien difficile d'estimer la valeur d'un bien dont la valeur dépendait de la qualité des rapports de son détenteur avec le pouvoir royal – et tout aussi difficile de le mettre sur le marché. Bref, les blocages à l'entrée de ces droits, et à la sortie, réduisaient la valeur économique de ces biens assis sur la loyauté.

Comme les gouvernants d'avant 1789 étaient portés à allouer des droits aux opérateurs avec lesquels ils entretenaient des relations multiples et réciproques, ils disposaient des moyens de sanctionner tout dérapage de la diffusion de ces droits de caractère économique, tels : interdire toute poursuite d'activité au détenteur primitif du droit ; refuser d'accorder à son acheteur, détenteur secondaire, tout droit dérivé ; ou encore lui refuser l'accès à des informations ou produits essentiels pour lui ; ou encore refuser d'acheter produits ou services à un opérateur qui se serait inséré dans le circuit contre leur vœu.

Quoiqu'il en fût, la productivité souffrait de ce que la plus grande partie des ressources économiques du royaume était soustraite à la concurrence. Les carences de ces droits assis sur la loyauté apparaissent nettement au cours des périodes de mutation économique brusque [13] : dans ces moments où les fortunes changent de mains, ne reflétant plus l'équilibre existant à l'époque de l'allocation des droits, ceux qui bénéficient de ces mutations n'ont aucun moyen de faire valoir la nouvelle capacité qu'ils ont acquise [14].

Une activité économique précaire et dissimulée

Dans une monarchie absolue, les détenteurs de droits ne sauraient échapper à la crainte de se les voir confisquer. Dans la France d'Ancien Régime, une bonne partie de l'activité économique de routine se développait à la marge de la loi, les droits de propriété étaient précaires et les monopoles s'étalaient. L'arbitraire des bureaux, les entraves à l'accès au marché et une législation hostile au profit contraignaient les acteurs économiques à enfreindre la loi. Pour traiter en confiance, il fallait chercher ses partenaires en affaires parmi des membres de sa famille ou parmi des amis auxquels on était déjà lié par de nombreux engagements réciproques [15]. Parce que la crainte d'une confiscation était réelle, il fallait dissimuler ses profits : les contemporains pouvaient bien savoir qui était détenteur d'un droit, mais ils ignoraient le montant de la rente susceptible d'en être extraite [16]. En revanche cette rétention d'information réduisait les possibilités de crédit – aujourd'hui, par exemple, une banque ne consent de crédits à taux privilégiés qu'au vu du bilan de l'emprunteur. Le marché des droits de propriété en était réduit d'autant.

Il existait bien en France des manufactures rurales, indépendantes et frémissantes d'activité ; elles vivaient dans la part d'ombre de la loi. Il n'était pas admis que des artisans indépendants pussent concurrencer par leurs produits ceux des corporations urbaines ; ce qui était produit à la campagne pouvait être confisqué. Quant au marché des grains, l'extrême confusion des règlements et des juridictions le rendait particulièrement incertain : les négociants en grains étaient inévitablement amenés à transgresser tel règlement de tel parlement local ou de telle municipalité ; en période de disette, ils étaient mis sur la sellette, facilement expropriés et emprisonnés. Quant à préjuger l'attitude que prendraient à ce sujet les représentants du pouvoir royal, c'était impossible : leur réaction était imprévisible.

Les inventeurs de nouveaux produits ou de méthodes de production innovantes avaient donc à compter avec conflits et sanctions. Ils ne pouvaient pas faire appel à des capitaux s'ils ne disposaient pas d'une charte royale leur garantissant un monopole, seule à même de les protéger contre les inquisitions des inspecteurs des corporations. Inventeurs, marchands et artisans risquaient constamment de voir leurs marchandises confisquées, au motif qu'ils avaient empiété sur les droits de propriété d'une autre partie. Quant à ceux qui finançaient l'État, ils couraient les plus grands risques, aussi prenaient-ils toutes précautions pour ne rien laisser transpirer de leurs activités dans le public et pour échapper à la censure des parlements et des publicistes. Les nobles qui investissaient dans la ferme des impôts le faisaient en général sous un nom d'emprunt. Comme il était vital pour les financiers de garder leurs comptes secrets, ils ne pouvaient compter que sur leur réputation personnelle pour obtenir des crédits, non sur les actifs dont aurait témoigné leur bilan. Un tel état de choses ne pouvait que réduire la liquidité et la consistance des marchés financiers.

L'instabilité gouvernementale était également porteuse de toute une série de risques : une nouvelle nomination au Conseil du Roi pouvait signifier expropriation pour les favoris du ministre déchu qui voyaient leurs droits et profits passer à la cohorte de favoris du successeur. Une confiscation était facile à justifier car certaines pratiques courantes dans le monde des affaires – tels les prêts à plus de 5 % – étaient tout simplement illégales. Les acteurs économiques ne pouvaient jamais être sûrs qu'ils ne violaient aucun règlement administratif, aucun décret. En période d'agitation sociale, accusés d'accaparement, de spéculation ou d'usure, ces capitalistes pouvaient se trouver condamnés à des amendes, à l'emprisonnement et même à la peine capitale [17]. Persécution et confiscation ont été le lot des financiers du roi de France pendant la Révolution. Beaucoup se retrouvèrent en prison, vingt furent guillotinés. Les corporations royales furent supprimées. Même les réserves de grains des paysans furent confisquées.

Sous de nombreux aspects, l'état des choses que l'on observe en matière sociale et économique, dans la France d'Ancien Régime, est un défi aux critères d'efficience qui fondent la théorie économique de notre temps. Les paysans riches ne pouvaient pas traiter leurs propriété et production à part de celles du village ; il était impossible à de riches seigneurs d'acquérir les droits de propriété qui leur auraient permis de créer de vastes domaines (en clôturant leurs terres ou en mettant la main sur les communaux) ; les négociants en grains ne pouvaient obtenir le droit de les exporter ; une nombreuse population rurale, avec à sa tête une élite de nobles autrefois puissants, devait vendre son grain aux conditions édictées par les autorités des municipalités urbaines.

Étant donné *que les demandeurs au prix le plus élevé* doivent nécessairement racheter les droits de ceux qui leur barrent le chemin (même s'il faut tenir compte des coûts de transaction), les économistes se demanderont pourquoi ceux qui en supportaient les coûts n'ont pas racheté les droits de ceux qui en tiraient bénéfice. Pourquoi, par exemple, n'y eut-il jamais de transactions destinées à augmenter l'efficience économique, alors qu'elles auraient réduit, pour le secteur rural, le coût de la politique frumentaire menée par la Couronne ? Pourquoi des membres puissants et bien informés de l'élite traditionnelle ont-ils été incapables d'accéder à des marchés sur lesquels l'importance de leur production et leur accès privilégié à l'information leur auraient donné un avantage relatif ? Ce sont des questions que se posaient déjà les économistes réformateurs français du XVIIIe siècle.

Dans ce qui suit, je comparerai à leur équivalent dans l'Angleterre des George certains types de redistribution propres à la France de l'Ancien Régime. Peut-être pourra-t-on mieux comprendre ainsi pourquoi certains des arrangements anglais propres à réduire l'inefficience économique n'apparurent pas en France.

Pourquoi la société française d'Ancien Régime n'a-t-elle pas su développer une activité économique qui aurait à la fois contribué au bien-être général et favorisé la fortune de groupes puissants ? Les historiens ont souvent prétendu que les membres de la société d'Ancien Régime étaient incapables de formuler leurs intérêts en termes économiques. On nous dit qu'ils obéissaient à des valeurs pré- ou anti- capitalistes ; que, par exemple, ils étaient animés par une idéologie de la prouesse quand ce n'était pas par le désir d'assurer leur salut – toutes attitudes opposées à l'esprit de profit.

Nous suggérerons une autre explication : la France d'Ancien Régime n'a pas su faire naître les marchés politiques qui auraient facilité l'échange de droits de propriété entre détenteurs de biens et de services. Le marché politique, c'est celui qui détermine la structure de la place de marché, ainsi que la qualité de ceux qui procèdent à des échanges sur cette place. Ce marché se situe ainsi au-dessus des marchés de biens et de services [18]. L'efficience des marchés politiques se mesure à leur capacité de faire traiter au grand jour un maximum de droits de propriété comme de simples marchandises.

Il n'y eut pas de transactions susceptibles de réduire les inefficiences, dans la France d'Ancien Régime, parce qu'il n'y avait pas de marché intermédiaire où les traiter. En monopolisant l'information sur les décisions politiques et sur leurs conséquences pour l'activité économique, le roi et ses agents, en fait, interdisaient toute transaction indépendante de ce genre. C'est le roi qui réglementait l'accès au marché, c'est-à-dire le droit de commercer dans le cadre de la nation ou vers l'extérieur. Le roi n'octroyait des droits de propriété et ne les protégeait que dans la mesure où ils contribuaient au revenu royal. Si la vente d'un droit était profitable au roi, l'exercice de ce droit avait de bonnes chances d'être protégé par les tribunaux et la force armée ; sinon, la protection royale, selon toute probabilité, allait être fort passive. En tous cas, le roi n'était pas disposé à prendre en charge le coût d'une innovation institutionnelle, en particulier la création et la protection des droits de propriété qu'elle impliquait, sauf s'il était en mesure d'en capter le bénéfice. Par exemple, le roi pouvait ne consentir à défendre contre la piraterie que les marchands qui avaient acheté une charte royale leur donnant l'exclusivité de droits de commerce. Si telle ou telle innovation institutionnelle remettait en question les intérêts du roi, par exemple son revenu, la mise au placard était l'issue la plus vraisemblable. C'est ce qui s'est passé pour les propositions de réforme agricole [19].

Pourquoi le roi n'a-t-il pas tout bonnement remplacé les droits de propriété existants par les droits les plus efficients, étant donné le progrès de la technologie industrielle alors, ce qui lui aurait permis de collecter un surplus de revenu additionnel, effet de la productivité accrue de ses sujets [20] ? On ne saurait répondre sans prendre en compte les deux constatations suivantes : d'une part la collecte des revenus royaux était assortie de forts coûts de transaction, d'autre part le roi avait bien peu de moyens de contrôler la fortune de ses sujets ; aussi le bénéfice qu'il pouvait escompter de l'allocation de droits de propriété plus efficients se ramenait-il souvent à peu de chose [21]. En outre, abolir certains types de droits aurait été plus coûteux que leur simple réforme : par exemple, dans le cas de droits servant de nantissement pour des emprunts, la difficulté de trouver des garanties de remplacement suffisait à rendre leur abolition impossible.

La Couronne ne pouvait pas effacer d'un coup d'éponge les droits inefficients sans mettre en péril son assise politique et financière. Les détenteurs de droits fondés sur la loyauté, qui composaient cette assise, étaient dans l'impossibilité de s'adapter à une nouvelle donne économique : leur actif était constitué de droits non renégociables. Mais cet actif, précisément, leur permettait d'exercer une pression politique suffisante pour empêcher la Couronne de procéder à tout ajustement de la structure des droits de propriété dans le royaume. Les droits de propriété garants de l'assise sociale du régime étaient donc un carcan limitant le montant des revenus que le système pouvait créer, et se traduisirent finalement par une perte de pouvoir du roi : l'incapacité de la France d'Ancien Régime à faire éclore les marchés politiques qui auraient été nécessaires pour susciter d'autres formes de rapports sociaux et économiques a été une des causes profondes de l'effondrement du régime en 1789.

L'économie française aurait été globalement plus efficiente s'il avait été plus facile de négocier des arrangements, mais cela aurait impliqué une redéfinition du rôle du roi : il était l'acteur principal de tout arrangement et il avait le monopole de la définition des droits politiques ; la rigidité institutionnelle de l'Ancien Régime tient en grande partie à cela. Voyons par exemple comment fonctionne le marché des privilèges : de nombreux individus qui détenaient des privilèges économiques considérables les devaient aux relations particulières qu'ils entretenaient avec les dispensateurs de pouvoir du régime. Ils ne pouvaient pas les négocier puisque leur valeur tenait à la seule faveur du roi. Au lieu de faire remonter l'allocation des privilèges au roi, on aurait pu imaginer de créer un corps représentatif dont la fonction aurait été de déterminer comment partager le gâteau économique [22]. Cette fonction existait d'ailleurs à l'état embryonnaire dans la constitution de l'Ancien Régime : elle devait être assurée par les états généraux. Mais ceux-ci ne furent pas convoqués entre 1614 et 1789.

Pourquoi l'administration française s'est-elle refusée à convoquer les États généraux, ce qui aurait été la solution évidente ? Il y a une réponse parmi d'autres : la convocation d'une assemblée de la nation chargée de procéder à l'échange de droits économiques de définition politique aurait sérieusement ébranlé l'autorité du roi en tant que source de tout arrangement. Une fois vendeur et acheteur mis en présence l'un de l'autre, l'intermédiaire devient inutile. L'exemple de la France nous enseigne qu'un gouvernant peut choisir de *ne pas* créer un marché de droits parce que, ce faisant, il amoindrirait son pouvoir et, en fait, cesserait de dominer. Le désir d'exercer une pleine autorité peut en définitive l'emporter sur celui de développer ses affaires et de rester solvable : Colbert avait averti Louis XIV que la guerre de Hollande affecterait lourdement les finances de l'État. Les dettes de l'Ancien Régime tiennent essentiellement à l'attitude du roi, prêt à payer à n'importe quel prix la satisfaction de ses ambitions politiques et diplomatiques. Autrement dit, on ne peut pas mesurer en termes monétaires le désir des hommes de pouvoir de rester aux commandes [23].

Les marchés politiques de l'Ancien Régime consistaient en arrangements ou placements de caractère privé, autrement dit reposaient sur le favoritisme, à seule fin de préserver le pouvoir discrétionnaire des agents du roi. Mais les arrangements fondés sur le favoritisme ne sont pas négociables puisque les droits que détiennent les favoris tiennent à leurs relations personnelles avec un représentant du régime. La valeur qu'ils représentaient ne pouvait d'aucune façon – achat régulier ou paiement illicite – être mise en évidence par ceux qui auraient pu faire usage de tels droits ou privilèges. Pour accéder à la rente produite par ces droits de propriété, les groupes exclus ne pouvaient que s'efforcer de gagner la faveur des politiques. Or gagner cette faveur, dans la France d'Ancien Régime, n'allait pas autrement que gagner du pouvoir dans un régime à parti unique. Si l'exécutif est la source de tout privilège économique – ce qui équivaut à un système où toutes les entreprises ou affaires appartiennent à l'État –, il faut être membre du parti au pouvoir pour se voir allouer des droits, et donc la rente qu'ils recèlent [24]. Comme ces droits étaient le monopole d'un seul parti, celui du roi, dans la France d'Ancien Régime, ceux qui en étaient exclus (disons : l'opposition) devaient renverser le gouvernement pour y avoir accès. On voit ainsi pourquoi l'instabilité politique est inévitable lorsque tous les droits économiques sont la propriété de l'État. Au contraire, dans un système parlementaire, l'opposition n'a pas à prôner la révolution pour gagner du pouvoir.

Les transformations spectaculaires que connut l'Angleterre à la même époque illustrent bien, a contrario, à quel point les institutions politiques françaises ont mal réussi à repousser les frontières du statu quo économique et social. On relève en Angleterre des ajustements remarquables : l'expansion de vastes domaines agricoles grâce à la clôture, grâce aussi à une politique de soutien des prix qui se traduisit par un cours élevé des grains ; le déclin des corporations et des monopoles de commerce urbains ; la création d'une administration fort efficiente pour la perception des taxes indirectes [25] ; la délocalisation de manufactures dotées d'un solide capital vers la campagne [26] ou vers des régions où le pouvoir coercitif des corporations était faible [27] (on notera à ce sujet que les marchands français ont eu recours eux aussi au travail des paysans pour profiter de la faiblesse du contrôle que les corporations étaient en mesure d'exercer à la campagne, mais le risque de confiscation leur interdisait d'y investir beaucoup en machines ou en ateliers). Aussi vénale qu'elle ait été, l'administration anglaise a contribué à orienter l'économie vers des allocations de ressources plus efficientes, puisque la corruption elle-même avait pour effet de transférer les ressources vers ceux qui pouvaient en tirer le plus de valeur [28]. Le Parlement joua un rôle essentiel dans ces mutations, qui n'étaient que la conséquence d'arrangements politiques négociés dans la perspective d'intérêts économiques privés.

La capacité du Parlement britannique à conclure des arrangements est manifeste quand on l'examine du point de vue où nous nous plaçons. Le Parlement était en fait un marché pour les droits de contrôle sur l'économie. Ces droits pouvaient y être négociés et échangés, de sorte que le *demandeur au prix le plus élevé* pouvait les y racheter à ceux auxquels ils avaient été traditionnellement alloués. Dans l'Angleterre d'après 1688, ce furent les parties dont les intérêts étaient représentés au Parlement, non plus le roi et ses agents, qui devinrent les auteurs de ces arrangements [29]. L'Angleterre du XVIIIe siècle satisfaisait donc plus que la France d'Ancien Régime à l'idéal des économistes – un marché grâce auquel l'allocation des ressources trouve sa pleine efficience –, ce qui suppose qu'il n'y a aucune entrave aux échanges.

Mais la théorie ne prend pas en compte le rôle décisif des institutions grâce auxquelles les hypothèses des économistes deviennent plausibles [30].

Au Parlement britannique, les groupes marchandaient entre eux, animés par leurs propres intérêts, pour un profit souvent refusé aux groupes qui n'étaient pas représentés, telle la paysannerie qui fut finalement dépossédée parce qu'elle se trouvait exclue de l'appareil qui présidait aux arrangements. Au contraire, ceux qui participaient à ces marchandages pouvaient faire obstacle à des arrangements qui auraient été à leur désavantage. Un parlement composé de joueurs n'octroiera jamais à un de ses membres le monopole de la fabrication des cartes à jouer ; au contraire, si aucun joueur n'y siège, il pourrait consentir à créer ce monopole car cela ne léserait les intérêts d'aucun de ses membres. Il n'en allait pas autrement pour le Parlement britannique, un parlement de propriétaires fonciers : il ne consentit pas à la création de monopoles industriels parce que, selon la doctrine économique de ce temps, il ne pouvait y avoir de profit industriel qu'au détriment de la rente foncière. De fait, Ricardo enseignera qu'il n'y a de prix élevé des biens manufacturés qu'au détriment de la rente. S'il est vrai que les membres de ce Parlement, dominé par les intérêts fonciers, étaient persuadés qu'ils collecteraient des rentes plus élevées si les produits manufacturés étaient à bas prix, il n'est nullement besoin d'invoquer leur attachement au libre-échange pour expliquer pourquoi ils s'opposèrent à la création de monopoles industriels [31].

Il ne sera sans doute pas inutile de nous référer au comportement des législatures contemporaines pour mieux illustrer les traits spécifiques des parlements de cette époque. Les études concernant les choix publics nous apprennent pourquoi, de nos jours, les groupes d'intérêt ne se neutralisent pas les uns les autres au sein du Congrès américain : ce sont les comités, non l'assemblée plénière, qui arrêtent l'agenda, de façon à obtenir les voix nécessaires pour que telle ou telle loi soit votée. Ce sont des textes de loi déjà rédigés qui sont soumis aux représentants, de sorte que ceux-ci n'ont pas à choisir entre plusieurs projets. Mais des éléments de ces projets peuvent être adjoints aux textes s'il le faut pour recueillir le nombre de voix indispensable. Alliances politiques de circonstance et législation fourre-tout permettent aux comités de boucler un texte qui plaise à autant de sénateurs qu'il en faut pour qu'il soit adopté. Sans ce système de comités, une bonne partie du travail de redistribution du Congrès américain disparaîtrait [32].

De nombreuses théories économiques reposent sur l'idée que les échanges s'achèveront une fois que toutes les possibilités de gain seront épuisées. Nous suggérons quelque chose de différent : atteindre le point où tous les échanges possibles seront épuisés suppose qu'il existe des institutions aptes à maximiser la liquidité de tous les droits et actifs économiques. Cela suppose que tous privilèges et droits de propriété sont des marchandises échangeables. Mais il arrive rarement que les sociétés humaines voient s'épanouir des marchés politiques sur lesquels tous les actifs économiques et sociaux seraient parfaitement liquides et pourraient faire l'objet de libre-échanges. Ce qu'écrivent les économistes revient à supposer qu'il est possible aux détenteurs de ressources de trouver à vendre leurs droits à tous les niveaux du système politique; or l'histoire économique de la France et de l'Angleterre nous donne à penser que l'allocation des droits à intervenir sur un marché constitue une variable essentielle, dont le jeu explique les différences de performance économique et politique entre régimes [33]. L'histoire des deux nations nous montre à quel résultat a souvent abouti le pouvoir de marchandage de groupes constitutifs qui mettaient le système politique au service de leur intérêt économique : à l'instauration de coûts de transaction. Les groupes d'intérêt accommodaient délibérément les imperfections du marché afin d'en tirer profit.

Marchés politiques et société rurale

La France d'Ancien Régime n'a pas su créer un marché pour toutes les formes de droit de propriété, et son potentiel économique en a subi les conséquences. La société rurale a sans doute été la plus grande victime de cette carence. Les seigneurs limitaient l'accès des paysans aux marchés locaux, et eux-mêmes se voyaient souvent refuser l'accès aux marchés internationaux pour leurs surplus de grains. Les paysans aisés aspiraient à échapper aux pratiques agricoles restrictives de leur communauté villageoise, tandis que les pauvres, en général, souhaitaient voir partager les communaux. Tous, riches et pauvres, demandaient à ne plus être soumis aux redevances féodales. Tous étaient prisonniers de structures de droits de propriété auxquelles ils ne pouvaient se soustraire. Au cours du XVIIIe siècle, les termes de l'échange et les rapports de force s'étaient modifiés, cependant le contrat ne fut pas renégocié. Ceux qui supportaient le coût de l'inefficience des droits ne disposaient pas d'un forum où ils auraient pu racheter les droits de ceux qui profitaient de l'arrangement existant. La structure politique de l'Ancien Régime qui accordait au roi seul la capacité de redéfinir les droits de propriété limitait les possibilités de marchandage entre les groupes qui détenaient les droits économiques. Comme il n'y avait pas de possibilité de les négocier de l'acheteur au vendeur éventuels, les seuls lieux possibles d'une renégociation des droits de propriété agraire étaient l'action auprès des tribunaux et la désobéissance civique.

La politique d'approvisionnement

Dans la France d'Ancien Régime, les négociants en grains ne pouvaient obtenir les droits à l'exportation, alors que les propriétaires terriens, conduits par l'élite seigneuriale ancienne, devaient vendre leur grain sous les conditions fixées par les agents de la Couronne. Il en résulta l'interdiction d'exporter, une réglementation limitant les modalités et le lieu de vente et l'imposition possible de confiscations et de contrôle des prix en temps de disette. Pourquoi des éléments aussi puissants de la société d'Ancien Régime ne parvinrent-ils pas à se mettre d'accord afin d'obtenir la reconnaissance des droits de propriété qui auraient augmenté leur prospérité aussi bien que celle de la société en général [34] ? Les administrateurs du roi savaient que la réglementation inefficiente des marchés frumentaires mettaient en danger la productivité de l'agriculture française. Pourtant, il n'y a pas eu d'échanges visant à réduire les coûts de la politique royale supportés par les paysans.

Les droits de propriété qui gouvernaient la distribution de grains, comme ceux déterminant l'accès des paysans aux marchés, reflétaient le cadre institutionnel dans lequel les décisions étaient prises. Il n'y avait pas de point de rencontre permettant de réunir les propriétaires terriens, premiers bénéficiaires d'un prix plus élevé, et les consommateurs citadins qui paieraient un prix faible. La tradition française d'autonomie des villes empêchait le développement d'institutions permettant de concilier les intérêts des élites urbaines et rurales. Par contraste, l'Angleterre était dotée de marchés politiques – un Parlement national – au sein desquels les seigneurs et les négociants pouvaient se rencontrer pour négocier et échanger des droits [35]. Les marchés politiques, qui permettaient d'amener les détenteurs de ressources concernés à la table de négociation, furent l'une des innovations institutionnelles responsables de la transformation des droits de propriété agraires d'Angleterre et de l'expansion de l'exportation de grains.

Industrie et commerce

Le secteur proto-industriel des campagnes était peut-être le plus dynamique de l'économie française. En dépit de sa vigueur, les producteurs proto-industriels devaient se battre contre les codes industriels limitant leur accès au capital, aux marchés et aux innovations technologiques [36]. A la fois les consommateurs et les membres du gouvernement royal soucieux du développement économique critiquaient la domination exercée par les corporations sur le tissu industriel du pays. Le secteur informel, ou proto-industriel, était incapable d'obtenir les droits dont jouissait le secteur formel de l'économie. La réglementation française, en favorisant la production des corporations, criminalisait la recherche de profits des artisans ruraux en quête de marchés pour écouler leurs produits dans les villes. Une corporation ne pouvait procéder à des échanges de droits avec une autre corporation dont la production et l'expertise se recoupaient avec la sienne. Cette absence de marchés d'échange de droits de propriété industrielle négociables fut un échec du marché politique. Une fois de plus, la France offre un exemple – mis en valeur par un contre-exemple anglais – de ce que des échanges visant à réduire des inefficiences clairement identifiées par ceux qui en supportent les coûts, ne sont pas réalisés.

La structure des corporations, centralisées sous le contrôle de la monarchie, limitait l'information que celles-ci pouvaient recueillir à propos d'éventuelles stratégies de production conjointes. Il nous serait donné plus fréquemment de constater des fusions de corporations ou un partage d'informations entre elles ou en leur sein si la monarchie n'avait pas imposé une structure verticale de contrôle par le canal de ses agents. Soumis à un tel régime de contrôle royal, les différents métiers n'étaient aucunement incités à partager des informations sur les possibilités qu'offraient les marchés ou sur des perspectives nouvelles de production; ils n'en avaient pas non plus les moyens. Les diverses barrières qui se dressaient entre les métiers étant définies une fois pour toutes, ceux-ci n'étaient guère incités à explorer d'autres emplois de leur capital ou de leur force de travail. Si par suite de l'apparition de nouvelles techniques, une corporation était en mesure de s'engager avec plus d'efficacité dans tel ou tel type de production qui, jusque-là, relevait d'une autre corporation, il leur aurait été très coûteux à toutes deux de négocier entre elles pour déterminer comment adopter ces nouveaux procédés. Dans cette hiérarchie industrielle, les agents royaux étaient seuls en position de coordonner une telle renégociation des responsabilités et des actifs de chacun. Or ces agents ne disposaient nullement de l'information nécessaire pour déterminer la structure optimale de l'activité de production [37].

Les différences entre l'Angleterre et la France en matière d'organisation industrielle et de rythme d'innovation industrielle peuvent aussi être attribuées aux différences de fonctionnement de leurs marchés politiques respectifs. Le coût élevé du partage de l'information, celui tout aussi élevé de la négociation d'un nouveau partage des droits entre corporations et en leur sein, ne pouvaient que décourager l'innovation, tant dans le domaine de la technologie que dans celui de l'organisation. En Angleterre en revanche, les industries étaient libres d'accroître leur savoir technologique puisque les détenteurs de ressources pouvaient échanger droits et privilèges avec l'appui du système judiciaire. L'indépendance du système juridique anglais par rapport au pouvoir politique autorisait de mettre en œuvre des modifications des droits de propriété sans l'intervention de l'exécutif [38]. Les groupes ayant une représentation au Parlement pouvaient empêcher la création de privilèges à leur dépens et il était peu probable que le pouvoir judiciaire indépendant accède aux ambitions de monopolistes potentiels. Nous voyons une fois encore que les différences au niveau institutionnel déterminant les choix politiques sont susceptibles de produire des différences au niveau des résultats de la politique économique.

Finances publiques

Sous l'Ancien Régime, le roi français vendait des offices qui représentaient la création d'autant de titres de la dette publique. Le roi vendait ces titres afin de ne pas être obligé d'en faire des actionnaires, en leur offrant le droit de participer au système politique. La vente d'offices a permis d'accroître la capacité fiscale de la Couronne par l'augmentation de la liquidité du royaume, tout en préservant au roi son rôle de joueur principal du pays [39].

A l'époque où il les a faits, bon nombre des vastes conséquences politiques des efforts du roi français pour rester maître du jeu politique étaient imprévues. Par rapport à son homologue britannique, il semblait aux observateurs de l'époque que le roi français occupait une position de force enviable dans la négociation. Une comparaison des systèmes financiers suggère cependant une conclusion différente.

La mise sur pied d'institutions financières spécialisées dans l'évaluation du crédit fut nécessaire afin de réduire le niveau de risque, puisque ni la Couronne française, ni la Couronne anglaise ne pouvaient monétiser leur dette sur les marchés financiers. Les gouvernements des deux pays ont fait appel aux intermédiaires financiers en tant que substituts aux marchés non existants. Les intermédiaires ont mis au point des portefeuilles diversifiés de prêts, fondés sur la diversification et des évaluations du crédit, réduisant ainsi les coûts de surveillance de la Couronne. Des formes ou des instruments de dette à taux d'intérêt fixe ont été mis au point, garantis par les biens propres des intermédiaires. Le système était doté de sanctions de banqueroute, puisque les intermédiaires pouvaient être tenus pour responsables de leurs dettes.

Ici s'arrête la ressemblance entre les régimes anglais et français des finances publiques. En Angleterre se développait un système dans lequel les créanciers du roi devinrent actionnaires de l'État. En France, les titres de la dette étaient vendus par des intermédiaires qui procédaient à des échanges sur la base d'informations de nature exclusive et privée. Les intermédiaires français étaient des agents privés négociant des renseignements privés ; leurs biens propres et ceux de leurs clients étaient secrets [40].

La sphère privée était un élément essentiel de leur capacité de joueurs. En tant que vendeurs d'informations, les fermiers des impôts du roi exerçaient un rôle indispensable palliant à l'insuffisance des marchés financiers. En tant qu'intermédiaires du roi, ils étaient censés détenir des informations sur les décisions politiques leur permettant de renforcer considérablement leur crédibilité en tant qu'agents transitaires. Or ces mêmes conditions d'asymétrie et de limitation de l'information exposaient le système financier dans son ensemble à des risques importants.

La compétition diplomatique opposant la France à l'Angleterre a révélé l'étendue de ces risques. En Angleterre, l'existence d'informations accessibles au public limitait les problèmes d'asymétrie de l'information, réduisant ainsi le niveau des taux d'intérêt[41]. En revanche, l'absence d'informations diminuait le taux de liquidité et poussait les taux d'intérêt français au-dessus des taux anglais. De plus, tout signe d'instabilité était susceptible de déclencher un effet de spirale, puisque les bons du Trésor français s'échangaient sur le marché privé. Ainsi, ce fut une spirale de défaut qui déclencha la Révolution française. La solidité incertaine de certains banquiers du roi se répercuta rapidement sur l'ensemble du système financier. Cet effet de spirale était lui-même le résultat de marchés financiers défaillants et de l'information limitée et asymétriquement distribuée sur l'actif et le passif du royaume.

En fait, nous pouvons considérer que le roi d'Ancien Régime, en France, a su créer le système le plus efficient possible, compte tenu de son souci premier de n'abandonner que le minimum de son autorité. Vue comme une entreprise, la monarchie ne pouvait se financer que par l'émission d'emprunts ou d'actions. Si elle contractait des dettes sans faire banqueroute, elle gardait la maîtrise de la situation. Passer par un parlement pour financer l'État équivalait à créer des actions, mais c'était céder le contrôle de l'entreprise aux actionnaires : c'est effectivement ce qui arrive en Angleterre, où le roi perd le contrôle de l'État au profit de ses actionnaires, qui lui versent un salaire[42]. Étant donné les contraintes institutionnelles auxquelles elle avait été forcée de se plier, la monarchie anglaise avait atteint, au début du XVIIe siècle, les limites de sa capacité à lever des fonds ; la crise constitutionnelle et la défaite dans la guerre civile qui suivit ne lui laissèrent pas d'autre solution que d'élargir l'actionnariat.

Le roi français rencontra plus de succès puisqu'il n'eut pas à convoquer un corps représentatif : il put augmenter sa dette plutôt que son actionnariat et rester ainsi le propriétaire de son entreprise. Pour les observateurs de l'époque, même les mieux informés et les plus avertis, les rois de France semblaient en bien meilleure situation que leurs homologues anglais. Les financiers français cultivèrent toutes les apparences de la solidité et de la permanence. Ils se firent construire les hôtels les plus somptueux, dans les quartiers les plus chics de la capitale ; ils se comportèrent comme s'ils étaient d'aussi ancienne lignée que la monarchie en s'alliant aux familles de la noblesse la plus vieille et la plus titrée. Mais le rival, qui maîtrisait toutes les ressources d'une nouvelle technologie financière, parvint rapidement à modifier le terrain même sur lequel reposait un des édifices les plus durables en apparence de toute l'Europe – l'établissement financier français.

La lutte pour la suprématie entre la France et les autres États européens eut un effet déterminant en ce qu'elle accéléra le mouvement vers une réforme institutionnelle en France. Cette concurrence entre États européens donna des avantages spectaculaires aux nations qui se distinguaient par leurs heureuses innovations en matière d'organisation ; elle pénalisa tout aussi spectaculairement celles dont l'organisation, dans ses structures, était sclérosée. En voyant le jour, la technique britannique de garantie de la dette publique ouvrait toute une série de choix d'organisation qui finirent par enlever toute validité au système français. Comme il n'existait pas d'autorité centrale qui pût imposer un mode uniforme d'administration publique, rien ne pouvait empêcher un franc-tireur d'introduire une méthode de financement public plus performante, au prix de la dislocation de la totalité du système international. La diffusion, parmi les États européens rivaux, d'institutions financières d'espèce différente, signifia le glas de la splendide structure bâtie par les rois d'Ancien Régime : elle dut être démantelée parce qu'un nouveau riche, qui à l'origine semblait à peine digne de considération, en exposait la vacuité.

Parlement et stabilité

Les capacités de marchandage du Parlement allaient avoir des conséquences imprévues quant aux moyens de l'Angleterre de s'adapter aux opportunités économiques. La facilité avec laquelle s'établissaient des accords politiques devait à son tour influencer directement la gouvernabilité. Le régime juridique anglais, plus unifié, conférait aux contrats négociés au Parlement une valeur objective de marché, en partie parce que ces contrats bénéficiaient de l'appui du système légal. En revanche, les titres de la dette qui résultaient du favoritisme étaient largement non négociables, puisque la confiance faite aux portefeuilles privés et à la stabilité des gouvernants constituait la base des contrats. De plus, il était toujours possible de faire appel aux tribunaux locaux en France pour contester les droits acquis au prix de marchandages avec les agents du roi. L'incapacité pour les différents groupes d'échanger droits et privilèges bloquait les réformes nécessaires au bon fonctionnement du régime français des droits de propriété. Les différences au niveau du système de redistribution entre la France et l'Angleterre – la négociation et la mise en œuvre des contrats politiques pour répartir les parts du gâteau national – ont produit des résultats radicalement différents sur la stabilité politique des deux pays.

Favoritisme et corruption

La corruption et le favoritisme furent deux exemples d'imperfections des marchés bénéficiant du soutien du pouvoir politique. Les deux phénomènes constituaient des contrats informels apparus sur le marché politique et qui déterminaient l'évolution des marchés économiques dans le temps.

La corruption est un mode d'action accessible aux mécanismes du marché ; il en ressort indirectement une allocation de ressources obéissant à un critère d'efficience que l'on ne retrouve pas dans le favoritisme [43]. Je me réfère ici à la définition économique traditionnelle de l'efficience : une ressource est utilisée de façon efficiente lorsqu'elle est allouée à un utilisateur qui en a le plus grand désir marginal et qui est capable de la payer. De sorte que le producteur le plus efficient dans un monde exempt de corruption serait également le plus efficient dans un environnement corrompu. La corruption fournit des informations sur l'efficience relative des diverses réglementations existantes. Ce qu'il y a de plus inefficient dans la corruption, ce sont les coûts de transaction que suppose tout arrangement entre le corrupteur et le corrompu.

Comparée au favoritisme, la corruption est moins discriminatoire, puisqu'on peut agir sur le marché de la corruption sans se heurter à des barrières autres que celle du prix à payer. Le favoritisme, lui, distingue plus entre les gens puisqu'il suppose un traitement particulier pour chacun, et puisque les droits de propriété y sont alloués selon des critères qui ne sont pas ceux du marché. En conséquence, il y a plus grande probabilité que les ressources soient mal allouées. Le favoritisme peut même aboutir à ce que les coûts, pour le producteur non efficient, tombent au-dessous du niveau de ceux que supporte le producteur efficient. Ainsi peut-il arriver que les producteurs inefficients chassent du marché ceux qui sont efficients puisque ceux-ci voient leur avantage confisqué.

En somme, la corruption engendre une plus grande efficience parce qu'elle met des ressources à la disposition de ceux qui en ont la plus grande valeur d'usage, tandis que le favoritisme exclut un bon nombre de ces utilisateurs potentiels ou les prive de tout moyen de faire connaître leurs besoins. Le favoritisme réduit ainsi les possibilités de production et contrarie l'ajustement indispensable aux mécanismes du marché. On peut voir dans la corruption l'équivalent d'un marché aux enchères pour les rentes et les faveurs politiques. Puisque les rentes pouvaient être vendues à l'enchérisseur le mieux disant, la liquidité sociale s'en trouvait augmentée : il se constituait comme un marché pour les privilèges. En France, c'était *intuiti personae* que se distribuaient les privilèges ou les possibilités d'extraire une rente. Dans ces conditions, aucun marché public de ces avantages ne pouvait se créer, non plus que quelque transaction entre chercheurs de rente.

Le secret était la clé du favoritisme : la monarchie se rendait indispensable en gardant le monopole de l'information sur les règlements politiques et sur leurs effets. Un marché privé des privilèges ainsi que des arrangements privés entre chercheurs de rente étaient impossibles tant que la monarchie contrôlait ainsi l'information. Les faveurs politiques ou économiques que dispensait le souverain n'avaient aucune liquidité, elles ne pouvaient faire l'objet d'échanges : en dehors du cercle étroit des gouvernants, personne n'en connaissait la valeur réelle. En outre, leur effet cessait d'être garanti dès qu'elles quittaient les mains du groupe des favoris. Ces faveurs ou privilèges perdant leur valeur pour quiconque n'avait pas ses entrées auprès de tel ou tel ministre, leur marché public n'aurait eu aucun sens.

Le favoritisme était instable par nature : la fiabilité des contrats qu'il suscitait ne tenait pas à la réputation d'institutions bien assises, mais à la qualité des individus ou des relations privées qu'ils entretenaient. Ce qui faisait la base de tels contrats, c'étaient les interactions secrètes, mais continues qui jouaient entre leurs titulaires et les personnes au pouvoir [44]. Toutefois, à mesure que le siècle avançait, il devint de plus en plus difficile pour la monarchie de garder le secret autour de ses transactions. Plus le favoritisme devenait connu, plus ces informations sapaient le soutien du régime. L'opinion publique, nourrie par la presse souterraine florissante, grignotait progressivement le secret qui était la condition même du favoritisme.

Marchés politiques et histoire

La tutelle des marchés a souvent été, à l'origine, des concessions octroyées par le roi à la noblesse ou aux villes en échange de leur loyauté ou de revenus. Les institutions politiques qui auraient été requises pour soutenir l'échange de ces droits de propriété ne se développèrent jamais, car les élites n'allaient pas abandonner leurs droits, une fois acquis, sans qu'il y eût compensation, en contrepartie, pour la valeur de la rente qu'elles en attendaient pour les temps à venir. Aussi les phénomènes de collusion persistèrent-ils, de même que le pouvoir monopolistique des élites auxquelles les droits de propriété avaient été alloués à l'origine [45]. Cet équilibre eut des conséquences en matière de distribution, et en particulier le transfert de revenu des paysans vers les élites urbaines ou seigneuriales. Il y eut aussi des pertes d'efficience liées à la répugnance des paysans à participer au jeu des marchés : si la production paysanne avait pu s'intégrer complètement au système de marché, la société en serait devenue plus riche. Elle s'appauvrit au contraire parce qu'il n'y avait pas, pour les contrats politiques, de marché qui aurait permis aux élites de négocier la liquidation de leurs droits de propriété sur la tutelle des marchés.

Les *Enclosure Acts* (législation du droit de clôture) du Parlement britannique sont un bon exemple d'une telle négociation : les droits de propriété traditionnels furent liquidés de telle sorte que les gains provenant de l'expansion des relations de marché purent être captés : les seigneurs terriens en retirèrent une rente plus élevée, que le roi fut alors en mesure de taxer. Le coût d'une négociation locale destinée à permettre la clôture de façon contractuelle aurait été trop élevé : elle aurait supposé des harmonisations de procédure dont il aurait fallu déterminer à l'avance la normalisation et la mise en application. En Angleterre, cela put se faire par initiative parlementaire parce que les droits de propriété du roi n'en étaient aucunement affectés. En France, il y aurait fallu le consentement du roi et sa participation effective, puisque, selon sa doctrine, les biens et droits communaux étaient en dernière analyse concédés par le roi et appartenaient autant aux générations futures qu'à la génération en vie. En outre, les revenus attachés à ces droits relevaient de la collecte des impôts royaux. En France, il n'aurait pas été facile pour le roi de capter les gains en efficience qu'aurait apportés la clôture des communaux, puisque les seigneurs terriens (ceux qui en auraient profité le plus), pouvaient le plus souvent revendiquer l'exemption d'impôt[46].

L'Ancien Régime n'a pas produit les institutions politiques qui auraient été susceptibles de capter et de réallouer les gains en efficience que l'on pouvait attendre d'une redéfinition des droits de propriété ou de l'abolition des privilèges. Il aurait fallu une institution, ou une réglementation, pour fournir aux élites privilégiées une part équitable de ces gains en efficience liés à une réforme des droits de propriété, et pour les assurer rétroactivement que ces droits ne seraient ni violés, ni confisqués. Si une telle réglementation n'a pu voir le jour dans la France d'Ancien Régime, cela tient au rôle central imparti au roi, de qui dépendait en définitive la création de cette institution. Or le roi ne pouvait être partie à des changements institutionnels qui auraient eu pour effet, même temporairement, de réduire le flux des revenus dans les coffres de la Couronne.

Conclusion

Il y a une leçon simple mais forte à retenir de cette défaillance politique de l'Ancien Régime : pour qu'un régime soit susceptible de survivre, il est essentiel que se forment des marchés politiques sur lesquels tous les biens sociaux, tous les droits de propriété puissent être négociés, transférés ou convertis en liquidités [47]. Le système de l'échange économique dépend en définitive de la plus ou moins grande facilité avec laquelle les droits de propriété issus d'un contrat politique peuvent être négociés, de telle sorte que la société soit en mesure de capter les gains que procurent les nouvelles techniques et les marchés [48].

L'histoire des gouvernements français et anglais de l'époque représente deux voies différentes vers la modernisation économique et politique. Le grand succès de l'absolutisme français fut l'unification de la nation française politiquement fragmentée. La libération des forces du marché fut la grande réussite du régime parlementaire anglais. Cette libération se produisit parce que des marchés politiques se développèrent au sein desquels les inefficiences dans l'allocation originelle des droits de propriété pouvaient être corrigées par l'échange plutôt que par la révolution. Là où l'échange n'était pas possible, la corruption permettait à ceux dont la valeur d'usage était supérieure à surenchérir les détenteurs de droits de propriété inefficients. Ainsi, la corruption permit un marché d'enchères pour la négociation de droits de propriété lorsque l'échange politique au Parlement échouait. Le régime français de contrôle centralisé eut pour résultat d'institutionnaliser le favoritisme, ce qui réduisait à la fois la corruption et l'échange commercial. Le favoritisme fournissait néanmoins une sécurité suffisante aux droits de propriété pour permettre un niveau d'investissement susceptible de soutenir la croissance économique.

Le favoritisme entravait la capacité de la royauté française à mobiliser le soutien populaire nécessaire pour s'adapter au développement économique. Les corporations avaient le pouvoir d'empêcher l'innovation organisationnelle et l'adaptation de nouvelles technologies. Plus généralement, la vitalité de l'économie informelle nourrissait l'opposition aux privilèges et au régime. Les consommateurs citadins de grains, susceptibles de faire pression sur les autorités locales pour qu'elles subventionnent le prix de blé, limitaient également la capacité du roi de s'adapter au changement. Les investissements pour améliorer la productivité agricole se faisaient attendre, puisque la politique frumentaire modifiait les conditions commerciales au profit du consommateur citadin.

Les élites financières servaient de garants au système de privilèges tout en bénéficiant d'une participation à l'économie internationale et au système fiscal. Leur résistance à la réforme obligea la monarchie à convoquer les représentants des états généraux du royaume. L'objectif du roi fut d'octroyer des concessions visant à élargir la base fiscale. A la place, une révolution politique et sociale s'est produite.

L'incapacité de la Couronne à agir avec succès pour libérer l'économie française était due aux assises sociales sur lesquelles reposait son autorité politique. La Couronne n'était pas en mesure de convaincre ces groupes que la réforme leur serait bénéfique, et elle était incapable de trouver un soutien social alternatif pour appuyer les réformes qu'elle espérait faire avancer.

NOTES :

1. A.R. Bridbury, « Markets and Freedom in the Middle Ages », in B.L. Anderson et A.J.H. Latham, *The Market in History*, London : Croon Helm (1986) : 79-121, et Henry Clifford Darby, *An Historical Geography of England Before A.D. 1800*, Cambridge University Press, (1936) : 79-119.

2. Ce caveat se réfère aux coûts de négociation et de surveillance d'un échange.

3. Les droits de propriété servent à déterminer l'utilisation des ressources et à attribuer les coûts et bénéfices qui en résultent. Ce sont les droits de propriété – ou ce que les gens considèrent être les règles du jeu – qui déterminent le fonctionnement de l'offre et de la demande.

4. Douglass North a observé que « les coûts que représentent la mesure des dimensions de l'input et de l'output vont dicter la structure des différents régimes de propriété. L'existence de droits de propriété exclusifs implique la capacité de mesurer les dimensions – quantité et qualité – du bien ou du service faisant l'objet d'un échange ». « A Framework for Analyzing the State in Economic History », *Explorations in Economic History* 16 1979 : 254.

5. Les spécialistes du développement font souvent remarquer que les institutions du marché évoluent plus lentement que la demande de biens et de services. Pour une discussion du rôle joué par les tiers pour réduire l'asymétrie de l'information, voir Robert Klitgaard, Adjusting to Reality : Beyond « State Versus Market » in *Economic Development*, ICS Press, San Francisco, California, 1991 : 29-63.

6. « Pour expliquer les origines des droits, nous devons chercher les motivations propres des détenteurs aussi bien que celles des requérants. » William H. Riker, « Civil Rights and Property Rights », in *Liberty, Property and the Future of Constitutional Development*, Ellen Frankel Paul et Howard Dickman (réd.) State University of New York Press, Albany (1990) : 49-64.

7. De Long, J. Bradford, « Did J.P. Morgan's Men Add Value ? » in *Inside the Business Enterprise*, sous la rédaction de Peter Temin, 206-36. National Bureau of Economic Research. Chicago : University of Chicago Press, 1991.

8. On aurait peut-être pu éviter la Révolution française s'il avait été possible de rédiger des contrats crédibles susceptibles d'être appuyés juridiquement, permettant à la monarchie de racheter les exemptions fiscales accordées à certains individus privilégiés. De même, on aurait pu éviter la guerre civile américaine s'il y avait eu un contrat autorisant le Nord à indemniser le Sud pour l'affranchissement des esclaves.

9. Le Japon, Taïwan et la Corée, trois grandes réussites de l'histoire économique contemporaine, offrent des exemples où les droits des élites anciennes sont rachetés plutôt que confisqués. Les élites traditionnelles ont bénéficié de titres de participation au nouveau régime, de manière à mobiliser leur coopération au profit de l'économie moderne.

10. Le système de Common Law est depuis toujours une composante importante de la structure institutionnelle de l'Angleterre qui fournit des inci-

tations favorables aux investissements à long terme. Cf. R.M. Hartwell, *The Industrial Revolution and Economic Growth*, Methuen and Co., London (1971) : 244-261. Ni les monopoles d'État, ni les cartels n'étaient sanctionnés par la Common Law; la concurrence – l'entrée de nouveaux producteurs d'une branche industrielle – n'était pas non plus considérée comme un délit civil. La liberté contractuelle dans le cadre de la Common Law sanctionne tout échange dont les termes sont mutuellement avantageux et conformes aux exigences de considération, de consentement mutuel et à l'absence de fraude, d'incapacité ou de coercition. En outre, la Common Law est tenue par la jurisprudence, de sorte qu'à la différence du droit administratif, ni une assemblée législative, ni un parti politique ou encore un roi ne sauraient défaire les lois d'un prédécesseur. Le droit commercial britannique s'est développé au sein de cette tradition de la Common Law.

11. Les biens publics nécessaires pour soutenir le commerce comprennent les institutions susceptibles d'appuyer les contrats par un tiers tel qu'un système judiciaire qui soit indépendant de l'autorité politique.

12. Ronald Wintrobe : « The Tinpot and the Totalitarian : An Economic Theory of Dictatorship », *American Political Science Review*, vol. 84 no. 3, septembre 1990 : 849-871. Cf. pp. 866-867 pour une analyse de la propriété fondée sur la loyauté et les dictatures.

13. Par exemple, le choc pétrolier des années 1970 ou la crise financière à la fin de l'Ancien Régime.

14. Dans la même veine, les privilèges dont bénéficiaient les membres de la nomenclature en URSS étaient créateurs de rentes qui ne pouvaient être rachetées puisque les droits ne pouvaient être détenus que par d'autres membres du parti. De même, les biens donnés en échange d'un acte de loyauté ont créé des rentes qui n'étaient pas dissipées, parce que les favoris du roi avaient accès aux droits. Néanmoins, le manque de droits appuyés par le système juridique a gonflé la valeur de ces biens liés à la loyauté du détenteur par rapport au régime.

15. Lorsque le cadre juridique appuyant le droit contractuel fait défaut, les réseaux de rapports personnels se substitueront aux contrats afin d'assurer la réalisation de promesses et de coordonner les faveurs réciproques. R. Cooter et J. Landa, « Personal Versus Impersonal Trade and the Optimal Size of Clubs ». *International Review of Law and Economics* 4, 1984 : 15-22.

16. Aujourd'hui, une banque ne va pas accorder un taux d'intérêt favorable à une firme avant d'avoir jeté un coup d'œil sur ses résultats. Des institutions comme la Securities Exchange Commission (NDT : en France, la Commission des Opérations en Bourse) ont été créées afin de rendre l'information largement accessible, permettant ainsi l'existence d'un marché à forte liquidité. Il n'y avait pas d'équivalent de la COB au temps de l'Ancien Régime.

17. Aujourd'hui, dans bon nombre de pays en voie de développement, il existe des groupes ethniques vivant sous la menace de confiscation ou d'expulsion. A l'instar des Juifs dans l'Europe d'Ancien Régime, les minorités indiennes ou chinoises en Afrique et en Asie ne sont pas libres de dévoiler la valeur de leurs entreprises et se voient contraints de confier leur patrimoine à des banques étrangères.

18. Notons que la supposition ici n'est pas de mettre sur un pied d'égalité gouvernements et marchés, ni de dire que le prix d'équilibre d'une politique donnée se fixe par rapport à l'offre et la demande de celle-ci. Pour une approche des États comme étant des marchés politiques, voir Robert H. Bates « A Critique by Political Scientists », *Politics and Policy Making in Developing Countries : Perspectives on the New Political Economy*. Gerald M. Meier (réd.) (International Center for Economic Growth, San Francisco 1991) : 261-

272. Parmi les références primordiales de la littérature sur le marché politique, voir James Buchanan et Gordon S. Tullock, *The Calculus of Consent* (Ann Arbor : University of Michigan Press, 1962) ; George Stigler, « The Theory of Economic Regulation », *Bell Journal of Economics and Management Science* 2 (Spring 1971) : 211-240 ; Richard Posner, « Theories of Economic Regulation » *Bell Journal of Economics and Management Science* 2 (Spring 1971) : 3-21 ; Sam Peltzman, *Toward a More General Theory of Regulation*, 19 Journal of Law and Economics 211 (1976) ; Gary S. Becker, « A Theory of Competition among Pressure Groups for Political Influence », 98 *Quarterly Journal of Economics* 371 (1983).

19. Les négociations relatives aux transitaires se distinguent de celles applicables aux agents travaillant sur les marchés. Les biens publics représentent des marchés obéissant à des conditions relativement libres, alors que les gens opérant au sein des marchés sont impliqués dans l'échange de biens et de services privés.

20. Dans le langage des économistes, il s'agit de savoir pourquoi le roi ne se considérait pas comme l'ayant-droit de l'ensemble des revenus excédentaires engendrés par ses sujets ? On s'attendrait alors à ce que le roi crée les droits de propriété les plus efficients, sachant qu'il pouvait lui-même prétendre à une partie des revenus.

21. On enseigne aux étudiants de première année en économie que les différents taux d'imposition provoqueront des investissements visant à capturer les bénéfices créés par une imposition inégale. Si certaines activités sont plus imposées que d'autres, le coût social marginal de cette politique sera différente des bénéfices marginaux qu'en tirent les individus. Le résultat sera inefficace, mais les raisons expliquant pourquoi l'imposition uniforme ne sera pas tentée sont souvent attribuables aux coûts administratifs de la collecte des impôts. Par exemple, il est plus facile d'imposer les grandes entreprises. Les privilèges monopolistiques détenus par un groupe donné seront la cible évidente du fisc ; ainsi, le roi est susceptible d'accorder un droit monopolistique à un groupe afin de pouvoir ensuite l'imposer.

22. Une alternative aurait été la création de conseils de décision au sein desquels l'ensemble des groupes de pression concernés auraient pu s'asseoir à la même table de négociation avec les agents du roi afin d'établir en commun la politique. Si les décisions avaient été le résultat de telles délibérations, les essais de capturer la rente par des groupes indépendants auraient pu être éliminés.

23. Colbert a prévenu Louis XIV qu'une guerre contre les Néerlandais mettrait en danger les finances publiques françaises. Les dettes de l'Ancien Régime trouvent essentiellement leur origine dans la volonté du roi de payer n'importe quel prix pour atteindre ses objectifs diplomatiques et politiques.

24. La monarchie française d'Ancien Régime était en réalité un régime à Parti unique (si l'on veut bien substituer au Parti la clientèle ou le réseau de clans).

25. Ces innovations sont bien décrites dans l'ouvrage de John Brewer, *The Sinews of Power : War, Money and the English State, 1688-1783*. New York : Alfred A. Knopf, 1989.

26. Les négociants français faisaient travailler les paysans pour profiter du laxisme des corporations à la campagne, mais puisque les manufactures rurales risquaient la confiscation, il n'y a pas eu d'investissements massifs en machines ou dans les installations industrielles. La juridiction des corporations anglaises ne s'étendait pas jusqu'à la campagne, sans doute parce que les tribunaux de la Common Law ne reconnaissaient pas leurs droits.

27. Ceci est discuté dans Barry R. Weingast, « The Economic Role of Poli-

tical Institutions » MS Stanford University (1992), et T.S. Ashton, *An Economic History of England : The 18th Century.* London, Methuan and Co. (1955) : 94.

28. La rivalité interrégionale y a aussi contribué, puisque les autorités locales dans le Nord de l'Angleterre attiraient du capital et de la main-d'œuvre par la non-application des réglementations restrictives.

29. Le Parlement bénéficie d'un accès plus direct à l'information relative aux opportunités économiques que les ministres de la structure centralisée de commandement du roi français.

30. Yoram Barzel émet comme hypothèse, par exemple, « que la structure des droits est conçue pour impartir la propriété d'attributs individuels parmi les parties de telle manière que celles qui gagnent un avantage comparatif à gérer ces attributs... vont acquérir les droits y afférant ». Il pense que « les gens choisissent d'exercer des droits à partir du moment où ils estiment que les gains en seront plus élevés que les coûts ». Yoram Barzel, *Economic Analysis of Property Rights*, Cambridge : Cambridge University Press (1989) : 49, 65. Ceci ignore le lien entre la définition des droits et le régime politique. Il est impossssible de définir un droit quelconque si le système politique et judiciaire n'est pas prêt à appuyer cette définition. Barzel présuppose l'existence d'un marché de droits de propriété, alors qu'il est souvent nécessaire de créer un tel marché. L'intérêt de l'individu réclamant des droits peut ne pas suffire pour supporter les coûts de création d'un marché pour ces mêmes droits.

31. En réalité, Ricardo enseignait que des prix élevés pour les biens manufacturés se faisaient aux dépens de la rente.

32. Mayhew, David. *Congress : The Electoral Connection.* New Haven, CT : Yale University Press, 1974. Les Comités du Congrès américain sont capables de contrôler l'agenda, ils disposent d'un pouvoir de veto et des ressources nécessaires pour élaborer des contre-propositions à celles soumises par l'exécutif. Ainsi, le Congrès est susceptible de contribuer de façon positive au processus politique dans une plus large mesure que le Parlement britannique. Cf. Kenneth Shepsle, « Representation and Governance : The Great Legislative Trade-Off. » *Political Science Quarterly* 103 :3 (1988) : 461-484. L'Angleterre de l'après-1688 n'avait pas une structure des comités parlementaires facilitant la formation de majorités de circonstance. Même aujourd'hui, les Britanniques tentent de réduire la législation en faveur de groupes d'intérêts particuliers en mettant les parlementaires dans les comités au hasard.

33. Les effets de redistribution dramatiques de la législation n'étaient pas motivés par le souci d'une justice sociale accrue ; ce souci n'explique pas non plus les différences entre le régime anglais et le régime français. Dans les deux cas, la rente constituait la motivation institutionnelle. Les résultats de la redistribution parlementaire n'étaient pas nécessairement les plus efficients économiquement. La différence principale entre les deux régimes est que la transformation sociale et économique fut accomplie sans révolution. Le système anglais de contrôle parlementaire sur la distribution de la rente déboucha sur un système bipartite permettant de diffuser les pressions militant pour un changement radical, voire révolutionnaire. Selon Mark Gallagher, le régime parlementaire a conduit à augmenter les sommes dépensées par des groupes privés afin de capter la rente. *Rent-Seeking and Economic Growth in Africa.* Boulder : Westview Press, 1991.

34. Sur l'échec de la réforme agricole en France, voir Hilton Root, *Peasants and King in Burgundy : Agrarian Foundations of French Absolutism*, chapitre 4.

35. Sur les politiques frumentaires de l'Angleterre, voir Ormrod, David. *English Grain Exports and the Structure of Agrarian Capitalism*, 1700-1760.

Hull : Hull University Press, 1985. Outhwaite, R.B. « Dearth and Government Intervention in English Grain Markets, 1590-1700 ». *Economic History Review* 34 (1981) : 389-406.

36. Voir Sonnenscher, Michael. *Work and Wages : Natural Law, Politics and the Eighteenth-Century French Trades.* Cambridge : Cambridge University Press, 1989. Kaplan, Steven Laurence. « Les corporations, les " Faux Ouvriers " et le faubourg Saint-Antoine au XVIIIe siècle ». Annales E.S.C. 43 (1988) : 353-378.

37. L'analyse par Jan Winiecki des différents dysfonctionnements endogènes aux systèmes centralisés de gestion semble sous certains rapports analogue aux problèmes d'organisation de la France d'Ancien Régime. Développer et introduire les nouvelles technologies qui allaient être décisives au début de la Révolution industrielle, exigeait des liaisions évoluant sans coordination centralisée, où les entreprises agissaient à la fois comme fournisseurs et clients les unes pour les autres. Le début de la Révolution industrielle fut le résultat des performances des liaisons non linéaires entre industries et en leur sein qui se développaient spontanément, sans planification centralisée. Voir Jan Winiecki, « Are Soviet-Type Economies Entering an Era of Longterm Decline ? » *Soviet Studies* 38 No. 3 : 325-348, et « Soviet-Type Economies : Considerations for the Future ? » *Soviet Studies* 38 No. 4 : 543-561.

38. Voir Heckscher, Eli F. *Mercantilism.* New York : Macmillan, 1955.

39. Sur la vente d'offices, voir David Bien, « The Secrétaires du Roi : Absolutism, Corporations and Privilege under the Ancien Régime ». Vom Ancien Régime zur Französischen Revolution : Forschungen und Perspektiven/ De l'Ancien Régime à la Révolution française : Recherches et Perspectives. Ed. E. Hinrichs. Göttingen ; Vandenhoeck und Ruprecht, 1978. Root, « Tying the King's Hands : Credible Commitments and Royal Fiscal Policy During the Old Regime », *Rationality and Society,* vol. 1 no. 2, octobre 1989 : 240-258.

40. Bosher, *J.F. French Finances, 1770-1795 : From Business to Bureaucracy.* Cambridge : Cambridge University Press, 1970.

41. North, Douglass et Weingast, Barry. « Constitutions and Commitments : The Evolution of Institutions Governing Public Choice in 17th Century England ». *Journal of Economic History* 49 (décembre 1989) : 803-832.

42. Il existe une littérature abondante sur la révolution anglaise, mais l'analyse des auteurs classiques (Trevelyn, Humes et Gardiner) reste indispensable. Pour une perspective révisionniste, voir par exemple Clark, J.C.D. *Revolution and Rebellion : State and Society in England in the Seventeenth and Eighteenth Centuries.* New York : Cambridge University Press, 1986.

43. Sur la corruption en Angleterre, voir Peck, Linda Levy. « Corruption and Political Development in Early Modern Britain ». *Political Corruption : A Handbook.* Eds. Arnold J. Heidenheimer, Michael Johnston et Victor T. Levine. New Brunswick, NJ : Transaction Publishers, 1989. Le favoritisme limite l'entrée et la sortie du marché ; la corruption non. En ce sens, le favoritisme peut être assimilé au rationnement du crédit qui limite les fonds aux clients préférés et empêche certaines entreprises d'obtenir des fonds à n'importe quel prix. La corruption, en revanche, crée des difficultés égales pour toutes les parties concernées.

44. Sous le régime de Suharto en Indonésie, les firmes se sentent obligées de mettre un représentant de la famille du président au conseil d'administration. Il est nécessaire d'avoir un membre de la famille du président avant de pouvoir réaliser la valeur d'une firme et vendre ses actions. De même, afin de compenser l'absence d'un marché, de nombreuses firmes reconnaissaient que la participation de J.P. Morgan était essentielle pour la vente d'actions. Les *junk bonds* ne pouvaient être diffusés sans l'implication personnelle de

Michael Milken. Ces individus ont exploité leur réputation personnelle en tant que transitaires, faute de quoi il n'y aurait peut-être pas eu de marché pour leurs produits.

45. L'influence politique et la formation de cartels ont procuré aux élites du début de l'ère moderne des avantages qu'elles auraient été incapables de retirer de stratégies de production concurrentielles. Les primes anglaises aux grains du XVIIIe siècle (les *grain bounties*) qui ont protégé les grandes exploitations britanniques en une période de prix à la baisse, nous fournissent un excellent exemple de la façon dont les élites ont su assurer leur domination, non parce qu'elles produisaient de manière plus efficiente, mais parce que leurs intérêts économiques s'appuyaient sur l'autorité coercitive de l'État.

46. Le roi défendait les communaux des villages puisqu'ils permettaient aux communautés de supporter les coûts de l'administration locale. Leur élimination aurait pu conduire à rendre insolvables certains villages, donc moins capables de payer les impôts royaux. Voir Root, *Peasants and King in Burgundy*, chap. 4. Le roi de Prusse, en revanche, favorisait le droit de clôture, puisqu'il en tirait directement bénéfice en tant que propriétaire d'environ 25 pour cent des terres du royaume.

47. Barry Weingast soutient, dans le même esprit, que la guerre de Sécession aurait pu être évitée en Amérique si le Nord avait su imaginer des compensations pour les propriétaires terriens sudistes qui perdaient leurs esclaves. Cette incapacité à pourvoir à un contrat tel que son application rétroactive aurait été garantie a interdit toute solution pacifique du conflit.

48. Vouloir tout traiter en biens économiques se heurte bien sûr à des limites sociales et normatives. Il incombe à la Constitution de déterminer ce qui peut et ce qui ne peut pas faire l'objet d'une transaction commerciale. Les marchés politiques doivent être délimités par une Constitution définissant les droits fondamentaux et inaliénables de chacun.

La vitalité de la pensée libérale à la fin de l'Ancien Régime

par

Jacques GARELLO

L'an passé à la session de juin j'ai donné comme sujet à mes étudiants « 1776 ». Tous les étudiants savent que c'est la date de parution de *La Richesse des nations*, qui est un peu le bulletin de naissance de la science économique, puisque mon grand maître, qui lui était un véritable historien, Georges-Henri Bousquet, spécialiste de la pensée d'Adam Smith, a qualifié Adam Smith de « véritable père de l'économie politique ». 1776, c'est donc l'acte de naissance de la science économique contemporaine.

Les étudiants savent aussi que 1776 est la date de l'édit de Turgot sur les corporations. On supprime les corporations ; pas pour très longtemps, ainsi qu'on le verra.

Ce que l'on sait moins, c'est que 1776 est aussi la date de publication d'un ouvrage de Condillac, qui s'intitule *Le Commerce et les gouvernements considérés relativement l'un à l'autre*. Condillac est un auteur que l'on a oublié souvent, du moins chez les économistes ; cependant, il y a un assez grand intérêt à s'interroger sur ce qu'il a pu dire.

Quelques étudiants savent également qu'en 1776, David Hume était en train de rendre son dernier soupir ; David Hume, c'est important, c'est Turgot, c'est Adam Smith surtout. Et puis accessoirement, quelques esprits plus ouverts savaient qu'en 1776, le 4 juillet, il y a eut une déclaration d'indépendance américaine.

C'est dire qu'autour de cette année 1776, il va y avoir des événements, des idées, des courants d'opinion assez multiples. Est-ce que tout cela donne un *mouvement des idées économiques* ? Je me contenterai ici de parler des « *idées* ».

Il aurait été tout aussi intéressant peut-être de parler des institutions. C'est Douglass North, dont je ne sais pas s'il est un historien économiste ou un économiste historien (mais dont j'ai la certitude qu'il est le prix Nobel d'économie le plus récent), qui nous dit que l'on s'intéresse beaucoup trop à l'évolution des faits et des idées, pas assez à celle des institutions. Et il est vrai qu'il est intéressant de noter, comme cela a été esquissé dans une autre conférence par M. Meyer, les changements profonds de structures de la société européenne avec notamment trois évolutions institutionnelles majeures :

– un changement dans l'organisation du droit de propriété (en Angleterre les enclosures en particulier);

– l'avènement du parlementarisme;

– et enfin, et non le moindre, l'apparition d'une nouvelle organisation de l'entreprise qui rompt avec le schéma productif artisanal pour entrer dans la logique de la manufacture ou de l'usine telles qu'on les conçoit aujourd'hui, avec pour base un contrat de travail tel que nous le pratiquons quotidiennement.

Je laisserai de côté ce mouvement des institutions, bien qu'il mérite sans doute davantage notre attention, pour me concentrer sur le mouvement des idées, et des idées « *économiques* ». Car on vient juste de commencer d'ériger la science économique en une science autonome. C'est une autonomie toute relative d'ailleurs, et les premiers économistes – Adam Smith, Hume, Condillac, les physiocrates, Turgot – sont en même temps des philosophes, des juristes, des historiens, des littérateurs, et ainsi de suite. C'est une science économique qui vient d'émerger, mais qui, pour remplir son office, doit déjà être pluridisciplinaire. Voici déjà ce que disait David Hume concernant les phénomènes économiques : « Il faut les envisager dans toute leur complexité, les examiner successivement par tous les points de vue; la simplicité n'est pas dans la nature de la société humaine. On ne peut pénétrer les causes des événements qu'en en abordant toutes les raisons dont la diversité est infinie. » Pour lui, il ne doit pas y avoir de séparation entre la science économique naissante d'un côté, et les autres sciences morales et politiques de l'autre.

Ainsi, lorsqu'on parle de science économique à cette époque c'est de philosophie, de morale, de politique, d'histoire, de droit, de tout ce qu'un économiste devrait connaître.

Nous sommes dans le bouillonnement des idées de l'Ancien Régime, et c'est une banalité de rappeler que la fin de l'Ancien Régime c'est la période des Lumières (bien que Voltaire ait situé le Siècle des lumières plutôt comme celui de Louis XIV). A part Voltaire, la plupart des gens estiment que le Siècle des lumières c'est bien le XVIIIe, et c'est bien la philosophie des Lumières qui éclaire, d'une façon parfois suspecte il est vrai, les dernières années de l'Ancien Régime. Nous ne sommes d'ailleurs pas très éclairés sur cette philosophie des Lumières; elle est elle-même un amalgame assez ambigu, entre des influences fort diverses, et je vais citer deux grands courants, au risque de caricaturer : d'une part le courant rationaliste français et d'autre part le courant juridique anglais.

Le courant rationaliste français est celui qui remonte à Descartes.

C'est un genre d'orgueil de la raison, d'orgueil de la science, qui va conduire à des positions extrêmement fortes d'un point de vue intellectuel : les hommes sont capables de comprendre tous les phénomènes, non seulement les phénomènes de la nature inerte, mais aussi les phènomènes de la société humaine vivante. C'est donc une prétention à la connaissance scientifique absolue, on n'admet pas de limites à la connaissance ; pas de limites pour la raison des hommes. Cet absolutisme peut aller jusqu'à l'utopie ; dans leur maîtrise de la connaissance, les hommes ne connaîtraient-ils pas aussi les plans de la société parfaite ? N'accéderaient-ils pas aux secrets de ce lieu de nulle part, « utopia », qui représente l'obsession constructiviste, c'est-à-dire la recherche de la société où les hommes connaissent à coup sûr « en topia », le bonheur, la santé, la longévité. Cela, c'est la première tradition, elle est très forte en France et très répandue en Europe.

La deuxième tradition est celle des philosophes et des juristes anglais : ce sont essentiellement les gens qui ont insisté sur les droits individuels, sur le droit de propriété, sur les droits naturels. On vient juste de traduire en France deux grands prêtres du droit naturel que sont Grotius et Pufendorf, et on connaît les travaux de Locke, de Hobbes, on va connaître David Hume, qui va passer en France trois ans. L'influence des Écossais ou des Anglais est telle qu'en 1734 Voltaire donne le sous-titre *Lettres anglaises* à l'une des ses œuvres. On parle aussi des anglomaniaques, ces gens qui regardent de l'autre côté de la Manche pour y prendre de nouvelles idées. Tout cela arrive en France et se combine dans une alchimie qui n'est pas toujours bien connue, et les gens ne sont pas toujours très faciles à classer. Par exemple Montesquieu est plus Français qu'Anglais, d'un côté il subit l'influence de Locke, de l'autre côté il est un bon juriste français traditionnel, très attaché aux droits des parlements. Il est en fait beaucoup plus absolutiste qu'on ne le dit en général, c'est au fond un haut fonctionnaire, et si l'ENA avait existé à l'époque il en serait sûrement sorti. Il a les réflexes du grand serviteur de l'État beaucoup plus que du libéral qu'on présente assez souvent.

A partir de ces influences majeures nous verrons des branches très diverses se multiplier, et tout cela donne un « *mouvement* ». Car ces idées s'échangent, ces idées bougent, ces idées progressent. Il faut d'abord se rendre compte que ce mouvement est européen ; il n'y a pas de nationalisme de la pensée – il n'y avait pas eu à cette époque une loi interdisant de se référer à des cultures étrangères. La culture était universelle, il y a un genre de cosmopolitisme intellectuel, et les gens circulent dans cette Europe. Il est bien connu que Voltaire a prêché sa philosophie du despotisme éclairé un peu partout, et aussi bien chez Frédéric II de Prusse que chez Catherine ou en Autriche encore. Il y a aussi des Anglais qui viennent en France – David Hume passe trois ans en France, Adam Smith fait un voyage de quatre ans avec le duc de

Buccley ; c'est à ce moment-là qu'il rencontre Turgot, en particulier, et la plupart des physiocrates, et l'influence de Turgot sur Adam Smith est absolument incontestable. Ces gens-là sont aussi en relation avec l'Amérique, les États-Unis qui sont en train de se forger, de se former, de se proclamer, et des gens comme Jefferson ont des liens avec les physiocrates ; Jefferson est admiratif de Turgot et dit « Pourquoi ne fait-on pas traduire Turgot en anglais pour que l'on puisse avoir sa pensée féconde sur le nouveau continent ? »

Au niveau interne aussi le mouvement est très puissant parce qu'il y a des cercles de pensée très nombreux ; il ne faut pas oublier que le XVIIIe siècle est dominé par la maçonnerie, qui à cette époque a un style très particulier. Ce sont des clubs de pensée essentiellement, la dimension religieuse est peut-être moins présente qu'elle ne l'est aujourd'hui et surtout il y a les esprit éclairés, qui veulent connaître les idées du jour. Alors on débat, et il est sûr que cela va entraîner beaucoup de discussions dans les clubs, et comme nous le savons les clubs vont jouer un rôle déterminant dans la Révolution, dans son inspiration, et puis même dans son déroulement (mais, de cela, il appartiendra à François Crouzet de parler la prochaine fois).

Il est certain que le mouvement des idées fait que les idées ont été en mouvement et que ces idées ont été transformées en Révolution française. Voilà un mouvement qui intervient dans cette Europe des Lumières au moment où se forme la science économique. Dans cet environnement intellectuel, et aussi dans ce cloisonnement, comment essayer de voir quelques traits dominants, comment la dynamique libérale va-t-elle se manifester ?

Elle se manifeste sous la forme d'un slogan, extrêmement puissant, c'est le fameux « Laissez-faire, laissez-passer ». La liberté, c'est d'abord cette conclusion. Le mot est-il dû à un commerçant drapier en visite chez Colbert au XVIIe siècle, ou bien est-il de Vincent de Gournay ? En tous les cas on le trouve chez Vincent de Gournay, un homme très important. Turgot écrira d'ailleurs un « éloge à Vincent de Gournay ». C'est un super-intendant des finances, et il a déjà des idées très précises concernant la liberté du commerce et la liberté d'entreprise. Car « Laissez-faire, laissez-passer » : laissez-faire, cela veut dire en finir avec les réglementations qui pèsent sur la production ; laissez-passer, cela veut dire en finir avec le protectionnisme interne ou international. C'est un bon slogan, c'est d'ailleurs, encore aujourd'hui, je crois, le slogan des libéraux. Seulement ce n'est qu'un slogan, derrière cela, il y a une analyse, une conclusion. Quelle est l'analyse ? Elle est moins brillante que le slogan ; elle est assez contrastée, il y a souvent des erreurs sur la réalité économique et sociale du moment. Les gens sont en train de vivre des mutations importantes certes, mais avec un certain manque de lucidité lié au fait qu'il faut un recul pour prendre conscience de ces périodes d'accélération et de changement.

Les analyses libérales de l'époque sont un peu boiteuses, elles ont un aspect négatif qui me paraît très contestable, l'aspect positif me paraît plus assuré. L'aspect négatif c'est la réaction contre le changement organisé ; le premier point de la pensée libérale de l'époque, c'est un rejet de la société telle que les gens l'observaient et la comprenaient. L'aspect positif qui me paraît plus affirmé, c'est la confiance dans l'ordre spontané progressif. Regardons un peu plus en détail ces aspects, le négatif et le positif.

De la réaction contre le changement organisé...

Nous sommes incontestablement dans une période où le monde change. Sous la forme du capitalisme que Marx analysera très imparfaitement, il est certain que les choses commencent à bouger très sérieusement dans cette deuxième moitié du XVIIIe siècle. Le problème c'est que le changement se fait dans un climat politique très particulier qui est celui du mercantilisme. On a parlé du mercantilisme au XVIIIe siècle, et nous savons que pour l'instant on pense que le progrès économique passe par l'intervention de l'État, passe par l'économie dirigée. Pour certains c'est absolument sans réserve, pour d'autres, si l'État n'intervient pas cela pourrait être pire encore. Donc qu'il s'agisse d'un mercantilisme délibéré ou d'un mercantilisme subi, on n'a pas encore imaginé à l'époque qu'on puisse faire décoller une économie nationale sans appel à l'État.

Lorsque je parle de réaction contre le changement organisé, au fond cette réaction est double : c'est d'abord une réaction contre le changement, puis une réaction contre le dirigisme. Et c'est de là que va venir l'ambiguïté, parce que nous allons voir des économistes et des penseurs qui sont bien sûr contre l'État, contre le mercantilisme, mais ne sont-ils pas en même temps contre le progrès ? Il faut savoir si la réaction n'est pas d'abord contre le changement et ensuite contre le dirigisme.

Réaction contre le changement

C'est la position des physiocrates. Ils sont avant tout des réactionnaires. Ce sont des gens qui ont sous les yeux les différentes techniques industrielles, les nouvelles techniques financières, et ils n'en sont pas très heureux. Ils sont contre cette nouvelle mode de tout sacrifier à l'industrie, de tout sacrifier à la finance, et prônent donc le retour à la terre. Les physiocrates se font connaître par le fameux article de l'Encyclopédie, écrit par le non moins fameux docteur Quesnay, dont on sait qu'il est le médecin du Roi et le protégé de Mme de Pompadour ; c'est aux deux rubriques « fermier » et « grain », qu'on va trouver l'acte constitutif de ce qu'on va appeler la secte des physiocrates. Ils croient au pouvoir de la nature, à l'existence d'un ordre naturel mais au-delà de la nature-système ils visent la terre en tant que mère nourricière et productrice. La terre seule source de richesse : alors que les contemporains sont en train de poursuivre des chimères et de rechercher le succès et la réussite à travers la monnaie, à travers les manipulations financières, voire à travers l'industrie. Pour les physiocrates, l'industrie est purement stérile, elle ne fait que transformer les richesses, elle ne les crée pas; seule l'agriculture est source de produits nets. Et voici la position de celui qui, après Quesnay, sera sans doute le plus en vue des physiocrates de la première génération, il s'agit du marquis de Mirabeau, le père du célèbre constituant: « Détournez-vous donc la vue des lieux où l'on cherche les mines et la poudre d'or; laissez aux aveugles le soin de s'ensevelir dans les entrailles de la terre, c'est sa surface qu'il faut couvrir et vivifier. Les richesses se trouvent partout où il y a des hommes. » Car ils sont aussi populationnistes, ce qui signifie pour eux qu'ils ont une conception très productiviste de la valeur; la valeur intrinsèque, c'est la valeur des facteurs de production, de la terre qu'on a utilisée, et des hommes qui ont fécondé cette terre. Voilà où naît la vraie richesse, n'allez pas la chercher du côté de l'argent, des manipulations financières, tout cela est une hérésie.

Leur refus du changement et leur désir de retourner à la terre est aussi un refus du déséquilibre. On a beaucoup présenté les physiocrates comme les ancêtres de la macro-économie et en fait Keynes leur a beaucoup emprunté; aujourd'hui nos agrégats de comptabilité nationale se trouvent déjà dans les tableaux en zigzag de Quesnay dans l'Encyclopédie et tout cela est parfaitement équilibré. La valeur suprême des physiocrates c'est l'équilibre : regardez comme ce circuit est parfaitement équilibré. Il est parfaitement équilibré mais il est parfaitement statique! Il se reproduit à l'infini! C'est cinq milliards de produit net toutes les années! Il n'y a rien qui permette par exemple la création ou l'accumulation de capital! Et voilà qui va expliquer les combats incessants entre Turgot et les physiocrates, car Turgot n'est pas un physiocrate, il a compris qu'il n'y a pas que la richesse foncière, il y a aussi la richesse du commerce, de l'industrie, de la finance. Il n'admet pas non plus cette idée d'un équilibre général statique; c'est un homme de progrès. Ce que l'on a ici, c'est un équilibre macro-économique à l'état parfaitement stationnaire et qui exclut l'idée de changement. Les physiocrates veulent un retour à la terre. Pourquoi pas aussi un retour à l'état de nature? Il y a toute une pensée à la veille de la Révolution, qui est de retourner vers l'âge d'or. Dans un premier temps l'homme primitif est bon, et grâce à la raison et à la société nouvelle, il va retrouver ce qu'il avait au début, cet état naturel, cet état d'abondance.

Ce mythe de l'âge d'or, du bon sauvage, on le trouve chez tous les utopistes du XVIIIe siècle et évidemment chez le plus connu d'entre eux, Jean-Jacques Rousseau. Lorsqu'il préparait la constitution corse (car il avait été sollicité par Pascal Paoli pour rédiger la constitution corse indépendante), il dit : « Le but de la Constitution sera de rendre les Corses à leur état primitif. » C'est là un objectif d'une haute teneur éthique. Morelly va décrire quant à lui une société d'harmonie parfaite, où tous les gens sont parfaitement égaux – le mythe de l'égalité, très présent dans ce XVIIIe siècle, jusqu'à prendre le dessus sur celui de la liberté – et Morelly nous explique que dans une société bien constituée, il faut que tout germe de différence soit éradiqué, que les costumes soient les mêmes ; il est même contre les bijoux, mais il comprend qu'on n'arrivera pas à décider les femmes à les abandonner. Au moins faut-il arriver à persuader les hommes de ne porter aucun signe distinctif. C'est une réaction qui n'est pas du tout dans la dynamique libérale ; on est complètement à côté de la voie royale du libéralisme.

Réaction contre le dirigisme

Celle-ci est beaucoup mieux connue et beaucoup plus conforme aux vœux des libéraux. Ici incontestablement les physiocrates font du bon travail et se trouvent à nouveau aux côtés de Turgot. Réaction contre le dirigisme : c'est d'abord la liberté des grains, *la liberté de circulation des produits*, car les mœurs sont curieuses. Cela est rappelé notamment dans le livre d'Hilton Root : il est certain que tout concourt à isoler les provinces les unes des autres, les grains ne peuvent pas circuler, car on a peur que s'ils circulent cela crée de la disette. Il est donc interdit d'exporter les grains d'une province vers une autre ; il est interdit de stocker et on va faire des contrôles. Turgot, dès 1774, à la suite de l'édit sur les grains, va devoir se fâcher contre ces contrôles, qui peuvent se traduire par des descentes de police dans les boulangeries, afin de voir si le boulanger a des sacs en réserve et quelle est l'ancienneté des grains. Évidemment, dans ces conditions, il n'y a pas de possibilité d'amortir les différentes fluctuations de la production ; par malheur en plus les années 1775-1776 sont des années de mauvaises récoltes, et la liberté des grains est refusée par tout le monde. Dans le fond on préfère que les grains soient à un niveau très élevés et garantissent aux propriétaires fonciers des rentes importantes, plutôt que d'abaisser le prix de la nourriture de la population.

A la fin de l'Ancien Régime on ne peut exercer pratiquement aucune activité sans une autorisation. Ou bien on crée des manufactures, et ces manufactures sont souvent assorties de monoples très intéressants, monopoles vendus par le pouvoir royal, ou bien on appartient à des corporations. Mais ces corporations elles-mêmes paient un très lourd tribut et ont des dettes très lourdes, notamment vis-à-vis du Trésor public, à tel point qu'on essaie de venir à bout de ce système. D'abord, il y a un marché noir qui s'est développé parallèlement, un marché spontané, et qui est bien utile pour rétablir l'équilibre économique. Ensuite, en 1776, Turgot essaie de mettre définitivement à bas les corporations, il n'y réussit pas : c'est une levée de bouclier généralisée, tant est forte la pression de ces différents groupes, et Turgot sera remplacé tout de suite par Necker.

Est-ce que cette réaction contre le dirigisme va plus loin ? Est-ce qu'elle va être une réaction contre l'État ? Non, il ne semble pas qu'on aille aussi loin, ni chez les physiocrates ni chez Turgot. On est libéral certes, mais on est toujours préoccupé de la chose publique, de l'intérêt supérieur, on reste très Français. Et d'ailleurs cela est visible chez les philosophes. Même des gens comme Voltaire ne sont pas contre le despotisme, ce qu'ils demandent simplement c'est que ce despotisme soit éclairé.

Donc, on est quand même assez loin de la pensée de Locke, on est tout de même dans une logique de pouvoir politique incontesté. Il n'y a pas de lutte véritable contre le despotisme, du moins chez les économistes que je viens d'évoquer.

Voilà donc ce qu'est cette réaction : c'est une réaction certes contre l'État, mais elle est mêlée, surtout chez les physiocrates à une réaction contre le changement et le progrès.

...A la dynamique libérale

De cette réaction contre l'État vont malgrè tout sortir quelques idées positives et c'est là que nous allons trouver, je crois, la véritable dynamique libérale. C'est qu'au fond chez ces penseurs il y a déjà le credo de base du libéralisme. Le premier article du credo, c'est que les hommes sont capables de forger leur propre progrès, autrement dit il y a un ordre spontané, et cet ordre spontané nous conduit au progrès. Et, deuxième article du credo, ce progrès est accéléré encore par la liberté des échanges.

L'idée que *l'ordre spontané existe* n'est pas toujours très claire, ni dans ses racines ni dans sa formulation. Par exemple, il y a de plus en plus de références à l'ordre naturel. Mais quel ordre naturel ? Est-ce le droit naturel qui est celui du droit des gens, du droit individuel, qui serait en quelque sorte un genre de « laïcisation du droit canon traditionnel » ? Au fond on a remplacé la référence à Dieu par la référence à l'homme créé à l'image de Dieu, nature digne, nature consciencieuse, nature aimante, et cette référence à l'ordre naturel est évidemment dans la grande tradition libérale. On la trouve chez Locke, mais aussi chez certains théoriciens de l'ordre naturel au XVIIe siècle et au XVIIIe siècle.

Mais il y a aussi l'ordre naturel tel qu'il est inscrit dans la nature des choses. Ce n'est plus la nature des hommes, c'est la nature des choses. Une espèce d'ordre immanent qui gouvernerait les lois de la société dans la même mesure qu'en physique, les lois de Newton règnent sur l'organisation des astres et du monde inerte. Il y a donc deux catégories d'ordre naturel, l'ordre naturel de la nature et l'ordre naturel des hommes. C'est déjà un point très important. Lorsqu'il s'agit de la vraie pensée libérale, à cette époque, il vaut mieux se référer à des gens comme Adam Smith ou comme Turgot. Lequel a influencé l'autre ? C'est difficile à dire : ils ont discuté ensemble, mais Adam Smith apportait tout de même quelque chose dans le couple, à savoir les leçons de David Hume. Il ne faut pas oublier qu'entre *La Théorie des sentiments moraux* et *L'Essai sur la richesse des nations*, des années s'écoulent, pendant lesquelles Adam Smith hésite à présenter sa véritable théorie économique, à créer la science économique, et tout cela donne lieu à un dialogue avec David Hume. Au fond c'est un triangle Turgot-Adam Smith-Hume, qui va poser les véritables bases de ce que nous appelons aujourd'hui l'ordre spontané.

Qu'est-ce que l'ordre spontané ? Il découle de la capacité des hommes à s'auto-organiser. A partir de deux postulats. Premier postulat, c'est qu'il y a convergence entre les intérêts individuels et l'intérêt général. C'est une idée que l'on trouve déjà chez Locke aussi bien que chez Hume, Adam Smith, et Turgot : les intérêts individuels se confondent dans un intérêt général, par une alchimie qui est d'ailleurs assez bizarre. Au départ de cette confusion, il y a l'action humaine. Écoutez cette phrase de Turgot : « L'ordre économique est beaucoup moins à rechercher dans un système ou dans la nature que dans un fait de psychologie individuelle, le sentiment de l'intérêt personnel, la faculté exclusive qu'a chaque individu de connaître ses intérêts mieux que tout autre. » Les intérêts individuels sont les intérêts que chacun mesure à son propre étalon (nous parlons aujourd'hui de subjectivité des choix). Nul ne peut se substituer aux individus pour agir, et chacun agit dans son intérêt, c'est la base de l'ordre spontané. Puis cet ordre spontané vient se mélanger dans un processus social, dans une alchimie qu'Adam Smith va appeler *la main invisible*, et qu'à la suite Turgot va appeler *le marché*. Idée d'ailleurs qu'Adam Smith a semble-t-il empruntée aux derniers scolastiques. Lorsqu'on a fêté le bicentenaire de *La Richesse des nations* en 1976, Hayek en a surpris plus de un en révélant qu'au fond la filiation d'Adam Smith, c'était les derniers scolastiques, ce qui le fait remonter au thomisme, et à travers le thomisme à l'aristotélicisme. En particulier on trouve chez certains scolastiques l'idée que le processus de marché est un processus tellement compliqué, requérant tellement d'informations et d'informations dynamiques, qu'aucun esprit humain ne saurait le comprendre. Donc le marché est d'essence supranaturelle ; le marché est d'essence divine. Et nous devons respecter les volontés du marché parce qu'au fond c'est la volonté de Dieu. Autrement dit la main invisible d'Adam Smith, c'est une volonté providentielle.

Un autre point important de l'ordre spontané, c'est la subjectivité des choix. C'est aussi le fait que dans leur action en vue de l'intérêt personnel, chaque individu va faire valoir ses droits, mais rencontrer aussi les droits de l'autre. Autrement dit, les droits de chacun ne peuvent être établis que sur un marché. Au fond le marché est un processus d'échange des droits. Locke l'avait déjà découvert. Ce qui veut dire que la valeur des activités de chacun ne peut pas être une valeur intrinsèque. Cela ne peut être qu'une valeur marchande. Seul le marché donne la valeur au produit. La subjectivité des choix, des valeurs subjectives se confrontent dans un marché qui n'est pas nécessairement équilibré, il n'y a pas de référence à l'équilibre, contrairement à ce que les physiocrates avaient imaginé.

Mais le plus important encore, de mon point de vue, c'est que cet ordre spontané porte en lui-même les forces de son progrès. Et je reviens à Turgot, dans une enceinte qui a peut-être été celle où, en 1750, Turgot a prononcé deux conférences – il faisait lui-même des études de théologie à la Sorbonne – *sur les bienfaits que la religion chrétienne a conférés à l'humanité, et sur le progrès historique de l'esprit humain.*

Turgot va être en effet le premier à imaginer et à dire clairement qu'il y a une évolution spontanée de la société qui procède par une tension permanente de la conscience individuelle et que ce processus est un processus purement empirique. C'est un processus expérimental dans lequel on commet énormément d'erreurs. Et là on trouve cette phrase, c'est que pour mille essais malheureux, il y a une vérité ; et c'est cette vérité qui va permettre le progrès. Il propose donc un schéma d'évolution de la société qui est un schéma expérimental, un processus de tâtonnement et d'erreurs. Et ce processus est d'autant plus efficace que les échanges sont plus intenses, que l'espace d'échange est plus élargi.

Il faut bien comprendre que cela fait du libre-échange non pas seulement une recette de prospérité économique, mais avant tout un moyen de laisser les hommes mener leur propre progrès. A l'époque les économistes avaient déjà compris que le libre-échange n'était pas seulement un moyen de maximiser la croissance et de rendre les peuples heureux, mais, beaucoup plus profondément, que l'échange est ce qui va ouvrir la porte à de nouveaux modes de vie, et permettre d'avoir des expériences plus significatives. Car en état de société fermée, les échanges sont limités entre les gens, qui ne peuvent pas innover, qui ne peuvent pas faire la place à l'idée neuve et à la technique nouvelle, alors que l'élargissement de l'espace est un facteur d'amélioration des connaissances générales.

Certes, cela a été occulté par Adam Smith et dans le chapitre premier du Livre Premier intitulé « de la division du travail », il a vu dans l'échange seulement quelque chose de technique : la spécialisation des tâches, qui deviendra plus tard une spécialisation internationale des tâches. Les économistes contemporains n'en sont pas persuadés; Hume dit quelque part que l'échange ne conduit pas à la spécialisation mais au contraire à la diversification. Nous sommes amenés à faire beaucoup de choses différentes. Et pour lui c'est cela qui est la richesse des nations. Ce n'est pas lorsque l'un se spécialise dans le drap, l'autre dans le vin, comme le dira Ricardo au siècle suivant, suivi par Marx (puisque chaque fois que Ricardo commettait une erreur, Marx ne pouvait manquer de la répéter et de l'amplifier). Quelqu'un aussi a bien étudié cette philosophie de l'échange, c'est Condillac, avec un argument : c'est que l'échange est un facteur de compréhension pour les hommes et que la paix est meilleure. Elle est meilleure pour les finances publiques : regardez dans quel état se trouve le Trésor royal après Louis XIV, après les grandes guerres. Pour Condillac, s'il y a des échanges il y aura moins de guerre, et c'est déjà une économie. Et surtout, les échanges amènent les gens à reconstituer cette grande famille humaine, et là on retrouve le thème cosmopolite de la pensée libérale de cette époque.

En conclusion, voilà les grands thèmes de la pensée libérale : la croyance dans l'ordre spontané à partir des choix individuels, et des processus de coordination sociale, ensuite le progrès, né de la volonté de l'homme et accéléré par les échanges. Ces grands thèmes de la liberté sont tout à fait présents dès la fin de l'Ancien Régime, dès ce milieu du XVIIIe siècle, et à la veille de la Révolution. Qu'est-ce que la Révolution va faire de tout cela ? Je laisse à François Crouzet le soin de nous le dire dans la prochaine séance. Mais il est certain que les germes de la société de liberté sont là, et la preuve en est que de l'autre côté de l'Atlantique, cette société de liberté va quand même se construire. Peut-être l'enfantement se fera-t-il dans la douleur, peut-être tout n'est-il pas excellent dans la croissance de la société américaine, il y aura des crises, mais on peut dire que les fondements de la pensée libérale sont tellement présents dans ces années 1770-1780, qu'ils inspirent déjà une société concrète qui est la société américaine.

[illegible] Adam Smith [illegible] la spécialisation [illegible] échange [illegible] la spécialisation [illegible] Marx [illegible] Marx [illegible]

[illegible] de cette époque.

[illegible] la pensée libérale [illegible] le progrès [illegible] de la volonté [illegible] des grands thèmes de la [illegible] de la Révolution. Qu'est-ce que la Révolution [illegible] à la France [illegible] dans la prochaine section [illegible] l'Allemagne [illegible] même sa [illegible] de la société [illegible] dans les années [illegible]

Turgot : Le vrai sens de « laissez-faire ! »

par

Alain Laurent

Pourquoi un philosophe peut-il être conduit à s'intéresser à Turgot, habituellement confiné dans son rôle historique d'homme d'État auteur de réformes radicales et sa notoire contribution à l'émergence de la science économique – ce qui est certes déjà considérable en soi, mais ne témoigne pas nécessairement du développement concomittant d'une réflexion à prétention philosophique ? Tout simplement parce qu'il découvre qu'au-delà ou plutôt en-deçà de son action politique et de son œuvre d'économiste, Turgot est aussi l'auteur inspiré de tout un ensemble de textes fondant la légitimité théorique de ces dernières et dans lesquels se conceptualise une pensée originale, concise et rigoureuse. Laquelle énonce les principes directeurs de la logique et de l'éthique de la liberté individuelle, de telle sorte que celle-ci génère un ordre sociétal auto-organisé. Soit ce qu'on nommera plus tard « modernité » et « société ouverte » et dont la conception comme l'examen, de Locke à Popper, relève proprement de l'activité philosophique.

Dans cet édifice intellectuel dont il s'agit de reconstruire la consistance et la cohérence à partir de textes [1] parfois bien oubliés et en tous cas très dispersés, le point focal est occupé par le thème du *laissez-faire* en lequel se tient la grande innovation théorique de Turgot et que l'on comprend communément si mal quand on n'en dénature pas sciemment la véritable signification. Prenant à la fois implicitement appui sur Locke et les physiocrates dont il se démarque avec vigueur, il est le premier à assigner explicitement un contenu dense et précis à ce concept subversif, à en légitimer l'usage par une argumentation soutenue et à lui conférer un rôle stratégique central où s'articulent le droit de librement agir pour chacun et la coordination « spontanée » des intérêts particuliers en un ordre émergent porteur de l'intérêt général.

Reconnaître le droit naturel de l'individu et poser son absolue primauté

La référence au Droit naturel constitue la prémisse d'inspiration lockéenne (et assurément pas hobbesienne) à partir de laquelle se déploie toute la philosophie laissez-fairienne de Turgot. Le plus souvent présent sous forme d'un « background » allant évidemment de soi et n'ayant donc pas besoin d'être nommé comme tel, ce *jusnaturalisme* se trouve cependant parfois formulé de manière tout à fait explicite, comme pour en rappeler avec force la portée fondatrice. Cela intervient tantôt sans adjonction du qualificatif « naturel », comme si cette qualité était inhérente au caractère « négatif » de l'énoncé ou en découlait logiquement, par exclusion de toute origine ou dépendance sociétale/politique des droits de l'homme individuel : « Les citoyens ont des droits, et des droits sacrés pour le corps même de la société ; ils existent indépendamment d'elle » (1757), « L'individu a aussi ses droits, que la nation ne peut lui ôter que par la violence et par un usage illégitime de la force générale » (1778). Tantôt l'évocation du caractère naturel, c'est-à-dire inhérent à la nature humaine et ses impératifs de survie ou d'épanouissement, de ces droits de l'individu est formelle : elle intervient à deux reprises dans l'édit de 1776, en particulier lorsque sous la signature de... Louis XVI, Turgot dénonce l'atteinte que « l'existence des communautés... porte au droit naturel ».

Avec Rousseau, son contemporain et exacte antithèse, Turgot est l'un des tout premiers en France à parler de l'homme en terme d'« individu » ou de « particulier » – ce qui revient au même. Il marque ainsi avec vigueur que l'unité humaine de référence n'est plus l'homme en général et encore moins le groupe, mais l'être séparé, singulier et insubsumable, ayant une existence et des intérêts qui lui sont propres. Cet individualisme ontologique et anthropologique le conduit à représenter la société comme une *composition* d'individus qui en sont les pivots et la seule réalité, et non comme un « tout » qui les précéderait, les engloberait et les instrumentaliserait : « La société est faite pour les particuliers, elle n'est instituée que pour protéger les droits de tous... » écrit-il en 1754 dans la *Deuxième Lettre à un grand vicaire*. Il s'ensuit donc un individualisme éthique et politique. Car au contraire de celui de Rousseau, l'individu selon Turgot ne perd ni ne renonce à ses droits naturels en faisant politiquement société, puisque celle-ci n'a de raison d'être que dans leur harmonisation et leur garantie.

Le premier droit naturel est le droit individuel de propriété – justifié par le travail

De par sa nature, l'homme ne peut faire autrement que travailler afin de produire ce qui satisfera ses besoins et lui permet de survivre et plus encore de vivre humainement. Mais cette activité productrice n'aurait aucun sens s'il ne pouvait librement conserver et disposer de ce qui résulte de ses efforts. Il doit donc pouvoir se l'approprier et en être reconnu légitime propriétaire. La propriété du produit du travail propre à un individu est la conséquence logique de la condition humaine « naturelle » et a donc statut de droit naturel premier.

Pour Turgot, « le droit de se procurer, par son travail et par l'usage légitime de ses propriétés, les moyens de subsistance... ne peut être sans injustice, ôté à personne » (1774). Selon lui, droit de propriété et droit de travailler sont en intime connexion. C'est même le droit de travailler qui constitue une « propriété » naturelle et la première des propriétés de l'homme individuel. Et c'est à ce titre (ce n'est ni un droit « royal » ni un droit « social ») qu'il implique le droit naturel de propriété : « Dieu, en donnant à l'homme des besoins, en lui rendant nécessaire la ressource du travail, a fait du droit de travailler la propriété de tout homme, et cette propriété est la première, la plus sacrée et la plus imprescriptible de toutes » (1776). S'il n'est pas en l'occurrence qualifié de « naturel » mais quasiment de « divin », c'est que là encore Turgot a prêté sa plume au roi... Conclusion : « C'est attaquer le principe fondamental de toute société (que donner) atteinte au droit de propriété, dont la jouissance pleine et entière est le but de toute législation... » (1753).

On appréciera au passage la judicieuse prescience sémantico-logique de Turgot, qui, tant à propos de la propriété que du travail, prend bien soin de parler de droits *de* – et non de droits *à*. Par le Droit, l'individu doit bénéficier d'une franche liberté d'action, et non pas d'une quelconque attribution de créances sur les autres ou la « société ».

Le grand et légitime « moteur » de l'action humaine, c'est l'intérêt particulier

Pour Turgot, ce qui fait avant tout agir l'individu, c'est la nécessité de pouvoir disposer de quoi subsister par le biais de la production et l'échange de biens. Ainsi se trouve défini son *intérêt* : la forte motivation à obtenir ce à quoi il tient le plus et la possibilité de librement déployer des efforts à cette fin. Chacun se trouvant naturellement le premier à être impliqué par la réussite de cette action et ayant surtout des besoins et aspirations propres à la singularité de ses talents et préférences mais aussi de sa situation, l'intérêt ne saurait être que *particulier*.

Cet *intérêt particulier* prévaut dans l'ordre de la production et de la distribution des richesses matérielles mais ne s'y réduit pas – tout en prenant alors un sens franchement ouvert à autrui qui n'a rien à voir avec la poursuite d'avantages étroitement ou purement égocentrés. Turgot évoque à cet égard le cas des parents *intéressés* à ce que l'éducation prodiguée à leurs enfants soit la meilleure possible, ou encore le souci du sort des indigents involontaires, ou enfin la conscience des obligations envers l'ordre général assurant la coexistence pacifique et équitable des individus.

Se référant aussi bien à l'« intérêt des particuliers » (1759) qu'à l'« intérêt propre », il voit là le plus puissant moteur qui soit pour inciter l'individu à agir de la manière la plus performante. L'intérêt particulier est ce qui guide et règle le plus adéquatement l'action, car « en général, les hommes sont toujours éclairés par un intérêt prochain et évident » (1759).

La conception qu'un individu a de son intérêt particulier peut cependant devenir nuisible et contre-performante dès lors qu'il cède à la tentation de nier l'intérêt d'autrui, qui n'est pas moins légitime que le sien. C'est ce qui se passe lorsqu'un individu tente de détourner à son seul profit la protection ou le pouvoir de coercition de la puissance publique pour obtenir un *privilège* ou s'accorde avec d'autres personnes pour constituer un « corps particulier » (corporation) afin de disposer d'un *monopole*. Turgot multiplie ainsi les critiques les plus féroces envers l'alliance contre-nature de l'« esprit monopoleur et de l'intérêt particulier » et « la facilité du gouvernement à se prêter à des intérêts particuliers » (1759).

Primauté et légitimité de l'intérêt particulier n'ont de sens que dans l'adéquation de l'individualisme de la fin poursuivie, de l'effort consenti et de la jouissance obtenue d'une part – et de l'universalité du droit effectif de le poursuivre sans être entravé ni entraver quiconque.

L'individu est le meilleur juge de son intérêt propre, ce qu'illustre la figure privilégiée de l'entrepreneur

Parce qu'il est seul à pouvoir connaître intimement ses aspirations et besoins singuliers et surtout à expérimenter concrètement la particularité du contexte dans lequel s'inscrit son action, l'individu est selon Turgot par nature le moins mal placé pour déterminer son intérêt propre et la manière la plus appropriée de la servir (il n'a pas... intérêt à se tromper).

Il ne faut donc certainement pas « entreprendre de faire faire au gouvernement ce que chacun peut faire et ce que chacun fera beaucoup mieux que lui » (1753). Ce qui revient de fait à prôner l'instauration du principe de subsidiarité remis à l'endroit, c'est-à-dire qui part de l'individu et exclut l'intervention de « corps intermédiaires » cherchant à le capter à leur profit. Chacun est le mieux placé pour exercer la *responsabilité* de la conduite de ses propres affaires : c'est lui qui agit et vit les conséquences de son action – et personne d'autre. « Il est inutile de prouver que chaque particulier est le seul juge de cet emploi le plus avantageux de sa tête et ses bras. Il a seul les connaissances locales sans lesquelles l'homme le plus éclairé ne raisonne qu'à l'aveugle. Il a seul une expérience d'autant plus sûre qu'elle est bornée à un seul objet. Il s'instruit par ses essais réitérés, par ses succès, par ses pertes et acquiert un tact dont la finesse, aiguisée par le sentiment du besoin, passe de bien loin toute la théorie du spéculateur indifférent » (1759) : du Hayek deux siècles avant Hayek, tout le génie de Turgot est là !

S'il est l'un des tout premiers à user du terme *entrepreneur* pour désigner et magnifier ainsi l'acteur qui prend le risque calculé d'investir son capital – financier, mais surtout humain : compétence acquise et courage – afin d'atteindre son objectif, Turgot en généralise de fait l'emploi en suggérant que chaque individu, même le plus socialement modeste, est par nature l'entrepreneur responsable de sa propre vie. A chacun, dès lors, selon son mérite personnel, et certainement pas selon ses privilèges de naissance.

L'intérêt général n'est pas autre chose que l'auto-coordination des intérêts particuliers

Dans la perspective de Turgot, il n'y a aucune place pour un quelconque « bien commun » surplombant les individus et s'imposant d'en haut à eux pour juguler et « dépasser » leurs intérêts particuliers – comme un tout soumettant les parties à ses exigences propres prétendûment supérieures. Pour autant, la préoccupation d'un « bien public » ou d'un « bien général » n'est pas absente de son propos, tant s'en faut. Turgot ne cesse en effet d'accorder toute son attention aux conditions d'émergence d'un *intérêt général* qui ne soit ni le retour déguisé d'un « bien commun » laïcisé, ni non plus la sommaire addition des intérêts particuliers.

Si « le bien général doit être le résultat des efforts de chaque particulier pour son propre intérêt », c'est que chacun d'entre eux poursuivant son intérêt particulier bien compris (le respect réciproque et la responsabilité), les individus ont intérêt à échanger, à se concurrencer dans une fructueuse émulation autant qu'à coopérer en conjuguant contractuellement leurs forces et talents respectifs. L'intérêt particulier est donc la matrice d'un lien social actif engageant les individus à coordonner leurs efforts et initiatives au moyen de processus permanents et spontanés d'ajustements mutuels concourrant à l'avantage de tous, et donc à l'intérêt... général. La satisfaction des légitimes intérêts particuliers ne peut ainsi s'opérer que grâce à l'auto-organisation induite par le respect des règles de droit civil traduisant les réquisits du Droit naturel en matière de liberté. Dès lors, « il est impossible que, dans le commerce abandonné à lui-même, l'intérêt particulier ne concoure pas avec l'intérêt général » (1759).

Pour que cette *composition* de l'intérêt général à partir du concours des intérêts particuliers puisse s'effectuer de manière convenable, encore faut-il que n'interfèrent pas avec eux réglementations abusives et monopoles aussi injustes que stérilisants : « Il est clair que l'intérêt de tous les particuliers, dégagé de toute gêne, remplit nécessairement toutes ces vues d'intérêt général » (1759). Et Turgot d'y insister : « L'intérêt particulier abandonné à lui-même produira toujours plus sûrement le bien général que les opérations du gouvernement » (1759). Le processus synergétique de concaténation des intérêts particuliers ne peut pleinement jouer que si au niveau de l'État, l'on s'abstient d'intervenir dans ce qui par nature échappe à sa compétence.

D'une certaine façon, Turgot anticipe ainsi la thèse de la *main invisible* dont l'exposition théorisée est habituellement attribuée à Adam Smith. Et si l'on rappelle que pour lui, « les corps particuliers n'existent pas par eux-mêmes » (1757) et que « les nations, les provinces ne peuvent avoir des intérêts autres que celui des individus » (1778), on peut s'aviser qu'en dénonçant ces superstitions holistes, il a également déjà posé les principes de l'individualisme méthodologique et de ses vertus décapantes...

Il faut laisser faire les intéressés – s'ils sont responsables et respectueux du Droit

Dès lors qu'on a affaire à des individus entreprenants puissamment intéressés au résultat de ce qu'ils font, capables de tirer au mieux parti de leur expérience, responsables (acceptant de pleinement assumer les conséquences de leurs initiatives) et respectueux du Droit (les règles du jeu selon les exigences du droit naturel), il n'y a qu'une chose à faire : les... laisser faire !

« Laissez-les faire ! » : c'est en cette injonction lapidaire que se condense et se cristallise avec vigueur toute la riche pensée révolutionnaire de Turgot. S'adressant logiquement aux gouvernants toujours avides d'interventionnisme, elle les invite fermement à faire d'abord confiance aux gens et à les laisser en paix en s'abstenant de s'immiscer dans leurs choix et actions.

Turgot n'est pas lui-même l'auteur de ce mot d'ordre qui, probablement énoncé pour la première fois en France et au XVIIe siècle, lui parvient via le marquis d'Argenson, Forbonnais, Quesnay et le marquis de Mirabeau. Il en use à plusieurs reprises dans son œuvre et sous des formulations variées. A propos des hommes agissants et entreprenants, il s'écrie d'abord : « Laissez-les faire, voilà le grand, l'unique principe » (1757). Puis il précise un peu plus tard : « Là où l'intérêt des particuliers est précisément le même que l'intérêt général, ce qu'on peut faire de mieux est de laisser chaque homme libre de faire ce qu'il veut » – avant de rappeler le célèbre précédent historique : « On connaît le mot de M. Legendre à Colbert : laissez-nous faire ! » (1759). On en trouve enfin trace dans les *Réflexions sur un mémoire de Vergenne sur la guerre américaine* (1776) : « Sage et heureuse la nation qui la première, sera convaincue que toute la politique, en fait de commerce, consiste à employer... tous ses bras de la manière la plus utile à l'individu qui travaille, c'est-à-dire de la manière dont chacun, guidé par son intérêt, les emploiera, si on le laisse faire, et que tout le reste n'est qu'illusion et vanité. »

Dans l'esprit de Turgot et comme l'atteste la référence au contexte, « laissez-faire », c'est avant tout un appel encourageant au plein et libre exercice de la *responsabilité individuelle*. Il vaut en tous domaines (pas seulement l'économie, mais aussi pour la presse, la religion, l'éducation...) et pour tous (pas seulement les plus forts, mais aussi les pauvres – à l'époque soumis au joug des corvées et à la discrimination des corporations). On est aux antipodes du sens perverti et soigneusement dénaturé qui prévaut en France (où, contrairement aux pays anglo-saxons, l'on ne sait même pas orthographier correctement cette expression !) et qui en fait le symbole emblématique mais maudit d'une apologie de la « loi de la jungle » et de l'anomie laxiste du laisser-aller – comme s'il s'agissait de laisser faire n'importe quoi à n'importe qui sans autre forme de procès...

Seule, la libre concurrence assure une prospérité à l'avantage de tous

En favorisant les initiatives des individus entreprenants, le « laissez-faire » place naturellement ceux-ci en situation de concurrence intégrale. Là où ses compatriotes privilégiés et colbertistes voyaient l'abomination de la désolation, Turgot discerne, lui, l'instrument fécond de la prospérité générale. D'où ses efforts constants pour libérer le commerce des grains et du vin de tout ce qui l'entravait – et abolir l'univers archaïque et clos des corporations pour y substituer la liberté du travail.

En suscitant l'émulation et l'innovation permanentes, la libre concurrence non seulement propose des biens à meilleur marché mais contribue à promouvoir des produits de meilleure qualité : c'est le *consommateur* qui est le vrai gagnant. Ainsi progresse-t-on vers « le but qu'on se propose qui est de procurer au peuple sa subsistance au plus bas prix possible. Ce but s'atteindrait tout naturellement par la concurrence, que la liberté amènera toujours » (1753). Cela exclut toute intervention perturbatrice d'un « magistrat » pour fixer autoritairement les prix, « c'est-à-dire ce que la concurrence ferait bien sûrement que lui » (1753). D'une manière générale, « la liberté générale d'acheter et vendre est donc le seul moyen d'assurer, d'un côté, au vendeur, un prix capable d'encourager la production ; de l'autre, au consommateur, la meilleure marchandise au plus bas prix » (1759). Il s'agit donc « de faciliter le travail à tous les membres de l'État afin d'exciter la plus grande concurrence dans la vente, d'où résulteront nécessairement la plus grande perfection dans la fabrication et le prix le plus avantageux à l'acheteur » (1759).

Tout individu (le pauvre et l'étranger y compris) doit donc pouvoir entrer sur le *marché* pour y faire librement valoir ses talents – au premier rang desquels se trouvent le courage et l'imagination anticipatrice et créatrice : il faut « en conséquence, abroger ces institutions arbitraires qui ne permettent pas à l'indigent de vivre de son travail » (1776). Ainsi la liberté du commerce procure-t-elle le bien du *peuple*, préoccupation première et permanente de Turgot : « Les réflexions et l'expérience prouvent également que la voie du commerce libre est, pour fournir aux besoins du peuple, la plus sûre, la plus prompte, la moins dispendieuse et la moins sujette à inconvénients... Plus le commerce est libre, animé, étendu, plus le peuple est promptement, efficacement et abondamment pourvu... » (1774). Dans la société ouverte à la libre concurrence, chacun est assuré d'y trouver son compte.

Le véritable ennemi du peuple, c'est la coalition de l'esprit monopoleur et de la règlementation

Si le peuple souffre de la faim et du manque de travail, c'est avant tout le fait de ceux qui ont intérêt à entraver arbitrairement la liberté d'action de leurs concitoyens en enrayant la libre concurrence – et cela pour leur plus grand profit personnel.

Au niveau de l'État et du gouvernement, la cause du mal se situe dans la traditionnelle et irrépressible tendance à vouloir réglementer et *taxer* tout ce qu'on ne comprend et ne maîtrise pas. Tout au long de son œuvre, Turgot n'a eu de cesse de pourfendre la prolifération de règlements perturbateurs et destructeurs de ce qu'ils prétendent protéger. Dans l'article « Foire » de l'Encyclopédie, il s'en prend « à la manie (de tous les gouvernements) de tout conduire, de tout régler et de ne jamais s'en rapporter aux hommes sur leur propre intérêt ». Il s'étonne comme Gournay « de voir le gouvernement s'occuper de règler le cours de chaque denrée, interdire un genre d'industrie pour en faire fleurir une autre ». « Si donc, au lieu de s'en rapporter là-dessus à l'intérêt particulier, le gouvernement s'ingère de prescrire à chacun ce qu'il doit faire, il est clair que tout ce que les particuliers perdront de bénéfices par la gêne qui leur sera imposée sera autant de retranché à la somme du revenu net produit dans l'État chaque année » (1759). C'est bien évidemment cette inspiration dérèglementariste que l'on retrouve activement à l'œuvre dans la promulgation des édits de 1774 et 1776.

Au niveau des particuliers, les obstacles proviennent de la manière perverse avec laquelle ils peuvent chercher à servir leurs intérêts au détriment de ceux d'autrui : en se constituant en *corps*, et tout spécialement en *corporations* et autres *communautés* ou *compagnonages* – dont l'objet principal est d'exclure les autres citoyens de la possibilité de librement travailler, entreprendre et échanger en interdisant la concurrence. « La source du mal est dans la faculté même accordée aux artisans d'un même métier de s'assembler et de se réunir en un corps » (1776), car ceci se fait « au préjudice de la société générale ». La perversion foncière de ces coalitions d'intérêts particuliers se traduit dans leur prétention à vouloir détenir des *monopoles* et obtenir des « privilèges exclusifs » assortis de *statuts*. Et à tenter d'y parvenir en exigeant de bénéficier d'une protection spéciale et discriminatoire de la part du gouvernement. C'est là que les deux maux se coagulent en un seul : « l'esprit monopoleur » (l'une des expressions qui, avec celle de « privilèges exclusifs », revient le plus souvent sous la plume accusatrice de Turgot), où se conjuguent les intérêts des gouvernants et des prédateurs privés. Soit tout ce que le Contrôleur général des finances s'est évertué à tenter d'extirper pendant son trop bref passage au pouvoir...

Le vrai rôle de l'État : éliminer les obstacles à la liberté – et assurer le respect du Droit

S'il se montre farouchement partisan de la plus grande liberté individuelle possible en matière d'échanges, de contrat, d'entreprise et de travail, si donc il récuse les interventions par nature illégitimes et nuisibles de la puissance publique en ces domaines où les particuliers savent tous seuls et bien mieux qu'elle ce qu'il faut faire, Turgot n'en est pas pour autant un anti-étatiste ou une sorte d'anarcho-capitaliste avant la lettre. Pour lui, l'État doit naturellement toujours assumer ses responsabilités régaliennes classiques, mais en outre il lui revient de veiller activement au bon déroulement de la vie civile commune. Sa fonction consiste alors à permettre au « laissez-faire » et au concours des intérêts particuliers de se déployer harmonieusement en éliminant les obstacles artificiels qui s'y opposent (ce que les particuliers ne peuvent pas faire, d'autant qu'ils ont tout autre chose à faire) et en imposant le respect général du Droit (ce que les plus faibles et les isolés ne peuvent pas faire non plus).

L'État n'a donc pas à soutenir directement qui ou quoi que ce soit, y compris les indigents ou les désœuvrés dès lors qu'ils sont valides. Avec une remarquable prescience, Turgot délégitime d'avance les excès de l'État-providence : « Tout homme sain doit se procurer sa subsistance par son travail, parce que s'il était nourri sans travailler, il le serait aux dépens de ceux qui travaillent... Faut-il accoutumer les hommes à tout demander, à tout recevoir, à ne rien devoir à eux-mêmes ? » (1757).

Dans le domaine économique, l'intervention de l'État ne peut qu'être d'abord par nature « négative » : « Ce que l'État doit à chacun de ses membres, c'est la destruction des obstacles qui les gêneraient dans leur industrie, ou qui les troubleraient dans la jouissance des produits qui en sont la récompense... L'administration doit se proposer en outre d'écarter les obstacles qui retardent les progrès de l'industrie en diminuant l'étendue ou la certitude de ses profits » (1759). Mais cette mission de « facilitateur » se double d'une autre, d'essence affirmative : l'État est alors le « protecteur des particuliers qui le composent, il est intéressé à ce que personne ne puisse faire à un autre un tort considérable, et dont celui-ci ne puisse se garantir... (Il est) le protecteur des particuliers auxquels il doit faciliter les moyens de se procurer par le travail une subsistance aisée » (1759). Les deux édits de 1774-1776 sont autant d'expressions de ce souci que doit avoir le pouvoir politique d'être au service du libre *marché* et donc des libres citoyens.

Rien moins que providence omniprésente ou super-régulateur omnipotent, l'État selon Turgot est posé en instance discrètement bienveillante et efficace à laquelle il appartient de faire la chasse à tout ce qui peut parasiter le libre jeu des intérêts particuliers légitimes et de veiller au strict respect des règles de ce jeu que sont les règles de Droit.

***

Ainsi éclate la surprenante modernité de Turgot, ce prophète inspiré du triptyque privatisation/dérèglementation/mondialisation qui, reposant sur la confiance dans les vertus du *laissez-faire*, fonde l'essor de l'économie de *libre-échange* – et, en parallèle, du recentrement de l'État sur une vocation non pas minimale mais instrumentalement optimisante. L'une comme l'autre de ces inspirations ont depuis largement administré la preuve empirique de leur validité un peu partout dans le monde en proposant la seule voie conduisant à toujours plus de prospérité partagée et toujours moins d'inégalités arbitraires.

De manière adjacente s'effondre le mythe faisant du « laissez-fairisme » une invention et une spécificité anglo-saxonnes, donc exogène et suspecte aux cervelles hexagonales. Le « laissez-faire » bien compris apparaît comme une précoce tradition intellectuelle nationale française dont Turgot est de fait le Père fondateur. Qu'à partir de la fin du XIXe siècle, ce soit l'étatisme atavique hérité du colberto-jacobinisme qui l'ait peu à peu supplanté et surtout étrangement effacé des esprits est une autre histoire. Si le « laissez-faire » selon Turgot l'avait emporté, nous ne serions certainement pas encore englués dans les fariboles de l'« exception française » et les jérémiades de l'« horreur économique »...

Que Turgot mérite amplement aussi de se voir reconnu comme le penseur-phare d'un individualisme libéral d'abord identifié en corps de valeurs substantielles (Liberté, propriété, responsabilité) articulées sur le Droit et la civilité n'autorise toutefois pas à lui seul à l'ériger en penseur d'une radicale originalité devant faire date dans l'histoire générale des idées. S'il y a une dimension philosophique singulière et féconde de sa conception laissez-fairienne de l'action humaine, elle réside dans la double affirmation principielle d'une confiance dans la vitalité entreprenante et innovante spontanée de l'individu placé en situation de liberté/responsabilité – et dans l'efficience non moins spontanée d'une logique sociale fondée sur la concordance auto-ajustée des intérêts particuliers légitimes.

On ne saurait certes s'attendre à ce qu'il suffise de poser la validité théorique de tels principes pour être assuré qu'en s'en inspirant, tout ira nécessairement pour le mieux dans la meilleure des économies de libre marché possibles. Ne peut-il malgré tout se faire que s'y développent des situations où la protection du Droit se révèle impuissante à éviter que la pleine liberté n'engendre de nouvelles inégalités arbitraires ou des dégénérescences chaotiques ? Il appartient à cet égard à ceux qui se reconnaissent héritiers intellectuels de Turgot de faire fructifier ce legs en sachant à leur tour l'enrichir en l'adaptant aux conditions d'un contexte infiniment plus complexe que celui du XVIIIe siècle. Et en accueillant des exigences d'équité plus pointues : il y aurait en cela pleinement fidélité à l'esprit optimiste et progressiste d'un homme d'État irréductiblement adversaire des... hommes de l'État et des privilégiés de toutes castes, mais aussi des plus soucieux du sort des « gens de peu » et des moyens de l'améliorer.

C'est dans cette perspective qu'en faisant écho à la revendication subversive du *laissez-nous faire* des acteurs concernés, l'injonction émancipatrice du *laissez-les faire* de Turgot peut devenir emblématique d'un libéralisme de progrès, ouvert et bénéfique à tous.

NOTES

1. En particulier les *Écrits* de 1753, l'article « Fondation » de l'*Encyclopédie* (1757), l'*Éloge de Mr de Gournay* (1759), l'*Édit sur la liberté de circulation des grains* (1774), l'*Édit de suppression des jurandes* (1776) et la lettre au Dr Price (1778) – que l'on désignera en référence par les dates de parution respectives et que l'on pourra retrouver dans le volume 27 de la collection Iconoclastes intitulé *Turgot : « Laissez-faire ! »* (Les Belles Lettres, 1997).

La logique libérale de la Révolution française

par

François Crouzet

« La Révolution est un bloc ». On cite souvent ce mot de Clemenceau, qui n'était peut-être qu'une boutade. Le président de la République, François Mitterrand, l'avait repris, il y a quelques années, dans un autre amphithéâtre de cette maison, lors d'une cérémonie en l'honneur du regretté Robert Maxwell. Pour ma part, je préfère dire que la Révolution est une auberge espagnole, où l'on trouve ce que l'on apporte, en matière d'a priori idéologiques, de préjugés, d'intentions polémiques.

Cette conception est particulièrement appropriée dans le cas de l'école qui a dominé l'histoire de la Révolution française au XXe siècle, et que l'on appelle jacobino-marxiste ou jacobino-léniniste, et qui, dans certains cas, fut carrément jacobino-stalinienne. École dont les grands prêtres ont été successivement Jean Jaurès, Albert Mathiez, Georges Lefebvre, Albert Soboul, et présentement Michel Vovelle.

Ces historiens ont en fait cherché dans la Révolution française une justification du socialisme et surtout de la Révolution russe, du régime bolchevik, voire des purges staliniennes et des procès de Moscou. Ils ont fait de la Terreur l'élément central de la Révolution, reflétant « le temps des anticipations », selon l'expression d'Ernest Labrousse ; et en particulier, sur le plan économique et social, une anticipation du socialisme, durant « l'éphémère et prophétique an II » (Labrousse). Par conséquent, tout ce qui avait précédé la dictature montagnarde n'était vu que comme sa préparation, par la radicalisation progressive du mouvement révolutionnaire : et tout ce qui avait suivi la Terreur n'était vu que comme la déplorable liquidation d'un grand rêve, qui pourtant, comme l'a dit à nouveau Labrousse, « laisse sur l'avenir un reflet grandiose dont tout le XIXe siècle se trouve illuminé ».

En fait, ce n'était là que divagations (inspirées chez certains par une évidente nostalgie de la guillotine), et l'historiographie récente, depuis le livre pionnier de François Furet et Denis Richet (1965), a ramené l'épisode montagnard à ses justes proportions. On y voit le résultat d'un « dérapage » – le terme est maintenant consacré – de la Révolution, qui a commencé en 1792, s'est accentué en 1793 et a pris fin à la chute de Robespierre, le 28 juillet 1794. Dans ces conditions, l'épisode dirigiste, voire socialisant, n'est plus qu'un bref intermède – il a duré treize mois – dans une Révolution dont le principe fondamental sur le plan économique est le libéralisme.

La Révolution, fondamentalement libérale

Il faut le savoir, il faut le dire et le redire aux hommes de gauche, qui en tant d'occasions se réclament de la Grande Révolution et qui ont utilisé son bicentenaire pour se refaire une virginité fort éprouvée. N'essayez pas de trouver dans la Révolution française une justification du socialisme ; si vous en voulez une, allez la chercher dans les « grandes réalisations soviétiques », comme l'on disait, voire dans les goulags staliniens.

La Révolution a été fille du mouvement des Lumières, qui était fondamentalement libéral (l'un de ses sommets n'est-il pas l'œuvre d'Adam Smith ?). Les députés des assemblées révolutionnaires n'étaient pas dépourvus de culture économique ; nombre d'entre eux avaient lu les économistes du XVIIIe siècle – en particulier les physiocrates, certains avaient lu Adam Smith, qui avait déjà été traduit en français. Il est vrai qu'ils étaient souvent aussi teintés de rousseauisme, ce qui les portait à nier l'autonomie du domaine économique, à croire que la volonté générale pouvait être plus forte que les lois économiques.

Néanmoins, leur œuvre économique a été profondément libérale, et même libératrice, selon une logique que je vais essayer d'analyser. Certes, cette libération de l'économie française avait été souhaitée par beaucoup de bons esprits depuis le milieu du XVIIIe siècle et même avant ; de hauts fonctionnaires, des ministres de l'Ancien Régime avaient tenté de réformer dans ce sens, comme mon collègue et ami Jean Meyer l'avait bien montré dans la première de ces conférences. Mais la Révolution a accompli en quelques mois une œuvre d'une toute autre ampleur ; elle est un moment de rupture libérale décisive dans l'histoire économique de la France. Au point qu'il faudra presque un siècle et demi pour que l'on essaie de revenir sur ce que l'on appelle ses « acquis » ou ses « conquêtes ».

Mon intention n'est nullement de faire l'apologie de la Révolution. Mais la Révolution s'est produite, elle est un événement incontournable et capital de notre histoire. Ayons une pensée pour ses victimes, et pour la destruction de la plus grande partie de notre patrimoine artistique, mais présentement considérons ses aspects positifs, et cette logique libérale qui peut se résumer en trois mots : liberté, égalité, bien entendu, mais aussi et surtout propriété.

La libération de la propriété

Chacun sait que les hommes de 1789 ont voulu donner la liberté à la France d'abord, au monde ensuite. Mais les falsificateurs de l'histoire dont je parlais au début ont presque réussi à dissimuler qu'à leurs yeux liberté et propriété étaient indissolublement liées. Pourtant l'article 2 de la Déclaration des droits de l'homme et du citoyen définit comme « droits naturels et imprescriptibles de l'homme », la liberté en première position, la propriété en seconde, puis la sûreté, la résistance à l'oppression. L'article 17 pose : « La propriété est inviolable et sacrée ». Il y a là une liaison qui remonte au Hollandais Grotius, à l'Anglais Locke, puis aux physiocrates français (ceux-ci voulaient un code de la nature, et à sa base ils plaçaient la propriété, premier des droits naturels). Et c'est par l'intermédiaire de Condorcet et de nombreux autres constituants qui avaient lu les physiocrates que cette idée est passée dans la « Déclaration », malgré les disciples de Rousseau qui soutenaient que la propriété est créée par les lois et n'est donc pas un droit naturel. En revanche, pour les rédacteurs de la Déclaration, l'homme est d'abord propriétaire de sa personne, et c'est pourquoi il est libre; le droit à la propriété foncière et mobilière est la conséquence directe de la propriété de l'individu.

J'ajoute que la Déclaration des droits de juin 1793, celle de la Constitution montagnarde de 1793, placera à nouveau la propriété parmi les droits de l'homme, et sera même plus explicite que celle de 1789 : « Le droit de propriété est celui qui appartient à tout citoyen de jouir et de disposer de ses biens et de ses revenus, du fruit de son travail et de son industrie. » Et à l'article 17 elle définit la liberté économique : « Nul genre de travail, de culture, de commerce ne peut être interdit à l'industrie des citoyens. » Quant à la déclaration, plus bourgeoise, de l'an III, elle enfonce le clou dans son article 8 : « C'est sur le respect des propriétés que reposent la culture des terres, toutes les productions, tous moyens de travail et tout l'ordre social. »

Bien avant d'ailleurs, l'Assemblée constituante avait réalisé la libération de la propriété. Sous l'Ancien Régime, celle-ci était souvent partagée ou collective; des seigneurs – laïcs ou ecclésiastiques – avaient sur beaucoup de terres une « propriété éminente », dont l'origine était une concession faite à un tenancier, à titre perpétuel et transmissible; si bien que les descendants ou successeurs du tenancier originel étaient propriétaires de fait, mais ils devaient verser au seigneur diverses redevances dites « féodales » (c'est le terme de l'époque, mais celui de « seigneurial » est plus approprié). Par ailleurs, d'autres et vastes étendues de terres – pâturages, landes, forêts notamment – dites biens communaux, appartenaient aux communautés de villages.

La Constituante voulut que la propriété fut entièrement libre et individuelle, et le droit de propriété absolu, quiritaire, comme le disaient les Romains. Le principe en fut adopté durant la nuit du 4 août 1789 et les détails précisés par des décrets qui suivirent ; le 3 novembre 1789, la Constituante posa : « Le régime féodal est entièrement aboli. »

Ont été, en fait, supprimés sur-le-champ et sans indemnités les droits féodaux dits « personnels », tels que le servage, les corvées, les droits de justice, les monopoles seigneuriaux (du four, du moulin, de la chasse). N'était-ce pas une violation de la propriété ? On passa outre, en considérant que ces droits avaient été usurpés sur l'État ou établis par la violence. On abolit aussi les dîmes payées à l'Église, sous prétexte qu'elles n'étaient pas une propriété, mais un impôt, révocable, comme tout impôt.

Par contre, on admit que les droits « réels », qui pesaient sur les terres, étaient la contrepartie d'une concession faite par le propriétaire primitif, le loyer d'une location perpétuelle, et par conséquent devaient être rachetés au seigneur par les cultivateurs.

Les conditions de ces rachats donnèrent lieu à de longs débats et à une succession de décrets. En fait, beaucoup de paysans refusèrent de verser quoi que ce soit, et les jacqueries continuèrent dans les campagnes. Finalement, le 17 juillet 1793, la Convention, qui, menacée de tous côtés, voulait se concilier les paysans, supprima sans indemnités toutes les redevances dites féodales.

Ainsi, les Assemblées révolutionnaires n'abolirent le régime dit féodal que sous la pression de la « révolution paysanne » de l'été 1789, consécutive à la « grande peur », et de ses prolongements dans les années suivantes. Par ailleurs, tout en proclamant la propriété inviolable et sacrée, les Assemblées n'hésitèrent pas à exproprier les seigneurs, sans indemnités en fin de compte.

La contradiction fut encore plus patente lors de la nationalisation – c'est-à-dire confiscation – des biens du clergé, en novembre 1789, dans l'espoir que leur vente permettrait de rétablir l'équilibre des finances de l'État. Il est vrai qu'on peut y trouver un aspect de libération de la propriété, dans la mesure où ces vastes biens, dits de mainmorte, c'est-à-dire inaliénables, étaient ainsi mis en circulation.

En revanche, la Convention décida le 18 mars 1793 la peine de mort contre ceux qui proposeraient « la loi agraire », c'est-à-dire le partage des terres ; et mis à part des velléités sous la Terreur, les révolutionnaires ne firent rien pour que la vaste redistribution de la propriété par la vente des biens du clergé et des émigrés s'opéra de façon égalitaire et au bénéfice des paysans pauvres.

Quoi qu'il en soit, le résultat final fut la libération de la propriété des « chaînes féodales » et l'égalité des propriétaires, car il n'y a plus de distinctions entre terres nobles et roturières. Cette libération fut étendue à d'autres domaines.

La Révolution contre la propriété collective

Les révolutionnaires étaient hostiles à la propriété collective, à l'existence des biens communaux, qui rappelait à leurs yeux le système seigneurial, et qui était contraire à l'unité et à l'indivisibilité de la propriété. En août 1792, la Législative décida le principe du partage obligatoire des biens communaux entre les habitants de chaque commune. En juin 1793, la Convention précisa que ce partage interviendrait si un tiers des habitants le demandait.

Il y eut également une offensive contre les droits d'usage et les contraintes collectives, c'est-à-dire notamment la vaine pâture (droit pour les habitants d'un village d'envoyer leurs animaux pâturer sur les jachères et sur les terres cultivées après la moisson), et la contrainte de sole : l'obligation – dans beaucoup de régions – de pratiquer la même récolte dans toutes les parcelles d'un même bloc du terroir ; il en découlait l'interdiction pour un propriétaire de clore son ou ses champs. Ces pratiques très anciennes étaient des obstacles à l'amélioration des techniques agricoles, et les gouvernants de l'Ancien Régime avaient cherché à les abolir, avec peu de succès. Elles paraissaient aux révolutionnaires une atteinte intolérable à la liberté et à la propriété individuelle. En juin 1791, la Constituante abolit la contrainte de sole et l'assolement obligatoire ; elle déclara que chaque propriétaire était libre de cultiver ses terres à son gré ; en septembre elle autorisa les clôtures dans toute la France, posant que « le territoire de la France, dans toute son étendue, est libre comme les personnes qui l'habitent ». La Convention devait confirmer ces libertés de culture et de clôture et les inscrire dans la Déclaration des droits montagnarde de 1793. En avril 1794, le Comité de salut public lui-même annula toutes les décisions des autorités locales qui avaient voulu limiter la liberté de clôture. En revanche, on n'osa pas supprimer la vaine pâture et le droit de parcours, auxquels les paysans étaient très attachés. De toute façon, ces décisions libérales venues de Paris restèrent lettre morte, vu le morcellement des sols qui rendait quasiment impossible à un propriétaire de clôturer sa parcelle et de se soustraire aux servitudes collectives. Il aurait fallu un remembrement général, quasiment impossible. Malgré tout, continuant les efforts de l'Ancien Régime, les Assemblées révolutionnaires orientèrent l'agriculture française vers un régime plus individualiste, qui devait progresser, mais trop lentement, au XIXe siècle.

Reste à mentionner trois points intéressants qui montrent que le libéralisme révolutionnaire était prêt à des compromis, si cela semblait nécessaire. Le souci de respecter le droit de propriété amena la Constituante à modifier la législation minière de l'Ancien Régime, laquelle conférait à l'État la propriété du sous-sol, dont il concédait l'exploitation à des compagnies. Ces dernières étaient vues comme des monopoles, mais l'Assemblée n'osa pas faire du propriétaire du sol celui du sous-sol jusqu'au centre de la terre, comme en droit anglais. La loi minière de mars 1791 fut donc un compromis, qui s'avéra d'ailleurs peu satisfaisant.

Compromis aussi en matière de droit successoral, qui était très varié et compliqué, et que la Constituante voulut unifier. Elle se basa sur le droit coutumier qui régnait dans la France du Nord et institua le partage égal du patrimoine entre les héritiers naturels (donc abolition du « droit d'aînesse », qui d'ailleurs n'était pratiqué que dans la noblesse). Le principe d'égalité l'emporta sur celui de la liberté, au contraire du droit anglais, où un propriétaire dispose en toute liberté de ses biens, y compris pour déshériter ses enfants ou certains d'entre eux. Aussi beaucoup d'Anglais au XIXe siècle considéraient que le partage des successions en France était une violation du droit de propriété. Mais Robespierre avait déclaré que ce droit cessait avec l'existence, et qu'un propriétaire ne pouvait donc disposer de ses biens après sa mort. En fait les familles bourgeoises ont pu souvent éviter le partage des entreprises grâce aux sociétés de commerce ou à la pratique de l'indivision.

Enfin, l'État pouvait procéder à des expropriations pour cause d'utilité publique, quand la nécessité en avait été légalement constatée, et sous condition d'une juste et préalable indemnité.

La loi d'Allarde et la liberté d'entreprendre

En matière de législation sur l'artisanat et l'industrie, la volonté de liberté l'emporta très nettement, renforcée par le souci d'égalité : d'où une politique dirigée contre les monopoles et les privilèges (le monopole était dans ce domaine la forme principale du privilège économique), et contre les corps intermédiaires, haïssables pour une philosophie qui ne reconnaissait d'existence qu'à la Nation et au citoyen, entre lesquels aucun groupement ne devait s'interposer.

Sous l'Ancien Régime, la production artisanale et industrielle était assez largement, mais pas totalement, réglementée. Les maîtres artisans (et les commerçants) de chaque métier étaient dans la plupart des villes groupés en corporations et y avaient le monopole de l'exercice de leur métier. Quant aux grandes entreprises, elles avaient souvent reçu du roi des « privilèges exclusifs » (exemple : pour Saint Gobain le privilège exclusif de fabriquer des miroirs). Enfin des règlements minutieux sur la fabrication visaient à assurer la qualité des articles manufacturés. Cependant, comme Jean Meyer l'a signalé, la totalité de l'industrie n'était pas soumise à la réglementation, et en plus, à la fin de l'Ancien

Régime, ce système réglementaire s'était effrité. D'ailleurs, un courant hostile s'était développé, y compris parmi les fonctionnaires chargés d'appliquer ce système. En 1776, Turgot avait aboli les maîtrises et jurandes, c'est-à-dire les corporations ; mais cette mesure avait été rappelée après sa chute. De fait, les corporations étaient acceptées par une partie de la bourgeoisie, le capitalisme commercial s'étant infiltré dans le système corporatif et l'utilisant. Ce qui fait que les cahiers de doléances de 1789 montrent l'opinion divisée sur ce problème ; et l'abolition des corporations ne devait pas être accueillie avec un enthousiasme général, nombre d'hommes d'affaires étant aussi soucieux d'ordre que de liberté.

En principe, les corporations, en tant que corps privilégiés, avaient été abolies ipso facto dans la nuit du 4 août, mais les décrets qui suivirent ne les mentionnèrent pas explicitement. Le problème ne fut abordé qu'au début de 1791 et incidemment, à l'occasion de la création de la patente, l'une des trois nouvelles contributions directes, lequel frappait les revenus des commerçants et industriels. Le rapporteur était le baron d'Allarde, noble devenu négociant (il allait traverser sans accroc la Révolution, se fit banquier mais fit faillite). Il proposa en compensation de décharger les commerçants et artisans des droits de réception en maîtrise qu'ils payaient à leurs corporations, et, en tant que privilèges exclusifs, d'abolir purement et simplement ces dernières. Sa proposition fut adoptée sans opposition ; elle est connue comme la loi d'Allarde, du 2 mars 1791. Elle abolit tous les offices pour l'inspection des arts et du commerce, tous les brevets et lettres de maîtrise, tous les privilèges de profession et l'article 7 déclare : « A compter du 1er avril prochain, il sera libre à toute personne de faire tel négoce ou d'exercer telle profession, art ou métier qu'elle trouvera bon », sous seule condition de se pourvoir d'une patente et d'en acquitter le prix. On fit ensuite des retouches de détail concernant des professions particulières (les pharmaciens ne pourraient s'établir sans diplôme, les orfèvres seraient surveillés pour le titre des objets d'or et d'argent, etc.), mais l'organisation corporative était définitivement abolie et les tentatives ultérieures pour la rétablir partiellement, notamment sous la Restauration, avortèrent. Cette abolition fut stipulée dans la Constitution de 1791 ; ainsi la liberté d'entreprendre était instituée. Dans tout le royaume et dans toutes les branches d'activité, de nombreuses entreprises nouvelles furent créées – souvent par des compagnons des anciennes corporations. Certes beaucoup furent éphémères, mais la mortalité infantile des entreprises est partout et toujours fort élevée, et il faut reconnaître que la conjoncture des années suivantes ne fut pas bonne.

Il est vrai que la loi d'Allarde ne concernait ni la réglementation des fabrications, ni l'administration de l'industrie qui s'était développée depuis Colbert. Mais l'une et l'autre furent abolies par des lois de septembre et d'octobre 1791 : on supprima les emplois de directeurs, inspecteurs et administrateurs des manufactures, les bureaux de visite et de marque où on apposait une marque sur les marchandises. Tout cela était vu par les constituants comme des obstacles « au génie inventif du citoyen ». Il est vrai qu'un des buts des privilèges accordés par le roi avait été de protéger ceux qui faisaient des inventions nouvelles. La Constituante adopta donc une loi sur les brevets d'invention : une invention était la propriété de son auteur et il devait en avoir jouissance, mais pour éviter de rétablir des privilèges excessifs, la durée des brevets fut limitée à quinze ans maximum. Cette loi sur les brevets était la seule survivance du régime compliqué de réglementation que la Monarchie avait imposé à l'industrie. Le laissez-faire triomphait.

La loi Le Chapelier et la liberté du travail

D'autant plus que la Constituante avait affirmé aussi la liberté du travail. Mais à nouveau, ce fut incidemment : au printemps de 1791, les ouvriers qualifiés parisiens s'étaient agités, et des grèves avaient éclaté, pour obtenir des hausses de salaires. Il y avait en effet une certaine reprise d'activité, et les prix des subsistances, qui avaient fortement baissé en 1790, tendaient à remonter. Les charpentiers voulaient qu'un salaire journalier minimum soit fixé, ils élaborèrent une sorte de contrat collectif et demandèrent à la municipalité de Paris de le faire accepter par leurs patrons. La municipalité refusa et sollicita l'intervention de la Constituante. Ce fut l'occasion du vote de la loi Le Chapelier, le 14 juin 1791. Son auteur, ancien avocat au parlement de Bretagne, avait présidé l'Assemblée lors de la nuit du 4 août ; c'était un libéral convaincu, ennemi de tout particularisme et de tout corps intermédiaire : il devait être guillotiné en 1794.

L'article 1 pose : « L'anéantissement de toutes les espèces de corporations des citoyens du même état et profession, étant une des bases fondamentales de la Constitution française, il est défendu de les rétablir de fait, sous quelque prétexte et quelque forme que ce soit. » D'où l'article 2, qui interdit aux « citoyens d'un même état ou profession, aux entrepreneurs et boutiquiers, aux ouvriers et compagnons d'un art quelconque », de se constituer en sociétés, avec président, secrétaire, etc., de « prendre des arrêtés ou délibérations... sur leurs prétendus intérêts communs ». L'article 4 ajoutait : « Si, contre les principes de la liberté et de la Constitution, des citoyens attachés aux mêmes professions, arts et métiers, faisaient entre eux des conventions tendant à refuser de concert ou à n'accorder qu'à un prix déterminé le secours de leur industrie ou de leurs travaux, les dites délibérations et conventions... sont déclarées inconstitutionnelles, attentatoires à la liberté et à la Déclaration des droits de l'homme et de nul effet. » Les auteurs et instigateurs de ces « coalitions » seraient passibles de lourdes amendes, ainsi que de trois mois de prison en cas de menaces contre les employeurs ou les autres ouvriers. Ceux qui useraient de violences « contres les ouvriers usant de la liberté accordée par les lois constitutionnelles au travail et à l'industrie » seraient traduits devant les tribunaux criminels et sévèrement punis. Peu après on étendit ces dispositions aux campagnes, parce qu'on craignait des grèves des ouvriers agricoles au moment de la moisson.

J'ai cité cette loi un peu longuement, parce qu'on y voit remarquablement apparaître la logique libérale, qui va des droits de l'homme à l'abolition des corps intermédiaires, puis à l'interdiction des grèves et des associations professionnelles – ce que l'on a appelé depuis des syndicats ; il en existait d'ailleurs à ce moment-là, les compagnonnages, semi-clandestins, et dont nombre d'ouvriers avaient pensé qu'ils seraient légalement reconnus à la suite de l'abolition des corporations. Il est possible que la loi Le Chapelier ait été aussi inspirée par la volonté de contrecarrer une agitation politique du « peuple », qui semblait devenir dangereuse. Mais le point essentiel pour nous est que le contrat de travail doit se faire de gré à gré, entre individus.

Bien entendu, cette loi – qui devait rester en vigueur jusqu'en 1864 (et 1884 pour certains aspects) – a été dénoncée avec violence par la gauche (mais bien après, car sur le moment, aucun Constituant, même pas Robespierre, ne fit opposition). « Loi terrible », a dit Jaurès ; « loi bourgeoise », qui « ravalait l'ouvrier au rang d'esclave... [le] vouait à la misère perpétuelle », ont surenchéri de récents historiens. En fait, on oublie qu'elle interdisait aussi les ententes entre employeurs ; les chambres de commerce furent d'ailleurs abolies en septembre 1791. D'autre part, elle ne supprimait nullement les compagnonnages, qui continuèrent dans la semi-clandestinité comme sous l'Ancien Régime, et elle n'empêcha pas des grèves. En tous cas, je ne vous présente pas la loi Le Chapelier comme un modèle valable pour nous : autres temps, autres mœurs. Je ne propose pas son rétablissement, mais je rappelle seulement qu'en brisant un pouvoir syndical devenu abusif, Mrs Thatcher a permis un certain relèvement de l'économie britannique.

La liberté de circulation des marchandises

Du laissez-faire, venons en maintenant au laissez-passer. Vous savez tous qu'on en était loin sous l'Ancien Régime. D'une part, le commerce extérieur était soumis à un protectionnisme poussé, de l'autre, le commerce à l'intérieur même du royaume se heurtait à de nombreux obstacles, si bien qu'il n'existait pas de marché national unifié (indépendamment du coût élevé des transports qui devait en retarder la réalisation concrète jusqu'au milieu du XIXe siècle). Des douanes intérieures divisaient la France en plusieurs zones douanières. Colbert avait réussi à créer ce que l'on pourrait appeler une « zone de libre-échange » assez vaste : « les cinq grosses fermes », correspondant en gros au Bassin parisien, mais les provinces périphérique en étaient séparées par des barrières douanières. A ceci s'ajoutaient de multiples péages sur les ponts, les rivières notamment, les octrois à l'entrée de la plupart des villes, des droits à payer sur les foires et marchés (il est vrai que les gouvernements du XVIIIe siècle avaient réussi à supprimer les deux tiers des péages). Particulièrement surveillé, pour des raisons évidentes d'ordre public, était le commerce des céréales; je n'entrerai pas dans le détail, mais la circulation des grains n'était autorisée qu'à l'intérieur de chaque province. A plusieurs reprises au XVIIIe siècle, le gouvernement, conscient des conséquences fâcheuses de cette réglementation, avait essayé d'établir la libre circulation des grains à l'intérieur du royaume, mais l'opposition violente d'une partie de la population, animée par la terreur ancestrale de la famine, avait fait échouer ces projets.

Pourtant, dès le 29 août 1789, malgré les hauts prix et les troubles qui avaient sévi depuis des mois, la Constituante déclara la circulation des grains complètement libre à l'intérieur du royaume (leur exportation restant interdite). Cette décision fut confirmée par de nombreux décrets ultérieurs. Il est vrai que l'Assemblée législative dut céder aux pressions populaires pendant la première Terreur, après la chute du roi : en septembre 1792, elle autorisa la réquisition des grains, d'abord pour l'armée, puis par les autorités départementales pour ravitailler les populations. Puis, le 5 novembre 1792, le ministre Roland, pourtant très libéral, créa le « directoire des achats », c'est-à-dire une administration centrale des subsistances, notamment pour les achats à l'étranger. Mais c'étaient des mesures de circonstance : le 8 décembre 1792, la Convention les abrogea et proclama solennellement la « liberté la plus entière » de circulation des grains. La peine de mort était prévue pour ceux qui s'opposaient à cette circulation des subsistances. Certes, quelques mois plus tard, la Convention devait adopter le système dirigiste du maximum des prix et des réquisitions, qui régna pendant la Terreur. Et s'il fut aboli après la chute de Robespierre, une réglementation assez contraignante du commerce des grains fut maintenue jusqu'à la fin de la Convention. Mais le Directoire établit la liberté de circulation des grains et en conséquence l'abondance et les bas prix des subsistances régnèrent à partir de l'été 1796 (on peut noter que les historiens jacobins, ne pouvant plus pleurer sur les hauts prix dont souffraient les pauvres des villes, gémissent désormais sur les bas prix que recevaient les paysans pour leurs produits !).

Quant aux douanes intérieures, elles avaient été abolies par la Constituante le 31 octobre 1790, et les douanes reportées aux frontières; les octrois eurent le même sort en février 1791, tout comme la réglementation des foires et marchés, sauf les privilèges de quelques grandes foires ayant un caractère international, telle celle de Beaucaire. Quant aux péages, assimilés d'abord aux droits féodaux rachetables, ils furent presque tous abolis par la Législative en août 1792.

La liberté de commercer triompha à l'intérieur de la France. Mais qu'en fut-il en matière de commerce extérieur ? Il y a là un problème, car la Révolution ne fut pas libre-échangiste. La Constituante et ses comités compétents (où il y avait des libéraux notoires : La Rochefoucauld-Liancourt, Talleyrand, Du Pont de Nemours) étudièrent longuement le problème douanier, et finalement deux lois furent votées en décembre 1790 et février 1791. Les marchandises importées étaient divisées en onze groupes ; celles du 1er entraient en franchise, les autres payaient des droits croissants, mais dont le maximum était 15 % *ad valorem* ; vingt-deux articles seulement étaient prohibés (il y en avait des centaines auparavant). A l'exportation, seules quelques marchandises payaient des droits. C'était un tarif « modérément protectionniste » (Godechot), « relativement libéral » (Labrousse) – jugement que je partage, d'autant plus qu'à cette date un protectionnisme rigoureux régnait presque partout, et notamment en Angleterre, qui n'adoptera le libre-échange que dans les années 1840. Il faut tenir compte aussi des circonstances, de la crise économique qui avait contribué au déclenchement de la Révolution : dans les milieux industriels, on attribuait une bonne part de la responsabilité de cette crise au traité de commerce avec la Grande-Bretagne qui avait été conclu en 1786, grâce auquel de grandes quantités d'articles manufacturés britanniques avaient été importés. Aussi les cahiers de doléances avaient été presque unanimes à réclamer le maintien du protectionnisme. En revanche, on peut citer comme mesure libérale l'abolition par la Constituante des privilèges des compagnies de commerce, notamment la Compagnie des Indes orientales, une sorte d'Air France du XVIIIe siècle, un dinosaure non rentable, qui avait le monopole du commerce au-delà du Cap de Bonne Espérance. Il est donc injuste de reprocher aux constituants d'avoir repoussé le libre-échange, pour défendre les intérêts égoïstes de classe de la bourgeoisie négociante et industrielle, et d'affirmer en conséquence que leur libéralisme n'était que d'opportunité et de surface.

Il est vrai qu'à partir de 1792, la guerre, avec presque toute l'Europe, et notamment avec l'Angleterre, qui était maîtresse des mers, créa des conditions tout à fait anormales pour le commerce extérieur français pendant la plus grande partie de la Révolution et aussi de l'Empire. Le régime assez libéral dont j'ai parlé, n'a fonctionné que peu de temps, et des mesures de guerre économique contre l'Angleterre lui ont succédé, notamment la prohibition de toutes les marchandises anglaises, un projet d'acte de navigation réservant aux navires français le commerce dans nos ports, etc. Mais on se trouve ici dans les dérapages et déviations que la guerre entraîne.

La liberté bancaire

A la liberté du commerce s'ajoute celle des activités financières : les bourses de commerce et des valeurs, les professions d'agent de change et de courtier cessèrent d'être réglementées et surtout la liberté régna dans le domaine bancaire au début et à la fin de la Révolution. Remarquez que la profession de banquier était libre sous l'Ancien Régime, mais à la fin de ce dernier, une seule banque, la Caisse d'escompte, fondée en 1776, avait le privilège d'émettre des billets. En 1790 l'État commença à émettre des assignats, mais ceux-ci étaient d'abord de forte dénomination, cependant que la petite monnaie métallique disparaissait de la circulation. Pour remédier à la pénurie de moyens de paiement, il se fonda des établissements, appelés en général « caisses patriotiques », qui échangeaient les assignats contre des billets de petite dénomination qu'elles émettaient et qu'on nomma « billets de confiance ». Certaines caisses devinrent de véritables banques d'émission, qui mettaient en circulation des billets au-delà du montant de leurs réserves, qui étaient en assignats. Ces caisses proliférèrent, il y en avait 1 600 à la fin de 1792, la plupart toutes petites, mais quelques-unes importantes. Une preuve de la tradition étatiste et centralisatrice de l'historiographie française est qu'elle a soit ignoré ces caisses, soit repris contre elles les accusations des sans-culottes, de malversations, de responsabilité dans l'inflation, accusations qui amenèrent la Convention à ordonner la fermeture de ces caisses en novembre 1792. Même Marcel Marion, dans son ouvrage classique et d'inspiration libérale, *Histoire financière de la France*, a tonné contre l'anarchie monétaire qu'engendraient ces caisses. Il a fallu attendre les travaux tout récents d'un Américain, Eugene White, pour que ces caisses soient réhabilitées : il a constaté qu'elles étaient presque toutes gérées de façon saine, qu'elles fonctionnèrent « raisonnablement bien » et rendirent de réels services, et qu'elles étaient tout à fait comparables aux nombreuses petites banques d'émission, qui existaient alors en Grande-Bretagne et aux États-Unis.

Non contents de cette suppression, la Convention, dans sa période montagnarde, devait aussi interdire et dissoudre toutes les sociétés par actions au porteur, puis toutes les sociétés de capitaux. Mais ces mesures furent abrogées par le Directoire en décembre 1795 : « Il faut que les citoyens aient la faculté de réunir leurs efforts soit de talents, soit pécuniaires. » Cette décision ouvrit une seconde période de liberté bancaire (*free banking*), pendant laquelle un certain nombre de banques en sociétés par actions et émettrices furent créées, sans aucune intervention, appui ou autorisation de l'État. La plus importante fut la Caisse des comptes courants, fondée à Paris en juin 1796, et qui en 1800 se transforma en Banque de France. Mais la création de cette dernière, sous les auspices et avec l'appui financier du régime consulaire, sonna le glas de la liberté : en 1803 elle reçut le privilège d'émission à Paris. En somme, jamais la France n'a eu un régime aussi libéral en matière de banques que sous la Révolution – excepté pendant trois ans de fin 1792 à fin 1795, quand on jugea utile en plus de guillotiner quelques banquiers. Ajoutons qu'à partir de 1795, et jusqu'en 1807, il y eut liberté complète pour les sociétés, tandis que le Code de commerce allait exiger l'autorisation du gouvernement pour fonder une société anonyme.

L'échec du dirigisme montagnard

Vous vous demandez probablement si mon propos est de présenter la période révolutionnaire comme un paradis du libéralisme. Je vous rassure : telle n'est pas mon intention, et je suis tout prêt à reconnaître que les grands ancêtres ont commis de sérieux péchés antilibéraux. Certains véniels – j'ai fait allusion à quelques-uns – par opportunisme, pour raisons politiques, ce qui montre d'ailleurs que leur libéralisme n'était pas rigide et doctrinaire. Mais aussi un péché mortel au sens littéral : l'Ancien Régime était mort de ses finances ; il en a été de même de la Révolution. Ce péché a été la création des assignats et leur multiplication, conduisant à l'inflation et finalement à l'hyper-inflation. Je ne développerai pas ce problème, prenant la liberté de vous renvoyer au livre de Florin Aftalion et au mien. Je dirai seulement que ce fut une faute capitale que de vouloir baser la restauration des finances sur la confiscation des biens du clergé, en violation flagrante du droit de propriété que l'on venait de proclamer avec tant d'énergie. Seconde faute capitale : émettre une « monnaie forcée », une *fiat money* (qui devint *funny money*, une monnaie de singe), en affirmant aux citoyens qu'elle était aussi bonne que l'or ou l'argent et qu'on pouvait en émettre sans conséquences fâcheuses tant qu'elle était prétendument couverte par les biens nationaux. Florin Aftalion a parfaitement démonté le mécanisme inexorable par lequel les émissions d'assignats ont engendré l'inflation, laquelle a provoqué la radicalisation de la Révolution et finalement fait triompher la Terreur. Bien entendu, la Terreur est la phase non libérale, même antilibérale de la Révolution : maximum, c'est-à-dire blocage autoritaire et contrôle des prix, d'abord pour les grains (mai 1793), puis pour presque toutes les marchandises et pour les salaires (septembre), réquisition des denrées par la force armée, exécutions pour délits économiques, rationnement des consommateurs, étatisation du commerce extérieur, contrôle des changes, manufactures d'État nationalisées pour fabriquer les armes, etc. On a là, selon l'expression d'un admirateur, une « gigantesque expérience d'étatisme ». Mais elle appelle deux remarques : d'abord cette expérience a été désastreuse, le dirigisme montagnard n'a jamais bien fonctionné, il a souffert de dysfonctionnement généralisé. Notamment, après une brève amélioration, le ravitaillement de Paris et des autres grandes villes était redevenu déplorable, des semaines avant la chute de Robespierre, cependant que l'assignat piquait à nouveau du nez rapidement. Si bien qu'à la veille de leur chute, Robespierre et Saint-Just s'étaient persuadés que le maximum avait été proposé par des agents des ennemis de la Révolution – et notamment par des agents de l'Angleterre, pour provoquer sa perte. Bien plus, maximum et réquisitions découragèrent les cultivateurs, qui réduisirent une production qui était payée en papier inutilisable. Avec en plus des accidents météorologiques, le résultat fut la famine qui dévasta une bonne partie de la France pendant l'hiver 1794-1795 – la dernière famine au sens propre de notre histoire. Le dirigisme montagnard en était largement responsable. La catastrophe économique a frappé la Révolution quand elle s'est écartée du libéralisme.

Seconde remarque : « C'est à son corps défendant que la Convention s'est engagée dans la voie de l'économie dirigée » (Godechot). Les montagnards eux-mêmes, y compris la plupart des membres du Comité de salut public, n'ont accepté le maximum et les autres mesures dirigistes que sous la pression de la rue, des sans-culottes parisiens, qui avaient une conception passéiste, quasi médiévale, de l'économie (antimarché, anticoncurrence, antinégociants, anticapitalisme). Et ils n'ont accepté ces mesures que comme des expédients provisoires. A cet égard, on peut leur reprocher leur lâcheté devant la populace, elle-même animée par un égoïsme à court terme : les sans-culottes, qui se disaient si attachés à la Révolution et à la République, refusaient de se serrer un peu la ceinture pour les défendre. Comme l'écrit Labrousse tristement, après le 9 Thermidor, les conventionnels sont redevenus ce qu'ils n'avaient jamais cessé d'être : des individualistes à la manière de leurs aînés de la Constituante. Ils ont donc liquidé le dirigisme – le maximum fut aboli le 24 décembre 1794; le Directoire s'est ensuite débarrassé du papier-monnaie. La France est revenue à une économie de marché et à une monnaie saine. Transition qui n'est pas sans ressembler à celle que connaissent les pays de l'Est, mais le régime montagnard avait duré un peu plus d'un an, et non pas des dizaines d'années... Néanmoins, le passif de la Terreur et des guerres de la Révolution fut lourd; il explique certaines déficiences de l'économie française au XIXe siècle.

Conclusion

La Révolution a été pour l'essentiel une période de libéralisme offensif, qui a balayé tout un bois mort, toute une masse d'institutions et de pratiques contraires à la liberté de travailler, d'entreprendre, de commercer. « Du passé faisons table rase », aurait pu être sa devise. Institutions et pratiques qui avaient gêné le développement de l'économie française au XVIIIe siècle et contribué à ce qu'elle prit du retard sur l'Angleterre. Puisque le propos de ce cycle de conférences est de montrer la continuité d'une dynamique libérale dans l'histoire de la France, je voudrais terminer sur le caractère durable de l'œuvre de la Révolution en matière de libéralisme économique. Elle a été bien plus qu'un moment. Il est vrai que Napoléon a apporté quelques retouches étatiques et autoritaires, mais, finalement, il a été beaucoup plus libéral qu'on ne le dit souvent. Quant à la France du XIXe siècle, elle n'a jamais été aussi libérale que l'Angleterre et les États-Unis ; en particulier elle n'a jamais adopté le libre-échange intégral, et l'État est largement intervenu dans le domaine des transports et notamment dans la construction des chemins de fer. Mais pour le reste, on peut dire qu'il a « fichu la paix » aux créateurs de richesses. C'est dans un cadre libéral, créé par la Révolution, par la logique liberté-égalité-propriété, que l'économie française, malgré toutes sortes de handicaps et de malheurs, a quintuplé son produit intérieur brut de Napoléon à la Belle Époque, et plus que triplé le produit par tête de ces citoyens.

II

Naissance des libertés économiques
1815-1840

Présentation

par Christian Stoffaës

Comme on l'observe fréquemment, ce n'est qu'après coup que les événements historiques prennent leur sens, lorsque le recul nécessaire permet le jugement. L'inspiration libérale de la Révolution s'exprime avec Mme de Staël lorsque – alors que le 18 Brumaire prépare la stabilisation des institutions et annonce l'Empire – on cherche à renouer avec les espérances libérales de ses débuts. Thiers, Mignet, Guizot et, avec eux, l'École historique française sous la Restauration et la monarchie de Juillet la suivront dans cette vision.

Le libéralisme initial de la Révolution, dans sa dimension politique comme dans sa dimension économique, a été mis à mal par la guerre avec l'Europe coalisée, par la chute des Girondins, par la déviation dictatoriale de la Convention montagnarde, par l'inflation des assignats. Conformément à notre méthode d'analyse, cette période 1792-1799 – qui ne fut guère libérale – est mise entre parenthèses. A la suite de cette période troublée, la stabilité politique s'établit avec le Consulat et l'Empire.

Le libéralisme économique napoléonien – qui s'exprime dans le code civil, le code de commerce, le franc germinal, la Banque de France, les institutions administratives – est certes contrebalancé par les impératifs de l'économie de guerre et du Blocus continental. Le régime douanier protectionniste est institué et consolidé par une série de lois, entre 1814 et 1826. Mais, c'est avec la Restauration et la monarchie de Juillet que s'épanouissent pleinement en France les libertés économiques, sous le régime parfois qualifié de « bourgeois ». Le capitalisme naissant multiplie les entreprises et les banques, entraîne le pays dans la révolution industrielle et la prospérité économique, implantant partout manufactures et machines.

Sous la Restauration, les libéraux « doctrinaires » et « constitutionnels », opposés aux « ultras », se situent à la gauche d'une Chambre introuvable à dominante réactionnaire. Sous la monarchie de Juillet, ils sont au pouvoir avec Guizot : « laissez faire, laissez passer » ; « enrichissez-vous » est leur devise. François Guizot, éminent historien, haut fonctionnaire et parlementaire est l'inspirateur, au sein du groupe doctrinaire de la Chambre de la législation libérale de 1819. En 1827, il fonde la société « Aide-toi, le ciel t'aidera » pour coordonner l'action des libéraux dans les élections.

La pensée libérale française est florissante et s'impose au monde : dans le domaine des idées politiques, avec Benjamin Constant comme dans celui des idées économiques, avec Jean-Baptiste Say et Frédéric Bastiat. La richesse de l'École des économistes libéraux français de cette époque – par exemple les collaborateurs du Journal des Économistes *– a été quelque peu occultée par une histoire parfois complaisamment réécrite tant sous l'influence marxiste que par leurs rivaux anglo-saxons. Mais il n'est pas exagéré de dire qu'elle est alors au centre de la pensée économique dans le monde par l'abondance de ses publications et le rayonnement de ses auteurs : la qualité de leurs travaux, la rigueur de leurs méthodes d'analyse n'a rien à envier à celle des manchestériens Ricardo et autres Malthus.*

Jean-Baptiste Say, célèbre auteur du Traité d'économie politique *de 1803 ; observateur attentif de la révolution industrielle anglaise est industrialiste et productiviste. Il opère une synthèse entre le libéralisme économique d'Adam Smith et les idées politiques et philosophiques de la Révolution française. Sa « loi des débouchés » en fait l'économiste libéral le plus célèbre de son époque : « Plus les producteurs sont nombreux et les productions multipliées et plus les débouchés sont faciles, variés et vastes. » Son influence est mondiale et ses disciples nombreux aux États-Unis comme en Angleterre (Jevons) et en Italie (Ferrara) : le libéralisme est alors pour la France un produit d'exportation.*

Frédéric Bastiat, entre 1844 et 1850, laisse la matière de sept volumes, qui en font l'économiste le plus talentueux du courant libéral français. Logique et clarté, précision et élégance, ironie et polémique caractérisent son œuvre, dont les cibles favorites sont le monopole, le protectionnisme, le socialisme et les groupes d'intérêts faisant pression sur l'État, comme dans son pamphlet Pétition des marchands de chandelle contre la concurrence du soleil. *Bastiat propose de recentrer l'État sur ses fonctions essentielles : « L'action gouvernementale est essentiellement bornée à faire régner l'ordre, la sécurité, la justice. En dehors de cette limite, elle est usurpatrice de la conscience, de l'intelligence, du travail, en un mot de la liberté humaine. » Citons aussi des auteurs alors fort à la mode et depuis fort oubliés – comme Augustin Thiéry, Charles Comte, Charles Dunoyer.*

En même temps que fleurit la pensée libérale française, l'économie libérale démontre son efficacité dans un cadre de paix prolongée, de monnaie et de finance saines. Le retard industriel sur l'Angleterre accumulé pendant la période révolutionnaire se résorbe. L'importance que les historiens accordent à la première révolution industrielle et aux inventions techniques symboliques – telles que les machines de Watt et d'Arkwright – ajoutée à la victoire anglaise finale dans les guerres européennes, qui a abouti à déplacer au profit de Londres une part des échanges et des règlements internationaux ont accrédité la thèse d'un retard industriel français. En fait, des calculs statistiques convergents démontrent une quasi-parité franco-britannique, le produit industriel étant estimé respectivement à 3,4 et 6,5 milliards de francs en 1830 et 1860 contre 2,9 et 6,1 en Angleterre aux mêmes dates et 4,4 aux États-Unis à la veille de la guerre civile. Dans le premier tiers du XXe siècle, malgré l'affaiblissement de la guerre et du déclin démographique, la production industrielle française talonnera à 15 ou 20 % son homologue britannique.

Entre 1815 et 1845, la production de coton brut s'accroît au rythme de 4,4 % par an (contre 5,6 % en Angleterre), celle de fonte au rythme de 5,4 % (contre 6 % en Angleterre), la production industrielle d'ensemble par tête au rythme de 2 % (contre 2,3 % en Angleterre). C'est l'âge de la manufacture, de l'usine familiale proche de l'artisanat des origines. Les entrepreneurs de cette période se répartissent, à parts à peu près égales, entre patrons-fondateurs de leur entreprise et héritiers ayant repris l'affaire familiale, remontant souvent au XVIIIe siècle. Les capitaux proviennent principalement de l'autofinancement accumulé par l'industrie : ainsi les manufacturiers textiles du Nord financent le décollage de l'industrie houillère ; le fabricant de bronze Denière, régent de la Banque de France, suscite la création de premières grandes entreprises industrielles dans des secteurs tout différents comme la Fermière de Vichy, les Mines de Mokta, les Hauts Fourneaux de la Marine. Importants sont aussi les capitaux qui proviennent du négoce – le commerce et l'industrie étant alors peu distincts – ainsi que du rural et du foncier.

Ainsi, dans le Nord, les Agache passent-ils, à partir de 1828, de la ferme à la distillerie, puis au sucre, puis à la filature. Les capitaux étrangers ne sont pas absents – anglais dans la mécanique avec les ateliers de Chaillot ou de Charenton, belges dans le Nord, bâlois dans les textiles alsaciens, allemands dans la métallurgie lorraine. Enfin, les fonds proviennent, de manière croissante, de capitaux sociétaires. La commandite institue une forme juridique de société commode pour le développement de l'industrie, qui en fait un large usage. La commandite simple associe des proches parents au développement d'entreprises familiales. La loi de 1807 a institué les sociétés anonymes ; mais les règles d'autorisation sont appliquées avec trop de rigueur, et les commandites par actions leur servent de substitut. Ces commandites se multiplient à partir de 1830, particulièrement dans les régimes de grande industrie – le Nord, Lyon, Paris, Marseille. Enfin, le statut de la société anonyme malgré les entraves de procédure prédomine pour les industries lourdes – raffineries de sucre, mines, sidérurgie et surtout chemins de fer : 551 auront été créées de 1807 à 1867. La France de cette époque est première dans le domaine scientifique. Le savoir-faire des artisans traditionnels est mis au service de la diffusion des nouvelles technologies. Le progrès industriel se bâtit autour d'une multiplicité de « petites inventions », dans le sillage des grandes. Les écoles d'ingénieurs se multiplient pour répondre aux besoins des entrepreneurs : après l'École Polytechnique fondée en 1794 – école d'ingénieurs militaires et d'ingénieurs d'État qui, souvent, se mettent au service du privé – les Écoles des arts et métiers, l'École centrale fondée en 1829, les multiples cours du soir fondés à l'initiative des autorités locales et des industriels.

Les filatures, les machines à vapeur, les moteurs hydrauliques éclosent partout. Dépendante de l'importation de l'Angleterre au début du siècle, l'économie française est devenue auto-suffisante dans sa production de machines au milieu du siècle. A la fin de l'Empire, la filature à la main a été éliminée par la production mécanisée : on compte 37 usines de filatures de coton en 1799, 119 en 1803, 234 en 1806, 266 en 1810, 461 en 1843. La chimie, aussi, se développe rapidement, avec la soude, le soufre, le salpêtre. Les capitaux proviennent de l'entreprise familiale et du négoce. Le nombre des entreprises prolifèrent, l'emploi dans l'industrie double entre 1815 et 1845.

Le développement industriel est toutefois entravé par la déficience des ressources en houille, qui handicape la production sidérurgique et métallurgique. Parmi les handicaps qui freinent l'industrialisation de la France au XIXe siècle, il convient de souligner le problème charbonnier. Les aléas de la nature ont mal doté notre pays de ressources en énergie fossile : la pauvreté, la cherté et la localisation des mines de charbon – l'énergie-reine jusqu'au milieu du XXe siècle – l'absence de gisements de pétrole et de gaz naturel pénaliseront durablement le développement des industries – particulièrement des industries de base – tout au moins aussi longtemps que le commerce international de l'énergie sera cloisonné et mercantilisé. La France produit 1 million de tonnes de houille en 1820, 8 en 1860 – contre respectivement 20 et 80 pour la Grande-Bretagne aux mêmes dates – et importe jusqu'à la moitié de sa consommation. Qui pourrait nier que la croissance industrielle de l'Angleterre, de la Belgique, de l'Allemagne, des États-Unis eut été entièrement différente sans la richesse de leurs grands bassins houillers ? La déficience française dans les ressources en énergie est évidemment entièrement étrangère à une quelconque prédisposition antilibérale de la société française.

Le rôle central des libéraux français au XIXe siècle

par

Ralph Raico

Introduction

L'un des rares développements entièrement bénéfiques à la fin du xxe siècle est la chute du marxisme et le déclin du dessein socialiste. Au fur et à mesure que la signification de ces événements commence à être apprécié, l'importance du libéralisme devient de plus en plus évidente. L'époque où le libéralisme pouvait être rejeté comme l'idéologie de la bourgeoisie montante est depuis longtemps révolue. En réalité, le libéralisme est la philosophie qui a formé notre civilisation, et qui, à son tour, a été façonnée et conditionnée par celle-ci, comme le catholicisme fut façonné et conditionné par le Moyen Age. Pierre Manent a sans doute raison lorsqu'il écrit à propos du libéralisme qu'il « constitue le courant premier et principal et pour ainsi dire la base continue de la politique moderne, celle de l'Europe et de l'Occident depuis environ trois siècles [1] ». Bref, le libéralisme est la philosophie politique caractéristique de l'homme occidental. Ainsi, si nous voulons comprendre l'histoire et le monde contemporains, il convient de bien saisir le sens du libéralisme. Maintenant qu'a été enfin rompu le charme du marxisme qui tenait pendant de longues décennies les intellectuels occidentaux, nous pouvons peut-être espérer voir un changement d'orientation dans les travaux universitaires. Du moins, nous pouvons nourrir l'espoir que l'évolution du libéralisme attirera autant l'attention des intellectuels que les rêves stériles du socialisme ; et que, avec le temps, Frédéric Bastiat sera étudié aussi assidûment qu'Antonio Gramsci, et les idées de Mme de Staël autant que celles de Rosa Luxemburg.

Certes, le libéralisme a fait l'objet de nombre de définitions différentes et souvent contradictoires. Celle que j'emploierai ici satisfait à la condition avancée par Antony de Jasay. Comme a dit ce dernier, il nous faut pour comprendre le libéralisme l'appréhender comme « une doctrine politique distincte que nous pouvons séparer des autres [2] ». Dans la plupart des discussions aujourd'hui, il est pratiquement impossible de distinguer le libéralisme de la social-démocratie. L'on parle beaucoup de « l'épanouissement » et de « l'autonomie » de l'individu, censés justifier le financement public d'un nombre infini d'interventions étatiques, ainsi que, de plus en plus, d'une campagne conduite par l'État pour transformer les valeurs et les institutions fondamentales de la société civile. Or, une telle approche revient à supprimer la frontière entre le libéralisme et la doctrine d'un État-providence tendant à l'expansion infinie.

Pourtant, le libéralisme est né comme une protestation systématique contre le pouvoir de l'État, et il est resté fidèle à ses origines pendant la plus grande partie de son histoire. A la fois pour la clarté de la pensée et pour la cohérence conceptuelle, je propose de désigner les politiques sociales-démocrates sous leur vrai nom, à savoir la social-démocratie.

Par libéralisme, j'entendrai la doctrine qui soutient que la société civile – l'ordre social hors du champ de l'État – s'« auto-gouverne » dans le cadre de droits individuels définis très largement [3]. L'esprit de ce libéralisme – et la théorie sociale qui le sous-tend – a été résumé dans le slogan des auteurs français du XVIIIe siècle : Laissez-faire, laissez-passer : le monde va de lui-même.

Jusqu'à une époque récente, notre compréhension du développement historique du libéralisme était biaisée. Trop souvent, il a été conçu comme un phénomène largement anglo-saxon. Certains – principalement les Britanniques et les Américains – ont chéri ce point de vue et en sont fiers. D'autres – essentiellement les Européens du continent – ont souvent invoqué cette généalogie supposée comme un argument contre la doctrine libérale ; ils ont regardé le libéralisme d'un œil méfiant, comme un phénomène étranger à leurs propres traditions nationales. Nous savons désormais que cette focalisation sur les racines prétendument anglo-saxonnes du libéralisme était entièrement erronée.

Le « miracle européen »

La culture qui donne naissance au libéralisme fut la civilisation distinctive de l'Europe, plus précisément de la chrétienté occidentale, c'est-à-dire cette Europe qui était, à un moment ou à un autre, en communication avec l'évêque de Rome. Avec le temps, cette Europe a acquis certaines caractéristiques qui l'ont séparée de toutes les autres grandes civilisations de l'humanité. Ces caractéristiques ont été explorées par différents chercheurs ces dernières années, entre autres David Lander, Jean Baechler, Eric Jones, et Douglass North [4]. Leur intérêt s'est porté en premier lieu sur le cadre institutionnel et idéologique du « miracle européen », pour expliquer l'apparition d'un ordre économique qui, pour la première fois dans l'histoire humaine, a engendré une croissance économique soutenue par habitant. Nathanial Rosenberg et E. L. Birdzell ont exprimé ce fait d'une manière succincte dans le titre de l'ouvrage *How the West Grew Rich*.

Dans un certain sens, le résultat de cette littérature a confirmé la célèbre phrase de Mme de Staël : en Europe, dit-elle, « c'est la liberté qui est ancienne, et le despotisme qui est moderne [5] ». A la source du développement qui a généré la croissance économique, ainsi que la science voire le monde moderne, se trouve cet ensemble particulier d'institutions et de valeurs qui ont évolué en Europe au cours des siècles, à partir du Moyen Age. Qu'est-ce qui a produit cet ensemble ? Les chercheurs cités plus haut ont focalisé leur attention sur le fait que l'Europe était une mosaïque de juridictions divisées et concurrentes, où, après la chute de Rome, aucun pouvoir politique central n'était capable d'imposer sa volonté. Comme le dit Jean Baechler : le grand « non-événement » qui a dominé le destin de l'Europe fut l'absence d'un empire hégémonique [6].

C'est cette Europe radicalement décentralisée qui a produit les parlements, les diètes et les états généraux. Elle a engendré les chartes – non seulement la célèbre Magna-Carta des Anglais – mais aussi, par exemple la Joyeuse Entrée de Brabant et d'autres. Elle a produit les villes libres d'Italie et des Pays-Bas, de France et d'Allemagne ; et elle a développé le concept de droit naturel et le principe selon lequel même le prince n'est pas au-dessus de la loi – une doctrine enracinée dans les universités, d'Oxford à Paris jusqu'à l'université Jaguelonne de Cracovie.

Cette Europe était différente du reste du monde et, avec le temps, lorsqu'elle est partie à la découverte de celui-ci, elle a appris en quoi elle était différente. Un ouvrage publié par un Français, François Bernier, dans les années 1670, *Voyage dans les États du Grand Mogol* [7] est très instructif à cet égard. Bernier étudia la médecine à Montpellier et voyagea en Proche-Orient pour arriver en Inde où il a passé dix ans. En tant que médecin, il eut une position honorée dans l'entourage de certains puissants Indiens. Bernier n'était pas un colonisateur : il avait une profonde sympathie pour les habitants de l'Inde et leurs mœurs au point de se sentir lui-même « indianisé ». A son retour en France, Bernier publia ses observations dans l'ouvrage cité qui beaucoup plus tard devint la base du concept marxiste du « mode de production asiatique ».

En Orient, écrit Bernier, les fonctionnaires « ont une autorité comme absolue sur les paysans et même encore fort grande sur les artisans et marchands des villes, bourgades et villages... [ainsi le peuple] ne trouve point de meilleur remède que de cacher et enfouir leur argent bien secrètement et bien profondément en terre, sortant ainsi hors du commerce ordinaire des hommes... ». Les gouvernements font montre de « leur aveugle ambition... d'être plus absolus que ne permettent les lois de Dieu et de la Nature... ».

Bernier note la grande misère et l'ignorance de la masse populaire, l'absence de toute institution d'éducation et de culture. En résumant ses expériences, il écrit qu'il a découvert que :

Ôter cette propriété des terres entre les particuliers, ce serait en même temps introduire, comme par une suite infaillible, la tyrannie, l'esclavage, l'injustice, la gueuserie, la barbarie, rendre les terres incultes, en faire des déserts, ouvrir le grand chemin à la ruine et à la destruction du genre humain, à la ruine même des rois et des États ; et qu'au contraire, ce mien et ce tien, avec cette espérance qu'un chacun a qu'il travaille pour un bien permanent qui est à lui et qui sera pour ses enfants, c'est le principal fondement de ce qu'il y a de beau et de bon dans le monde...

Ce passage gagne en signification lorsque nous savons qu'il apparaît dans une lettre à monseigneur Colbert, ministre de Louis XIV, praticien exemplaire de ce qui passait pour l'absolutisme monarchique en Europe.

Vers le milieu du siècle suivant, le besoin d'une protection institutionnelle des droits de propriété, condition d'une croissance économique, était devenu un lieu commun. Montesquieu l'exprime dans *De l'esprit des lois* : « En un mot, une plus grande certitude de sa propriété, que l'on croit avoir dans ces États, fait tout entreprendre ; et, parce qu'on doit être sûr de ce que l'on a acquis, on ose l'exposer pour acquérir davantage... [8] ». Cent cinquante ans après les voyages de Bernier en Orient, un autre voyageur français fait des observations similaires, lors d'une visite en Russie tsarine. Le marquis de Custine était frappé par les vastes différences entre la France et la Russie en matière de reconnaissance des droits de propriété du peuple, et de ce que l'absence de droits de propriété reconnus conduisait à la misère de tous, sauf d'une petite élite de la société [9].

Ainsi, le libéralisme a trouvé une terre fertile dans la culture particulière de l'Europe, grâce à ses limitations institutionnelles du pouvoir du centre et à l'engagement en faveur de la propriété privée qui était enraciné dans la vie quotidienne de la population.

Les débuts de la pensée économique

Si nous prenons la partie la mieux développée de la doctrine libérale, à savoir le libéralisme économique et l'économie politique libérale, nous savons aujourd'hui qu'ils n'étaient pas l'invention d'Adam Smith.

Les racines se situent plutôt dans la pensée d'un certain nombre de clercs italiens, portugais et surtout espagnols du début de la Modernité, à partir de la fin du XVe siècle, qui sont parfois regroupés, à tort, sous le nom collectif de l'école de Salamanque. Ces penseurs ont développé la théorie de l'utilité subjective comme étant le fondement de l'action économique et de l'échange, de la propriété privée et du marché en tant qu'institutions fondamentales de la vie économique [10].

L'approche conventionnelle qui souligne la prééminence des Britanniques ne manque pas de critiques. Celui qui a présenté la critique la plus récente, la plus convaincante et probablement la plus cinglante fut sans doute feu Murray Rothbard. Dans son histoire monumentale de la pensée économique, malheureusement inachevée, Rothbard critique la version communément admise, selon laquelle l'histoire économique commence avec Adam Smith – dont la « réputation quasiment cache le soleil » – continue triomphalement avec Malthus, Ricardo, Mill et Marshall, pour atteindre son point culminant avec l'incomparable grandeur de J. M. Keynes. Rothbard maintient que cette concentration quasi totale sur les auteurs britanniques conduit à oublier la tradition continentale largement plus riche, représentée par les derniers scolastiques, d'importants auteurs italiens du XVIIIe siècle et, surtout, par l'école française de Cantillon, Turgot, J. B. Say et Frédéric Bastiat. D'après Rothbard, ce sont ces penseurs français qui ont préparé le terrain pour les économistes de l'école autrichienne [11].

Le grand Turgot est en effet l'un des personnages préférés de Rothbard. Pour illustrer le niveau auquel la science économique française était parvenue au milieu du XVIIIe siècle, citons un passage de Turgot qui déclare que la vie économique doit être laissée « au cours de la nature... sans prétendre la diriger » :

Parce que, pour le diriger sans le déranger et sans nuire à soi-même, il faudrait pouvoir suivre toutes les variations des besoins, des intérêts, de l'industrie des hommes ; il faudrait connaître dans un détail qu'il est physiquement impossible de se procurer, et sur lequel le gouvernement le plus habile, le plus actif, le plus détailleur, risquera toujours de se tromper au moins de la moitié... Si l'on avait sur tous ces détails cette multitude de connaissances qu'il est impossible de rassembler, le résultat en serait de laisser aller les choses précisement comme elles vont toutes seules, par la seule action des intérêts des hommes qu'anime la balance d'une concurrence libre [12].

Ce qui précède présente à mon avis un condensé de l'argument de Hayek concernant l'impossibilité de tout calcul économique dans un système économique socialiste.

Ce qui est particulièrement remarquable dans la tradition française c'est le rejet du début jusqu'à la fin, de la théorie du travail comme fondement de la valeur, cette théorie entièrement fallacieuse qui a créé tant de confusions et problèmes pour la science économique en Grande-Bretagne jusqu'à la révolution marginaliste de 1870. La science économique française était depuis toujours fermement basée sur la théorie subjective de la valeur. De même, elle soulignait le rôle de l'entrepreneur et de l'initiative de celui-ci. Ceci était lié à l'« optimisme » fondamental de la pensée économique française. A la différence des penseurs britanniques de l'école de Ricardo, les Français ne s'intéressaient pas tant à la « distribution » de la richesse qu'aux conditions de sa création indéfinie. Les Français cherchaient la solution à la « question sociale » dans l'expansion continue des opportunités, engendrée par le système de propriété privée et de libre-échange. La thèse que je voudrais développer est que l'on peut appliquer un raisonnement analogue à celui de Rothbard, à l'étude de l'histoire du libéralisme, de l'économie politique et de la philosophie politique qui sont toutes intimement liées au développement de la pensée économique.

En ce qui concerne le XIXe siècle, ma thèse est la suivante : l'importance de la Grande-Bretagne pour l'histoire de la pensée libérale, le plus souvent, a été exagérée, alors que les contributions des penseurs français – souvent très pertinents pour les problèmes contemporains – ont été soit minorés, soit entièrement négligés.

Le vrai et le faux individualisme selon Hayek

Lorsque nous nous apprêtons à étudier le libéralisme français, nous trouvons malheureusement que certains écrits de F. A. Hayek ont introduit un élément de grande confusion, en particulier son essai influent *Individualism : True and False*[13].

Dans ce travail plutôt surprenant, Hayek essaye de distinguer deux traditions de l'individualisme (ou du libéralisme). La première, un courant de pensée essentiellement britannique et empirique, représente le libéralisme authentique, d'après Hayek ; la seconde, française (et continentale) n'est pas du tout une tradition libérale. Il s'agit plutôt d'une déviation rationaliste qui conduit « inévitablement » au collectivisme. Ceci s'ensuit, selon Hayek, des théories sociales sous-jacentes aux deux doctrines. Alors que la première apprécie que les institutions sociales trouvent leur origine et se développent de manière « spontanée » ; la seconde maintient qu'elles sont le produit d'un « dessein ou d'une ambition » humaine délibérée.

Il est décourageant de noter que la théorie de Hayek est devenue plutôt influente, car les problèmes qu'il entraîne sont légion. D'abord, quels sont les penseurs supposés des écoles respectives ? Parmi ceux mentionnés dans le premier groupe l'on retrouve Mandeville, Hume,

Smith, Burke et en particulier, au XIXe siècle, Tocqueville et Acton. Cependant, à un moment Hayek déclare que son développement moderne a débuté avec John Locke [14].

Les partisans français du « pseudo-individualisme rationaliste » mentionnés sont les physiocrates, les encyclopédistes, Rousseau, et Henri de Saint-Simon (toute l'école des auteurs français descendrait en fin de compte de Descartes). Pourtant, à part les physiocrates, aucun de ces derniers [15] n'apparaît normalement dans l'histoire du libéralisme. Rousseau était au mieux un démocrate, et Saint-Simon faisait partie des premiers socialistes.

John Locke pose un problème particulier pour Hayek. Que Hayek l'ait réalisé est suggéré par le fait qu'il élimine Locke de sa liste de bons libéraux britanniques dans un traitement ultérieur de ce sujet [16]. Dans son approche de la philosophie politique, Locke ne partageait pas le dédain pour la raison humaine que Hayek estime typique du vrai individualisme. De plus, le point de départ de Locke était le concept de droits naturels à la vie, à la liberté et à la propriété. Cela semble avoir de nombreux éléments en commun avec l'approche rationaliste des physiocrates et d'autres libéraux français [17]. Hayek cite quelques théoriciens du droit naturel – tels que Priestly, Price, Paine et Jefferson – qui, selon lui, « appartiennent entièrement » à la tradition rationaliste du libéralisme [18]. Mais rien ne prouve que ces penseurs considéraient que les institutions sociales étaient « conçues » par des législateurs omniscients [19]. Or, c'est curieusement *cette tradition* qui, selon Hayek, a fini par produire la « démocratie totalitaire [20] ».

La distinction hayekienne entre le bon libéralisme britannique et le mauvais libéralisme français doit beaucoup à un auteur allemand du milieu du XIXe siècle, Francis Lister, qui émigra aux États-Unis pour devenir professeur de sciences politiques [21].

Hayek va jusqu'à parler de « l'absence totale d'une tradition libérale véritable en France [22] ». Mais, même à première vue, le problème est beaucoup plus complexe que le suggère la polarisation crue de Hayek. Permettez-moi de relever au passage quelques points que Hayek ne soulève pas. Si nous devions choisir un grand penseur du début de la Modernité comme étant la source du scientisme et du positivisme de l'ingénierie sociale, ce ne serait guère Descartes. Le philosophe britannique Francis Bacon serait un candidat beaucoup plus plausible.

Le déclin du libéralisme en Grande-Bretagne fut préparé non pas tant par les influences « françaises » que par des penseurs britanniques typiques tels que Thomas Carlyle, John Ruskin et Charles Kingsley. Qui plus est, l'effondrement soudain du libéralisme économique chez les économistes britanniques, en commençant par John Stuart Mill, eut un effet désastreux sur les libéraux du continent, justement parce qu'ils étaient si nombreux à considérer la Grande-Bretagne comme le phare de la liberté économique. Enfin, Hayek lui-même écrit : « J'ai parfois le sentiment que l'attribut le plus saillant du libéralisme... est la notion que les croyances morales concernant les comportements qui n'interviennent pas dans la sphère protégée d'autrui ne justifient pas la coercition. » Or c'est en France, grâce au Code Napoléon, que l'égalité des religions fut établie des dizaines d'années avant qu'elle ne se « développe » en Grande-Bretagne. Ce même Code Napoléon a décriminalisé les actes sexuels volontaires entre adultes cent cinquante ans avant que le rapport Wolfenden sur l'homosexualité ne commence à modifier les choses en Grande-Bretagne.

Si l'analyse de Hayek était correcte, il serait difficile d'expliquer certains faits importants : par exemple que la tradition intellectuelle libérale en France du XIXe jusqu'au XXe siècle ait gardé une pureté à laquelle aucun autre pays ne peut prétendre. A titre d'exemple, le terme « libéralisme » en France conserve le sens de ce que dans les pays anglophones l'on doit aujourd'hui appeler le « libéralisme classique ». D'ailleurs, si une tradition libérale authentique fait réellement défaut en France, comment expliquer l'existence de l'une des plus grandes œuvres collectives du libéralisme du XIXe siècle : les volumes du *Journal des Économistes* ? Le *Journal des Économistes* fut pendant un siècle le fer de lance de l'idée du laissez-faire en Europe, depuis sa fondation en 1841 jusqu'en juin 1948, lorsqu'il dut cesser sa publication assez subitement. Dans ce qui suit, j'essaierai d'esquisser un certain nombre des points particuliers du libéralisme français du XIXe siècle, et de mettre en évidence leur pertinence remarquable pour des sujets qui sont tout à fait d'actualité pour nous aujourd'hui.

La place de Benjamin Constant

A mon avis, Benjamin Constant est l'exemple type non seulement du libéralisme français, mais du libéralisme européen du XIXe siècle [23]. Personnellement, je considère que Constant est un héros culturel. De mon point de vue, une partie de sa grandeur consiste dans ce qu'un admirateur de l'époque résumait ainsi : Constant aimait la liberté comme d'autres hommes aiment le pouvoir. Or, il était aussi un théoricien profond et Émile Faguet exagérait à peine lorsqu'il disait de Constant qu'il « inventa le libéralisme [24] ». Heureusement, Constant est l'un des rares – avec Tocqueville – libéraux français du XIXe siècle qui ne soit pas tombé dans l'oubli. Isaiah Berlin, le philosophe du pluralisme, a défendu le rôle important joué par Constant, en le qualifiant du « plus éloquent de tous les partisans de la liberté et de la sphère privée [25] ». De même, Constant a fait l'objet de nombreuses études ces dernières années par des universitaires français, américains, italiens et d'autres. Constant a vécu la période de la révolution, du Premier Empire jusqu'à la Restauration ; il est mort en 1870, ayant vu l'avènement de la « monarchie bourgeoise » de Louis Philippe. Ainsi, cet observateur brillant a personnellement suivi la vie politique française pendant ces décennies qui, comme on l'a dit, furent l'équivalent de siècles. Il vit les régimes se succéder, tentant chacun d'imposer sa volonté à la nation pour ensuite disparaître. Avec Constant apparaît cette attitude de méfiance et de suspicion profonde à l'égard du pouvoir d'État qui confine presque à une haine de l'État.

Une leçon importante tirée par Constant fut la distinction nette entre les idéaux philosophiques en politique et la réalité du pouvoir. Dans son *Commentaire sur l'ouvrage de Filangieri*, il écrit :

> *Qui ne croirait, en lisant tout ce que la loi doit faire, qu'elle descend du ciel, pure et infaillible sans avoir besoin de recourir à des intermédiaires, dont les erreurs la faussent, dont les calculs personnels la défigurent, dont les vices la souillent et la pervertissent... la loi est l'ouvrage des hommes... [et] l'ouvrage ne mérite pas plus de confiance que ses auteurs... une terminologie abstraite et obscure a fait illusion aux publicistes. L'on dirait qu'ils ont été dupes des verbes impersonnels... Il faut, on doit, on ne doit pas, ne se rapportent-ils pas à des hommes ? On croirait qu'il agit d'une espèce différente.*

La vie de Constant coïncide presque exactement avec celle d'un autre penseur célèbre, Jeremy Bentham. Constant rejetait l'utilitarisme de Bentham comme fondement de la législation et prévoyait les conséquences de cette approche : « On peut trouver des motifs d'utilité pour tous les commandements et pour toutes les prohibitions... tout peut être utile, tout peut être dangereux. La législation, une fois autorisée à juger de ces possibilités, n'a point de limites et ne peut en avoir... » Bref, l'utilitarisme de Bentham et de ses disciples confère aux autorités politiques, avec la formule d'Antony de Jasay, « un permis à durée indéterminée de bricoler ».

On pourrait s'étendre beaucoup plus sur les contributions de Constant à la science politique. Mais le résultat le plus important des nombreuses recherches récentes est de considérer Constant avant tout comme le philosophe politique de *la Modernité*.

Quelle est la caractéristique fondamentale du monde moderne et quel est le système politique qui lui est le mieux adapté ? Constant fut amené à étudier cette question par l'expérience de la grande Révolution. Celle-ci s'est produite à cause de la recherche de la liberté. Mais d'après Constant, la Révolution portait en elle une déficience fatale. La Terreur ne saurait être évacuée comme un simple accident de parcours. Mais elle n'était pas non plus, comme certains le prétendent, le produit d'un désir « excessif » de liberté. La fausse théorie qui a créé tant de malheurs au cours de la Révolution fut – selon Constant – le désir du « mauvais type » de liberté. Pendant sa phase jacobine, les révolutionnaires ont adopté l'idée de la liberté ancienne pour l'appliquer, à tort, à l'âge moderne.

L'analyse par Constant de la polis ancienne est célèbre. Son idée centrale devint le fondement des deux grands essais de Lord Acton, *The History of Liberty in Antiquity* et *The History of Liberty in Christianity*. Max Weber considérait ce qu'il appelait « la brillante hypothèse de Constant » comme le parfait exemple de son concept de « l'idéal-type [26] ». En résumé, d'après Constant, la liberté ancienne était l'idéal des républiques classiques de la Grèce et de Rome et, à l'âge moderne, d'auteurs comme Rousseau et Mably [27]. Elle définissait la liberté comme l'exercice par les citoyens du pouvoir politique. C'est une conception *collective* de la liberté compatible avec – voire qui exigerait – la subordination totale de l'individu à la communauté. Alors que chaque citoyen serait soumis au Tout, il aurait une part égale dans l'exercice du pouvoir total sur les autres.

La conception ancienne de la liberté s'enracinait dans les sociétés de l'Antiquité, un système d'esclavage et de guerres incessantes. De même, la liberté au sens moderne s'inscrit dans notre société, fondée sur la liberté du travail et le commerce pacifique. Constant se demande ce que « de nos jours un Anglais, un Français, un habitant des États-Unis de l'Amérique entendent par le mot de liberté ? ».

> *C'est pour chacun le droit de n'être soumis qu'aux lois, de ne pouvoir être ni arrêté, ni détenu, ni mis à mort, ni maltraité d'aucune manière, par l'effet de la volonté arbitraire d'un ou de plusieurs individus. C'est pour chacun le droit de dire son opinion, de choisir son industrie et l'exercer; de disposer de sa propriété, d'en abuser même; d'aller, de venir, sans en obtenir la permission, et sans rendre compte de ses motifs ou de ses démarches. C'est pour chacun, le droit de se réunir à d'autres individus, soit pour conférer sur ses intérêts, soit pour professer le culte que lui et ses associés préfèrent, soit simplement pour remplir ses jours et ses heures d'une manière plus conforme à ses inclinations, à ses fantaisies. Enfin, c'est le droit, pour chacun, d'influer sur l'administration du gouvernement* [28]...

L'erreur fatale de Rousseau et des jacobins fut d'essayer de redonner vie à l'idéal ancien au milieu du monde moderne. Puisque le monde moderne a produit une personnalité humaine tout à fait différente – ce que nous appelons « l'individu », un concept inconnu pour les anciens – le résultat final ne pouvait être que catastrophique [29].

Or, le projet jacobin n'a pas été mis à bas en 1794. En réalité, l'objectif des mouvements totalitaires du XXe siècle fut la réalisation d'une liberté collective et la création d'un type uniforme et collectif d'être humain (l'homme soviétique, l'homme national-socialiste, etc.). En tant que philosophe du pluralisme irréductible, Constant fut le grand opposant à toutes les prétentions totalitaires avant la lettre.

Constant était le premier grand penseur libéral condamné à mener une bataille intellectuelle sur deux fronts, une situation qui allait devenir typique du libéralisme du XIXe siècle et jusqu'à nos jours. Les ennemis de Constant étaient d'un côté les jacobins et les descendants socialistes de Jean-Jacques Rousseau (pour la plupart), et de l'autre, les conservateurs théocratiques tels que de Maistre et de Bonald.

En ce qui concerne les conservateurs, ils tentaient d'ériger la notion chrétienne de péché originel comme fondement théorique d'un système d'opposition, arguant pour un État fort chargé de contrôler fermement les impulsions naturelles de l'homme. Constant était prêt à accorder une certaine place à la notion de corruption naturelle de la nature humaine. Or, comment ceci pourrait-il justifier l'organisation d'un État autoritaire ? Les hommes politiques seraient-ils le produit d'une conception immaculée ? Constant écrit :

Il existe une notion bizarre selon laquelle l'on prétend que, parce que les hommes sont corrompus, il est nécessaire d'accorder à certains d'entre eux d'autant plus de pouvoir... au contraire, il faut leur donner moins de pouvoir, c'est-à-dire, il faut combiner les institutions avec doigté et mettre en leur sein certains contrepoids contre les vices et les faiblesses des hommes[30].

Alors que sous les jacobins le pouvoir de l'État fut mis dans la balance pour produire une société fondée sur les valeurs rousseauistes, les conservateurs de la Restauration ont tenté de se servir de ce pouvoir étatique pour instiller des valeurs théocratiques qui n'étaient pas moins condamnables aux yeux de Constant : « Si je repousse les améliorations violentes et forcées, je condamne également le maintien, par le jour, de ce que la marche des idées tend à améliorer et à réformer insensiblement[31]. » Constant réunira ainsi l'attitude nécessaire par rapport au conflit des valeurs culturelles qui est inévitable dans le monde moderne :

Restez fidèles à la justice, qui est de toutes les époques; respectez la liberté, qui prépare tous les biens; consentez à ce que beaucoup de choses se développent sans vous, et confiez au passé sa propre défense, à l'avenir son propre accomplissement[32].

Le règlement des conflits culturels est donc similaire à celui des guerres de religion : l'État doit rester en dehors, laissons la société régler ce genre de problèmes par elle-même.

La recherche de rentes et la doctrine de la lutte des classes

Le deuxième domaine important dans lequel les libéraux français ont développé une pensée qui reste d'actualité, fut leur analyse de ce qu'on appelle désormais la recherche de rentes. A l'instar de l'école contemporaine du *Public Choice*, les libéraux du XIXe siècle considéraient leur concept comme un outil fondamental pour comprendre la croissance de l'État moderne.

D'une manière générale, les libéraux connaissaient depuis le début le concept de recherche de rentes : on le retrouve dans les travaux des *Levellers*, Turgot et les physiocrates, Adam Smith, Bentham et James Mill. Dans le dernier tiers du XIXe siècle, la notion était devenue un lieu commun chez les libéraux allemands, et elle était exprimée dans des termes étonnamment modernes. La discussion la plus profonde et la plus étendue, cependant, se trouve dans le travail des libéraux français du journal *Le Censeur européen* (1819-1820) : Charles Comte, Charles Dunoyer et Augustin Thierry, et leurs disciples. L'analyse présentée par cette école de pensée forme une théorie libérale globale de la lutte des classes.

Cette tradition de la théorie de la lutte des classes, élaborée par les libéraux français, a été presque entièrement oubliée.

Peu d'économistes sont aussi célèbres pour leur connaissance de l'histoire intellectuelle moderne que Albert Hirschmann. Pourtant, Hirschmann est visiblement perturbé lorsqu'il tombe sur une formule claire de la position libérale par Vilfredo Pareto. Pour Hirschmann, « cela sonne curieusement – peut-être sciemment – comme *Le Manifeste communiste* ». Mais l'utilisation par Pareto du terme « spoliation » le « distancie » du marxisme [33]. Il est clair que Hirschmann ignorait que Pareto était en train de présenter, dans la terminologie habituelle, une analyse libérale qui découle des libéraux français partisans du laissez-faire, et qui remonte à l'aube du XIXe siècle. Les économistes libéraux italiens étaient depuis toujours très influencés par les Français, de Fransceco Ferrara, qui ne tarissait pas d'éloges pour Dunoyer et Bastiat dans ses traductions de leurs œuvres, jusqu'à Pareto qui fut un collaborateur régulier du *Journal des Économistes* et qui appelait Gustave de Molinari « Cher Maître ».

Le concept de spoliation était omniprésent dans la pensée des libéraux français au début du XIXe siècle. Adolphe Blanqui était le protégé de J.-B. Say et lui succéda à la chaire d'économie politique au Conservatoire des arts et métiers. Dans ce qui est probablement la première histoire de la pensée économique publiée en 1837, Blanqui écrit :

Dans toutes les révolutions, il n'y a jamais eu que deux partis en présence : celui des gens qui veulent vivre de leur travail et celui des gens qui veulent vivre du travail d'autrui... Patriciens et plébéiens, esclaves et affranchis, guelfes et gibelins, roses rouges et roses blanches, cavaliers et têtes rondes, libéraux et serviles, ne sont que des variétés de la même espèce[34].

De la bourgeoisie qui prit le pouvoir en France pendant le régime « libéral » de Louis Philippe, Tocqueville écrit :

Elle se logea dans toutes les places, augmenta prodigieusement le nombre de celles-ci et s'habitua à vivre presque autant du Trésor public que de sa propre industrie[35].

La réflexion du groupe du *Censeur européen* était façonnée de manière décisive par des penseurs de la génération précédente, pas seulement Constant, mais plus particulièrement J.-B. Say et Antoine Destutt de Tracy, dont on commençait à reconnaître le rôle pionnier de la doctrine de recherche de rentes[36].

Il a été remarqué, par exemple, que Say connaissait même la raison pour laquelle « les producteurs d'un secteur commercial quelconque sont si soucieux de devenir eux-mêmes les objets d'une réglementation ». En revanche, en retraçant l'histoire de l'idée de rupture de rentes, le travail accompli par le groupe du *Censeur européen* a été largement négligé[37].

La théorie économique héritée par les auteurs du *Censeur* de Say et de Destutt de Tracy commence par le concept de production conçu comme la création d'utilité[38].

[les différentes manières de produire] *consistent toutes à prendre un produit dans un état et à le rendre dans un autre où il a plus d'utilité et de valeur... de façon ou d'autre, du moment qu'on crée ou qu'on augmente l'utilité des choses, on augmente leur valeur, on exerce une industrie, on produit de la richesse*[39].

Tous les membres de la société qui contribuent à la création de valeurs sont considérés productifs. Mais il existe aussi des catégories de personnes qui consomment plutôt que produisent les richesses. Ces classes improductives comprennent l'armée, l'État et le clergé qui vivent sur les deniers publics[40] – c'est ce qu'on pourrait appeler les classes « réactionnaires », largement associées avec l'Ancien Régime.

L'exploit fondamental de Comte, Dunoyer et Thierry dans le *Censeur européen* est d'avoir adopté les idées économiques de Say et d'autres libéraux antérieurs, pour ensuite les élaborer et les insérer dans une théorie sociale et historique. Ils ont appelé cela « l'industrialisme ».

En prenant comme point de départ l'homme qui agit en vue de satisfaire ses besoins et désirs, l'industrialisme pose que l'objectif de la société est la création d'« utilité » au sens large, c'est-à-dire les biens et les services utiles à l'homme pour satisfaire ses besoins. Sur ce point, l'homme a le choix entre une alternative fondamentale : il peut piller la richesse produite par d'autres ou il peut travailler pour produire lui-même des richesses [41]. Dans toute société, l'on peut distinguer clairement ceux qui vivent du pillage (spoliation) de ceux qui vivent de la production. Tenter de vivre sans produire revient à vivre « à l'état sauvage ». Les producteurs sont en revanche « des hommes civilisés ».

L'histoire de toutes les civilisations est celle du combat entre les classes spoliatrices et les classes productives. D'après Constant, la spoliation par la guerre était la méthode préférée par les Grecs et les Romains de l'Antiquité. Avec le déclin de l'Empire romain à l'Ouest, les barbares germaniques s'établirent, par la conquête, comme les seigneurs du pays : le féodalisme s'est développé, en particulier en France, après l'invasion des Francs, et en Grande-Bretagne après l'invasion normande. Celui-ci était essentiellement un système de spoliation des paysans par l'élite guerrière des « nobles ». Avec la montée des villes au XIe siècle, on peut même parler de « deux nations » partageant le sol français : l'élite féodale spoliatrice et les habitants producteurs des villes.

A la noblesse rapace a succédé les rois, non moins rapaces, dont les vols violents, les modifications de la monnaie, les faillites, les confiscations et les entraves à l'industrie forment la matière première de l'histoire de France. Au fur et à mesure que les richesses produites par le tiers état s'accumulaient, de nouvelles ressources devenaient accessibles pour l'expropriation des classes parasites.

Charles Comte est particulièrement sévère en ce qui concerne la manipulation de la monnaie par le roi et la législation sur les moyens de paiement, et cite un auteur du XVIIe siècle sur la manière dont « les escomptes ont enrichi les hommes d'argent et la finance aux dépens de la population ».

La position pacifique fut centrale dans le point de vue des industrialistes – en effet, la devise sur la une de chaque numéro du *Censeur européen* était « paix et liberté ». En cela, il s'inspirait de Benjamin Constant qui écrivait : « Dans tous les temps la guerre sera, pour les gouvernements un moyen d'accroître leur activité. »

Un anathème typique était les guerres provoquées par le mercantilisme, ou « l'esprit du monopole... la prétention de chacun d'être industrieux à l'exclusion de tous les autres, de pourvoir exclusivement aux autres avec les produits de son industrie. » Au cours d'une jérémiade contre la politique étrangère impérialiste des Anglais [42], D'après Dunoyer, le résultat de cette présomption était que l'esprit de l'industrie devenait un principe plus hostile et davantage un ennemi de la civilisation, que l'esprit du pillage lui-même [43].

Sous l'Ancien Régime, la noblesse qui n'était plus capable de piller les industrieux directement a commencé à peupler l'Administration pour vivre d'une nouvelle forme de tribut « sous le nom d'impôts [44] ». Les membres de la bourgeoisie qui accédaient à la noblesse ne s'occupaient plus de leurs affaires et, en fin de compte, n'avaient plus d'autres moyens de subsistance que le Trésor public. Enfin, les États, alors qu'ils accablent les producteurs d'impôts, ont très rarement fourni à la société l'équivalent des valeurs qu'ils ont reçues d'elle pour la tâche de gouverneur [45].

Les bureaucrates forment une classe d'exploiteurs contemporains que les industrialistes ont étudiée plus que toute autre. A mesure que le nombre de postulants aux emplois publics augmente, deux tendances s'affirment : le pouvoir de l'État s'accroît et le fardeau des dépenses publiques et de l'impôt s'alourdit.

Afin d'accueillir les hordes de futurs fonctionnaires, l'État étend ses activités tous azimuts : il commence à s'occuper de l'éducation, de la santé, de la vie intellectuelle et des mœurs, il veille au niveau suffisant des moyens de subsistance, il règlemente l'industrie jusqu'à ce qu'il n'y ait « plus ancun moyen d'échapper à son action de toute activité, toute pensée, toute portion » de l'existence du peuple [46]. Les fonctionnaires sont devenus « une classe qui est l'ennemi du bien-être de tous les autres ».

L'opposition au pouvoir de l'État était un thème récurrent chez les auteurs du *Censeur européen*. Des déclarations typiques sont, par exemple, au sujet de la société idéale, « tout le monde travaillera et personne ne gouvernera » ; « le despotisme se trouve au niveau des contributions publiques » ; et « tant que l'instruction publique sera donnée par le gouvernement, ceux qui professent seront du gouvernement et non de la nation ».

Marx, lui-même, reconnut qu'il avait emprunté sa théorie de la lutte des classes aux auteurs libéraux français, et cette origine apparaît clairement dans certains passages de Marx. Ainsi, dans *Le 18 Brumaire de Louis Bonaparte*, Marx écrit, entièrement dans l'esprit des industrialistes, du pouvoir étatique en France :

Ce pouvoir exécutif, avec sa bureaucratie énorme et son organisation militaire, avec sa machinerie étatique ingénieuse, qui embrassent des couches très larges, peuplée d'une foule de fonctionnaires d'environ 500 000 personnes, à côté d'une armée de 500 000 personnes supplémentaires, avec un corps affreusement parasite qui couvre la société française comme un filet et l'étouffe... [47].

Pourtant, à la différence de la théorie marxiste, la conception libérale des classes et de la lutte des classes permet d'analyser l'histoire avec des instruments beaucoup plus fins que les concepts de « bourgeois » et de « prolétariat ». On a dit de Charles Dunoyer qu'il était « la voix du capitalisme utopique [48] » une description qui, si elle est exacte, pourrait s'appliquer aussi à ses associés. Or Dunoyer et ses amis avaient aussi, pensaient-ils, des raisons suffisantes pour ne pas se considérer comme des utopistes puisque « le vrai capitalisme existant » se trouvait de l'autre côté de l'Atlantique. Comme l'écrivait Augustin Thierry en 1820 :

La destinée actuelle des États-Unis répond à tous les vœux que nous formions pour la nôtre ; ces vœux ne sont donc point des chimères ; nous ne sommes donc travaillés par la vaine ambition de l'impossible, comme le prétendent nos ennemis [49].

Avec le temps, Dunoyer devenait moins hostile à l'action étatique d'un certain type, ce qui était assez clairement une réaction à la montée du socialisme. Dans son article « gouvernement » dans le *Dictionnaire de l'économie politique* [50], il écrit que « la tâche particulière de l'État... est d'apprendre aux hommes à bien vivre entre eux... il est producteur de sociabilité, de bonnes habitudes civiles : c'est le fruit particulier de son art et de son travail... ». Le rôle du gouvernement sera de plus en plus « de corriger les penchants antisociaux, de former, en un mot, les habitudes qui doivent présider aux relations » entre les hommes. Ce changement significatif dans la pensée de Dunoyer avait pour origine la montée d'un mouvement socialiste révolutionnaire. Ainsi, Dunoyer est probablement le premier exemple d'un libéral radical qui se tourna vers l'État autoritaire par crainte d'un bouleversement socialiste de la société.

Cette doctrine libérale française de conflit des classes fut adoptée et développée par des auteurs ultérieurs, y compris Bastiat (dont l'auteur favori était Charles Comte) et Gustave de Molinari. Elle eut une influence décisive sur les économistes libéraux italiens à partir du milieu du XIXe siècle et, à travers eux, sur l'École du Public Choice.

La centralisation du pouvoir politique

Un troisième thème central développé par les libéraux français est celui de la centralisation du pouvoir politique. Les origines et les conséquences de la vaste centralisation du pouvoir dans les mains de l'État ont préoccupé bon nombre des meilleurs observateurs de la société moderne, de Ortega y Grasset et Bertrand de Jouvenel (en particulier dans son ouvrage classique *Du pouvoir*) à Robert Nisbet et Michael Oakeshott. Les libéraux français du XIXe siècle constituent une source importante sur cette question pour les penseurs politiques. La situation particulière de la France – à la fois un des pays traditionnels de la centralisation bureaucratique et le centre continental de la pensée libérale – a contribué à la production de cette littérature pionnière. Leonard Liggio note que des auteurs comme Lieber et, j'ajoute, Hayek jusqu'à un certain degré – ont négligé le fait que leurs propres critiques de la centralisation française devaient une fière chandelle aux penseurs libéraux français qui l'avaient vécue eux-mêmes, et qui en étaient les observateurs les plus incisifs et les plus consistants [51].

Le plus grand connaisseur français du fléau de la centralisation bureaucratique moderne fut sans doute Alexis de Tocqueville.

En France, comme il l'a montré dans ses ouvrages historiques, l'État bureaucratique moderne fut construit par les rois et consolidé par la Révolution et Napoléon Ier.

Lorsque Tocqueville est arrivé pour la première fois aux États-Unis à l'âge de vingt-six ans, il fut étonné par l'absence quasi totale de l'État. Il lui semblait que les États-Unis étaient un pays sans État, et il lui en rendait hommage. A cet égard, Tocqueville continuait l'histoire d'amour entre le libéralisme français et les États-Unis qui avait commencé au siècle des Lumières et qui devait se poursuivre pendant des générations. (Il faut reconnaître que, parfois, les Français pouvaient devenir des admirateurs peu critiques, par exemple dans leur adulation d'Abraham Lincoln et de la cause de l'Union pendant la guerre de Sécession [52].)

Trop d'attention a été accordée à la « tyrannie de la majorité » décrite par Tocqueville dans le premier volume de *De la démocratie en Amérique*, peut-être parce que ce leitmotiv a attiré l'œil de J. S. Mill dans sa critique enthousiaste de l'ouvrage. Ce qui à mon avis est d'un intérêt plus durable, c'est l'analyse, dans le second volume, des dangers de la centralisation étatique lorsqu'elle se marie avec la démocratie moderne et la recherche par les masses de toujours plus de satisfactions matérielles. En conclusion de ce dernier volume du livre, Tocqueville présente ce qui doit être l'une des images les plus terrifiantes de toute l'histoire de la pensée politique. Elle apparaît dans le chapitre « Quelle espèce de despotisme les nations démocratiques ont à craindre » :

Je veux imaginer sous quels traits nouveaux le despotisme pourrait se produire dans le monde : je vois une foule innombrable d'hommes semblables et égaux qui tournent sans repos sur eux-mêmes pour se procurer de petits et vulgaires plaisirs, dont ils emplissent leur âme... Au-dessus de ceux-là s'élève un pouvoir immense et tutélaire, qui se charge seul d'assurer leur jouissance et de veillir sur leur sort. Il est absolu, détaillé, régulier, prévoyant et doux. Il ressemblerait à la puissance paternelle si, comme elle, il avait pour objet de préparer les hommes à l'âge viril; mais il ne cherche, au contraire, qu'à les fixer irrévocablement dans l'enfance; il aime que les citoyens se réjouissent, pourvu qu'ils ne songent qu'à se réjouir. Il travaille volontiers à leur bonheur; mais il veut en être l'unique agent et le seul arbitre; il pourvoit à leur sécurité, prévoit et assure leurs besoins, facilite leurs plaisirs, conduit leurs principales affaires, dirige leur industrie, règle leurs successions, divise leurs héritages; que ne peut-il leur ôter entièrement le trouble de penser et la peine de vivre[53] ?

Suivant l'exemple de Tocqueville, les libéraux français n'ont jamais cessé de porter une attention particulière aux dangers de la centralisation étatique. En effet, dans son discours d'entrée à l'Académie française, succédant à Tocqueville, Henri-Dominique Lacordaire, chef de file des libéraux catholiques français (voir plus loin), attaqua le mouvement radical-démocrate en Europe pour avoir facilité et encouragé la centralisation politique :

Le démocrate européen, idolâtre de ce qu'il appelle l'État, prend l'homme dès son berceau pour l'offrir en holocauste à la toute-puissance publique. Il professe que l'enfant, avant d'être la chose de la famille, est la chose de la cité, et que la cité, c'est-à-dire le peuple représenté par ceux qui le gouvernent, a le droit de former son intelligence sur un modèle uniforme et légal. Il professe que la commune, la province et toute association, même la plus indifférente, dépendent de l'État, et ne peuvent ni agir, ni parler, ni vendre, ni acheter, ni exister enfin sans l'intervention de l'État et la mesure déterminée par lui, faisant ainsi de la servitude civile la plus absolue le vestibule et le fondement de la liberté publique[54].

Gustave de Molinari et « les gouvernements concurrents »

Né en Belgique, Gustave de Molinari fut le doyen des économistes français du « laissez-faire » du XIXe siècle pratiquement jusqu'à sa mort en 1911[55]. Molinari est surtout célèbre pour sa doctrine de « gouvernements concurrents » – Murray Rothbard l'appelait « le premier anarcho-capitaliste[56] » – et il était un partisan rigoureux du laissez-faire ainsi qu'un opposant au militarisme et à l'impérialisme. Pourtant, ce « doctrinaire » qui semble correspondre parfaitement à la définition hayekienne du « rationaliste français », devait faire valoir des positions sur l'histoire et la politique qui le placent étonnament proche d'une sorte de conservatisme dur[57].

La première expression, et la mieux connue, de l'anarcho-capitalisme de Molinari apparaît dans l'article du *Journal des Économistes* en 1849[58], dont le point de départ pose déjà des problèmes pour la typologie de Hayek. Molinari distingue deux écoles de philosophie sociale : la première soutient que toutes les associations humaines, puisqu'elles sont « organisées d'une manière purement artificielle par des législateurs primitifs » peuvent être « modifiées ou refaites par d'autres législateurs, dans la mesure où la science sociale progresse ». Il est clair que Molinari tient cette position, qui selon Hayek représente l'essence du « rationalisme constructiviste » pour un non-sens. L'école adverse – à laquelle Molinari adhère – pose que « la société est un fait purement naturel » qui « évolue en vertu de lois naturelles préexistantes ».

L'expérience confirme que la sécurité fait partie des besoins qui doivent être satisfaits en société, c'est-à-dire la protection de la vie, de la liberté et de la propriété individuelles. Il est clairement dans l'intérêt des membres de la société de pouvoir assurer leur sécurité au meilleur prix. En ce qui concerne les biens, matériels ou immatériels, la loi de la libre concurrence garantit que les consommateurs obtiendront des biens au prix le plus bas. Ainsi, dans l'intérêt des consommateurs, la production de sécurité devrait être soumise à la loi de la libre concurrence. Il s'ensuit qu'« aucun gouvernement ne devrait avoir le droit d'empêcher un autre gouvernement de s'établir concurremment avec lui, ou d'obliger les consommateurs de sécurité de s'adresser exclusivement à lui pour cette denrée ».

Sous le régime actuel, les producteurs de sécurité sont en mesure, grâce à l'usage de la force, de mettre en place un monopole et d'imposer une *« surtaxe »* aux consommateurs en demandant un prix qui est « plus élevé que sa valeur ». L'industrie de l'État devient hautement profitable, et la conséquence naturelle en est la « concurrence » pour les « consommateurs » typique d'un régime monopolistique : la guerre. Le monopole conduit à une situation où « la justice devient coûteuse et lente, la police vexatoire, la liberté individuelle cesse d'être respectée, le prix de sécurité est exagéré, inégalement prélevé, selon la force, l'influence dont dispose telle ou telle classe de consommateurs... » En revanche, la concurrence entre gouvernements aurait des effets bénéfiques, en faisant baisser les prix, et stimulerait l'amélioration du produit [59].

Utilisant à la fois des arguments du droit naturel et économiques (utilitaristes), Molinari accuse d'autres économistes, en particulier ce prophète du laissez-faire, Charles Dunoyer, d'inconsistence en rejetant cette approche en bloc (alors qu'il rend hommage à Adam Smith pour avoir reconnu les bienfaits de la concurrence entre tribunaux [60]). En fait, les autres libéraux français, y compris Dunoyer et Bastiat, ont critiqué l'élimination théorique par Molinari du « gouvernement monopolistique », et il semble qu'il n'ait eu aucun disciple sur cette question en France de son vivant.

Il est intéressant de noter que, dès cet essai, Molinari fait montre d'une antipathie envers la démocratie que certains considéreraient mal placée chez un penseur aussi radical, qui le conduit à mettre les droits individuels, notamment les droits de propriété, au-dessus de la règle majoritaire. Il prend l'exemple d'une majorité socialiste qui serait élue à l'Assemblée nationale, avec un président socialiste.

Supposez que cette majorité et ce président, investis de l'autorité souveraine, décrètent, ainsi que demandait M. Proudhon, la levée d'un impôt de trois milliards sur les riches, afin d'organiser le travail des pauvres, est-il probable que la minorité se soumettra paisiblement à cette spoliation inique et absurde, mais légale, mais constitutionnelle*? Non, sans doute, elle n'hésitera pas à méconnaître* l'autorité *de la majorité et à défendre sa propriété*[61].

Il est intéressant de noter que le disciple de Molinari, Vilfredo Pareto, préconisait d'agir selon ce principe dans les situations concrètes, par exemple le comportement des municipalités socialistes en Italie avant l'avènement des fascistes[62].

Dans ses ouvrages historiques, Molinari, à la différence des libéraux français de tendance plus « britannique » (dans la terminologie de Hayek) comme Constant, Guizot et Tocqueville, vint à ne concéder aucune vertu à la Révolution de 1789. Traditionnellement, les libéraux français avaient reconnu certaines réformes accomplies sous la Révolution (en particulier dans sa phase pré-jacobine – « 1789 plutôt que 1793 ») tels que l'abolition des douanes intérieures et l'introduction de la liberté religieuse. Or Molinari soutient que « les plus importantes [des réformes] étaient accomplies ou en voie d'accomplissement, depuis l'avènement de Louis XVI. Si la Révolution n'avait pas éclaté, les réformes qu'on lui attribue se seraient poursuivies paisiblement dans ce qu'elles avaient d'utile, et ces réformes eussent été définitives[63] ». C'est une vue de l'Ancien Régime et la Révolution qui à bien des égards est très proche de celle présentée par l'historien Pierre Gaxotte, un intellectuel du groupuscule royaliste *Action française*[64].

La Révolution mit une fin brutale à cette évolution organique et initia un transfert massif de pouvoir au profit de l'État. Le « servage militaire » – le service militaire obligatoire largement condamné par Turgot, Condorcet et pratiquement tous les autres économistes pré-révolutionnaires – avait pratiquement disparu en France. La Révolution a rendu universelle la conscription, et Molinari pense qu'elle suffit pour compenser toutes les réformes progressives, réelles ou fictives, dont on crédite généralement la Révolution. La « taxe de sang » fut conservée par la Restauration, puisque les classes moyennes et supérieures pouvaient acheter l'exemption en payant des remplaçants – autre exemple de législation de classe, comme le livret obligatoire pour les ouvriers qui listait les emplois passés, ou l'interdiction d'organisations ouvrières. Le résultat final de la Révolution a été « de diminuer la somme de libertés dont jouissent les Français et de doubler au moins le poids de l'État français ».

A long terme, le résultat le plus destructeur de la Révolution fut d'éliminer toute entrave à l'envie de spolier de la bourgeoisie. D'après Molinari, ceci est largement la conséquence de la mise en œuvre du principe d'« égalité devant la loi ». « La Révolution a laissé le champ ouvert aux classes moyennes, lesquelles n'ont pas négligé d'en profiter en remplaçant les privilèges de la noblesse et du clergé par d'autres, adaptés à leurs propres intérêts. » Une nouvelle classe prit « possession de l'appareil à concocter des lois et règlements ». La monarchie héréditaire avait au moins une certaine incitation personnelle à préserver l'État de la ruine et à promouvoir sa prospérité.

Molinari applique la théorie de la lutte des classes, devenue à son époque une pierre angulaire du libéralisme français, mais à la différence de ses prédécesseurs il n'accorde aucune exemption aux régimes prétendument libéraux, ni à ce qui passait pour du libéralisme dans la vie politique française [65]. La monarchie « libérale » de Juillet était la créature de la bourgeoisie, qui visait désormais à fixer l'exploitation de l'État fermement dans ses propres mains. Le parti libéral était « l'expression de ceux de la classe gouvernante qui étaient issus de la Révolution ». Les classes moyennes profitaient des contrats publics, des subventions aux chemins de fer et à d'autres industries, des banques d'État, des protections douanières et des emplois dans la bureaucratie croissante. Bientôt, un mouvement radical émergea « à mesure que les profits d'une exploitation qui s'étendait et se développait chaque jour de plus en plus excitait l'envie des classes exclues du festin ». Le stade final arriva avec le suffrage universel : toute la population doit être rachetée. L'analyse de Molinari, toujours cinglante et cynique, du gouvernement représentatif et de la démocratie qui avance, suggère que son anarcho-capitalisme résultait non seulement de la théorie économique et du droit naturel, mais aussi de son interprétation de l'histoire.

Selon Molinari, « la nation souveraine est une simple fiction » ; en réalité, les partis sont organisés en vue de reprendre et d'exploiter le pouvoir de l'État. Les partis, voire leurs subdivisions, correspondent toujours aux intérêts catégoriels dont ils sont issus et chez lesquels ils recrutent leurs membres. Partout en politique Molinari voit l'idéologie – au sens d'une rationalisation des intérêts de classe – à l'œuvre. Ainsi, la politique de Napoléon III de défendre les « nationalités opprimées » de l'Europe était une couverture idéologique pour les demandes de l'Armée, un des soutiens principaux de l'Empereur. En général, sur le « marché politique » chaque groupe doit justifier ses déprédations : d'où les sophismes et les utopies économiques élaborés à l'usage des différents partis. Molinari déclare – en anticipant la phase « irrationaliste » de son disciple Pareto – que cette charade ne manque jamais de confondre les masses, toujours plus sensibles aux émotions qu'à la réflexion logique.

A l'âge de quatre-vingt-deux ans, dans ce qu'il appelait son « dernier ouvrage », Molinari ressuscite une bonne partie du radicalisme de sa jeunesse. La politique est toujours essentiellement l'arène des luttes de classes où les propriétaires de l'État s'affrontent pour conquérir le droit de lever des impôts. Les impôts sont une continuation, avec certaines transformations purement formelles, de l'esclavage : c'est le tribut exigé par quiconque exerce le pouvoir sur les autres. L'anarcho-capitalisme antérieur de Molinari est plus que sous-entendu :

Or, que fait l'impôt ? Il enlève soit au producteur, soit au consommateur, une portion plus ou moins considérable du produit destiné, partie à la consommation immédiate, partie à l'épargne, pour l'employer à des fins moins productives ou destructives, et plus rarement à l'épargne.

Il est impossible, écrit-il, de « savoir si le prix fixé par le gouvernement investi du monopole de la fourniture de ses services ne dépassait pas abusivement celui qu'aurait établi la concurrence [66] ». L'État dispose d'une clientèle obligatoire, de sorte qu'« il a beau élever le prix de ses services ou en abaisser la qualité, la nation, sa cliente, ne peut les refuser. Si ruineux que soit l'impôt, l'État est amplement pourvu des pouvoirs nécessaires pour la contraindre à payer ».

Molinari est profondément déçu par les tendances de la société moderne. Au milieu du XIXe siècle, il avait semblé que la paix et le libre-échange soient appelés à gouverner le monde civilisé. Désormais, il est évident que le régime parlementaire et constitutionnel a conduit au socialisme. Molinari craignait l'avènement du « mardi gras socialiste » – la confiscation des richesses créées par le capitalisme – suivi de l'épuisement de celles-ci, puis un « long carême ». Il notait que, afin de désarmer le socialisme, « certains États ont eu recours à la philantropie », c'est-à-dire à l'État-providence. La liberté du travail a pratiquement disparu, alors que les ouvriers, après avoir obtenu le droit de s'organiser, s'appliquaient – « telle est la nature protectionniste de l'homme » – à employer des moyens violents contre les employeurs et les ouvriers non-syndiqués ; ainsi « les ouvriers syndiqués ont enseigné la fraternité aux non syndiqués ». Et Molinari de déclarer, à la veille de la Première Guerre mondiale, que « les intérêts des classes les plus influentes » – les fonctionnaires, militaires et civils, et les fabriquants d'armes – « poussent à la guerre ».

Le laissez-faire comme ligne de conduite politique

En distinguant les bons libéraux britanniques de leurs reflets négatifs de l'autre côté de la Manche, Hayek fait un commentaire sur la place des idées du laissez-faire dans sa typologie. Au sujet des Britanniques, il écrit :

Leur argument n'était jamais complètement celui du laissez-faire, ce qui, comme l'expression elle-même le démontre, fait aussi partie de la tradition rationaliste française, et qui n'était jamais défendu au sens littéral par les économistes classiques britanniques... En réalité, leur argument n'était jamais anti-État en tant que tel, ni anarchiste, ce qui est le résultat logique de la doctrine du laissez-faire rationaliste [67]...

Hayek offre deux sources pour sa description des économistes classiques britanniques. La première, Lionel Robbins, est si pressé de les acquitter de l'accusation d'adhérer au laissez-faire qu'il invoque la citation suivante de Nassau Senior, avec une approbation évidente :

Le seul fondement rationnel de l'État, le seul fondement du droit de gouverner et du devoir corrélatif d'obéir, c'est la convenance – le bien-être général de la communauté. Le devoir des gouvernants est de faire ce qui contribue au bien-être des gouvernés. Le pouvoir est la seule limite à ce pouvoir [68]...

L'autre source de Hayek, D. H. Macgregor, élargit la défense jusqu'à inclure pratiquement tous les économistes britanniques, en particulier Alfred Marshall. Hayek cite ce dernier qui prononça, en 1907, que « tout économiste de la génération actuelle est socialiste [69] » et de poursuivre :

Un nouvel accent est mis sur le mot-clé laissez-faire *: – Laissez tout le monde travailler de toute sa force; et surtout laissez l'État se mobiliser pour faire le travail vital que personne outre l'État ne peut faire efficacement... Ainsi je m'écrie : Laissez-faire : laissez l'État libre d'agir* [70].

Macgregor cite Keynes dans le même sens, en résumant sa position : « Ainsi la fin du laissez-faire est " Laissez faire l'État " ; le principe est transféré à une sphère supérieure. » Pourtant, ces personnalités ne règlent pas la question de la désirabilité de la doctrine du laissez-faire. L'historien anglais A.V. Dicey a élucidé un point que Hayek, Robbins et d'autres ont négligé dans leur traitement sommaire :

L'effet bénéfique de l'intervention de l'État, en particulier de la législation, est direct, immédiat et, pour ainsi dire, visible, alors que ses effets maléfiques sont progressifs et indirects, et hors du champ de vision... les bons résultats de l'intervention étatique sont faciles à percevoir... les méfaits... sont indirects et nous échappent... rares sont ceux qui comprennent la vérité indéniable que l'aide de l'État tue la capacité à s'aider soi-même. Ainsi la majorité de l'humanité doit presque par nécessité considérer avec une faveur indue l'intervention étatique. Cette tendance naturelle ne peut être balancée que par l'existence, dans une société telle que l'Angleterre de la période 1830-1860, d'une présomption ou d'un préjugé en faveur de la liberté individuelle – c'est-à-dire du laissez-faire [71].

Dans son ouvrage *Capitalism and Freedom*, Milton Friedman cite ce passage et exprime son accord avec Dicey [72]. Certes, Hayek a raison de dire que la doctrine du laissez-faire est française par quintessence. Les Français ont conçu le slogan qui est toujours employé en français dans d'autres langues. Ce qui importe plus cependant est que le concept du laissez-faire imprègne la pensée libérale française à partir du milieu du XIXe siècle. Même Benjamin Constant, dont le nom n'est pas normalement associé aux questions économiques, était un partisan confirmé du laissez-faire, un fait qui ressort très clairement dans l'ouvrage majeur consacré à l'économie, *Commentaire sur l'ouvrage de Filangieri* :

Toutes les fois donc qu'il n'y a pas nécessité absolue, toutes les fois que la législation peut ne pas intervenir, sans que la société soit bouleversée, toutes les fois enfin qu'il n'est question que d'un mieux hypothétique, il faut que la loi s'abstienne, laisse faire, et se taise [73].

Constant termine par les mots : « Laissez-faire, laissez-passer [74]. »

Les économistes français sont restés fidèles au laissez-faire, longtemps après que cette doctrine ne devienne démodée ailleurs. Puisque aucun nom n'a été aussi intimement associé au principe du laissez-faire que celui de Frédéric Bastiat, j'aimerais dire quelques mots sur cette grande personnalité qui est si souvent traitée avec dédain par les auteurs de l'histoire de la pensée. Florin Aftalion a très bien cerné le problème concernant Bastiat : puisqu'il avait raison sur les questions fondamentales, comment expliquer qu'il ait été oublié, « alors que la plupart de ses adversaires intellectuels, prophètes de la stagnation, de la paupérisation, qui se sont trompés, aient encore droit de cité [75] ? » Dans les années 1850-1860, une « vague Bastiat » balaya le monde intellectuel occidental, qui attend encore son historien. Dans le Massachusetts, Edward Atkinson, radical américain célèbre, leader du mouvement abolitionniste et futur agitateur anti-impérialiste, fut converti au laissez-faire en lisant Bastiat. En Russie, Boris Chicherine, qui est considéré comme le penseur social russe le plus éminent du XIXe siècle, fut également converti. Dans les États allemands, Ludwig Bamberger et d'autres libéraux allemands qui devaient un peu plus tard jeter les bases de la liberté du travail et des institutions de la propriété privée, et de l'étalon-or du nouveau Reich allemand, étaient aussi des partisans de Bastiat. Et en Suède, pour ne citer qu'un autre exemple, le plus grand des libre-échangistes du pays au XIXe siècle, Johan August Gripenstedt, fut un disciple de Bastiat, allant même jusqu'à inclure de longues citations de celui-ci dans ses discours parlementaires [76]. Dans l'histoire de la pensée, cet attachement têtu au laissez-faire est souvent attribué au retard, à la superficialité et à l'infériorité générale supposée des économistes français. Or Joseph Schumpeter raconte une histoire différente. Lorsqu'il en vient à discuter de ceux qu'il appelle les « ultras du laissez-faire » des dernières décennies du XIXe siècle et des premières décennies du XXe siècle – Paul Leroy-Beaulieu, Émile Levasseur, l' « infatigable » Gustave de Molinari, Yves Guyot, Léon Say et d'autres – il note :

> *Ils sont connus sous le nom du Groupe de Paris puisqu'ils contrôlaient le* Journal des Économistes, *le nouveau dictionnaire, l'organisation professionnelle centrale à Paris, le Collège de France, et d'autres institutions, ainsi que la majeure partie de la publicité... ils restaient vaillamment sous la bannière tombante du libre-échange inconditionnel et du laissez-faire* [77].

En fait, selon l'expression de Schumpeter, ils résistaient « comme les Spartiates de Léonidas aux Thermopyles ». Il reconnaît qu'ils n'étaient pas « scientifiques » d'après ses critères, mais il maintient que « le mépris avec lequel à la fois les théoriciens plus sophistiqués et les groupes antilibéraux ont traité le Groupe de Paris... n'est pas justifié ». Car lorsque ces hommes s'exprimaient sur des questions pratiques, ils

> *savaient de quoi ils parlaient. C'est dire qu'ils vivaient et réfléchissaient tout près du milieu des affaires et de la politique, que la plupart d'entre eux connaissaient par expérience et non par les journaux. Il y a une atmosphère de réalisme et de perspicacité autour de leurs travaux qui compense en partie le manque d'inspiration scientifique.*

Ceci donne une idée du fondement de l'engagement en faveur du laissez-faire des libéraux français. Pour Dicey, et aussi pour Friedman, la valeur primordiale consiste à empêcher un bien immédiat et évident mais inférieur de remplacer un bien de long terme, moins évident mais supérieur. Pour les penseurs français, cependant, le problème central était la *spoliation*, ou le pillage par l'intermédiaire de l'État. Depuis au moins l'époque de Dunoyer et de Charles Comte, les économistes français analysaient le processus politique comme étant l'usurpation générale des droits de propriété. Par le protectionnisme, le socialisme, toutes sortes de faveurs accordées par l'État et les restrictions de la concurrence, la croissance de la bureaucratie et des emplois publics, etc. Les intérêts particuliers essayaient d'exploiter le public, la grande masse des consommateurs et des contribuables. La connaissance qu'avait le Groupe de Paris de la pratique des affaires et de la politique, à laquelle Schumpeter fait référence – une connaissance qui n'était pas puisée dans les journaux, c'est-à-dire non influencée par les rationalisations idéologiques des parties intéressées – confirmait leur conviction que seul un rempart solide tel que la doctrine du laissez-faire était en mesure de protéger le public contre l'assaut incessant des exploiteurs potentiels [78].

Les mêmes considérations dominaient la pensée économique en Italie, qui était fortement influencée par les économistes libéraux français, et où pendant des décennies les économistes étaient presque aussi acquis au laissez-faire qu'en France [79]. Le doyen des économistes italiens au XIXe siècle, Francesco Ferrara, qui avait étudié les œuvres de Bastiat et de Dunoyer, parlait d'une bataille entre « le privilège, l'intérêt secret, l'avantage politique, tout ce qui est capable de convoiter » et son « ennemi naturel », la science « dont la devise, depuis sa naissance, est : laissez-faire, laissez-passer [80] ». Comme l'indique ce passage, Ferrara concevait le principe du laissez-faire surtout comme un barrage nécessaire contre l'attaque de ceux qu'on qualifierait aujourd'hui de capteurs de rentes. Cette position était généralement admise par les économistes italiens – y compris Vilfredo Pareto et Maffeo Pantaleoni – jusqu'en 1920 environ [81].

Au cours de la génération suivante, la tradition du laissez-faire a effectivement disparu en Italie. Luigi Einaudi, probablement le plus grand économiste de cette période et le premier président de la République italienne, quoique tendant vers le marché dans la politique, rejetait le laissez-faire strict pour adopter une approche « pragmatique ». Néanmoins, il écrivait que le principe du laissez-faire peut avoir une « valeur pratique » ; en fait,

> *sa valeur peut être très grande. Il est extrêmement utile que, face à l'habitude de tout demander à l'État, d'attendre tout de l'action collective, le libéral économique se lève pour condamner la paresse de l'interventionniste et l'avidité du protectionniste. Laissant la science de côté, la figure morale du premier dans la vie pratique et politique s'élève mille pieds au-dessus de celle de ses opposants. Sans lui, l'État non seulement accomplirait les missions qui sont les siennes et compléterait l'action individuelle quand cela convient, mais son intervention dans les affaires économiques à l'instigation de voleurs et d'idiots, ferait du tort à toute la société* [82].

Notre expérience de la démocratie montre qu'au-delà de quelques questions très simples, les électeurs n'arrivent pas à des conclusions informées sur les enjeux politiques. Ils ont plutôt tendance à faire leurs choix à partir de ce que Douglass North appelle les « les stéréotypes idéologiques », le cadre mental au sein duquel ils situent, consciemment ou non, les questions politiques du jour [83]. James Buchanan a compris cela mieux que tous les autres. Buchanan, on le sait, a été fortement influencé par les économistes libéraux italiens. Des années plus tard, il a fait une remarque qui rappelait celle d'Einaudi, lorsqu'il parlait du manque de l'électorat d'une « volonté générale de laisser les choses suivre son cours, de laisser l'économie fonctionner d'elle-même, en dehors de toute interférence politisée ». Malgré la perte de foi dans le socialisme, « nous sommes loin d'avoir regagné confiance dans le principe du laissez-faire des économistes classiques ». Buchanan poursuit en décrivant les conséquences de l'absence de tout engagement pour le laissez-faire de l'économie politique :

L'exploitation par les groupes d'intérêt ayant leur agenda tout prêt pour l'action étatique, conçu pour leur donner des rentes ou des profits différentiels élevés. S'appuyant sur la réticence du public d'agir par principe en faveur de solutions de marché à des problèmes apparents, réels ou imaginés, ces groupes d'intérêt s'assurent de restrictions arbitraires sur l'échange volontaire et, dans la foulée, captent des rentes pour leurs membres en réduisant à la fois les libertés et le bien-être économiques des autres acteurs de la vie économique, sur le plan national et international.

Buchanan conclut que pour combattre le régime protectionniste et mercantiliste actuel, il faut des « *principes* qui peuvent être incorporés dans une structure constitutionnelle, des principes qui dictent l'imposition de contraintes qui empêcheront la politique d'empiéter sur l'échange marchand [84] ».

Aujourd'hui, dans tous les pays occidentaux, la sphère d'action de l'État croît inexorablement, sinon d'année en année, du moins de décennie en décennie. Si, en 1852, l'État était déjà comme le disait Karl Marx, un parasite qui « enferme la société dans un filet pour l'étouffer [85] », que faut-il en dire maintenant ? Cela nous conduit à la question : entre Bastiat et Alfred Marshall, qui était – non pas le meilleur *économiste* au sens technique, une question qu'il faut supposer réglée – mais qui était le meilleur *économiste politique* ? Lequel des deux a le mieux compris la dynamique de la croissance étatique ? Était-ce Marshall et les Britanniques, dont le conseil était : « Laissez faire l'État » ? Ou était-ce Bastiat et les autres Français – et leurs disciples, les Italiens, qui ont inspiré l'École de Public Choice – qui insistaient sur la règle du laissez-faire, laissez-passer, et qui maintenaient fermement que « le monde va de lui-même » ?

NOTES

1. Pierre Manent, *Histoire intellectuelle du libéralisme : dix leçons*, Paris, Calmann-Lévy, 1987, p. 7.
2. Anthony de Jasay, *Choice, Contract, Consent : A Restatement of Libera-*

lism, London, Institute of Economic Affairs, 1991, p. 119. Emphasis in original.

3. Voir Ralph Raico, « Prolegomena to a History of Liberalism, » *Journal des Économistes et des Études humaines*, vol. 3, nos. 2/3, June-Sept., 1992.

4. Voir Ralph Raico, « The Theory of Economic Development and the " European Miracle, " » in Peter J. Boettke, ed., *The Collapse of Development Planning*, New York University Press, New York, 1994, pp. 37-58.

5. Germaine de Staël, *Considérations sur la Révolution française*, Jocques Godechot, ed. [1818], Paris, Tallandier, 1983, p. 70.

6. Jean Baechler, *Le Capitalisme*, vol. 1, *Les origines*, Paris, Gallimard, 1995, p. 376.

7. François Bernier, *Voyage dans les États du Grand Mogol* [1671-72], Paris, Fayard, 1981, intro. par France Bhattacharya. Les citations sont tirées de sa « Lettre à Monseigneur Colbert, pp. 143-176.

8. Charles Louis de Secondat, Baron de Montesquieu, *De l'esprit des lois*, book 20, chapter 4.

9. Astolphe, Marquis de Custine, *La Russie en 1839*, 2nd ed., Brussels, Hauman, 1844, 4 vols.

10. Voir Alejandro Antonio Chafuen, *Christians for Freedom : Late-Scholastic Economics*, San Francisco, Ignatius Press, 1986, et la littérature citée dans cet ouvrage.

11. Murray N. Rothbard, *An Austrian Perspective on the History of Economic Thought*, vol. 1, *Economic Thought before Adam Smith*, pp. 345, 435, 441-448. Voir aussi Joseph T. Salerno, « The Neglect of the French Liberal School in Anglo-American Economics : A Critique of Received Explanations », *Review of Austrian Economics*, vol. 2, 1988, pp. 113-156.

12. Anne Robert Jacques Tugot, Baron d'Aulne, « Lettre à l'abbé Terray sur la marque des fers », December 24, 1773.

13. In F. A. Hayek, *Individualism and Economic Order*, Chicago, University of Chicago Press, 1948, pp. 1-32. Cet essai reproduit un exposé de Hayek en 1945. Voir aussi le chapitre sur « Freedom, Reason, and Tradition », in idem, *The Constitution of Liberty*, Chicago, University of Chicago Press, 1960, pp. 54-70. La confusion dans « Individualism : True and False » commence par la devise d'Alexis de Tocqueville que Hayek place au début de son essai : « From the eighteenth century and from the revolution, as from a common source, two rivers had sprung : the first led men to free institutions, while the second led them to absolute power. » Il n'y a aucune de raison de penser que la distinction de Tocqueville correspond à celle que Hayek développe dans son essai.

14. Ces deux catégories ne sont pas complètement compatibles avec les traditions nationales. John Stuart Mill et Herbert Spencer, selon Hayek, étaient « presque aussi influencés par les Français que par la tradition anglaise ». A l'inverse, « les Français comme Montesquieu et, plus tard, Benjamin Constant et, surtout, Alexis de Tocqueville sont probablement [sic] plus proches de ce que nous avons appelé la tradition " britannique " que de la tradition " française ". » *The Constitution of Liberty*, p. 56.

15. Je suppose que les encyclopédistes se réfèrent premièrement à Diderot et à D'Alembert ; ailleurs, Hayek écrit avec approbation de Turgot ; voir F. A. Hayek, *The Counter-Revolution of Science : Studies on the Abuse of Reason*, Glencoe, Ill., The Free Press and London, Collier-Macmillan, 1955, pp. 106-107.

16. *The Constitution of Liberty*, p. 55, où la liste commence avec David Hume ; à la page 60, cependant où Hayek voudrait démontrer que les bons Britanniques n'étaient pas des extrémistes, et qu'ils ne pensaient pas comme

Bentham que « toute loi est un mal car toute loi constitue une infraction de la liberté », Locke revient dans le raisonnement.

17. Voir *The Counter-Revolution of Science*, p. 221, n. 1, où Hayek déclare que D'Alembert « avec son maître Locke », regardait les sciences morales comme des sciences *a priori*, comparables aux mathématiques et d'une certitude égale.

18. *The Constitution of Liberty*, p. 56.

19. Bastiat, dans son essai célèbre *La Loi* se plaint de ce que « dans notre pays l'idée que l'humanité n'est qu'une matière inerte, recevant de l'État la vie, l'organisation, la morale et la richesse... » Il énumère et critique un grand nombre d'auteurs français concernant leur croyance dans l'omnipotence du législateur. Parmi ceux-ci se trouvent cependant seulement deux penseurs qu'on inclut généralement dans la tradition libérale : Condillac et l'un des préférés de Hayek, Montesquieu. Frederic Bastiat, *Selected Essays on Political Economy*, ed. George B. de Huszar, tr. Seymour Cain, Irvington, N.Y., Foundation for Economic Education, 1964, pp. 70-83.

20. *The Constitution of Liberty*, assez curieusement, quelques pages plus loin (p. 60), Hayek pose que le « résultat logique de la doctrine rationnelle du laissez-faire » est non pas le totalitarisme ou le collectivisme, mais l'anarchisme. Il faut souligner que Hayek se trompe en invoquant l'ouvrage de J. L. Talmon *The Origins of Totalitarian Democracy* (London, Secker and Warburg, 1955) pour étayer sa thèse. Les auteurs traités dans cet ouvrage sont Rousseau, Mably, et les jacobins, notamment Robespierre et Saint-Just. Aucun de ces derniers ne peut être considéré comme des libéraux. Le poids des quelques pages (pp. 44-45) que Talmon consacre aux physiocrates est qu'ils proposaient « une synthèse étonnante du libéralisme économique et de l'absolutisme politique », ce dernier s'expliquant par le fait qu'ils craignaient toute dilution du « despotisme légal » qui mènerait au triomphe des intérêts particuliers.

21. F. A. Hayek, *The Constitution of Liberty*, p. 55, et p. 431, n. 5. Voir Francis Lieber, « Anglican and Gallican Liberty » (1849), *New Individualist Review* (1966), repr., Indianapolis, Liberty Press, 1981, pp. 718-723.

22. Friedrich Hayek, *The Constitution of Liberty*, p. 431, n. 1.

23. Hayek accorde cet honneur à Tocqueville et à Lord Acton.

24. Émile Faguet, *Politiques et moralistes du XIXe siècle*, Paris, Boiven, 1891, p. 255.

25. Voir ses « Two Concepts of Liberty », in Isaiah Berlin, *Four Essays on Liberty*, Oxford, Oxford University Press, 1969, p. 126.

26. Max Weber, *The Methodology of the Social Sciences*, tr. Edward A. Shils and Henry A. Finch, Glencoe, Ill., Free Press, 1949, p. 104.

27. Benjamin Constant, « De la Liberté des Anciens comparée à celle des Modernes », *Cours de politique constitutionnelle*, ed. Édouard Laboulaye, Paris, Guillaumin, 1872, vol. 2, pp. 537-560.

28. *Ibid.*, pp. 540-541. John Gray, dans son ouvrage *Liberalism* (Minneapolis : University of Minnesota Press, 1986), p. 20, cite ce passage, mais ommet toute référence aux droits de propriété, ce qui s'explique par sa dépendance erronée sur la traduction inexacte du texte de Constant qui paraît dans l'*History of European Liberalism* de Guido de Ruggiero. Malheureusement, l'erreur de Gray a été reprise par des travaux ultérieurs qui lui font confiance.

29. L'importance de l'analyse de Constant de la Révolution a été reconnue dans un travail de synthèse majeur, François Furet and Mona Ozouf, eds., *A Critical Dictionary of the French Revolution*, tr. Arthur Goldhammer (Cambridge, Mass., Harvard University Press, 1989). La pensée de Constant et de sa collaboratrice Mme de Staël imprègne ce travail.

30. Benjamin Constant, *Commentaire sur l'ouvrage de Filangieri*, Paris, Dufart, 1824, p. 27.

31. *Cours de Politique constitutionnelle*, vol. 2, p. 172 n.

32. Benjamin Constant, « De l'esprit de conquête et de l'usurpation »,*Œuvres*, éd. Alfred Roulin, La Pléiade, Paris, Gallimard, 1957, p. 1580.

33. Albert O. Hirschmann, *The Rhetoric of Reaction : Perversity, Futility, Jeopardy*, Cambridge, Mass., Harvard University Press, 1991, p. 55.

34. Adolphe Blanqui, *Histoire de l'Économie politique en Europe depuis les anciens jusqu'à nos jours*, Paris, Guillaumin, 1837, vol. 1, p. x.

35. Alexis de Tocqueville, *Œuvres complètes*, vol. 12, *Souvenirs*, Luc Monnier, éd., Paris, Gallimard, 1964, p. 30.

36. Voir Patricia J. Euzent and Thomas L. Martin, « Classical Roots of the Emerging Theory of Rent Seeking : the Contribution of Jean-Baptiste Say », *History of Political Economy*, vol. 16, no. 2 (Summer 1984), pp. 255-62 ; et Robert W. Dimand et Edwin G. West, « Destutt de Tracy : A French Precursor of the Virginia School of Public Finance », *History of Economics Society Bulletin*, vol. 11, no. 2, pp. 210-215.

37. Voir Ralph Raico, « Classical Liberal Roots of the Marxist Doctrine of Classes », in Yuri N. Maltsev, ed., *Requiem for Marx* (Auburn, Ala., Ludwig von Mises Institute, 1993), pp. 189-220 ; David Mercer Hart, *Class Analysis, Slavery and the Industrialist Theory of History in French Liberal Thought, 1814-1830 : The Radical Liberalism of Charles Comte and Charles Dunoyer*, publié par la faculté d'histoire, Université d'Adelaïde, 1994 ; Ephraïm Harpaz, « Le Censeur européen : Histoire d'un journal industrialiste », *Revue d'histoire économique et sociale*, XXXVII, n° 2 (1959), pp. 185-218, and XXXVII, n° 3, pp. 328-357 ; *id.*, « Le Censeur européen : Histoire d'un journal quotidien », *Revue des sciences humaines*, n° 114 (April-June, 1964), pp. 137-259.

38. Cf. Murray N. Rothbard, *Classical Economics*, p. 18, qui compare Say aux « smithiens du courant Smith-Ricardo, qui soutenaient la théorie du travail (ou, au mieux la théorie des coûts de production) comme fondement de la valeur... »

39. Jean-Baptiste Say, *Cathéchisme d'économie politique, ou Instruction familière*, Paris, Crapelet, 1815, p. 14.

40. Allix, « J.-B. Say et les origines de l'industrialisme », pp. 341-44.

41. Charles Comte, « Considérations sur l'état moral de la nation française, et sur les causes de l'instabilité de ses institutions », *C. E.*, vol. 1, pp. 1-2, 9. La similarité avec l'analyse de Franz Oppenheimer est évidente. Voir son ouvrage *The State*, tr. John Gitterman, New York, Free Life, 1975.

Dans toute société, l'on peut distinguer clairement ceux qui vivent du pillage (spoliation) de ceux qui vivent de la production. Tenter de vivre sans produire revient à vivre *« à l'état sauvage »*. Les producteurs sont en revanche *« des hommes civilisés »*.

42. Les auteurs du *Censeur* ne partageaient pas l'admiration générale des libéraux pour l'Angleterre. Alors qu'elle donnait l'apparence d'une monarchie constitutionnelle, selon eux, elle était en réalité une oligarchie corrompue. De plus, ils craignaient une hégémonie britannique sur le continent. Ephraïm Harpaz, « *Le Censeur européen* : Histoire d'un journal quotidien », pp. 158, 199, 221.

43. Charles Comte, « Considérations sur l'état moral », p. 132.

44. *Id.* « De l'organisation sociale, » *C. E.*, vol. 2, p. 33.

45. Charles Dunoyer, « Du système de l'équilibre, » *C. E.*, vol. 1, p. 124.

46. « De l'influence qu'exercent sur le gouvernement les salaires attachés à l'exercice des fonctions publiques », *C. E.*, vol. 11, p. 86.

47. In Karl Marx et Friedrich Engels, *Selected Works in Three Volumes*, Moscow, Progress Publishers, 1983, vol. 1, p. 477.

48. Ceri Crossley, *French Historians and Romanticism : Thierry, Guizot, the Saint-Simonians, Quinet, Michelet*, London, Routledge, 1993, p. 27.

49. Ephraïm Harpaz, « *Le Censeur européen :* Histoire d'un journal quotidien » p. 228. Harpaz ajoute : « Les jeunes États-Unis semblent incarner aux yeux de la jeune génération libérale de la Restauration les forces immenses de l'avenir. » En effet, l'Amérique était la nation industrialiste modèle ; l'Europe, en revanche, était « écrasée par ses cours brillantes et ses vastes armées comme elle étouffe sous un système onéreux d'impôts, d'emprunts et de fonctionnaires. » *Ibid.*

50. Charles Dunoyer, « Gouvernement » in Charles Coquelin and Charles Guillaumin, eds., *Dictionnaire de l'économie politique*, 3rd. ed., Paris, Guillaumin, 1864, vol. 1, pp. 835-841. Pour un récit quelque peu « révisionniste » de Dunoyer, voir Gustave du Puynode, « Charles Dunoyer » *Journal des Économistes*, 3rd series, vol. 13, January 15, 1869, pp. 1-28.

51. Leonard Liggio, « Evolution of French Liberal Thought : From the 1760s to the 1840s », *Journal des Économistes et des Études humaines*, vol. 1, n° 1, Winter 1989, pp. 145-146.

52. Voir Serge Gavronsky, *The French Liberal Opposition and the American Civil War*, New York, Humanities Press, 1968.

53. Alexis de Tocqueville, *De la démocratie en Amérique*, vol. 2, livre 4, chap. 6.

54. Henri-Dominique Lacordaire, *Notices et Panégyriques*, Paris, Poussielgue, 1886, p. 341.

55. Sur Molinari, voir Murray N. Rothbard, *Classical Economics*, pp. 453-455. Sur le disciple le plus influent de Molinari, voir « Vilfredo Pareto, pessimistic follow of Molinari », in *ibid.*, pp. 455-459.

56. *Ibid.*, p. 453. Voir la bibliographie dans Pierre Lemieux, *L'Anarcho-capitalisme*, Paris, 1988, pp. 123-124.

57. La critique de l'ouvrage de Molinari *Les Soirées de la rue Saint-Lazare. Entretiens sur les lois économiques et défense de la propriété*, in the *Journal des Économistes*, vol. 24, no. 104, November 15, 1849, pp. 368-369, lui rend hommage pour sa critique poignante du socialiste typique « ce pygmée gonflé d'orgueil qui essayerait de substituer son propre travail à celui du Créateur » et pour sa caractéristique du principe du socialisme comme étant « d'une arrogance insouciante ». Cela semble assez proche de la conception hayekienne du socialisme, « la présomption fatale ».

58. Gustave de Molinari, « De la production de la sécurité », *Journal des Économistes*, vol. 22, no. 95, february 15, 1849, pp. 277-290.

59. *Ibid.*, pp. 281-282, 289. Au sujet de la question hautement complexe et controversée du fonctionnement d'un système de gouvernements concurrents, Molinari ébauche quelques caractéristiques de son système, à la fois pour les producteurs de sa sécurité et pour les consommateurs. Les derniers seraient obligés de se soumettre à des pénalités pour les violations contre les personnes et les biens, imposées par le gouvernement de leur choix, ainsi qu'à « certains inconvénients » dont l'objet est de faciliter l'appréhension des criminels pour le gouvernement.

60. In *The Wealth of Nations*, Bk. 5, chap. 1.

61. Molinari, « De la production de la sécurité », p. 287. C'est l'auteur qui souligne.

62. Voir Ralph Raico, « Mises on Fascism, Democracy, and Other Questions », *Journal of Libertarian Studies*, vol. 12, n° 1, Spring 1996, pp. 19-20.

63. Gustave de Molinari, *L'Évolution politique et la Révolution*, Paris, C. Reinwald, 1884, pp. 271-274.

64. Pierre Gaxotte, *La Révolution française*, Paris, Plon, 1936, 2 vols.

65. Voir Ceri Crossley, *French Historians and Romanticism*, pp. 53, 65, où l'auteur souligne que par exemple Thierry glorifiait la bourgeoisie *per se*, comme étant l'incarnation historique des « principes éternels de raison, de justice et d'humanité », et considérait le triomphe de sa propre classe en 1830 comme le point culminant de l'histoire française.

66. Gustave de Molinari, *Ultima Verba : Mon Dernier Ouvrage*, Paris, Giard and Brière, 1911, pp. 39-45.

67. *The Constitution of Liberty*, p. 60.

68. Lionel Robbins, *The Theory of Economic Policy in English Classical Political Economy*, London, Macmillan, 1953, p. 45. Les trois représentants de la position « individualiste extrême », partisan de « l'État gendarme » qu'il cite sont le physiocrate Mercier de la Rivière (qu'il parodie), Herbert Spencer, et Bastiat.

69. D. H. Macgregor, *Economic Thought and Policy*, Oxford, Oxford University Press, 1949, p. 69.

70. *Ibid.*

71. A. V. Dicey, *Lectures on the Relation of Law and Public Opinion in England during the Nineteenth Century*, 2nd. ed. (1914), London, Macmillan, 1963, pp. 257-258.

72. Milton Friedman, *Capitalism and Freedom*, Chicago, University of Chicago Press, 1962, p. 201. Il est typique que John Gray, *Limited Government : A Positive Agenda*, London, Institute for Economic Affairs, 1989, pp. 20-21, ne mentionne pas cet argument en faveur du principe du laissez-faire, qui a été présenté dans des ouvrages connus par Dicey et Friedman, lorsqu'il attaque ce principe comme étant un « mirage ».

73. *Commentaire sur l'ouvrage de Filangieri*, p. 70. Il est intéressant de voir que le rejet de l'action étatique par Constant est principalement fondé sur les difficultés inhérentes de corriger les erreurs et d'éliminer les échecs produits par les actvités de l'État. Voir Ralph Raico, « Benjamin Constant », *New Individualist Review*, vol. 3, n° 2, 1964, repr. Indianapolis, Liberty Press, 1981, pp. 499-508.

74. Ainsi Constant fournit le meilleur contre-exemple (Tocqueville est un autre cas évident) à l'affirmation tout à fait erronée de Françoise Mélonio, « Les libéraux français et leur histoire », in *Les Libéralismes, la théorie politique et l'histoire*, Siep Stuurman, ed., Amsterdam, Amsterdam University Press, 1994, p. 38, selon laquelle il y avait peu de sympathie ou même de compréhension entre libéraux politiques et libéraux économiques dans la première moitié du XIXe siècle en France.

75. Frédéric Bastiat, *Œuvres économiques*, Florin Afthalion, ed., Paris, 1983, p. 8.

76. Eli F. Heckscher, « A Survey of Economic Thought in Sweden, 1875-1950 » *Scandinavian Economic History Review*, vol. 1, n° 1, 1953, pp. 109-110. Heckscher exprime son étonnement de voir des penseurs suédois, « dont les capacités intellectuelles étaient largement supérieures » à celles de Bastiat, être si influencés par l'économiste français. Certes, il est possible que Heckscher ait manqué de voir quelque chose que les admirateurs suédois de Bastiat, comme tant de penseurs européens et américains, pouvaient voir.

77. Joseph A. Schumpeter, *History of Economic Analysis*, ed. Elizabeth Boody Schumpeter, New York, Oxford University Press, 1954, p. 841.

78. Une telle compréhension est absente dans la discussion de J. E. Cairnes, « Political Economy and Laissez-faire », in *id.*, *Essays in Political Economy. Theoretical and Applied*, London, Macmillan, 1873, pp. 232-264. Cairnes déclare que : « Au niveau pratique je considère le *laissez-faire* comme le guide de loin le plus sûr [comparé au principe de contrôle étatique]. Or, rappelons-

nous que c'est une *règle pratique*, et non une doctrine scientifique ; c'est une règle grosso modo saine, mais comme tant d'autres règles pratiques saines elle fait l'objet de nombreuses exceptions ; c'est surtout une règle qui ne doit jamais empêcher de considérer sincèrement toute proposition prometteuse de réforme sociale et industrielle » (p. 251, c'est l'auteur qui souligne). Puisque la « règle » de Cairnes est si facile à contourner, il est difficile de voir quelle protection elle pourrait offrir contre des politiques antisociales.

79. Voir Salerno, « The Neglect of the French Liberal School , and Rothbard, *Classical Economics*, pp. 448-449 et 455-459.

80. Francesco Ferrara, « G. B. Say », in *Prefazioni alla Biblioteca dell'Economista*, Part 1 of idem, *Opere Complete*, ed., Bruno Rozzi Ragazzi, Rome, Associazione Bancaria Italiana/Banca d'Italia, 1955, vol. 2, p. 567.

81. Sur les économistes libéraux italiens et l'État producteur de rentes, voir Ralph Raico, « Mises on Fascism, Democracy, and Other Questions », pp. 12-19.

82. Luigi Einaudi, « Liberismo e liberalismo », in Benedetto Croce et Luigi Einaudi, *Liberismo e liberalismo*, Paolo Solari, ed., Milan/Naples, Riccardo Ricciardi, 1957, pp. 125-126.

83. Douglass C. North, « Economic Performance Through Time », *American Economic Review*, vol. 84, n° 3, June 1994, p. 361. North ajoute que de tels « stéréotypes idéologiques » finissent par façonner la performance du système économique.

84. James Buchanan, « The Potential and Limits of Socially Organized Humanity », in *id.*, *The Economics and Ethics of Constitutional Order*, Ann Arbor, Mich., University of Michigan Press, 1991, pp. 248-249 (souligné dans l'original).

85. Karl Marx, « The Eighteenth Brumaire of Louis Bonaparte », in Karl Marx and Friedrich Engels, *Selected Works in Three Volumes*, Moscow, Progress Publishers, 1983, vol. 1, p. 477.

Redécouvrir les libéraux de la Restauration : Comte et Dunoyer

par

Henri Lepage

Introduction

Cette conférence aura un aspect inhabituel. Je parlerai à la place de quelqu'un d'autre : David Hart, professeur d'histoire (histoire des idées) à l'université d'Adélaïde en Australie.

Son sujet : « Les économistes libéraux de la Restauration (1815-1830) : Charles Dunoyer et Charles Comte. » Titre exact de sa thèse : « Class, Slavery and the Industrialist Theory of History in French Liberal Thought, 1814-1830 : The Contribution of Charles Comte and Charles Dunoyer. »

Pourquoi donner la parole à un Australien sur un tel sujet ? Pour cinq raisons : 1. Il s'agit d'auteurs profondément méconnus, en France même. 2. Parce que, s'il y a un retour d'intérêt marqué pour le libéralisme de l'époque de la Restauration, ces auteurs restent systématiquement ignorés. 3. Parce que leur redécouverte révèle une face totalement ignorée, oubliée, surprenante, voire inattendue du libéralisme français (« les libéraux radicaux »). 4. Parce que leur discours sur l'État et la dynamique sociale de l'histoire préfigure de manière étonnante ce que nous découvrons aujourd'hui à travers les écrits de ceux qu'on appelle « les libertariens ». (cf. Rothbard). 5. Enfin parce qu'il s'exerce comme une sorte de « malédiction » qui frappe tous ceux qui s'intéressent à eux. Pourquoi ?

Un mot sur David Hart et sa thèse

En 1978 David Hart, jeune étudiant, participe au séminaire d'été du Cato Institute à Stanford. Il y rencontre avec Léonard Liggio, l'un des meilleurs connaisseurs (américains) de la tradition libérale française. Résultat : un essai sur Gustave de Molinari.

Il rentre à Sydney. Il découvre à la bibliothèque de l'université une collection complète du *Journal des Économistes*; notamment tout ce qui concerne la période de la querelle sur le libre-échange. Il présente un projet de thèse de doctorat sur Gustave de Molinari, mais celui-ci est rejeté au prétexte que « Molinari est beaucoup trop anti-étatiste et anarchiste pour être un véritable libéral ».

Début des années 1980, David Hart retourne en Californie pour mener des études de MA (Master of Arts) à Stanford. Il travaille à Menlo Partk comme rédacteur en chef de *The Humane Studies Review*. Il y écrit un long essai sur *les physiocrates* qui lui vaut d'entrer en conflit avec son professeur, une militante du mouvement féministe et gauchiste. Celle-ci lui reproche d'accorder trop d'importance à l'*histoire des idées*, aux dépens de sa conception purement sociologique de l'histoire. Conséquence : il n'est pas autorisé à continuer ses études à Stanford.

En 1983, il est accepté à Cambridge (UK) pour faire une thèse. Son sujet, on l'a vu : « Class, Slavery and the Industrialist Theory of History in French Liberal Thought, 1814-1830 : The Contribution of Charles Comte and Charles Dunoyer. »

Cambridge est un lieu idéal pour ceux qui s'intéresse à « l'histoire des idées » (Quentin Skinner, Richard Tuck y enseignent). Mais visiblement le sujet (libéral) ne les intéresse absolument pas.

Retour à Adelaïde. D. Hart enseigne un cours sur *« l'Europe libérale »*. Il soumet sa thèse en 1990. L'examinateur – un marxiste – lui demande de la réécrire en y incluant une discussion des idées de Karl Marx bien que cela n'ait aucun rapport avec son sujet. Finalement il obtient son PhD en 1994. Il lui a fallu quatorze ans pour finir sa thèse !

Comme vous pouvez le voir, m'écrivait-il récemment, mon intérêt particulier pour la pensée libérale française classique m'a valu bien des malheurs. Elle fut pour moi un véritable obstacle dans ma carrière universitaire. Il semble que cet intérêt a suscité partout, dans toutes les universités où j'ai été étudiant, une considérable opposition. Je n'en connais pas exactement la raison. Peut-être est-ce dû à ce que, dans leur esprit, le libéralisme est un phénomène intellectuel et culturel d'essence purement anglo-saxonne (anglo-écosso-américaine), et qui, en conséquence, ne saurait entretenir aucune relation avec la tradition française. Peut-être est-ce le langage des libéraux français, posé en termes de droit naturel, qui heurte et reste incompréhensible pour des libéraux anglo-saxons de formation essentiellement « utilitariste » ? Je n'ai pas d'explication satisfaisante pour rendre compte de cette hostilité systématique.

Des auteurs méconnus. Critique de l'historiographie libérale

Il y a deux manières d'aborder l'histoire de la pensée libérale au XIXe siècle.

1. La première se situe du point de vue de l'*histoire des idées politiques.* C'est celle que l'on trouve de manière classique dans des ouvrages comme celui d'André Jardin : *Histoire du libéralisme politique de la crise de l'absolutisme à la constitution de 1875* (Hachette 1985), dans Louis Girard : *Les Libéraux français 1815-1875* (Aubier 1985), ou encore René Rémond : *L'Histoire des droites en France* (1954).

On y parle souvent de Constant, de Mme de Staël, de Guizot, des doctrinaires, de Tocqueville, mais les libéraux « radicaux » comme Say, Tracy, Augustin Thierry, Comte et Dunoyer sont le plus souvent négligés, ou ne sont mentionnés qu'au détour d'une phrase ;

2. La seconde se place au niveau de l'*histoire des idées économiques.* On y étudie les physiocrates, les « idéologues » (Say, Tracy) ; puis on saute à Bastiat et au Journal des Économistes de la période 1840-1850. De la période de la Restauration on ne retient que Sismonde de Sismondi et la naissance de la préoccupation « sociale » (cf. l'ouvrage de Francis Paul Bénoît). A la rigueur on y trouve une mention du *Traité de la propriété* (1840) de Charles Comte, ainsi que des échos de sa polémique avec Proudhon. Mais Dunoyer (*Nouveau Traité d'économie sociale. La liberté du Travail),* lui, est généralement totalement oublié.

Depuis quelques années, on assiste cependant à un retour d'intérêt pour le libéralisme de la Restauration. Jusqu'à une époque récente, si l'on s'intéressait à la pensée politique de cette période, c'était pour étudier soit les « conservateurs » défenseurs de la restauration monarchique (de Bonald, Chateaubriand), soit les socialistes « utopiques » comme Saint-Simon et Auguste Comte. On étudiait surtout ces derniers en tant que précurseurs du socialisme scientifique de Marx, développé après la révolution de 1848.

Depuis une décennie on assiste à une prise de conscience de ce que la Restauration fut en réalité une période cruciale pour l'émergence en France du libéralisme en tant que théorie politique moderne. On note la multiplication de livres sur B. Constant, sur Tocqueville (cf. la collection de *Commentaires*), sur Guizot (cf. Rosanvallon), et même Bastiat.

Dans son ouvrage sur Guizot, Rosanvallon soutient que « La Restauration constitue un véritable âge d'or de la réflexion politique ». Elle constitue « le moment libéral » par excellence de la pensée politique française. Mais les « libéraux radicaux » de l'époque, comme Comte, Dunoyer, Thierry en restent exclus. Alors même que, dans ces années-là, ils étaient au moins aussi connus, aussi célèbres et respectés que la plupart des autres noms cités.

Pourquoi *cette sélectivité* dans la mémoire historique ?

Qui étaient Comte et Dunoyer ?

Charles Comte est né en 1782 ; Charles Dunoyer en 1786. Ils appartiennent à une génération qui avait en gros dix ans en 1795, vingt ans en 1805, trente ans en 1815, et quarante-cinq ans en 1830.

Ils font partie d'une génération née juste avant la Révolution française qui, lorsqu'elle se retrouve au lycée, adhère pleinement aux « principes de 1789 », mais reste profondément marquée par les excès jacobins de la Terreur. Adolescents à l'époque du Directoire, ils absorbent le libéralisme des philosophes modérés, de Condorcet et des girondins, mais rejettent le rousseauisme et sa variante politique, le jacobinisme. Lycéens au moment de l'arrivée de l'Empire, ils bénéficient des réformes du système éducatif français mises en œuvre par les « idéologues » et qui incorporent les grands principes de base du libéralisme, malgré le rejet final de « l'idéologie » par Napoléon. Étudiants en droit à Paris, ils assimilent la tradition du droit naturel, selon Pufendorf et Grotius (donc Locke). A l'Athénée, ils suivent les cours, alors très populaires, de J. B. Say, dont Charles Comte deviendra le gendre.

A Paris, ils fréquentent le salon de cet autre grand « idéologue » qu'est Destutt de Tracy. Ils y rencontrent Stendhal qui en fait leur portrait, plutôt ironique, dans *Souvenir d'égotisme*.

A partir de 1810, sous l'Empire aussi bien que sous la Restauration, ils s'imposent comme journalistes, éditeurs du journal *Le Censeur européen,* menant une campagne sans relâche pour mettre fin à la censure et à tout ce qui empêche la libre discussion politique.

Leur maître à penser est Benjamin Constant, qui termine sa carrière comme chef de file incontesté du journalisme libéral au début de la Restauration. (A noter un épisode peu connu de la vie de B. Constant : son passage pendant un an à l'université d'Edimbourg où il traduit Godwin, le premier grand « anarchiste libéral ».)

Leurs travaux se situent alors dans le « main stream » de la pensée politique libérale de l'époque. Il s'agit d'imaginer des solutions politiques « constitutionnelles » permettant d'éviter les excès dictatoriaux que le pays a connu sous l'Empire, puis sous la Restauration des Bourbons. Leur journal milite pour la liberté d'expression, la liberté de la presse, la liberté des cultes, la souveraineté de l'État de droit, l'établissement d'une constitution écrite, la reconnaissance des droits individuels, une justice administrée par des magistrats et des jurés indépendants, le libre-échange, la fin des subventions et des monopoles, une fiscalité minimale, etc.

Leur « radicalisme » se manifeste seulement par le caractère plus « activiste » et plus « musclé » de leur opposition qui n'hésite pas à en appeler aux tribunaux à chaque fois que de nouvelles libertés leur paraissent violées par le régime en place (ce qui leur vaudra d'abord d'être interdits, puis exilés).

Le « libéralisme radical »

A partir de 1817, leur radicalisme se déplace sur le plan intellectuel. Ils affichent progressivement une pensée « radicalement radicale » qui s'oppose autant aux « conservateurs » à la Guizot ou à la Royer Collard (constitutionnalistes, mais suspicieux de la démocratie, défenseurs du suffrage censitaire, qui acceptent un certain interventionnisme économique de l'État) qu'aux libéraux « indépendants » à la Constant (le « centre gauche » de l'époque, surtout préoccupés de la liberté de la presse, et de l'affirmation des droits civiques).

Alors que la grande mode intellectuelle de l'époque est « le constitutionnalisme » – comment redéfinir les bornes entre le politique et le social de manière à mettre fin aux despotismes qui caractérisent la période – leur grande préoccupation est de « comprendre ». Comprendre le pourquoi des bouleversements produits dans la société française par la Révolution. Comprendre comment les grands idéaux des encyclopédistes et de 1789 ont pu déboucher sur un cycle infernal de dictature populaire, militaire, réactionnaire. Comprendre comment on peut mettre fin à ce bouleversement sans pour autant perdre les gains considérables réalisés grâce à la Révolution. Comprendre pourquoi tous les espoirs fondés sur La Charte ont à nouveau pu être déçus (assassinat du duc de Berry, la « réaction »). Comprendre enfin sur quoi tout cela pouvait déboucher pour l'avenir. Leur problème est de comprendre « le mouvement de l'histoire » qu'ils viennent de vivre, et de découvrir où cela doit en principe mener, si du moins « l'Histoire a un sens ».

Leur réponse, ils en trouvent l'intuition dans la lecture non pas des travaux politiques de Benjamin Constant, mais dans celle de son pamphlet historique anti-napoléonien *De l'esprit de conquête et de l'usurpation*, publié en 1814. A quoi s'ajoute *Le Traité d'économie politique* de Jean-Baptiste Say.

Leur idée est que la campagne pour les droits politiques et constitutionnels a en fait peu de chances d'aboutir tant qu'on n'a pas pris conscience des forces beaucoup plus fondamentales qui, au niveau même du jeu « dialectique » des classes sociales, des systèmes de pouvoir économiques, de leurs relations avec les modes de production déterminent les systèmes de croyance et de représentation politique.

La réponse se trouve donc dans l'Histoire, dans une démarche qu'on qualifierait aujourd'hui de « métahistorique », dans la recherche d'une sorte de continuité historique et « dialectique » propre à l'histoire de la société française. C'est ce que Charles Dunoyer, Augustin Thierry et le comte de Saint-Simon – dont A. Thierry est alors le secrétaire particulier, avant qu'ils ne rompent en 1817 et que Saint-Simon n'embauche alors le tout jeune Auguste Comte – ont appelé « l'industrialisme ».

Pour eux – et pour le Saint-Simon de cette première phase « libérale » de son histoire intellectuelle (1814-1817) – la libération des peuples passe par « l'industrie », c'est-à-dire, dans leur phraséologie d'époque, par ce que nous appellerions aujourd'hui le marché, le libre-échange, le laissez-faire. Que faire si les gens acceptent volontairement leur servitude ? Le seul espoir réside dans le mouvement « d'industrialisation » qui caractérise le processus d' évolution de la civilisation européenne. C'est le « développement économique » et le libre-échange, produits de la libération de l'économie du carcan mercantiliste, qui doivent libérer les gens de leurs croyances, donc de leur propre servitude, et ainsi rendre possible la réforme politique. Bien avant Marx et les marxiens, les libéraux radicaux de la Restauration lient étroitement structures économiques et institutions politiques.

Au tout début de la Restauration, écrit David Hart dans un passage de sa thèse, Comte et Dunoyer pouvaient être considérés comme des libéraux orthodoxes, compte tenu de leur défense de ce qu'on appelle le « libéralisme classique », et de leur campagne pour la liberté d'expression et le constitutionnalisme. Leur radicalisme est visible dans leur volonté d'attaquer directement l'État et les censeurs dans un certain nombre de procès spectaculaires. Mais la fermeture forcée du Censeur *les a conduits à repenser et reformuler les fondements de leur libéralisme.*

Influencés par l'économie politique de Jean-Baptiste Say et par les travaux historiques de Benjamin Constant et de François de Montlosier, Comte et Dunoyer ont essayé de comprendre ce qui faisait que leur constitutionnalisme libéral ne rencontrait pas tout le succès politique espéré.

Après une réflexion intense de dix-huit mois leur diagnostic fut que la campagne pour les droits politiques et constitutionnels avait peu de chances d'aboutir tant que le mode de production sous-jacent, le système de pouvoir de classe, ainsi que la culture politique dominante auraient pour effet de soutenir des politiques, des croyances, et des institutions antilibérales. Pour eux, les libéraux comme Constant se trompaient profondément à vouloir se centrer uniquement sur le changement des institutions politiques, tout en ignorant le rôle de la culture politique qui gouverne la société, quel que soit son régime constitutionnel. Même des économistes comme Smith et Say étaient à leurs yeux coupables de ne s'intéresser qu'au procès de l'interventionnisme économique de l'État, alors que les attitudes des gens et les comportements sociaux sont en fait le plus important.

Dunoyer félicitait ainsi les économistes classiques pour leur critique de « l'économie réglementée », mais il regrettait qu'ils ne soient pas allés suffisamment en profondeur pour en découvrir la véritable origine : les mœurs interventionnistes de la société. Le travail de l'intellectuel doit d'abord être de mettre en lumière les rouages, les facteurs économiques et sociologiques (en termes modernes) qui permettent de comprendre l'évolution des attitudes populaires face au travail, à l'échange, aux phénomènes d'exploitation d'une classe sociale par une autre, et comment ces attitudes sont elles-mêmes conditionnées par la structure et l'histoire des moyens de production.

On retrouve ici des critiques qui, aujourd'hui encore, sont bien souvent adressées aux libéraux contemporains en raison de leur excès « d'économicisme » !

La théorie de « l'industrialisme »

« Classes sociales », « structures de pouvoir et d'exploitation », « rôle et transformation des moyens de production », une conception « évolutionniste » et gradualiste de l'histoire... voilà un vocabulaire qui nous est familier, et qui évoque plutôt une pensée sociologique et socialisante, qu'une littérature libérale tournée vers une défense sans compromission des droits individuels.

C'est pourtant une erreur. C'est chez des libéraux, et des libéraux de l'espèce la plus intransigeante, que ces concepts ont vu le jour et ont fait pour la première fois l'objet d'une utilisation systématique.

Comme les socialistes, ils en tirent une conception « dialectique » de l'histoire conçue comme le produit d'une confrontation permanente entre deux classes, d'un côté celle des dirigeants et oppresseurs, de l'autre celle des opprimés et exploités.

C'est l'approche que développe Augustin Thierry dans sa fameuse histoire des révolutions anglaises (1817), ainsi que dans son histoire de la conquête de l'Angleterre par les Normands (1825). C'est celle que l'on retrouve dans le pamphlet de Constant sur « l'esprit de conquête ». Celle enfin qui sert d'armature aux travaux de Comte et Dunoyer sur l'histoire de l'esclavage ou la montée de la « société industrielle » (l'industrialisme).

L'histoire y est vécue comme un combat constant entre exploités et exploiteurs. Pour Thierry, il s'agit d'un combat entre tiers état et noblesse, le tiers état luttant à travers les siècles pour assurer la reconnaissance et la sécurité de ses droits de propriété, ainsi que l'élargissement continu de ses opportunités industrielles et commerciales.

Pour Comte, l'opposition la plus significative est celle qui oppose les oisifs et les ouvriers.

Cette approche en termes de conflit entre « classes » n'est pas totalement nouvelle. On en trouve déjà les prémices dans la théorie physiocratique de la production avec l'opposition entre une « classe productive » et une « classe stérile ». Mais alors que chez les physiocrates la première s'identifie au monde agricole, à tout ce qui cultive la terre, et la seconde à tout ce qui ne vit pas de la terre, chez Comte et Dunoyer l'opposition se fait d'un côté entre ceux qui travaillent et entreprennent, quel que soit le secteur d'activité auquel ils appartiennent (on retrouve là tout l'apport de la théorie libérale de Say), et de l'autre ceux qui détiennent le pouvoir et les privilèges – c'est-à-dire l'État et les classes privilégiées qui lui sont liées.

Comme les marxistes qui leur succéderont, cette approche les conduit ainsi à une vision de l'histoire conçue comme un procès évolutif menant d'un stade d'évolution à un autre, et conduite vers une sorte de « but » final. Mais bien évidemment, ce but n'est pas du tout le même. Pour Augustin Thierry, Comte et Dunoyer, l'histoire de la civilisation s'analyse d'abord et avant tout comme un processus de « libération » des classes exploitées par l'émergence d'une économie et d'une culture marchande (l'industrie) qui se fait aux dépens des anciennes contraintes de l'État mercantiliste.

Ce qui les conduit à une conception de l'action politique paradoxalement à la fois voisine, bien que radicalement opposée à celle qu'adopteront après eux les socialistes. Le rôle du politique n'est pas seulement d'aménager des poids et contrepoids (checks and balances) constitutionnels pour limiter les abus du pouvoir ; mais d'accompagner, de faciliter ce mouvement « historique » dans son inévitable achèvement. Comment ? En introduisant une séparation radicale entre la « société civile », paisible et productive, et le monde de l'État qui est celui des privilèges et de leur exploitation par ce que l'on appellerait aujourd'hui les « lobbies ». C'est-à-dire en « dépolitisant » au maximum le contenu des relations sociales et économiques. Le défaut de la Révolution française fut « l'excès de politisation ».

Après avoir longuement analysé comment les classes sociales « exploiteuses » se sont maintenues au pouvoir à travers les siècles, raconte David Hart, ils ont entrepris d'en tirer des leçons, des prévisions pour l'avenir de la société française. Pour Dunoyer en particulier, celui-ci passait par une dépolitisation croissante de la société française, voire la disparition complète de l'État, pour laisser place à une situation où tous les aspects de la vie sociale et économique seraient régulés par l'interaction des forces de l'offre et de la demande sur un marché libre. Dans une telle société radicale de marché, il n'y aurait plus aucun besoin de fonctionnaires, de bureaucrates interventionnistes, ni d'agriculteurs, de produc-

teurs monopolistes avides de privilèges et de mesures protectionnistes pour leurs activités inefficaces. A certains de leurs moments d'euphorie libérale, Comte et Dunoyer sont même allés jusqu'à suggérer la possibilité d'une société sans État, où même les fonctions de police et de défense seraient soit devenues inutiles, soit reprises par le marché. Mais, ajoutaient-ils, cette société authentiquement « libérale » ne pourra se réaliser que le jour où le développement du « régime industriel » (d'où l'expression d' « industrialisme ») aura si complètement modifié les attentes de l'opinion publique à l'égard de l'État que les politiques mercantilistes auront perdu toute légitimité aux yeux des Français.

Nous retrouvons ici le point de départ de leur démarche intellectuelle. Leur interrogation sur le pourquoi des événements et des déceptions qu'ils viennent de vivre les conduit à développer une perspective libérale poussée à l'extrême du laissez-faire et de l'État minimum. D'où leur qualificatif de « libéraux radicaux ».

C'est cette tradition radicale que l'on retrouvera dans les années 1940 et 1950 dans les colonnes du *Journal des Économistes*, ainsi que sous la plume de Frédéric Bastiat. C'est cette tradition qui, après une éclipse d'un siècle, nous revient des États-Unis à travers les ouvrages de ceux qu'on appelle « les libertariens », ou « anarcho-capitalistes ». Ce qu'on nous présente comme une importation anglo-saxonne, soit-disant totalement étrangère à la culture française, est en réalité une invention française. Et c'est ainsi que ce sont des anglo-saxons (les Américains Leonard Liggio et Ralph Raico, l'Australien Hart) qui nous font aujourd'hui redécouvrir ce qui fut en son temps une tradition libérale française fort influente et respectée, mais par la suite totalement oubliée.

Les paradoxes de l'Histoire

Que retenir de cette histoire ? Pourquoi reparler aujourd'hui de ces gens-là ?

1. D'abord en raison d'une série de paradoxes inattendus. J'en ai déjà évoqué un : le retour de leur tradition via le monde anglo-saxon.

L'école libérale de Manchester n'est en réalité qu'une école parmi d'autres. Il y a une tradition libérale française authentique, fondée sur des concepts, des approches radicalement différentes. C'est là quelque chose qu'on a oublié, et qu'oublient encore ceux qui remettent aujourd'hui les auteurs de la Restauration à la mode (Constant, Guizot, Tocqueville).

Mais le plus énorme des paradoxes est bien entendu la filiation qui relie cette école de pensée « ultra-libérale » aux idées socialistes, et même marxistes, qui viendront plus tard.

Les concepts de « classe sociale », de « mode de production », de « structure de production », d' « exploitation », de « mouvement historique » sont exactement ceux qui seront « retournés » et utilisés plus tard pour servir de fondement au développement de la pensée socialiste. D'abord les socialistes « utopiques » de la première génération, puis ceux de la génération marxiste.

Le lien de filiation se fait par l'intermédiaire d'Auguste Comte (un cousin de Charles Comte), et de Saint-Simon, qui ont kidnappé à leur profit l'expression d' « industrialisme », mais à des fins politiques différentes. Si Saint-Simon rompt avec Augustin Thierry et ses amis en 1817, c'est qu'en fait il ne donne pas les mêmes réponses aux questions qu'ils se posent. L'aristocrate ne croit guère à l'amélioration spontanée des mœurs sous l'influence des disciplines de « l'industrie » naissante. Plus vieux qu'eux, il n'a pas le temps d'attendre l'effet du temps. Il croit davantage à la « rééducation » par la prise en main du processus de développement par une nouvelle élite d'ingénieurs et de banquiers ayant pour objectif de promouvoir ce qu'on appellerait aujourd'hui « la croissance ». Et c'est Auguste Comte, farouche lecteur et propagandiste de Maistre et de Bonald, qui, par son adoration pour l'ordre théocratique de l'époque médiévale, convainc Saint-Simon de renier les premières positions prises avec ses amis et de se lancer dans la voie de l'élitisme socialiste.

Dans une large mesure, l'un des actes de fondation du mouvement socialiste, c'est la grande diatribe que mène Proudhon contre le livre de Comte sur la propriété (*Traité de la propriété*). Diatribe à laquelle Comte n'a malheureusement pas pu répondre puisqu'il est mort trois ans avant la parution des deux ouvrages de Proudhon sur le sujet.

C'est vraisemblablement par l'intermédiaire de Proudhon que Marx a eu connaissance indirecte des travaux de Comte et Dunoyer. Bien que de manière plutôt méprisante, il les évoque à plusieurs reprises dans sa correspondance.

2. Le second motif d'intérêt est qu'il s'agit d'une école de pensée qui se situe dans une continuité philosophique « radicalement » différente de celle du libéralisme anglo-saxon ou économique traditionnel.

Ceci me ramène à l'un de mes sujets de conférence préférés : celui de l'opposition entre deux traditions libérales du droit naturel aux fondements philosophiques, et même métaphysiques, totalement différentes. Ce que j'appelle d'un côté la tradition « hobbésienne » du droit naturel, et de l'autre la tradition « lockienne ».

Tout tourne autour du contenu que l'on met dans des concepts tels que ceux de « liberté », de « propriété », de « responsabilité », et comment ils se lient entre eux. Dans le premier cas, il s'agit d'une tradition essentiellement « utilitariste » qui conduit à une conception « instrumentale » de la propriété et de la responsabilité, et donc une conception « positiviste » du droit qui fait de l'État le seul élément de légitimisation des droits de propriété (une approche qui s'accommode donc fort bien de l'économie mixte et de l'interventionnisme réglementaire).

Dans le second, on reste dans une tradition d'origine « scolastique », ancrée dans la relation qui lie l'homme à son créateur, et qui fait donc de la propriété, comme de la liberté individuelle, des droits transcendants, antérieurs à l'État, et qui s'imposent à lui comme à n'importe quel citoyen (d'où un libéralisme infiniment plus exigeant).

Comte et Dunoyer – dont on a vu qu'ils ont été formés à la philosophie de Grotius et de Pufendorf – sont des « lockiens ». Tout comme le seront Bastiat, Molinari, et l'équipe du *Journal des Économistes*, même s'ils n'explicitent jamais cette filiation intellectuelle. Les « manchestériens », eux, sont des hobbésiens « utilitaristes ».

3. Troisième motif : leur mode de représentation de l'État et du politique qui est extrêmement moderne si on le compare à la façon dont les économistes analysent aujourd'hui le fonctionnement du marché politique pour en tirer des leçons concernant la nécessité de réduire l'influence du pouvoir réglementaire.

Derrière leur théorie des classes sociales et de leur rôle dans l'évolution historique, on retrouve un schéma qui nous est aujourd'hui devenu familier. L'idée de la « capture » réglementaire. A savoir que l'existence d'une réglementation ou d'un contrôle économique quelconque induit nécessairement l'émergence d'une « classe » de gens pour qui la jouissance des privilèges liés à leur fonction devient rapidement une fin en soi, et donc un objectif de pouvoir politique.

Conclusion :

La seule manière de débarrasser le monde de l'exploitation d'une classe par une autre consiste à détruire le mécanisme même qui rend cette exploitation possible : le pouvoir de l'État de distribuer et de contrôler la propriété et la répartition des avantages qui y sont liés.

On croirait lire du « Public Choice » ! Il y a vingt ans je m'interrogeais sur l'extraordinaire « modernité » des analyses politiques de Frédéric Bastiat. Je m'interrogeais sur leur origine. C'était dans Comte et Dunoyer, et cette nouvelle « sociologie historique » dont ils étaient les fondateurs, qu'elle se situait.

4. Comme quatrième raison, je reprendrai la conclusion du travail de David Hart.

Le travail de Charles Comte et Charles Dunoyer couvrant la période de 1814 à 1830, explique-t-il, *démontre le besoin de réévaluer la nature du libéralisme au* XIX*e* *siècle en général, et de sa variante française en particulier.*

L'image du libéralisme du XIX*e* *siècle qui ressort des récits traditionnels ne nous prépare pas pour le type de discours libéral soutenu par*

Comte et Dunoyer, avec leurs idées sur l'analyse de la dynamique des classes sociales, le problème de l'exploitation, le rapport entre les modes de production et la culture politique, l'évolution historique d'un mode de production à un autre en passant par une succession de stades particuliers de développement économique.

Bon nombre d'historiens nous ont fait croire que ces questions étaient la chasse gardée des premiers socialistes.

Les libéraux, nous dit-on, se sont bornés à des préoccupations purement politiques, telles que la liberté d'expression et le constitutionnalisme, ou bien des problèmes économiques comme le libre-échange et la déréglementation, et ont laissé de côté les questions dites « sociales » de classe et d'exploitation.

Ma thèse, conclut l'Australien, consiste au contraire à rappeler qu'il y avait bien un groupe de libéraux français sous la Restauration qui n'entre pas dans cette perspective traditionnelle.

J'en conclus que les historiens, à quelques rares exceptions près, ont très mal saisi la nature du libéralisme à l'aube du XIXe siècle en se focalisant trop exclusivement sur les problèmes de nature économique.

L'étude de libéraux comme Comte et Dunoyer montre que le libéralisme revêt aussi une autre dimension, de nature « sociale » qui n'a jamais été pleinement appréciée.

Remarque finale

Il faut toutefois bien s'entendre sur le contenu de l'adjectif « social » quand on l'applique à ces économistes libéraux du XIXe siècle.

Ils sont « social » en ce qu'ils fondent leur analyse sur des concepts qui appartiennent plutôt aux instruments et démarches usuels de la méthodologie sociologique. Mais pas « social » au sens habituel d'une démarche en priorité orientée vers des problèmes de « redistribution » – comme ce fut le cas par exemple pour « l'économie sociale » d'un autre de leurs contemporains, l'économiste Sismonde de Sismondi.

Eux-mêmes ont utilisé le concept « d'économie sociale » pour se différencier de « l'économie politique » pratiquée par Adam Smith et J.-B. Say.

« Il semblerait, remarque Hart, que ce terme provienne de Destutt de Tracy qui préféra utiliser le terme " social " plutôt que " politique " pour désigner ses opinions économiques dans le volume 4 de son ouvrage *Éléments d'idéologie (1817)* ».

De Tracy, l'idée passa à Sismondi qui la trouva utile à une époque où il perdait progressivement ses illusions par rapport au libéralisme de laissez-faire, au cours de la période de désordre économique qui suivi la défaite de Napoléon. Sismondi et ses disciples se distinguèrent des économistes orthodoxes en arguant que la théorie économique ne devrait pas se limiter à expliquer la création de richesses (la production), mais devrait aussi se doter d'une théorie de la « juste distribution, pour que l'ensemble des citoyens puisse partager l'amélioration des plaisirs de la vie que représente la richesse ».

Comte et Dunoyer se réfèrent au concept d'économie « sociale », mais dans un contexte, et avec une connotation radicalement différents. Leur économie ne peut pas être « politique » parce que le politique implique nécessairement une référence à l'État, alors que leur vision de l'avenir (qu'il s'agisse d'un jugement normatif ou d'une prédiction positive), elle, repose sur un divorce radical entre l'État et l'économie. Si elle ne peut être « politique », elle sera donc « sociale » – référence à une société faite d'hommes libres.

Chez Comte et Dunoyer, le terme « d'économie sociale » implique un divorce total entre le politique (l'État) et l'économique. Alors que certains des libéraux classiques étaient favorables à une intervention publique dans l'économie (Sismondi), les libéraux radicaux comme Dunoyer furent des partisans irréductibles du laissez-faire. Pour eux, le mot « social » signifiait l'échange économique privé, individuel et volontaire, en l'absence de toute intervention publique. « Politique », en revanche, signifiait contrainte étatique, monopole, réglementation, impôts, service militaire, guerres et autres obligations imposées au citoyen afin qu'il se soumette aux lois de la cité. Pris dans cette acception, le terme « économie sociale » acquiert un certain sens : c'est une théorie de l'économie de laissez-faire si dénuée d'attributions politiques qu'elle frôle l'anarchisme.

Les inventeurs de l'anarcho-capitalisme

Comte et Dunoyer considèrent l'État comme la source même des privilèges et des injustices, plutôt que comme l'instrument par lequel ces problèmes peuvent être résolus.

C'est ce qui les oppose fondamentalement non seulement aux démocrates rousseauistes de l'époque, aux socialistes, mais aussi aux conservateurs qui, à l'inverse, veulent utiliser le pouvoir étatique pour créer une société plus juste et meilleure en réglementant plus ou moins strictement le contenu de la propriété privée.

Comte et Dunoyer rompent complètement avec les traditions de l'humanisme civique, de la démocratie à la Rousseau et du conservatisme orthodoxe qui demandent que l'individu se soumette à la communauté politique, à la « volonté générale », qu'elle soit exprimée par un type d'institutions ou un autre. Ils ne demandent rien de la sorte aux individus.

Dans leur vision d'une société libérale et industrielle, il n'y aurait aucun service militaire obligatoire puisqu'on aurait aboli les armées permanentes, et que l'échange commercial remplacerait la guerre comme forme normale d'interaction entre les nations. Il n'y aurait aucune obligation de voter puisque l'État serait minimal ou inexistant. Dans une société comme celle imaginée par Dunoyer, il n'y aurait aucun devoir civique, puisqu'il n'y aurait aucun État ni « civitas » pour imposer l'obéissance. Les seules obligations qui s'imposeraient aux individus seraient des règles morales choisies par chacun, qui évolueraient progressivement avec l'émergence de sociétés industrielles, modifiant ou « perfectionnant » la manière de penser et de faire des gens. Parmi ces obligations volontaires figurent en premier lieu le devoir de respect mutuel de la propriété et de la liberté de tous ceux qui participent à l'échange, ainsi que le renoncement à toute violence.

Dans un passage du *Nouveau Traité,* Dunoyer attaque l'idée que le citoyen devrait obligatoirement sacrifier ses intérêts à ceux de la communauté politique ou de l'État. La pierre fondatrice du pouvoir politique, note-t-il, est la croyance qu'il existe un code d'obligations morales pour le citoyen, et un autre pour l'État et ses représentants. Dunoyer rejette cette dichotomie. S'il est immoral d'user de la force contre la personne ou la propriété d'une autre personne, fait-il remarquer, il est tout aussi immoral pour un homme ou une communauté politique d'en faire autant.

Dunoyer note l'étrange transformation qui frappe les individus selon qu'ils agissent en tant que personnes privées ou membres de communautés politiques. La majorité des individus, note-t-il, semblent comprendre que le vol et la violence sont un mal lorsqu'ils sont commis par un individu contre un autre. Mais dès qu'ils agissent en tant que membre d'une communauté ou d'un corps politique, ils acceptent le bien-fondé de ces mêmes actes au nom de ce qu'ils sont commis par l'État ou ses représentants, contribuant ainsi à leur propre asservissement.

On ne peut atteindre la vraie liberté, conclut Dunoyer, que si les individus rejettent ce divorce entre morale publique et morale privée, et s'accordent tous à respecter la propriété ainsi que la liberté personnelle de tous.

Les années de formation de Frédéric Bastiat 1801-1844

par

Jean-Claude Paul Dejean

La biographie de Frédéric Bastiat peut être divisée en deux grandes périodes : de 1801 à 1844, l'apprentissage ; après 1844, grâce au seul article « De l'influence des tarifs français et anglais sur l'avenir des deux peuples », Bastiat atteint une dimension nationale et même internationale. Malheureusement la maladie, les soucis et les responsabilités l'empêchent de donner sa pleine mesure et le livre clé qu'il voulait rédiger en deux volumes, l'un sur les harmonies économiques, l'autre sur les harmonies sociales, restera inachevé.

Les théories de Bastiat sont connues. Aussi, mon propos n'est pas de vous les présenter mais de réfléchir sur la genèse de ses idées. En essayant de comprendre comment il a pu concevoir une théorie économique originale. La formation et la généalogie des idées de Bastiat se situent à trois niveaux qui ont, en réalité, joué simultanément, mais que nous envisagerons successivement pour la clarté de l'exposé : sa formation intellectuelle et l'héritage familial, ses expériences personnelles, et, enfin, la longue méditation qu'il a menée avec son ami Félix Coudroy où, dans un incessant va-et-vient, ils ont confronté leurs idées.

Petit rappel chronologique

Bastiat est né à Bayonne en 1801, et il meurt en 1850 au moment où le Prince-Président s'apprêtait à l'évidence à imiter l'oncle. Il vit dans ce demi-siècle français qui présente une extraordinaire intensité historique. Il a quinze ans à Waterloo, trente ans quand la révolution de Juillet éclate ; quarante-quatre ans lorsqu'il fait son apparition dans la littérature économique. Pendant cette période mal étudiée et longtemps méprisée, la France fait un double apprentissage : celui des libertés politiques en même temps que du régime parlementaire, et celui du développement économique. Se posent alors simultanément une question politique – « les libertés nécessaires », pour reprendre l'expression tardive de Thiers – et la question sociale.

Frédéric Bastiat est le dernier héritier d'une famille landaise qui a connu dans les dernières années de l'Ancien Régime, une réussite sociale exemplaire ; d'abord petits propriétaires, les Bastiat ont, au fil des générations, agrandi leur domaine et ajouté à leur exploitation foncière un petit négoce local puis régional. En 1780, le père de Frédéric Bastiat vient s'établir à Bayonne. Son frère part à Bordeaux, en éclaireur. On observe un mouvement ascensionnel de cette famille qui diversifie ses activités, se livre surtout à un négoce, dont l'ampleur géographique est importante, puisqu'il va de la mer du Nord jusqu'à la péninsule Ibérique.

La Révolution va apporter une consécration à cette famille en lui permettant d'agrandir le domaine foncier grâce à l'achat d'un bien national qui avait été confisqué à une famille émigrée. Cette acquisition apporte une autre dimension à la famille Bastiat et explique son attachement aux principes de la Révolution de la première période : 1789-1790. La famille de Bastiat adhère profondément aux conquêtes de la Révolution, à cet esprit qui a présidé aux travaux de la Constituante.

Mais l'Empire a brisé net l'ascension sociale. Peu après le début de la guerre d'Espagne, la maison de commerce de Bastiat est au bord de la faillite. Toutes les denrées qui transitaient par l'Espagne et le Portugal ont été saisies, et l'activité portuaire de Bayonne paralysée par le blocus continental. La famille Bastiat connaîtra d'énormes difficultés. Et si l'on songe qu'en même temps il y a cette guerre ruineuse, la moins glorieuse de toutes les guerres menées par Napoléon. La première partie du territoire français qui a été occupée par des troupes étrangères c'est, ne l'oublions pas, la région bayonnaise. Près de un million d'hommes sont passés par Bayonne. Dans l'esprit du jeune Frédéric Bastiat, la défaite militaire, la présence des troupes alliées, les doléances de sa famille à l'égard du régime impérial, le blocus continental, le régime autoritaire ont profondément marqué son adolescence. Et probablement, comme nombre de Bayonnais, a-t-il dû réagir favorablement à la chute définitive de l'Empire.

L'école de Sorèze

A ce moment-là, Frédéric Bastiat est dans une des écoles les plus prestigieuses de l'époque : l'école de Sorèze. Cette école était un des hauts lieux de l'enseignement français au moins jusqu'en 1824-1830. Fondée par les bénédictins de la congrégation de Saint-Maur, elle devient en 1776 École royale militaire, tout en conservant son caractère religieux. Après 1791, le nouveau directeur, François Ferlus, a réussi à ce que l'école ne soit pas assimilée à un bien national appartenant au clergé, le préservant ainsi des confiscations. Il a pu, avec son frère Raymond-Dominique, poursuivre l'œuvre pédagogique entamée.

Ce qui caractérise cette école, où le jeune Frédéric Bastiat entre en décembre 1814, c'est la variété géographique du recrutement des élèves. Il y a des jeunes gens du midi de la France, mais aussi d'Espagne, d'Angleterre et même des Antilles et des régions francophones des États-Unis (Louisiane et Nouvelle-Orléans). Il faut prendre la juste mesure de ce que ce brassage géographique peut représenter en 1815 ! Brassage social aussi : des fils de négociants, de nobles, de militaires, de magistrats... des jeunes gens qui pratiquent également des religions différentes : catholiques, mais aussi protestants. Cette « cohabitation » n'a pas été sans apporter à ces jeunes une ouverture d'esprit, un sentiment de tolérance.

La deuxième caractéristique de cette école réside dans la qualité de l'enseignement qui y est dispensé et qui explique sa renommée. Qualité d'enseignement, d'abord, par le programme encyclopédique, qui comprenait toute la littérature française (y compris toutes les techniques de la versification, l'art de la déclamation) un programme de mathématiques allant de l'arithmétique au calcul différentiel en passant par tous les aspects de la géométrie. Des langues vivantes : anglais, espagnol, italien et allemand. Les langues mortes : latin et grec. La botanique, les sciences physiques, l'histoire et la géographie. Bref, tout ce qu'un honnête homme devait savoir, et même au-delà. S'ajoutent à ces sciences et ces disciplines intellectuelles d'autres pratiques qui pouvaient étonner : l'équitation, la musique, le théâtre, l'escrime et même la natation.

Ce n'est pas tant l'ampleur du programme qui surprend que les méthodes appliquées aux élèves : le latin est déconnecté de toutes les autres disciplines, les élèves sont répartis par groupes de niveaux et par matières. On enseignait aussi aux élèves l'art de la discussion contradictoire : un élève devait défendre une thèse devant ses camarades qui, après quelques minutes de réflexion, étaient chargés de critiquer cette thèse, l'élève devant ensuite répondre à leurs arguments. Cet entraînement à l'agilité intellectuelle était un excellent apprentissage à la vie publique. Enfin, autre trait caractéristique de l'école, des cours de comptabilité et d'initiation à la vie économique y étaient dispensés. Et cet enseignement ne sera pas oublié plus tard par Bastiat.

La fréquentation de l'école a marqué tous les anciens élèves, qui s'appelaient les soréziens. En 1845, vingt-six ans après que Frédéric Bastiat l'a quittée, son condisciple et futur ministre de la Marine, Théodore Ducos, décide de fonder une amicale des « soréziens ». Lors du banquet inaugural un poème est lu à la mémoire des « frères ferlus » mentors de la jeunesse. L'année suivante, au cours du deuxième banquet, parmi des députés, des ingénieurs des Ponts et Chaussées, des négociants, venus de tous les horizons politiques, Étienne Arago porte un toast unanimement applaudi : « A nos camarades absents, heureux ou malheureux, riches ou pauvres, libres ou prisonniers. » Et tout le monde comprend que ce message s'adressait à Armand Barbès, un ancien sorézien alors en prison pour conspiration contre la monarchie de Juillet. En 1847, la sorézienne, un chant, exhorte à « vaincre les croisades des tartuffes et des ignorants ». Ces réunions, on le voit, ne sont pas de simples rencontres de « potaches » nostalgiques mais bien la manifestation d'un véritable attachement à l'esprit d'ouverture, l'esprit de tolérance ainsi qu'une véritable reconnaissance à l'égard des maîtres qui leur ont apporté un enseignement de qualité. Preuve de l'esprit qu'inspirait cet enseignement de qualité, l'école va connaître des ennuis en 1823, sous le ministère ultra Villèle et par la présence de monseigneur Frayssinous à la tête de l'université, trois ans après l'assassinat du duc de Berry. Frayssinous en veut à cette école pour son indépendance d'esprit : « inspecteur général des études », Pierre Laurentu, enquête sur l'école et son directeur. Laurentu rédige un rapport où figurent quatre chefs d'accusations : les enseignants ne donnent aucun signe d'attachement à la religion officielle ; ils ne semblent de surcroît guère attachés à la morale ; cette école dispose d'un programme trop prétentieux qui anticipe par certains aspects sur l'université ; enfin, cette école donne des signes de libéralisme qui ne correspondent pas aux principes de la monarchie légitime. Et la condamnation tombe sans appel : « Il est urgent pour le service du roi et le bien de la religion de donner à cet établissement une direction toute nouvelle ; l'éducation que l'on y reçoit ne saurait assurer au roi des sujets dévoués, à la religion des chrétiens fidèles, aux familles des enfants soumis. » On imagine ainsi tout ce que cette école a pu apporter aux jeunes élèves et en particulier à quelqu'un qui était apte à recevoir cet enseignement libéral humaniste.

Frédéric Bastiat finit sa scolarité en septembre 1818 sans avoir obtenu le baccalauréat. Lorsqu'il arrive à Bayonne, il trouve la vie provinciale et la réaction ultra qui ne tarde pas à s'abattre sur la France. (C'est l'avant-dernière offensive des ultras, la dernière étant celle du ministère Polignac.) Frédéric Bastiat va réagir en adhérant de plus en plus au libéralisme politique. Deux indices de cette évolution : il soutient un bayonnais célèbre, Jacques Lafitte, qui était l'opposant le plus populaire à la politique menée par Louis XVIII. Quand il vient à Bayonne en 1824, parmi les gens qui l'accompagnent figure Frédéric Bastiat. Jacques Laffite organise un banquet le jour même de la mort de Louis XVIII et l'on s'abstient de porter un toast au nouveau roi, marquant ainsi les distances prises avec le régime. Deuxième indice, l'adhésion de Frédéric Bastiat à la franc-maçonnerie en 1820, dans la loge « La Zélée ». Pour pouvoir être inscrit sur les registres de la loge, Bastiat devra antidater de cinq ans son acte de naissance, se faisant naître en 1796. De 1820 à 1823, il gravira les échelons de la dignité maçonnique jusqu'au grade d'orateur. Il est significatif qu'il ait adhéré à la maçonnerie ; qu'y trouve-t-il ? C'est à l'époque une opposition politique, mais aussi un humanisme profond, une interrogation des valeurs philosophiques, religieuses et politiques. Les années 1819-1821 sont pour Bastiat une période d'interrogation, une période de doute, de conflit entre la raison et la foi. Qui doit l'emporter ? Il se dit que la religion catholique est superbe par les certitudes qu'elle apporte, mais n'est-ce pas la mythologie du sentiment, le paganisme étant la mythologie de l'imagination ?

Les enseignements de l'exercice du commerce

Pendant ce temps, Bastiat est plongé dans la vie active en participant à la maison de commerce que dirige son oncle. Il est allé au « comptoir » sans enthousiasme débordant. Mais il compte y effectuer un bref passage, faire suffisamment d'économie pour pouvoir vivre selon ses goûts, c'est-à-dire s'adonner à l'étude et à la réflexion. Mais très rapidement, la pratique du commerce lui montre de nouveaux horizons qui vont infléchir ses réflexions dans au moins trois directions :

– Bastiat se rend compte que le commerce, loin d'être une routine, demande énormément de connaissances précises. Ce constat le conduit tout naturellement à étudier l'économie politique. Car pour lui un vrai négociant se doit de la connaître. C'est à cette occasion qu'il lit Jean-Baptiste Say dont la clarté de la démonstration et la fermeté des principes le convainquent et l'attachent définitivement au principe du libéralisme économique ;

– la pratique du commerce amène Bastiat à réévaluer la question de l'argent : « Que nous a-t-on appris ? Que l'argent était méprisable. Mais l'argent, dans les anciens temps était le fruit soit de la naissance, soit de la conquête et de la spoliation, et actuellement dans le régime industriel, qu'est-ce que la richesse ? Elle provient du travail, de l'épargne, de la prévoyance. Et ce sont ces qualités qu'il faut maintenant exalter pour mettre les gens en face de leurs responsabilités. » Il opère ainsi un découpage chronologique, que Benjamin Constant a repris dans un autre domaine, entre les temps anciens et les temps actuels, pour la conception que l'on se fait de la richesse et du rôle même de cette richesse ;

– troisième réflexion, très importante : Frédéric Bastiat s'aperçoit que le port de Bayonne connaît un déclin de plus en plus grand. Un déclin entamé avec le blocus continental et que le régime protectionniste de la Restauration et les tarifs quasi prohibitifs de 1816 et 1822 ne font qu'accélérer. Bastiat s'inquiète du marasme qui frappe le port de

Bayonne, et dont la cause très nette réside dans le protectionnisme. Dès l'âge de vingt et un-vingt-deux ans, il prend fait et cause contre le protectionnisme. D'autant plus que deux compatriotes, Auguste Ferrier qui fut sous-brigadier des douanes à Bayonne et Pierre Saint-Cricq député des Basses-Pyrenées, ont joué un rôle dans la législation protectionniste. Pendant de longues années, Bastiat fera de Saint-Criq sa cible préférée. Un des tout premiers écrits publics de Bastiat, en 1834, exprime une critique de la position des négociants bordelais et havrais qui sont prêt à accepter le libre-échange à condition qu'il ne porte que sur les matières premières et que l'on taxe les produits manufacturés. Bastiat répond : « il faut que la liberté des échanges soit générale ou elle ne sera pas. »

On voit que l'exercice du commerce a apporté à Frédéric Bastiat une réflexion sur la politique douanière et au-delà sur la politique économique en général.

Après la mort de son grand-père, Frédéric Bastiat quitte Bayonne en 1824 pour s'installer près de Mugron en Chalosse où il hérite du domaine de Sengrisse acheté en 1794. Frédéric va faire la découverte des problèmes que connaissent l'agriculture et le monde rural. Qu'est-ce qui pouvait caractériser la Chalosse quand Bastiat s'y installe définitivement ? C'est d'abord une terre de métayage (les 9/10e des exploitations sont gérées en métayage, c'est-à-dire le partage à mi-fruit entre le colon et le maître). Ce mode de faire-valoir était considéré par beaucoup comme un frein à la modernisation des techniques agricoles. Effectivement, les techniques agricoles chalossaises retardaient puisqu'on y était encore au temps de l'assolement biennal et les terres communes étaient très étendues. Frédéric Bastiat n'a eu de cesse de vouloir moderniser ces techniques agricoles pour l'assolement. Il va se heurter à une certaine routine des agriculteurs et des métayers. Et il réalise qu'il valait mieux montrer l'exemple plutôt que chercher à imposer de nouvelles techniques. A partir de 1828-1829, il va consacrer un investissement important pour faire de son exploitation un modèle. La réussite sera très mitigée et son domaine ne sera pas un modèle de performance économique.

La Chalosse produisait un petit vin exporté par le port de Bayonne. Et cette viticulture régionale a été étudiée par Bastiat car elle était frappée de plein fouet par les mesures fiscales adoptées par les gouvernements successifs. La Révolution française avait supprimé les impôts indirects, rétablis par Napoléon Ier sous le nom de droits réunis dont le principal était l'impôt sur les boissons. Cet impôt prenait plusieurs formes et un auteur dans le *Journal des Économistes* de 1840 s'était ingénié à calculer combien de fois un hectolitre de vin était frappé par la fiscalité : exactement seize fois, de la contribution foncière jusqu'à l'octroi. C'est-à-dire qu'un vin de qualité médiocre comme le vin de Chalosse était beaucoup plus frappé qu'un vin de qualité comme le vin de Bordeaux. Ce qui amènera Bastiat à écrire : « La législation au sens propre nous tue. » Il critiquera « la triple ceinture des droits répulsifs » : l'octroi, l'impôt sur les boissons, les tarifs douaniers. Voilà ce que le contact avec le monde rural va apporter à Frédéric Bastiat.

Comment peut-il agir devant la gravité du mal qui frappe à Chalosse ? Il va d'abord se faire élire conseiller général et il restera jusqu'à la fin de sa vie. Dans le même temps, il est coopté à la société d'agriculture des Landes, et fera, dans ce cadre, des études et des propositions pour moderniser l'agriculture, lutter contre la fiscalité. Il essaiera également de créer une école de métayage, partant de l'idée qu'il ne suffisait pas de vouloir améliorer les techniques, faut-il encore que les métayers aient une formation suffisante pour adapter les progrès à leur niveau. Il était prêt à mettre à leur disposition une de ses propriétés et il avait préparé les statuts de l'école : chaque année, six enfants de métayers entameraient des études d'une durée de deux à trois ans ; ainsi pouvait se former de nouveaux techniciens agricoles. Le projet n'eut pas de suite.

Enfin, en 1840, il voudra mettre sur pied une union vinicole à l'échelle nationale qui aurait regroupé les viticulteurs souffrant tous du poids de la fiscalité. Il prévoyait même de lancer un journal, ce qu'il ne put faire faute de moyens financiers.

En fait, de ses efforts au Conseil général, à la société d'agriculture des Landes, à l'école de métayage, ou à ses tentatives avortées d'union vinicole, il ne reste pas grand-chose. Frédéric Bastiat eut nettement l'idée que tout ce qu'il faisait était voué à l'échec.

De 1831 à 1846, et c'est là sa dernière expérience, Bastiat devient juge de paix. C'est un poste de magistrat qui était essentiel, une justice de proximité pouvant trancher aussi bien au pénal qu'au civil. Et là, des agriculteurs, des ouvriers, des domestiques, des commerçants posaient tous les cas de la vie quotidienne. Frédéric Bastiat sera ainsi appelé à connaître de l'intérieur tous les problèmes socio-économiques que pouvaient rencontrer ses compatriotes. Cela lui ouvrira beaucoup d'horizons, et le convaincra que toute théorie économique ne vaut que si elle s'appuie d'abord sur l'expérience des gens. Et des sentences qu'il a rendu, il en est une qui nous montre clairement la mentalité de Frédéric Bastiat, son indépendance d'esprit à l'égard de tous les pouvoirs établis. En 1841, dans un petit village, l'aubergiste est poursuivi pour avoir enfreint un arrêté du maire qui interdisait l'ouverture des cabarets pendant les vêpres. Frédéric Bastiat relève le prévenu de la plainte portée contre lui. Si on laissait à l'autorité municipale le droit de décider en la matière « il n'est pas de violence que l'autorité municipale ne peut faire à la conscience des citoyens... le respect de la religion et des mœurs échappe au domaine de pouvoir séculier ».

Les lectures de Bastiat

Ces expériences professionnelles de Bastiat seraient peu de choses si elles n'avaient été accompagnées, précédées, nourries par une immense réflexion. Bastiat était un prodigieux lecteur, manifestant une véritable boulimie de connaissances. Lorsqu'il écrivait à son ami Félix Coudroy, il lui affirmait vouloir connaître tout ce qu'il était possible de connaître. Que lisait-il ? D'abord tous les classiques : Molière qu'il citait fréquemment. Et d'autres du XVIIe et du XVIIIe siècle qui offrent tous une caractéristique : produire le maximum d'effets avec le minimum de moyens. Il y a chez eux rigueur dans la présentation et économie des moyens.

Deuxième axe de lecture de Bastiat : les philosophes et les économistes. Deux auteurs bien oubliés de nos jours, Pierre Laromiguière et Charles Comte. Trois autres, plus connus : Jean-Baptiste Say, Charles Dunoyer, Destutt de Tracy. Le premier lui apporte une vision philosophique de l'homme. Pierre Laromiguière est un disciple de Condillac. Fidèle à la philosophie du maître, il considère que tout dans l'homme repose sur la sensation. A partir de ce constat, Laromiguière va diviser les facultés de l'homme en facultés de l'entendement et en facultés de la volonté, ce qu'admettait Bastiat. Les facultés de la volonté reposent sur le désir. Le désir nous amène à la préférence et la préférence à la liberté. La liberté, c'est la possibilité de choisir après avoir soigneusement délibéré. Bastiat retient cette leçon : la liberté n'est pas un plus, elle fait partie de la substance même de l'individu.

Ce qu'apporte Charles Comte à Frédéric Bastiat, dont il est peut-être l'auteur préféré, c'est la méthode. La méthode selon Charles Comte c'est la possibilité de classer tous les faits et d'en déterminer les causes et leurs conséquences ; et de remonter de chaînon en chaînon au fait inexpliqué, la vérité ultime, le principe de base. Et à partir de ce principe de base, on peut bâtir tout un système à condition de respecter certaines règles de la logique. Et toute sa vie, Frédéric Bastiat a été sensible à cette méthode : en 1820, il écrivait à un ami : « je voudrais qu'on mit de la méthode partout. » La méthode est la grande qualité qu'il reconnaît à Jean-Baptiste Say : « Quand on lit Jean-Baptiste Say on va de vérité en vérité et on aboutit au plaisir de l'évidence. » Et cette méthode permettra à Bastiat d'attaquer ce que Charles Comte appelait le raisonnement infidèle, le raisonnement faux, le sophisme. Bastiat a été un grand pourfendeur de sophismes. Cette grande idée pour combattre les sophismes il l'a trouvée, me semble-t-il, dans l'ouvrage de Charles Comte. Charles Dunoyer avait publié en 1825 *De la liberté dans l'industrie*. Il apprit à Frédéric Bastiat quelque chose d'important : l'humanité ne cesse d'évoluer et cette évolution se fait sur des modes de production et des rapports sociaux. Au fur et à mesure que la civilisation progresse, l'homme devient de plus en plus libre. Charles Dunoyer affirme que c'est dans la société industrielle que l'homme a le plus de possibilité d'être libre. Frédéric Bastiat va retenir cette idée même s'il rejette la sécheresse de certaines théories de Charles Dunoyer. Quatrième apport : celui de Tracy que Frédéric Bastiat a suivi et dont il va retenir une idée : la société c'est l'échange : « Le commerce est toute la société. »

A partir de ses lectures, Bastiat a échafaudé une sorte de corpus théorique, qui est beaucoup plus qu'une synthèse des apports précédents, unique dans l'économie politique française de la première moitié du XIXe siècle.

Quelques articulations de la théorie économique de Frédéric Bastiat

La première idée est qu'il faut partir des « faits primordiaux de la sensibilité » : l'homme est un être qui ressent des besoins et qui a une satisfaction lorsque ces besoins ont été remplis. Entre ces besoins et leur satisfaction vient s'interposer un obstacle sinon le besoin est immédiatement satisfait. Bastiat conclut que l'homme effectue en permanence un calcul économique. Le besoin est une peine. L'effort est une peine. L'essentiel est de choisir ce qui augmente le rapport entre la satisfaction et l'effort. C'est ce calcul qui est, selon Bastiat, à la base du progrès économique. Le besoin et la satisfaction ne peuvent se résoudre que dans l'individu. Besoin et satisfaction sont intransmissibles.

Deuxième question que se pose Bastiat : Quel est le principe qui fait de cet amalgame d'hommes une société ? Selon Bastiat seul l'effort est transmissible. La société repose essentiellement dans l'échange, clé de voûte de la pensée de Bastiat : échange d'efforts implique échange de services. Bastiat n'a pas besoin de l'hypothèse de l'état de nature considérant que l'échange c'est déjà la société. Bastiat récuse radicalement toute idée de convention, car qui dit convention dit organisation artificielle, et qui dit organisation artificielle suppose nécessairement possibilité de révocation. Troisième élément de la doctrine de Bastiat : il va donner la priorité à la consommation. Toute l'économie politique doit se résoudre dans la consommation. La demande préexiste en quelque sorte à « l'industrie », à l'activité.

Dernier point de sa doctrine : il a l'intime conviction que l'homme est perfectible, comme la société. Ce qui signifie que les inégalités, les injustices vont, avec le temps, s'atténuer.

Voilà quelques points de sa doctrine que Bastiat va tirer de la lecture des grands auteurs (J'ai volontairement écarté une question très épineuse : la théorie de la valeur, qui se greffe naturellement sur la théorie de l'échange).

Des problèmes régionaux aux problèmes nationaux, élargissant progressivement son champ de vision, Frédéric Bastiat a réfléchi à la solution de son temps. J'ai essayé de définir sa formation intellectuelle, les leçons qu'il a pu tirer de ses expériences professionnelles, l'influence qu'ont exercé des philosophes et des économistes.

La démarche de Bastiat va bien au-delà : la netteté des principes, la rigueur des analyses, l'élégance du style, l'ironie et la verve ajoutent à l'intérêt de la réflexion le plaisir de la lecture.

Gustave de Molinari : une approche de la démocratie économique

par

Jean-Michel Poughon

Gustave de Molinari (1819-1912) fut l'une des figures marquantes du libéralisme économique de son temps. Ses théories, originales à plus d'un titre, lui valurent une certaine renommée et suffirait à faire aujourd'hui de cet homme de gauche, un ultra-libéral[1] !

Théoricien économique, directeur du *Journal des Économistes*, chef de file du courant libéral, auteur prolixe, polémiste redoutable, il n'est pourtant pas mentionné dans l'immense biographie de Michaud, ni dans les différentes biographies nationales.

Seule, la Grande Encyclopédie nous apprend que cet économiste belge, né à Liège, était le fils d'un maréchal d'Empire, devenu médecin homéopathe. Journaliste d'opposition en France, Gustave de Molinari regagne la Belgique après le coup d'État du 2 Décembre. Il occupe la chaire d'Économie politique au musée de l'Industrie à Bruxelles. En 1874, il est élu correspondant de l'Académie des sciences morales et politiques. En 1881, il succède à Joseph Garnier à la direction du *Journal des Économistes*, fonction qu'il occupera jusqu'en 1911. Auteur prolixe nous l'avons dit, il écrivit un grand nombre d'œuvres[2].

1819-1912, ces dates qui bornent la vie de Gustave de Molinari, presque un siècle, marquent également la naissance du libéralisme économique, son triomphe, puis sa contestation. Cette dernière devait engendrer un interventionnisme étatique contre lequel lutta farouchement notre auteur. Il le combattit au nom, précisément, de la démocratie. Mais s'il demeure certes attaché à la conception devenue traditionnelle de la démocratie, fondée sur des valeurs essentiellement politiques, il l'envisage sous un autre angle, davantage économique. C'est en ce sens que l'on peut parler chez Molinari de démocratie économique. Que faut-il entendre par cette expression ? Molinari nous l'explique dans l'un de ses ouvrages, au titre d'ailleurs significatif, *Comment résoudre la question sociale ?* : « L'intervention gouvernementale, dans toutes les industries où elle s'exerce, a le défaut capital de subordonner le consommateur au producteur. Tandis que dans les industries de concurrence, les producteurs sont obligés d'adapter leurs produits aux besoins des consommateurs, l'État leur impose les siens, et les contraint à les accepter comme tels. Ce sont ses propres convenances qu'il consulte, et non les leurs [3]. » En d'autres termes, de même que l'individu est libre d'agir par son vote sur le « marché politique », il convient qu'il puisse agir pleinement, par ses désirs, sur le marché économique. Sa liberté d'action suppose naturellement l'effacement d'un État omnipotent qui doit se cantonner dans un rôle traditionnel singulièrement réduit.

Rien de nouveau au premier abord. Nous retrouvons là les thèmes libéraux classiques de l'État-gendarme. Cependant, Molinari se différencie de ce classicisme en allant jusqu'au bout du raisonnement libéral, ce qui d'ailleurs le discrédita chez les libéraux eux-mêmes. Il est vrai que ses analyses ont parfois de quoi surprendre, comme nous allons le voir en examinant, d'une part, comment il envisage économiquement la démocratie politique, et d'autre part, ce qui le conduit à considérer l'État comme un obstacle à la démocratie économique.

I – *Une lecture économique de la démocratie politique : la contestation de l'omnipotence de l'État*

En libéral orthodoxe, Molinari prend pour cible l'État, dont les interventions sont jugées excessives. Mais la définition qu'il donne de l'État s'éloigne de la définition constitutionnelle classique pour privilégier une approche économique. L'État, depuis ses origines, n'est qu'un producteur de services, destiné à satisfaire les besoins de ses sujets, les consommateurs : « C'est une entreprise d'exploitation agricole et industrielle [4] » dont les seuls profits, les impôts perçus, dépendent de la capacité des dirigeants de l'entreprise, les hommes politiques, à la gouverner.

Cependant, avec le temps, cette entreprise est devenue monopolistique, l'État intervenant dans toutes les branches de la production, et ce, au détriment des activités et créations individuelles. Il convient donc de rétablir un équilibre et d'obtenir de l'État qu'il abandonne certaines fonctions. Un tel réajustement s'avère nécessaire dans la mesure où la multiplicité des fonctions étatiques confine à une dispersion, devenue nuisible au groupe social. Molinari va donc s'attacher à délimiter strictement le champ d'action de l'État, ce qui le conduit à reconsidérer son rôle dans des interventions devenues traditionnelles au fil des temps, les fonctions régaliennes. Toute la logique de ses raisonnements en ce domaine se trouve concentrée en une phrase qui déroule, de manière cocasse mais percutante, ce qui va devenir notre fil d'Ariane : « Parce que le Code de tous les États civilisés oblige les parents à nourrir leurs enfants, s'ensuit-il que l'État doive se faire boulanger[5] ? » En d'autres termes, tout besoin doit-il être l'objet d'une fonction étatique ? Sont ainsi visés le contrôle de la pensée et la sécurité. Molinari, dans le cadre d'une démocratie la plus large possible, proposera le libre choix de leur État par les populations.

Le contrôle de la pensée

La critique de la subvention étatique envers la religion

Molinari critique l'État qui subventionne et contrôle la religion et prône un libéralisme religieux excluant toute intervention étatique.

En critiquant l'État qui subventionne la religion, Molinari vise implicitement le système français du Concordat qui instaure une véritable « Église d'État ». En effet, en échange de cette subvention, l'État limite le droit et la liberté d'association du clergé, son droit de propriété ; il contrôle par ailleurs les Églises en nommant les hauts fonctionnaires ecclésiastiques. Bref, selon Molinari, « il asservit la religion sous prétexte de la protéger[6]. » En outre, cette subvention étatique n'est rien d'autre qu'un impôt prélevé sur des contribuables, dont une partie n'use pas des services des cultes.

Une véritable démocratie conduit à refuser ce contrôle étatique sur la religion, et à instaurer un véritable libéralisme en ce domaine. Mais Molinari n'étayera pas son libéralisme religieux sur les fondements politiques tels que la liberté de conscience ou la liberté d'expression. Il raisonnera économiquement, au risque de choquer. La religion constitue un besoin, spirituel certes, mais dont les conséquences doivent être analysées comme celles de tout besoin économique. S'il existe véritablement un besoin religieux, ceux qui l'éprouvent n'hésiteront pas à fournir eux-mêmes toutes les rétributions et contributions nécessaires à sa satisfaction. Si ce besoin est inexistant, Molinari s'interroge : « Est-ce en imposant aux populations l'obligation de pourvoir aux frais du culte qu'on le fera naître[7] ? »

Enfin, Molinari pousse à l'extrême le raisonnement libéral : toute subvention étatique empêche la concurrence religieuse et, de ce fait, on assiste à une baisse de la qualité des services religieux : « La culture religieuse ne va-t-elle pas en s'abaissant et se corrompant dans tous les pays où l'État protège et subventionne les cultes, tandis qu'elle s'élève dans ceux où il les abandonne à eux-mêmes[8] ? »

Ainsi, la véritable démocratie implique le refus d'intervention de l'État dans le domaine religieux. Mais, allant plus loin, toute véritable démocratie conduit à soumettre la religion, domaine par excellence du spirituel, aux contraintes et règles du marché économique. Concurrence, satisfaction des besoins de consommateurs religieux, telle est la conclusion logique à laquelle aboutit Molinari . Il critiquait, peut-être justement, le système du Concordat. Aurait il reconnu ce qu'il prônait dans les « télévangélistes » des États-Unis ?

La même logique conduit Molinari à critiquer l'intervention étatique dans l'enseignement.

La critique de l'intervention étatique dans l'enseignement

Molinari critique évidemment l'intervention étatique dans l'enseignement, intervention qu'il qualifie de « catastrophe ». En effet, toute intervention de l'État en ce domaine ne laisse guère de choix à ceux qu'il appelle les « consommateurs de l'enseignement [9] ». L'État leur impose ses propres normes, telles que l'apprentissage des langues mortes au détriment des langues vivantes, la surcharge des programmes et un enseignement primaire nationaliste. Par ailleurs, des enseignants mal payés et des locaux vétustes permettent à l'État de concurrencer, à peu de frais, et donc de manière déloyale, un enseignement privé soumis.

Certes, l'enseignement constitue un besoin nécessaire. Mais faut-il en déduire que l'État doit se faire enseignant ? Et Molinari de reprendre sa logique habituelle, et de fonder la liberté de l'enseignement non sur des critères politiques traditionnels, mais sur des considérations purement économiques.

L'enseignement constituant un besoin, quand bien même n'en serait-il pas tenu compte par l'État ou les communes, se serait naturellement créé une industrie de l'enseignement. Cette industrie, au lieu d'imposer ses propres normes d'éducation, saurait davantage se plier aux désirs des consommateurs et créer des institutions d'éducation en harmonie avec les besoins des usagers [10]. Elle serait, par exemple, plus à même, de s'adapter à l'évolution du marché que constitue la formation professionnelle : « Dégagée du fatras officiel des programmes, l'instruction nécessaire pour former un avocat, un médecin ou un professeur exigerait moins de temps, reviendrait à meilleur marché [11]. » Par ailleurs, outre le fait que les filières de formation offertes au libre choix de chacun seraient plus nombreuses, les plus démunis financièrement, mais capables intellectuellement, bénéficieraient de bourses leur permettant ainsi un égal accès au savoir.

L'intervention étatique en ce domaine semble ainsi, encore une fois, superflue. Elle nuit même à l'établissement d'une véritable démocratie.

La critique des subventions étatiques envers les spectacles

Molinari va critiquer les subventions octroyées aux spectacles, et en particulier aux théâtres. Le raisonnement repose sur les mêmes fondements économiques.

Les contribuables, qui ne peuvent ou ne veulent pas fréquenter les salles subventionnées, payent en fait une partie du prix des places de spectateurs qui ne sont en général que des privilégiés du monde politique et administratif, un public qui jouit ainsi d'entrées de faveur. Et Molinari de se demander, démocratiquement, si ces subventions « ne sont pas autre chose qu'un des nombreux modes d'exploitation du grand nombre par le petit [12] ? »

Or, l'industrie théâtrale est une industrie semblable aux autres, qui doit répondre à un besoin exprimé par des consommateurs. Que ceux qui le ressentent le paient. La subvention étatique, nuisible dans ce domaine comme dans celui de la religion, ne crée pas le besoin, mais impose, dans tous les sens du terme... Au contraire, la suppression de toute subvention conduit à instaurer la concurrence, et, partant, une production théâtrale qui ne peut que correspondre au choix des consommateurs.

Enfin, cette manière de reconsidérer l'industrie théâtrale permet de résoudre le problème politique du trouble à l'ordre public que causerait une pièce heurtant la sensibilité ou les valeurs des spectateurs. Au lieu que l'État, se substituant aux consommateurs que sont les spectateurs, interdise, au nom de ses propres critères, ce sont ces derniers qui, s'ils le désirent, saisiraient les tribunaux [13].

Ainsi, que ce soit la religion, l'enseignement, le spectacle, le contrôle de l'État est écarté. Ces domaines, envisagés économiquement, sont régis par les lois du marché, c'est-à-dire par les désirs et les choix des consommateurs ou usagers. Le besoin économique librement exprimé et satisfait constitue pour Molinari le préalable indispensable à la démocratie. Encore faut-il que le citoyen sache reconnaître le bien fondé de ses désirs, et que leur réalisation ne nuise pas à la société. Il convient donc d'éduquer en ce sens les individus.

L'éducation du consommateur politique

Le rêve d'une véritable démocratie, tant politique qu'économique, n'empêche cependant pas Molinari de rester quelque peu réaliste en évoquant le risque inhérent à tout régime démocratique. L'individu est certes devenu libre de se gouverner lui-même, économiquement. Mais est-il vraiment capable d'assumer cette liberté ? Il apparaît, pour Molinari, que la maîtrise morale de l'individu n'a pas aussi vite progressé que sa domination sur la nature. Il en résulte que l'individu ne possède plus assez conscience de ses devoirs, ce qu'il se doit à lui-même comme ce qu'il doit à autrui.

On pourrait penser que l'analyse des devoirs de chacun ne serait que la reprise, actualisée, des devoirs du citoyen tel que les énumérait la Constitution de l'an III. Fidèle à lui-même, Molinari en entreprend l'analyse à l'aide d'une grille de lecture qui repose principalement sur l'économie politique.

Il semble que pour Molinari, chacun d'entre nous soit considéré comme un potentiel d'actes dont les conséquences peuvent être bénéfiques ou nuisibles à lui-même, et donc, par voie de conséquence, à la société en son entier.

En agissant correctement envers lui-même ou envers autrui, chacun crée une plus-value dont les autres peuvent profiter. Au contraire, en agissant de manière incorrecte, on retire aux autres ce qui aurait pu leur être utile. Ainsi, l'exercice des devoirs de chacun se traduit-il plus particulièrement en recourant à l'idée de consommation. Il convient ainsi de distinguer la consommation utile, lorsque chacun remplit ses obligations envers lui-même et envers ses concitoyens, de la consommation nuisible, celle qui détruit le capital personnel, par l'intempérance, la prodigalité ou la négligence dans l'éducation des enfants. Or, de tout temps, des lois poussaient à favoriser cette consommation utile, comme les lois somptuaires qui réglementaient le port des vêtements, ou les règlements des corporations ou des manufactures qui autorisaient à se séparer d'un individu dont on savait qu'il était joueur ou buveur [14].

Naturellement, les règles de la démocratie politique interdisent de recourir à de telles contraintes [15]. Il convient au contraire de faire appel au sens de la responsabilité de chacun, et de substituer à la règle imposée une règle volontaire. Cependant, il existe une catégorie de consommateurs dont la force morale est insuffisante et dont les actes sont trop souvent nuisibles. L'État doit alors intervenir pour les protéger contre eux-mêmes. Il doit les prendre sous sa tutelle, prémunir contre la pauvreté qui les menace, eux, et, par leur entremise, la société [16]. L'État doit leur apprendre à consommer de manière utile et les éduquer dans le cadre d'une démocratie économique. Quant aux autres, ceux qui ont déjà bénéficié de cette éducation, si leur attitude devient nuisible, l'opinion publique leur infligera une sanction morale et sociale, sorte de « peine démocratique [17] » Dès lors, la proposition de Molinari devient paradoxale. En effet, notre auteur ne cesse de vilipender l'État, qu'il veut considérer au même titre qu'une entreprise privée, comme devant être soumis à la loi de la concurrence et courir ainsi le risque de voir fuir ses sujets. Mais par ailleurs, il lui impose le devoir d'éduquer, d'apprendre aux plus démunis les valeurs de la démocratie économique. Au risque de caricaturer sa pensée, nous pourrions presque suggérer que Molinari demande à l'État d'apprendre aux citoyens à se passer de l'État... Il est vrai que, par ailleurs, Molinari précise que cette tâche devrait être confiée à des entreprises privées.

La critique du monopole étatique de la sécurité

Il était logique que Molinari critique le monopole étatique de la sécurité dans la mesure où cette fonction fut toujours considérée comme l'apanage du pouvoir politique. Quand bien même n'existerait-il qu'une fonction assumée par l'État, ce serait d'assurer à chacun une protection. Cette conception séculaire du rôle de l'État fut reprise par les révolutionnaires qui faisaient de la sécurité l'un des Droits de l'homme. Les libéraux eux-mêmes, qui qualifiaient l'État de Gendarme, reconnaissaient à l'État ce rôle. C'est pourquoi Molinari, en remettant en cause ce qui était devenu une mission traditionnelle de l'État, rencontrera une opposition dans le courant économique libéral.

Pour Molinari, le monopole de l'exercice de la sécurité, qu'il repose sur le droit divin, comme sous l'Ancien Régime, ou sur une délégation du peuple comme depuis la Révolution, ne peut être accepté que s'il rencontre l'adhésion des citoyens. Ces derniers ne le remettent en question que s'ils n'y trouvent plus leur intérêt. Une telle contestation découle d'ailleurs logiquement du contrat fictif passé entre l'État et les citoyens. Ces derniers cesseraient d'obéir s'ils ne pouvaient changer ce qui leur est imposé et ne les satisfait plus. Or, que constatons-nous ? : L'État, qui détient le monopole de l'exercice de la sécurité, ne remplit pas de manière satisfaisante son office. Dans son ouvrage *Comment résoudre la question sociale ?*, Molinari s'en prend violemment à l'institution judiciaire qu'il qualifie de « service le plus arriéré qui soit »... « La Justice est lente, incertaine, coûteuse, la police insuffisante et vexatoire, les pénalités tantôt excessives et tantôt faibles, et le système pénitentiaire plus propre à développer la criminalité qu'à la restreindre [18]. » L'intérêt même de la démocratie implique que le problème de la sécurité soit l'objet d'une nouvelle approche.

Molinari avait déjà abordé la question dans un article publié dans le *Journal des Économistes,* en 1849. L'originalité de ses opinions obligera la direction du journal à publier l'article, précédé d'une préface dans laquelle elle émettait des réserves importantes sur les conclusions de l'auteur [19].

Molinari y abordait le problème de la sécurité sous l'angle économique. Elle constitue un besoin fondamental pour tout individu qui veut protéger ses biens. Les gouvernements, en assurant l'ordre, deviennent des producteurs de sécurité, tandis que les citoyens doivent être qualifiés de consommateurs de sécurité. Si l'on continue de raisonner économiquement, la sécurité n'est rien d'autre qu'un bien immatériel dont la production doit obéir aux règles économiques, notamment celle de la libre concurrence. Or, l'intérêt bien compris de chacun le conduit à se procurer la sécurité au prix le plus bas possible. Il en résulte donc que la concurrence doit jouer entre les producteurs de sécurité. Ainsi, pour assurer leur protection, les citoyens devraient pouvoir s'adresser au gouvernement de leur choix. Une autre solution à ce problème consisterait à recourir aux services d'entreprises privées, productrices de sécurité. Elles entreraient en concurrence, sur différents points du territoire, se substituant au monopole étatique, et seraient soumises au choix des consommateurs [20].

La sécurité, fonction régalienne par excellence, assurée par des entreprises privées, on comprend les réticences de la direction du *Journal des Économistes*.

Molinari évoluera peu sur ce problème. Certes, dans son cours d'économie politique (1863), il en reviendra à l'idée traditionnelle du monopole étatique de l'exercice de la sécurité. Il justifie cette concession : la société industrielle produisant davantage de richesses qui attirent les convoitises, il convient que la production de sécurité s'accroisse. La gestion de cette augmentation de la sécurité peut certes être confiée à l'État, mais à condition qu'il renonce à intervenir dans les autres domaines qui ne sont pas de son ressort, pour ne se consacrer qu'à son unique mission de protection [21].

Mais dans son *Esquisse de l'organisation politique et économique de la société future* (1899), il soutiendra que, devant l'échec manifeste de la sécurité étatique, « on peut prévoir que la Nation contractera de préférence par l'entremise de délégués, avec la compagnie qui offrira les conditions les plus avantageuses, et les garanties les plus " sûres pour la fourniture de cet article de consommation naturellement collective [22]. " »

LE LIBRE CHOIX DE LEUR ÉTAT PAR LES POPULATIONS

La mise en concurrence des diverses institutions étatiques concerne naturellement le domaine économique. Mais Molinari ne craint pas d'en élargir la portée et d'en prôner l'application dans le domaine politique.

Lorsqu'il analyse l'État, Molinari, nous l'avons vu, ne cesse de s'élever contre son omnipotence. Il reprend là les critiques classiques depuis longtemps avancées par la doctrine libérale, notamment l'arbitraire des impôts ou l'intervention dans le domaine industriel. Mais sa critique repose davantage sur un fondement quelque peu différent de celui des libéraux classiques. Ces derniers reprochaient principalement à l'État d'intervenir dans des domaines hors de sa compétence. Molinari reproche à l'État non seulement de sortir de son domaine, mais surtout de dénier aux membres du groupe social le droit de s'opposer à ses interventions, en sanctionnant par exemple tout « consommateur » qui voudrait se soustraire aux services imposés par l'État [23]. L'État exerce ainsi une véritable « tutelle sociale » sur les membres de la communauté, sans que ceux-ci puissent s'y dérober. Et Molinari d'approuver Jean-Baptiste Say qui qualifiait l'État d'« ulcère politique [24] ».

Contre ce qu'il considère comme un attentat à la liberté des populations à disposer d'elles-mêmes, Molinari brandit l'arme « libertaire » : toute soumission à l'État n'est légitime que si elle est librement consentie. Il convient en conséquence de laisser aux populations le libre choix de leur état. Une telle proposition ne peut manquer de choquer, tant elle va à l'encontre de certitudes constitutionnelles séculaires. Molinari tente de la justifier en faisant appel au concept économique de libre concurrence.

Dans l'Ancien Régime, l'État possédait le droit de disposer des populations, les rattachant à son territoire sans guère se soucier du consentement des intéressés. La Révolution française modifia peu le principe, puisque, si le consentement des populations est exigé pour leur rattachement, il ne l'est pas si elles souhaitent rompre leurs liens avec l'État. C'est pourquoi l'État peut imposer ses directives au nom d'une Nation « indivisible [25] ».

Il faut rompre avec cette manière d'envisager l'État comme unique et omnipotent. Il convient de le placer en situation de concurrence. Toute population doit pouvoir disposer de ce que Molinari qualifie de droit de sécession, fondement de toute concurrence entre États :

Le droit de Sécession (sic), *qui se fraye aujourd'hui un chemin à travers le monde, aura pour conséquence nécessaire la liberté de gouvernement. Le jour où ce droit sera reconnu et appliqué dans toute son étendue naturelle, la concurrence politique servira de complément à la concurrence agricole, industrielle et commerciale* [26].

La loi, à l'origine économique, de la concurrence s'étend au politique en autorisant aux populations le libre choix de leur citoyenneté. Elle génère alors une démocratie politique sans frein.

Ainsi, pour Molinari, l'État se révèle-t-il comme une institution superflue, sinon inutile, dans la mesure où ses fonctions considérées comme traditionnelles pourraient être exercées plus avantageusement pour la communauté par des institutions privées dépendant du verdict des consommateurs de services que sont les citoyens. La révision du rôle de l'État, tel est donc le préalable indispensable à toute réflexion sur la démocratie politique. Il en est de même pour la démocratie économique.

II – *Le refus d'un État, obstacle à la démocratie économique*

Selon Molinari, on ne peut parler de véritable démocratie politique s'il n'existe pas une démocratie économique ou industrielle. Nous entendons par cette expression la liberté d'entreprendre et de créer, liberté à laquelle l'État ne doit pas s'opposer. Il convient donc, et ce sera le sens du combat de Molinari, que l'État renonce à contrôler les créations d'entreprises et assure la transparence du marché du travail. En d'autres termes, l'État doit cesser de constituer un obstacle à la démocratie industrielle. Par ailleurs, l'État doit abandonner l'une de ses fonctions régaliennes séculaires, l'émission de monnaie.

L'État, obstacle à la démocratie industrielle

L'Association, forme de démocratie industrielle, favorise la vie démocratique

Molinari se range là sous la bannière des libéraux et participe pleinement à leur combat contre l'interventionnisme économique de l'État. Mais son angle d'attaque sera celui de la démocratie, au sens large du terme, celle qui permet à chacun de participer à la vie politique comme à la vie économique de la Nation. Ainsi, dans le *Journal des Économistes*, il rédigera un vibrant plaidoyer en faveur de la liberté des associations, dont il analysera la constitution en usant des termes de la démocratie politique, établissant ainsi un parallèle entre les deux concepts [27].

Dans un long historique sur l'Association, Molinari regrettera la méfiance que suscitait sous l'Ancien Régime, tant auprès de l'État que dans la population, cette institution économique. Les instances politiques y craignaient un État dans l'État, d'où des formes très strictes de contrôles pour leur constitution et leur direction, comme le démontrent les ordonnances de Colbert. Par ailleurs, l'opinion publique assimilait toute structure associative au monopole corporatif, à l'affermage des impôts ou à une industrie protégée par des privilèges. Ainsi, sous l'Ancien Régime, toute forme associative était-elle déconsidérée.

Les révolutionnaires réagirent donc logiquement lorsqu'ils supprimèrent les corporations et firent table rase des privilèges pour laisser la place à l'individualisme le plus parfait, par l'entremise du décret d'Allarde et de la loi Le Chapelier. Par ailleurs, l'association économique demeura toujours suspecte, dans la mesure où l'obtention de la liberté politique primait sur la liberté d'association industrielle, cette dernière demeurant sans cesse contrôlée par l'État.

Les conséquences de cette mise à l'écart, de cette méfiance de toute association industrielle aboutirent à un paradoxe. En effet, alors que les techniques de production n'ont cessé de progresser à pas de géant, les structures de production sont demeurées inchangées, contrôlées qu'elles sont, dès leur création, par l'État. Il en résulte une inadaptation par rapport aux exigences industrielles, inadaptation qui contraint l'État à devenir lui-même industriel, par exemple en intervenant dans l'industrie des chemins de fer.

L'Angleterre cessa la première ce contrôle et instaura un véritable libéralisme qui impliquait la libre création d'entreprises. La crainte d'une concurrence devant la prolifération d'entreprises privées compétitives contraignit la France à suivre le mouvement. Le traité de libre échange en 1860 avec l'Angleterre, les lois de 1863 puis de 1867 élargissant puis accordant totalement la liberté de création des sociétés anonymes, balisèrent cette marche de la France vers le libéralisme. Mais la mentalité française demeure méfiante à l'égard des structures économiques libérales. Ce sont ces doutes que Molinari veut lever.

Il voit dans la forme associative, et plus particulièrement dans la société anonyme, l'expression la plus parfaite de la démocratie économique. En effet, non seulement toute sujétion étatique a disparu, mais encore il n'existe plus aucun frein à la liberté de création de chacun. Et Molinari d'illustrer par des exemples précis l'axiome qu'il vient de poser : la liberté d'association permet à chacun d'épanouir et de réaliser son potentiel créatif.

Ainsi, un inventeur est-il rarement à la fois créateur et gestionnaire. De plus, il ne dispose généralement pas de l'argent nécessaire pour exploiter son invention. D'où l'intérêt de la société anonyme qui lui permet d'accéder au marché des capitaux [28].

De même, la constitution du capital d'une entreprise s'adresse-t-elle au public le plus large, puisqu'il peut y être souscrit par tranche de cinq cents francs. Une telle démarche s'inspire naturellement des principes de la démocratie, puisqu'elle permet aux petites gens de participer à la vie économique et tend à écarter la primauté des gros capitaux [29].

Enfin, l'organisation et la direction de la société anonyme relèvent de la même ferveur démocratique. L'entreprise appartient certes aux actionnaires, qui peuvent la gouverner à leur guise. Mais, tout comme dans la vie politique, le gouvernement direct se révèle peu pratique.On lui préfère le gouvernement par délégation, le conseil d'administration et une direction, qui gèrent, sous le contrôle de mandataires. Et Molinari d'insister sur les avantages de cette forme d'institution économique. Il continue de l'analyser dans l'optique de la démocratie, puisqu'il va comparer les organes de direction d'une entreprise aux institutions politiques démocratiques, ces dernières tenant lieu de référence [30].

Tout d'abord, dans une telle association économique, il existe une séparation des fonctions, des pouvoirs même, entre les actionnaires, qui représentent le capital, et la direction, qui représente l'intelligence pratique, celle qui met en œuvre le capital. Les entreprises, ces acteurs économiques dont l'importance va grandissant, deviennent ainsi accessibles à ceux qui possèdent l'argent, mais sont démunis de l'intelligence des affaires, mais également à ceux qui possèdent l'intelligence, mais sont dépourvus des capitaux. Le capital intellectuel, uni au capital matériel sont donc à l'origine de l'émergence de la démocratie industrielle.

Quant aux actionnaires, qui possèdent certes la souveraineté, mais sont ignorants du monde des affaires, ils délèguent leurs droits à ceux qui en sont familiers, les praticiens. Ils ne conservent que les droits de modifier la constitution de l'entreprise, de choisir et de contrôler la direction. On croirait à une parodie de Montesquieu : les actionnaires n'entendent rien aux affaires, mais possèdent le bon sens pour désigner leurs dirigeants... Telle est donc l'entreprise, fondée sur le libre choix de la direction par les actionnaires et sur la liberté d'agir des gouvernants [31].

Car la réalité industrielle n'obéit pas à cet idéal de démocratie industrielle. Et Molinari de comparer une réalité industrielle pervertissant les principes fondateurs démocratiques, à une réalité politique qui ne reflète guère l'idéal démocratique. La liberté électorale des actionnaires se trouve, par exemple, limitée, puisqu'il est exigé un minimum ou un maximum d'actions pour qu'elle puisse s'exercer. Molinari qualifie cette limitation du droit des actionnaires de cens électoral au sein de l'entreprise. De même, l'accès à la direction de l'entreprise suppose de la part des postulants la possession d'un minimum d'actions, ce que Molinari qualifie de cens d'éligibilité. Il conclut, amer, qu'une partie du capital demeure entre les mains des gouvernants, tandis que le cens électoral réduit le nombre des actionnaires influents. Ne peut-il en résulter un mauvais gouvernement de l'entreprise, gouvernement qui peut se perpétuer par ce qu'il faut bien appeler une corruption électorale [32] ?

Le remède réside dans ce droit considérable que possèdent les actionnaires de se faire aider par des mandataires possédant des connaissances industrielles dont eux-mêmes sont dépourvus. Ces mandataires contrôlent la gestion de l'entreprise, mais ne peuvent y parvenir que s'il existe une transparence des comptes et des résultats. De là la nécessité d'une publicité des résultats de toute entreprise, publicité indispensable à l'essor de toute démocratie industrielle [33].

Cependant, malgré ces réserves, Molinari demeure confiant dans l'avenir des structures associatives. Il réfute ainsi l'objection souvent avancée que la concentration des capitaux entre les mains d'entreprises puissantes accroîtrait la distance entre le capital et le travail. Prenant l'exemple de l'Angleterre, plus avancée que nous en ce domaine, il soutient que cette forme d'entreprise, la société anonyme, décentralise la propriété industrielle, la rendant accessible à la multitude. Au contraire, la restriction à la création d'entreprises renforce la concentration des capitaux [34]. A la conception politique des révolutionnaires souhaitant une nation de petits propriétaires, Molinari substitue le souhait d'une Nation de petits actionnaires, participant à la vie industrielle par leurs actions sur les marchés économiques.

La démocratisation du marché du travail

La même logique de libéralisation s'applique au marché du travail. Contrairement à certains libéraux partisans d'une liberté individuelle totale, Molinari protestera vigoureusement contre les interdictions des coalitions d'ouvriers. Il y voit un obstacle à une véritable liberté du travail, dans la mesure où les rapports de forces avec les employeurs penchent en faveur de ces derniers et empêchent une libre discussion des conditions de travail. L'interdiction des coalitions s'oppose à l'instauration d'une véritable démocratie économique et interdit à l'ouvrier d'agir efficacement sur le marché du travail.

De nouveau, Molinari procède à l'analyse économique d'une institution juridique, le contrat de travail, et s'éloigne, aussi bien des socialistes qui souhaitaient un contrôle de l'État en ce domaine que des libéraux qui en repoussaient l'intervention.

Molinari s'interroge ainsi sur le rapport qui existe entre un ouvrier et son travail. Qu'est-ce qu'un ouvrier sinon un individu qui se trouve en état d'offrir une prestation qui possède une certaine valeur, un bien économique, « un marchand de travail [35] » ? Dépassant l'analyse marxiste qui s'en tenait aux rapports qui existent entre l'employeur et l'employé, et à l'exploitation de la valeur travail, Molinari transpose le problème de la prestation offerte sur le plan plus large du marché. L'ouvrier reste le premier intéressé à connaître les débouchés potentiels du travail qu'il offre, sa valeur sur le marché économique. Il lui est indispensable de connaître ces données, sous peine de rester dépendant d'un employeur qui hésitera certainement à les lui communiquer. Il convient donc qu'existe une véritable transparence de l'offre et de la demande de travail, une véritable publicité qui permette un jeu de la loi de l'offre et de la demande [36]. Or, une institution économique remplit ces conditions. Ce sont les Bourses du travail, qui constituent un véritable thermomètre de la valeur des prestations offertes et demandées. Et Molinari insistera sur la nécessité de développer ces institutions [37].

L'ÉMISSION DE MONNAIE

Molinari va s'insurger contre cette fonction régalienne par excellence. L'émission de monnaie s'accompagnait, sous l'Ancien Régime, de la manipulation et de la falsification de l'étalon monétaire, l'or, ce qui interdisait l'établissement d'un système monétaire économique et sûr. Par ailleurs, encore actuellement, ce monopole d'émission engendre des frais, assumés par le contribuable, tout en créant une monnaie incertaine, fondée sur les variations de l'or, unique étalon.

Imaginons au contraire la suppression du monopole étatique d'émission de la monnaie. Imaginons que des entreprises privées ou des banques créent elles-mêmes des monnaies de papier, de métal. Tout d'abord, et ce n'est pas négligeable, la concurrence limitera les frais de fabrication. Mais allons plus loin. Refusons le monopole de l'or comme référence monétaire : « Il faut substituer à cet étalon simple un étalon composé d'un ensemble de produits [38]. » Quelles seraient les conséquences d'une telle substitution ? Toutes les monnaies, même celles des pays voisins seraient émises dans tous les pays ; le public choisirait ou refuserait telle ou telle monnaie selon qu'elle reposerait et serait ou non garantie par des valeurs suffisantes. Inéluctablement, devant cette diversité, un temps gênante, les banques de circulation seraient amenées à fixer leur monnaie sur l'étalon le plus généralement apprécié, étalon qui pourrait être une monnaie étrangère de référence. Nous entrerions dès lors dans une véritable démocratie monétaire, puisque les monnaies « élues » dépendraient du choix des « consommateurs », choix guidé par des critères de concurrence et de sécurité économique [39].

La fonction monétaire actuelle de l'État semble donc superflue, tout comme semble dépassée, toujours selon le critère de la démocratie économique, sa volonté de s'immiscer dans la vie industrielle et ainsi de diriger l'activité économique au détriment de ses fonctions propres.

Que conclure devant un auteur dont on ne peut nier l'originalité ?

L'erreur consisterait, à notre sens, à voir dans l'anti-étatisme virulent de Molinari un anarchisme où seule primerait la liberté individuelle. La recherche de l'harmonie sociale conserve toute sa valeur et l'importance accordée à l'éducation des citoyens suffit à le montrer.

Il semble que l'on assiste de la part de Molinari à un vibrant plaidoyer pour la démocratie. Simplement, la manière dont il envisage ce concept sort des voies traditionnelles et en conséquence, choque parfois. Il surprend, dans la mesure où il associe démocratie politique et démocratie économique, une véritable société démocratique reposant sur les deux concepts. A la liberté politique du citoyen correspond la liberté économique du consommateur, l'un et l'autre devant pouvoir agir efficacement sur le marché politique comme sur le marché économique. Certes, il peut paraître choquant, nous l'avons relevé, de considérer uniquement sous l'angle économique toutes les activités ou besoins individuels, surtout lorsqu'il est question de religion. Mais l'important réside moins dans ces exagérations que dans la volonté de faire cesser une contradiction fondamentale entre la proclamation des libertés et leurs restrictions par une institution qui outrepasse, selon Molinari, ses fonctions. Molinari semble percevoir que la société devient trop complexe pour être régie d'une manière monolithique.

Il lui préfère le marché, rencontre des souverainetés individuelles d'où jaillit, par voie de conséquence, l'intérêt général. La rencontre des volontés individuelles sécrète, comme le montrera Hayek, un ordre spontané, que l'institution étatique est incapable de susciter. La souveraineté individuelle devient ainsi le fondement d'une société dans laquelle l'individu se substitue à l'État, dont l'action est jugée moins efficace. L'individu devient ainsi meilleur juge de l'intérêt général [40].

Il n'en demeure pas moins que sa vision de la société provoque de nombreuses questions, questions d'autant plus intéressantes que certaines des propositions de Molinari concernent nos problèmes actuels [41]. Tout d'abord, n'existe-t-il pas une forte contradiction entre le cosmopolitisme auquel il aspire et l'État Nation, partie intégrante de notre culture politique ? Par ailleurs, dans l'optique de Molinari, qui incarnerait l'intérêt général ? Faudrait-il, au risque de verser dans un matérialisme outrancier, identifier l'intérêt général au bien-être économique ? Certes, l'éducation démocratique, sur laquelle Molinari insiste tellement, contribuerait à préserver d'un tel risque. Mais on mesure la fragilité d'une telle barrière devant la menace permanente du règne de la loi du plus fort. Cette société que souhaite Molinari, dans laquelle les pouvoirs de l'État se réduiraient, telle une peau de chagrin, ne tracerait-elle pas pour beaucoup la « route de la servitude » ?

NOTES

1. *Cf. L'Économie politique en France au* XIX*e siècle*, sous la direction de Y. Breton et M. Luftalla, p. 3 note 1. et P. Lemieux, *l'Anarcho-capitalisme*, PUF, p. 5.

2. *Les Soirées de la rue Saint-Lazare. Entretiens sur les lois économiques et défense de la propriété*, Paris, Guillaumin 1849 ; « De la production de sécurité », *Journal des Économistes*, 1849 (*JE* 1849) ; *Esquisse de l'organisation politique et économique de la société future*, Paris, 1899. *Comment se résoudra la question sociale*, Cours d'économie politique, 2e éd. Paris, Guillaumin, t. 1, *Questions d'Économie politique et de Droit public*, Paris, Guillaumin, 1861. *Les Bourses du travail*, Paris, 1893.

3. *Comment se résoudra..., op. cit.*, p. 329.

4. *Esquisse de l'organisation..., op. cit.*, p. 58.
5. *Comment se résoudra... op. cit.*, p. 331.
6. *Ibid.* p. 335.
7. *Ibid.* p. 335.
8. *Ibid.* p. 336.
9. *Ibid.* p. 330 et suiv.
10. *Ibid.* p. 331 : « L'instruction est un besoin, tout besoin suscite la demande du produit ou du service propre à le satisfaire, et la demande détermine l'offre de ce produit ou de ce service, aussitôt qu'elle devient assez intense pour en rembourser les frais. »
11. *Ibid.* p. 331.
12. *Ibid.* p. 336.
13. *Ibid.* p. 335.
14. *Cours d'économie politique, op. cit.*, t. 2, p. 473 et suiv.
15. *Comment se résoudra..., op. cit.*, pp. 478-479 : « L'observation et l'expérience démontrent qu'il n'est pas vrai, comme l'affirment les individualistes, que tous les hommes soient capables de se gouverner; qu'il n'est pas vrai, non plus, comme l'affirment les socialistes, que tous les hommes soient incapables de se gouverner. D'où la conclusion qu'il faut les laisser pleinement libres, soit de pratiquer le self-government, soit de ne point le pratiquer. »
16. *Ibid.* p. 477 : « Si cette multitude incapable du self-government était libre de se placer sous la tutelle qui lui est encore nécessaire, il y a apparence qu'elle n'y manquerait point; qu'elle échangerait d'elle-même sa condition misérable et précaire contre une tutelle qui se résoudrait pour elle en une assurance libre contre le paupérisme. »
17. *Comment se résoudra..., op. cit.*, p. 478.
18. *Ibid.*, p. 338.
19. *JE*, 1849, p. 277 : « Bien que cet article puisse paraître empreint d'utopie dans ses conclusions, nous croyons, néanmoins, devoir le publier...Tant de gens exagèrent la nature et les attributions du gouvernement, qu'il est devenu utile de formuler strictement la circonscription hors de laquelle l'intervention de l'autorité cesse d'être tutélaire pour devenir anarchique et tyrannique. »
20. *JE* 1849, p. 279 : « S'il est une vérité bien établie en économie politique, c'est celle-ci : *Qu'en toutes choses, pour toutes les denrées servant à pourvoir à ses besoins matériels ou immatériels, le consommateur est intéressé à ce que le travail et l'échange demeurent libres, car la liberté du travail et de l'échange ont pour résultat nécessaire et permanent un maximum d'abaissement dans le prix.* et celle-ci : *Que l'intérêt du consommateur d'une denrée quelconque doit toujours prévaloir sur l'intérêt du producteur.* Or, en suivant ces principes, on aboutit à cette conclusion rigoureuse : *Que la production de la sécurité doit, dans l'intérêt des consommateurs de cette denrée immatérielle, demeurer soumise à la loi de la libre concurrence.* D'où il résulte : *Qu'aucun gouvernement ne devrait avoir le droit d'empêcher un autre gouvernement de s'établir concurremment avec lui, ou d'obliger les consommateurs de sécurité de s'adresser exclusivement à lui pour cette denrée.* »
21. *Cours d'économie politique, op. cit.*, p. 483 : « Produire de la sécurité, telle est, en résumé, la fonction essentielle des gouvernements. »
22. *Ibid.*, p. 83.
23. *Comment se résoudra..., op. cit.*, p. 402. Molinari décrit ainsi les gouvernements : « Armés du pouvoir irrésistible que leur confère une souveraineté sans limite... protégés contre une concurrence sous sa forme nouvelle par la persistance d'un régime de " sujétion ", qui punit comme un acte de haute trahison toute tentative de séparation des consommateurs de leurs services, investis ainsi d'un monopole qui met à leur merci, en dépit de toutes les garan-

ties constitutionnelles ou autres, les libertés nécessaires de l'Individu, liberté du Travail, de l'Échange, de l'Association..., et qui subordonne le droit de propriété de chacun de leur " sujet " à leur droit souverain de taxer, de règlementer, et de s'approprier même telle branche d'industrie qu'ils jugent particulièrement propres à augmenter leurs ressources et à combler leurs déficits... »

24. *Cours d'économie politique, op. cit.*, p. 530.

25. *Esquisse de l'organisation..., op. cit.*, p. 62.

26. *Cours d'économie politique, op. cit.*, p. 532.

27. *JE*, 1867.

28. *Ibid.*, p. 163.

29. *Ibid.*, p. 166 et suiv. Cf. plus particulièrement pp. 173-174 : « ... Sous le régime de la production individualisée, le capital industriel et commercial n'étant guère recueilli que dans les régions supérieures et moyennes de la société, les bénéfices de la production sont le monopole de l'aristocratie et de la bourgeoisie ; sous le régime de la production par voie d'association, les capitaux d'entreprise étant demandés en coupures accessibles aux petites bourses et toujours réalisables en cas de nécessité, les classes inférieures, à leur tour, peuvent contribuer à la constitution du capital industriel et commercial, et participer à ses bénéfices. Le monopole des gros capitaux disparaît ; le champ fécond de la production est ouvert à l'épargne de l'ouvrier comme à celle de l'entrepreneur d'industrie et du riche propriétaire. »

30. *Ibid.*, p. 174 et suiv.

31. *Ibid.*, p. 176 : « En résumé, ce qu'on pourrait appeler l'organisation naturelle ou utile des entreprises par voie d'association a pour base *la liberté de choisir* chez les actionnaires, et *la liberté d'agir* chez le personnel gouvernant. »

32. *Ibid.*, p. 176 et suiv.

33. *Ibid.*, p. 178.

34. *JE*, 1868, p. 21 : « Si l'association avait, dès le début de la grande industrie, appelé les plus petits capitaux comme les plus grands à participer à l'œuvre et aux profits de la production agrandie ; si elle avait répandu, comme elle le fait aujourd'hui en Angleterre par millions et dizaines de millions les parts de la propriété industrielle, de manière à les faire descendre jusque dans les couches les plus basses de la société, comment l'idée d'un antagonisme entre la classe capitaliste et la classe ouvrière aurait-elle pu surgir ? C'est l'absence ou l'insuffisance de l'association, entravée dans son essor par une législation protectrice de l'individualisme, qui a suscité cet antagonisme, c'est l'association devenue libre, et s'étendant peu à peu dans sa sphère naturelle, qui le fera disparaître. »

35. *Questions d'Économie politique et de Droit public, op. cit.*, p. 183 : « L'ouvrier est un marchand de travail... Il est intéressé à connaître les débouchés qui existent pour sa denrée et de savoir quelle est la situation des différents marchés du travail. »

36. *Les Bourses du travail, op. cit.*, p. 133 : « Si les prix du travail dans les différentes contrées du globe étaient partout parfaitement connus des ouvriers, les salaires seraient donc régularisés, en ce sens que la même quantité de travail finirait par se payer partout à peu près au même taux. »

37. *Ibid.*, p. 137 : « De tous points donc, la publicité du travail serait avantageuse aux travailleurs. Il ne nous reste plus qu'à chercher le moyen de l'établir. Ce moyen serait fort simple. C'est la presse qui publie le bulletin de la Bourse et les annonces industrielles : ce serait la presse qui publierait le Bulletin du travail. Nous proposons, en conséquence, à tous les corps d'état de la ville de Paris, de publier gratuitement chaque semaine le bulletin des engage-

ments d'ouvriers avec l'indication du taux des salaires de l'état de l'offre et de la demande... Nous inviterons nos confrères des départements à publier le Bulletin de travail de leurs localités respectives... Chaque semaine, tous les travailleurs de France pourront avoir de la sorte sous les yeux le tableau de la situation du travail dans les différentes parties du pays. »

38. *Comment se résoudra..., op. cit.*, p. 321.

39. *Ibid.*, p. 325 : « A mesure que les relations internationales se multiplieront, et que la diversité des monnaies deviendra plus gênante et plus onéreuse, les banques de circulation seront amenées à fixer leurs monnaies sur l'étalon le plus généralement demandé. »

40. *Esquisse de l'organisation..., op. cit.*, p. 95 : « La souveraineté individuelle, voilà donc quelle est, en dernière analyse, la base des institutions politiques de la société future. La souveraineté n'appartient plus à une société propriétaire d'un territoire et d'une population esclave ou sujette, ou à une sorte d'entité idéale, héritière de l'établissement politique de sa devancière et investie, comme elle, d'un droit illimité sur la vie, la liberté et la propriété individuelle. Elle appartient à l'individu lui-même. Il n'est plus un sujet, il est son maître, son propre souverain, et il est libre de travailler, d'échanger les produits de son travail... »

41. Cf. notamment Murray N. Rothbard, *An Austrian perspective on the historic of economic Thouhght*, vol. II, éd. Edward Elgar, 1995, qui consacre d'importants développements à notre auteur. Dans le même ordre d'idées, on pourra se reporter à la chronique du Pr. Mouly « Sécurité sociale et concurrence : une réforme constitutionnellement possible », Recueil Dalloz-Sirey 1996, Chronique pp. 24 à 28.

Le secret
de la liberté des banques
et de la monnaie

par

Philippe NATAF

Aujourd'hui on n'enseigne plus dans les manuels l'expérience de la pluralité d'émission des banques sous le Directoire et le Consulat. Ce phénomène s'est pourtant beaucoup enseigné au XIXe siècle et même jusqu'en 1914 ; cet enseignement s'est encore poursuivi au XXe siècle grâce à Louis Lair et Edmond Servais de la Banque de France (le dernier livre de Servais date de 1967). Dans ce livre, qui est l'histoire de la Banque de France, on trouve une large place consacrée au système bancaire précédant celui de la Banque de France, à savoir la pluralité des instituts d'émission. Il est amusant d'observer que l'on présente souvent la Banque de France comme le premier et seul institut d'émission en France alors que les étudiants préparant le concours d'entrée de notre Banque centrale utilisent des manuels présentant le système de la multiplicité des banques d'émission qui régna sous le Directoire et ensuite le Consulat.

Pourquoi traiter un sujet comme celui-là ? Aujourd'hui l'idée couramment admise est que si on laissait les banques libres d'émettre des billets et complètement libres de leur gestion, il se produirait des catastrophes. Il faudrait donc réglementer, contrôler et n'admettre qu'un seul institut d'émission, à savoir une banque centrale. Voilà l'idée contemporaine. L'idée est que s'il existait une pluralité de banques d'émission il en résulterait le chaos ou des catastrophes tels que l'inflation. On prétend donc que les banques libres n'ont jamais existé – c'est le premier argument. Deuxième argument : « Oui, c'est vrai ce système a existé mais il a très mal fonctionné. » Par exemple, aux États-Unis dit-on, il existait de nombreuses banques d'émission faisant fréquemment faillite. Il est donc intéressant d'observer ces différentes expériences de pluralité d'instituts d'émission et d'en analyser le fonctionnement en se posant deux questions :

– Est-ce que ce système produit de l'inflation ?
– Est-ce qu'il engendre des crises régulières ?

Dans un système de marché le processus est simple. L'offre s'ajuste à la demande. L'allocation des ressources, précisément lorsque l'État n'intervient pas, est la plus efficace ; elle se fait spontanément. L'ordre spontané fonctionne bien. C'est en gros ce que l'on admet aujourd'hui plus ou moins explicitement sauf pour la monnaie. On prétend généralement que l'allocation naturelle des ressources ne se produit plus et que l'équilibre ne s'établit pas spontanément. L'ajustement de l'offre à la demande ne s'effectuerait plus. Au contraire, l'instabilité s'installerait irrévocablement. Cette thèse correspond-elle à la réalité historique ? C'est ce que l'on va tenter d'examiner avec l'exemple français sous le Directoire et le Consulat.

Il existe naturellement plusieurs formes de systèmes bancaires. Certains sont plus ou moins contrôlés par les gouvernements et les parlements, d'autres sont peu ou pas réglementés du tout. Ainsi l'histoire enregistre quelques expériences peu nombreuses mais à l'évidence très concluantes de liberté bancaire. Dans ce cas les banques peuvent librement émettre des billets convertibles et gérer leurs actifs et leurs différents éléments de passif sans autre contrainte que celle de la concurrence.

L'exemple de banques multiples et réglementées le plus intéressant est probablement celui des États-Unis au XIXe siècle. Des crises cycliques réapparaissaient à intervalles réguliers – dans des périodes de sept à onze ans à peu près et parfois même un petit peu plus ; elles se caractérisaient par une amplitude significative. Certaines ont été fortes, en 1837 et en 1857 mais il fallut attendre 1907 pour qu'une crise assez importante fasse réfléchir un certain nombre de responsables sur le thème « puisque le système multiple ne fonctionne pas bien, il faut créer un institut pour éviter le retour périodique de ces perturbations économiques ». Il en résulta en 1913 la création du Federal Reserve System. Que s'est-il passé après ? En 1920, sept ans plus tard : crise économique importante, ruée sur les banques et par conséquent dépression économique comparable à celles du XIXe siècle.

Quant à la décennie qui suit, tout le monde connaît le krach de 1929 ; ce qui est moins connu c'est que la crise s'est aggravée en 1930 puis en 1931, 1932 et 1933. Jamais les États-Unis n'avaient connu une crise économique d'une pareille envergure. On pourrait multiplier les exemples de systèmes bancaires dans lesquels l'État intervient beaucoup et montrer qu'à chaque fois le dirigisme engendre des échecs retentissants. Tous les échecs des systèmes réglementés ne pourront être abordés ici, mais on citera quelques systèmes non réglementés pour en montrer la diversité.

La liberté des banques écossaises

Commençons par le système écossais. Assez connu au XIXe siècle, son mécanisme a été étudié en détail par l'économiste américain Lawrence White. Le système écossais a duré plus d'un siècle. Il a commencé au début du XVIIIe siècle et s'est terminé en 1845. Voilà un système où toutes les banques, fort nombreuses, étaient pratiquement des banques d'émission, c'est-à-dire qu'elles détenaient non seulement des dépôts, c'est-à-dire de la monnaie scripturale, mais qu'elles émettaient des billets remboursables, convertibles en métal, argent ou or. L'expérience de l'Écosse est tout à fait intéressante parce que dénuée de fluctuation cyclique. Dès 1776, Adam Smith dans *La Richesse des Nations* fait référence à une perturbation intéressante : en Écosse, une banque – la Banque de Ayr –, subit une faillite retentissante après deux ans et demi d'existence. Quelle a été la réaction du système écossais dans son ensemble ? Cette banque avait pratiqué de la surémission de billets, mais d'autres banques, relativement conservatrices, émettant relativement peu de billets ont eu une réaction de crainte. Par conséquent, elles ont encore réduit leur émission de billets. La conclusion d'Adam Smith (livre 2, chap. 2) est que la concurrence bancaire est le système qui permet de réguler, de limiter au maximum et au mieux l'émission des billets de banque.

Les systèmes américains

Observons à présent le système, ou plutôt les systèmes, aux États-Unis. Il faut savoir qu'avant la guerre de Sécession il n'existait pas de législation fédérale du tout pour les banques. Elles étaient réglementées et soumises aux lois de chaque État. Autrement dit, il existait autant de systèmes bancaires que d'États. Donc cela n'a aucun sens de parler d'un système bancaire américain avant 1860-1865, date de la guerre de Sécession et des grandes lois bancaires fédérales. Ce qui compte pour les banques d'avant 1860, c'est la législation de l'État où elles fonctionnent.

Il existe ainsi quantité de banques, quantité de systèmes bancaires aux États-Unis, en particulier des systèmes assez réglementés dans les États de New York, du Michigan, du New Jersey, ou les États du Centre en général. Les États du Sud sont encore plus strictement réglementés que les précédents ; ces systèmes dirigistes ne produisent d'ailleurs pas de bons résultats et donnent lieu à des surémissions de billets et souvent de dépôts. Ils engendrent ainsi des crises assez graves : en particulier les paniques bancaires de 1837 et de 1857 à New York.

Mais la grande particularité des États-Unis c'est justement qu'il existe un certain nombre d'États sans réglementation des banques. On considère que les banques sont des établissements commerciaux comme les autres et qu'en conséquence ils doivent être soumis aux lois du commerce. La totalité des règlements bancaires de l'État du Massachusetts tient en un petit livre de trente-sept pages. Les banques ne sont soumises qu'aux lois générales des affaires. Aujourd'hui dans le même État les règlements bancaires en vigueur remplissent les rayonnages d'une pièce entière. Il est en effet indispensable pour les banques commerciales de se tenir au courant des nouveaux règlements apparaissant régulièrement.

La liberté des banques de la Nouvelle-Angleterre

Qu'advient-il dans les six États de la Nouvelle-Angleterre : Massachusetts, Rhodes Island, Connecticut, et les trois États un peu plus agricoles que sont le Maine, le New Hampshire et le Vermont ? Les banques peuvent s'établir comme elles le veulent, elles n'ont qu'à déclarer leur existence et une autorisation leur est accordée quasi automatiquement. Un grand nombre de banques apparaît possédant toutes le droit d'émettre des billets. Cela fait partie de l'ensemble des libertés dont elles jouissent et dont elles disposent. Qu'advient-il en 1837 et en 1857 ? Crise à New York, panique, ruée sur les banques de l'État de New York, et puis effondrement du système bancaire dans cet État puis dans les États voisins. Où ces dépressions se transmettent-elles ? A Paris et à Londres mais ni en Écosse ni dans les six États de la Nouvelle-Angleterre. Autrement dit : une crise démarre à New York et se propage de l'autre côté de l'océan Atlantique mais elle ne se transmet pas dans la grande ville industrielle et bancaire qu'est Boston à quelques centaines de kilomètres à peine. Ce phénomène si paradoxal demande une explication.

Celle-ci est donnée par deux économistes de l'époque : Richard Hildreth et Henry Charles Carey. Pour eux les banques, lorsqu'elles sont soumises à la libre concurrence au niveau de la gestion d'un côté mais aussi au niveau de l'émission, possèdent la particularité très curieuse d'être financiées par des fonds propres extrêmement élevés. Quelques exemples : en moyenne ceux des banques de l'État du Massachusetts représentent en moyenne plus de 60 % du passif. Dans l'État voisin du Rhodes Island ce ratio est encore plus élevé à 72 %. Ce qui signifie que lors de demandes de remboursement de billets ou de dépôts, la banque dispose de liquidités non seulement sous forme de réserves, mais aussi sous forme d'actifs réalisables très rapidement. Ces banques très liquides se caractérisent également par une grande solvabilité. Conclusion : même si elles perdaient une partie de leur actif elles étaient protégées de la faillite. Et c'est cela qui caractérise les banques libres de la

Nouvelle-Angleterre : on ne constate que des faillites sporadiques sans dommages pour les détenteurs de billets ou de dépôts alors qu'à New York, à Paris et à Londres, instabilité, dépression et faillites se reproduisent à intervalles réguliers.

En France aussi des banques d'émission libre se sont également développées mais durant une période beaucoup plus courte, au demeurant tout aussi intéressante. Elle se situe dans un contexte bien différent. La période est connue mais les études précises n'ont été effectuées que récemment. Le professeur Crouzet avait dans son dernier livre, *La Grande Inflation*, fait référence à ces expériences et Eugen White, professeur aux États-Unis à l'université de Rutgers, a fait plusieurs études sur cette période. Il a même découvert que des « caisses patriotiques » entre 1790 et 1792 fonctionnaient comme des banques, accordaient des crédits et émettaient des billets. Il en a recensé plusieurs centaines, dont certaines sous forme de société commerciale dépendaient de nombreux actionnaires et disposaient d'un bilan. Ce qui signifie qu'il exista pendant une période une relative liberté d'établissement des banques. Évidemment après 1792 cette expérience fut interrompue par l'inflation des assignats et les mesures restrictives prises par la Convention.

I – *Le fonctionnement des banques d'émission sous le Directoire et sous le Consulat*

Comment fonctionnaient les monnaies à l'époque ?

Jusqu'en 1795 circulaient en France toutes sortes de monnaies et le système décimal n'existait pas. En 1795 on crée le franc qui fait suite en quelque sorte à la livre. La différence est extrêmement faible au niveau du poids. Le franc est donc défini en 1795, comme 5 grammes d'argent avec 90 % d'argent fin. Les pièces qui vont être frappées seront des pièces de 5 francs. Ces pièces de 5 francs argent vont se mettre à circuler assez rapidement. Donc la monnaie maintenant a une unité, c'est le franc argent. Or il y a un problème : à ce moment-là les espèces c'est l'argent et c'est l'or. En ce qui concerne l'or, il faut savoir que le franc or a été défini plus tard, à la fin de la période dont il va être question. Il a été défini en 1803. On a frappé des pièces de 20, 40 et 50 francs en or avec un rapport fixe qui était de 15,5 entre l'or et l'argent. On devait échanger 1 gramme d'or contre 15,5 grammes d'argent. C'était donc la naissance du bimétallisme en France avec tous les inconvénients entrant par la fixité de ce rapport de valeur entre les deux métaux. Mais en France les fluctuations de valeur entre l'or et l'argent ne présentent au XIXe siècle que de faibles amplitudes décelables généralement sur le long terme. Ce système n'a donc pas trop mal fonctionné.

En ce qui concerne les banques [1], il faut distinguer plusieurs types de banques. Toutes les banques à l'époque émettaient des billets convertibles qui circulaient. Certaines banques émettaient des billets libellés en francs et remboursables en espèce, en argent ou parfois en or. Dans certains cas les billets étaient remboursables en monnaie de cuivre c'est-à-dire dans une monnaie divisionnaire. Il est tout à fait intéressant de noter que ces billets de banques remboursables en monnaie divisionnaire ne subissaient pas de décote par rapport aux billets des banques convertibles directement en métal, argent ou or. Un essai d'explication a été donné dans une thèse de doctorat en 1990 sur cette question par Gilles Jacoud : il est plus facile de faire circuler des billets que des pièces qui sont encombrantes, et c'est assez logique que la décote ne se produise pas. La différence se trouve entre les banques parisiennes et celles de province. Les banques parisiennes pratiquent toutes l'émission. Elles émettent entre autres des billets de banque de 500 francs, de 1 000 francs, et parfois même de 250 francs ou moins. La plus connue est la Caisse des comptes courants, créée en 1796 en partie par les anciens dirigeants de la Caisse d'escompte qui avait fonctionné de 1776 à 1793. C'est en quelque sorte la suite de cette ancienne banque, mais surtout elle va apporter sa clientèle à la Banque de France et fusionnera en 1800 avec elle pour devenir ensuite à Paris l'Institut d'émission unique (1803). Fondée par des banquiers privés, cette banque a donc une certaine importance. Quelle est la différence entre un banquier privé, une banque commerciale et une banque d'émission ? Tout d'abord il est bien rare que le banquier privé émette des billets. Ensuite une banque commerciale fonctionnant sous forme de société commerciale bénéficie nécessairement d'une assise financière beaucoup plus grande que celle d'un simple banquier privé. Donc l'intérêt des banques commerciales fonctionnant sous le statut de société commerciale réside dans le grand avantage économique représenté par sa forte surface financière.

Cette première banque présentait deux avantages parce qu'elle permettait aux banquiers de pratiquer l'escompte sur une grande échelle et en même temps de financer ce crédit par ses fonds propres ou par émission de billets. Ces billets, en partie monnaie fiduciaire ne financent qu'une faible proportion des crédits alloués à l'économie. La majeure partie des fonds prêtés par cette banque, comme d'ailleurs par ses concurrentes, proviennent des actionnaires, c'est-à-dire d'une épargne réelle. A l'époque, la technique d'escompte des effets de commerce représentait l'essentiel du crédit attribué. Il existe donc au fond deux sortes de crédits alloués par cette banque : un crédit qu'on peut appeler un crédit réel, fondé sur une épargne réelle, et un crédit fictif, dit de « circulation », accordé sans épargne préalable. Certains dépôts ne sont pas rémunérés, mais d'autres dépôts sont effectivement rémunérés. Le problème de cette banque c'est que c'est une banque de banquiers. Cette « banque de banquiers » essaie de se constituer un privilège à une époque qui vient de supprimer les privilèges. Ces banquiers, pour se protéger, demandent aux escompteurs d'effets de commerce non pas deux mais trois signatures sur leurs effets. En conséquence de quoi les commerçants, même dans le commerce de gros, les petits détaillants et les petits industriels, ne peuvent pas escompter leurs effets (ou alors s'ils le font cela leur coûte beaucoup plus cher car ils doivent utiliser un banquier privé pour apposer une troisième signature qui coûte 1, 2, ou 3 %, ce qui est relativement cher). En conséquence, cette banque voit donc sa clientèle limitée et les commerçants importants, les industriels d'une certaine dimension pensent qu'en s'associant, ils pourront financer une nouvelle banque pour pratiquer l'escompte à deux signatures et donc à meilleur marché. Ils pourront donc à la fois prêter et emprunter des fonds avec une meilleure rentabilité globale de leurs transactions, sans avoir besoin de payer les banquiers privés pour obtenir cette fameuse troisième signature. Ainsi se crée une deuxième banque, la Caisse d'escompte du commerce, localisée à peu près au même endroit que la Caisse des comptes courants. Cette deuxième banque fait donc une concurrence très forte à la première, émet des billets, prête des fonds principalement par le processus de l'escompte. C'est une banque de commerçants relativement aisés. Ils ont échappé à l'emprise des banquiers et ils refusent de prêter aux petits commerçants. De ce fait ils érigent à leur tour une barrière : en effet, ne peuvent escompter leurs effets de commerce que les actionnaires de cette banque à l'exclusion de tous les autres. La valeur nominale des actions a été placée si haut que les petits commerçants ne peuvent pas utiliser cette Caisse d'escompte du commerce. Par conséquent, Paris se retrouve avec deux banques, une banque de banquiers et une banque de gros commerçants. Mais la liberté résultant du 4 août 1789, de la chute de Robespierre en 1794 et de l'arrivée au pouvoir du Directoire, toutes les lois restrictives sont devenues caduques et n'existent plus. Des banques commerciales d'émission peuvent en conséquence s'établir sous le régime courant du droit des affaires : les petits commerçants décident à leur tour de créer leur banque, avec des actions à valeur nominale plus faible. Cette banque, le Comptoir commercial, escompte les effets des petits commerçants, des petits industriels, et des artisans. Tout un chacun peut utiliser cette banque. Cela fait trois banques créées précisément par la liberté d'établissement dans ce secteur. Par la suite, trois autres banques d'émission s'établissent dans la capitale. La première banque instituée en août 1799 est la Banque territoriale. Cette banque comptait à son actif non pas des effets de commerce mais des terrains, des biens immobiliers ; avec la vente des biens nationaux, cela correspondait aux besoins de l'époque. Cette banque émettait des billets, remboursables à vue en métal. L'actif immobilier de cette banque, principalement des terrains, était, évidemment, très peu liquide. En conséquence, cette banque n'a pas connu le même succès que les trois premières. Celles-ci ont progressé considérablement, leur chiffre d'affaires et le nombre de leurs clients progressèrent sensiblement en quelques années seulement. La Banque territoriale, bien que relativement stagnante, n'a pas subi de crise majeure.

Deux autres banques d'émission parisiennes doivent aussi être présentées : ce sont la Caisse d'échange des monnaies et la Factorie du commerce. Ces deux institutions émettaient des billets libellés en francs et remboursables à vue. Tout détenteur de ces billets pouvait se présenter à son guichet pour s'en faire rembourser le montant en monnaie de cuivre ou en billions, c'est-à-dire en une monnaie divisionnaire. Apparemment ces billets de banque s'échangeaient sur Paris exactement au même cours que les billets convertibles directement en métal or ou argent.

Six banques d'émission fonctionnaient donc concurremment à Paris. Les deux dernières furent appelées banques de sol car leurs billets n'étaient pas directement convertibles en monnaie or ou argent. Ces banques de sol furent nombreuses; les historiens en ont recensé au moins deux autres émettant à Paris et un grand nombre dans toute la France. A l'extérieur de Paris, à Rouen, une grande ville sur le plan monétaire, il existait plusieurs banques de sol dont une Caisse d'échange des monnaies ainsi qu'une banque plus classique, la banque de Rouen, la société générale de commerce de Rouen, qui émettait des billets libellés en franc, en petites coupures remboursables en argent et en or. En conséquence, il ne s'agissait pas d'une banque de sol mais d'une banque commerciale analogue aux grandes banques parisiennes.

Dans certaines villes de province s'établirent des banques de sol pratiquant l'émission, accordant du crédit et jouant ainsi un rôle d'intermédiaire financier. Ces banques établissaient des succursales dans les départements. Apparemment ce système de banque d'émission assez généralisé exista partout en France et pas seulement à Paris. Cependant la quantité de billets circulant en province était plus faible que celle circulant à Paris. Mais, les chiffres restent discutables. Les recherches continuent sur le rapport entre les banques parisiennes et les banques de province. Rouen possédait une banque importante, Troyes également. Il existait des différences de fonctionnement plus ou moins grandes par rapport à celles de Paris.

Quelles sont les grandes caractéristiques de ces banques ? On invoque souvent les « banques libres », ou la multiplicité des instituts d'émission. Ces deux expressions sont identiques. Pour les économistes français ceci est évident, car ils n'ont jamais utilisé le terme de liberté bancaire autrement. Le terme de *Free banking* d'origine écossaise n'a pas posé de problèmes en Angleterre non plus. En revanche, il a engendré de nombreuses confusions aux États-Unis où le terme « Banque libre » faisait référence à un système qui ne l'était pas du tout. Il s'agissait au contraire d'un régime très réglementé appelé « Bond Deposit System ». Il est plus exact de parler de liberté des banques, de liberté d'émission ou de multiplicité des instituts d'émission. Nous allons voir comment fonctionnent les banques de ce type.

Dans ce système, la banque possède à son actif d'une part des réserves en métal, et d'autre part, et cela représente l'essentiel, des fonds prêtés sous forme d'effets de commerce. Le passif, quant à lui, comprend tout d'abord les billets dont il vient d'être question, mais aussi, dès cette époque, des dépôts non rémunérés. Certaines de ces banques, la concurrence aidant, rémunèrent parfois les dépôts. Cette rémunération coûtait relativement cher. Les taux des crédits prêtés ne pouvaient donc pas être artificiellement baissés. Voilà une caractéristique du passif. Les fonds propres représentaient, quant à eux, 20, 30 ou 40 % (60 % dans un cas) du passif, c'est-à-dire une partie très importante du passif. Ces fonds propres n'ont donc rien de commun avec ceux des banques d'aujourd'hui. L'influence de ce phénomène agira profondément sur la régulation du système.

Est-ce que ce système présente des défauts de fonctionnement ? Est-il susceptible d'engendrer de l'inflation ? La réponse est un non catégorique. Les historiens ont constaté que ces banques n'amenèrent pas d'inflation des prix. Les sources dont nous disposons montrent un système de prix étonnament stable durant cette période. En ce qui concerne le deuxième problème, dans la mesure où ces banques créent des instruments fiduciaires, sous forme de billets ou de dépôts non couverts par de la monnaie métallique, on pourrait s'attendre à des crises, des ruées sur ces banques avec faillites éventuellement. L'histoire montre qu'il n'en fut rien. On constate seulement qu'en 1798 il se produisit un incident avec la Caisse des comptes courants, à laquelle fut volé une partie de ses liquidités. Le directeur de la banque partit avec 10 % de l'actif. Il est clair qu'aujourd'hui une perte de 10 % de ses actifs rendrait toute banque automatiquement insolvable. Or la caractéristique de la Caisse des comptes courants était précisément sa solvabilité. Possédant 20 % de fonds propres, perdre 10 % signifiait en perdre la moitié, sans faire faillite pour autant. Elle s'est donc engagée à rembourser tous les détenteurs de billets et tous les déposants. En conséquence, en un bref délai, la Caisse des comptes courants put faire face à tous ses engagements.

Sur cette période de sept ans, il ne s'est produit qu'un autre incident. Il eut lieu aux alentours de 1802 avec la Caisse d'escompte du commerce qui fut soumise à des demandes de remboursement massives. Que firent les actionnaires ? Les réserves étant insuffisantes, ils se sont engagés à vendre immédiatement autant d'actifs qu'il faudrait pour pouvoir rembourser les détenteurs de billets. Tous les créanciers furent payés et la confiance reparut à nouveau.

Quant aux autres établissements, ils n'ont en aucune façon été touchés par ces deux mini-crises. Aujourd'hui le choc serait considérable, mais à l'époque (1802) cette perte de 10 % d'actif n'a pas entraîné de perturbation majeure et la ruée ne se communiqua pas non plus à l'ensemble du système. Ce n'est plus (le cas) aujourd'hui aux États-Unis. Dans l'État du New Hampshire en 1991, la faillite d'une banque a entraîné une dizaine d'autres dans la chute. L'État du New Hampshire s'est ainsi trouvé plongé en l'espace de quelques mois dans une situation de crise économique et bancaire considérable. Au début des années 1980 lors de la faillite de la banque Continental Illinois, le président Reagan a nationalisé immédiatement cette institution de façon à éviter la propagation à l'ensemble du secteur bancaire. Il s'agissait d'éviter un effet de « boule de neige » parfaitement possible à cette époque, comme plus tard dans l'État du New Hampshire. A l'époque du Directoire et du Consulat, la solvabilité des banques rendit cet effet « boule de neige » tout à fait impossible.

La première raison résidait dans la liquidité des banques, dont les actifs, à part ceux de la Banque territoriale, pouvaient se vendre, éventuellement à perte, mais certainement très rapidement. En second lieu, la solvabilité de ces banques était très fortes, car leurs fonds propres suffisaient largement pour faire face à n'importe quelle crise et même, le cas échéant à des pertes très importantes, sans pour autant faire faillites.

Voilà pour les banques de la place de Paris. Il faut en tirer un enseignement quant aux quantités d'instrument monétaire émises. On peut observer que les quantités d'instruments monétaires produites sont indépendantes du pouvoir politique et qu'il en est de même des pièces de monnaie (or, argent ou divisionnaire). Si le public n'en veut plus, s'il en veut moins, les pièces s'exportent ou sont thésaurisés, leur quantité n'est pas directement contrôlable par un gouvernement. D'autre part, les dépôts rémunérés ou non, ou les billets, les quantités utilisées dépendent de la production de ces instruments monétaires par les banques, et cette production dépend de la demande des utilisateurs de billets ou de monnaie scripturale. Si certains préfèrent les pièces, d'autres les chèques, fonctionnant à l'époque sous forme de transferts, ou si d'autres préfèrent des billets, la quantité de chacun de ces moyens monétaires dépend exclusivement de la demande des utilisateurs. Donc, aucune espèce de réglementation par un gouvernement n'est nécessaire. Il est intéressant de constater que la régulation se fait tout à fait spontanément. L'inflation des assignats et des mandats territoriaux a disparu, la déflation n'existe pas non plus. La seule chose que l'on puisse avancer c'est la brièveté de la période et par conséquent, que ce bon fonctionnement a été limité dans le temps. Il reste à savoir pour quelles raisons cette expérience a été interrompue et ce qui s'est produit dans les pays possédant un système bancaire à peu près analogue.

On a examiné succinctement l'Écosse et les six États de la Nouvelle-Angleterre, mais le Canada et un certain nombre de pays sont également passés par des expériences analogues s'étendant sur des plus longues périodes. En Nouvelle-Angleterre la liberté bancaire a duré cinq décennies, en Écosse plus d'un siècle, on peut donc constater que dans ces différents pays, peu nombreux mais très concluants sur une période de temps assez importante, des expériences analogues ont produit exactement la même stabilité, la même prospérité économique. L'accroissement considérable de la clientèle de ces banques permit le financement de l'économie française dans un contexte politique particulièrement troublé. Pourtant ces banques s'établirent facilement et financèrent efficacement l'économie de la région parisienne. La question reste de savoir pourquoi l'expérience n'a pas duré plus longtemps. Un nouveau régime monétaire fut établi en 1795 fondé sur des pièces en argent. Le franc fut défini par un poids d'argent métal. L'or n'était pas encore utilisé d'une façon officielle. Le franc or ne débuta qu'en 1803, ce qui n'empêcha pas l'utilisation des pièces d'or de l'époque [2].

II – *Le contexte idéologique dans lequel s'est présentée cette expérience*

Cette expérience s'est effectuée dans le contexte suivant : le philosophe économiste de Gournay a popularisé la formule « Laissez-faire, laissez-passer », qui signifiait laissez produire, libre-échange, mais ce principe ne s'arrêtait pas aux biens et aux services. Il existe des textes, de Turgot notamment, montrant que de Gournay était totalement opposé au contrôle des taux d'intérêt par l'État. Et comme Turgot fut son premier disciple, on voit très bien la filiation intellectuelle. Turgot, disciple de Gournay applique les principes physiocratiques du « laissez-faire et de laissez-passer » au système bancaire. Il autorise donc l'établissement d'une première banque, la Caisse d'escompte, en 1776. Dans l'esprit de Gournay, il ne s'agissait pas de créer une banque centrale, il s'agissait simplement d'ouvrir la France à un système moderne comme existant à l'époque en Écosse. L'exemple écossais était présent, et par conséquent l'idée de Turgot était de laisser se développer en France un système analogue, où toutes les banques pourraient se former et émettre des billets partout où les utilisateurs en auraient besoin. Après de Gournay et Turgot, on aperçoit d'autres influences, en particulier celle du comte de Mirabeau, mort en 1791. Dans son livre *De la Caisse d'escompte* (1785), il prend aussi position pour la multiplicité des instituts d'émission. Il est intéressant de noter, qu'il lie aussi ce problème à celui des fluctuations cycliques qui n'apparaîtra régulièrement qu'un peu plus tard : Mirabeau fait remarquer que de fait il ne fonctionne qu'une seule banque et que cette banque se permet de temps en temps des facilités. Alors que s'il existait plusieurs banques concurrentes ces « facilités » ne pourraient franchir des limites très étroites. En conséquence de quoi Mirabeau explique qu'on assiste à des petites fluctuations cycliques qui sont sans conséquences parce que ses billets étant convertibles, la Caisse d'escompte doit faire face à toutes les demandes de remboursement.

Après Mirabeau il faut citer un autre grand économiste : Du Pont de Nemours. Lui aussi est un physiocrate; il occupera quelques temps la présidence de l'Assemblée nationale constituante. Dans cette Assemblée, Dupont fait un grand discours sur les banques, dans lequel il explique que les banques doivent être libres. Ce discours est très apprécié de l'Assemblée, qui décide immédiatement de le publier sous la forme d'un petit livre qui paraîtra en novembre 1789. Ce petit ouvrage de Du Pont de Nemours paraît et c'est juste après que commence cette expérience de caisses patriotiques prêtant du crédit et émettant des billets. Cette expérience a été analysée par Eugen White. Cette expérience limitée, probablement à cause des assignats et de l'incertitude régnant à cette époque, il n'était sans doute pas commode de faire fonctionner des banques dans un contexte de cette nature où l'instabilité des prix, due à la production d'assignats, devait singulièrement gêner le calcul économique prévisionnel des banques.

Le livre d'Adam Smith, *La Richesse des Nations*, publié en 1776, avait subi au moins trois traductions, et au moins six éditions circulaient au début de la Révolution française. Or Adam Smith était tout à fait favorable à la liberté d'émission qu'il voyait fonctionner tous les jours dans son pays l'Écosse. Il en avait conclu que ce système fonctionnait beaucoup mieux que tous les autres systèmes existant à son époque, y compris la Banque d'Angleterre et celle d'Amsterdam.

Un autre auteur appartient à cette tradition de grands économistes, Camille Saint-Aubin. Il est un peu moins connu aujourd'hui qu'autrefois. Dans un petit livre, *Des banques particulières*, il défend, pour la France, un système à l'écossaise. Son importance a été soulignée par l'économiste français Alphonse Courtois dès 1875.

III – *L'abolition politique du système bancaire libre*

Si ce système fonctionnait efficacement, comment expliquer sa disparition ? Les historiens de cette période concluent tous que la fin de ce régime bancaire n'est pas spontané, mais résulte au contraire d'une décision du pouvoir politique. Il s'agit de Bonaparte, qui malgré les organes législatifs, décide de tout. Il initie une loi en 1803, accordant le privilège exclusif d'émission des billets à une seule banque. De 1800 à 1803, il existait plusieurs banques d'émission dont l'une se nommait la Banque de France. Au départ simple société commerciale elle ne disposait d'aucune clientèle (cf. Gabriel Ramon, auteur d'une monumentale *Histoire de la Banque de France*). Il lui a donc fallu fusionner avec une autre banque, la Caisse des comptes courants qui lui apporta la clientèle. Le premier actionnaire de la Banque de France fut Bonaparte. Il fut entouré d'anciens partisans de la liberté des banques qui participèrent au coup d'État du 18 Brumaire trois ans auparavant. On accusa les banques concurrentes de la Caisse des comptes courants et maintenant de la Banque de France d'engendrer de sérieux inconvénients. Le premier était l'émission des billets. Le billet possède la caractéristique de ne pas coûter cher. Lorsqu'une banque dispose à son passif de beaucoup de billets, elle peut prêter des fonds qui ne lui coûtent presque rien et qu'elle peut reprêter à un taux d'intérêt très rentable. La concurrence tend à augmenter le coût des fonds d'une part et à diminuer le revenu de ces fonds d'autre part. C'est-à-dire que la marge entre le revenu des fonds et le coût tend par la concurrence à devenir très faible. En conséquence la multiplicité des banques d'émission diminue la rentabilité des billets pour chacune d'entre elles. Tel est le résultat de l'absence de privilèges. En revanche, dès qu'une banque dispose d'un privilège d'émission elle peut prêter des fonds qui ne coûtent pas grand-chose et qui rapportent beaucoup. Cette situation de monopole lui permet d'augmenter sensiblement la rentabilité de ses fonds propres et donc les dividendes de ses actionnaires. Le taux de rentabilité des actions des banques libres de la Nouvelle-Angleterre ou même d'Écosse tournait autour de 6 ou 7 % tendant ainsi vers le « taux naturel » de l'intérêt de l'époque dans ces pays. En revanche, l'attribution du privilège d'émission à la Banque de France permit à ses actionnaires de bénéficier de taux très élevés passant parfois les 25 % ou 28 %.

Quelles sont les raisons qui justifient l'abolition de ce système ? Elles sont au nombre de quatre. La première raison invoquée, est le goût excessif de la centralisation chez Bonaparte. La deuxième tient au fait que pour financer ses guerres il avait besoin de contrôler une banque (il appelait d'ailleurs la Banque de France « ma banque »). Troisième motivation : Bonaparte et plusieurs de ses proches étaient actionnaires de cette banque. Ils estimaient, à juste titre, que la suppression du droit d'émission des banques concurrentes permettrait une augmentation sensible de la rentabilité financière de leurs actions. La quatrième raison est apparemment la seule à être dotée d'une certaine justification théorique, a été avancée par un des responsables de la Commission qui travaillait à la préparation de la loi, M. Cretet. Dans un long rapport il explique que le système en question provoque un inconvénient majeur. La concurrence, explique-t-il, limite radicalement l'émission de monnaie fiduciaire, en particulier de billets. Par conséquent si l'on souhaite pratiquer une politique monétaire expansionniste ou inflationniste, il est indispensable de supprimer la pluralité de l'émission. La raison invoquée en 1803 pour détruire la liberté d'émission est donc exactement la raison inverse de celle donnée à partir de 1860. A cette époque un débat se développe sur cette question et l'on affirme l'impossibilité de laisser la liberté d'émission (par exemple à la banque de Savoie) car celle-ci engendrerait nécessairement l'inflation. En 1867, l'économiste Edouard Horn, remarqua dans *La Liberté des banques* qu'il fallait choisir. On ne peut pas reprocher à une banque libre d'une part d'être inflationniste, d'autre part d'empêcher toute inflation. Or la raison donnée en 1803 fait valoir que la concurrence entre les banques limite très strictement la production de monnaie fiduciaire.

Voilà pour les grandes raisons de cette loi de 1803 qui détruisit le système par son article 1er accordant le privilège exclusif d'émission de billets à la Banque de France en pénalisant toutes les autres banques. L'article 30 supprime expressément le droit d'émission de tous les concurrents et leur demande nommément de bien vouloir retirer leurs billets de la circulation.

En conclusion nous affirmerons, comme Gilles Jacoud à la fin de ses travaux, que

> *la Banque de France est aussi l'établissement qui se prête le mieux à des opérations de secours au Trésor. L'État a donc intérêt à son renforcement. Or ce renforcement passe par l'attribution d'un privilège qui amènera la suppression d'une concurrence dommageable à la Banque. Les considérations politiques l'emportent sur une rationalité économique qui aurait sans doute consisté à laisser subsister les divers diffuseurs de crédit*[3].

« L'hérésie économique que constitue la mise au pas des concurrents de la Banque transparaît dans les difficultés que connaît le commerce parisien après l'attribution du privilège[4]. »

IV – *La tradition monétaire des économistes français au XIXe siècle*

La tradition de la liberté des banques domine largement chez les économistes français du XIXe siècle. Le premier à la défendre est Jean-Baptiste Say, en 1803, dans son *Traité d'économie politique*. Ce point de vue de Jean-Baptiste Say intéresse d'autant plus l'historien de la théorie économique que dans les années qui suivent Say développe une théorie des fluctuations cycliques. La première crise vraiment sérieuse apparaît dès 1805, deux ans seulement après l'abolition de la liberté d'émission ; c'est une crise de surémission de billets. Surémission qui ne s'est pas produite pendant l'époque de la libre concurrence bancaire, mais après et à cause de sa suppression. La théorie des fluctuations cycliques élaborée par J.-B. Say attribue une origine bancaire à ces dérèglements, mais il ne montre pas clairement le rapport avec l'absence de libre concurrence.

Un autre économiste, Charles Coquelin, auteur du très remarquable *Dictionnaire de l'Économie politique* (plus de 1 800 pages, publié en 1854) analyse les problèmes liés à la liberté ou monopole de l'émission et conclut très nettement que le système engendrant le plus haut niveau de prospérité et de stabilité, est incontestablement la libre concurrence de plusieurs instituts d'émission. Il défend cette position avec une cohérence croissante de 1828 à 1852. Il décède relativement jeune (1852), ainsi que son ami Bastiat deux ans auparavant. Georges de Nouvion note que Bastiat partageait la même analyse que Coquelin sur cette question, comme sur beaucoup d'autres d'ailleurs. Ils ont eu de nombreux disciples sur le plan monétaire, dont Michel Chevalier. Ancien saint-simonien les argumentations de Coquelin l'ont convaincu non seulement sur la France, mais aussi sur l'Écosse et sur la Nouvelle-Angleterre. Pour ce partisan du libre-échange, la liberté économique doit s'étendre aux banques pour les stabiliser et mieux financer le commerce et l'industrie. Dans les années 1860, avec le rattachement de la Savoie à la France, la question va se poser et le débat sera réouvert lors d'une enquête parlementaire sur la question. A cette époque, la Société d'économie politique regroupait l'ensemble des économistes français, soit à peu près deux cents membres. Parmi ceux-ci, Michel Chevalier débattra avec Louis Wolowski, le seul économiste à défendre le principe de l'unicité d'émission en France. Dans ce débat les économistes sont donc tous d'accord, à cette exception près, pour estimer la banque libre plus efficace que le monopole d'émission. Certains mêlaient à cet argument d'efficacité et de stabilité monétaire celui du droit naturel des banques d'émettre des billets. Mais l'argument central, essentiel reste celui de l'utilité.

Karl Marx constate le même phénomène et fait l'éloge des grandes banques libres d'Écosse :

Ce sont avant tout les banques écossaises que l'on présente à juste titre comme modèles... Il n'en reste pas moins que l'Écosse n'a pas connu de crise monétaire proprement dite... L'Écosse est importante ici parce que d'une part elle montre comment le système monétaire peut sur la base actuelle être parfaitement réglé – et supprimés tous les défauts que déplore Darimon – sans abandonner la base sociale[5] *– c'est-à-dire le système économique libéral dans lequel on vivait à l'époque.*

En France la tradition de la banque libre remonte à bien avant la Révolution française ; elle a perduré pendant tout le XIXe siècle, et même au début du XXe siècle.

La pertinence de la banque libre pour les problème d'aujourd'hui peut être résumée comme suit.

Dans un marché bancaire libre, 1) les mauvais billets de banque ne chassent pas les bons ; 2) la fausse monnaie ne constitue pas un problème important ; 3) les banques ne sont pas intrinsèquement disposées à la surémission et à la suspension des paiements ; 4) les banques ne tiendront pas des réserves chroniquement insuffisantes ou excessives ; 5) les ruées sur les banques ne sont pas un problème endémique ; 6) il n'y a pas un besoin réel d'un prêteur de dernier ressort ; 7) pas de réserves pyramidales, ce qui évite de rendre le crédit instable ; 8) aucun monopole naturel n'existe dans la production de papier-monnaie ; et 9) la prolifération de billets d'émetteurs différents ne pose aucun problème (L. White 1996 p.147).

V – *Demain, la liberté monétaire*

Les expériences de liberté bancaire ne peuvent être considérées comme une réponse toute faite aux problèmes d'aujourd'hui. Néanmoins, elles montrent que le régime de banque centrale est inutile pour résoudre les problèmes monétaires et qu'au contraire la libre concurrence bancaire offre des solutions alternatives et plus attrayantes.

Une monnaie commune est-elle utile ? Peut-on imaginer l'introduction d'un étalon privé parallèle ? Réponse : oui, sans aucun doute. L'introduction de la concurrence des monnaies frayerait un chemin pour au moins une monnaie commune et parallèle. Après une période de transformation progressive et spontanée, une dernière mesure pourrait éradiquer la concurrence injuste de la monnaie fiduciaire par la vente des réserves en or de la banque centrale.

La concurrence des monnaies

Pour franchir cette première étape, il est nécessaire d'abolir les obstacles qui entravent les droits de propriété et la liberté des contrats dans le domaine monétaire. Ceci permettrait à la concurrence monétaire de se développer librement, comme l'ont proposé des économistes éminents dans les années 1970. Cela implique :

A – L'abolition du cours forcé des papiers-monnaies nationales (devises)

B – Pour l'or, cela signifie :

1 – l'abolition de l'impôt sur l'or

2 – liberté de faire des contrats en or, en particulier :

a) la liberté des transactions commerciales (achat et vente)

b) la liberté des banques d'ouvrir des dépôts rémunérés ou non rémunérés.

A ce stade, dans le pays qui suivrait ce schéma, un étalon-or parallèle faisant concurrence à la « monnaie nationale » se développerait progressivement et de manière spontanée. Si seulement deux pays de l'Union européenne devaient emprunter ce chemin, la monnaie-or privée deviendrait la monnaie commune de ces deux pays, avec la possibilité de s'étendre à l'ensemble des quinze pays membres.

3 – la liberté de frapper des pièces d'or pour les émetteurs existants

4 – le droit de ces utilisateurs de déterminer librement les unités de poids (onces ou grammes) qui conviennent le mieux à leurs besoins.

Pour les pays qui adoptent ce système, l'or viendrait progressivement à circuler à la fois en tant que monnaie parallèle et monnaie commune. Cette monnaie-or commune serait en concurrence avec les « monnaies nationales » non convertibles. Toute expansion du volume de ces papiers-monnaies non convertibles provoquerait progressivement une évolution vers le remplacement de la « monnaie nationale » par une monnaie-or commune.

La privatisation de la monnaie

Afin d'éviter la concurrence injuste venant du papier-monnaie géré par des institutions publiques (banques centrales ou d'autres) :

a) une ou plusieurs banques centrales pourrait entreprendre de vendre ses réserves en or (moyennant retour des billets ou remboursement des créances des banques à la banque centrale),

b) les billets de 200 F et de 500 F pourraient être échangés contre des pièces d'une valeur équivalente, libellées en francs et en grammes d'or. La parité serait déterminée par le marché, après une période de stabilité suffisante.

A ce stade, les billets et les dépôts seraient échangés contre des pièces en or, libellées en francs ou en unités de poids d'or. Ainsi, l'once ou le gramme d'or serait l'unité de compte, à la place du franc actuel. Si deux pays adoptaient ce système, l'or ferait d'abord figure de monnaie commune. Plus tard, au moment de la convertibilité à une parité de marché, la monnaie-or commune serait de facto une monnaie-or unique pour chaque pays ayant adopté la convertibilité métallique.

Ainsi les monnaies nationales inconvertibles seraient radicalement transformées, passant du stade de papier-monnaie fiduciaire (après abolition de l'inconvertibilité et du cours forcé) en des créances par rapport à la monnaie unique, c'est-à-dire l'or. Les utilisateurs seraient toujours libres de compter en francs, mais ils pourraient également utiliser des unités telles que l'once ou le gramme d'or. Ils seraient libres d'utiliser des pièces, des billets convertibles ou des dépôts bancaires, rémunérés ou non. Cela permettrait de maintenir la diversité des instruments monétaires, laquelle serait un résultat du libre choix des utilisateurs. On verrait émerger plusieurs types de monnaies privées, avec de nouvelles exigences monétaires. Il est probable cependant que les quantités considérables d'or déjà entre les mains de millions de personnes seraient d'abord utilisées.

Ce système ne conduirait pas à l'une ou l'autre des régimes de l'étalon-or du passé, mais du moins à un étalon-or privé d'un genre nouveau, à l'abri des manipulations du pouvoir politique. En tant que propriété des utilisateurs, la masse monétaire serait déterminée par les détenteurs de pièces ou de titres monnayables en or (billets ou dépôts). Libérée de la tutelle étatique, la nouvelle monnaie (ou les nouvelles monnaies) serait à l'origine d'une unification (intégration) monétaire progressive et spontanée en Europe, sans recours au constructivisme étatique. Elle ne serait pas assujettie à des taux administrés et exercerait un effet stabilisateur sur les taux de change des autres papiers-monnaies (en particulier le dollar et le yen). Or, de par sa dispersion géographique, l'or tendrait probablement à devenir une monnaie commune universelle, et peut-être à retrouver son rôle traditionnel de monnaie-marchandise à l'échelle mondiale. Les peuples disposeraient alors d'un étalon-or privé, source de stabilité monétaire et de progrès économique.

A l'intérieur de ce système, la production de la monnaie métallique de base serait libre. Puisque la frappe de pièces d'or serait également libre, l'offre s'ajusterait à la demande. La nouvelle concurrence des monnaies aurait fait de l'or au minimum une monnaie commune parallèle. La vente par les banques centrales de leurs importantes réserves d'or et la convertibilité des billets élimineraient de facto leur pouvoir d'accroître artificiellement l'offre de monnaie et le crédit bancaire. Ce serait en effet la création d'un régime proche de celui de la banque libre. Libéré du fardeau des fluctuations des taux de change et des changes administrés, ainsi que de la « mauvaise allocation des investissements » qui en résultent, le commerce international se développerait de manière considérable et soutenue. Les risques de protectionnisme et de guerres commerciales diminueraient rapidement. La disparition de la dépréciation monétaire tendrait à pousser fortement les taux d'intérêt vers le bas, et à accroître le taux d'épargne. L'étalon-or privé aurait pour conséquence l'émergence d'une croissance non inflationniste réelle et continue. L'unification monétaire spontanée et progressive s'établirait en Europe, sans recours à une banque centrale « européenne ». En réalité, ces mesures représentent le chemin le plus rapide et le plus simple pour sortir du chaos monétaire actuel.

NOTES

1. Cette période a été étudiée par différents économistes au XIXe siècle : A. Courtois, J-G Courcelle-Seneuil, Charles Coquelin, et surtout Paul Coq dans *Le Sol et la Haute Banque ou les intérêts de la classe moyenne*, tome I, Paris : Librairie démocratique, 1850.

Au XXe siècle il faut noter les contributions de : E. Servais, Louis Lair 1967, François Crouzet 1993, Eugen White 1990, Philippe Nataf 1990 et 1992. Il fallut attendre les travaux de Gilles Jacoud pour obtenir une étude reposant sur un travail d'archives considérable qui permit d'interpréter de façon plus solide le fonctionnement des banques à cette époque.

Il faut lire en particulier *La Monnaie fiduciaire : d'une émission libérée au privilège de la Banque de France (26 octobre 1795 – 14 août 1803)*, 1990 (thèse) et *Le Billet de banque en France (1796-1803)* Pars, L'Harmattan, 1996.

2. Gilles Jacoud, *Le billet de banque en France (1796-1803)*, Paris, L'Harmattan, 1996.
3. *Id.*, p. 284.
4. G. Jacoud (1990), p. 520.
5. Karl Marx, *Gründrisse*, Paris, Éditions sociales, 1980, pp. 66-67.

BIBLIOGRAPHIE

Centi Jean-Pierre, *Intégration européenne et Concurrence des monnaies*. Paris, Economica, 1984.

Coquelin Charles, « Des monnaies en France et d'une Réforme de notre régime monétaire », 15 octobre 1844, *La Revue des Deux Mondes*, pp. 350-374.

–, « Les crises commerciales et la liberté des banques », 1er novembre 1848, *La Revue des Deux Mondes,* pp. 445-470.

–, « Crises commerciales », *Dictionnaire de l'Economie politique*, Paris, Guillaumin, 1854.

–, *Le Crédit et les Banques,* Paris, Guillaumin, 1876.

Dowd Kevin, Ed, *The Experience of Free Banking*, London and New York, Routledge, 1992.

Ebeling Richard M., Editor, *The Austrian Theory of the Trade Cycle and Other Essays by Ludwig von Mises, Gottfried Haberler, Murray N. Rothbard, Friedrich A. Hayek*, New York, Center for Libertarian Studies, 1978.

Haberler Gottfried, *Prosperity and Depression*, New York, Atheneum, 1963.

Hanke Steve H., Jonung, Lars, Schuler, Kurt, *Russion Currency and Finance*, London and New York, Routledge, 1993.

Hayek F. A. 1933, *Monetary Theory and the Trade Cycle,* New York, Augustus M. Kelley, 1966, German edition, 1929.

–, 1931, *Prices and Production*, London, Routledge & Kegan Paul Ltd, 1967.

–, 1976, *Denationalisation of Money – The Argument Refined*, London, Institute of Economic Affairs, 1990.

Friedman Milton, « Has Government any Role in Money? », *The Essence of Friedman*, Edited by Kurt R. Leube, Stanford, California. Hoover Institution Press, Stanford University, 1987.

Jacoud Gilles, *La Monnaie fiduciaire : d'une émission libérée au privilège de la Banque de France (26 octobre 1795-14 avril 1803),* thèse pour le doctorat de Sciences économiques soutenue le 5 novembre 1990.

–, *Le Billet de banque en France (1796-1803)*, Paris, L'Harmattan, 1996.

Lepage Henri, « Crises et Cycles de l'offre », *Action ou Taxation*, Édité par Philippe Lacoude et Frédéric Sautet, Paris – Genève, éditions Slatkine, 1996.

Marx Karl. *Manuscrits de 1857-1858 (« Grundrisse »)*, tome I, Paris, Éditions sociales, 1980, pp. 49-75.

Mises Ludwig von, 1912, *The Theory of Money and Credit,* New enlarged edn. Trans. H. E. Batson, Irvington-on-Hudson, N.Y. : Foundation for Economic Education, 1971.

–, 1928, « Monetary Stabilization and Cyclical Policy », In *On the Manipulation of Money and Credit,* Trans. By Bettina Bien Greaves, Dobbs Ferry, N.Y. : Free Market Books, 1978.

–, 1966, *Human Action,* 3rd rev. Edn. Chicago : Henry Regnery.

Nataf Philippe, *An Inquiry into the Free Banking Movement in Nineteenth Century France, with Particular Emphasis on Charles Coquelin's Writings,* San Diego : William Lyon University.

–, « New England's depression-proof free banking system : the viewpoints of Henry Charles Carey and Charles Coquelin », *Perspectives on the History of Economic Thought*, Vol. Nine, Edited by Robert F. Hébert, England, Edward Elgar, 1993.

–, « Free Banking in France (1796-1803) » p. 123-136, in Dowd, K. (ed.), *The Experience of Free Banking*, London, Routledge, 1991.

Robbins Lionel, *La Grande Dépression*, Préface de Jacques Rueff, Paris, Payot, 1935.

Rothbard Murray, *The Panic of 1819 : Reactions and Policies*, Columbia University Studies in the Social Sciences, 605, New York and London, Columbia University Press, 1962.

–, *America's Great Depression,* Los Angeles, Nash Publishing, 1972.

Rueff Jacques, *Le Péché monétaire de l'Occident*, Paris, Plon, 1971.

Salin Pascal, *Macroéconomie*, Paris, PUF, 1991.

–, *Currency Competition and Monetary Union,* La Haye, Martinus Nijhoff BV, 1984 (ouvrage sous la direction de Pascal Salin).

Schuler Kurt, *Should Developing Countries Have Central Banks?*, London, Institute of Economic Affaires, 1996.

–, « Free Banking Canada » p. 79-92, in Dowd, K. (ed.), *The Experience of Free Banking*, London, Routledge, 1991.

Schwarz Anna, « Banking School, Currency School, Free Banking School », *The New Palgrave Dictionary,* London, Macmillan Press, 1987.

Selgin George, *The Theory of Free Banking – Money Supply under Competitive Note Issue,* Cato Institute, New Jersey, Rowman & Littlefield, 1988.

–, « Free Banking Foochow » p. 103-122, in Dowd, K. (ed.), *The Experience of Free Banking*, London, Routledge, 1991.

Shelton Judy, *Money Meltdown – Restoring Order to the Global Currency System*, New York, The Free Press, 1994.

Skousen Mark, *The Structure of Production*, New York and London, New York University Press, 1990.

Smith Vera C. 1936, *The Rationale of Central Banking and the Free Ban-*

king Alternative, Preface by Leland B. Yeager, Indianapolis, Liberty Press, 1990.

White Eugen, N. « Free Banking during the French Revolution », *Explorations in Economic History,* 27 (3 July).

White Lawrence, *Free Banking in Britain*, 2nd edition, London, Institute of Economic Affairs, 1995.

–, *Competition and Currency – Essays on Free Banking and Money*, New York and London, New York University Press, 1989.

Les libéraux français et le colonialisme

par

Guy Millière

Au fur et à mesure que j'avançais dans la préparation de cette conférence, elle m'est apparue comme devant prendre la forme d'une remise en cause radicale, profonde d'un certain nombre d'idées reçues. Ces idées, ce ne sont pas, j'en suis sûr, celles que vous avez dans vos têtes, néanmoins, elles flottent autour de nous, plus ou moins dites, plus ou moins perceptibles. On les trouve dans les journaux, les médias audiovisuels, les encyclopédies, les ouvrages spécialisés. Elles concernent les liens censés lier « indistinguiblement » capitalisme et colonialisme, le « pillage du tiers-monde », ou, pour reprendre une expression qu'affectionnent les auteurs de gauche lorsqu'ils parlent du monde pauvre, l' « échange inégal ». Elles concernent, bien sûr, ce qu'il est convenu d'appeler l' « impérialisme », ou l'opposition qui séparerait « pays bourgeois » et « pays prolétaires » et qui lierait les premiers aux seconds par un rapport d'exploitation.

Une remise en question continue

Si j'entends être scrupuleux, il me faudrait dire, dès l'abord, que cette remise en cause a commencé depuis plusieurs années. Un peu plus de quinze exactement. Avec la publication de livres de Peter Bauer [1], Carlos Rangel [2], Lawrence Harrison [3] ou Jacques Marseille, dont *Empire colonial et Capitalisme français* [4] constitue une contribution majeure. Néanmoins, le chemin ainsi défriché reste pour l'essentiel à creuser, le mouvement enclenché reste à amplifier. De nombreuses conceptions pernicieuses continuent à flotter dans l'air du temps et à imprégner nos pensées et nos actes.

Cette conférence sera avant toute autre chose, une contribution à la dissolution de ces conceptions pernicieuses et une forme d'appel à dissiper ce qui en reste. Contribuer à dissoudre plus avant ces conceptions pourrait constituer une entreprise urgente, et une entreprise de salubrité.

Salubrité pour nous qui devons nous donner les moyens de comprendre et sortir d'une attitude schématique, autoflagellatrice, et pour finir, stérilisante, qui, dans bien des cas, nous empêche d'être fiers de notre héritage, et qui plus largement nous entrave lorsque nous voulons tenter de voir ce qui pourrait permettre l'accés du plus grand nombre d'individus à la prospérité. Salubrité aussi, et surtout, pour les hommes du monde pauvre, qui sont toujours (il ne faut pas l'oublier) les premiers à subir les conséquences de discours ineptes, voire criminels, dont on a tout fait pour qu'ils imprégnent leurs têtes.

Colonialisme et dirigisme

L'argument principal que je vais développer en ce sens, celui qui servira de matrice à tout mon exposé est le suivant : toutes les données disponibles, montrent que si des liens existent, ils ne sont pas entre colonialisme et capitalisme, mais entre colonialisme et dirigisme, voire entre colonialisme et socialisme. Or ces données sont occultées, ou leurs analyses biaisées.

Tous les documents disponibles, montrent que c'est des auteurs libéraux que sont venus en France (mais aussi ailleurs dans le monde) les formulations de doutes sur le principe même de la colonisation, mais aussi l'énoncé de ce que seraient les conséquences néfastes de la colonisation, et la proposition de remède à ces conséquences lorsque celles-ci se feraient jour.

Or, ce qu'ont dit ces auteurs a été peu entendu, leur parole a été ensevelie, dissimulée, oubliée ou, ce qui est plus grave, travestie. La première chose à faire en ces conditions est d'affirmer qu'il faut rendre justice à ces auteurs, redécouvrir et faire redécouvrir leurs textes. En se replongeant dans leurs textes, on est conduit à découvrir que ces textes sont non seulement prémonitoires, mais peuvent constituer une source essentielle d'analyse d'ensemble enfin pertinente non seulement de la question coloniale, mais de la situation post-coloniale présente et des conditions concrètes du développement.

Le discours libéral

Le discours libéral autour de la question coloniale tel que tenu par les libéraux français du XIXe siècle, discours dont l'essentiel des textes a été publié dans *La Revue des Économistes,* s'articule autour de quelques thèses fondamentales très simples, (mais, comme chacun de nous le sait, les grandes idées sont souvent simples), et se contente de développer les conséquences qu'on peut en tirer de façon logique et limpide.

La prospérité économique, nous disent nos auteurs, dépend de la maximisation de l'utilisation des biens rares, or nul ne sait mieux que les producteurs eux-même ce qui peut permettre cette optimisation sur un marché libre. La prospérité dépend aussi de la liberté de choix et de décision par le biais de laquelle s'opère la sélection, d'essais en erreurs ou rectifications, des meilleures solutions, donc de la liberté de passer contrat. Toute intervention de l'État venant influer sur la prise de décision ne peut que nuire au cheminement vers la prospérité.

Il s'agit là, je l'ai dit en commençant, de thèses simples et bien connues. Les conclusions qui en sont tirées, sont simples elles aussi, et bien connues, mais elles débouchent peu à peu sur d'autres conclusions moins simples, et qui donnent à penser :

– la politique économique, donc la politisation de l'économie, poursuivent nos auteurs, est toujours néfaste parce qu'elle débouche toujours sur des distorsions d'activité, sur des effets de clientélisme, donc sur du protectionnisme sous une forme ou sous une autre ;

– le protectionnisme provoque le déclin du commerce, de l'industrie, et de l'agriculture qu'il touche, déclin auquel le gouvernement, mû par sa logique politique, répond par davantage de protectionnisme et, puisque c'est de cela qu'il s'agit, davantage de paternalisme. Ce paternalisme est la source d'une façon de faire socialiste (et il est à noter que des auteurs comme Yves Guyot ou Rouxel n'hésitent pas à parler, d'une manière fort pertinente et sur laquelle il faudrait revenir, de « socialisme d'État de l'Ancien Régime [5] »), façon de faire qui débouche sur l'intervention coloniale qui n'est que la continuation du paternalisme, du protectionnisme et du socialisme.

Je cite Rouxel : « Tout organisme vivant pour se nourrir commence par les objets voisins, pour l'organisme État les objets immédiats c'est son peuple, lorsque celui-ci est épuisé il faut bien chercher fortune plus loin... c'est ainsi que la politique économique et commerciale finit par devenir politique coloniale [6]. » La colonisation est donc ainsi présentée comme la conséquence directe de politiques interventionnistes et destructrices, menées à l'intérieur des pays colonisateurs eux-mêmes. Elle ne peut, sur cette base, qu'être néfaste, pour le pays colonisateur comme pour le pays colonisé (le premier, le pays colonisateur subit par le biais de la politique coloniale une aggravation de l'interventionnisme qu'il subit déjà, le pays colonisé se trouve précipité dans un fonctionnement contre-productif que sa population n'a pas choisi).

Une analyse iconoclaste

Inutile de souligner le caractère iconoclaste de cette analyse. Sont balayés là pour l'essentiel (et les détails, même si je n'ai pas le temps de les donner dans le cadre de cette conférence, figurent dans les textes) les arguments parlant de la colonisation comme fruit direct d'une expansion capitaliste perverse par elle-même, mais aussi les arguments – utilisés en son temps par Marx lui-même, parlant du colonialisme comme intégration à un modèle économique supérieur ; la colonisation est, nous disent nos auteurs, fruit de l'étatisme, et prolongement de l'étatisme, elle est fruit d'une sclérose entravant le développement du capitalisme et renforcement de cette sclérose.

Sont balayés aussi les arguments parlant du colonisateur censé apporter la civilisation à ceux qui n'en disposeraient pas, arguments dont il pourrait être utile de rappeler aux anticolonialistes contemporains de gauche qu'ils étaient à l'époque non pas ceux de la droite, mais ceux de la gauche, je cite Jules Ferry, « interventionniste par nécessité », « colonialiste par générosité ». « Il est étrange qu'il faille employer le canon contre les opprimés pour les délivrer de leurs tyrans », écrit en contrepoint Yves Guyot [7].

Pourquoi, dès lors qu'étatisme et colonialisme sont néfastes pour tous, pays colonisateurs et pays colonisés, populations des pays colonisateurs et populations des pays colonisés, continuent-ils quand même ? se demandent aussi nos auteurs. La réponse qu'ils apportent est intéressante, et laisse penser à ce que l'on retrouvera, bien plus tard, dans certaines thèses de l'école des « choix publics » : parce que se créent ainsi des avantages particuliers acquis (ceux des colons, ceux des administrateurs) et que l'on permet (« l'on », étant les hommes de l'État) que des avantages particuliers l'emportent sur l'intérêt général.

« Ceci suffit à expliquer, note Rouxel, que la colonisation se poursuive malgré ses aspects factices et destructeurs » et on pourrait voir dans certains passages du texte de Rouxel *Politique commerciale et Politique coloniale* une dénonciation avant la lettre de ce que Hayek appellera plus tard constructivisme, je cite : « Il est inutile et vain de poser artificiellement des éléments d'une culture sur une autre culture ; nul ne peut imposer impunément une construction artificielle sur ce qui est le fruit de l'évolution [8]. » La politique coloniale, précise Rouxel, est « condamnée à l'échec, elle est néanmoins condamnée à durer parce qu'elle sert des intérêts particuliers, ce qui explique aussi qu'elle se poursuive bien qu'elle coûte davantage qu'elle ne rapporte [9] ».

Le coût de la colonisation

Point important sur ce plan, on trouve dès 1880 sous la plume de Guyot, mais aussi sous celle de Le Pelletier de Saint Fargeau, une démonstration du coût de la colonisation [10] pour les puissances colonisatrices, qui vient étayer la thèse de Rouxel, et qui suffit à dissoudre toutes les accusations disant que c'est la rapacité capitaliste, la « quête du profit » (comme disent les socialistes), qui a été à l'origine de la colonisation. Accusations qui comme on sait n'en ont pas moins la vie dure et survivront jusqu'à nos jours. Rien ou presque n'est plus éloigné de la quête capitaliste de profit que le colonialisme, et rien n'est plus proche de la paupérisation par l'hypertrophie étatique que le colonialisme.

Tout juste pourrait-on dire en suivant Le Pelletier que la colonisation a été de l'intérêt de certains capitalistes protégés par l'État et détenteurs d'intérêts particuliers [11]. Mais accuser le capitalisme de colonialisme ne peut se faire qu'en confondant le capitalisme avec les dévoiements étatistes et dirigistes qui l'ont peu à peu transformé en son contraire, ou en une caricature de lui-même.

Le capitalisme, note Guyot, consiste à « maximiser la production et le commerce, conditions de la prospérité, or la colonisation ne permet pas cette maximisation. Cela implique des dépenses, des surcroîts fiscaux qui handicapent la production et le commerce sans créer d'autres places propices à la production et au commerce [12] ». A ce sujet, et dans la continuation, Guyot note ironiquement ceci : « Nos colonies sont un débouché non pour notre commerce et notre industrie, mais pour l'argent des contribuables [13]. »

Guyot poursuit son raisonnement en notant que ce sont souvent les pays non colonisateurs qui sont les plus prospères, la Suisse par exemple, et Guyot écrit, je cite :

Au lieu de payer 90 F d'impôts, chacun de ses habitants paie 17 F, au lieu de se donner le luxe d'expéditions en Asie, en Océanie, en Afrique, d'insurrections, de révoltes, d'une administration centralisée payée fort cher, la Suisse est en république, est une fédération de petits États autonomes, est en possession de la liberté de la presse, de réunion, d'association, et de la liberté économique [14].

On n'échappe pas, conclut Guyot, à certaines lois fondamentales, et entre autres à celle-ci : « Un peuple ne peut avoir de débouchés qu'à condition de fabriquer meilleur marché que ses concurrents les objets qui sont demandés par les consommateurs [15]. » Et tout le reste, montre-t-il, n'est qu'affabulation et dissimulation [16].

Revenant lui aussi sur la mission civilisatrice des colonisateurs, il écrit : « Les peuples les plus avancés en évolution font d'abord sentir aux autres les bienfaits de la colonisation à coups de canon et de fusil [17] », et ramenant la colonisation à ses racines, il note : « La politique coloniale met à la disposition de quelques individus l'argent des contribuables, le sang des marins et des soldats, l'ensemble des forces nationales qui ne devaient être utilisées que pour la sécurité de la patrie [18]. »

Il ajoute enfin, d'une manière, sous quelques angles, prémonitoire : « L'expérience du passé nous prouve que ces privilégiés (les colons) ont le plus souvent été ruinés, quand ils n'ont pas été tués par leurs privilèges [19]. » Ou de façon plus métaphorique, mais fort claire : « Notre politique coloniale allume un feu d'artifice pour cuire un œuf, et au mileu de toutes ses flammes, elle casse l'œuf sans le cuire [20]. »

Tout cela veut-il dire que les libéraux du XIXe siècle entendaient se désintéresser du sort du monde ? Tout cela veut-il dire que l'émancipation des hommes, la possibilité qu'ils se libèrent de l'oppression les laissait indifférents ? Tout cela veut-il dire, comme les en accusent les socialistes de toute espèce, que seul l'avantage commercial et financier leur importait ? Tout cela veut-il dire enfin qu'ils refusaient tout aspect lié à la colonisation, et pourrait-on dire à l'occidentalisation du monde ou à l'inclusion du monde dans le capitalisme et l'économie de marché ? La réponse à toutes ces questions est bien évidemment non. Avec des nuances et des précisions que je vais tenter de souligner.

La dimension éthique

On peut noter que si les libéraux se sont vus accuser d'égoïsme après avoir été accusés de rapacité (rapacité du colonisateur, égoïsme de celui qui ne pense qu'à ses intérêts financiers), ils ont été, au moment de la guerre de Sécession aux États-Unis, presque les seuls à pointer qu'il s'agissait d'une guerre à dimension éthique, presque les seuls à souligner que le Nord défendait les valeurs du droit et que le Sud défendait, lui, non seulement un mode de vie immoral – puisque reposant sur l'oppression, la discrimination, et l'inégalité de droit – mais un mode de vie de type colonial, condamné à péricliter ou à fonctionner sur un mode parasitaire, comme tout mode de vie et de fonctionnement de type colonial [21].

Il est logique que les libéraux ait été presque les seuls. Car eux seuls pouvaient rappeler que le Nord était porteur de l'éthique capitaliste et le Sud décadent porteur des valeurs du colonialisme et de l'interventionnisme. Car eux seuls voyaient, comprenaient, ce qu'était l'éthique du capitalisme et la logique profonde du colonialisme et de l'interventionnisme. Les autres, les très vertueux gens de gauche ou les interventionnistes de droite conservateurs avaient plus de mal à voir où passait la ligne de démarcation, ou tout simplement, vu leurs présupposés idéologiques, ne pouvaient pas le voir.

On peut noter aussi que si les libéraux n'ont pas été les seuls à se préoccuper de la question de l'esclavage en Amérique et en terre d'Islam, ils ont été les seuls à se préoccuper des possibilités d'une éradication économique de cet esclavage, de Molinari, dans un article intitulé « L'abolition de l'esclavage africain » se pose sous cet angle deux questions : celle de la suppression de la traite, celle de l'abolition de l'esclavage à l'intérieur des pays atricains [22]. Pour ce qui est de la traite, il écrit : « la prohibition de la traite aurait pour résultat d'augmenter les souffrances des victimes de ce commerce de chair humaine sans y mettre un terme [23] », et il note « le seul moyen de supprimer la traite, c'est de la ruiner par la concurrence de l'exportation de travail libre [24] ». Autant de notions que ne pouvaient reprendre à leur compte les très vertueux abolitionnistes socialistes qui, en en restant à la prohibition de la traite, ont souvent obtenu pour résultat ce que précisément Molinari dénonçait par avance : l'augmentation des souffrances et la prolongation du mal dans de pires conditions là où le mal a subsisté (car on le sait, le mal a subsisté, jusqu'à nos jours parfois).

L'esclavage africain

Pour ce qui est du second aspect, « extirper l'esclavage du continent noir », Molinari est tout aussi économiste, et réaliste (ce qui va de pair quand on est un économiste digne de ce nom), et note : « On peut l'entreprendre, cette extirpation, par une autre application du principe bienfaisant de concurrence : en opposant aux industries rudimentaires des tribus africaines l'organisation, l'outillage et les procédés les plus perfectionnés de l'agriculture et de l'industrie des peuples les plus avancés [25]. »

Principe bienfaisant de concurrence, voilà encore des mots que les anticolonialistes vertueux tout occupés à s'autoflageller en fustigeant la colonisation n'étaient pas prêts à entendre, les résultats ayant été que si l'esclavage a été aboli en parole (et comme je le disais il y a un instant, pas en actes, et ce jusqu'à ce jour en certains points du monde) l'immense servitude héritée du dirigisme colonialiste, elle, n'a pas disparu, et l'organisation, l'outillage, et les procédés occidentaux ne sont toujours pas implantés partout, dans les pays de l'Afrique subsaharienne par exemple ; on leur a préféré l'aide étatique, le dirigisme plus ou moins téléguidé, le tout, bien sûr, dans le cadre d'une dénonciation incantatoire du « néocolonialisme » et du capitalisme international.

Molinari écrivait fort explicitement, et fort lucidement, à son époque : « Les peuples opprimés ont besoin du capitalisme pour s'émanciper [26]. » Ce n'est qu'aujourd'hui, et avec quelles réticences et timidités, qu'on commence enfin à le comprendre. Pour paraphraser une phrase célèbre prononcée voici quelques années par un dirigeant africain à propos de la colonisation, on pourrait dire qu'il y a bien pire que ne pas être « exploité » par les capitalistes, c'est ne pas être exploité du tout, et il y a bien pire encore que ne pas être exploité du tout ; c'est tomber sous la coupe de dirigistes ou de socialistes, parce qu'en ce cas, les conditions même qui permettraient le passage au capitalisme sont détériorées, ou carrément détruites.

On peut noter par ce biais, sur ces bases, et pour en revenir à la question plus haut évoquée que l'avantage financier commercial et industriel n'est pas le seul qui importe aux libéraux du XIXe siècle précisément parce qu'ils comprennent jusqu'au bout ce qui est au cœur de cet avantage, et parce qu'ils comprennent pourquoi cet avantage doit être au centre de la problématique de la prospérité et du bonheur humains.

La recherche, par tous, de l'avantage financier, commercial et industriel est, nous disent nos auteurs, condition de prospérité. Elle est condition de liberté et de dignité, source d'apprentissage de l'efficacité, source d'éthique car source de responsabilité et de respect de l'être humain.

Les libéraux du XIXe siècle n'oublient jamais la dimension éthique du marché, du capitalisme, et opposent souvent dans leurs textes la mentalité de l'administrateur étatique et étatiste, du dirigiste, du détenteur de prébendes (les avantages particuliers acquis sont toujours acquis, nous rappellent-ils, au détriment de quelqu'un) à l'éthique entrepreneuriale et commerçante qui repose sur le contrat librement passé.

Politiques coloniales

On peut comprendre dès lors, et pour en revenir à une autres des questions que j'ai posée tout à l'heure, que si une colonisation est dénoncée, critiquée, par les libéraux du XIXe siècle, une autre forme de colonisation, ou plus exactement un autre mode de fonctionnement qui se rattache par la bande à la colonisation, l'est lui beaucoup moins.

La colonisation anglaise est ainsi étudiée en détail, et opposée, comme un contre-exemple, à la colonisation française (un article de Fontpertuis analyse données à l'appui la puissance coloniale du Royaume-Uni et essaie de montrer sur quoi elle repose : plus de place nous dit-il, « à la liberté d'entreprendre, moins de place aux prébendes [27] »).

Dans un texte appelé « La Politique coloniale de l'Ancien Régime [28] », l'auteur, Joseph Chailley, note (d'une manière qui idéalise peut-être un peu les choses, mais l'important est ce que nous dit le contenu) que :

l'une des bases de la politique de l'Ancien Régime était la confiance du gouvernement dans l'initiative individuelle, ce qui débouche sur un type de colonisation où l'État laisse aux particuliers, soit isolés, soit réunis en société, le soin de découvrir, de conquérir et d'exploiter les colonies, ce qui soi-même conduit à un mode d'exploitation où la prospérité repose sur des avantages offerts aux diverses classes de la société[29],

et il oppose la colonisation vicieuse où « les indigènes sont chassés, brutalisés, anéantis[30] », où une « administration irresponsable et centralisée à l'excès car n'ayant de comptes à rendre à personne et sûre de l'indifférence publique s'arrange pour tout diriger de loin et despotiquement[31] », à une colonisation vertueuse où la liberté d'entreprendre et d'échanger va de pair avec le respect des individus et une administration minimale, limitée aux fonctions régaliennes de l'État, concluant son propos par cette formule « la bonne administration se fait à bon marché[32] ».

Deux types de colonies se trouvent également distingués par Gounon-Loubens dans un texte qui porte ce titre, et qui commence par cette phrase, qui aujourd'hui encore pourrait apparaître programmatique : « Le procès des colonies n'est pas encore vidé[33] » : les colonies d'exploitation et les colonies entrepreneuriales. Les premières, écrit-il, sont non pas celles où on exploite les richesses du pays colonisé, mais en fait :

celles au moyen desquelles on exploite les contribuables de la métropole par le biais d'une administration inefficace modelée sur la stérile machine métropolitaine[34], *les secondes se développent sans l'intervention militaire administrative ou financière de la métropole et reposent dès lors dans leur fonctionnement, sur la confiance en soi et la responsabilité personnelle*[35].

Un autre texte, de Le Pelletier de Saint Remy celui-là, s'appelle « Le libre échangisme colonial[36] », et pourrait permettre d'expliciter ce qu'écrit Gounon-Loubens. Le Pelletier, pour dénoncer les colonies d'exploitation, parle de « colbertisme colonial[37] », du « protectionnisme inhérent au pacte colonial qui crée des assistés et des parasites[38] », ou pour reprendre d'autres de ses termes, « des faux pauvres qui jouent l'impotence[39] ». A ce fonctionnement pervers, il oppose celui de colonies où régnerait « le droit commun du gouvernement et des institutions[40] », « la liberté d'exporter leurs produits à toutes destinations[41] », le principe de « libre immigration des travailleurs libres[42] », donc un fonctionnement des colonies qui rejoindrait celui des métropoles et qui en ferait des contrées de droit, de liberté de produire et d'échanger.

A l'appui, il cite cette phrase de son contemporain libéral anglais, lord John Russell : « Que nos colonies gagnent en richesse et population, et quoi qu'il arrive de ce grand empire, nous aurons la consolation de nous dire que nous avons contribué à la civilisation et au bonheur du monde. » Le Pelletier conclut : « Plus un pays est prospère, plus il concourt à la prospérité des autres pays, tout est là, personne ne le niera. »

La tâche essentielle est donc en ces conditions de chercher le chemin de la prospérité, de répandre et de disséminer la prospérité ; or celle-ci ne peut naître ni du protectionnisme, ni du dirigisme, ni de l'étatisme socialiste inhérent au fonctionnement concret de la colonisation à l'époque, surtout au fonctionnement de la colonisation à la française.

Comme pour conclure à ce sujet, et rendre le propos plus explicite encore dans sa *Lettre sur la colonisation*, Guyot écrit :

Avec le libre-échange et une juridiction assurant la sécurité des contrats, il est à peu près indifférent qu'une terre appartienne à tel ou tel groupe ethnique parlant telle ou telle langue. Aux procédés d'extermination, il faut substituer le croisement et la fusion, enseigner la douceur, l'urbanité, la politesse, apporter la sécurité de cette chose après laquelle, depuis que l'homme est un animal social, il ne cesse de clamer : la justice. Une justice qui est existence d'un cadre permettant l'exercice de la liberté individuelle, de la liberté d'échanger et de produire et des droits de propriété,

pas la niveleuse manipulatrice stérilisante et totalitaire justice sociale des tenants du ressentiment, tenants qui commencent toujours en revendiquant des choses très belles et finissent souvent par la violence, parfois par les charniers.

Nous sommes loin de la colonisation et loin du dirigisme, ou plus exactement nous sommes au-delà des entraves de la colonisation et du dirigisme, et il est intéressant de noter que dès le XIXe siècle, des économistes libéraux non seulement pensaient déjà les effets pervers de ces entraves, mais prévoyaient en outre ce qui serait la seule voie féconde pour l'avenir, la voie, comme je le disais tout à l'heure, et comme nous pouvons le constater en observant le monde, dans laquelle, après bien des erreurs et bien du gâchis, nous nous engageons aujourd'hui. Il est intéressant aussi de noter que, plusieurs décennies avant que nos auteurs n'écrivent, Jean-Baptiste Say, dans son *Cours complet d'économie politique* [43] (1803) pouvait écrire :

Les vraies colonies d'un peuple commerçant, ce sont les peuples indépendants de toutes les parties du monde. Tout peuple indépendant doit désirer qu'ils soient tous indépendants pour devenir plus industrieux et plus riches, car plus ils seront nombreux et productifs, plus ils présenteront d'occasions et de facilités pour les échanges [44].

Ou plus loin : « Un temps viendra où l'on sera honteux de tant de sottise et où les colonies n'auront plus d'autres défenseurs que ceux à qui elles offrent des places lucratives... aux dépens du peuple. »

Conclusion

Que dire pour achever ? Ceci peut-être. Si les libéraux du XIXe siècle ont prévu, compris, pensé la dimension désastreuse et destructrice inhérente au colonialisme, ils sont parvenus à ce résultat parce qu'ils ont pris la colonisation pour ce qu'elle a été : une extension, une excroissance du dirigisme condamnée à échouer comme tout ce qui est issu du dirigisme. Une extension aussi de quelque chose qui a à voir avec l'essence même du socialisme, dont ils ont su rappeler qu'il n'avait rien de moderne, strictement rien, mais qu'il était un prolongement des discours conservateurs, archaïques, réactionnaires, de l'Ancien Régime. N'étant ni prisonniers de l'idéologie socialiste, ni otages du conservatisme, eux seuls pouvaient dirai-je prendre la colonisation pour ce qu'elle a été, et porter le fer au cœur de la plaie.

Tout en pensant la dimension désastreuse et destructrice inhérente au colonialisme, les libéraux ont discerné, de manière on ne peut plus lucide, les vertus économiques, politiques, mais aussi éthiques du capitalisme pour tous les pays, y compris les pays qui sont restés extérieurs au développement capitaliste, et qui peuvent le rejoindre, ce développement capitaliste, par la généralisation du libre-échange, la concurrence, ou pour reprendre une fois encore les belles paroles de Guyot, le croisement, la fusion, l'harmonie que l'occidentalisation du monde bien comprise peut apporter.

Aujourd'hui, face aux désastres provoqués par les discours ineptes issu de l'anticolonialisme de gauche, discours qui ont prétendu remédier au dirigisme par du dirigisme, et au socialisme par du socialisme, face aux désastres provoqués par des politiques post-coloniales qui reposaient sur une incompréhension de ce qui constituait l'essence même du phénomène colonial, une mutation radicale s'opère sous nos yeux, une mutation que le grand sociologue américain Peter Berger a pu appeler dans un ouvrage récent, « Révolution capitaliste [45] ».

Nous pouvons dire en ce contexte que les libéraux français du XIXe siècle ont prévu cette révolution, l'ont préparée, ont montré de quoi elle surgirait, et quelles formes elle prendrait, plus loin que les impasses et les cécités longtemps hégémoniques. Nous pouvons dire aussi qu'ils nous indiquent ce qui nous reste à accomplir, et ce qui pourrait être notre devoir d'hommes libres.

Grâce à eux, grâce à leur parole, à leurs textes, nous pouvons dire aux hommes des pays encore pauvres qu'ils n'ont pas été les proies du capitalisme, mais les victimes d'un dirigisme et d'un socialisme dont nous-mêmes avons aussi été trop longtemps les victimes, et que nous avons donc les mêmes ennemis, et que peut-être nous ne nous libérerons qu'ensemble.

Nous pouvons leur dire aussi qu'ils sont encore, par les aides d'État à État, par lesdites politiques « d'ajustement structurel » et autres succédanés, les victimes du dirigisme et du socialisme, comme nous sommes nous-mêmes encore et toujours victimes du dirigisme et du socialisme.

Nous pouvons leur dire que la seule, l'unique, la précieuse issue pour eux se trouve précisément dans ce que tant d'intellectuels faussement bienveillants leur ont appris à condamner : dans la liberté d'échanger, de produire, de circuler, de passer contrat, de posséder une propriété, et d'être d'abord propriétaire de soi-même, individu souverain, dans le droit garant et dans le marché sans autre limite que le droit garant.

Nous pouvons leur dire surtout que dès le moment de la colonisation, dès le moment où la colonisation était, pourrait-on dire, à son apogée, des penseurs, des économistes disaient déjà cela, face aux colonisateurs et aux colonialistes, contre les colonisateurs et les colonialistes, précisément parce que eux, libéraux, étaient en tant que tels défenseurs de la liberté sous tous ses aspects, donc défenseurs de la liberté politique et économique, et par là du capitalisme démocratique.

Et parce qu'en tant que défenseurs du capitalisme démocratique, ils voyaient déjà les rouages de l'imposture coloniale, dirigiste, socialiste, et derrière les rouages, les destructions immenses qui se profilaient, et qui se chiffreraient en vies humaines perdues, gâchées, anéanties.

Nous pouvons leur dire, en somme, la valeur de la liberté tout court, et leur disant la valeur de la liberté, nous pourrons aussi leur rappeler, pour qu'ils comprennent pleinement, jusqu'au bout, ce qui est en jeu, cette phrase libertaire de Max Stirner qu'on retrouve significativement plusieurs fois, comme un principe, dans les textes libéraux sur la question coloniale :

« La liberté n'est jamais accordée, elle doit se prendre [46]. »

Cette phrase est toujours d'actualité. Plus que jamais peut-être.

NOTES

1. P. T. Bauer, *Mirages égalitaires et tiers-monde*, PUF, collection Libre Échange, 1986.

2. Carlos Rangel, *L'Occident et le tiers-monde*, Robert Laffont, 1982.

3. Lawrence Harrison, *Who Prospers*? Basic Books, 1995. Voir aussi L. Harrison, *Underdevelopment is a State of Mind*, Madison Books, 1985.

4. Jacques Marseille, *Empire colonial et Capitalisme français*, Le Seuil, collection « Points Histoire », 1985.

5. Yves Guyot, « La politique coloniale », *Journal des Économistes*, janvier 1885.
6. Rouxel, « La politique commerciale et la politique coloniale », *Revue des Économistes,* juin 1885.
7. Yves Guyot, article cité, *Journal des Économistes,* janvier 1885.
8. Rouxel, article cité, *Revue des Économistes,* avril 1886.
9. Ibid.
10. Cf. Le Peletier de Saint Remy, « Retour au protectionnisme colonial », *Revue des Économistes,* juin 1880.
11. *Ibid.*
12. Yves Guyot, article cité.
13. *Ibid.*
14. *Ibid.*
15. *Ibid.*
16. *Ibid.*
17. *Ibid.*
18. *Ibid.*
19. *Ibid.*
20. *Ibid.*
21. Cf. Paul Boiteau, « Les derniers esclavagistes », *Revue des Économistes,* avril 1861.
22. Gustave de Molinari, « L'abolition de l'esclavage africain », *Revue des Économistes*, janvier 1890.
23. *Ibid.*
24. *Ibid.*
25. *Ibid.*
26. *Ibid.*
27. Fontpertuis, « La politique coloniale du Royaume-Uni », *Revue des Économistes*, mai 1885.
28. Joseph Chailley, « La Politique coloniale de l'Ancien Régime et ses enseignements », *Revue des Économistes*, septembre 1887.
29. *Ibid.*
30. *Ibid.*
31. *Ibid.*
32. *Ibid.*
33. Gounon-Loubens, « Les deux méthodes de colonisation », *Revue des Économistes*, juillet 1889.
34. *Ibid.*
35. *Ibid.*
36. Le Pelletier de Saint-Remy, « Le libre échangisme colonial », *Revue des Économistes*, juin 1880.
37. *Ibid.*
38. *Ibid.*
39. *Ibid.*
40. *Ibid.*
41. *Ibid.*
42. *Ibid.*
43. Jean-Baptiste Say, *Traité d'économie politique, ou Simple exposition de la manière dont se forment, se distribuent se consomment les richesses,* Déterville-Paris, 1803.
44. *Ibid.*
45. Peter Berger, *La Révolution capitaliste*, Litec, 1992.
46. Max Stirner, *L'Unique et sa Propriété*, 1844, rééd. Stock, 1972.

III

La dynamique libérale de l'ère industrielle 1840-1914

Présentation

par Christian STOFFAËS

1840 marque le début de la construction des chemins de fer, secteur d'entraînement majeur de l'ouverture des marchés et qui ouvre l'ère de la grande industrie. Avec le Second Empire, la France s'engage dans un développement économique rapide fondé sur l'industrialisation capitalistique. La croissance des années 1815-1840 avait été de nature extensive, avec pour secteur-moteur les industries de biens de consommation – en particulier les textiles – demeurées pour la plupart intensives en main-d'œuvre. La mise en exploitation des bassins houillers et sidérurgiques, la machine à vapeur, le fer et la fonte ouvrent la voie aux innovations technologiques – qu'il revient aux entrepreneurs d'industrialiser et de commercialiser sous la forme de biens d'équipement. L'exploitation des chemins de fer révolutionne le transport, unifie le marché national, désenclave les économies locales et régionales, autorise la spécialisation des usines et la production de masse à coûts réduits. A partir de 1850, la croissance s'accélère et devient plus intensive, fondée sur la construction massive des chemins de fer dont on construit jusqu'à 1 000 kilomètres de lignes par an. Le développement industriel est désormais entraîné par les biens d'équipement, par les gains de productivité obtenus par la substitution du capital à la main-d'œuvre. Les « villes industrielles-champignons » se développent rapidement : Roubaix-Tourcoing, Saint-Étienne, Le Creusot, Mulhouse viennent rejoindre Paris et Lyon comme grandes métropoles industrielles.

Une vision couramment répandue de la période est celle d'un retour du colbertisme dirigiste, à la suite du règne éphémère de la bourgeoisie sous la monarchie de Juillet. Tout au contraire, tant sous le Second Empire que sous la IIIe République jusqu'en 1914, le libéralisme se consolide et s'institutionnalise.

La mise en place des institutions du libéralisme de l'ère industrielle accompagne le grand mouvement d'expansion économique : le régime des concessions de services publics pour les chemins de fer et les infra-

structures urbaines (eau, gaz de ville, assainissement, etc.), le statut juridique de la société à responsabilité limitée, le développement de l'appel à l'épargne publique par les émissions d'actions, etc. Le Traité de libre échange de 1860 ouvre un vaste espace économique intégré entre les principales puissances industrielles de l'Europe occidentale, la France supprimant les prohibitions d'importations et restrictions quantitatives, annulant les droits de douane sur les denrées de base, établissant des droits porportionnels modérés sur les articles manufacturés.

Les entreprises capitalistes s'épanouissent dans tous les secteurs. L'entreprise se métamorphose, évoluant de la manufacture familiale – proche de l'atelier artisanal – à la firme capitaliste gérant plusieurs établissements, mobilisant d'importants capitaux. Les grandes infrastructures sur lesquelles s'appuient le développement industriel – les chemins de fer, les houillères, la métallurgie – sont l'œuvre d'entreprises privées qui rassemblent les capitaux de l'épargne : les Pereire, Rothschild, Lesseps, Talabot. On dénombre 2 700 créations annuelles de sociétés en 1847, 4 000 à la fin du Second Empire. Les sociétés à responsabilité limitée (sans limitation de capital) sont instituées par les lois de 1863 et 1867.

Entre 1840 et 1867 – date du changement de la législation – aux 86 759 sociétés en nom collectif se sont ajoutées 20 695 sociétés en commandite simple, 5 300 en commandite par actions et 458 sociétés anonymes. Le dernier groupe, qui rassemble les grandes entreprises comprenait, sur la période 1817-1867, 633 sociétés anonymes dont 136 firmes industrielles – dont 60 minières et sidérurgiques, 59 gazières et chimiques, 17 textiles –, 194 entreprises de transport, 145 d'assurances. De 1845 à 1865, la croissance du secteur des mines est au rythme annuel de 5,5 %, de la métallurgie à 4 %, du textile à 2,5 %.

L'industrie française, ce n'est donc pas seulement les articles de Paris, les vins et spiritueux, la meunerie et les sucreries, les soyeux et les lainiers. C'est aussi la technologie moderne : la mine et la métallurgie, la mécanique et la chimie.

Le développement brillant de l'industrie mécanique, industrie mère des biens d'équipement et des innovations technologiques, fait justice d'une soi-disant faiblesse congénitale des entreprises françaises dans ce secteur. Tout au long du siècle, l'industrie française fait la preuve qu'elle sait établir des filières complètes dans les productions mécaniques. Après la paix de 1815, les entreprises françaises ont adopté les machines à vapeur et les machines textiles qui sont, au départ, importées d'Angleterre puis rapidement construites en France après une phase d'apprentisage technologique. Vers 1840 également, le développement ferroviaire débute par l'importation de locomotives et de matériels étrangers. Mais, très rapidement, la production nationale se développe : l'industrie mécanique française décolle à partir de 1830. La plupart des entrepreneurs sont des autodidactes issus du monde rural et artisanal : les mécaniciens se regroupent dans l'Union des constructeurs de machines. En Alsace, région de pointe, les constructions mécaniques sont le plus souvent créées par les entreprises familiales du textile : Schlumberger, Koechlin, Dollfuss-Mieg, Graffenstaden. Après s'être substituée aux importations, la production nationale de machines s'oriente vers les exportations, celles-ci s'accroissant au rythme de 20 % de 1850 à 1870.

Dans le matériel ferroviaire, le schéma est analogue, autour d'entreprises très performantes comme Fives-Lille, Cail, de Dietrich, Schneider : dès 1856 les 500 locomotives produites en France couvrent la totalité de la demande nationale. Après la défaite de 1870, alors que l'équipement ferroviaire du pays est presque achevé, l'industrie mécanique continue de se développer, le moteur d'entraînement étant repris par les commandes d'armement.

Le développement du secteur de la chimie minérale, industrie mère des biens de consommation courante, n'a rien à envier à celui de la mécanique, à partir de brevets et de procédés français : le verre et la soude, avec Saint-Gobain ; l'acide sulfurique, avec Kulhmann, Perret et Cie, Alais et Camargue, Thann et Mulhouse, etc.

Un puissant groupe de pression libéral rassemble les maisons de commerce des grands ports, les chambres de commerce et d'industrie, les textiliers alsaciens, les soyeux lyonnais, les compagnies de chemins de fer : il exerce une grande influence sur les législations, trouvant des relais dans la presse et des clubs de pensée libéraux très actifs.

1840, c'est aussi le début de la contestation sociale du libéralisme économique : Dickens, plus tard Zola, dans la littérature ; Stuart Mill, Proudhon, Marx et Engels dans la philosophie sociale portent l'attention du public sur les conséquences du capitalisme. L'ère industrielle engendre aussi des inégalités et des conflits sociaux – tels que la révolte des canuts lyonnais contre les métiers à tisser, la Révolution de 1848 ou la Commune de Paris. Les ouvriers se regroupent en syndicats reconnus par la loi de 1884. Le socialisme, à partir de la fin du XIX*e siècle prend sa forme politique, se posant en critique et en concurrent du système du libéralisme économique. Mais les associations ouvrières, les Bourses du travail, le syndicalisme réformiste sont des idées libérales – aux antipodes du syndicalisme révolutionnaire et étatiste qui s'épanouira au milieu du* XX*e siècle. Gustave de Molinari, communautaristes et solidaristes, proposent la démocratie économique – une conception libérale de la justice sociale qui n'aura pas attendu l'État-Providence. L'Empire favorise les sociétés de secours mutuel. La loi de 1864 sur les coalitions, celle de 1884 sur les syndicats témoignent de la reconnaissance de l'autonomie ouvrière et de la négociation collective, soutenues par les libéraux. En matière sociale aussi... Le* XIX*e siècle reste fondamentalement libéral.*

Le libéralisme économique de l'ère industrielle trouve aussi ses théoriciens. Michel Chevalier, ingénieur des Mines et saint-simonien rallié à l'Empire, croit en l'industrie comme principe du progrès de la société, ministre de Napoléon III et inspirateur de sa politique libérale, après

Rouher, défendant les vertus pacificatrices du commerce – qui doit conduire à la suppression des guerres –, il est l'instigateur, avec Richard Cobden, du traité de libre-échange de 1860 entre la France et l'Angleterre. Auteur de projets de grands travaux – comme le Tunnel sous la Manche, le Canal de Panama – il s'intéresse à tous les aspects de l'économie industrielle de son époque.

Paul Leroy-Beaulieu, professeur au Collège de France, fonde L'Économiste français en 1873, journal libéral qui exerce une grande influence sur les milieux dirigeants, tout comme le Dictionnaire économique de Léon Say, petit-fils de Jean-Baptiste Say. Chaud partisan de Jules Ferry, Léon Say est à la fois républicain et libéral, animateur du groupe des députés libéraux et gambettistes – qui siègent au centre gauche de l'hémicycle. Clément Colson, ingénieur des ponts et chaussées, président de la section des travaux publics au Conseil d'État et professeur d'économie, exerce une grande influence sur la haute administration – se posant en adverse irréductible de l'intervention économique de l'État, et en défenseur du régime des concessions privées. Les idées libérales dominent largement l'enseignement économique des grandes écoles d'ingénieurs et de l'université tout autant que la presse.

En même temps que règne la pensée libérale, les idées socialistes développent leur cohérence. Il convient de souligner qu'elles se construisent, sans guère de lien avec le monde ouvrier, dans un milieu de savants universitaires, de journalistes soucieux d'articuler une vision culturelle et scientifique sur la réalité sociale de leur temps. Saint-Simon, Fourier, Godin sont des philosophes de l'histoire, des ingénieurs sociaux aspirant à comprendre les dysfonctionnements nés de la révolution industrielle et à fonder en justice les hiérarchies sociales. Professeurs, publicistes, prophètes : leur ambition est pédagogique, leur influence est surtout intellectuelle. Leur relais dans la société et dans l'économie réelle demeure modeste ; leur jonction avec la vie politique et le monde ouvrier ne se fera que très tard, dans les premières années du XXe siècle.

Frédéric Le Play, lui aussi grand ingénieur des Mines, commissaire des Expositions universelles de 1855, 1862 et 1867, peut être considéré comme le fondateur de la sociologie expérimentale par son observation patiente et méthodique de l'économie industrielle de son temps. Dans la période de changements techniques rapides et de troubles sociaux naissants qui est la sienne, il établit le principe d'harmonie sociale, prenant le contre-pied de la doctrine historique de la lutte des classes. Il fournit ainsi au libéralisme économique une base morale : il est en quelque sorte l'anti-Marx. L'influence de sa Société des études pratiques d'économie sociale, qu'il fonde en 1856, sera considérable sur le mouvement patronal et sur le catholicisme social.

Il faut ainsi souligner que le courant dominant de la pensée socialiste française – tout au moins jusqu'en 1914 – n'est pas marxiste. A l'opposition réductrice du « socialisme utopique » et du « socialisme scienti-

fique » – Proudhon et Marx – il faut au contraire tracer une ligne dominante nourrie de syndicalisme chrétien qui, partant de Saint-Simon et de Durkheim, déviant vers Georges Sorel et Marcel Déat, aboutit à la « deuxième gauche » contemporaine. Le parcours commun de ce courant avec Vichy n'est pas étranger sans doute avec l'opprobre dont l'a frappée le marxisme. Ce n'est pas seulement l'histoire du libéralisme français qu'il faut réécrire : c'est aussi celle des idées socialistes.

Après la grande expansion du Second Empire, durablement affaiblie par sa défaite de 1870 et par son déclin démographique, la France est tentée par le repli sur soi et la conservation des structures économiques anciennes. Elle revient au protectionnisme avec les lois Méline de 1890. L'économie mondiale entre dans une phase récessive prolongée – la phase B du Kondratiev. La Prusse de Bismarck a alors pris la première place en Europe. A partir de 1875, le rythme de croissance des principales industries se ralentit, à 1 % ou 2 % par an. L'économie française entre alors dans une récession durable, commune à tous les pays industrialisés de l'époque mais plus accusée en France au moment où l'Allemagne et les États-Unis entament une spectaculaire expansion, bientôt suivis de nouveaux « pays neufs » : la Suède, la Russie, l'Italie, etc. La décélération de la croissance industrielle commence à se lire dans les statistiques à compter de 1865 puis se transforme en quasi-stagnation à partir de 1875-1880 et ce jusqu'en 1896. La conjoncture des prix est baissière dans l'ensemble du monde industrialisé : ainsi la production de charbon passe d'un rythme de croissance de 6,1 % entre 1851 et 1873 à 2,4 % entre 1874 et 1896, celle de la fonte de 6,7 % à 2 %. La France perd le monopole de l'avance industrielle qu'elle détenait depuis le début du siècle, avec l'Angleterre et la Belgique, et ses entreprises se heurtent à de nouveaux concurrents. La surproduction et la concurrence laminent les profits et provoquent des faillites pendant que la défaillance de l'investissement interdit la modernisation et la reconversion. Le détournement de l'épargne consécutif aux réparations de la guerre de 1870 n'est pas étranger à cet affaiblissement. Obsédée par la rivalité allemande, la France mobilise beaucoup de ses ressources pour son armée et son armement : ingénieur de qualité, dépenses publiques, manufactures. Les capitaux se détournent d'une industrie stagnante et menacée par les faillites. Des scandales financiers – la crise du chemin de fer de 1877, le krach de la banque catholique de l'Union générale, Panama, etc. – découragent l'épargne de s'investir dans les projets à risques – mais pas des emprunts russes... Avec l'Angleterre et la Belgique, la France paie aussi le prix du vieillissement de son industrialisation précoce, alors même que l'Amérique et l'Allemagne, pays neufs, entament un développement spectaculaire fondé sur les industries de la nouvelle génération technologique : l'acier et la mécanique de précision, la chimie organique et les colorants, l'électricité. Le brillant dynamisme industriel français s'affaiblit incontestablement pendant cette période.

*Toutefois, pas davantage que le Second Empire, la III*e *République ne peut s'interpréter – comme le voudrait une idée communément admise – comme la montée d'un « dirigisme de progrès » triomphant d'un « laissez-faire » bourgeois et conservateur. Il y a a certes un « parti protectionniste » – notamment chez les agriculteurs et viticulteurs. Mais le « parti libéral » est puissant : il résiste avec force au protectionnisme s'appuyant notamment sur les industriels exportateurs mais aussi sur le radicalisme – c'est-à-dire le mouvement politique dominant de l'époque, qui rassemble des classes moyennes boutiquières et populaires unies contre la « vie chère ». Le protectionnisme mélinien, principalement agricole, et au demeurant bien plus modéré que celui de la Prusse ou de l'Amérique du* tariff, *à la même époque. Le théoricien de la protection, Friedrich List, est allemand, alors que les grands noms de la pensée économique en France à cette époque sont libéraux.*

*Le début du XX*e *siècle – dont l'histoire a conservé le souvenir sous le nom de Belle Époque – verra une reprise marquée de l'économie française comme de l'économie mondiale (la phase de croissance du cycle de Kondratiev), fondée sur les industries nouvelles de l'électricité, de la mécanique, de l'automobile, où l'industrie française sera pionnière. Les investissements nets industriels en usines et outillages – qui étaient en moyenne annuelle de 125 millions entre 1851 et 1873 et avaient stagné à ce niveau entre 1890 et 1895 – progressent à 185 millions pour le cycle économique 1896-1904 et à 316 millions pour 1905-1913. Les entreprises développent la gestion moderne. L'École des hautes études commerciales, fondée en 1881, ouvre un enseignement supérieur ouvert aux bacheliers. Les sièges sociaux des grandes entreprises gonflent leurs effectifs d'experts en gestion : l'industrie française est pionnière dans la publicité. L'économie française de 1914 est encore libérale, appuyée sur un franc-or dont la valeur n'a pas changé depuis* Germinal.

Le développement économique, entre libéralisme et intervention

par

François Caron

L'idée la plus couramment répandue concernant la politique économique de la France dans les années 1840-1918 est celle d'une survie du « colbertisme ». Les Français auraient toujours éprouvé un sentiment de méfiance à l'égard des mécanismes du marché, considérés comme autant de menaces pour l'idéal d'une société cohérente et équilibrée. A la veille de la guerre, les frontières auraient été hermétiquement fermées, l'État aurait eu une activité entrepreneuriale intense, l'économie aurait été protégée de l'emprise du marché et enserrée dans un réseau d'entente, protégé par l'État. Cette vision de la France républicaine est entièrement erronée. Une forte tension a certes existé entre deux conceptions de l'État, l'une libérale, l'autre interventionniste, mais le courant libéral a fortement influencé tant l'administration que les hommes politiques. Il a, en de nombreuses circonstances, remporté des victoires éclatantes. Pour en apporter la démonstration, il suffit de rappeler la vigueur de la pensée libérale à cette époque, mais aussi l'ampleur des politiques qu'elle inspira sous l'Empire et la survie, jusqu'à la veille du conflit mondial, d'une approche libérale des réalités économiques, malgré la montée en puissance de courants contraires, protectionnistes, interventionnistes et corporatifs.

Quelques grandes figures du libéralisme

La tradition libérale est un héritage du siècle des lumières. Elle s'est épanouie dans les années 1840 qui furent l'âge d'or de l'économie politique libérale. A partir des années 1850 et jusqu'en 1914, la pensée libérale, bien loin de s'affaiblir, se renforça et s'institutionnalisa. Elle fut l'axe dominant de l'enseignement économique dans les grandes écoles et, dans une moindre mesure, à l'université, elle domina le journalisme économique et financier. Elle influença directement les décisions de politique économique, non seulement dans les années 1860, mais aussi au-delà. Quatre personnalités libérales dont l'influence fut considérable peuvent être évoquées pour illustrer le poids du libéralisme à cette époque : celles de Michel Chevalier (1806-1879), de Léon Say (1826-1896), de Paul Leroy-Beaulieu (1843-1916) et de Clément Colson (1853-1939).

Michel Chevalier, qui acheva sa carrière comme professeur au Collège de France fut, dans les années 1860, l'inspirateur de la politique libérale de Napoléon III. Le libre-échangisme n'en fut que l'un des aspects. Son libéralisme est d'origine saint-simonienne. Sa vigueur n'en est que plus grande. C'est ainsi qu'il fut un adversaire déterminé des brevets d'invention. Il conçut une politique globale de libéralisation de l'économie. Son gendre Paul Leroy-Beaulieu lui succéda au Collège de France. Il fut le fondateur de l'*Économiste français* en 1873. Le but du journal, essentiellement « pratique », était de donner une interprétation libérale de l'activité économique. Son libéralisme, pour être pragmatique, n'en était pas moins intransigeant dans deux domaines, particulièrement : celui du libre-échange et celui de la sauvegarde de la libre entreprise. « L'État, ne cessait-il de répéter, est un mauvais industriel. » Ce journalisme de combat, modéré dans son expression, ne fut pas sans influence sur l'idéologie des élites.

Léon Say joua un rôle politique considérable dans les années 1870. Il fut l'une des principales personnalités du centre gauche. Il était le petit fils de Jean-Baptiste Say. Il publia un *Dictionnaire d'économie politique* qui fit autorité. Son libéralisme, pragmatique lui aussi, s'appuie sur la grande tradition du libéralisme français des années 1840. Comme le remarque Jean Garrigues dans la thèse qu'il lui a consacrée en 1993 « Léon Say est nourri de libéralisme économique plus encore que de libéralisme politique ». Son intransigeance est totale : « Il faut proclamer qu'en politique et en économie politique, aussi bien qu'en morale, il y a une science, il y a des principes qu'on ne peut impunément dédaigner. » Le principe essentiel, à ses yeux est « de laisser à l'humanité le soin de grandir par son initiative, par le développement de son intelligence et de sa richesse ». Son engagement républicain est lié à sa conviction que ce régime sera seul capable d'assurer le développement des affaires et la stabilité sociale. Il a soutenu le programme scolaire de Jules Ferry, mais « l'effort éducatif devait, indique Jean Garrigues, être mis au service de l'effort productif, qui était l'enjeu majeur du développement des sociétés ». Le rôle de l'État devait se limiter à des actions ponctuelles destinées à améliorer le fonctionnement du système économique, car, écrit-il « un principe supérieur doit servir de guide : la liberté économique est le but ; c'est vers elle qu'il faut tendre, c'est son triomphe qu'il faut préparer méthodiquement ».

Léon Say fut le principal animateur du groupe des libéraux au Parlement. Il a présidé en 1871 la Réunion des députés partisans de la liberté commerciale, qui rassemblait 182 députés, soit le tiers de l'Assemblée. Elle comprenait principalement des députés de centre gauche mais aussi des membres d'autres groupes, y compris des gambettistes. Le courant libéral a survécu au Parlement. Il était soutenu par plusieurs groupes de pression : chambres de commerce des grands ports, soyeux lyonnais, industriels de la laine, compagnies de chemin de fer, clubs libéraux, presse économique. Tous ces réseaux se sont organisés autour de la société d'économie politique et de son président qui a orienté dans son action le lobby parlementaire libre-échangiste. Il est trop facile de taxer ce courant de conservatisme. Il nous apparaît au contraire aujourd'hui comme chargé d'une forte modernité, y compris dans ses préoccupations de rigueur budgétaire et de solidarité sociale.

Clément Colson, ingénieur des Ponts et Chaussées, s'orienta vers le Conseil d'État, en raison de ses désaccords avec l'administration. Il y fut le président inamovible de la section des travaux publics. Il professait l'économie politique à l'École des Ponts et Chaussées et à l'Institut d'études politiques. Son influence au sein de l'administration fut considérable : il participa au cours de sa carrière à 78 commissions, conseils ou comités et présida 26 d'entre eux. Or son libéralisme était intransigeant. Il était non seulement libre-échangiste, mais aussi un adversaire sans concession à l'intervention de l'État. L'État était, à ses yeux frappé d'une incapacité congénitale en matière économique et industrielle. Cette condamnation ne souffrait aucune exception. C'est ainsi que dans son cours, publié en 1903, il condamne la législation contre les trusts et les cartels : « Nous y voyons, écrit-il, un usage normal et souvent utile de la liberté et nous croyons que les abus qu'ils peuvent engendrer seront toujours limités par la liberté elle-même. » Il s'oppose à la réglementation de la spéculation sur les marchés boursiers et de marchandises, car il la juge utile. Il a pourtant défendu le système des concessions des voies ferrées à des compagnies privées jouissant d'un monopole. Il considérait en effet que la concurrence, dans ce cas, était ruineuse et constatait qu'aux États-Unis, comme en Grande-Bretagne, elle avait abouti à la formation de monopoles. Par contre, sans être un supporter inconditionnel des compagnies, il défendit avec acharnement l'exploitation des services publics par des sociétés privées et fut un adversaire déterminé de la régie directe. Au-delà de son action, l'enseignement de Colson eut sur les élites dirigeantes françaises une influence considérable.

Les politiques libérales

Les années 1860 marquèrent le triomphe du libéralisme en France. Bien loin de s'opposer d'ailleurs aux orientations apparues dans les années 1850, les mesures prises alors ne firent que les prolonger, en les accentuant. Cette politique fut, nous l'avons dit, globale. Elle comprend en réalité quatre volets : un programme de libération du commerce international, un programme de libération des forces vives de la nation par la liberté d'entreprendre, un programme d'aménagement du territoire fondé sur le développement d'un système de transports concurrentiel et décentralisé, un programme de libéralisation des relations sociales. Les quatre composantes du programme étaient complémentaires les unes des autres. Le régime de la libre entreprise, le développement des voies de circulation et la paix sociale devaient permettre aux entreprises de faire face à l'accentuation de la concurrence étrangère, particulièrement britannique, que devait entraîner le traité de commerce.

La campagne en faveur du libre-échange était ancienne. Dès les années 1850, les compagnies de chemins de fer étaient venues renforcer le parti libre-échangiste et avaient obtenu des autorisations d'importation de rail en franchise. L'échelle mobile des blés avait été supprimée. La négociation avec la Grande-Bretagne fut menée par Rouher, converti depuis 1852 au libre-échange, et par Chevalier dans le courant de l'année 1859. La décision fut annoncée par une « lettre » de l'Empereur, datée du 5 janvier. Les pétitions de protestation affluèrent, venant des régions les plus traditionnellement protectionnistes telles que la Normandie ou le Nord. Mais tout le patronat français ne fut pas hostile au traité : les grands ports de commerce, les régions et les secteurs traditionnellement exportateurs lui étaient favorables. La France supprimait toutes les prohibitions, les taxes sur les matières premières et la plupart des denrées alimentaires ; elle établissait des droits *ad valorem* qui ne pouvaient dépasser 30 % sur les articles manufacturés et le charbon. Le traité fut suivi d'une série d'accords commerciaux avec les autres nations européennes. Les droits réels furent très modérés.

L'exposé des motifs de la loi de 1863 sur les sociétés anonymes indique que « l'Empereur, dans sa haute sagesse, a noblement proclamé le principe de la liberté économique et commerciale : il a provoqué la spontanéité des citoyens à s'affranchir progressivement de la tutelle de l'État ». Celui de la loi de 1867 pose en principe que « l'autorité ne doit point se mêler aux transactions privées ». La conséquence naturelle de cette affirmation était qu' « à l'avenir les sociétés anonymes pourraient se former sans l'autorisation du gouvernement ». Ces textes sont aussi solennels que celui de la Déclaration des droits de l'homme. Le but était de relancer l'économie. Il fallait, disait Rouher, « laisser à l'activité individuelle, au labeur de chacun, à la vertu énergique de tous, le soin de faire prospérer les diverses formes de sociétés ». Ces deux lois furent en fait l'aboutissement naturel des évolutions antérieures, mais elles s'inscrivent en rupture avec les tendances de l'administration du commerce et du Conseil d'État. En effet le développement économique des années 1840 et plus encore des années 1850 avait provoqué une « fièvre des commandites ». Les sociétés en commandite par actions s'étaient multipliées. Elles servaient en fait de substituts aux sociétés anonymes pour la création de sociétés de vaste dimension, en raison des rigueurs des procédures et des règles d'autorisation des sociétés anonymes instaurées en 1807 et appliquées strictement par le Conseil d'État. Elles étaient ainsi détournées de leur vocation réelle. Pour mettre un terme à ce mouvement jugé trop spéculatif, une loi fut votée en 1856 qui réglementait sévèrement la création et le fonctionnement des sociétés en commandite par action. Le nombre des créations baissa fortement entre 1856 et 1861. La novicité de ces mesures était évidente. Le Conseil d'État mena un combat d'arrière-garde en limitant, dans la loi de 1863, la liberté aux sociétés dont le capital était inférieur à 20 millions de francs. Cette limitation fut levée par la loi de 1867.

La lettre du 5 janvier annonçait parallèlement à la politique libre-échangiste, le retour à une politique favorable au développement de la navigation fluviale, fondée sur une réduction massive des péages et sur la reprise des travaux d'amélioration du réseau. Il s'agissait, dans l'esprit de l'Empereur, de susciter une concurrence aux grandes compagnies de chemin de fer dont il venait d'affermir le monopole par les conventions légalisées en 1859. De plus en 1865 une loi définit les modalités de développement et le statut des lignes d'intérêt local. Il s'agissait de permettre aux départements d'entreprendre la construction de lignes complémentaires des lignes d'intérêt général. Elle satisfait les revendications du courant décentralisateur. Elle entraîna la naissance de compagnies, créées à l'initiative de notables locaux, qui tentèrent de faire concurrence aux grands réseaux. Cette tentative échoua. Ces sociétés tombèrent en faillite lors de la crise de 1877. Le camp libéral se divisa, les uns soutenant les petites compagnies, les autres, dont Léon Say, qui, dans les années 1860 avait réorganisé les finances du réseau du Nord, soutenant les grands réseaux, au nom du respect des contrats. Cet épisode marque la forte liaison qui unit le courant libéral et le courant décentralisateur. Le mouvement favorable aux petites compagnies ne fut pas inutile : il obligea l'administration et les réseaux à mieux tenir compte des forces économiques locales.

Un autre aspect essentiel du programme libéral fut la politique sociale. Le régime favorisa l'essor des sociétés de secours mutuel dès les années 1850. Elles furent les souches fondatrices de l'essor des coalitions et des syndicats. La loi de 1864 sur les coalitions et la tolérance dont jouit le syndicalisme ouvrier à partir de 1856 s'inspirent d'un projet social cohérent, complémentaire du libéralisme, fondé sur la reconnaissance d'un dialogue nécessaire entre les forces patronales et les forces ouvrières. L'idée de la nécessaire autonomie ouvrière, qui devait par la suite inspirer les meilleurs penseurs libéraux, était née.

L'histoire de la IIIe République ne peut être lue comme celle d'une poussée irrésistible d'un interventionnisme de progrès aux dépens d'un conservatisme libéral. Le protectionnisme fut imposé à la nation par des forces conservatrices et la résistance des libéraux fut en France plus acharnée et plus efficace qu'elle ne le fut dans la plupart des grands pays. La France s'engagea dans le protectionnisme beaucoup plus tardivement et beaucoup plus timidement que l'Allemagne. Son économie, orientée vers l'exportation de produits de haute qualité, fut plus que toute autre victime de l'ultraprotectionnisme américain. Au début de la République, l'influence du puissant parti protectionniste fut contrebalancée par la tradition libérale du radicalisme républicain, qui représentait les intérêts des classes populaires, soucieuses du bon marché des denrées. Mais le parti protectionniste se renforça : face à Léon Say et à Leroy-Beaulieu se dressa la faculté en la personne de Paul Cauwés (1843-1917), nommé en 1873 à la chaire d'économie politique de la faculté de Paris. Il se voulait disciple à la fois d'Auguste Comte et de List. De plus la crise renforça le courant protectionniste au sein du patronat comme des agriculteurs. Les viticulteurs s'y rallièrent. Le protectionnisme fut l'un des thèmes dominants de la campagne électorale de 1889. Les lois Méline organisèrent une protection beaucoup plus forte pour les produits agricoles que pour les produits industriels. En réalité, dans ce secteur, les droits français restaient modérés par rapport à ceux d'autres pays. La résistance des libéraux n'avait pas été sans effet.

Il est un autre domaine où le programme libéral présente des caractères de modernité. La doctrine budgétaire de Léon Say est celle d'un budget minimum. Mais il ne s'agit pas d'un budget entièrement neutre. Il a défendu l'idée d'un budget de progrès, c'est-à-dire qui oriente les dépenses publiques vers des emplois utiles à l'économie. Ainsi s'explique sa participation active au plan Freycinet. Il imagina, pour le financer, une nouvelle forme d'emprunt public, le 3 % amortissable. Il dit ceci en 1876 : « Nous sommes dans la situation d'un homme qui a trop de charges de famille. Il ne peut rétablir son équilibre qu'en gagnant davantage. D'où je conclus que tout ce qui, dans nos réformes, est de nature à augmenter le travail, la production, mérite seul de nous attacher. » Dans le domaine fiscal, les positions libérales ne furent pas aussi conservatrices qu'on veut bien le dire. Leroy-Beaulieu était un chaud partisan de l'impôt sur le revenu.

Les libéraux ont su, dans le domaine éconmique, à la fois résister et évoluer. Ils ont résisté aux empiètements de l'État, en particulier dans le domaine de la gestion des services publics et dans celui des réglementations de toutes natures, qui tendaient à instaurer une sorte de corporatisme larvé. Mais, au sein de l'administration, s'est dessinée une vision du rôle de l'État fondée sur un dialogue permanent entre l'administration et les entreprises afin d'orienter l'action de l'une et des autres au mieux des intérêts de la nation. On voit naître l'idée, dans le prolongement de la pensée de Léon Say, d'une rationalisation possible de l'action de l'État, destinée à faciliter le fonctionnement de l'économie de marché. Cette orientation est particulièrement nette dans le domaine des chemins de fer. Mais des clivages sont apparus au sein du camp libéral : la politique à l'égard des ententes en fournit une bonne illustration. Si Clément Colson rejetait comme néfaste la réglementation les concernant, d'autres auteurs et certains magistrats étaient partisans d'une politique de lutte contre les cartels. La jurisprudence les concernant évolua d'ailleurs dans le sens d'une plus grande tolérance. Mais les réseaux d'entente ne prirent jamais en France l'importance qu'ils eurent en Allemagne. Clément Colson affirma de la même manière son hostilité à la fiscalité différentielle en faveur du petit commerce, comme aux subventions. Les libéraux, en un mot, luttèrent avec acharnement contre toutes les formes du corporatisme rampant qui commençaient à se développer.

Pour être moins éclatante que dans les années 1860 la politique libérale est restée vivante sous la IIIe République. Les libéraux se trouvèrent fréquemment placés dans une position défensive. Mais ils surent préserver l'essentiel face à la montée de l'interventionnisme et à l'émergence, encore timide mais clairement affirmée, du corporatisme.

Propriété intellectuelle et protection des idées : la bataille du XIXe siècle

par

Bertrand LEMENNICIER

Introduction

Depuis plusieurs années on observe une explosion dans la manière dont on crée, conserve, transmet et manipule les idées, les informations ou ce que l'on appelle les biens immatériels. De tels biens incluent les idées, les procédés, les bases de données, les algorithmes, les programmes de calcul, les logiciels, les produits littéraires ou artistiques, films, peintures, romans, les sons musicaux, les mélodies, les chansons, les poèmes, etc. Les nouvelles technologies qui touchent l'informatique, la communication électronique, les autoroutes de l'information, la photocopie, les scanners optiques, ont bouleversé nos habitudes. Les étudiants en connaissent long sur ces nouvelles techniques, eux qui piratent les logiciels achetés ou déjà pillés par leurs camarades et qui photocopient à tour de bras les livres écrits par leurs professeurs au lieu de les acheter. L'explosion de ces nouvelles technologies relance l'intérêt que peuvent porter nos contemporains, économistes, juristes, philosophes et historiens aux brevets d'invention et aux droits de copies.

L'idée fondamentale sous-jacente est qu'en présence d'imitateurs, l'inventeur et l'industriel qui l'exploitent ne peuvent récupérer leurs mises de fond parce que les industriels imitateurs offrent le même service ou le même produit à des prix inférieurs car ils n'ont pas supporté ou partagé les frais de l'invention. L'inventeur et l'industriel voient les fruits de leurs investissements captés par d'autres. Si cette appropriation se fait au détriment de l'inventeur et ou de l'industriel (les rendements de leurs investissements ne recoupent pas les frais engagés), ces derniers cessent d'investir ou investissent dans des technologies dont les rendements sont difficilement appropriables par les autres. Cette idée se retrouve dans la plupart des manuels de microéconomie et constitue l'orthodoxie et la justification principale des brevets d'invention ou des droits de copies. Par exemple, le manuel de J. Tirole, retient la thèse suivante : toutes les firmes seraient prêtes à investir dans la recherche et le développement pour innover, mais dès que cette invention est diffusée, les autres firmes peuvent en disposer sans coût, chacun attend alors que les autres fassent les investissements nécessaires, toutes les firmes raisonnent de la même manière et personne ne s'engage dans l'activité de recherche. L'invention est un *« bien public »*. Cet argument n'est pas nouveau. J.B. Clark ou Schumpeter l'utilisent, le prix Nobel K. Arrow aussi. L'intervention de l'État, en accordant un monopole à l'inventeur, est alors un moyen de circonvenir ce problème de *free rider* (passager clandestin).

Il peut être intéressant, non pas de comprendre comment nous en sommes venus à adopter une législation sur les brevets et les droits de copies, la théorie des choix publics nous l'explique très simplement en termes de groupes de pression réclamant une protection auprès du législateur ; mais de comprendre pourquoi on a adopté une protection en termes de privilèges et de monopole au lieu d'adopter une protection en termes de droit de propriété comme le suggéraient les économistes français du XIXe siècle, ce qui implique une toute autre forme de protection des inventions. C'est ce que nous allons tenter de démontrer ici, en nous reportant au débat du XIXe siècle qui, comparé à celui d'aujourd'hui, est d'une richesse insolente. Ceci illustre incidemment que l'analyse économique, contrairement à ce que l'on pense habituellement, ne progresse pas de manière linéaire puisque, dans ce domaine, depuis le siècle dernier elle a, au contraire, reculé.

Pour notre démonstration nous procéderons en trois étapes. Nous commencerons par un historique de la législation. Ensuite, nous présenterons le débat entre les tenants du monopole, les tenants des droits de propriété et ceux qui refusent toute protection des idées ou inventions : les *« légistes et les socialistes »*. Enfin, nous remettrons au goût du jour la thèse de G. Molinari et de C. Le Hardy de Beaulieu d'une protection des idées à partir du concept usuel de droit de propriété, car la distinction entre biens matériels ou immatériels pour accorder un privilège est sans fondement.

Historique des brevets d'invention

Litterrae Patentes, litteras breves, lettre ouverte, lettre publique, document écrit par le Roi plaçant son titulaire en dehors du champ de la loi commune en lui conférant une dignité, un emploi, une franchise ou un monopole, tel est le sens originel des patentes ou des brevets d'invention. Ce sont *des privilèges*.

Reprenons brièvement la présentation de Machlup et Penrose [1] (1950). Les lettres les plus anciennes attribuées par des rois à des inventeurs remontent aux XIVe et XVe siècles. Wenceslas II, Roi de Bohême, instaure les premiers privilèges miniers. A Venise en 1469, les Doges donnent à J. Speyer le privilège exclusif d'imprimer des livres et interdisent l'importation de livres étrangers. Fort heureusement pour l'industrie de l'imprimerie, J. Speyer est décédé l'année suivante. C'est en 1474, que les autorités de Venise décident d'une loi, la *Parte Veneziana*, qui énonce pour la première fois les quatre justifications habituelles d'une loi sur les brevets précisent deux historiens modernes Plasseraud et Savignon [2] :

1) encouragement à l'activité d'invention;
2) compensation des frais engagés par l'inventeur;
3) droit de l'inventeur sur sa création;
4) utilité sociale de l'invention.

Pour exercer la censure, les Princes ont toujours voulu contrôler la presse. Ils ont donc donné un monopole aux imprimeurs et exigé l'enregistrement de tous les titres de livres qui étaient imprimés. L'objet était d'empêcher les protestants de diffuser leurs idées! Tous les livres qui n'étaient pas autorisés étaient saisis et détruits. Les droits d'auteurs émergent en 1641 en Angleterre quand les éditeurs imprimeurs de l'époque, les *Stationers* qui contrôlent toute l'imprimerie et les copies de livres publiés, renégocient leurs privilèges.

Avant l'invention de l'imprimerie, les livres étaient recopiés par des scribes. Ceux-ci commettaient des erreurs ou prenaient la liberté de corriger ou de faire des ajouts de telle sorte que l'on ne savait pas qui était vraiment l'auteur ou si c'était bien lui qui avait écrit ce qui était recopié! Avec l'imprimerie, les choses changent. Plus besoin de copistes, l'auteur peut fixer définitivement sa pensée sur du papier. Sa pensée lui survivra cette fois sans erreur ou ajout, en un mot intact.

Ce système d'octroi de privilèges s'est développé et dénaturé au cours des siècles suivants. Certaines de ces lettres étaient données à des inventions nouvelles ou à des techniques importées, pour une période limitée ou pour l'éternité. Certains privilèges assuraient une protection contre l'imitation et octroyaient de fait un monopole contre la concurrence; d'autres, au contraire, exemptaient l'invention ou la technique des réglementations imposées par les corporations. Elles avaient, alors, pour but de réduire les positions de monopole et d'accroître la compétition. Souvent ces privilèges étaient octroyés pour faire ce que la loi ou les réglements interdisaient de faire! La plupart des privilèges nous dit Renouard [3] , un célèbre juriste du temps, conseiller à la Cour de cassation et auteur d'un traité sur les brevets d'invention, ne servait pas à récompenser les inventeurs ou à protéger leurs innovations, voire à développer une industrie, mais plus simplement à accorder un profit de monopole à des favoris de la cour du Roi.

Devant ces abus, en Angleterre, le Parlement finit par interdire à la Couronne d'attribuer des privilèges avec pour seule exception le monopole des patentes qui offrait un privilège au premier inventeur. C'est la loi du *Statute of Monopolies* de 1623 qui marque la seconde grande loi sur le droit de propriété des inventeurs après celle de la République de Venise.

Entre 1624 et 1850 le système des brevets d'invention s'est répandu dans le monde occidental. En 1787, la Constitution américaine donne au Congrès le pouvoir de : *« promouvoir la science et les arts, en accordant pour une durée limitée aux auteurs et inventeurs un droit exclusif sur leurs écrits et découvertes ».*

En France, l'Assemblée constituante, avec la loi du 7 janvier 1791 déclare :

« Toute découverte ou nouvelle invention, dans tous les genres de l'industrie est la propriété de son auteur; en conséquence, la loi lui en garantit la pleine et entière jouissance, suivant le mode et pour le temps qui seront ci-après déterminé.

Le Chevalier De Boufflers rapporteur de la loi écrivait :

S'il existe pour un homme une véritable propriété, c'est sa pensée; celle-là paraît du moins hors d'atteinte, elle est personnelle, elle est indépendante, elle est antérieure à toutes les transactions; et l'arbre qui naît dans un champ n'appartient pas aussi incontestablement au maître de ce champ, que l'idée qui vient dans l'esprit d'un homme n'appartient à son auteur. L'invention qui est la source des arts, est encore celle de la propriété; elle est la propriété primitive, toutes les autres sont des conventions.

Le fondement des brevets d'invention est la propriété *naturelle* de l'homme sur les fruits de son travail.

En 1810, l'Autriche adopte un système où les inventeurs n'ont aucun droit de propriété sur les inventions. Le gouvernement se réserve le droit d'accorder des privilèges pour restreindre le droit *naturel* d'imiter l'idée d'un inventeur.

Quatre lois, quatre façons différentes de voir le droit de propriété sur les inventions :

– promouvoir l'industrie et les arts en récompensant l'inventeur par un monopole temporaire : *c'est la loi américaine*;

– reconnaître un droit de propriété limité dans le temps : *c'est la loi française*;

– refuser d'accorder à l'État le droit de distribuer des privilèges de monopole exception faite des inventions : *c'est la loi anglaise*;

– ne pas reconnaître le droit de propriété sur les inventions mais restreindre le droit d'imiter les inventeurs pour des raisons d'utilité sociale : *c'est la loi autrichienne.*

D'une façon ou d'une autre, la plupart des États ont adopté un système de protection des inventions. La Russie en 1812, la Prusse en 1815, la Belgique et la Hollande en 1817, l'Espagne en 1820, la Bavière en 1825, la Sardaigne en 1826, le Vatican en 1833, la Suède en 1834, le Wurtemberg en 1836, le Portugal en 1837 et la Saxonie en 1843. Dans cette première vague on remarque un absent de marque : la Suisse. Ce pays refuse de légiférer à propos des inventions.

Aux alentours de l'année 1827, en Angleterre, des plaintes sont formulées devant la difficulté d'obtenir ces privilèges. Différents groupes de pression s'efforcent d'influencer le législateur pour qu'il modifie la loi en faveur des inventeurs. Ces pressions, paradoxalement, ont entrainé une contre-attaque extrêmement vive de ceux qui désiraient l'abolition du système de brevet. Le journal l'*Economist*, de nombreux inventeurs, des députés, le vice-président de la chambre de commerce de Londres étaient des partisans de l'abolition pure et simple de la loi. En Allemagne et en France, un mouvement semblable apparaît. Ingénieurs, inventeurs, industriels, avocats spécialisés dans ces affaires et tous ceux qui de près ou de loin bénéficiaient du système des patentes se trouvaient dans le camp de ceux qui défendaient le système de brevet. Les économistes de l'époque, en France, principalement, engagés, par ailleurs, dans une campagne pour le libre-échange, voyaient dans le droit des brevets non pas la reconnaissance d'un droit de propriété mais l'attribution d'un monopole individuel ayant les caractéristiques d'un privilège. Ils rejoignent le camp des abolitionnistes. La querelle a été totale et a touché énormément de monde. Pamphlets, livres, articles savants, journaux de la presse quotidienne, débats dans différentes associations professionnelles d'hommes de loi, d'inventeurs ou d'économistes, discussions au Parlement ponctuent cette controverse.

Des commissions parlementaires, en Angleterre, étudient le système de patentes (en 1851-1852, puis à nouveau en 1862-1865 et enfin en 1869-1872). La plupart de ces commissions concluent à l'aspect dommageable du système. Une réforme est menée. Elle réduit la durée du monopole et rend plus stricte l'application de la loi. En France, des travaux similaires ont été entrepris pour réviser la loi de 1791. Dès les années 1828, rapporte Renouard, une commission s'est occupée de ce problème. Interrompus, les travaux de la commission ont repris en 1832 par le Comte d'Argout, ministre du Commerce.

Ces travaux ont consisté en une vaste enquête d'opinion auprès des chambres de commerce et de manufactures, des tribunaux de commerce et de prud'hommes, des académies savantes, des particuliers ou des fonctionnaires. Adopté par le gouvernement, le projet de réforme de la loi sur les brevets proposé par cette commission a été soumis et finalement ratifié le 4 juin 1844 par le Parlement et promulgué le 8 juillet de la même année.

Dans un premier temps le mouvement abolitionniste, très connecté avec le mouvement pour le libre-échange, semble l'emporter un peu partout en Europe. En Prusse, Bismarck s'oppose au système de brevet d'invention pour la confédération du nord de l'Allemagne ; la Suisse demeure le seul pays de l'époque à ne pas avoir de loi sur les patentes, les autorités résistent aux assaults répétés des tenants du protectionnisme. La Hollande en 1869 abolit le système de protection des brevets qu'elle avait adopté quelques années plus tôt en 1817.

Nous observons alors une grande période d'idées libérales entre 1840 et 1873 qui conduit à un mouvement en faveur de l'abolition des brevets et droit de copies.

Mais en fait les partisans du monopole et de la protection des brevets vont l'emporter. Le tournant fatidique a été 1873. Une campagne très impressionnante des divers groupes de pression intéressés par la loi sur les brevets s'est developpée dans une ambiance de protectionnisme croissant. Création de société pour la protection des brevets, pétitions distribuées à la presse quotidienne, conférenciers, pamphlets, articles, prix offert au meilleur article qui défendra le système de brevet, conférences internationales, toutes ces techniques de diffusion de la pensée ont été utilisées à l'époque. La dépression économique des années 1870 et la montée des nationalismes en Europe sapent le mouvement libre-échangiste.

Cette défaite des abolitionnistes s'est traduite par une vague de législation dans divers pays. 1874 en Grande Bretagne, 1877 en Allemagne, 1885 au Japon, 1887 en Suisse ! Le dernier bastion du libre-échange en matière de brevet, la Hollande, cède finalement en 1910 !

Il faut attendre 1957 et les années 1980 pour que l'on remodifie ces lois principalement pour prendre en compte les nouvelles technologies de communication.

Le débat intellectuel

Pour convaincre le Parlement de faire modifier la loi sur les brevets, de nombreux débats ont opposé juristes, inventeurs, économistes et parlementaires entre eux.

Il est intéressant de considérer cette querelle car elle peut nous familiariser avec les débats actuels sur la propriété intellectuelle en matière de nouveaux moyens de communication comme Internet.

Quand un homme a inventé, dans l'industrie ou dans les arts, un procédé nouveau, qui a pour effet, soit de simplifier le travail, soit d'augmenter la somme des produits, soit enfin de donner à ces mêmes produits un plus haut degré de perfection, il possède, selon l'opinion commune, qui est aussi la nôtre, un droit particulier, un droit exception-

nel quant à l'exploitation de sa découverte. C'est ce droit qu'on a voulu constater et garantir en délivrant à l'inventeur une sorte de titre authentique, qu'on appelle en anglais « Patent » et en français brevet d'invention.

Cette définition du mot *brevet d'invention* se trouve dans le *Dictionnaire de l'Economie politique* édité par Charles Coquelin [4] chez Guillaumin en 1854.

Quel est le fondement de ce droit? Jusqu'où doit-il s'étendre, doit-il être limité, absolu, temporaire ou éternel? D'autre part, à quels signes reconnaîtra-t-on une invention et comment en constatera-t-on l'existence? Enfin, le droit des inventeurs une fois constaté, sous quelle forme les brevets d'inventions leur seront-ils délivrés? Telles sont les principales questions que ce sujet fait naître, ajoute-t-il.

Cette série de questions soulevées par Charles Coquelin est toujours d'actualité.

– Que peut-on dire d'une réinvention d'un art oublié, d'une technique importée?

– Par ailleurs, doit-on attribuer des brevets à des inventions dont l'objet consiste en des actes immoraux?

– A qui faut-il attribuer ce droit : à l'inventeur, à celui qui dépose le brevet?

– Qui est l'inventeur : celui qui découvre l'idée, celui qui la met en application ou celui qui fait la demande de brevet? Et s'il y a des inventions simultanées à qui donne-t-on la priorité?

– Qui va juger de l'attribution du brevet?

– Enregistre-t-on la demande ou le dépôt du brevet et examine-t-on la validité de celui-ci uniquement s'il y a contestation ou bien procède-t-on à un examen préalable?

– Quelle est la durée de ce droit? Est-il éternel, temporaire?

– Lorsqu'un industriel a besoin d'utiliser l'invention de quelqu'un d'autre pour produire ou commercialiser un produit ou un service, peut-il se voir refuser la vente du brevet?

Gustave de Molinari [5], un économiste belge du XIXe siècle, rédacteur en chef de la revue *Le Journal des Économistes*, dans un article sur la propriété des inventions, paru dans ce même journal en septembre 1855, développait une démonstration simple pour convaincre le lecteur que la propriété sur les idées ne diffère pas fondamentalement de la propriété sur les choses.

Convient-il de reconnaître et de garantir un droit aux inventeurs un droit de propriété illimité sur leurs œuvres, ou bien faut-il se borner à leur concéder le privilège de les exploiter de manière temporaire, et les faire rentrer ensuite dans le domaine public ?... Deux opinions bien tranchées se trouvent en présence, au sujet de l'origine et des fondements du droit de propriété, celle des économistes d'une part, celle des légistes et des socialistes de l'autre.

Les économistes s'accordent, pour la plupart, à reconnaître que la propriété est fondée sur le travail et *naturellement* conforme à l'utilité commune ; que l'homme qui crée une propriété par son travail se trouve justement et utilement investi du droit d'en user et d'en disposer d'une manière illimitée dans l'espace et dans le temps, à la seule condition de ne porter aucune atteinte aux droits des autres membres de la société, c'est-à-dire de ne point aggrandir sa propriété en empiétant sur celle d'autrui ; en conséquence, que la société ou le gouvernement qui la représente est tenue de reconnaître et de protéger la propriété *dans ses limites naturelles*... Les économistes ajoutent que la propriété étant la base sur laquelle repose le mécanisme de production et de la distribution des richesses, toute atteinte portée à la propriété occasionne inévitablement une diminution de la production et une perturbation dans la distribution des richesses.

Telle est, en résumé, l'opinion de la plupart des économistes sur la propriété. L'opinion des légistes et des socialistes est diamétralement opposée à celle-là.

Selon les légistes et les socialistes, la société ne se borne pas à reconnaître et à garantir la propriété, elle la crée, elle l'institue ; ce qui lui donne naturellement le droit d'en disposer à sa guise.

Ce point de départ étant bien marqué, examinons si la faculté d'user et de disposer exclusivement d'une découverte que l'on a faite, d'une combinaison utile que l'on a créée, constitue un droit de propriété que la société soit tenue de reconnaître et de garantir dans ses limites naturelles, ou si elle contient simplement l'étoffe d'un privilège que la société confère en le limitant selon son bon plaisir et en se réservant le droit de le ressaisir quand cela lui plaît.

Se reporter à la controverse qui a fait rage au XIXe siècle sur ce sujet des brevets d'invention ne constitue pas seulement un exercice de style, mais une réflexion capitale. Cela permet de dégager l'ensemble des arguments qui fondent le droit de la propriété industrielle et de montrer qu'aujourd'hui, plus d'un siècle après, les critiques qui ont déjà été faites par les partisans d'une abolition du système des brevets ont toujours la même force de conviction. La question d'établir des droits de la propriété intellectuelle reste entière aujourd'hui faute d'un retour à ce débat de fond.

Dans leur revue de la littérature de l'époque, Machlup et Penrose ont décelé quatre arguments types.

L'approche déontologique

Argument de type 1 : Un individu a un *droit de propriété naturel* dans ses idées. L'appropriation de ses idées par quelqu'un d'autre doit être considéré comme un vol. La collectivité est tenue moralement de reconnaître et protéger ce droit dans ses limites naturelles. En conséquence faire respecter ce droit (et implicitement les attributs de la propriété : transférabilité, durée illimitée...) est le seul moyen pour la société de reconnaître ce droit de propriété sur les idées. Les auteurs entre autres qui ont soutenu cet argument sont : Bouflers, Molinari, Le Hardy de Beaulieu, Garnier. On pourrait ajouter Diderot, Lamartine et Nerval à cette liste.

Argument de type 2 : *L'équité* requiert qu'un individu reçoive une rémunération proportionnelle aux services rendus lorsque ces services sont utiles à la société. Les inventeurs rendent des services utiles. La façon la plus simple de les rémunérer est de leur offrir un privilège sous la forme d'un monopole d'eploitation de leur invention. A. Smith et S. Mill avancent cet argument.

Argument de type 3 : La personnalité d'un individu se forge par son travail et sa création. L'esprit de chaque individu se fait connaître par cette activité de création. La personnalité d'un individu et son développement est indissociable de l'existence des droits de propriété sur lui-même. Les brevets et les copyrights constituent l'étape essentielle pour que les droits de propriété protègent et permettent le développement de la personnalité. Hegel est celui qui soutient cet argument. *Le droit moral de l'auteur sur son œuvre* est l'étape ultime de cette extension de la personnalité dans les biens matériels supports des biens immatériels. E. Kant affirmait qu'un livre n'est pas une simple marchandise, mais l'exercice de son esprit que l'on peut concéder à autrui moyennant rémunération, mais que l'on ne peut pas aliéner. Quelqu'un qui copie offre au public la pensée de quelqu'un d'autre, l'auteur, ce qu'il ne peut faire sans sa permission. L'auteur a donné cette permission à son éditeur et, s'il y a exclusivité, celui qui copie est dans son tort et doit réparation. (Chez E. Kant paradoxalement, les copyrights ne sont valables que pour la littérature, les arts plastiques ne sont pas protégés parce qu'ils ne sont pas l'expression d'un discours !)

L'approche conséquentialiste

Argument de type 4 : Le progrès industriel est bénéfique pour la société. Les inventions et leur exploitation sont nécessaires pour assurer le progrès industriel. On n'obtiendra pas suffisamment d'inventions si des moyens ne sont pas mis en œuvre pour inciter inventeurs et industriels à se lancer dans cette activité. Il faut que les profits attendus excèdent les coûts. Le moyen le moins onéreux pour assurer cette rentabilité est d'offrir un monopole d'exploitation des inventions. L'ensemble des utilitaristes, Bentham en tête, sont les tenants de cette vision.

Argument de type 5 : Le progrès industriel est bénéfique pour la société. Pour l'assurer il faut que les inventions nouvelles puissent se diffuser rapidement. En absence de protection contre les imitations les inventeurs auront tendance à garder *les inventions secrètes*. Pour inciter à diffuser l'invention, il faut accorder un monopole d'exploitation. Par ce biais, la société achète à l'inventeur la publicité de son invention. Charles Coquelin est l'un des partisans de cette argumentation.

Ces arguments sont indépendants les uns des autres. En rejeter un ne suffit pas à éliminer les autres. Les premiers sont fondés sur des considérations éthiques et les deux autres sur des considérations d'opportunité. Revenons sur chaque argument en exposant les critiques de l'époque.

Le brevet d'invention : juste rétribution de l'effort

Les économistes classiques comme A. Smith ou J. Stuart Mill, s'ils condamnent habituellement les monopoles, font une exception en matière d'invention. A. Smith accepte que l'on donne un monopole temporaire à une compagnie qui fait le commerce dans un pays lointain au même titre que l'on donne un monopole à l'inventeur d'une nouvelle machine ou à l'auteur d'un ouvrage. Il s'agit en effet de récompenser des risques encourus au départ et dont les principaux bénéficiaires sont les consommateurs. La vision de J. Stuart Mill [6] a largement influencé l'opinion sur les brevets. Ce dernier écrivait, il y a plus d'un siècle :

> *qu'il [l'inventeur] doit être compensé et récompensé ne peut être nié. Si tout le monde pouvait profiter de son génie sans avoir à partager les dépenses qu'il a faites pour rendre son idée pratique, ou bien personne n'assurera les dépenses, excepté des individus très riches et ayant le sens du bien public, ou bien l'État attache une valeur au service rendu et lui accorde une subvention... ; en général un privilège exclusif, d'une durée temporaire, est préférable ; parce que la récompense dépend de l'utilité de l'invention, et la récompense est d'autant plus élevée que celle-ci est utile à la collectivité ; et parce qu'elle est payée par les personnes à qui cette invention rend service : les consommateurs du bien considéré...*

Cette idée que la moralité et la justice puissent fonder le système de brevets d'invention n'a cependant pas emporté l'adhésion immédiatement. Machlup et Pensore citent les contre-arguments qui ont été développés à l'époque.

Contre-argument 1 : *L'inventeur ne peut bénéficier des fruits d'une connaissance qui ne lui appartient pas.*

S'il est juste et seulement juste de rétribuer l'inventeur faut-il encore qu'il fasse la preuve que l'invention soit bien le fruit de son travail. Les progrès de la connaissance qui n'appartiennent à personne ou à la société contribuent tout autant à l'invention.

Contre-argument 2 : *L'inventeur est déjà rémunéré.*

Une autre ligne d'attaque a été de faire remarquer que, s'il est certes moral et juste que l'inventeur soit récompensé, il n'est peut être pas juste qu'il le soit deux fois. En effet, l'inventeur est déjà rémunéré. Si un inventeur fait une invention vraiment en avance sur son temps, la durée entre la mise en application de son invention et l'apparition des premières imitations lui permet d'obtenir des profits ou une rente suffisante pour le récompenser de ses efforts. Lui assurer un monopole d'exploitation c'est effectivement lui accorder un super profit. Le point essentiel est alors la vitesse avec laquelle une invention peut être imitée.

Contre-argument 3 : *Il existe d'autres moyens de récompenser l'inventeur que de lui attribuer un monopole d'exploitation.*

On peut reconnaître le droit à une rémunération mais rejeter l'octroi d'un monopole d'exploitation. Il existe bien d'autres moyens de récompenser les inventeurs. On peut accorder des bonus aux inventeurs financés par l'État ou les associations de professionnels. On peut organiser des prix (les prix Nobel).

En réalité les arguments habituels pour justifier le monopole d'exploitation sont ceux de Mill. L'avantage du profit de monopole c'est qu'il est corrélé à l'utilité sociale de l'invention, une plus grande demande accroît les profits, et plus l'invention est utile plus cette demande sera grande et parce qu'il est payé par ceux qui en bénéficient. Or, tout autre système de rémunération sera plus arbitraire. Si cela est vrai pour les bonus ou les prix, cela n'est pas vrai de la rente captée par l'inventeur avant l'apparition des imitations et des substituts. Le seul argument qui résiste à Mill est celui du profit consécutif à l'introduction de l'invention. Outre les profits réalisés à la vente, ceux réalisés sur le marché du capital en spéculant sur la valeur de l'entreprise qui exploite l'invention permettent de capter la totalité de la rente consécutive à cette introduction. Ce contre-argument a été repris dans la littérature moderne par Hirshleifer un professeur d'économie de l'université de Los Angeles.

BREVET D'INVENTION : DROIT DE PROPRIÉTÉ NATUREL

Un homme a une propriété « *naturelle* » sur ses idées : c'est le principe solennel proclamé par l'Assemblée constituante dans la loi de janvier 1791. Dans le préambule de cette loi est écrit :

L'Assemblée nationale, considérant que toute idée nouvelle dont la manifestation ou le développement peut devenir utile à la société, appartient à celui qui l'a conçue, et que ce serait attaquer les droits de l'homme dans leur essence que de ne pas regarder une découverte industrielle comme la propriété de son auteur...

Article 1 : Toute découverte ou nouvelle invention, dans tous les genres d'industrie, est la propriété de son auteur ; en conséquence la loi lui en garantit la pleine et entière jouissance, suivant le mode et pour le temps qui seront ci-après déterminés.

Bien dans le style de la Révolution française qui consiste à affirmer le principe et à contrôler les conditions de son application de telle sorte que la notion de droit de propriété disparaît. Ce que Charles Coquelin perçoit parfaitement et ce qui lui permet d'ironiser sur la thèse de De Boufflers :

Après de telles paroles, on ne comprend guère comment le rapporteur a pu conclure à la fixation d'un terme limité pour l'exercice de ce privilège des inventeurs. [imaginez] que la société dise au propriétaire d'un champ : l'arbre qui est né dans ce champ est à vous ; en conséquence vous jouirez pendant dix ou quinze ans de ses fruits ; après quoi je vous en dépossederai pour le faire tomber dans le domaine public.

La notion de propriété dans les idées contraste avec le courant précédent. Il ne s'agit pas de savoir s'il est juste ou non de récompenser les efforts ou de bénéficier du fruit de son travail, il s'agit de faire comprendre qu'il n'y a pas de différence entre la propriété sur des choses matérielles et sur celle des idées.

« LA PROPRIÉTÉ DES INVENTIONS EST UNE PROPRIÉTÉ COMME UNE AUTRE »

C'est le titre d'un article de Le Hardy de Beaulieu dans le *Journal des Économistes* de 1868. Un grand nombre d'économistes français, Garnier ou Blanc ou belges Le Hardy de Beaulieu ou Molinari, sont des avocats d'un droit de propriété *« naturel »* sur les idées, droit de propriété qui est à l'image d'un droit de propriété sur un champ ou une maison : transférable et de durée illimitée. Mais aussi le célèbre directeur du musée de l'industrie belge, l'infatigable M. Jobard, est un grand partisan d'un droit de propriété absolu sur les inventions. Le droit de propriété sur les choses est moins sacré que celui sur les idées. Ainsi le Chevalier de Boufflers, rapporteur de la loi écrit :

S'il existe pour un homme une véritable propriété, c'est sa pensée ; ... et l'arbre qui naît dans un champ n'appartient pas aussi incontestablement au maître de ce champ, que l'idée qui vient dans l'esprit d'un homme n'appartient à son auteur.

A sa suite Lamartine, Vigny, Nerval, le célèbre civiliste Accolas sont tous des partisans d'un droit de propriété absolu sur les idées.

Parmi les économistes britanniques partageant ce point de vue on trouve, nous disent Machlup et Penrose, Macleod et McCulloch. Ce concept de propriété sur les produits intellectuels a été soigneusement analysé et très vivement critiqué par les juristes, les philosophes et les économistes du temps.

Contre-argument 1 : *Non-appropriabilité et bien public.*

Tout le monde à l'époque concède qu'un homme est propriétaire de ses idées avant qu'il ne les communique à autrui. Mais celles-ci une fois divulguées, deviennent la possession d'autrui. Rien ne peut être entrepris pour les restituer. C. Coquelin parle de confusion de pensée :

C'est toujours, comme on le voit, cette étrange confusion d'idées qui fait mettre sur la même ligne une invention, c'est-à-dire une vérité nouvelle, ce n'est pas autre chose, dont le propre est de se communiquer à toutes les intelligences, et qui est susceptible d'être explorée à la fois en cent lieux différents, avec un objet matériel, nécessairement circonscrit, qu'un seul homme peut occuper parce qu'il n'est pas susceptible de partage, et qu'il ne peut être utilement exploité que là où il se trouve.

Le droit de l'inventeur à la pleine propriété de son invention – en particulier le droit d'exclure autrui de l'usage de son idée – entre en conflit avec *le droit tout aussi naturel d'un individu d'imiter les autres.* Peut-on être propriétaire d'une idée incorporée dans la tête d'autrui ? Peut-on accepter qu'un droit de propriété sur les idées ou les inventions soit perpétuel ? Cette simple conséquence heurte le sens commun et montre qu'un droit de propriété sur les idées est un non-sens. Les notions de possession, de contrôle, d'appropriation, de restitution, d'occupation qui définissent si bien la propriété d'une chose sont largement inapplicables aux produits intellectuels.

M. Chevalier, un économiste français du XIXe siècle, affirmait : *« Une idée peut appartenir à un nombre illimité de personnes; c'est l'essence même d'une idée que, une fois publiée, elle appartienne à tout le monde. »*

T.N. Benard, un juriste du siècle dernier écrit :

Le champ que j'ai converti en jardin ne peut être utilisé par mon voisin pour y paître ses bestiaux... Non seulement les diverses applications de l'idée ne gênent par l'inventeur dans l'emploi qu'il en peut faire, mais, si l'application faite par les autres est exactement la même que la sienne, il est soumis à la loi universelle de la concurrence, loi de progrès s'il en fut jamais.

Contre-argument 2 : *Confusion entre monopole et droit de propriété*

Charles Coquelin explique à sa manière cette confusion en reprenant la thèse de M. Jobard.

Monopole ! monopole ! s'écrie M. Jobard, voilà le grand argument que l'on invoque contre le privilège des inventeurs. Mais ajoute-t-il, est-ce que toute propriété n'est pas un monopole ? Est-ce que le propriétaire d'un fonds de terre ne jouit pas d'un monopole, aussi bien que le propriétaire d'une maison, d'une usine, etc. ? Sans doute toute propriété est un monopole. Mais c'est précisément pour cela que le droit de propriété n'est applicable qu'aux choses qui se refusent à une exploitation multiple, et qui constituent par cela même des monopoles naturels. La possession d'un fonds de terre est un monopole; c'est vrai. Mais ce monopole ce n'est pas la loi, c'est la nature qui l'a créé. Il existe par la force des choses; car vous ne ferez jamais qu'un fonds de terre soit exploité à la fois par plusieurs mains. En est-il de même des procédés industriels ? non, puisqu'on peut s'en servir en cent lieux différents. Il n'y a donc entre les deux cas aucune similitude. En attribuant à celui-ci ou à celui-là la possession exclusive d'un fonds de terre, la loi ne fait que respecter la nature des choses, qui ne permet pas que ce même fonds soit exploité par plusieurs; elle ne fait que déterminer un choix entre les concurrents. En réservant à un seul homme l'exploitation d'une invention industrielle, elle viole la nature des choses.

On confond le droit d'exclure autrui d'une ressource avec le droit d'exclure les inventeurs ou les imitateurs potentiels d'un marché celui des inventions. En fait, Charles Coquelin soutient l'idée d'un droit de *« priorité »* et justifie le monopole par le fait que le gouvernement achète par ce monopole temporaire d'exploitation la divulgation de cette découverte que l'inventeur pourrait garder secrète autrement.

Contre-argument 3 : *L'invention appartient à la société*

Un autre argument, différent de celui de l'impossibilité d'appropriation, est fréquemment avancé à cette époque, c'est celui-ci :

Avant d'établir un droit de propriété dans une invention [les inventeurs] devraient rendre toute la connaissance et l'aide qu'ils ont obtenu de la connaissance et des inventions des autres. C'est impossible, et cette impossibilité montre que leurs inventions font partie du tout que constituent les idées d'une société, ils n'ont donc aucun droit de propriété dans leurs inventions. (*The Economist*, 28 décembre 1850).

T.N. Bénard dans le même esprit affirme :

Il ne s'agit pas d'exproprier l'inventeur, mais plutôt d'empêcher l'expropriation de la société, qui dans son héritage possède tous les éléments utilisés pour réaliser les inventions.

Une critique particulièrement perfide a été, finalement, portée par les abolitionnistes. Les partisans de la loi sur les brevets ou sur le droit d'auteur veulent utiliser le mot de propriété parce qu'ils veulent substituer un mot *« respectable »* à un autre mot qui l'est beaucoup moins : celui de monopole. C'est un moyen puissant de légitimer des privilèges. En effet ces droits de propriété n'émergent pas spontanément en réponse à une rareté croissante, mais créent une rareté artificielle qui n'existerait pas sans l'intervention de l'État. Ce fut un choix délibéré de la part des hommes politiques français de la Révolution affirment Machlup et Penrose, en s'appuyant sur les interprétations de De Boufflers, le rapporteur de la loi.

BREVET D'INVENTION : PROTECTION DE LA PERSONNALITÉ

L'idée comme quoi les brevets d'inventions mais aussi les droits de copies sont un moyen de protéger la personnalité de l'individu parce que celle-ci s'incorpore dans des objets est un argument de philosophe. Les économistes du temps ou les juristes de l'époque n'en font pas la critique. En revanche les juristes sont influencés par cette vision personnaliste des droits de propriété intellectuels tel Berthauld.

Contre-argument :

Les brevets ou les copyrights fondés sur le concept de personnalité souffrent d'une confusion sur le statut *ontologique* d'une idée et de sa relation avec l'auteur. Si comme l'affirme Hegel une personne doit transposer sa liberté dans une sphère externe pour exister en tant qu'idée, cela ne signifie pas que cette transposition soit constitutive de la personne humaine, ni que les choses qui résultent de cette transformation soient inextricablement liées à la personne. Ceci est évident avec les choses éphémères comme un dessin sur la plage ou sur une vitre embuée. La personnalité de l'auteur n'est pas altérée par ce fait. La connection ontologique entre l'artiste et son œuvre c'est quand elle est finie, extériorisée dans un bien matériel. En effet à partir de ce moment la pensée est incorporée dans un objet, elle est objectivée. *Une fois créée l'œuvre est indépendante de son créateur*. L'enfant une fois né est séparé physiquement de sa mère. Il est indépendant ou le sera. Une œuvre d'art ne dépend plus, pour son existence, du créateur mais *de son audience*. L'œuvre ne prend une signification que parce que les autres y attachent une importance.

Il y a ici une prétention de la part des artistes à savoir ce qu'est une œuvre d'art. *Ce sont les autres qui en décident*. L'expérience subjective de l'artiste, qui voudrait être adulé pour ses efforts ou son mérite, n'a aucun poids. C'est le service rendu par l'œuvre d'art qui décidera de la réputation de l'auteur et il sera rémunéré en conséquence. Paradoxalement le droit moral de l'auteur est un désir de contrôler la pensée d'autrui ou de savoir mieux que lui ce qu'il faudrait faire de l'œuvre qu'il a cédée ! S'il ne veut pas la vendre il peut la concéder et voir s'il y a des clients qui sont prêts à louer sa peinture ou son livre.

Brevet d'invention : incitation au progrès industriel

Si le progrès industriel est bénéfique pour la société et que les inventions entraînent le progrès industriel, il faut un système incitatif pour qu'il y ait un montant d'invention suffisant pour entrainer ce progrès industriel. Le monopole d'exploitation est le système d'incitation le moins onéreux.

Contre-argument : *Le monopole n'assure pas l'optimalité du montant d'invention.*

Personne ne nie que les inventions améliorent le progrès industriel. Les abolitionnistes mettent en cause l'idée que les brevets d'invention induisent un montant optimal d'invention et qu'il s'agit là d'un moyen peu coûteux d'atteindre l'objectif visé.

Il n'est pas dit que sans intervention ni protection, il n'y aurait pas autant d'inventions. Est-il vrai que, sans privilège, l'inventeur renoncerait à inventer ? Si le monopole est effectif, en incitant une personne à faire ce qu'elle n'aurait pas fait autrement, le résultat revient à divertir des ressources existantes vers des emplois qui ne sont pas nécessairement plus productifs. Les ressources qui auraient été spontanément dirigées vers certaines inventions non protégées par un brevet sont réallouées dans le secteur des inventions protégées par un privilège.

Cette réallocation est alors un coût social qui s'ajoute aux coûts propres du système de brevet d'invention c'est-à-dire aux dépenses encourues pour payer les avocats et la bureaucratie en charge de l'administrer comme aux désavantages que supportent le consommateur lorsque les firmes utilisent les brevets d'invention pour se protéger contre la concurrence au-delà de l'invention elle-même. Il faut mentionner un dernier coût : celui d'empêcher les autres firmes d'utiliser un procédé ou une technique qui est par définition plus efficiente ! C'est en réalité ce dernier coût qui était jugé comme le plus dommageable. Dans le journal *The Economist* de février 1851 on pouvait lire :

Chaque brevet est une interdiction de toute amélioration dans une certaine direction, excepté pour celui qui bénéficie du brevet, pendant un certain nombre d'années ; et par conséquent, aussi bénéfique que cela puisse être pour celui qui reçoit le privilège, la communauté ne peut-elle en tirer tous les fruits...

C'est un des arguments les plus forts que les adversaires de l'époque ont avancé contre les brevets d'invention. Le système d'incitation ne doit pas priver autrui des bénéfices des inventions. Or, c'est ce qui se passe. Un inventeur qui a la même idée et qui n'a pas eu la chance ou l'opportunité de déposer en premier son brevet se trouve empêché de l'exploiter. C'est la raison pour laquelle le droit d'acheter ou de vendre le brevet a atténué cette opposition.

Brevet d'invention : moyen de rendre publiques les innovations maintenues secrètes

L'argument comme quoi l'inventeur garderait le secret de son invention en absence de privilège n'a pas été mieux accueilli.

Contre-argument : *La concurrence empêche le secret, le monopole l'accentue.*

Si un inventeur veut garder secret son invention, la société n'est pas sûre d'y perdre car la concurrence entre les inventeurs la fera émerger quelque part. Les inventions ou les découvertes sont souvent produites simultanément en des endroits différents. Les garder secrètes sans pouvoir les exploiter constitue un coût pour l'inventeur puisqu'il se prive des profits que pourraient rapporter sa découverte. Et s'il peut tirer des profits élevés de son invention tout en la gardant secrète, un système de patente devient inutile. Paradoxalement comme les patentes sont délivrées à un stade où la découverte est devenue pratiquement un objet, le privilège incite à maintenir secrète l'invention jusqu'au stade où l'on pourra obtenir le brevet ! La suppression du monopole entraînerait une publication plus rapide des inventions et des découvertes pour permettre aux inventeurs de bénéficier d'une réputation et ce simple fait accélérerait le progrès technique.

Les opposants au système des brevets pensaient fermement que l'abolition des lois sur les patentes serait bénéfique pour la nation dans son ensemble. Les défenseurs étaient convaincus que l'abandon de ce système serait suicidaire. Mais la querelle académique s'est totalement éteinte pendant un siècle. Elle retrouve aujourd'hui un regain de vigueur avec l'apparition de nouvelles technologies

Les leçons du débat

Le développement fantastique des nouvelles technologies en matière d'information rend ce débat d'une actualité brûlante. La protection accordée par le brevet est une protection à domaine spécifique. Il n'y a pas une protection générale des œuvres de l'esprit. Toute production immatérielle qui n'a pas un support sous la forme dépôt d'un brevet ou publication d'une œuvre littéraire, ne reçoit pas de protection. Que fallait-il faire avec un logiciel ou une banque de données, un fichier nominatif ? Tous sont des nouveaux produits qui sont des œuvres de l'esprit. Doit-on leur accorder une protection – un brevet ou un droit d'auteur – à l'image de la propriété industrielle ou littéraire et artistique ? Jusqu'où s'étend ce droit de propriété ? Faut-il interdire à la télévision de colorier les films noir et blanc parce que ces productions immatérielles bénéficient de la protection du droit d'auteur ? Faut-il interdire la photocopie des livres ou la reproduction des logiciels ? Comment préserver la propriété de ces idées sur les autoroutes de l'information ?

Deux catégories de réponses ont été offertes par le monde des affaires, de la politique et de la loi. La première est d'exiger une plus grande protection des intérêts économiques des créateurs par une extension des brevets. Il en est ainsi de l'imitation des logiciels à travers la jurisprudence américaine.

Par exemple, dans l'affaire Atari contre North American Philips Consumer Electronics l'imitation de logiciel a été condamnée. La partie condamnée, devant le succès du jeu Pac Man, avait entrepris de réaliser et de mettre sur le marché un jeu du même type appelé K.C. Munchkin. Les personnages et les règles du jeu n'étaient pas identiques, mais il ne pouvait y avoir de doute sur le fait que les deux produits s'adressaient au même public. D'ailleurs le défendeur avait présenté dans sa promotion commerciale son jeu comme étant de la même famille que celui du Pac Man. La Cour d'appel admit que beaucoup d'éléments dans le jeu de Pac Man étaient susceptibles de droit d'auteur. Si la grille, les scores, les tunnels, les billes indiquant les résultats du jeu font partie du savoir commun des programmeurs, en revanche le personnage central était soumis au droit d'auteur. Or c'est précisément cet élément qui, aux yeux de la Cour, a été approprié illicitement.

Mais dans le même temps on observe d'autres groupes de pression qui demandent des exemptions à ces protections. Prenons les créateurs de logiciel. Ils bénéficient de la propriété littéraire et artistique. Ils ont donc un droit à ne pas voir leurs œuvres être copiées sans leur autorisation. Ils s'opposent alors aux enseignants qui ont besoin de logiciel à des fins de recherche ou de pédagogie. La pétition suivante émanant d'un groupe d'enseignants d'informatique de Toulouse et qui a circulé dans l'université en juin 1988 peut illustrer ce propos.

Monsieur le Premier ministre,

Tout en comprenant la nécessité d'une loi assurant la pleine protection du droit d'auteur, nous nous permettons d'attirer votre attention sur l'article 47 de la loi du 3 juillet 1985, qui entrave totalement la mission pédagogique des établissements d'enseignement supérieur pour lesquels les logiciels ne sont pas un bien de consommation, mais un objet d'études.

Il résulte, de la législation actuelle, un grand désarroi des enseignants (déjà 4 inculpations) et une désorganisation inacceptable de l'enseignement de la micro-informatique.

Une telle sitaution compromet ainsi gravement la formation des étudiants et leur insertion dans le domaine professionnel, ce qui ne pourra que s'aggraver en 1992 lors de l'ouverture du grand marché européen, mettant ainsi en cause le rayonnement scientifique de la France.

La gravité de la situation appelle des mesures urgentes; nous vous demandons instamment de prendre une position claire sur ce sujet, en soumettant au vote de l'Assemblée nationale, une modification de la loi du 3 juillet 1985 qui, en créant une dérogation, à l'article 47, permettrait aux établissements de l'enseignement public d'utiliser à des fins pédagogiques et non commerciales des copies de logiciels.

Nous vous prions d'agréer...

Cette pétition, si elle était acceptée, priverait les créateurs d'un marché très important, celui des étudiants. Cette querelle entre les créateurs et les utilisateurs montre combien les enjeux économiques peuvent être considérables (le prix moyen dans le commerce d'un logiciel se situe entre 2 000 F et 4 000 F).

Il serait logique que le contribuable subventionne l'achat des logiciels comme il le fait de n'importe quel autre matériel d'enseignement (livres par exemple). La pétition, et l'intervention sous forme d'exemption, revient à priver les auteurs de leur revenu. Il est sans doute plus aisé politiquement de spolier une minorité que d'augmenter le budget de l'Éducation pour payer des logiciels.

Par ailleurs on se plaint que Microsoft, le leader mondial en matière de logiciels, abuse de sa position dominante ! Or, il doit cette position non seulement aux talents de ces ingénieurs mais aussi aux protections des brevets !

La seconde réponse consiste à développer des techniques de protection privée visant à exclure de l'utilisation du bien ou du service ceux qui ne paient pas. En général les créateurs usent de ces deux moyens pour tirer un maximum de revenus de leurs inventions.

Cette question de la protection des œuvres de l'esprit ou de la propriété intellectuelle implique beaucoup plus que de simples intérêts économiques. Les demandes de protection de la propriété intellectuelle sont souvent accompagnées d'un contrôle accru de l'État sur ces nouvelles techniques et donc sur les informations qui sont communiquées par ces moyens. Or la liberté de transmettre des informations hors du contrôle de l'État est un problème aussi fondamental que celui de la protection des intérêts économiques des créateurs. Cet aspect de l'intervention de l'État est souvent négligé. C'est ce qui guette les autoroutes de l'information !

La plupart des auteurs confondent droit de propriété et monopole, comme Jobard, le directeur du musée industriel de Bruxelles. L'argument de C. Coquelin mérite que l'on s'y attarde car cette différence entre monopole et droit de propriété n'est toujours pas perçue correctement par les juristes contemporains et les économistes les suivent parfois dans leurs erreurs. C'est toute la différence entre le brevet et les droits d'auteur. Le point commun au monopole et à la propirété c'est le droit d'exclure autrui de quelque chose. Mais comme le souligne C. Coquelin, ce quelque chose fait la différence.

Un droit de propriété est fait pour exclure autrui d'une ressource ou d'un objet dont plusieurs individus veulent faire un usage différent. Un conflit apparaît parce que l'usage que l'un veut faire de la ressource exclut qu'un autre individu puisse faire un autre usage de la même ressource. Le propre du droit de propriété, comme de la règle d'attribution de ce droit, est de résoudre ce conflit dans l'usage d'une ressource. Le premier occupant, le plus proche, le premier arrivé sont des règles d'appropriation qui coupent court aux conflits parce qu'elles sont anonymes, asymétriques et non ambiguës. Une fois la propriété attribuée à un individu, celle-ci peut être échangée volontairement. Elle est ainsi placée dans les mains de celui qui pense en faire un usage qui donne les profits les plus élevés.

En revanche, un monopole légal est un droit d'exclure autrui de l'entrée d'un marché. C'est le droit d'interdire à des concurrents d'offrir le même service ou le même bien que celui que l'on offre. Cette possibilité d'exclure autrui de l'entrée d'un marché permet de saisir des gains à l'échange supplémentaire que l'on ne pourrait saisir autrement. En effet en mettant en concurrence les acheteurs entre eux, après avoir éliminé ses propres rivaux par la violence étatique, on tire un maximum de gains à l'échange au détriment du consommateur.

Une fois cette définition bien comprise, l'argument contre les brevets d'invention s'impose. Le brevet d'invention par définition exclut les imitateurs ou les autres inventeurs du marché ! Comme le rappelle C. Coquelin une invention n'est pas une ressource ou un objet dont plusieurs individus pourraient faire un usage différent et conflictuel. Lorsque l'on découvre le vélo, chacun peut l'utiliser à des usages différents, l'un pour se déplacer, l'autre pour y suspendre ses vêtements, un troisième pour un lampadaire. En revanche, le cerveau d'un inventeur, s'il est utilisé à faire la comptabilité d'une entreprise, ne peut être utilisé à développer un nouveau moyen de se déplacer dans les airs. Une invention peut être utilisée en cent lieux différents ou pour dix usages distincts. Le capital humain d'un individu ou son fonds de terre ne peut être utilisé ou exploité pour des usages différents et par des individus différents. C'est là toute la différence. Si le brevet d'invention est un monopole *légal* il est clair qu'il permet de s'approprier des gains à l'échange sur le dos du consommateur ou bien encore il permet d'obtenir une rente au-delà de la rémunération nécessaire pour éliminer le coût d'opportunité de l'inventeur à s'engager dans cette activité plutôt que dans une autre. C'est pourquoi il existe une double rémunération de l'inventeur et un détournement des activités de recherche et d'invention vers l'acquisition de cette rente de monopole. Les brevets d'invention constituent un gaspillage des ressources intellectuelles. L'argument de C. Coquelin est toujours aussi moderne. Il faut avoir une vision positive ou utilitariste du droit pour la rejeter.

Les droits d'auteur sont en revanche un attribut logique des droits de propriété. En effet l'œuvre de l'artiste (ou de l'inventeur) est le produit de l'usage d'une ressource : le capital humain de l'artiste ou de l'inventeur lui-même. C'est l'artiste ou l'inventeur qui est propriétaire de cette ressource (il peut la louer à quelqu'un d'autre comme le font les *« nègres »* en littérature). Les fruits tirés de l'usage de cette ressource sont sa propriété. Mais la limite naturelle du droit d'auteur s'arrête à XX.

La propriété des autres artistes ou inventeurs sur leur propre capital humain. Ceux-ci peuvent produire des œuvres similaires ou imiter l'artiste qui lance un nouveau style ou imiter l'inventeur qui fait une découverte.

L'auteur doit faire la preuve que celui qui crée une œuvre semblable a effectivement *« volé »* son idée. Il doit faire la preuve que celui qui crée une œuvre similaire a violé d'une façon ou d'une autre son droit de propriété, par exemple en diffusant ou en vendant une copie de son œuvre originale alors que le contrat de vente stipulait de ne pas la diffuser ou de ne pas la reproduire sans le consentement du propriétaire.

G. Molinari écrit dans le *Dictonnaire d'économie politique* édité par C. Coquelin les phrases suivantes :

En quoi consiste cette propriété [la propriété littéraire et artistique] et jusqu'où s'étend-elle ? Elle consiste d'abord dans l'objet matériel qui vient d'être façonné, manuscrit, tableau ou statue et, jusque-là, elle ne se différencie point des autres propriétés mobilières. La loi la range, du reste, dans la même catégorie que celles-ci. Un homme de lettres ou un compositeur de musique peut disposer, comme bon lui semble, de son manuscrit, un peintre de son tableau, un sculpteur de sa statue ; il peut conserver son œuvre, la léguer à perpétuité à sa famille, la donner ou la vendre. Mais voici la particularité qui distingue d'une manière essentielle la propriété littéraire et artistique de la propriété agricole, industrielle ou commerciale, c'est qu'il est dans la nature des œuvres littéraires et musicales et des objets d'arts, que l'on puisse reproduire, avec plus ou moins de perfection, la substance immatérielle, et en étendre, en multiplier ainsi l'usage.

De là le droit de copie, c'est-à-dire le droit de multiplier par un procédé quelconque de reproduction ou d'exécution, l'usage d'une œuvre littéraire ou artistique.

L'auteur (respectivement l'inventeur) peut devenir éditeur (respectivement industriel) et reproduire ses œuvres en grandes quantités, il peut les distribuer lui-même en créant sa propre librairie (ou son propre réseau de distribution). Il ne le fait pas parce que cela lui coûte ou parce qu'il se sent incapable de le faire lui-même. Il passe donc un contrat avec un éditeur (respectivement avec un industriel) pour que ce dernier exploite, reproduise et distribue son œuvre originale. La question fondamentale n'est pas alors le droit de propriété de l'auteur sur son œuvre, mais la nature du contrat qui le lie avec l'éditeur (ou l'industriel s'il s'agit d'un inventeur). C'est un problème de relation contractuelle entre l'auteur, le créateur, le producteur ou l'éditeur qui reproduit des copies de l'original et le distributeur de ces copies. Il n'y a pas de différence entre les relations qui relient les créateurs des voitures Peugeot ou Citroën et le producteur Peugeot, comme le réseau de distribution des voitures Citroën et Peugeot et celles qui lient un écrivain avec son éditeur et son réseau de libraires. La seule différence tient dans le fait qu'il est difficile et coûteux de copier une voiture Peugeot sans l'autorisation de ceux qui l'ont créée et produite et commercialisée, c'est-à-dire d'en faire la contrefaçon alors qu'il est aisé de faire des copies des œuvres artistiques et littéraires.

Si on appliquait aux droits d'auteur, la notion de brevet d'invention, les auteurs bénéficieraient du privilège exclusif qui consisterait à interdire à tout autre individu d'offrir sur le marché une œuvre semblable. Ce privilège est, en fait, une violation du droit naturel d'imiter les œuvres de quelqu'un d'autre et une violation du droit de propriété d'un autre écrivain sur les fruits de sa production. En effet, si un individu découvre simultanément une invention ou écrit une œuvre similaire, comme cela arrive souvent, il se voit empêché par la violence de profiter des fruits de son travail. S'il s'agit de se plaindre du fait que les œuvres littéraires ou artistiques peuvent être facilement contrefaites ou copiées, il ne s'agit pas du problème fondamental du droit de propriété, ou du contrat qui lie les parties prenantes entre elles, mais tout simplement de trouver des moyens pour empêcher que l'on vole et reproduise sans coût les copies légalement produites par l'éditeur ou l'industriel !

Comme le rappellent les auteurs de l'époque, il existe des limites naturelles aux droits de propriété intellectuelle : ceux de la concurrence et ceux de la durée. Toute invention ou création peut être délaissée par celui qu'il l'a créée parce qu'elle cesse d'être productive, ou passe dans les mains d'un créateur ou inventeur plus habile et plus actif. Elle peut perdre sa valeur parce qu'un nouveau style est introduit ou une nouvelle invention rend obsolète l'ancienne. La concurrence remplit sa mission qui est de découvrir de nouvelles innovations et de détruire toutes valeurs que l'on néglige d'entretenir ou de renouveler. Donner un droit de propriété intellectuelle d'une durée perpétuelle sur une œuvre d'art n'est pas un excès, car la valeur de cette œuvre est dans la tête des clients, elle va et elle vient. Si les générations futures apprécient l'œuvre contrairement aux générations présentes on ne voit pas pourquoi les ayants droit ne devraient pas bénéficier des rendements procurés par l'œuvre réalisée par leur ancêtre. Par ailleurs, elle peut être détrônée par une œuvre similaire bien avant la fin de la vie du créateur. Il est aussi limité par les moyens dont disposent les individus pour protéger leur propriété sans faire appel à la protection du législateur.

En fait la question principale, comme nous l'avons déjà souligné, est celle du contrat qui lie l'auteur, le créateur ou l'inventeur avec son éditeur ou son industriel. L'auteur peut-il vendre son manuscrit à plusieurs éditeurs ? Ceux-ci entreraient en concurrence entre eux, en offrant des versions ou des copies différentes de la même œuvre. L'auteur verrait alors son œuvre être diffusée plus rapidement et tirerait des revenus plus élevés de sa création. C'est le point fondamental. L'éditeur et l'industriel veulent l'exclusivité de l'œuvre pour jouir d'un monopole de marché. On est renvoyé dans cette discussion à un problème de relations entre inventeur, producteur et distributeur ou entre auteur, éditeur et libraire. Les contrats qui s'établissent entre éditeur et auteur ou entre inventeur et industriel violent-ils les droits de propriété de l'auteur ou de tiers ? Le brevet d'invention donne ce pouvoir de monopole à l'inventeur.

Le Hardy de Beaulieu cite le sénateur M. Chevalier et le président de la chambre de commerce de Liverpool qui, lors d'un débat qui a eu lieu à la Société d'économie politique le 5 juin 1869, dénoncent les abus des inventeurs qui ont tendance à *« rançonner et même ruiner les industriels qui font usage de leur procédé »*.

L'éditeur en imposant à l'auteur une exclusivité pour reproduire son manuscrit (il était un temps où l'auteur donnait à l'éditeur en exclusivité son capital humain) empêche les autres éditeurs de le concurrencer, c'est là où le droit de copie, d'un droit naturel à reproduire une œuvre originale, se transforme en monopole. Il faut alors mieux comprendre la nature des contrats qui vont s'établir entre ces trois parties. Car on peut imaginer qu'un auteur crée sa propre entreprise pour reproduire ses créations et intègre dans celle-ci un réseau de distribution. Cette entreprise intégrée ne viole aucun droit de propriété, elle ne jouit pas d'un brevet d'invention mais du droit naturel de reproduire et distribuer les copies d'un original. Cette activité n'est pas différente de celle d'un constructeur automobile. Les contrats de distribution sélective ou de franchise existent, on peut comprendre que les contrats entre éditeurs et auteurs ou inventeurs et industriels sont de ce type et permettent d'économiser les coûts de transaction propres à une firme éditoriale intégrée.

Conclusion

Une idée est-elle une ressource rare ? Y-a-t-il un usage conflictuel à son propos ? Une idée ressemble-t-elle à une terre ? Contrairement à une ressource naturelle, *une idée n'est pas une ressource rare*. Une idée est possédée par le cerveau d'un individu. Il en a l'exclusive propriété tant qu'il ne la divulgue pas. Mais dès qu'il la rend publique, cette idée rentre dans le cerveau de quelqu'un d'autre ou de milliers d'autres individus. *Celui qui a adopté l'idée ne peut s'en défaire* comme il pourrait le faire d'un objet dont il a la possession mais non la propriété. Par ailleurs elle ne prive pas les autres d'utiliser cette idée. Une fois divulguée, elle est un bien public *libre*. La propriété sur les choses matérielles résout l'usage conflictuel des ressources rares et guide celles-ci vers les utilisations les plus importantes. Mais pour les biens immatériels comme les idées, les tours de magies, les théories, les productions littéraires ou les chansons, ils émergent spontanément, ils sont découverts, mais sont-ils découverts comme on découvre un gisement de pétrole en sachant ce que l'on cherche ? Non la création, c'est ce dont il s'agit, ne se produit pas comme on produit du pain, elle résulte de l'interaction des idées, une fois mis en évidence ces biens immatériels peuvent être multipliés à l'infini par le bouche à oreille ou à un coût faible. L'individu aura la propriété de l'objet dans lequel l'idée est incorporée. Non de l'idée elle même.

Un brevet devient alors une exclusivité sur une part de marché, non sur une ressource, puisqu'il s'agit d'interdire à un autre inventeur *d'exploiter la même idée*. Cette exclusivité viole le droit naturel d'un individu de découvrir et exploiter les fruits de son travail ou de son intelligence ou d'imiter quelqu'un d'autre. Cet acte d'un concurrent ne prive pas l'inventeur des fruits de son travail, il le prive de gains à l'échange exactement comme un concurrent peut le faire dans n'importe quelle activité.

Il est facile de montrer qu'en absence de brevet d'invention ou de droits de copie, il existerait quand même une production littéraire et artistique. Il existerait des inventions. N'oublions pas qu'il existe un grand nombre d'idées qui ne sont pas protégées par un brevet ou un droit de copie : la mode, les stratégies commerciales, les découvertes scientifiques ou les formules mathématiques; les plaisanteries ou les tours de magie, les slogans ou les mots nouveaux dans la littérature. On doit inclure aussi un grand nombre d'inventions non déclarées ou ne faisant pas l'objet d'un brevet. Que dire des brevets d'inventions ou du droit de copie arrivés à expiration. Pensons aux chansons où on peut reprendre et revendre avec profit un texte comme une mélodie que nos parents, grand-parents et parfois arrières grands-parents fredonnaient. Que dire des poèmes de Virgile ou de Sapho que l'on peut rééditer sans payer de droits d'auteur.

En fait, il existe un nombre extraordinairement grand de moyens pour s'approprier les revenus tirés des idées. La plupart des œuvres d'art y compris les concerts de musique, le cinéma, le théâtre, le cirque, les expositions de peinture etc. utilisent des barrières à l'entrée. Des tickets d'entrée ou des invitations sont exigées à l'entrée. D'autres comptent sur la générosité des passants, musiciens des rues, ou produisent les œuvres d'art sans chercher à en tirer un bénéfice. La plupart des programmes de télévision sont financés grâce à un produit lié : la publicité. D'autres émissions sont codées et il faut payer pour obtenir un décodeur. Les photocopies pirates peuvent être combattues grâce à un papier spécial – qu'on ne peut photocopier – produit par Nicopi International of Canada. Une autre firme a développé un papier qui une fois photocopié écrit sur l'original *Unauthorized Copy*. Les individus ayant accès aux autoroutes de l'information utilisent des cryptages pour protéger leurs idées.

Prenons des exemples.

Les produits liés :

Lier l'œuvre littéraire ou artistique ou le financement de l'invention à un bien purement privé complémentaire ou non au service rendu est un moyen courant d'offrir un bien public. La télévision dissémine l'information d'une agence de publicité en acceptant d'interrompre le déroulement d'une œuvre cinématographique pour financer ses émissions. Les logiciels peuvent être liés à des biens complémentaires comme les manuels. Les possibilités d'offrir un bien ou un service comme des émissions de radio ou de télévision par l'intermédiaire d'un appareil muni d'un décodeur ou via la publicité montrent clairement qu'il existe même parfois plusieurs moyens de distribuer le bien soit en facilitant un accès égalitaire (publicité) soit en excluant le consommateur (décodeur). Ces deux moyens ne font nullement appel à l'État ou à l'impôt pour les produire. Les partisans de l'État dans un tel cas sont même privés de l'argument d'un accès égal à tous puisque les recettes publicitaires remplacent avantageusement l'impôt car personne n'est obligé de regarder la publicité alors que dans l'autre alternative tous sont obligés de payer l'impôt.

Les arrangements contractuels :

Quand les innovations sont rapides la protection du brevet ou le copyright ne servent à rien. Il faut alors se détourner d'eux et trouver d'autres moyens de protéger sa propriété ou s'approprier les revenus de son invention ou de ses œuvres littéraires ou artistiques. On peut utiliser la jurisprudence et le droit civil pour faire respecter ses droits de propriété. Exactement comme un transporteur (ou le locataire d'une maison) qui a la possession d'un bien mais pas la propriété et le propriétaire qui a la propriété mais n'a pas la possession, *un contrat peut être établi entre l'inventeur (ou l'auteur) et l'utilisateur de l'invention (l'éditeur ou le consommateur).* Le droit de propriété reste à l'inventeur et la possession va à l'utilisateur.

Mais les clauses contractuelles peuvent spécifier que l'utilisateur n'a pas le droit de reproduire sans le consentement du propriétaire l'invention ou l'œuvre d'art. Elles peuvent spécifier que l'utilisateur a la possession pour une durée limitée (location). Ou inversement que l'utilisateur acquiert la propriété après un certain délai (leasing). Pour se protéger d'un non-respect du contrat, des cautions peuvent être exigées de la part du propriétaire. Le transporteur ou le locataire peut être tenu responsable des dommages qu'il cause. De tels contrats peuvent être utilisés plus efficacement conjointement avec le secret de fabrication pour protéger la propriété de l'inventeur ou de l'auteur sur les fruits de sa création. Ainsi la formule du Coca-Cola n'a jamais été brevetée. Le *secret de fabrication* est plus efficace.

Une autre manière de protéger ses inventions est de *constituer une association*, une corporation, une guilde ou un syndicat pour imposer un code de conduite à la profession et bannir les professionnels qui copient et trichent en faisant circuler des listes de copieurs et autres tricheurs. Ce système fonctionne très bien entre les scientifiques par la pratique de la citation.

Les stratégies commerciales :

Les entrepreneurs essaient d'améliorer leurs techniques de commercialisation comme ils le font des techniques de production. La commercialisation fait partie intégrante du processus de production. Avec l'invention il y a un avantage considérable obtenu quand on est *le premier sur le marché*. Nous avons déjà développé cet argument. Etre le premier est souvent plus rémunérateur que de bénéficier d'un brevet d'invention ou d'une protection par le droit de copie. Le premier sur le marché bénéficie d'une position de monopole le temps qu'un concurrent puisse à son tour y pénétrer. Il dispose aussi, comme le signale A. Plant, d'un avantage, il peut dissuader un concurrent d'entrer sur le marché en pratiquant un prix plus bas que le coût de son concurrent.

Si l'inventeur croit vraiment à son invention il peut acheter les titres de propriété de la firme qui l'utilise et capitaliser les revenus de son invention sans qu'il ait besoin d'être protégé par un monopole ou un droit de copie.

Les produits intellectuels offrent une opportunité plus grande pour pratiquer *la discrimination des prix*. Il est courant de mettre un prix élevé pour la première sortie d'un manuel en couverture cartonnée et des prix très inférieurs un an plus tard avec une couverture non cartonnée. Les producteurs de vidéocassettes font de même. On saisit les consommateurs les plus enthousiastes d'abord à des prix plus élevés. Plus tard on s'efforce de capter les consommateurs qui le sont moins à des prix plus faibles. Pourtant il y a possibilité de revente sur un marché d'occasion. Mais les acheteurs les plus enthousiastes sont aussi ceux qui ne se séparent pas des ouvrages qu'ils aiment. Ils sont collectionneurs. Par ailleurs, la possibilité de copier une œuvre originale peut permettre de la diffuser et ainsi attirer de nouveaux acheteurs qui veulent avoir un original et non une copie. Il n'est pas certain qu'il faille absolument éviter la contrefaçon.

Dans toute cette histoire de droit de propriété intellectuelle, il n'est nul besoin d'établir des protections légales ou d'attribuer des privilèges. Le droit fondamental que la loi doit faire respecter est plus immatériel : *c'est reconnaître aux inventeurs, écrivains, entrepreneurs ou aux individus eux-mêmes le droit d'exclure autrui des fruits de leur travail ou de leur investissement.*

Le choix du moyen d'exclure est de la décision de l'inventeur, de l'écrivain ou de l'entrepreneur ou du travailleur. La loi autorise le propriétaire d'un champ à exclure les autres fermiers des fruits de ses efforts, elle ne lui dit pas par quel moyen réaliser cette exclusion. Il peut enclore son champ avec des fils de fer barbelés ou marquer son territoire et faire des rondes en hélicoptère pour vérifier si on viole sa propriété. Le propriétaire est le seul à savoir quel moyen d'exclusion est le moins coûteux pour maximiser ses gains.

NOTES

1. F. Machlup et E. Penrose (1950) : « The Patent Controversy in the Nineteenth Century », *The Journal of Economic History* (May).
2. Y. Plasseraud et F. Savignon (1986), *L'État et l'invention, histoire des brevets*, La Documentation française.
3. A.C. Renouard (1844), *Traité des Brevets d'Invention*, Paris, Guillaumin.
4. C. Coquelin (1854), « Brevet d'invention » dans *Dictionnaire d'Économie Politique,* Guillaumin.
5. G. Molinari (1855), « De la propriété des inventions », *Journal des Économistes*, (septembre).
6. J. Stuart Mill, 1848, *Principles of Political Economy*, Penguin Books (1970).

La pensée libérale et les questions sociales

par

Claude Harmel

C'est une idée depuis longtemps ancrée dans les esprits que les libéraux ont toujours ignorée, qu'ils ignorent encore et qu'ils ignoreront toujours les problèmes sociaux, entendus au sens étroit et banal du mot social : les problèmes concernant la condition matérielle et morale des travailleurs salariés, tout particulièrement des ouvriers et des employés de l'industrie et du commerce. Qu'ils les ont ignorés et les ignorent encore et les ignoreront toujours comme par définition, sous l'effet à la fois :

– d'une insensibilité au sort des autres qu'aurait cultivée en eux une philosophie de l'homme qui pousserait l'individualisme jusqu'à l'égoïsme du « chacun pour soi », qui, pour parler comme Marx dans le *Manifeste communiste*, ne connaîtrait plus *« d'homme à homme d'autre lien que l'intérêt tout nu, que l'impassible paiement au comptant, (...), l'eau glaciale du calcul égoïste ».*

– et d'une idéologie qui les ferait croire (car cette conviction relèverait de la croyance et non de l'analyse scientifique) en la vertu de prétendues « lois naturelles » dont le libre jeu suffirait pour réaliser les *« harmonies économiques »,* pour résoudre tous les problèmes de la vie des hommes en société, y compris ceux qu'on appellerait indûment *« sociaux »* pour leur conférer une spécificité qu'ils n'auraient pas – le sort des laissés-pour-compte relevant des œuvres charitables que la généralisation de la richesse permettrait de financer aisément.

Bref, même si l'on ne la cite plus guère, on en est toujours, pour résumer la pensée des libéraux, à la formule prêtée à Gambetta : *« Il n'y a pas de question sociale »*, formule odieusement travestie, dont le texte authentique oppose admirablement la pensée libérale consciente et amoureuse de la diversité des choses à la simplification de type totalitaire à laquelle la doctrine socialiste incline si aisément : *« Il n'y a pas la question sociale, il y a des questions sociales. »*

La réhabilitation du travail

Le premier apport de la pensée libérale à l'amélioration de la condition ouvrière (puisque c'est de ce seul point de vue qu'en cette étude nous envisagerons les aspects sociaux de la pensée libérale), ce premier apport fait maintenant partie à ce point de la pensée commune que la plupart des gens ne savent plus d'où il nous est venu : la réhabilitation du travail productif, du travail de production des biens matériels, en particulier la réhabilitation du travail manuel.

Réhabilitation est d'ailleurs ici un terme assez impropre, car il laisse entendre que le travail aurait été honoré avant de sombrer dans le mépris. Or, il n'a jamais été à l'honneur. On le tenait pour œuvre servile, aux yeux de certains, la conséquence et la preuve de la malédiction divine.

Que de fois n'a-t-on pas cité le mot d'Aristote en sa *Politique*, que le maître n'aurait plus besoin d'esclaves quand les navettes tisseraient d'elles-mêmes. Sans doute penserait-on par cette évocation du philosophe donner ses lettres de noblesse à *« la libération de l'homme par la machine »*. On ne se rendait pas compte qu'en parlant de la sorte, on avouait implicitement que l'on continuait à penser au fond de soi-même qu'un homme libre ne se met pas au métier, qu'il ne travaille pas de ses mains.

Vivre noblement, ce fut longtemps vivre sinon à ne rien faire, du moins à ne rien faire qui relevât de la production et du commerce, qui ne fût pas gouverner, guerroyer, à un niveau un peu inférieur, administrer, et M. Jourdain, qui se voulait faire passer pour gentilhomme, laissait dire avec délice que son père, qui avait honorablement enrichi la famille dans le commerce des étoffes, n'avait jamais été marchand, mais que *« comme il était fort obligeant et qu'il se connaissait fort bien en étoffes, il en allait choisir de tous les côtés, les faisait apporter chez lui et en donnait à ses amis pour de l'argent »*.

Soixante ans plus tard, la pensée libérale faisait ses premiers pas, et Voltaire ne sera pas seul à penser que *« le plus utile à l'État n'est pas le Seigneur bien poudré qui sait précisément à quelle heure le Roi se lève, à quelle heure il se couche et qui se donne des airs de grandeur en jouant le rôle d'esclave dans l'antichambre d'un ministre »*, mais *« le négociant qui enrichit son pays, donne de son cabinet des ordres à Surate et au Caire, et contribue au bonheur des hommes »* (*Lettres philosophiques xe siècle)*. L'activité productrice sortira moins vite de l'opprobre, le mépris des clercs pour les arts mécaniques s'ajoutant ici au dédain nobiliaire, et la cabale qui accompagna tout le long de son règne le roi réformateur, le bon Louis XVI, se gaussera de ce monarque qui s'avilissait jusqu'à travailler de ses mains. Mais le pas n'allait plus tarder à être franchi. Les économistes révélant la nature et les causes de la richesse des nations, la révolution industrielle confortant les analyses des économistes, le travail allait trouver enfin sa place légitime. Désormais, vivre honorablement, ce sera vivre en travaillant, ce sera travailler pour vivre. *« Enrichissez-vous par le travail »* dira Guizot. Lamartine chantera le travail, *« sainte loi du monde »* et le titre de travailleur, naguère humiliant, sera porté si haut qu'on se le disputera. Dans ses admirables « *Lettres sur l'organisation du Travail* » – un trésor méconnu de la pensée libérale – Michel Chevalier, parlant de l' *« amélioration du sort des travailleurs »*, s'excusera de sacrifier à la mode du jour en disant travailleur là où il aurait dû dire ouvrier, *« car un chef d'industrie est un travailleur au même titre que l'homme qui se livre au travail manuel de l'atelier »*.

Qu'on n'aille pas croire que ce n'était là que des vues théoriques et qu'on glorifiait le travail sans se soucier du sort matériel des travailleurs ! Les socialistes revendiquent pour eux-mêmes quelque chose comme le monopole du cœur. Ce sont eux qui auraient mis les premiers en lumière la misère ouvrière que les beaux esprits de l'économie auraient refusé de voir. Mais les économistes libéraux, – c'était là une expression qui n'avait pas cours au début du XIXe siècle, car elle eût fait pléonasme en ce temps où tout économiste était libéral, où l'économie s'opposait au socialisme et réciproquement, où le socialisme d'avant Marx se présentait comme une anti-économie, niant les lois du marché, ou prétendant qu'on pouvait les abolir. (François Mitterrand ne parlera-t-il pas encore des *« prétendues lois économiques* [1] »?)

Les économistes témoins de la révolutions industrielle dont ils fondaient la doctrine n'étaient pas insensibles aux misères que multipliaient le passage d'une économie à une autre. On pense au Dr Villermé, à son *Tableau de l'état physique et moral des ouvriers*, témoin d'une préoccupation collective, puisque l'enquête lui avait été demandée par l'Académie des sciences morales et politiques. Ils étaient des libéraux, les parlementaires de la monarchie de Juillet qui votèrent notre première « *loi ouvrière* », celle du 28 mars 1841, interdisant le travail dans les fabriques des enfants de moins de 8 ans, et limitant à huit heures de travail diurne, le travail des enfants de 8 à 12 ans. Loi difficile, parce qu'il s'agissait de concilier ce qu'on n'avait guère eu à faire jusqu'alors, (et les concepts manquaient) *« les principes de la liberté industrielle, les droits des chefs de famille, et les sentiments qu'inspire l'humanité »*, comme disait le rapporteur de la loi à la Chambre de Paris, le très libéral Charles Dupin. Car tout partisans et propagateurs qu'ils fussent de la division du travail et de l'emploi des machines (seuls capables de permettre l'accroissement presque à l'infini de la production et son bon marché, sans lesquels ils pensaient à bon droit qu'on ne pourrait pas *« éteindre le paupérisme »*), ils n'en étaient pas moins sensibles aux efforts et aux sacrifices que ces méthodes nouvelles imposaient aux ouvriers, au moins dans un premier temps. Ils montraient – ce qui fut longtemps vrai – que les machines ne supprimaient pas vraiment le travail, mais le déplaçaient et qu'après un certain temps la fabrication dans laquelle les machines ouvrières ont été introduites, occupait un plus grand nombre d'hommes qu'auparavant [2].

Et qui voudrait croire, parmi nos « politiquement corrects » du forum, de l'université ou du prétoire, qu'il est de Jean-Baptiste Say, l'Adam Smith français, ce texte de 1803 sur les effets de la division du travail :

Un homme qui ne fait pendant toute sa vie qu'une même opération parvient à coup sûr à l'exécuter mieux et plus promptement, mais en même temps il devient moins capable de tout autre occupation soit physique, soit morale. Ses autres facultés s'éteignent et il en résulte une dégénération dans l'homme considéré individuellement. C'est un triste témoignage à se rendre que de n'avoir jamais fait que la dix-huitième partie d'une épingle [3] *(...). La séparation des travaux est un habile emploi des forces de l'homme, elle accroît les produits de la société, sa puissance et ses jouissances, mais elle ôte quelque chose à la capacité de chaque homme pris individuellement.*

La solution, Say l'entrevoyait dans le développement et le meilleur emploi de la partie de l'existence qui n'est pas consacrée au travail-gagne-pain, dans *« les facilités qu'une civilisation plus avancée procure à tous les hommes pour perfectionner leur intelligence et leurs qualités morales ».*

L'instruction de la première enfance mise à la portée des familles d'ouvriers, l'instruction qu'ils peuvent puiser dans des livres peu chers et cette masse de lumière qui circule perpétuellement au milieu d'une nation civilisée et industrieuse ne permettent pas qu'aucun de ses membres soit abruti seulement par la nature de son travail. Un ouvrier n'est pas constamment occupé de sa profession. Il passe nécessairement une partie de ses instants à ses repas et à ses jours de repos au sein de sa famille. S'il se livre à des vices abrutissants, c'est plutôt aux institutions sociales qu'à la nature de son travail qu'il faut les attribuer [4].

Cent vingt-cinq ans plus tard, au romancier Georges Duhamel qui déplorait l'organisation scientifique du travail, le taylorisme, on disait en France la *« rationalisation »*, en quoi il voyait – avec bien d'autres – le méfait suprême de la *« civilisation »*, l'abrutissement des hommes par le travail parcellaire et répétitif, l'ouvrier mécanicien Hyacinthe Dubreuil répondait qu'il appréciait quant à lui bien différemment un système qui avait permis aux ouvriers de ne plus passer à l'atelier que huit heures par jour au lieu de dix ou de douze.

Signalons ici, parce que nous n'aurons pas l'occasion d'y revenir en ce chapitre, un des éléments de la part d'utopie que comportait la pensée libérale du XIXe siècle : la croyance (le mot s'impose) en la vertu quasi magique d'une formation intellectuelle de type scolaire, on devrait dire cléricale – de clerc qui veut dire intellectuel – trop éloignée du métier et de la vie. Car il ne faut pas oublier que les promoteurs quasi héroïques de l'obligation scolaire furent des libéraux, injustement accusés pour cela par Jules Guesde, l'introducteur du marxisme (et quel marxisme !) dans le mouvement socialiste en France, de chercher à procurer aux exploiteurs capitalistes une main-d'œuvre plus rentable.

La réhabilitation du salariat

Comme elle a donné au travail productif ses lettres de noblesse, la pensée libérale a puissamment contribué à la réhabilitation morale du salariat. Car le salaire a été considéré longtemps comme une forme inférieure et même dégradante de revenu. Un salarié, c'était quelque chose comme un mercenaire. Le 10 août 1789, Mirabeau avait *« blessé la dignité du sacerdoce »* en proposant que la nation *« salariât les ministres des autels »* et il tenta d'apaiser l'ire épiscopale en dénonçant *« les préjugés d'ignorance orgueilleuse qui font dédaigner les mots salaire et salariés ».* Car il ne connaissait quant à lui que *« trois manières d'exister dans la société : mendiant, voleur ou salarié* [5] *».*

Napoléon se le tint pour dit et, en négociant le Concordat, il veilla à ne pas heurter l'amour-propre des évêques ; les prêtres ne recevraient pas de l'État un salaire, mais un traitement.

En pleine Révolution de 1848, Bastiat dut se battre pour faire admettre que, *« considéré sans son origine, sa nature et sa forme, le salaire n'a en lui-même rien de dégradant ».* A juste titre, il faisait grief aux socialistes d'avoir surenchéri sur ce préjugé aristocratique et clérical : *« Peu s'en faut qu'ils ne l'aient signalé comme une forme à peine adoucie de l'esclavage et du servage. »*

Il reprochait à leur propagande d'avoir fait *« pénétrer la haine du salariat dans la classe même des salariés »,* et c'est en effet la source d'une grande misère morale que d'avoir honte de la façon dont on gagne sa vie, si honorablement que ce soit.

Les ouvriers se sont dégoûtés de cette forme de rémunération. Elle leur a paru injuste, humiliante, odieuse. Ils ont cru qu'elle les frappait du sceau de la servitude. Ils ont voulu participer selon d'autres procédés à la répartition de la richesse. De là à s'engouer des plus folles utopies, il n'y avait qu'un pas – et ce pas a été franchi. A la révolution de Février, la grande préoccupation des ouvriers a été de se débarrasser du salaire. Sur les moyens, ils ont consulté les dieux, mais quand les dieux ne sont pas restés muets, ils n'ont selon l'usage rendu que d'obscurs oracles, dans lesquels dominait le grand mot d'association, comme si association et salaire étaient incompatibles [6] !

A la vérité, les socialistes n'étaient pas seuls à considérer le salariat comme une opprobre, et même une abjection. L'excellent Pierre Larousse qui, en son *Grand Dictionnaire universel du XIX*e *siècle* ne cachait pas, affichait plutôt ses convictions libérales *(« le beau mot de libéralisme »)* écrivait au mot salaire, après avoir multiplié les citations d'auteurs défavorables au salariat *(« le salaire n'est que l'esclavage prolongé »*, Chateaubriand), que seule l'association de production permettrait à l'ouvrier d'échapper *« à la tyrannie du salariat, cette forme moderne du servage ».* Ainsi s'explique que tant de penseurs, de publicistes et d'hommes politiques libéraux – et non des moins connus jusque de nos jours – menèrent campagne sous la IIe République et le Second Empire en faveur des associations ouvrières de consommation et de production, de celles-ci surtout. Certains allèrent même – Léon Say qui fut l'initiateur, Léon Walras, d'Haussonville, Hippolyte Comte, Casimir-Périer, Jules Simon, Delessert, Récamier, Germain, Benoist-d'Azy, le duc Décazes – jusqu'à fonder de leurs propres deniers en 1864 une *« caisse d'escompte des associations populaires »* dont l'objet était d'aider, sans but lucratif, les sociétés ouvrières de production et de consommation à réunir leurs premiers fonds. Napoléon III tenta de faciliter les efforts en ce sens avec sa loi des 24-29 juillet 1867, qui, en même temps qu'elle reconnaissait aux sociétés anonymes (associations typiquement capitalistes) le droit de se former sans l'autorisation de la puissance publique, définissait sous le titre énigmatique de *« dispositions particulières des sociétés à capital variable »* le statut de ce que le langage courant commençait à désigner du nom de *« coopératives de production ».*

Sans doute les libéraux n'allaient-ils pas, ce faisant, à l'encontre de la pensée libérale, car la coopérative, elle aussi, est soumise à la concurrence et aux autres lois du marché. Et ils pouvaient exciper du fait que (outre que l'ouvrier coopérateur échappait à l' *« humiliation »* du salaire qui semblait ravaler le travail au rang d'une marchandise ainsi qu'à la tutelle d'un patron) il accédait ainsi à la propriété (et notamment à la propriété de ses instruments de travail), et l'école libérale a toujours souhaité la diffusion la plus large possible de la propriété.

Villermé pourtant les avait mis en garde non contre le principe économique de la coopérative, mais contre les difficultés qu'on pourrait dire *« politiques »* d'un type d'association qui ne pouvait

exister qu'à la condition d'une estime, d'une amitié réciproques, d'un accord parfait et d'une certaine conformité de sentiments, de volonté, surtout dans les tendances morales de ceux qui la composent (...) Essayez donc de maintenir constamment unis dans une même opinion et en bonne intelligence seulement dix hommes. Essayez de les plier à une organisation qui les rende solidaires; puis, quand vous aurez vu la persistance, la ténacité qu'il faut avoir, les immenses difficultés de cette tâche, vous nous direz si vous croyez encore à la possibilité d'envelopper dans une même organisation et de rendre sérieusement solidaires des milliers d'individus[7].

Bref, la réussite d'une association ouvrière ne peut être, en France surtout, qu'une exception, ce mode d'activité économique échouant beaucoup moins à cause des impératifs inexorables des lois du marché que du fait des difficultés du gouvernement des hommes, dont on a trop tendance à oublier que leurs groupements, dès qu'ils parviennent à un certain niveau d'effectif, rapidement atteint, ne peuvent continuer de vivre et de progresser qu'en sécrétant, en quelque sorte, un pouvoir, une direction, pour les gouverner.

Osons dire que cette dérive marginale de la pensée libérale au XIXe siècle n'a pas été sans conséquence sur l'évolution du mouvement ouvrier. Certes, c'est la contamination de l'idée syndicale par la ou les doctrines socialistes et par les rêveries anarchistes qui a conduit le mouvement syndical à la redoutable incapacité de sortir de la contestation que nous lui connaissons aujourd'hui. Mais on ne peut pas oublier que notre premier syndicalisme, celui de la fin du Second Empire et des débuts de la IIIe République, qui n'était nullement révolutionnaire, nullement étatiste, encore moins « *collectiviste* », s'est fourvoyé dans la coopération aux applaudissements de certains libéraux. Chaque syndicat se croyait obligé de s'adjoindre un atelier coopératif dont l'inéluctable faillite entraînait à peu près aussi inéluctablement la ruine et la disparition de la chambre syndicale.

Échecs répétés qui auraient pu être formateurs et salutaires si les désillusions qu'ils causèrent n'avaient ouvert une brèche par où s'engouffra toute la démagogie socialiste et son affirmation qu'il n'y avait pas à perdre son temps à rapetasser le vieux monde, maintenant que le collectivisme offrait sa panacée sociale. C'est du temps de ces illusions sur les possibilités de la coopération que date la fameuse formule qui figure encore dans les statuts de la CGT Force ouvrière : « *La disparition du patronat et du salariat* », car c'était alors l'association ouvrière de production qui paraîssait présenter le modèle d'une entreprise sans salarié et sans patron. La coopérative écartée, la formule a permis de rattacher à l'idée syndicale des notions comme celles de nationalisation et de socialisation qui, en fin d'analyse, lui sont étrangères.

Pourtant, les libéraux avaient tendu la main au mouvement syndical pour sa défense du salariat. Bastiat déjà avait souligné que dans leur recherche de la sécurité commune à tous les hommes, dans leur désir *« d'être tranquilles sur leur avenir, de savoir sur quoi compter, de pouvoir disposer d'avance tous leurs arrangements »*, les ouvriers trouvaient un commencement de solution dans cette forme de rémunération qu'est le salaire. Elle les délivre, si l'on peut dire, de la servitude de la marchandise, car celui qui recevrait pour paiement de son travail la marchandise qu'il a fabriquée devrait attendre de l'avoir vendue avant d'être vraiment rémunéré. Bastiat priait les socialistes de considérer lesquels étaient les plus assurés d'être payés, de l'ouvrier qui reçoit une part du produit ou de celui qui perçoit un salaire. Leroy-Beaulieu lui fera écho à la fin du siècle : *« Un salaire présente pour l'ouvrier ces deux avantages : le dégager de l'inconnu des résultats de la production, lui permettre, sans attendre ces résultats, de satisfaire ses besoins qui sont immédiats*[8]. »

Et de produire à l'appui cet exemple (qui de surcroît nous rappelle que la construction immobilière à toujours eu une allure chaotique avec des hauts qui peuvent être des pics et des bas en forme d'abîmes) :

De 1879 à 1885, on a construit une douzaine de mille maisons à Paris. Les ouvriers maçons, charpentiers, couvreurs, ont été occupés très activement avec des salaires moyens de 7,8 ou 9 francs par jour. (...) Or, sur dix entrepreneurs de ces travaux si rémunérateurs pour les ouvriers, neuf au moins ont fait faillite ou sont tombés en liquidation, les maisons qui leur avaient prêté ont perdu la moitié de leur avoir, quelques-unes les quatre cinquièmes[9].

Mais les ouvriers avaient été payés.

La liberté de la consommation

Le salaire assure aussi à l'ouvrier la liberté de la consommation, car de son salaire, il fait ce qu'il veut. En dépit des laudateurs du temps passé, du temps où le compagnon mangeait à la table du maître et couchait dans un coin de son logis, en dépit aussi des rêveurs du socialisme dont l'idéal serait que la société prît en charge tous les individus et les pourvût de tout *(« à chacun selon ses besoins »)* sous prétexte de les libérer de toutes les servitudes matérielles, le salaire, c'est-à-dire la rémunération en espèces, la rémunération en monnaie, constitue l'un des fondements nécessaires des libertés individuelles.

Certes, lent d'abord, puis brusquement accéléré avec l'abolition définitive des corporations en 1791, aggravé ensuite par l'apparition du capitalisme industriel, ce passage d'un type de rémunération (le compagnon à la charge du maître) à un autre *(« voilà ton argent, arrange-toi à ta guise »)* a provoqué dans toute une partie des classes ouvrières un sentiment d'abandon, de déréliction qui a profondément et durablement marqué les consciences, dans toutes les classes de la société. On vit nombre d'employeurs (le mot ne sera d'usage courant que beaucoup plus tard) pratiquer ce qu'on appelait le patronage, ce qu'on appelle aujourd'hui avec une nuance de dénigrement le paternalisme, dont l'une des pratiques (les « *économats* » où les ouvriers de l'usine trouvaient tout à meilleur prix) constituait indubitablement dans les faits un retour indirect au paiement en nature.

Les libéraux peuvent bien souvent aller chercher l'expression de leur propre pensée jusque chez ceux qui font profession de la condamner. On leur a tant emprunté, sans le dire ! Et ce qu'ils énoncent est si conforme à la nature des choses qu'on est bien forcé d'y revenir dès que la réalité ébranle les idéologies et s'impose aux esprits.

C'est donc à des socialistes que nous nous donnerons le luxe de demander la défense et illustration du salaire en argent, du salaire direct... du salaire libéral.

En 1886, les mineurs de Decazeville firent une grève demeurée lugubrement célèbre dans les annales du mouvement ouvrier parce qu'elle fut marquée par la défenestration mortelle du sous-directeur de la compagnie, l'ingénieur Watrin. Le fondateur du syndicalisme des mineurs dans le Nord, Émile Basly, député de Paris depuis 1885, dénonça à la tribune du Palais-Bourbon les pratiques de l'économat (géré par la Compagnie) qui faisaient que la plupart des mineurs touchaient la plus large part de leur salaire, la totalité parfois, sous forme de jetons et de bons qui n'avaient cours que dans les magasins de l'économat, et il réclama la suppression de cet économat qui, dit-il, confisquait *« la liberté de consommation »*.

Un an plus tard, rapporteur du projet de loi concernant l'institution de délégués à la sécurité dans les mines, Jean Jaurès (qui, il est vrai, n'avait pas encore donné son adhésion au socialisme collectiviste) évoquait à son tour ces ouvriers qui n'avaient jamais été payés qu'en nature, qui étaient rivés à une sorte de compte courant perpétuel et qui n'avaient jamais *« vu reluire dans un peu d'or une peur de liberté* [10] ».

Bastiat était donc bien fondé à écrire que les classes laborieuses s'étaient *« élevées jusqu'au salariat »* et que c'était là un des progrès de la civilisation, même si elles ne devaient pas en rester là dans leurs efforts pour acquérir la sécurité.

A la fin du siècle, P. Leroy-Beaulieu sentira encore la nécessité de défendre l'honneur du salariat et consacrera des pages à montrer que

> *de tous les contrats humains, le salaire, c'est-à-dire la rémunération fixée d'avance, soit d'après le temps de travail, soit d'après un tarif pour chaque unité d'ouvrage fait, est le contrat le plus répandu, le plus général, celui qui s'adapte aux occupations les plus diverses, qui a cours dans les pays les plus différents..., nul [autre] contrat n'ayant à un pareil degré un caractère de généralité, approchant presque de l'universalité* [11].

Ce qui était vrai en 1896 l'est plus encore cent ans plus tard. Les PDG eux-mêmes sont aujourd'hui des salariés et tiennent à l'être; et l'ironie des choses a même fait que l'action syndicale menée sous le signe de l'abolition du salariat a elle-même contribué puissamment à la consolidation et à la généralisation de cette forme de revenu, toute chargée qu'elle fût de la malédiction socialiste.

L'organisation du marché du travail

Libérateur en soi, le salaire n'en restait pas moins terriblement aléatoire en ces premiers temps d'extension au salariat. Il était soumis aux lois du marché, et cela dans les conditions les plus défavorables, car, non seulement l'Assemblée constituante avait, en 1791, par le décret d'Allarde, aboli définitivement les corporations et proclamé la liberté du travail, mais encore, sous l'influence, non plus cette fois de la pensée libérale, mais des doctrines quasi totalitaires de Jean-Jacques Rousseau, elle avait, prise d'une sorte de phobie, interdit toutes les associations, les associations de capitaux aussi bien que celles des ouvriers salariés, tout comme les associations politiques. Elle n'avait pas toléré qu'aucun *« corps »* se formât entre les individus citoyens d'une part, l'État de l'autre; et, bravant la nature humaine, incontestablement sociale, sa Déclaration des droits de l'homme et du citoyen avait délibérément ignoré le droit d'association.

Qui plus est, émue par une grève des charpentiers parisiens (mais alors on ne disait pas encore grève) elle avait, à l'appel de René Le Chapelier, député de Rennes, interdit non seulement les grèves, les cessations concertées et collectives du travail, mais les associations professionnelles, aussi bien d'entrepreneurs que d'ouvriers et compagnons, nos syndicats, et elle avait stipulé que ce que nous appelons le contrat de travail ne pouvait être qu'un accord passé *« de gré à gré »* entre deux individus, le maître et l'ouvrier, sans qu'aucun tiers (ni le gouvernement, ni la loi, ni une organisation quelconque) puisse intervenir dans la discussion et la conclusion de ce contrat.

Quinze ans avant la loi Le Chapelier, Adam Smith avait déjà relevé que, dans cet affrontement entre le maître et l'ouvrier, et bien qu'on eût de part et d'autre des individus libres et égaux en droit, la partie n'était pas égale. Outre que les maîtres peuvent se concerter plus aisément que les ouvriers, fût-ce discrètement,

ils sont en état de tenir plus longtemps. Un propriétaire, un fermier, un maître fabricant ou marchand, pourraient en général, sans occuper un seul ouvrier, vivre un an ou deux sur les fonds qu'ils ont amassés. Beaucoup d'ouvriers ne pourraient pas subsister sans travail une semaine, très peu un mois et à peine un seul une année entière. A la longue, il se peut que le maître ait autant besoin de l'ouvrier que celui-ci a besoin du maître, mais le besoin du premier n'est pas si pressant [12].

Jean-Baptiste Say reprendra en écho dès 1803 :

Les salaires de l'ouvrier se règlent contradictoirement par une convention faite entre l'ouvrier et le chef d'industrie : le premier cherche à recevoir le plus, l'autre à donner le moins qu'il est possible, mais dans cette espèce de débat, il y a du côté du maître un avantage indépendant de ceux qu'il tient déjà de la nature de ses fonctions. Le maître et l'ouvrier ont bien également besoin l'un de l'autre, puisque l'un ne peut faire aucun profit sans le secours de l'autre, mais le besoin du maître est moins immédiat, moins pressant. Il en est peu qui ne puissent vivre plusieurs mois, plusieurs années même, sans faire travailler un seul ouvrier, tandis qu'il est peu d'ouvriers qui puissent, sans être réduits aux dernières extrémités, passer plusieurs semaines sans ouvrage. Il est bien difficile que cette différence de position n'influe pas sur le règlement des salaires [13].

Les socialistes n'ont donc pas été les premiers, comme ils se complaisent à le croire, à dénoncer l'inégalité du maître et de l'ouvrier sur le marché du travail. Le mérite en revient aux économistes, et on est injuste, déloyal ou ignorant quand on ne leur en rend pas hommage. Il est permis toutefois de relever qu'il manque quelque chose à leur analyse.

Dans sa confrontation avec son employeur éventuel, l'ouvrier n'est pas défavorisé seulement – ni peut-être même principalement – par son incapacité à « tenir » longtemps sans ouvrage. Il souffre aussi d'être soumis à la redoutable concurrence de ceux qui, comme lui, cherchent une embauche. Il est bien rare en effet que les demandeurs d'emploi (offreurs de travail) soient moins nombreux que les emplois disponibles. L'offre est presque toujours supérieure à la demande. Il s'ensuit donc sur le marché du travail une concurrence des ouvriers entre eux, qui conduit inévitablement à la baisse du prix de la « marchandise » offerte en trop grande quantité, à la baisse des salaires. S'il existe une place libre dans un atelier et dix candidats à la porte pour l'occuper, c'est, à qualité professionnelle égale, celui qui offrira ses services à quelques centimes de moins que les camarades qui obtiendra la place. Bref, sur le marché du travail, l'adversaire pour ne pas dire l'ennemi, ce n'est pas le patron qui *« fait travailler »* et dont on sollicite un emploi, mais les camarades qui, eux aussi, cherchent un travail et sont prêts à « casser les prix » pour obtenir la préférence.

Les socialistes n'ont pas ignoré cet aspect des choses, mais ils ne s'y sont pas attardés. Marx y fait allusion furtivement deux fois dans le

Manifeste communiste [14]. Ils n'auraient pas voulu laisser croire qu'ils pensaient que les ouvriers pussent être pour quelque chose dans leur malheur. Selon leurs dires, la concurrence sur le marché du travail n'avait des effets dévastateurs que parce qu'elle était la conséquence de la concurrence sur le marché des produits. Si les fabricants et manufacturiers n'étaient pas obligés de « serrer les prix » pour résister à la concurrence, ils montreraient moins d'« âpreté » dans la discussion des salaires. Aussi, le salut de la classe ouvrière passait-il aux yeux des socialistes par une organisation de la production et de la distribution qui soustrairait l'une et l'autre aux lois du marché.

Les libéraux, quant à eux, ont cherché la solution dans l'organisation non du travail, mais du marché du travail.

Le mérite de leurs premières démarches à la fois théoriques et pratiques revient à Gustave de Molinari (1819-1912), libéral s'il en fut, futur rédacteur en chef du *Journal des Économistes*. Tout jeune, il s'était intéressé aux *« moyens d'améliorer le sort des classes laborieuses »*.

Élevé dans une ville industrielle [il était né à Liège, avait vécu à Bruxelles, avant de s'installer à Paris], il avait pu constater journellement l'inégalité de la situation de l'ouvrier et de l'entrepreneur dans le débat du salaire et les effets de cette situation inégale. Il avait vu de près l'ouvrier dépourvu d'avances et immobilisé dans un marché étroit, obligé d'accepter les conditions qui lui étaient proposées, si dures qu'elles puissent être [15].

Deux faits sont particulièrement à retenir parmi ceux qui nourrirent sa réflexion : d'abord ce qu'on pourrait appeler l'opacité du marché du travail, l'ignorance dans laquelle se trouvaient le plus souvent les demandeurs d'emploi de l'existence des emplois disponibles (et aussi la difficulté de se rendre là où il y avait des emplois, faute notamment de savoir si ces emplois existaient vraiment) –, puis la pression que les ouvriers à la recherche d'une embauche exerçaient les uns sur les autres sur ces marchés de louage de main-d'œuvre qu'à Paris on appelait les *« grèves »*. En présence de leurs camarades, aucun d'eux (par amour propre, par esprit de solidarité, par peur aussi des représailles) n'osait accepter un travail à un prix inférieur à ce qu'il avait été convenu entre eux ou à ce qui se pratiquait normalement dans la profession.

D'où l'idée d'établir,

dans les principaux centres d'industrie et d'agriculture, une Bourse du travail où se rendraient les ouvriers qui auraient besoin de travail et les maîtres d'atelier qui auraient besoin d'ouvriers. Le prix du travail pour chaque industrie y serait chaque jour affiché... les ouvriers... pourraient de la sorte connaître, jour par jour, les endroits où le travail s'obtient aux conditions les plus favorables, ceux où ils doivent se porter de préférence pour en demander [16].

Autre projet, plus modeste :

Nous proposons à tous les corps d'État de la Ville de Paris de publier gratuitement chaque semaine le bulletin des engagements d'ouvriers avec l'indication du taux des salaires et de l'état de l'offre et de la demande, chaque métier ayant sa publication à jour fixe... Nous inviterons nos confrères des départements à publier le Bulletin du travail de leurs localités respectives... Chaque semaine, nous rassemblerons tous ces bulletins et nous en composerons un bulletin général. Chaque semaine, tous les travailleurs de France pourront avoir de la sorte sous les yeux le tableau de la situation du travail dans les différentes parties du pays...

Nous nous adressons avant tout aux ouvriers des corps d'État de la Ville de Paris. Déjà, ils se trouvent organisés et ils possèdent des centres de placements réguliers [Les « grèves » dont nous parlions plus haut]. Rien ne serait plus facile que de livrer à la publicité le bulletin de leurs transactions quotidiennes et de doter la France de la publicité du travail [17].

Cette première idée d'une « agence nationale de l'emploi » dut être renvoyée dans les limbes, par suite notamment du refus des ouvriers. Molinari était allé la soumettre à une réunion des tailleurs de pierre. *« Malheureusement,* écrit-il, *ceux-ci craignirent que la publication des prix du travail à Paris n'attirât une affluence plus considérable d'ouvriers dans ce grand centre de population »* et ils refusèrent leur concours [18].

Le projet fut repris à partir de 1875 par la municipalité parisienne, adopté en 1886, après le vote de la loi concernant les syndicats professionnels, un premier local ouvert en 1887 sous le nom d'annexe n° 1, rue Jean-Jacques-Rousseau, la Bourse centrale actuelle, rue du Château-d'Eau ne devant être inaugurée qu'en 1892. La Bourse jouait un double rôle, celui d'un bureau de placement (ou d'une concentration de bureaux de placement) et d'une maison de Syndicats, ce second rôle que n'avait pas prévu Molinari (et pour cause) devant rapidement éclipser le premier. Durant les premières années, les placements effectués par les syndicats admis à la Bourse se comptèrent par milliers. Mais les différentes factions socialistes qui se disputèrent la direction de la Bourse firent bientôt de celle-ci un centre d'agitation révolutionnaire, décourageant ainsi les patrons de venir y chercher le personnel dont ils avaient besoin et les ouvriers de s'y inscrire.

D'autre part, la municipalité parisienne, qui logeait gratuitement les syndicats dans les deux immeubles de la Bourse du travail, et qui versait à celle-ci une subvention annuelle pour en assurer l'entretien et le fonctionnement, avait mis une condition et une seule à l'admission des syndicats dans la Bourse : qu'ils fissent du placement, et qu'ils le fissent gratuitement.

Idée malencontreuse qui, en obligeant les syndicats à ne pas faire payer les services qu'ils rendaient non à titre collectif mais à titre individuel, a développé chez eux un *« subventionnisme »* dont ils n'ont jamais pu se défaire : l'habitude de vivre grâce à d'autres ressources que leurs ressources propres, celles-ci devant se limiter aux cotisations des militants, à l'exclusion, répétons-le, du paiement des services rendus aux individus, syndiqués et non syndiqués, alors qu'il aurait été parfaitement justifié de les leur facturer, aux non syndiqués surtout. D'où cette évolution fâcheuse, entamée à peu près dès l'ouverture de la Bourse, d'un syndicalisme utilitaire vers un syndicalisme idéologique, assurément moins ancré dans la réalité, d'autant plus que cette « idéologisation » de type révolutionnaire écartait la grande majorité des ouvriers et des employés qui n'aspiraient nullement à la révolution.

Le droit de coalition

Leur philosophie fondamentale poussait les libéraux non pas à demander au gouvernement ou au législateur de résoudre par le moyen d'arrêtés, de décrets ou de lois les problèmes des ouvriers (non plus que des autres) en fait de salaires ou de conditions de travail ou, comme nous disons, de protection sociale collective, mais à fournir aux ouvriers (et aux autres) les instruments juridiques dont ils avaient besoin pour « faire leurs affaires eux-mêmes », à tout le moins à faire disparaître de la loi les dispositions juridiques qui faisaient obstacle à la prise en main par les uns ou les autres de la défense des intérêts qui leur en étaient propres.

C'est ainsi qu'ils s'en prirent à la loi Le Chapelier, aux articles du code pénal qui en étaient issus et qu'ils finirent par en avoir raison.

Le 17 novembre 1849 (et bien que *« ses poumons ne pussent lutter avec les orages parlementaires »),* Bastiat intervint à l'Assemblée législative pour défendre ce qui n'était pas encore le droit de grève : le droit pour un ouvrier de cesser son travail si les conditions de salaire que lui offre son employeur ne lui conviennent pas.

Quoi ! je suis en face d'un patron, nous débattons le prix, celui qu'il m'offre ne me convient pas, je ne commets aucune violence, je me retire, et vous dites que c'est moi qui porte atteinte à la liberté du patron, parce que je nuis à son industrie ! Ce que vous proclamez là, c'est l'esclavage, car qu'est-ce qu'un esclave si ce n'est l'homme forcé par la loi de travailler à des conditions qu'il repousse »

... Vous dites ensuite que les ouvriers, quand ils se coalisent » [quand ils font grève(C.H.)] se font du tort à eux-mêmes et vous partez de là pour dire que la loi doit empêcher le chômage [la cessation du travail (C.H.)]. Je suis d'accord avec vous que, dans la plupart des cas, les ouvriers se nuisent à eux-mêmes. Mais c'est précisément pour cela que je voudrais qu'ils fussent libres, parce que la liberté leur apprendrait qu'ils se nuisent à eux-mêmes. Et vous, vous en tirez cette conséquence qu'il faut que la loi intervienne et les attache à l'atelier. Mais vous faites ainsi entrer la loi dans une voie bien dangereuse.

Tous les jours, vous accusez les socialistes de vouloir faire intervenir la loi en toutes choses, de vouloir effacer la responsabilité personnelle. Tous les jours, vous vous plaignez de ce que partout où il y a un mal, une souffrance, une douleur, l'homme invoque sans cesse les lois et l'État.

Quant à moi, je ne veux pas que parce qu'un homme chôme et que par cela même il dévore une partie de ses économies, la loi puisse lui dire : « Tu travailleras dans cet atelier, quoi qu'on ne t'accorde pas le prix que tu demandes... »

Vous avouez vous-mêmes que, sous l'empire de votre législation, l'offre et la demande ne sont plus à deux de jeu, puisque la coalition des patrons ne peut pas être saisie, et c'est évident : deux, trois patrons déjeunent ensemble, font une coalition, personne n'en sait rien. Celle des ouvriers sera toujours saisie puisqu'elle se fait au grand jour[19].

L'assaut échoua, mais il devait être renouvelé quinze ans plus tard, cette fois non sans succès, et ce sont des libéraux qui le lancèrent. Car c'est le très libéral Émile Ollivier – un homme plus grand que son destin – qui convainquit Napoléon III, qui à vrai dire y était tout prêt, qu'il était temps d'abolir toute une partie du dispositif répressif que la Constituante avait construit à l'appel de Le Chapelier.

La loi du 25 mars 1864, dont Ollivier fut l'éloquent, courageux et obstiné rapporteur, abolit le délit de coalition, le remplaça par le délit d'entrave à la liberté du travail, et du coup reconnut la licéité de la grève : nul ne pouvait plus être poursuivi devant les tribunaux pour s'être concerté avec ses camarades en vue de cesser collectivement le travail, pas même ceux qui avaient été les *« moteurs »* de cette coalition, on dira plus tard les *« meneurs »*.

Sans doute, comme le fit remarquer notamment Jules Simon, un autre libéral, la loi était-elle boiteuse en ceci que, pour se coaliser, pour se concerter, il faut se réunir et qu'on ne pouvait alors se réunir publiquement qu'avec l'autorisation de la police. L'anomalie fut réparée trois ans plus tard. En 1867, la loi reconnut la liberté des réunions publiques, à la seule condition que dans ces réunions, on ne traitât ni de sujets politiques, ni de sujets religieux, mais essentiellement de problèmes économiques et sociaux. La loi était faite sur mesure pour les ouvriers. La même année 1867, l'Empereur étendait aux chambres syndicales ouvrières le régime de la « tolérance administrative ». L'Empire libéral, la conversion de l'Empire au libéralisme depuis le traité de libre-échange conclu avec l'Angleterre en 1860, continuait de porter ses fruits.

Nous ne dirons pas ici comment ces dispositifs libéraux, mis en place dans l'intention déclarée de fournir aux ouvriers les moyens de mieux défendre leurs intérêts, furent déviés rapidement de leur vocation première par des révolutionnaires de tous genres, les grèves surtout par les blanquistes, le droit de réunion par tous les ennemis du régime impérial, dont le nombre croissait dans ce qu'on pourrait appeler les marges de la classe politique à mesure que la politique de Napoléon III en faveur du monde ouvrier lui gagnait des sympathies dans les élites professionnelles [20].

La liberté syndicale

Les hommes politiques libéraux ne tardèrent pas à se rendre compte que les coalitions et réunions informelles telles que les lois de mars 1864 et juin 1868 les avaient permises se prêtaient à tous les débordements et désordres auxquels sont portés par nature tous les rassemblements d'individus quand ceux-ci ne sont pas encadrés, structurés, disciplinés par une organisation consciente d'elle-même. Quant aux chambres syndicales ouvrières qui, à partir de 1872, renaissaient de toutes parts, en l'absence des socialistes, après les ravages de la guerre et de la Commune, le régime de la *« tolérance administrative »* qui ne leur conférait pas la personnalité civile, les laissait sans moyen pour mener dans l'ordre la défense et la promotion des intérêts ouvriers : elles n'avaient même pas le droit d'ouvrir à leur nom un livret de caisse d'épargne et les contrats qu'elles pouvaient signer avec des patrons n'avaient qu'une valeur morale et n'engageaient vraiment personne.

Aussi, fut-il entrepris d'abattre un nouveau pan de la loi Le Chapelier et de permettre ce qu'elle avait interdit, à savoir pour *« les citoyens d'un même État ou profession, les entrepreneurs, ceux qui ont boutique ouverte, les ouvriers et compagnons d'un art quelconque »,* le droit *« lorsqu'ils se trouveront ensemble, de nommer présidents, secrétaires et syndics, de tenir des registres, prendre des arrêtés ou délibérations, former des règlements sur leurs intérêts communs »,* bref de constituer des associations professionnelles, nos syndicats.

La première proposition de loi visant à reconnaître aux syndicats professionnels le droit de se constituer librement et d'obtenir la personnalité civile sans autre formalité que le dépôt de leurs statuts auprès d'une administration publique fut déposée en 1876 par celui des hommes politiques libéraux de la IIIe République qui, après Waldeck-

Rousseau, a pris la plus grande part à la politique ouvrière du libéralisme, Édouard Lockroy, un nom tombé dans l'oubli, sauf peut-être pour les biographes de Victor Hugo, qui savent que Lockroy fut le second mari de la veuve de Charles Hugo, et, à ce titre, le tuteur de Georges et de Jeanne, sauf aussi pour les historiens de la tour Eiffel, puisque ce fut Lockroy, ministre du Commerce, qui signa avec l'illustre ingénieur le contrat auquel on doit la tour.

Il fallut huit ans à la proposition de Lockroy pour que, relayée par d'autres propositions, convertie en projet par le libéral Waldeck-Rousseau, alors ministre de l'Intérieur, elle devînt la loi du 21 mars 1884. Huit ans au cours desquels elle se heurta, non seulement à l'hostilité des conservateurs et de patrons aussi aveugles qu'égoïstes, mais aussi, mais surtout aux socialistes de tous bords et à ceux des groupements syndicaux sur qui ils étaient parvenus à étendre leur emprise.

Ils la dénoncèrent comme une *« loi de police »* parce qu'elle faisait obligation aux syndicats – s'ils désiraient être des entités juridiques légalement fondées – de déposer à la mairie leurs statuts et le nom de leurs administrateurs et l'on voudrait pouvoir citer en entier l'article que Jules Guesde vociféra en mai 1884 dans *Le Cri du Peuple* contre ce qu'il appelait *« une nouvelle loi Le Chapelier »*.

Notre bourgeoisie ne désarme pas, assurait-il, *au contraire. Elle ne fait que déplacer ses barrières protectrices et les transporter là où elles peuvent être efficaces : sur le terrain politique.*

Ce n'est pas en réalité l'abrogation de la loi Le Chapelier, c'est sa modernisation, son adaptation aux nouvelles nécessités capitalistes.

Sous couleurs d'autoriser l'organisation professionnelle de notre classe ouvrière, la nouvelle loi n'a qu'un but : empêcher son organisation politique.

Mais, concluait-il *« cet empêchement vient trop tard », « le Parti ouvrier est aujourd'hui trop fort »* pour que cette manœuvre machiavélique de la bourgeoisie l'empêche d'aboutir, car Jules Guesde a vécu trente ans dans l'illusion que la révolution socialiste allait éclater le lendemain matin – avant de devenir en 1914 ministre d'État dans un gouvernement d'union sacrée.

Il enrageait à la pensée que la liberté syndicale contribuait à renforcer chez les ouvriers l'idée – l'illusion selon lui – qu'ils pouvaient améliorer leur sort dans le cadre de la société capitaliste, les détournant ainsi de l'action politique révolutionnaire dont il s'acharnait à prétendre qu'elle était *« la condition indispensable »* de l' *« affranchissement économique »* de la classe ouvrière [21].

Ce serait une longue histoire que celle des combats menés contre cette loi par toute une partie des socialistes et la quasi-totalité des anarchistes. Partout où ceux-ci le pouvaient, ils mettaient la main sur les syndicats, mais pour les maintenir en dehors de la loi et leur faire faire une gymnastique révolutionnaire qui les détournait de leur vocation naturelle et écartait d'eux (hélas ! pour longtemps, puisque les effets s'en font encore sentir) la majeure partie des travailleurs salariés, peu soucieuse de s'engager dans une aventure vouée à l'échec et dont la réussite aux yeux de plus d'un aurait été une catastrophe.

Quand, en 1900 et 1901, Waldeck-Rousseau, cette fois président du conseil, aidé du socialiste indépendant Alexandre Millerand (pour cette raison traité en renégat et en traître par toute la meute des révolutionnaires) tenta de conforter et d'étendre la loi de 1884, notamment en accordant la personnalité civile aux unions de syndicats, il dut battre en retraite devant l'hostilité des socialistes à la manière de Jules Guesde et de ceux qu'on commençait à appeler les syndicalistes révolutionnaires, ceux-ci « tenant » les directions de la CGT naissante, de la Fédération des Bourses du travail et de nombre de fédérations d'industrie ou de métier.

Pensez-donc ! Le projet visait à étendre le droit de propriété des syndicats, leur reconnaissait celui de fonder des sociétés commerciales, des écoles professionnelles, des hospices, des hôpitaux, bref les moyens de mener une action sociale en profondeur. Mais c'était vouloir transformer les syndicats en capitalistes, les embourgeoiser, les enraciner dans la société présente, faire d'eux des gestionnaires, ce qui rime avec révolutionnaire, mais seulement dans les mots : au niveau des idées, c'est l'antagonisme [22].

Il faudra attendre la loi du 20 mars 1920 pour que les unions de syndicats (c'est-à-dire, entre autres, les confédérations) se voient reconnue la capacité civile.

Les conventions collectives : les libéraux pour, les révolutionnaires contre

Même aventure avec la législation des conventions collectives. Les syndicats étant, dans la pensée libérale, non des machines à faire des grèves, mais des machines à faire des contrats, Édouard Lockroy avait prévu dans sa proposition de 1876 – c'était l'article 4 – que

> *les syndicats d'une même industrie composés l'un de patrons, l'autre d'ouvriers (pourraient) conclure entre eux des conventions ayant pour objet de régler les rapports professionnels des membres d'un syndicat avec ceux de l'autre. Ces conventions auront force de contrat et engageront tous les membres des parties contractantes pour la durée stipulée. Lesdites conventions ne pourront être établies que pour une durée maximale de cinq ans.*

Cette proposition n'avait pas été reprise dans la loi du 21 mars 1884, ni dans le projet Barthou de 1902, mais elle fit l'objet d'un important projet de loi déposé le 2 juillet 1906 – donc en pleine guerre de la CGT révolutionnaire contre le gouvernement – par Gaston Doumergue, un libéral lui aussi, alors ministre du Commerce, de l'Industrie et du Travail.

Ouvrons ici une parenthèse. La première pierre du futur ministère du Travail avait été posée en 1886 par É. Lockroy quand il avait enlevé au ministère de l'Intérieur les services concernant les syndicats pour les rattacher au ministère du Commerce, devenu par ses soins ministère du Commerce et de l'Industrie. Même au temps de Waldeck-Rousseau et d'Alexandre Millerand, les services concernant le travail étaient restés rattachés au ministère du Commerce et de l'Industrie. Ce fut Sarrien, un libéral lui aussi qui, en constituant son gouvernement le 14 mars 1906 (six semaines avant le tumultueux 1er mai 1906) éleva ces services à la dignité ministérielle en créant le ministère du Commerce, de l'Industrie et du Travail, confié, on l'a vu, à G. Doumergue. Six mois plus tard, Clemenceau, dont on nous accordera qu'il n'était guère touché de la grâce socialiste, fit le dernier pas en consacrant au Travail un ministère à part entière.

Pensa-t-il se concilier les syndicalistes en confiant ce ministère à un socialiste indépendant, René Viviani ? Si oui, son calcul se révéla faux, car toutes les sectes révolutionnaires, y compris les plus honorables se déchaînèrent contre cette innovation. Hubert Lagardelle, pour ne citer que lui, énonça péremptoirement qu'un *« ministère du Travail serait une source de corruption autrement profonde que le ministère du Commerce »*, qu'il allait *« gouvernementaliser la classe ouvrière* [23] ».

La gouvernementaliser, c'est-à-dire l'aider à sortir des sentiers battus, mais sans issue de la Révolution.

Le projet Doumergue, très complet, trop peut-être, portait sur les différents aspects du contrat de travail, et notamment *« sur les conventions collectives relatives au contrat de travail ».*

« La convention collective du travail, disait l'exposé des motifs, *est une forme nouvelle de contrat qui n'a pas encore reçu une consécration légale, mais qui tend à se répandre de plus en plus.* [Relevons le caractère libéral de cette démarche législative qui aime que le fait précède la loi.] *Elle ne constitue pas un contrat de travail, mais détermine les conditions générales auxquelles devront satisfaire les contrats individuels passés entre employeurs et employés parties à la convention... Très populaire parmi les ouvriers, la convention collective de travail n'a pas moins été favorablement accueillie par les patrons de certaines industries, désireux d'éviter les excès d'une concurrence ruineuse.*

... Dans une matière aussi délicate, on ne saurait prétendre avoir fait œuvre définitive. La convention collective n'est encore qu'en voie

d'évolution. On a essayé de tenir compte de ce qu'elle est déjà et de ce qu'elle apparaît devoir être dans l'avenir. »

Là encore, la méthode, prudente et quasi expérimentale, était libérale. La loi ne forcerait rien : calquée sur la réalité, elle ne ferait que codifier ce qui s'établissait de soi-même.

Les syndicats auraient dû se féliciter de ce projet qui allait, non pas régler les problèmes à leur place, mais leur fournir un nouvel outil de travail, et certains en effet exprimèrent leur satisfaction. Mais la CGT était encore à cette date dominée par les syndicalistes révolutionnaires. Elle tint en octobre 1906, à Amiens, un congrès demeuré célèbre parce qu'il adopta la Charte fameuse qui proclamait le devoir d'indépendance de tous ses syndicats et d'elle-même à l'égard « des partis et des sectes ».

Ce premier pas ne l'écartait pas encore de ses convictions révolutionnaires, et le Congrès vota (on ne sait à quelle majorité, le vote s'étant fait à mains levées) la condamnation du projet Doumergue.

Considérant que les lois ouvrières en projet, sur l'arbitrage obligatoire, la participation aux bénéfices, le contrat collectif de travail, la représentation dans les conseils des sociétés industrielles, ont pour objet d'entraver le développement du syndicalisme et d'étrangler le droit de grève...

Considérant que le droit nouveau auquel nous aspirons... ne peut sortir que des luttes ouvrières sur le terrain économique,

le congrès invite les fédérations à se préparer à faire une action énergique au moment où elle deviendrait nécessaire contre tout projet tendant à l'étranglement de l'action syndicale [24].

Les conventions collectives reçurent enfin une définition légale le 25 mars 1919 :

Ce ne serait pas ici le lieu de retracer l'histoire des conventions collectives et de leur législation : les lois des 25 mars 1919, 24 juin 1936, 23 décembre 1946, 11 février 1950, 13 novembre 1982. Signalons toutefois :

– que la loi de décembre 1946 porte la marque profonde de ses origines socialistes, avec son exigence de l'« unicité » des conventions (une seule convention nationale par profession) et l'abandon au gouvernement du soin de fixer les salaires ;

– que les socialistes n'étaient plus au pouvoir quand fut votée la loi du 11 février 1950 qui ouvrait à nouveau le domaine des salaires aux conventions collectives et permettait à celles-ci d'échapper au carcan de l'unicité ;

– que ce fut grâce aux conventions collectives et au « paritarisme » qui en est la conséquence logique que l'on put arracher au monopole centralisateur, étatique ou parastatal de la Sécurité sociale, certains éléments de ce qu'on appelle la protection sociale collective, à savoir les régimes de retraites complémentaires et l'assurance chômage;

– que Georges Pompidou avait tempéré son gaullisme d'une bonne dose de libéralisme – comme d'aucuns lui en font reproche aujourd'hui – en ouvrant le 3 août 1967 une des périodes les plus fécondes en fait de négociations collectives.

Jetons un voile sur l'intention qui fut véritablement celle des socialistes et de leurs inspirateurs syndicalistes quand, en 1982, ils instituèrent la négociation annuelle obligatoire dans l'entreprise. Ils croyaient renforcer ainsi la présence des syndicats dans l'entreprise et accroître leur capacité à y conduire une action révolutionnaire, en attendant d'y prendre le pouvoir. C'est l'inverse qui s'est produit. Car, lorsqu'on traite de problèmes concrets en présence des intéressés, les salariés de l'entreprise, peu disposés à laisser sacrifier leurs intérêts immédiats à des calculs politiques ou des rêveries idéologiques, les négociateurs syndicaux doivent laisser au portemanteau les consignes confédérales.

La négociation dans l'entreprise rend aux syndicats (ou à leurs sections d'entreprise) une liberté qu'ils avaient perdue dans la défense des intérêts dont ils ont pris la charge.

Intérêts et liberté, une association qui ne déplaît pas à la pensée syndicale. Aussi doit-on saluer comme une victoire de l'idée libérale, cette convention interprofessionnelle nationale du 31 octobre 1995 proposant la mise en place, dans les entreprises sans implantation syndicale, de dispositifs permettant d'y négocier les salaires et les conditions de travail. Car assurément il ne serait pas libéral d'accorder le monopole de la négociation collective à des organisations syndicales qui n'ont pas su ou voulu gagner la confiance de l'ensemble des travailleurs salariés dont ils prétendent défendre les intérêts.

N'ont signé ce texte libéral ni la CGT rivée au stalinisme même après la chute de l'URSS, ni la CGT-Force Ouvrière livrée à nouveau, par la grâce des disciples de Léon Trotski, à ses démons du début du siècle.

Deux besoins fondamentaux : communauté et liberté

Les socialistes en sont solidement assurés : la « protection sociale collective » est un domaine qui leur est réservé par définition, pourrait-on dire. La pensée libérale ne s'y aventurerait qu'en se trahissant, qu'en se déguisant au moyen de vêtements empruntés au socialisme et qui ne sont plus sur elle que des oripeaux. Les libéraux placeraient l'individu et ses intérêts au centre de tout, et cet individu n'aurait souci des autres que dans la mesure où le soin qu'il en prendrait servirait ses propres intérêts. N'a-t-on pas écrit que, si l'on est passé de l'esclavage au salariat, c'est parce qu'un esclave, il faut en prendre soin, le soigner quand il est malade, le nourrir même quand il ne travaille pas, car un esclave, c'est comme un bœuf : si on le perd, ça coûte, tandis que le salarié est un homme libre (votre liberté, Messieurs les libéraux) et quand on lui a payé ce qui était convenu, on est quitte à son égard : à lui de se tirer d'affaire comme il l'entend, s'il le peut.

Il est vrai que des libéraux du début de l'autre siècle professaient facilement une philosophie de l'homme inspirée d'un rationalisme décharné pour qui l'individu humain n'aurait d'autre mobile que l'intérêt personnel, géré par une intelligence calculatrice. La société elle-même serait née d'un contrat passé à l'origine entre des individus qui auraient trouvé intérêt à se réunir ainsi. Comme si, dès le départ, et même s'ils ne l'ont pas toujours exprimé clairement, penseurs et praticiens du libéralisme n'avaient pas compris que la dimension sociale de l'homme est dans chaque individu antérieure à tout calcul et à tout intérêt personnel, que l'on peut sans doute parler de contrat social parce que l'on a complété, corrigé, couronné si l'on veut, la société naturelle par une société de droit, mais que ce n'est là, comme le diront les solidaristes de la fin du XIXe siècle, qu'un quasi-contrat. On fait comme si les hommes avaient décidé librement un beau jour de vivre en société et qu'ils avaient passé contrat en ce sens devant je ne sais quel notaire éternel. En réalité, toute société est antérieure à tout contrat. L'homme est social par nature et le besoin de solidarité,pour employer à terme à nos yeux trop plein encore de rationalité, le besoin de communauté est enraciné aussi profond dans l'animal humain que l'instinct de la conservation, le besoin de nourriture, les désirs sexuels.

Laissons aux métaphysiciens le soin de décider, s'ils le peuvent, lequel est premier dans l'homme du besoin de liberté individuelle ou du besoin de communauté. Il est vrai que les libéraux ont envie de penser – de croire– que l'instinct de liberté, le moi, sont inhérents à la nature humaine, mais ils savent bien que l'homme n'a d'abord été qu'un élément du corps social : l'affirmation du moi n'est venue qu'après. L'homme est double, à la fois individuel et social, et – curieuse dialectique qui fonde ce qu'on pourrait appeler le paradoxe de la liberté – à mesure que la société se perfectionne, s'enrichit, se libère de la misère et de la peur, elle fait naître chez les individus (délivrés par elle sans qu'ils s'en rendent compte des insécurités et incertitudes premières) un besoin d'indépendance et d'originalité personnelles qui les pousse à se révolter contre toutes les contraintes et obligations de l'ordre social, au risque d'ébranler ou de ruiner cet ordre social sans lequel les libertés individuelles ne seraient pas possibles.

Transposons le mot d'un philosophe : le moi se pose en s'opposant à l'ordre social. Supprimez cet ordre social, et le moi s'effondrera dans le néant.

L'ordre libéral se situe au point d'équilibre du besoin de communauté et du besoin de liberté – équilibre précaire, toujours menacé et toujours à refaire.

La protection sociale collective

Les libéraux n'ont jamais nié, quelques moyens qu'ils aient employés pour la justifier, la nécessité d'assurer aux individus une *« protection sociale collective »,* une protection contre les aléas de l'existence dans laquelle il entre immanquablement une bonne part de solidarité, mais ils ont toujours cherché à ce que cette protection s'exerçât avec la contribution aussi large et surtout aussi consciente que possible de tous et de chacun. Volontiers, on écrirait que la protection sociale est pour eux un devoir plus qu'un droit, devoir envers les autres et devoir envers soi-même.

Pourquoi se sont-ils employés, à partir de 1818 (en Grande-Bretagne, ils avaient commencé plus tôt), à créer des caisses d'épargne ? Pour aider les plus humbles, s'ils voulaient faire un effort, à accéder à un peu de propriété et un peu de sécurité. Et sans doute, comme tous les novateurs, avaient-ils fondé sur cette institution de trop vastes espoirs : l'expérience a toutefois prouvé que ces espoirs étaient loin d'être entièrement vains. Qui oserait dire aujourd'hui qu'ils n'ont pas eu raison de braver les sarcasmes des socialistes, ceux par exemple d'un Louis Blanc, à qui nos socialistes français doivent sans doute plus qu'à Marx et qui écrivait :

On fondait des caisses d'épargne pour solliciter l'ouvrier à l'économie, mais, dans un milieu où la première des maximes était « chacun pour soi, chacun chez soi », l'institution des caisses d'épargne n'était bonne qu'à rendre le pauvre égoïste, qu'à briser dans le peuple ce lien sacré que nous [constatons] entre les êtres qui souffrent la communauté de la souffrance[25].

Et vive la misère qui rend les gens solidaires ! Comme si l'on ne se battait pas davantage encore devant les mangeoires vides que devant les mangeoires pleines !

Nous avons dit plus haut comment, dans leur désir d'étendre aussi largement que possible la propriété et de donner aux ouvriers le moyen de se soustraire à l'autorité d'un *maître* ou comme l'on commençait à dire, d'un *patron*, des libéraux s'engouèrent de l'idée d'association ouvrière de production.

Sans doute l'empruntaient-ils cette idée à Buchez – un catholique social qui avait été saint-simonien, et dont les disciples publièrent pendant dix ans *L'Atelier* (1840-1850), le premier journal rédigé exclusivement par des ouvriers. Mais, contrairement aux ateliers sociaux que Louis Blanc préconisait à la même époque, la coopérative ouvrière de production devait être soumise, comme toutes les entreprises, aux lois du marché : c'est donc légitimement qu'on peut la faire figurer au catalogue des institutions libérales.

Venons-en à ce qu'on entend plus précisément quand on parle de protection sociale collective.

Déja Bastiat posait le problème :

Le salaire arrive avec certitude à la fin d'un jour occupé. Mais quand les circonstances, des crises industrielles ou simplement les maladies ont forcé les bras à chômer, le salaire chôme aussi. L'ouvrier devra-t-il alors soumettre au chômage son alimentation, celle de sa femme et de ses enfants ?

Il n'y a qu'une ressource pour lui, c'est d'épargner aux jours de travail de quoi satisfaire aux jours de vieillesse et de maladie. Mais qui peut d'avance, eu égard à l'individu, mesurer comparativement la période qui doit aider et celle qui doit être aidée ?

Ce qui ne se peut pour l'individu devient plus praticable pour les masses en vertu de la loi des grands nombres. Voila pourquoi ce tribut, payé par les périodes de travail aux périodes de chômage, atteint son but avec beaucoup plus d'efficacité, de régularité, de certitude quand il est centralisé par l'association que lorsqu'il est abandonné aux chances individuelles.

Et Bastiat d'entonner une sorte d'hymne aux sociétés de secours mutuels, *« institution admirable, née des entrailles de l'humanité avant le nom même de socialisme* [26] », un hymne auquel on ne trouve guère d'allusion dans les manuels scolaires, entêtés à prouver que la mutualité, c'est le socialisme.

Deux orientations s'offraient à l'exercice de la mutualité, d'un côté une conception plus commerciale – ce que nous appelons l'assurance – de l'autre une conception impliquant une plus grande participation directe des individus à la gestion de l'épargne collective, à quoi nous réservons aujourd'hui le nom de mutualité.

Bastiat a fortement montré, dans ses *« Harmonies économiques »,* que l'assurance commerciale – l'assurance contre l'incendie par exemple – est aussi une association d'entraide mutuelle, même si les sociétaires n'ont plus entre eux de liens directs, même s'ils ne se voient plus, ne se connaissent plus. Ils contribuent tous au fonds commun qui permettra de venir en aide à ceux d'entre eux sur qui se sera abattu le sinistre. Seulement dans l'assurance commerciale, les sociétaires sont dispensés d'un très grand nombre de tâches et d'obligations, et de ce fait, plus incités à s'inscrire. Et comme, de plus, cette assurance est animée par un industriel qui espère des gains pour lui proportionnels au développement de ses affaires, il apporte plus de zèle à convaincre les gens de la nécessité d'épargner solidairement, en association avec d'autres, que ne le ferait un philanthrope, si dévoué fût-il.

C'est ainsi d'ailleurs qu'est née en France l'assurance contre les accidents du travail. Sous le Second Empire, un industriel de l'assurance, Marestaing, frappé des incroyables difficultés auxquelles se heurtait l'indemnisation des victimes des accidents de travail, imagina d'offrir aux patrons une assurance qui couvrait à la fois les ouvriers de l'entreprise victimes des accidents de travail et le patron contre les indemnités et réparations auxquelles il pourrait être contraint au cas où sa responsabilité serait établie.

Cette assurance se révéla si efficace que, lorsque fut promulguée, le 9 avril 1898, la loi concernant les responsabilités des accidents dont les ouvriers sont victimes dans leur travail, plus de la moitié des entreprises était déjà couverte par une assurance de ce genre.

La loi elle-même fut d'inspiration libérale puisque son économie reposa essentiellement sur l'affirmation de son article premier :

Les accidents survenus par le fait du travail ou à l'occasion du travail aux ouvriers et aux employés... donnent droit, au profit de la victime ou de ses représentants, à une indemnité à la charge du chef d'entreprise.

Leur responsabilité ainsi nettement établie, une fois pour toutes, les employeurs n'avaient plus qu'à s'assurer – et ce sont les compagnies d'assurances privées qui, jusqu'au 31 décembre 1945, couvrirent les accidents du travail, avant que ce « risque » ne fût intégré dans le système unique de Sécurité sociale, d'ailleurs avec un statut un peu particulier.

Victoires funestes du socialisme

Il n'était pas impossible, théoriquement du moins, que des société de type commercial assurent pareillement les gens sur la maladie ou leur garantissent une pension pour le temps où ils seraient parvenus à l'âge de la retraite, mais les tentatives qui furent faites en ce sens, sans être tout à fait stériles, se heurtèrent à maints obstacles, et notamment aux convictions que les socialistes d'à peu près toutes les écoles avaient ancrées dans la tête d'une majorité des militants ouvriers : à savoir que l'ouvrier qui ne pouvait plus gagner sa vie parce qu'il était malade, invalide ou trop âgé devait être pris en charge par la société sans qu'il eût versé ni lui ni ses camarades la moindre cotisation. Même les anarchistes se ralliaient à cette conception étatiste, sauvant les apparences en parlant de prise en charge par la société et non par l'État, retrouvant leurs marques quand ils préconisaient la suppression des armées permanentes et de quelques autres institutions inutiles – la présidence de la République, le Sénat, le budget des cultes – pour assurer le financement des retraites pour la vieillesse. Ces prestations perçues gratuitement sans la contrepartie d'une cotisation quelconque, n'était-ce pas déjà un peu de cette « prise au tas » qui serait la loi économique, sociale et même morale de la société libertaire !

Incontestablement, en ce domaine, le socialisme a marqué des points contre la pensée libérale.

Le 5 avril 1910, une loi dont le projet initial avait été déposé par Alexandre Millerand en 1899, institua, assez pauvrement, les retraites ouvrières et paysannes, les ROP, mais la Cour de Cassation, invitée à se prononcer sur des dispositions équivoques de cette loi, arrêta que l'adhésion aux caisses de retraites était facultatif : pour y être inscrit, chaque salarié devait en faire expressément la demande à son employeur l'autorisant ainsi à prélever sur son salaire la part ouvrière de la cotisation, l'obligeant du même coup à y ajouter une part égale au titre de la cotisation patronale.

Cette disposition porte effectivement la marque d'un certain libéralisme puisque les ouvriers n'étaient pas obligés de s'assurer pour leurs vieux jours, et les socialistes pourraient ironiser sur le peu d'efficacité des libertés individuelles : ils ne furent pas nombreux, en effet, les ouvriers qui se firent inscrire, qui demandèrent qu'on leur retînt une partie de leur salaire.

C'est que la liberté, la vraie, n'est pas le laisser-aller, l'insouciance, l'abandon de son propre sort au hasard des circonstances. Elle a toujours quelque chose d'héroïque. Elle demande que chacun fasse un effort sur soi-même, que l'on se contraigne, que l'on gouverne sa vie. Mais allez donc demander cet effort à des ouvriers à qui l'on a répété que s'inscrire ne leur servirait à rien, car ils seraient morts avant l'âge de toucher leur pension *(« la retraite pour les morts »),* que le gouvernement n'avait cherché qu'à constituer, grâce à la capitalisation, un trésor de guerre au sens étroit du terme (oui, on a lu cela sous des plumes syndicales et non des moindres : la loi des retraites n'était qu'une façon insidieuse de préparer la guerre !). Voilà qui incitait d'autant moins à faire des sacrifices, si petits qu'ils fussent, qu'en même temps la propagande socialiste continuait d'assurer que les temps étaient proches où l'État prendrait en charge l'invalide, le vieillard, la veuve et l'orphelin.

Échecs et victoires de la pensée libérale

Il faudrait refaire du point de vue de la pensée libérale, l'histoire de notre système français de Sécurité sociale pour se rendre compte que si les socialistes ont trop souvent imposé leur façon de penser, quelques-uns des dispositifs de ce système ont porté et même portent encore la marque libérale.

Au lendemain de la guerre de 1914-1918, Alexandre Millerand entreprit de doter les classes laborieuses d'un système d'assurances sociales, projet qui ne devait aboutir que dix ans plus tard ; ce fut la loi du 5 avril 1928, promulguée alors que Poincaré était président du Conseil. Le système mis en place était très étatique, et la CGT, qui avait dénoncé cet étatisme tout au long des années d'élaboration de la loi (aidée en cela par la CFTC) continua sa campagne après l'instauration du système. Tardieu, président du Conseil et Laval, ministre du Travail (et ancien avocat de la CGT) donnèrent satisfaction aux syndicalistes – qui, dans cette occurrence, représentait la pensée libérale – en rectifiant le premier texte par une loi du 30 avril 1930.

Il n'y aurait plus un seul régime, mais deux, l'un pour l'agriculture, l'autre pour le commerce et l'industrie. Au lieu d'une cotisation unique, deux cotisations distinctes, l'une pour les risques de répartition (la maladie), l'autre pour les risques de capitalisation (la vieillesse). On conserverait le réseau des caisses départementales d'État créées par la loi de 1928, mais à cette caisse, à l'origine unique, pouvaient s'adjoindre dans chaque département des caisses primaires de répartition ou de capitalisation fondées par les sociétés de secours mutuels, les syndicats professionnels d'employeurs ou de salariés, des assurés groupés spontanément, caisses auxquelles l'affiliation des assurés était libre et qui reçurent bientôt la dénomination familière de *« caisses d'affinité »*, la caisse départementale d'État étant assez peu aimablement baptisée *« caisse des résidus »*. Une caisse de réassurance unique groupait les différentes caisses primaires. Celles-ci étaient gérées selon les principes de la mutualité, ce qui impliquait une certaine liberté pour, dans le cadre des taux fixés par la loi, adapter les dépenses aux ressources, les ressources aux dépenses.

Comment ne pas songer aux recommandations de Bastiat dans ses *Harmonies économiques* ?

Pour que la surveillance que les associés [membre des sociétés de secours mutuels] exercent les uns sur les autres ait lieu et porte ses fruits, il faut que les sociétés de secours mutuels soient libres, circonscrites, maîtresses de leurs statuts comme de leurs fonds. Il faut qu'elles puissent faire plier leurs règlements aux exigences de la localité.

Suivait cette mise en garde qu'on a trop peu écoutée :

Supposez que le gouvernement intervienne. Il est aisé de deviner le rôle qu'il s'attribuera. Son premier soin sera de s'emparer de toutes ces caisses sous prétexte de les centraliser et, pour colorer cette entreprise, il promettra de les grossir avec des ressources prises sur les contribuables, car, dira-t-il, n'est-il pas bien naturel que l'État contribue à une œuvre si grande, si généreuse, si philanthropique, si humanitaire ? Première injus-

tice : faire entrer de force dans la société et par le côté des cotisations, des citoyens qui ne doivent pas concourir aux répartitions des secours. Ensuite, sous prétexte d'unité, de solidarité, il s'avisera de fondre toutes les associations en une seule, soumise à un règlement uniforme.

Mais que sera devenue la moralité de l'institution quand sa caisse sera alimentée par l'impôt, quand nul, si ce n'est quelque bureaucrate, n'aura intérêt à défendre le fonds commun, quand chacun, au lieu de se faire un devoir de prévenir les abus, se fera un plaisir de les favoriser, quand aura cessé toute surveillance mutuelle et que feindre une maladie ne sera qu'un bon tour joué au gouvernement?

Le gouvernement, il faut lui rendre cette justice, est enclin à se défendre, mais, ne pouvant plus compter sur l'action privée, il faudra bien qu'il y substitue l'action officielle. Il nommera des vérificateurs, des contrôleurs, des inspecteurs. On verra des formalités sans nombre s'interposer entre le besoin et le secours. Bref, une admirable institution sera, dès sa naissance, transformée en une branche de police [27].

Le langage a un peu vieilli, mais comme il est aisé, un siècle et demi plus tard, de faire la transposition !

En 1939, au moment de la déclaration de guerre, on comptait autant d'affiliés aux caisses d'affinité qu'aux caisses de résidus et le nombre des premiers ne cessait de croître. On était dans la bonne voie.

Hélas ! à la Libération, l'esprit du temps était à la centralisation sous l'égide de l'État, pour ne pas dire au totalitarisme. Il fut donc décidé que l'ancien système des assurances sociales, encore trop marqué de libéralisme, serait transformé de fond en comble. Non seulement la loi du 22 mai 1946 portant généralisation de la Sécurité sociale étendra à tous les Français résidant sur le territoire métropolitain le bénéfice des législations sur la Sécurité sociale – ce qui aurait pu se faire au moyen d'organismes divers – publics ou privés, mais auparavant (et ce fut là la métamorphose essentielle, et l'atteinte décisive au libéralisme) l'ordonnance du 4 octobre 1945 avait imposé *« l'unicité des caisses »*, l'unicité de l'ensemble du système, faisant disparaître d'un seul coup toute concurrence entre les caisses et la possibilité pour les assurés de participer vraiment à la gestion des organismes de Sécurité sociale, condamnés à prendre de plus en plus l'allure et l'esprit d'une administration d'État.

Bref, l'idée directrice était qu'une organisation unique de Sécurité sociale devait assurer tous les citoyens (et même quelques autres) contre tous les « risques » en donnant à ce mot un sens très large, puisque, pour s'en tenir à cet exemple, la CGT proposait que les congés payés fussent pris en charge par la Sécurité sociale, celle-ci étant financée par une cotisation unique, unique parce que payée à la fois par les ouvriers et par les employeurs (la part de ceux-ci devant progressivement englober l'ensemble de la cotisation), unique aussi parce qu'elle serait versée à une seule caisse sans affectation particulière à chacun des risques.

Ainsi, une part énorme des besoins des individus serait prise en charge par la collectivité, à travers le système unique de Sécurité sociale. Les hommes ne seraient plus payés selon leur travail. Une partie du prix de leur travail ne leur serait pas remise, mais versée dans une caisse où une administration puiserait pour aider les gens à faire face à un nombre de plus en plus élevé de leurs besoins, et cela en fonction de leur dépenses et non en fonction de leur gain.

C'était un pas décisif vers la réalisation du célèbre principe de Louis Blanc : A chacun selon ses besoins.

Certes, dans toute société, fût-elle la plus libéralement gouvernée du monde, l'État prélève une partie des revenus individuels, par l'impôt, direct et indirect, et par diverses cotisations, pour financer des services et équipements collectifs, qui servent indistinctement à tout le monde, quel que soit le revenu de chacun. Tout État est donc dans une certaine mesure socialiste. La différence entre celui qu'on peut dire socialiste et celui qui reste libéral réside dans la proportion selon laquelle s'effectue le partage des revenus personnels, entre le salaire direct et ce qu'on a appelé le salaire social. Un État, une société sont d'autant plus socialistes qu'est plus grand ce qu'on désigne désormais sous le nom de *prélèvements*, c'est-à-dire la part du salaire qui n'est pas remise à celui qui a gagné ce salaire pour qu'il en use à son gré, mais qui va alimenter une caisse publique qui le reversera à ceux qui en auront besoin.

A partir du moment où le taux des prélèvements atteint un niveau qu'il n'est pas possible de déterminer, mais qui doit être d'autant plus élevé que la société est plus riche, on passe à un autre type de société. Il y a, comme disent les dialecticiens à la mode de Hegel, renversement de la quantité dans la qualité. A partir en effet du moment où les individus ne seront plus rémunérés en fonction de leur travail, formule libérale, mais en fonction de leurs besoins, quel que soit leur apport personnel en fait de travail, de production des richesses, il faut trouver à l'activité économique, à l'effort de production ou de service qu'on demande aux individus, d'autres mobiles que le besoin de gagner sa vie, que la soif du profit, que l'appât du gain : ou un sens civique porté au paroxysme, un dévouement héroïque à la collectivité, ou la peur de la répression, la contrainte universelle – les deux d'ailleurs pouvant s'épauler l'un l'autre, comme on a vu. Bref, dans l'esprit des promoteurs de la Sécurité sociale, la marche au socialisme passait sans doute par la socialisation de la propriété (les nationalisations), mais aussi et peut-être surtout par *la socialisation des salaires*.

La réalisation de ce gigantesque et funeste projet s'est heurtée tout d'abord à des difficultés matérielles : la France exsangue de 1945-1946 était incapable de financer pareilles dépenses, et il a fallu remettre à plus tard la couverture de certains risques et de certaines catégories de la population. Il a fallu aussi tenir compte des résistances du bon sens, des avantages acquis, de légitimes intérêts.

Les syndicalistes les plus entichés d'unicité ont tout de suite posé que la couverture des accidents du travail devait conserver une autonomie quasi totale au sein du système. De même, on s'est résigné à respecter l'autonomie des régimes de retraite qui existaient déjà, du moins jusqu'au jour où le régime général de la Sécurité sociale serait en mesure de verser des pensions de retraite aussi élevées que les leurs. Ce sont nos régimes spéciaux. Les syndicalistes chrétiens finirent par obtenir qu'une partie fixe de la cotisation fût affectée aux allocations familiales.

Bref, la Sécurité sociale n'a pas été d'emblée aussi totalitaire que le souhaitaient ses fondateurs.

Depuis lors, la pensée libérale a connu quelques succès dans l'évolution de la protection sociale. Le 14 mars 1947, une première convention collective (une convention et non une loi) instaurait, pour les cadres, un système de retraites complémentaires extérieur à la Sécurité sociale, et, depuis, d'autres conventions ont mis en place des systèmes analogues pour les diverses catégories de salariés.

Atteinte plus grave encore au monopole de la Sécurité sociale. Ses promoteurs avaient pensé qu'elle « couvrirait » un jour le « risque chômage ». La convention du 31 décembre 1958, en créant les Assedic (qu'une autre convention devait coordonner au moyen de l'Unedic) soustrayait, et pour une longue période qui est loin sans doute d'être à son terme, l'assurance chômage au régime général de la Sécurité sociale.

On se sentait en droit d'espérer que, les esprits ayant changé, on allait assister par étape à une libéralisation de la Sécurité sociale, à un abandon progressif de son principe unitaire, ce qui aurait rendu ses comptes plus lisibles et permit d'intéresser les « assujettis » à la qualité de la gestion des branches et des caisses, de les arracher à l'état d'assisté, d'assisté grincheux et ingrat, mais assisté quand même, et de les élever au rang de citoyen responsable.

Georges Pompidou a tenté cette métamorphose en 1967. Non seulement il a voulu séparer financièrement les diverses branches de la Sécurité sociale, ne serait-ce que pour y voir plus clair, mais, par une sorte de retour aux sources mutualistes de la protection sociale collective, il envisageait de conférer aux conseils d'administration des caisses primaires des pouvoirs considérables dans la gestion, jusqu'à celui d'augmenter les cotisations ou de diminuer les prestations pour équilibrer leur budget, dont les déficits ne pourraient plus être comblés par la compensation entre les caisses que dans les limites restreintes.

Sans doute se faisait-il encore quelques illusions sur ce qu'un siècle plus tôt Proudhon avait appelé *« la capacité politique des classes ouvrières »* (un vœu ou un espoir plutôt qu'un fait). Consultés, les meilleurs des syndicalistes doutèrent de pouvoir trouver dans leurs rangs assez d'administrateurs capables d'assumer de telles responsabilités, capables de résister aux mécontentements des « assujettis », cultivés par les démagogues, et le projet fut aux trois quarts abandonné [28].

Depuis, entraîné par sa logique interne, le système a repris sa progression dans la voie de l'unification, du monopole – de l'irresponsabilité des assujettis [29]. Ainsi en va-t-il de la réforme mise en train par Alain Juppé en 1995, réforme courageuse assurément, mais mal orientée puisqu'elle engage l'évolution, irréversiblement peut-être, dans la voie d'un service national de santé, financé par l'impôt et, de ce fait, contrôlé et géré tôt ou tard en totalité par l'État.

La partie est-elle perdue pour la pensée libérale dans le domaine de la protection sociale collective ? Rien n'est jamais joué, et il reste permis d'espérer que les Français se souviendront avant le temps des catastrophes que, comme l'écrivait Bastiat, *« ce n'est jamais sans créer pour l'avenir de grands dangers et de graves difficultés qu'on soustrait l'individu aux conséquences de ses propres actes »* (p. 414)

Le devoir d'un État libéral n'est pas d'aider les gens, mais de les aider à s'aider eux-mêmes, chacun devant aider les autres et aussi s'aider soi-même de façon à n'être à charge aux autres que le moins possible.

NOTES

1. On trouvera cette affirmation dans le document soumis par F. Mitterrand au Congrès de Metz du Parti socialiste (avril 1979) sous le titre : *« Un grand Parti pour un grand projet »*. Y figure cette autre affirmation : *« Il est normal en effet que les mesures sociales de notre programme soient en contradiction avec les lois économiques que l'on veut nous faire admettre. »* Il répondait ainsi à la déclaration de Michel Rocard quand, en septembre 1978, il avait posé sa candidature à la succession de M. Mitterrand : *« Les lois de l'économie sont les mêmes pour tout le monde. »*

2. Nous citons ici Michel Chevalier, *Lettres sur l'organisation du travail*, 1848, p. 430, mais nous pourrions citer bien d'autres auteurs qui, n'avaient pas eu besoin de passer par le saint-simonisme pour comprendre l'éminente dignité de l'œuvre de production des biens matériels. Ainsi, le libraire Ladvocat qui, dans une note fameuse rédigée le 4 septembre 1830 à l'intention du ministre de l'Intérieur, tentait d'excuser les ouvriers imprimeurs qui, lors des journées insurrectionnelles de juillet 1830, avaient brisé les presses mécaniques d'introduction récente (principal motif de la part décisive qu'ils avaient prise aux « Trois Glorieuses ») : *« Sans doute les ouvriers imprimeurs sont-ils dans l'erreur à l'égard des presses mécaniques : l'emploi de ces presses ne diminue en rien le nombre des ouvriers que les bras enlevés par ce procédé rapide au jeu des presses ordinaires (i.e. à bras) se trouvent employés dans des proportions égales aux travaux de la composition. Il résulte donc de l'emploi des presses mécaniques l'échange pour un grand nombre d'ouvriers d'un travail horriblement fatigant contre un travail qui ne l'est pas »* (cité d'après Paul

Chauvet, *Les Ouvriers du livre en France, de 1789 à la constitution de la Fédération du Livre,* Paris, 1946, pp. 646-647). Sans doute Ladvocat négligeait-il un peu trop les difficultés qu'éprouvaient beaucoup des ouvriers d'alors à faire l'apprentissage d'un nouveau travail, en un temps où le métier était en quelque sorte incorporé dans l'ouvrier, et l'ouvrier façonné par son métier.

3. On reconnaît ici l'exemple pris dans Adam Smith de la petite fabrique d'épingles où la fabrication était fractionnée en 18 opérations.

4. J-B Say, *Traité d'Économie politique*, Livre premier, chap. 8, « Des avantages, des inconvénients et des bornes qui se rencontrent dans la séparation des travaux ».

5. *Gazette nationale ou le Moniteur universel* n° 39, 10 août 1789. Réimpression de 1860, T. 1, p. 327

6. *Les Harmonies économiques,* chap XIV : *« Des salaires ».* Ed. de 1860, pp. 400 et 401.

7. Villermé, *Des associations ouvrières,* 1848, p. 48. Cette brochure fait partie d'une collection de petits traités (commandés et) publiés par l'Académie des sciences morales et politiques. On est surpris de découvrir, dès que l'on sort du cadre de l'histoire officielle, l'existence d'une quantité considérable d'études et d'enquêtes consacrées au XIXe siècle à la condition ouvrière et à de multiples expériences sociales. Sur la difficulté de faire fonctionner une communauté de travail sur le mode démocratique, on lira avec fruit le livre pittoresque de l'ouvrier animateur de la communauté Boimondau ; Marcel Mermoz, *L'Autogestion, c'est pas de la tarte.*

8. Paul Leroy-Beaulieu, *Traité théorique et pratique d'économie politique*, quatrième partie, chap. X, *« La part de l'ouvrier dans la répartition. la théorie du salaire. la nature de ce contrat »,* Paris 1896, T. 3, p. 221

9. *Id.* p. 222.

10. Basly est cité d'après J. Guesde, *Le Socialisme au jour le jour*, Paris, 1899, p. 109. Jaurès d'après ses *Discours parlementaires*, Paris, 1904, p. 217.

11. *Op. cit.*, p. 216

12. A. Smith *Recherches sur la nature et les causes de la richesse des nations*, Livre premier, chap. VIII, « Des salaires du travail ». Traduction de G. Garnier, 5e édition, Paris, 1881, T. 1, p. 81.

13. J.B. Say, *Traité d'economie politique*, 6e édition, Paris, 1841, pp. 378-379.

14. *« Cette organisation des prolétaires en classe est à tout instant brisée par la concurrence des ouvriers entre eux. » « Le salariat repose exclusivement sur le concurrence des ouvriers entre eux. »* (Marx et Engels, *Le Manifeste du Parti communiste*, Traduction Molitor, Paris, 1934, p. 72 et 78.)

15. De Molinari, *Les Bourses du Travail,* Paris, 1893, p. 122.

16. *Op. cit.*, p. 257.

17. *« Appel aux ouvriers »* paru le 20 juillet 1846 dans le *Courrier français*, reproduit dans Molinari, *Questions d'économie et de droit public*, Paris, 1861, T. 1, pp. 183-198 et dans *Les Bourses du Travail.*

18. G. de Molinari, *Les Soirées de Saint-Lazare,* Paris 1849, p. 174. En 1882, devant la commission d'enquête chargée par la municipalité parisienne d'étudier un projet de Bourse du travail, Molinari fournit la même explication de son échec : *« Les ouvriers ont craint, pour la plupart, que la publicité donnée aux cours de la main-d'œuvre, beaucoup plus élevés à Paris qu'ailleurs n'attirât à Paris un grand nombre d'ouvriers de la province et de l'étranger, au grand détriment des ouvriers parisiens » (Annuaire de la Bourse du Travail de Paris pour 1889-1890*, p. 13).

19. F. Bastiat, *Discours sur la répression des coalitions industrielles*, dans *Œuvres Complètes,* 1854, 5e volume, p. 494-512, passions. Voir aussi Molinari, *Les Soirées de la rue Saint Lazare, op. cit.,* 1849, pp. 142-179.

20. A. Vitu, dans *Les Réunions publiques à Paris 1868-1869* (Paris, 1869, vol. 1, p. 96) a nettement fait la distinction entre les deux grands types de réunions publiques qui se multiplièrent après le vote de la loi du 6 juin 1868 : celle où *« les ouvriers ont pu se concerter, soit pour le règlement de leurs salaires, soit pour la fixation des heures de travail, soit pour l'amélioration de leur formation professionnelle, soit pour la fondation de sociétés de secours mutuels ou de sociétés coopératives »*, réunions toujours paisibles, et celles, toujours tumultueuses, où des illuminés et des démagogues s'employaient à soulever la colère et la révolte encore plus qu'à susciter des rêves illusoires. Vitu signale aussi qu'un *« groupe d'économistes, appartenant pour la plupart au bureau de la Société libre d'économie politique, dont font partie presque toutes les illustrations françaises, organisa des réunions dans la salle de la Redoute, – pour discuter et vulgariser les doctrines fondamentales sur le capital, l'intérêt, la propriété. « M. Joseph Garnier, secrétaire général de la Société libre d'économie politique, M. de Molinari, M. Frédéric Passy prirent la parole dans ces réunions qui ne tardèrent pas à devenir tumultueuses. Au lieu d'écouter ces hommes distingués, le public les interrompit, des orateurs socialistes vinrent nier leurs doctrines et finalement, la pensée de ces réunions avorta »* (*op. cit.*, p. 10).

C'est dans cette salle de la Redoute que la Ville de Paris en 1886 installera la première Bourse du travail.

21. Jules Guesde a reproduit son article dans un recueil intitulé : *Le socialisme au jour le jour,* Paris, 1899.

22. Sur cette tentative d'élargissement de la loi de 1884, voir notamment Louis Barthou, *L'Action syndicale (loi du 21 mars 1884, Résultats et réformes),* Paris, 1904, I vol., p. 344. Député des Basses-Pyrénées, Barthou avait été désigné par la Commission du travail de la chambre comme rapporteur du projet de loi, qui ne vint pas en discussion.

Notons que le projet comportait cet article 10 : *« L'entrave volontairement apportée à l'exercice des droits reconnus par la présente loi, par voie de refus d'embauchage ou de renvoi, la mise en interdit prononcé par le syndicat dans un but autre que d'assurer les conditions du travail fixé par lui et la jouissance des droits reconnues aux citoyens par la loi, constituent un délit civil et donnent lieu à l'action en réparation du préjudice causé. Cette action peut être exercée soit par la partie lésée, soit, dans le cas prévu au paragraphe premier, par le syndicat... »*

23. *Le Mouvement socialiste,* oct. 1906, pp. 190-192.

24. CGT, *9e Congrès,* Amiens, 1906, p. 129. Sans doute conviendrait-il ici d'affiner l'analyse et de mettre en lumière une confusion qui a fortement contribué à dévoyer le mouvement syndical français. Les militants ouvriers français, connus sout l'appellation de réformistes et qu'on nommerait plus exactement des « syndicaux » comme on faisait au début de la IIIe République pour les distinguer des socialistes, ces militants ont toujours montré (depuis juin 1848, semble-t-il) méfiance et crainte à l'égard de toute intervention du gouvernement ou des législateurs dans les problèmes du marché du travail. C'est ce qu'exprimait en 1862 Henri Tolain dans une lettre fameuse : *« Nous ne demandons au gouvernement qu'une seule chose. C'est qu'il nous dise : Vous êtes libres. Organisez-vous, Faites vos affaires vous-mêmes. Nous n'y mettrons pas d'entraves. »*

Quand, à l'appel de Fernand Pelloutier, Paul Delesalle, Émile Pouget, les anarchistes pénétrèrent dans les syndicats, ils profitèrent de cette disposition d'esprit pour imposer leur présence, ardemment (et machiavéliquement) militante, à des ouvriers à qui leur formation intellectuelle, si remarquablement intelligents que fussent certains d'entre eux – on pense à Merrheim – ne permettait pas de reconnaître la frontière (à la vérité, une zone plus qu'une ligne) qui sépare libéral de libertaire. Nos syndicaux s'allièrent donc aux anarchistes et aux anarcho-syndicalistes pour écarter la tutelle que le Parti socialiste prétendait imposer aux syndicats et à la confédération, mais ils livrèrent ainsi l'appareil confédéral à des militants dont la préoccupation première n'était pas d'améliorer la condition ouvrière dans la société présente, mais de détruire cette société, certains allant jusqu'à dire : toute société.

Aussi étaient-ils tout particulièrement hostiles à ces lois d'inspiration libérale qui visaient, répétons-le, non à résoudre les problèmes ouvriers, mais à donner aux ouvriers les moyens de les résoudre.

25. L. Blanc, *Histoire de Dix ans,* Paris, s.d., 11e édition, T. III, p. 86.

26. *Harmonies économiques,* pp. 412-413.

27. op.cit. p. 414-415

28. Bergeron a écrit : *« C'est ce que Georges Pompidou m'avait proposé en 1967, mais, à l'époque, j'avais refusé, considérant à tort ou à raison que, dans le contexte politico-social d'alors, les administrateurs (employeurs et salariés) n'auraient pu accepter de telles responsabilités impliquant, par exemple, l'augmentation des cotisations ou la diminution des prestations* (*J'ai choisi le bon sens*, Paris, 1996, p. 126). Bergeron convient aujourd'hui que c'était la *" une vraie question " et que le fait de la poser est peut-être un pas sur la voie de la solution »* (p. 126).

29. Notons toutefois la tentative, de sens contraire, faite par Alain Madelin en 1994, pour permettre aux artisans et commerçants de se constituer une retraite en dehors du système général de la Sécurité sociale.

L'apparition de la notion de service public dans la conception libérale du droit au XIXe siècle

par

Roland Drago

Si on ouvre un dictionnaire au XIXe siècle, à aucun moment le mot de « service public » n'apparaît. Il est apparu de façon très progressive et très incertaine, de telle manière qu'il garde encore aujourd'hui cette imprécision et ce caractère impressionniste. Chacun peut avoir sa définition du service public, car jamais une définition précise du service public n'a été donnée, et peut-être ne peut-on la donner. C'est pourquoi dès le départ, cette notion sera marquée d'une subjectivité importante. Quand le terme de « service public » apparaît, il concerne les administrations publiques : la police, l'armée, les services sanitaires, qui gèrent un service public parce qu'ils ont des activités destinées à satisfaire l'intérêt général. Par ce biais, on rejoint même dans la fin du XIXe siècle une notion que l'on trouve déjà chez saint Thomas d'Acquin, celle du bien commun qui devrait être l'objectif de toute autorité politique.

Mais la notion de service public apparaît avec beaucoup de netteté dans la jurisprudence administrative ; c'est elle qui finalement fera réellement naître la notion pour lui donner son importance et ses caractères principaux ; on la retrouve également dans la pratique, avec l'apparition de la notion de « concession » qui sera pendant très longtemps étroitement liée à celle de « service public ».

S'il faut donner une définition précise de la notion de service public ou plutôt la situer dans la jurisprudence, le point de départ se situe dans une décision très célèbre du Tribunal des conflits reconstitué au début de la IIIe République et qui constitue une sorte de base du droit administratif français. Après un accident survenu dans une manufacture de tabac, les parents de la victime demandent réparation devant les tribunaux judiciaires. L'affaire est tranchée par le Tribunal des conflits, c'est-à-dire par une juridiction qui venait d'être rétablie en 1872. C'est cette décision du 8 février 1873, l'arrêt Blanco, qui sert de base à toute la théorie française du droit administratif. Il s'agit de savoir quel est le juge qui va pouvoir se prononcer sur la responsabilité de l'administration et quel est le droit que va pouvoir appliquer ce juge :

Considérant que la responsabilité qui peut incomber à l'État pour les dommages causés aux particuliers par les personnes qu'il emploie dans le service public, ne peut être régie par les principes qui sont établis dans le Code civil pour les rapports de particulier à particulier, que cette responsabilité n'est ni générale ni absolue, qu'elle a ses règles spéciales, qui varient suivant les besoins du service, et la nécessité de concilier les droits de l'État avec les droits privés, que dès lors, aux termes des lois ci-dessus visées, l'autorité administrative est seule compétente pour en connaître.

Ainsi voit-on pour la première fois apparaître la notion de service public comme critère de l'application d'un régime juridique spécial et comme critère de la compétence de la juridiction administrative par opposition à la juridiction ordinaire. Il est très important de noter que ce point de départ est jurisprudentiel, et qu'on appelle « service public » un service géré par une administration publique traditionnelle comme celle dont il est question.

Un autre point de départ était apparu bien plus tôt sous la monarchie de Juillet avec des acceptions très différentes, en tous cas dans un contexte tout à fait particulier, quand les grandes sociétés ont commencé à se développer. Il était apparu qu'on pouvait utiliser les progrès de la science pour faciliter les transports, le chauffage ou l'éclairage des populations. On a estimé que les compagnies de transport, les entreprises chargées de l'éclairage devaient être des entreprises privées, car l'État se considérait à l'époque comme incompétent pour gérer des services à caractère économique et technique. L'État allait utiliser le procédé de la « concession de service public », contrat passé avec l'État ou une collectivité locale pour gérer un service public à ses risques et périls moyennant rémunération par les usagers.

Ainsi l'expression est employée, d'une part, dans une acception générale et pratiquement indéfinie et, d'autre part, à propos de ce procédé très particulier qu'est la concession liée à l'incompétence substantielle de l'État pour gérer des activités économiques et techniques. Le service public correspond donc à la fois à une acception matérielle, c'est-à-dire à l'objectif auquel il correspond, et, d'autre part, à une acception institutionnelle, c'est-à-dire à certaines formes d'action des autorités.

Le service public, critère de l'application d'un régime juridique spécial

Autrement dit, la notion de services publics est devenue purement juridique ; et quand on lit les conclusions du commissaire du gouvernement devant le Tribunal des conflits, on voit comment il a essayé, à partir d'une affaire qui était secondaire, de trouver une justification très fondamentale, très théorique, à la compétence de la juridiction administrative et à l'application d'un régime juridique spécial. Le principe même de l'arrêt *Blanco* c'est que si un service public est en cause, les juridictions ordinaires ne peuvent pas se prononcer à son sujet, et le droit à appliquer ne peut être le droit du Code civil. Jusque-là il y avait beaucoup d'incertitudes, et dans les périodes précédentes, on ne se posait pas la question de cette manière devant le juge administratif : on considérait que le juge administratif était compétent chaque fois qu'il avait à statuer sur la situation de l'État ou d'une administration publique ; on ne recherchait pas un critère matériel à cette compétence, on appliquait tout simplement les textes existants. Au contraire, à partir de ce moment, la compétence de la juridiction administrative et l'application d'un droit distinct du droit civil, va être commandée par l'existence ou non d'un service public.

Première conséquence, le droit administratif qui naît vraiment à cette époque va être le droit des services publics et il est seul applicable à l'administration. Le droit administratif ne sera pas un droit égalitaire, libéral né du Code civil, mais un droit qui devra concilier dans chaque situation les droits de l'État avec les droits des particuliers. Un droit qui aura toujours à rechercher cette conciliation, parce qu'il est le droit des services publics.

Les services publics dont il est question ici sont les administrations et à partir de ce moment les auteurs vont essayer de rechercher de façon plus précise, plus complète, ce qu'est le service public. Ils vont donc s'efforcer d'en donner une définition plus précise. A cette époque le service public peut se définir de la manière suivante – et la définition n'a pas tellement varié : c'est une activité d'intérêt général, assurée par l'État ou une collectivité publique ou sous leur contrôle, et qui est soumise à un régime juridique particulier. Quelle naïveté à certains égards, de faire reposer l'existence d'un système juridique que l'on oppose au Code civil, sur une notion qui n'a pas pu être définie de façon aussi précise. Et de nos jours encore la faiblesse du droit administratif est justement de reposer sur un critère qui est incertain et à propos duquel chacun peut avoir son acception particulière. Ainsi au moment du débat sur la presse en 1984 et même en 1945 au moment de l'adoption des ordonnances sur la presse, on a dit que la presse était un service public. Et hier encore le ministre chargé de la Culture à propos des chaînes 2 et 3 a dit qu'il s'agissait des chaînes de service public et les journalistes le disent toujours, or je vous défie de trouver à propos de ces chaînes le mot de service public dans les textes. Ce sont des chaînes qui appartiennent à l'État, elles appartiennent au secteur public, c'est-à-dire qu'elles sont dans la dépendance financière de l'État ; mais parce que la loi n'a jamais prononcé à leur sujet le mot de service public, il est fâcheux qu'un ministre lui-même ait employé cette expression. C'est dire que pour les uns la presse est un service public, pour les autres les chaînes publiques de la radio-télévision gèrent des services publics. Avec une vision de ce type, chacun peut avoir sa définition du service public. Comment peut-on faire reposer les caractéristiques d'un droit spécifique à partir d'une notion aussi banale ?

La seconde conséquence, c'est que, dans ce cas, c'est la juridiction administrative qui est compétente. Elle est née progressivement du système mis en place par Bonaparte en l'An VIII. Le Conseil d'État, de conseil de gouvernement est devenu une juridiction et une juridiction complète à partir des débuts de la IIIe République. Mais ce qui est caractéristique, c'est que le Tribunal des conflits (organisme chargé de trancher les conflits de compétence entre la juridiction judiciaire et la juridiction administrative) a fait sienne cette notion et qu'il l'a utilisée d'abord pour déterminer un régime juridique spécial, ensuite pour déterminer la compétence d'un juge particulier. D'ailleurs on peut inverser le raisonnement : ce juge particulier va sécréter un droit administratif spécial et, d'autre part, le droit administratif sera le droit créé par le juge administratif. C'est toute la particularité du système français qui apparaît à ce moment.

Si nous nous situons à la fin du XIXe siècle, ce système, même s'il a un certain nombre de faiblesses, a néanmoins sa cohérence. Il apparaît que chaque fois qu'un service public est en cause c'est un droit spécial qui sera appliqué. Mais quel droit ? La réponse est incertaine, et c'est ce qui allait donner au juge administratif un pouvoir prétorien considérable. On le compare souvent au juge des pays de Common Law car en effet c'est lui-même qui crée son propre droit et tous les principes du droit administratif résultent plus de la jurisprudence que du droit écrit.

Néanmoins, il y avait, à la fin du siècle dernier, une certaine cohérence. Deux types de relations juridiques, les unes concernant les particuliers soumis au droit du Code civil, les autres concernant les services publics soumis à un droit que l'on ne pouvait définir vraiment mais qui était sécrété par le juge administratif. Or, au début du siècle, un événement allait introduire la complexité dans cette situation et montrer que la confiance qu'on avait pu avoir dans la rationalité d'une telle situation (droit spécifique et juge spécial et sans faille) allait devenir extraordinairement incertaine. En 1903, le Conseil d'État a tranché, par l'arrêt du 6 février 1903, *Terrier*, un conflit entre un département et une personne qu'il avait chargée de tuer les vipères. Cet homme gère un service public, et par conséquent, on applique la théorie de l'arrêt *Blanco*. Le commissaire du gouvernement Romieu qui a conclu dans cette affaire a exposé devant le Conseil d'État une thèse qui allait ruiner complètement sans qu'on s'en aperçût à cette époque, la thèse liée à la solution de 1873 :

Il demeure entendu, dit-il, *qu'il faut réserver pour les départements et les communes comme pour l'État les circonstances où l'administration doit être réputée agir dans les mêmes conditions qu'un simple particulier et se trouve soumise aux mêmes règles comme aux mêmes juridictions. Cette distinction entre ce qu'on a proposé d'appeler la gestion publique et la gestion privée peut se faire soit à raison de la nature du service qui est en cause soit en raison de l'acte qu'il s'agit d'apprécier. Le service peut en effet, tout en concernant une personne publique, n'intéresser que la gestion de son domaine privé. On considère en ce cas que la personne publique agit en personne privée comme un propriétaire dans les conditions du droit commun. D'autre part, il peut se faire que l'administration, tout en agissant non comme personne privée mais comme personne publique, dans l'intérêt d'un service public proprement dit, n'invoque pas le bénéfice de la situation de personne publique et se place volontairement dans les conditions d'un particulier, soit en passant un contrat de droit commun d'un type nettement déterminé par le Code civil, qui ne suppose par lui-même l'application d'aucune règle spéciale, soit en effectuant une de ces opérations courantes que les particuliers font journellement qui suppose des rapports contractuels et pour laquelle l'administration est réputée entendre agir comme un simple particulier. Il appartient à la jurisprudence de déterminer pour les personnes publiques locales comme celles qui sont le fait de l'État, dans quel cas on se trouve en présence d'un service public fonctionnant avec ses règles propres et son caractère administratif, ou au contraire en face d'actes qui tout en intéressant la communauté empruntent la forme de la gestion privée et entendent se maintenir exclusivement sur le terrain des rapports de particulier à particulier dans les conditions du droit privé.*

Cette distinction qui a pour elle une certaine logique a ruiné complètement la thèse précédente. A partir de la jurisprudence *Terrier*, on se met à dire qu'il y a des services publics qui fonctionnent selon les règles exorbitantes du droit commun et d'autres qui fonctionnent selon les règles du droit privé. Derrière cette discussion juridique qui pourrait sembler réservée aux spécialistes, il y a quand même une évolution qui se fait et la tentative d'une opération de camouflage ; on veut bien qu'il y ait service public, on veut bien même étendre la place des services publics, mais à ce moment-là ils sont camouflés parce qu'on les soumet partiellement au droit commun, afin qu'ils se fondent mieux dans le milieu juridique et qu'ils ne puissent pas invoquer des prérogatives particulières. A partir de ce moment, né dans la jurisprudence, et plus tard dans la pratique, une ambiguïté qui n'a jamais cessé : l'ambiguïté des entreprises chargées d'un service public, que La Fontaine aurait pu définir : « Je suis oiseau voyez mes ailes. Je suis souris, vivent les rats ! » La technique de la chauve-souris aura été dès cette époque celle du fonctionnement des services publics dans le système administratif français. D'ailleurs, quelques années plus tard, en 1921, le Tribunal des conflits allait porter à son paroxysme le système tel qu'il venait d'être examiné, dans l'affaire qui concerne la colonie de la Côte-d'Ivoire. Cette colonie de la Côte-d'Ivoire avait créé un bac destiné à faire traverser aux particuliers un fleuve et il y avait un litige à propos du transport : l'affaire doit-elle être tranchée par les tribunaux judiciaires ou par les tribunaux administratifs ? Le Tribunal des conflits décide que ce bac fonctionne comme un service privé, et que par conséquent ce conflit est du ressort des tribunaux judiciaires. Or, construire un bac pour traverser une rivière alors qu'on ne peut pas la traverser autrement, c'était bien là un service public. Malgré cela, le Tribunal des conflits a considéré que l'entreprise était gérée selon les principes du droit commun. Et pour bien vous montrer le paradoxe de la situation, quand la Côte-d'Ivoire est devenue indépendante, dans un conflit assez semblable, il a été décidé que la compétence relevait du juge administratif.

La création des services publics

Partant d'un État minimum, tel qu'il était conçu au XIXe siècle, les progrès philosophiques ont fait que l'État, d'une part, et les collectivités publiques d'autre part, ont eu tendance à vouloir, dans l'intérêt général, assurer la création et le fonctionnement d'un certain nombre de services. Il faut distinguer entre la création de services publics par l'État et la création de services publics par les collectivités locales, car c'est principalement à propos de la création de services publics par les collectivités locales que le problème s'est posé.

CRÉATION DE SERVICES PUBLICS PAR L'ÉTAT

Quand la question s'est posée à cette époque là, (l'État peut-il créer d'autres services que ceux qui correspondent à sa fonction minimum ? peut-il créer des services de caractère économique, d'autres à caractère technique ?), sur le plan de la technique juridique, la question a été résolue de façon simple : « Seule la loi peut créer un service public, car seule la loi peut étendre les activités de l'État. » Par conséquent, aucun problème ne s'est posé à cette époque quand l'État du début du XIXe siècle a voulu créer de nouveaux services publics, car la loi était un acte incontestable et susceptible d'aucune action devant une juridiction quelconque.

Aujourd'hui, nous avons une juridiction constitutionnelle et le problème se pose différemment. Au moment où le gouvernement Chirac a entrepris en 1986 une politique de privatisation des entreprises publiques, des recours ont été portés devant le juge constitutionnel, afin de faire trancher par lui le problème de la constitutionnalité des lois de privatisation. A cette époque le Conseil constitutionnel a rendu une décision très importante mais comportant toujours pour ce qui concerne le service public une ambiguïté quant à la définition. Il s'agissait de savoir si la loi du 2 juillet 1986 sur les privatisations, en prévoyant la privatisation des banques qui avaient été nationalisées en 1982 et même celles qui avaient été nationalisées en 1945, était conforme à la Constitution. Le Conseil Constitutionnel, dans sa décision des 25 et 26 juin 1986 a répondu ceci :

Considérant que si la nécessité de certains services publics nationaux découle de principes ou de règles constitutionnelles, la détermination des autres activités qui doivent être érigées en service public national est laissée à l'appréciation du législateur ou de l'autorité réglementaire selon le cas. Qu'il suit de là que le fait qu'une activité ait été érigée en service public par le législateur sans que la Constitution l'ait exigé ne fait pas obstacle à ce que cette activité fasse comme l'entreprise qui en est chargée l'objet d'un transfert au secteur privé.

Il y a deux aspects dans cette décision qui sont intéressants mais assez contradictoires : d'une part, le fait que seul ce que le Conseil Constitutionnel appelle « services publics constitutionnels » ne pourra jamais être privatisé ; en revanche, les services publics qui ne sont pas constitutionnels ont pu être nationalisés à certains moments et peuvent être dénationalisés à d'autres moments. A l'inverse, il y a une ambiguïté qui est aussi nette que celle de l'arrêt *Blanco* à un siècle de distance, c'est qu'on ne dit pas ce que sont les services publics constitutionnels. Cette querelle s'est poursuivie à la fin de 1986, quand le garde des Sceaux de l'époque, M. Chalandon, a voulu lancer l'opération des « prisons privées » : on a dit que le système pénitentiaire est un service public constitutionnel, et par conséquent non privatisable. Il était aisé de prouver que c'était faux et des colloques se sont tenus pour en débattre. Pourtant, la portée de la loi a été finalement limitée.

Création de services publics par les collectivités territoriales :

A la fin du Second Empire, et pendant le dernier quart du XIXe siècle s'est développé un mouvement intéressant lié au solidarisme, qu'on a appelé le socialisme municipal. Des travaux historiques ont été faits qui montrent qu'on estimait que, dans les communes, les autorités municipales élues pouvaient prendre l'initiative de créer non seulement des tramways, des compagnies de distribution de l'eau, du gaz et de l'électricité, mais encore des activités très diverses telles des boucheries municipales, des buanderies municipales, des bains et douches municipaux, etc. Des activités se trouvant donc au service du public. Quand des municipalités ont voulu agir dans ce sens, la jurisprudence du Conseil d'État n'a pas été restrictive, mais a posé des bornes d'une grande importance. Les deux conditions, selon la jurisprudence, au titre desquelles les communes voulaient créer des services de ce genre, et qui étaient cumulatives, étaient : que le service ne puisse exister que sur le domaine public et qu'il y ait carence absolue de l'initiative privée. C'est seulement à ces deux conditions que le Conseil d'État a accepté que des services publics nouveaux pussent être créés par les communes.

L'UTILISATION DU DOMAINE PUBLIC :

La jurisprudence a fait preuve de plus de réalisme que dans l'affaire *Blanco* car là on est en présence d'une notion juridique bien précise. C'est une définition intéressante car concrète. On comprend que les services publics peuvent n'utiliser que le domaine public. D'où la limitation très facile des services publics qui apparaissent à l'époque : transports, gaz, électricité, eau.

On a pu très bien s'en rendre compte grâce à une controverse qui a duré dans la jurisprudence et qui concernait les théâtres, les opéras municipaux, les casinos. Puisque les théâtres ne sont pas construits sur le domaine public, ils ne peuvent pas être considérés comme des services publics (7 avril 1916 : arrêt du CE concernant le Théâtre des Champs-Elysées). Mais la jurisprudence change et en 1923 à propos du Théâtre Marigny, le Conseil d'État a décidé que les théâtres pouvaient être considérés comme des services publics, en vertu de « la mission civilisatrice de l'État ».

IL DOIT Y AVOIR CARENCE DE L'INITIATIVE PRIVÉE MAIS CETTE CARENCE DOIT ÊTRE ABSOLUE :

S'il n'y a pas de médecin dans la commune on peut créer un poste de médecin communal. Le Conseil d'État dans un arrêt *Casanova* l'affirmait en 1901 : dans une commune de Corse on crée un poste de médecin municipal et le Conseil d'État annule la création de cette fonction en considérant qu'il y a d'autres médecins dans la commune. Car le Conseil d'État et la doctrine qui a interprété ces décisions a voulu trouver une base juridique dans une loi de l'époque révolutionnaire, la loi des 2-17 mars 1792, dite « décret d'Allarde ». Selon son article 7, il était décidé : « A compter du 1er avril, il sera libre à toute personne de faire tel négoce ou d'exercer telle profession, art ou métier qu'elle trouvera bon. »

Il s'agit de ce qu'on a appelé la liberté du commerce et de l'industrie. Le Conseil Constitutionnel, dans sa décision du 16 janvier 1982 concernant les nationalisations, allait la transformer en « liberté d'entreprendre » et en faire un principe constitutionnel. A lire le texte, la loi signifie seulement que toute personne peut entreprendre toute activité économique. Mais la jurisprudence du début du siècle est allée au-delà en décidant que des autorités publiques ne pouvaient créer des services du même ordre que si les conclusions qu'on vient d'examiner étaient réunies. De la liberté d'entreprendre on est donc passé à l'interdiction (relative) de la concurrence.

Mais cette jurisprudence a évolué. Le Conseil d'État était libéral au début du xxe siècle. Il est devenu interventionniste avec la guerre de 1914, la crise économique des années 1930, et il l'est resté. Ainsi admet-il aujourd'hui que des services industriels et commerciaux puissent être créés par les collectivités locales et concurrencer directement des entreprises similaires créées par des particuliers (exemples : station-service (CE 18 décembre 1959, *Delansorme*) ; cabinet dentaire (CE 20 novembre 1964, *Ville de Nanterre*) ; restaurant (CE 25 juillet 1986, *Commune de Mercœur*).

Cela rejoint aujourd'hui, après quelques décennies, des problèmes identiques avec ce qu'on appelle très maladroitement le « service public à la française ». Le traité de Rome dans ses articles 85 et 86, la législation française avec l'ordonnance du 1er décembre 1986 relative à la liberté des prix et de la concurrence réaffirment des principes qui résultaient de la loi de 1791 et de la jurisprudence libérale du Conseil d'État. L'ordonnance de 1986 (art. 53) soumet aux règles de concurrence les activités de production, de distribution et de services des personnes publiques. Malgré les controverses actuelles sur la théorie du « monopole naturel » et de « service universel », ne s'agit-il pas d'un retour aux sources ?

son intervention [illegible] que la [illegible] la loi [illegible] mars 1791 [illegible] Allarde [illegible] [illegible] [illegible] [illegible] [illegible] bons.

Il [illegible] le Conseil constitutionnel [illegible] [illegible] [illegible] et [illegible] un principe [illegible] signifie [illegible] que [illegible] [illegible] en [illegible] des [illegible] la [illegible] (matériel) de la concurrence.

[illegible] cette jurisprudence [illegible] début [illegible] 1986 [illegible] le Conseil constitutionnel [illegible] admis [illegible] puisse [illegible] des entreprises [illegible] (CC [illegible] 1986) [illegible].

[illegible] de la loi [illegible] des [illegible] [illegible] [illegible] [illegible] [illegible] n'est [illegible] [illegible].

IV

Crises, expansion, Europe : de la France dirigiste à la France libérale de 1919 à nos jours

Présentation

par Chritian STOFFAËS

La Première Guerre mondiale, pour l'histoire économique comme pour l'histoire politique, marque la fin d'un monde – le « long XIXe siècle » commencé avec la Révolution française et la révolution industrielle, règne du libéralisme bourgeois et des certitudes positivistes – et l'annonce d'un monde nouveau – le « court XXe siècle » de 1914 jusqu'à l'effondrement du système soviétique et la chute du mur de Berlin en 1989 qui apparaît un moment marqué par les crises, les extrémismes politico-idéologiques et la montée de l'État.

Siècle du capital, siècle de l'État ? Selon une interprétation d'inspiration marxiste, qui fut longemps communément admise dans notre pays, le siècle du libéralisme se serait effondré sous le poids de ses propres « contradictions » : les « libertés formelles » détruisent les « libertés réelles »; la concentration du capital et l'appauvrissement des masses populaires débouchent sur la dépression économique et le chômage ; les rivalités impérialistes pour la recherche de débouchés commerciaux et pour l'accès aux matières premières mènent à la guerre – c'est la crise des démocraties et du libéralisme bourgeois, le passage de l'ère de l'individu à l'ère des masses. Dès lors, le salut ne pouvait se trouver que dans une intervention croissante de l'État dans les mécanismes économiques. Le siècle de l'État et de la bureaucratie aurait-il alors inexorablement succédé au siècle de l'entreprise et de la bourgeoisie ?

Il n'est pas vrai que le communisme et le fascisme naquirent des contradictions internes du libéralisme. Idéologies contraires – mais ayant en commun d'être toutes les deux antilibérales –, elles se développèrent en Europe centrale et orientale sur les décombres de sociétés féodales (la Russie) ou non démocratiques, déstabilisées par les conséquences de 14-18 – tandis que les démocraties libérales y résistèrent.

Le développement du rôle économique de l'État au XXe siècle se manifeste sous deux formes principales :

– la politique macro-économique : l'intervention de régulation de la

conjoncture économique, dans le but d'éviter le chômage et les crises économiques cycliques, et afin d'assurer une croissance de plein emploi à travers les nouveaux instruments de politique économique que constituent le contrôle du crédit, le déficit budgétaire, les programmes de grands travaux, les transferts sociaux, l'arbitrage gouvernemental des négociations collectives patronat-syndicats et des conflits du travail;

– les nationalisations et la planification : l'économie nationalisée et planifiée, à travers l'étatisation des moyens de production, la prise de contrôle des entreprises privées des secteurs jugés stratégiques, la substitution du Plan au marché pour le choix des investissements, le financement public des investissements productifs dans les secteurs lourds; le contrôle des prix et l'intervention sur les salaires, etc.

L'économie de guerre – qui avait nécessité de 1914 à 1918 la mise en place d'un dirigisme industriel sans précédent dans le secteur des armements et des approvisionnements essentiels – et les besoins de la reconstruction d'après-guerre avaient fourni aux États – particulièrement en Europe – les premiers instruments de l'interventionnisme économique. En France, les noms de Clémentel et d'Albert Thomas sont alors associés à la naissance du dirigisme industriel – autour des ministères de l'Armement et de l'Industrie et du Commerce. Par la suite, les déséquilibres nés des troubles de la guerre – déficits budgétaires et dette publique, reconversion des industries d'armement, chômage, inflation, dévaluations monétaires – multiplient les pressions sur les gouvernements pour développer leur rôle économique et pour rendre impossible, malgré de nombreuses tentatives – conduites notamment par Poincaré, – le retour aux pratiques économiques libérales du monde disparu – celui d'avant 1914. L'inflation engendre le contrôle des prix, le chômage les grands travaux publics.

Chaque fois qu'un problème apparaît, l'opinion demande : « Que fait le gouvernement ? » Patronat, PME, agriculteurs syndicats, l'économie et la société se structurent peu à peu en organisations social-corporatistes, constituées pour faire pression sur les élus et sur l'État, pour défendre ou promouvoir les intérêts catégoriels : l' « ère des masses » s'organise autour de l'oligopole social.

Les syndicats jouent un rôle croissant dans la politique économique et sociale, revendiquant hausse des salaires, transferts sociaux et intervention accrue de l'État. Les entreprises, de leur côté, s'organisent en corporations professionnelles. Les républicains, unis au XIXe siècle dans le combat contre l'Ancien Régime et pour les libertés civiles et la laïcité, se scindent désormais : la gauche de l'échiquier politique, qui était « libérale en tout » au XIXe siècle, s'oriente vers le socialisme et le communisme, s'allient avec les syndicats ouvriers. Le libéralisme économique est ainsi rejeté à droite, avec les autres « libertés formelles »

La montée en puissance du dirigisme économique trouve ses théoriciens pour l'appuyer. John Maynard Keynes à Cambridge, en guerre avec l'école libérale « classique » fonde la « macro-économie », en démontrant la nécessité de la régulation conjoncturelle de plein emploi : l'État-Providence y puise sa justification. A l'est de l'Europe, la révolution russe met en place un « autre modèle », concurrent de l'économie de marché : le Plan soviétique, fondé sur la collectivisation des moyens de production et sur le développement des industries lourdes. Ce seront, pendant un demi-siècle, les deux phares de la politique économique qui inspireront de nombreuses expériences à travers le monde.

Dans ce mouvement général, deux caractéristiques propres à la France renforcent puissamment l'emprise de l'État sur l'économie : le rôle des grands corps de la haute fonction publique ; l'intervention de l'État dans le domaine social et dans la structure syndicale.

L'organisation des ministères en grands corps de hauts fonctionnaires administratifs ou techniques, est une ancienne tradition française, qui remonte à l'Ancien Régime et à l'Empire. A mesure que le rôle de l'État se développe dans l'économie dirigée, les hauts fonctionnaires prennent les fonctions de commande des secteurs nationalisés – l'énergie, l'industrie lourde, le transport, les banques et assurances, etc. –, puis vont poursuivre leur carrière aux postes de direction de l'industrie privée et des banques d'affaires. Les anciens élèves de l'École Polytechnique et les corps d'ingénieurs – des mines, des ponts et chaussées, du génie maritime – jouèrent ainsi un rôle crucial dans l'instauration du dirigisme industriel, tant sous l'Occupation que sous la Reconstruction. La création, en 1945, de l'École Nationale d'Administration, pour canaliser le recrutement des grands corps administratifs, amplifie encore ce phénomène de prise de pouvoir par la technocratie. Le « phénomène technocratique » décrit par James Burnham et John Kenneth Galbraith – c'est-à-dire la prise du pouvoir économique par les experts au détriment des actionnaires capitalistes – commun à tous les grands pays industrialisés au milieu du XXe siècle prend en France un caractère unique, puisqu'il s'agit d'une technocratie d'État, issue d'un moule commun, celui de la haute fonction publique.

Le mouvement syndical en France est divisé en centrales concurrentes et faible en termes de représentativité si on le compare à la situation des autres grands pays industrialisés. Le mouvement syndical français n'a jamais eu la puissance qu'il a eue, par exemple, dans les pays d'Europe du Nord : la rivalité entre communistes et sociaux-démocrates n'a pas été pour rien dans cette désunion. Moins du dixième des salariés adhèrent aujourd'hui à une organisation syndicale, et les syndiqués se concentrent dans le secteur public – fonctionnaires, enseignants, agents des services publics industriels. Même si cette situation s'est singulièrement dégradée dans un passé récent, elle est un fait ancien : les régimes sociaux ne résultent pas simplement des négociations collectives entre syndicats et patronat, par branches ou par entreprises, mais sont généralement consolidés par des textes législatifs et réglementaires. Les grandes négo-

ciations macro-sociales se font sous l'égide du gouvernement – ainsi des congés payés de la loi des 40 heures, des accords Matignon de 1936, des grands textes sociaux de la Libération, des accords de Grenelle de 1968, etc. Les régimes de retraite spéciaux sont codifiés par la loi; les statuts des personnels des usines, d'EDF-GDF, de la SNCF, etc., sont inspirés du statut des fonctionnaires. Les organisations syndicales elles-mêmes ne vivent pas tant des cotisations de leurs adhérents que de soutiens de l'État ou du rôle qu'ils occupent dans la gestion de telle ou telle caisse de la Sécurité sociale – les caisses d'assurance maladie, de retraite, de chômage, etc., ou dans les organes de gestion paritaire de certains services publics – l'Éducation nationale, les monopoles d'État, etc. Dans la conception sociale française, l'État est érigé en arbitre des négociations sociales, appelé à s'interposer entre patronat et syndicats, imposant par la loi et le règlement les progrès sociaux qui s'obtiennent, dans d'autres pays, par la négociation collective.

Alors que l'économie n'était pas le sujet dominant des grands débats politiques du XIXe *siècle, elle est devenue au* XXe *siècle le clivage majeur entre les forces politiques et sociales. La gauche, sous l'influence du marxisme comme de la social-démocratie, rejette désormais à droite le libéralisme économique. Ainsi, au lendemain de la Première Guerre mondiale – tout comme en Angleterre le grand Parti libéral* (whig) *dépérit au profit du Parti travailliste* (labor), *lié aux* Trade Unions – *en France, les socialistes et les communistes prennent la place des radicaux-républicains à la gauche de l'éventail politique. Dans ses versions extrêmes – national-socialiste et soviétique -, l'idéologie sociale, au nom de l'exécration du libéralisme économique, rejette aussi, d'ailleurs, le libéralisme culturel et le libéralisme politique.*

Pour la France, la période contemporaine peut se diviser en deux phases :

– de 1919 à 1939, c'est le temps des crises, la « Grande Dépression », l'accentuation du protectionnisme, le réarmement, qui débouche sur la Deuxième Guerre mondiale, l'économie de pénurie de l'Occupation, l'économie planifiée de la Reconstruction;

– plaçant entre parenthèses la période troublée qui s'étale de 1940 à 1950, l'économie française entame, à partir de 1951, son retour au libéralisme. En 1950, la production industrielle retrouve son niveau de 1929 et la quadruple trente ans plus tard, se hissant au niveau des plus grands pays industrialisés par tête.

Ce sont davantage les erreurs de politique économique qui apparaissent à l'origine du retard français de l'entre-deux-guerres qu'une attitude des entreprises qui serait fondamentalement déficiente. La politique monétaire, qui s'attache à maintenir la parité-or du franc au prix d'une sévère déflation, aggravée par les mesures sociales du Front populaire, plonge l'économie française des années 1930 dans une grave dépression : en 1938, la production industrielle est retombée à son niveau de 1913 : le tiers de la capacité de production est inemployé; l'effort d'équipement a été interrompu depuis 1931 alors que les autres pays industralisés – également touchés par la crise – ont pu faire redémarrer leur économie.

La course aux armements, la faiblesse de la démographie pénalisent lourdement les industries civiles. Avec l'économie de guerre, puis avec l'économie de pénurie de l'Occupation, les institutions du dirigisme économique et du corporatisme professionnels se mettent en place : le ministère de l'Économie nationale du Front populaire; le ministère de l'Armement de Raoul Dautry; le ministère de la Production industrielle de Pucheu et Bichelonne; les organes de répartition des matières et les comités d'organisation par branches industrielles de l'économie corporatiste de Vichy, etc. Le dirigisme industriel s'accentue encore, dans un contexte tout différent avec la Libération et la Reconstruction, avec les nationalisations des grands services publics industriels, des secteurs de base de l'énergie et des transports et des banques, avec les commissions du Plan, avec le financement budgétaire des grands investissements.

Malgré les handicaps de cet environnement politique et macroéconomique, le monde de l'entreprise poursuit sa modernisation avec le développement des grandes firmes diversifiées et intégrées; l'expansion de la fonction commerciale; la croissance des bureaux, des services centraux et des départements fonctionnels. Le dynamisme modernisateur des entreprises françaises s'illustre particulièrement dans les années 1920 dans le perfectionnement de ce qu'on appelle alors l'organisation industrielle. Une tradition française, qui exerce déjà son influence dans les principales écoles d'ingénieurs, n'a rien à envier aux enseignements de Frederick Winslow Taylor – incarnée par quelques grandes figures comme Henri Fayol, Charles Bedaux, Henry Le Châtelier. Les ouvrages de Taylor, de Gilbreth et des ingénieurs américains sont rapidement traduits et diffusés dans les milieux industriels. Les usines Citroën sont pionnières dans l'introduction du chronométrage des temps élémentaires et la mise en place les chaînes de montage : les missions d'études de la productivité organisées après la Deuxième Guerre n'auront qu'à parachever une modernisation déjà largement entamée.

Le développement des méthodes modernes de gestion se poursuit ensuite, avec la planification des investissements, la gestion prévisionnelle, la recherche opérationnelle et le calcul économique. Dans les années 1960, confrontées au « défi américain » des implantations en Europe des firmes multinationales, les entreprises françaises savent combler rapidement le management gap *en développant les grandes fonctions de l'entreprise : comptabilité, analytique, gestion par centres de profit, marketing, planification stratégie en avenir incertain. Les écoles de gestion se multiplient. Le mode de gestion, hiérarchisé et pyramidal, se décentralise en centres de profit et gestion par objectifs. La compétitivité globale, au sein d'un marché totalement internationalisé, s'impose comme l'objectif central : suivant l'exemple des pionnières – Pechiney, l'Air liquide, Saint-Gobain, etc. – les firmes françaises deviennent des multinationales à part entière.*

Les entreprises françaises sauront ainsi faire face aux défis successifs auxquels les confrontent l'ouverture des marchés européens et mondialisés. Au cours des années 1960, les entreprises se concentrent dans les principaux secteurs où l'impératif de la taille commande la compétitivité. Le retard en matière de concentrations, considéré à l'époque comme un des grands handicaps de l'industrie française, est rapidement résorbé avec la création de grands groupes dans les secteurs de biens intermédiaires – comme la sidérurgie (Usinor-Sacilor), les métaux non ferreux (Pechiney), la chimie lourde (Elf Atochem), les matériaux de construction (Saint-Gobain, Lafarge), etc. – de biens d'équipement – comme la construction électrique (Alcatel-Alsthom), l'électronique (Thomson), l'aéronautique (Aérospatiale), l'automobile (Renault, Peugeot-Citroën), etc. – et de biens de consommations courante – L'Oréal (cosmétiques), BSN (alimentaire), LVMH (luxe), etc. Là où on dénombrait jusqu'à cinq à dix entreprises par secteur, on n'en compte plus qu'une ou deux dix ans plus tard. La part de la production industrielle revenant aux 100 premières entreprises – qui n'atteignait que 10 à 15 % entre les deux guerres – passe à 36 % en 1980.

A la suite du choc pétrolier de 1973, et alors que s'amplifie la compétition internationale et la concurrence des pays à bas salaires, les entreprises françaises, après une période d'hésitations due en grande part aux hésitations et aux erreurs de la politique industrielle de soutien aux secteurs en difficulté, savent faire face au défi des reconversions industrielles. Le redéploiement stratégique du portefeuille d'activités, la restructuration des sites de production non compétitifs, le recentrage sur les métiers d'excellence révèlent la recherche de souplesse et de réactivité organisationnelle. Des secteurs éloignés de l'emprise de l'État, comme la grande distribution, la construction, les industries de luxe affirment tout particulièrement leur compétitivité sur les marchés internationaux. Une nouvelle génération d'entrepreneurs capitalistes s'affirme. – Lagardère, Pinaut, Bolloré, Arnaut...

Il n'y a pas de dynamique libérale sans acceptation des sanctions du marché : a travers la crise industrielle, des secteurs entiers redéploient leurs effectifs – les textiles, la construction navale, la machine-outil, etc. perdent en quinze ans jusqu'aux deux-tiers de leurs emplois –; des grands noms traditionnels de l'industrie disparaissent : Boussac, Creusot-Loire. Enfin, accompagnant le mouvement de globalisation, les firmes françaises accroissent leur internationalisation en développant leurs investissements directs à l'étranger, en multipliant fusions et acquisitions tant sur les marchés émergents que sur les pays industrialisés – États-Unis, Europe occidentale.

A travers les troubles de l'entre-deux-guerres et de la « Grande Dépression » et malgré l'emprise des idées keynésiennes et planifica-

trices, l'économie libérale continue pourtant et la pensée économique libérale française survit – avec les noms de Raymond Aron, de Jacques Rueff, etc. Les années 1920 et la politique Poincaré engendrent une reprise de l'économie. L'échec de la déflation Laval, le Front Populaire, le corporatisme de Vichy, le planisme de la Libération et la Reconstruction peuvent donner l'impression que le libéralisme économique a définitivement disparu, cédant sa place à une économie mixte faite de nationalisations et de planification. Mais, là encore, cette impression communément répandue peut être trompeuse. Le ministère de la Production industrielle suscite l'auto-organisation des branches professionnelles plutôt que le dirigisme administratif. Le Plan lui-même – qu'on assimile parfois à l'imitation du Gosplan *soviétique – est institué dans le but de répartir les crédits d'équipement de l'aide américaine du Plan Marshall, afin de s'assurer de leur bonne utilisation à des fins d'investissements productifs dans un cadre de coopération économique transatlantique. Il est significatif, à cet égard, que l'inspirateur du Plan – et son premier commissaire général – ait été Jean Monnet, éminente personnalité issue non pas de la technocratie administrative comme on le croit parfois, mais des milieux d'entreprises (en l'occurrence les exportateurs de cognac) – qui assura longtemps de manière officieuse la liaison entre la France et les milieux dirigeants américains et fut un des pères de la construction européenne. Ce contre-sens dans l'interprétation de ce que fut le Plan des origines est à nouveau illustratif de la manière dont est parfois interprétée l'Histoire...*

La continuité du mouvement d'ouverture libérale de l'économie française peut se lire sur l'évolution du mode de financement des entreprises depuis la guerre. Au cours des années de la grande expansion, de la fin des années 1950 au début des années 1970 où la croissance est constamment comprise entre 5 % et 7 %, le taux d'investissement est exceptionnel, un des plus élevés dans le monde : 25 % du PIB pour l'économie prise dans son ensemble (contre 15 % dans les années 1930) ; 18 % pour l'industrie seule. De 1951 à 1973, le capital productif a ainsi progressé de 4,4 % en moyenne par an contre 1,8 % entre 1896 et 1929 et 0,5 % entre 1929 et 1951. Le financement de ces investissements, qui avait été assuré en grande partie par l'État au cours des années de la Reconstruction, est désormais assuré d'une part par l'autofinancement, d'autre part par les prêts bancaires, les émissions d'obligations et les capitaux étrangers.

Ce n'est qu'à partir des années 1980, avec la reprise mondiale de la Bourse, la déréglementation des marchés financiers, la désintermédiation bancaire, l'ouverture internationale des marchés financiers, le Second marché, le capital-risque, etc. que le marché des actions – avec une forte hausse des cours à compter de 1985 – retrouve le rôle qui avait été le sien jusqu'à la Deuxième Guerre Mondiale – en même temps que la désindexation des salaires, les mesures fiscales, la libération des prix et la désinflation contribuent à redresser fortement les profits et le taux d'autofinancement des entreprises. Au début des années 1990, une nouvelle étape est franchie avec l'internationalisation accrue du marché des capitaux, le rôle croissant des fonds de pension américains sur la Bourse de Paris, la multiplication des offres publiques d'achat – amicales ou hostiles –, l'implantation des banques d'investissements de Wall Street et de la City sur la place parisienne. Dans ce cycle historique du mode de financement – successivement l'État, le système bancaire, les marchés financiers français et internationaux – on peut ainsi tracer l'évolution sur un demi-siècle de l'économie dirigée à l'économie libérale.

L'économie mixte, la coexistence du secteur d'État et du secteur privé subsistent certes dans les années de croissance. Pourtant, le facteur déterminant de la grande expansion de l'économie française des Trente Glorieuses – une fois les troubles de la guerre dissipés – est fondamentalement libéral : le redéploiement du commerce extérieur des marchés protégés de l'Empire colonial vers le marché international; la construction du marché européen, d'abord avec la CECA puis avec le Marché commun; le libre-échange mondial sous l'égide du GATT.

La Ve République est inaugurée par la série des réformes économiques libérales inspirées par Antoine Pinay et Jacques Rueff au général de Gaulle avec le Plan de 1958. Celui-ci fut – on ne s'en souvient pas toujours – un modèle de cohérence libérale, avec une dévaluation de 17 % du franc, accompagnée de l'adhésion de la France à l'accord européen de convertibilité des monnaies, l'institution du franc lourd et la libération des restrictions quantitatives frappant 90 % de nos importations. Un an après le traité de Rome, la France entre ainsi pleinement dans le Marché commun. Quelques semaines plus tard, le Comité Rueff-Armand est appelé à dresser un inventaire des obstacles à l'expansion – restrictions de concurrence, corporatismes, situations protégées – dont le diagnostic frappe encore aujourd'hui par sa pertinence. Le pivot du Plan est monétaire : la convertibilité du franc. Le cercle vertueux de l'ouverture s'enclenche sans délai; les flux de capitaux s'inversent; la nouvelle parité propulse les exportations; l'équilibre commercial est rétabli; les droits de douane peuvent être réduits rapidement. En quelques mois, nos entreprises, rendues frileuses à l'abri de la France protectionniste, sont immergées dans le marché international, où elles découvrent que leur timidité n'était pas fondée. Une histoire complaisamment réécrite a laissé du général de Gaulle l'image d'un dirigiste. Tout au contraire, pour lui, le sens de l'État est le contraire de l'étatisme : c'est parce qu'il rétablit l'autorité de l'État qu'il fait confiance au libéralisme et aux responsabilités individuelles. La volonté de l'État rétabli vise à affaiblir les lobbies, *les rentes de situation et les intérêts particuliers. La distribution des fruits de la croissance permet de faire accepter les puissantes mutations structurelles qui font sortir la France de ses archaïsmes.*

Avec la stagflation consécutive au choc pétrolier de 1973, les tentations de repli et de dirigisme se déploient à nouveau. La crise industrielle, le chômage suscitent les controverses et l'appel à d'« autres politiques ». La politique économique hésite pendant une décennie, au gré des changements de majorité politique. En 1981 s'amorce un retour puissant au dirigisme avec les nationalisations et l'accroissement considérable des dépenses publiques. Deux moments de libéralisme marquent aussi cette période : le plan Barre de 1976-1978, qui, notamment, abolit le contrôle des prix ; la première cohabitation de 1986-1988, avec les privatisations et les premières déréglementations des marchés financiers, des télécommunications.

Entre-temps, le monde entier s'est converti à la révolution néolibérale. La stagflation des années 1970 a convaincu que l'État-Providence était à bout de souffle et qu'il fallait rétablir les mécanismes de marché. Reagan aux États-Unis, Thatcher au Royaume-Uni tracent la voie libérale-monétariste bientôt imitée en Europe. Dans les pays du tiers-monde, l'exemple des dragons d'Asie du Sud-Est fait école. Enfin l'effondrement du « modèle planifié » de l'URSS et la mutation de la Chine achèvent le cycle.

Le court XXe siècle, inauguré par la rupture de 14-18, commença par une vive remise en cause du libéralisme économique autant que politique. En 1989, avec la chute du mur de Berlin, il s'achève par sa réhabilitation.

C'est à nouveau l'Europe qui avec le traité du marché unique et la contrainte du système monétaire européen engendre irréversiblement la dynamique de libéralisme dans l'économie française : c'est au nom de l'Europe qu'est pris le « tournant de la rigueur » de 1983 et que s'accomplit la conversion de la gauche de gouvernement à la désinflation, à l'entreprise et au marché.

Sans l'argument européen, sans la contrainte acceptée des engagements du traité, la France eût peut-être cédé – face à la crise industrielle et au chômage – aux tentations de la dévaluation, du protectionnisme, de l'intervention accrue de l'État. Après ce tournant décisif, l'Europe fait encore progresser le libéralisme, avec l'euro et le traité de Maastricht, l'accrochage franc-mark et la stabilité monétaire, la maîtrise des dépenses publiques et des déficits, l'ouverture à la concurrence des services publics à la française, l'ouverture du capital des PTT, etc.

De nombreuses rigidités et obstacles à l'entreprise, à la concurrence et à l'emploi demeurent encore toutefois dans l'économie française : le poids des charges sociales et des prélèvements obligatoires, l'hypertrophie de l'État et des dépenses publiques, le poids des réglementations et formalités administratives pesant sur les entreprises et les créateurs, les contraintes du marché du travail, etc. Si l'économie accuse encore des faiblesses – le chômage, la stagnation de la croissance, ce n'est pas à cause de l'ultralibéralisme, mais parce que la France est en retard de réformes de libéralisation par rapport à la norme internationale.

Malgré les opinions dissidentes et les contestations du traité de Maastricht, de droite comme de gauche, la construction européenne fait désormais en France l'objet d'un consensus multipartisan. Le libre-échange n'aura pas été, historiquement, un facteur de rivalités impérialistes, mais un facteur de paix – comme le pensaient les pères du traité de Rome. Les impératifs de l'Europe font que les principales racines du dirigisme sont désormais éradiquées : le protectionnisme est interdit, l'inflation est maîtrisée, le déficit budgétaire est plafonné, les subventions aux entreprises sont prohibées. L'Europe aura été, dans cette phase de l'histoire économique, le facteur décisif du retour de la France au libéralisme, dans une dynamique commune à l'ensemble des États européens.

La régulation de l'industrie électrique : une synthèse des débats dirigisme/libéralisme du XXe siècle

par

Christian Stoffaës

I – *Libre entreprise, monopole, service public, ouverture à la concurrence : une trajectoire historique*

Un secteur au centre des débats économiques

L'intérêt de l'histoire économique et institutionnelle de l'industrie électrique depuis ses origines en 1880, dépasse largement le champ de cette seule branche d'activité : à travers cette histoire, on peut lire en effet celle des grands débats de la politique économique et sociale et des relations État-industrie de la fin du XIXe siècle jusqu'à nos jours.

Cette histoire a été mouvementée : l'électricité incarnait, à ses origines, une industrie naissante particulièrement dynamique, la base d'une nouvelle révolution industrielle avec sa prolifération de nouvelles technologies et de nouveaux services – un peu, comme l'est aujourd'hui l'industrie informatique ; dans l'entre-deux-guerres, elle était le modèle le plus achevé de la grande industrie moderne de la concentration des trusts capitalistes ; depuis un demi-siècle, elle est devenue le symbole du « service public à la française ». A mi-chemin de l'État et de l'entreprise, au carrefour du marché et des choix de société – le développement économique et social, la politique énergétique, l'indépendance nationale, l'aménagement du territoire, la protection de l'environnement – elle a été, selon les époques, la plus publique des industries, la plus industrielle des administrations : entre monopole et concurrence, l'équilibre s'est tracé progressivement.

La France s'est dotée d'un monopole d'État national et intégré qui apparaît aujourd'hui quelque peu isolé, voire atypique. Elle n'est pas le seul pays à avoir adopté cette organisation. Mais les modèles d'organisation sont très divers : on apprend toujours beaucoup des différences. Qu'elles soient publique, mixte ou privée ; verticalement intégrée ou fragmentée ; gérée à l'échelle nationale, régionale ou municipale, les formes d'organisation industrielle et de régulation publique des industries électriques sont très contrastées d'un pays à un autre : mille entreprises électriques en RFA ; trois mille aux États-Unis ; une seule (ou à peu près) en France, en Italie. Ces contrastes impressionnants s'expliquent par les traditions institutionnelles et politiques – fédéralisme ou centralisme ; la disponibilité des ressources énergétiques domestiques – charbon, hydraulique, gaz, etc. ; du rôle des syndicats et des idéologies économiques, etc. Dans nul autre secteur on ne trouve des structures si différentes. Mais l'organisation industrielle et la réglementation de l'industrie électrique ont un fond conjoint : l'obligation de desserte, l'égalité de traitement, le contrôle public des tarifs et des investissements – ce qu'on appelle le service public.

Ainsi, en Europe occidentale, les entreprises publiques représentent la moitié de l'industrie électrique, les entreprises à capitaux mixtes le tiers. Dans les pays d'économies planifiées, le ministère de l'électricité fut un secteur clé, symbole du progrès technique et du développement social, systématiquement favorisé par le Plan. Aux États-Unis, pourtant pays d'économie libérale, la production d'énergie hydroélectrique et le combustible pour les centrales électronucléaires sont quasiment les seuls grands secteurs industriels à être gérés par des entreprises publiques fédérales. Les pays en développement, quant à eux, ont eu le souci, après la décolonisation, de nationaliser et de confier la gestion de leurs secteurs électriques à des agences administratives en leur accordant une priorité élevée dans leurs choix de développement.

Aujourd'hui, l'économie de marché a gagné sur l'économie centralement planifiée : désormais, le débat politico-idéologique dirigisme/libéralisme se centre sur les grands secteurs, traditionnellement monopolisés, et réglementés des services publics industriels et commerciaux, selon la terminologie française. L'énergie, les transports, les communications, etc., sont désormais questionnés – lorsqu'ils n'ont pas déjà été profondément transformés – par les réformes de privatisation, de déintégration des monopoles, d'ouverture au marché et à la compétition internationale. A travers la dérégulation, l'industrie électrique est à nouveau au cœur des débats de cette fin de siècle.

Son histoire économique et son histoire institutionnelle doivent être lues en parallèle : d'un côté le schéma familier de la courbe en S qui conduit de l'industrie naissante (1880-1900) à la phase de décollage (1900-1920) et de croissance rapide (1920-1960), puis à la maturité (1960-1980) et au ralentissement ; de l'autre côté, la prolifération initiale des techniques, la multiplication des entreprises, leur concentration économique progressive, leur contrôle accru par l'État, le service public puis l'ouverture à la concurrence et la dérégulation ; la prééminence des ingénieurs-entrepreneurs, puis des capitalistes, des managers, des syndicats, des fonctionnaires. Quant à la régulation de l'industrie électrique, elle suit l'évolution des politiques économiques dominantes, dont elle est un des marqueurs idéologiques le plus visible : le capitalisme libéral jusqu'en 1914 ; l'économie dirigée, le Plan et le service public des années 1930 aux années 1970 ; le désengagement de l'État et le néo-libéralisme ces dernières années.

Une période-charnière : la formation du service public de l'électricité

Avant d'aborder la chronologie historique, focalisons l'analyse sur une période-charnière. C'est au cœur du XXe siècle, dans les années de l'entre-deux-guerres et de l'après-Deuxième Guerre mondiale, que le libéralisme économique fait l'objet d'une profonde remise en cause. Dans la plupart des pays industrialisés, les conséquences de l'inflation de la « Grande Dépression », du krach de Wall Street, du réarmement, de la Reconstruction suscitent des réformes majeures dans la gestion de l'économie, avec l'implication accrue de l'État. L'économie libérale du XIXe siècle laisse la place à l'économie dirigée, aux politiques macro-économiques keynésiennes, au planisme, avec un rôle accru des administrations et des syndicats. L'industrie électrique est probablement le secteur industriel le plus profondément bouleversé par les changements économiques et institutionnels de la période qui s'étale entre 1930 et 1950 : symbole des « contradictions du capitalisme » dans la Crise, elle incarne l'État-Providence de l'après-guerre.

La transformation de l'industrie électrique et de son contrôle par les autorités publiques au cours de cette période peut se lire non pas comme le fruit d'une cause unique – le changement des idées économiques – mais comme le résultat d'interactions complexes au sein de ce secteur industriel entre les évolutions technologiques d'une part, les structures économiques et financières d'autre part, les controverses politiques et sociales enfin :

– *la diversité technologique* des origines a engendré le besoin d'unification des normes techniques, qui a entraîné de puissantes économies d'échelle – choix alternatif-continu, harmonisation des fréquences, intégration des réseaux de transport et de distribution, taille croissante des centrales de production, coordination des productions saisonnières, de pointe et d'heures creuses, etc.

– *la structure économique et financière* des entreprises d'électricité se concentre – à la fois par l'intégration verticale (production/transport/distribution) et par l'intégration horizontale (extension des territoires géographiques) – à partir d'une situation initiale marquée par une multiplicité d'entreprises d'emprise régionale et locale. Selon un processus familier aux industries lourdes et aux infrastructures, les entreprises se regroupent autour des plus puissantes par fusions et acquisitions, rationalisant la production et les investissements ;

– *les controverses politiques et sociales* se multiplient alors autour du pouvoir des grands trusts, accusés de commettre des abus de position dominante. « L'électricité pour tous » incarne le progrès domestique au foyer, le progrès technique à l'usine et dans les campagnes. Collectivités locales concédantes, milieux ruraux, syndicats ouvriers, partis politiques de gauche critiquent les « abus des monopoles capitalistes » et réclament leur mise sous contrôle des autorités publiques. L'industrie électrique acquiert alors le statut d'un *service public*, et devient le symbole de la planification des investissements et de l'État-Providence.

Dans pratiquement tous les pays, la décennie 1935-1945 apparaît comme la période-charnière de la révolution électrique. Les États optent alors soit pour la nationalisation du secteur de l'électricité et son contrôle public direct, soit pour le maintien du principe de la libre entreprise, mais étroitement encadré d'instruments réglementaires appropriés. C'est cette structure qui régit aujourd'hui encore largement l'industrie électrique.

Le monopole naturel et la régulation en théorie

Ce qu'a produit le mouvement de l'histoire, la science économique l'a théorisé. Dans l'économie de marché, c'est à la libre entreprise et à la concurrence, pas à l'État, qu'il appartient de régir les activités économiques. Sauf cas particulier : l'industrie électrique se trouve précisément au cœur de ces exceptions.

Pour la théorie de l'équilibre général, l'intervention publique dans le fonctionnement de l'économie se justifie par les « échecs du marché » – c'est-à-dire les circonstances qui font que les marchés ne sont pas efficients. La régulation publique a pour finalité de corriger les effets négatifs de ces défauts de fonctionnement, dont les principaux sont :

– *les rendements croissants* : le coût de production de l'unité supplémentaire produite (coût marginal) décroît avec le volume de production. Cette caractéristique engendre le monopole naturel : les producteurs produisant les plus gros volumes bénéficient en effet de tels avantages de compétitivité qu'ils peuvent éliminer ou racheter leurs concurrents plus petits. Le producteur une fois placé en situation de monopole a tendance à surtarifer son produit, et/ou à produire en dessous de l'optimum : ces comportements de prédation et de malthusianisme constituent des abus de position dominante, que la régulation publique doit alors chercher à prévenir ;

– *les externalités* : ce sont des retombées, positives ou négatives, que l'activité du producteur engendre sur son environnement extérieur et qui ne sont pas – ou qui ne peuvent pas être – facturées (ou compensées) pour ceux qui en bénéficient (ou qui en souffrent). La régulation doit s'exercer afin de corriger les externalités négatives et/ou encourager les externalités positives.

Ces deux imperfections des marchés se rencontrent très visiblement dans l'industrie électrique qui engendre trois types de monopoles naturels :

– *le rendement croissant des installations de production* : depuis les origines de l'industrie électrique le progrès technique a constamment accru la taille des usines électriques aussi bien thermiques qu'hydrauliques et nucléaires. Les grandes centrales de production d'énergie ont alors disposé d'avantages de compétitivité considérables sur les petites usines dont a résulté la concentration des entreprises du secteur. Cet effet de rendement croissant est toutefois moins vrai aujourd'hui, avec le développement des turbines à gaz, où l'avantage de taille joue peu ou pas du tout – ce qui est un des facteurs techniques qui autorisent la production indépendante et la démonopolisation du secteur (voir plus loin : Le monopole public, p. 357) ;

– *le rendement croissant des réseaux de distribution* : une fois qu'un réseau de lignes électriques est construit pour apporter le courant chez les usagers, il serait absurde d'en construire un second. C'est le fondement économique des concessions de distribution locale qui ont été instituées dès les premières années de l'industrie électrique, dans le but de conférer des droits exclusifs aux distributeurs ;

– *le rendement croissant des réseaux de transport* : à partir de l'harmonisation des normes techniques (tension et fréquence du courant) c'est sur les économies d'échelle résultant de l'interconnexion des réseaux de transmission que se sont édifiées les grandes concentrations économiques de l'industrie électrique – particulièrement la formation des trusts de l'entre-deux-guerres – le détenteur du réseau finissant par contrôler l'ensemble de l'industrie en amont (production) aussi bien qu'en aval (distribution), puis étendant son territoire de contrôle en tâche d'huile (rappelons que c'est sur le contrôle des oléoducs que s'est construit le monopole pétrolier de Rockefeller).

L'industrie électrique engendre par ailleurs de puissants effets externes. Industrie de transformation de la nature, exploitant des ressources naturelles rejetant des pollutions et déchets, occupant le territoire géographique, elle engendre des conséquences sur l'environnement, qu'il appartient à l'État de contrôler. Elle suscite aussi de puissantes externalités positives – étant essentielle à la vie sociale et au développement économique de par les services qu'elle rend – dont nul ne saurait se passer – ne fût-ce d'un instant d'interruption. D'où résultent les impératifs d'obligation de desserte, d'égalité de traitement et de sécurité d'approvisionnement, fondements de la notion de service public.

Pour contrôler les monopoles naturels, la théorie économique distingue plusieurs catégories d'instruments de régulation publique, qui limitent la liberté d'établissement et de commercer :

– *le contrôle de l'accès au secteur,* à travers les régimes de permis, licences, concessions, régies, franchises, etc., qui n'autorisent les producteurs à exercer qu'au prix de conditions fixées par l'autorité de régulation ;

– *le contrôle des décisions économiques des producteurs* : l'autorité de régulation peut contrôler les prix (*price-cap*), les profits (*cost-plus, fair rate of return*), les techniques de production (choix énergétiques), les investissements, le champ d'activité (par exemple le territoire géographique d'octroi de droits exclusifs ou concessions), etc.

Le contrôle public de l'industrie électrique utilise la panoplie complète de ces instruments.

II – *Des ingénieurs-entrepreneurs aux grandes entreprises*

Industrie naissante : de l'invention à l'innovation

L'électricité a été inventée en Europe – plus particulièrement en France où elle fut au XVIIIe siècle une curiosité de laboratoire : la pile de Volta, le paratonnerre de Franklin, suscitent l'engouement des encyclopédistes. Mais ce n'est que vers le milieu du XIXe siècle qu'elle devient une application industrielle, grâce à une série d'inventions techniques dont les ingénieurs et entrepreneurs français sont parmi les premiers à développer les applications. Pour les découvertes scientifiques, on peut citer les travaux d'Ampère. Au stade des applications industrielles, l'invention de la turbine est due à Fourneyron (1827) ; l'équipement des hautes chutes à Bergès (1869) ; du transformateur à Gaudard (1881) ; du transport à distance à Desprez (1883) ; de l'électrométallurgie à Héroult (1886) ; du four électrique à Moissan (1894), etc.

Ce sont pourtant des inventions étrangères – la lampe à incandescence d'Edison, le moteur électrique de Gramme, la locomotive électrique de Siemens – qui ouvrent véritablement la voie, vers 1870-1880, à une grande industrie nouvelle destinée à être un des piliers de ce que les historiens appellent parfois la seconde révolution industrielle. Entre tous ces ingénieurs-entrepreneurs se distingue la haute figure de Thomas Edison qui édifiera, sur la base de ses brevets, une immense entreprise : un modèle d'entrepreneur schumpéterien, l'égal d'un Graham Bell ou d'un Harry Ford. Les pays-pionniers sont l'Allemagne et les États-Unis – qui surclassent alors les pays de la première génération industrielle, la France et l'Angleterre.

En face des industries énergétiques anciennement établies, qui résistent à la pénétration de la nouvelle énergie, et même si elle apporte des moyens révolutionnaires au progrès – une force peu commune à la manufacture, la lumière dans la rue et au foyer – l'électricité ne perce que lentement dans l'économie française. Ainsi, malgré l'avance scientifique, les entreprises françaises se retrouvent fréquemment dépendantes, techniquement et financièrement, de firmes étrangères – essentiellement américaines, allemandes, voire belges ou suisses – qui furent plus diligentes dans la prise de brevets, la vente de licences, la création de filiales commerciales et la réalisation industrielle des matériels électrotechniques : Edison-General Electric et Westinghouse aux États-Unis ; les filiales d'Edison en Europe ; Siemens et Allgemeine Elektrizität Gesellschaft (AEG) en Allemagne ; Empain en Belgique ; Brown Boveri en Suisse. A côté des électrotechniciens, les industries consommatrices et les producteurs d'énergie primaire s'intéressent également au développement de l'électricité : l'électrométallurgie édifie les premiers barrages hydroélectriques de puissance ; les compagnies minières et gazières sont elles aussi actives, les centrales électriques au charbon présentant des analogies techniques avec les usines de production de gaz de ville.

La production et la distribution sont locales. La fragmentation morcelée de l'industrie électrique à sa naissance provient de la difficulté à transporter le courant sur de longues distances. Les premiers réseaux de distribution naissent à l'initiative des municipalités, pour développer l'éclairage public et le transport urbain : ils engendrent rapidement des effets d'échelle, qui vont permettre à l'industrie électrique de réaliser des gains d'efficacité économique considérables et de baisser ses prix de vente. La mise en œuvre du courant alternatif – par AEG, Westinghouse – permet, à partir de 1890, d'envisager le transport à distance.

Des compétitions sévères opposent les entreprises d'électricité sur les normes, chacun s'efforçant de promouvoir son standard technique : courant alternatif/courant continu ; fréquence du courant alternatif ; niveau de tension, etc. La guerre de l'alternatif et du continu se poursuivra ainsi jusqu'au lendemain de la Deuxième Guerre mondiale. Les rapprochements entre constructeurs d'équipements électrotechniques harmonisent les normes. Ce phénomène est d'ailleurs familier des industries naissantes, où les normes ne sont pas stabilisées et conditionnent étroitement la concurrence entre firmes et détenteurs de brevets.

Ainsi l'électricité en France se développe principalement dans des usages spécifiques nouveaux et locaux – électrolyse de l'aluminium et électrochimie ; traction des tramways, du chemin de fer et du métropolitain inauguré à Paris en 1900, etc. – davantage que dans les secteurs où les énergies établies résistent à la concurrence – machine à vapeur à l'usine, gaz d'éclairage. Les régions de montagne, propices à la production hydroélectrique, accueillent plus favorablement la nouvelle énergie : Alpes, Massif central, littoral méditerranéen. Les usines des industries utilisatrices d'électricité possèdent souvent leurs propres installations de production. Les compagnies de chemins de fer jouent un rôle majeur dans la construction et l'exploitation des lignes de transport.

Le régime de la concession locale

Le régime juridique de l'électricité se caractérise à l'origine par la liberté de s'installer comme producteur ou distributeur de courant. De premiers textes réglementaires apparaissent pour organiser un régime de permissions de voirie (loi de 1882) – afin d'autoriser le passage des lignes sur la voie publique. Face à l'anarchie régnante et au besoin de coordination qui se manifeste, la régulation à l'échelle locale est conçue afin d'harmoniser les services rendus et dans le but de protéger les consommateurs de la multiplication désordonnée des normes techniques proposées par les producteurs concurrents. Le régime de la concession se développe à la même époque dans d'autres services publics marchands qui se développent avec la révolution industrielle (distribution des eaux, assainissement, transports urbains, etc.) dans le cadre des arrêts du Conseil d'État et de la jurisprudence du droit administratif.

La loi du 15 juin 1906 organise la distribution d'électricité à l'échelle du réseau local, conférant aux municipalités – ou aux regroupements de communes pour les plus petites d'entre elles – le monopole de la distribution de l'énergie électrique.

Celles-ci peuvent choisir de l'exercer soit en régie directe, soit en le déléguant à des entreprises privées, à travers des concessions d'une durée qui peut s'étaler entre 30 et 50 ans. Contrairement aux pays européens de tradition décentralisée et de constitution fédéraliste (Suisse, Allemagne, Belgique, etc.) où les autonomies locales sont fortes et actives, les collectivités locales concédantes renoncent à vouloir s'équiper et à gérer elles-mêmes leurs réseaux électriques, et recherchent des concessionnaires : sur 20 000 concessions locales électriques en France, on ne comptera, au total, que 250 régies publiques, les autres étant assurées par des entreprises privées. Au XXe siècle, le socialisme municipal se développe relativement peu en France, les municipalités manquant souvent des services techniques et des personnels qualifiés pour faire fonctionner des entreprises publiques locales, à de rares exceptions près – telles que les villes de Grenoble, Bordeaux, Strasbourg, Metz (ces deux dernières villes ayant été sous administration allemande de 1871 à 1918).

Les sociétés concessionnaires, généralement formées au moment de l'accélération de l'urbanisation du Second Empire, sont le plus souvent des entreprises multiservices regroupant eau-gaz-électricité. Les municipalités – se regroupant parfois en syndicats intercommunaux de services publics – imposent ainsi peu à peu une rationalisation de la distribution ainsi que la standardisation des réseaux, ce qui entraîne un rapprochement des entreprises. Ainsi les six secteurs concessionnaires de la Ville de Paris sont-ils poussés à se regrouper, entre 1907 et 1914, en une société unique, la Compagnie parisienne de distribution d'électricité (CPDE). Mais ce mouvement de restructuration est moins rapide qu'à l'étranger : ainsi la France demeurera-t-elle (trop) longtemps attachée au courant continu.

La houille blanche : une politique énergétique nationale

La concession locale va perdre de son importance dans l'entre-deux-guerres. La régulation publique de l'industrie électrique va se transférer progressivement de l'échelle locale à l'échelle nationale – le niveau intermédiaire régional n'existant pas, à l'époque, dans l'organisation administrative française – alors qu'il a joué le plus souvent un rôle déterminant à la même époque dans la maille de régulation de l'électricité dans les pays de tradition fédéraliste (par exemple en Allemagne, aux États-Unis).

Avec la Première Guerre mondiale, le régime de l'économie de guerre a fait prendre conscience à l'opinion publique comme aux dirigeants politiques et aux administrations de la dépendance extérieure de la France pour son énergie (importations de charbon et d'essence) ainsi que de l'utilité d'une économie dirigée par l'État.

Les tensions internationales du début du XXe siècle, la situation d'infériorité de la France à l'égard de la puissance de l'industrie lourde allemande contribuent à la mise en place d'une politique industrielle dirigiste de l'énergie : loi de 1928 plaçant les importations pétrolières sous le contrôle de l'État ; actions diplomatiques pour le contrôle de ressources minières à l'étranger, etc. Par opposition à la « houille noire » – dont la France est mal pourvue –, le concept de « houille blanche » – dont la France possède d'abondants gisements grâce à ses montagnes, contrairement à l'Angleterre et à l'Allemagne – incarne le grand espoir d'une source d'énergie nationale, qui permettra de remédier au déficit charbonnier français considéré comme le grand responsable du retard industriel de la France sur l'Allemagne.

La valorisation du patrimoine hydroélectrique du pays est mise, dès lors, au service de l'indépendance nationale : les forces motrices sont érigées en monopole d'État. Ainsi la loi du 16 octobre 1919 affirme-t-elle la priorité de l'utilisation énergétique des cours d'eau sur les autres usages et confère à l'État – non pas la propriété de l'énergie hydroélectrique – mais le pouvoir de la concéder. La Compagnie nationale du Rhône (CNR) est créée par la loi du 25 mai 1921 pour développer l'exploitation du plus important fleuve de France, à la fois pour la navigation, l'irrigation et l'énergie. Les discours nationalistes de l'époque célèbrent la construction des barrages du grand canal d'Alsace parallèle au Rhin et l'équipement des rivières nationales.

L'intégration du réseau de transport

Afin d'épargner le trop parcimonieux charbon national, l'État cherche à développer l'approvisionnement des régions industrialisées et urbanisées du Nord alimentées par des centrales thermiques au charbon, par les ressources hydrauliques du Sud de la France, rurale et montagneuse, afin de créer un *pool* national d'échange d'énergie grâce au transport à haute tension. Le cadre juridique adapté est mis en place : par la loi du 11 juillet 1922 qui stipule que les réseaux de transport à longue distance ne peuvent être constitués que par l'État pour être concédés à des organismes collectifs de producteurs et de distributeurs (concession dite du Réseau d'alimentation générale, ou RAG).

La guerre des normes ayant pris fin, le progrès technique se concentre désormais sur le grand transport (avec des tensions de plus en plus élevées, afin de limiter les déperditions d'énergie en lignes) et sur l'interconnexion des réseaux, ainsi que sur la taille croissante des installations de production, qu'elles soient thermiques ou hydrauliques. Ainsi, la maîtrise stratégique du secteur va-t-elle passer des industries électrotechniciennes aux grandes compagnies de production-transport, dont l'ambition est d'étendre toujours plus le territoire géographique de leurs réseaux connectés à leurs grandes centrales de production. Les réseaux à haute tension permettent, dans un premier temps, d'alimenter de vastes zones urbaines à partir d'un nombre réduit de centrales thermiques. Puis, dans un second temps, de transporter les ressources hydroélectriques des régions de montagne vers les grandes villes. Le contrôle du réseau d'interconnexion devient dès lors la variable stratégique, enjeu décisif pour les groupes financiers qui contrôlent une industrie en voie de concentration rapide.

Les gains de productivité et les concentrations économiques du côté de l'industrie, le souci de définir des instances de contrôle pertinentes du côté des pouvoirs publics vont ainsi se rejoindre, dans le courant des années 1920, pour produire un système électrique à l'échelle nationale. Des institutions administratives et professionnelles spécialisées se mettent en place pour gérer cette régulation nouvelle. Le Syndicat professionnel des producteurs et distributeurs d'énergie électrique, ainsi que les compagnies de chemins de fer – à cause de leurs lignes à grande distance – jouent un rôle déterminant dans la réalisation et l'interconnexion nationale des investissements des lignes à haute tension. Des sociétés spécialisées de transport électrique – qui sont souvent des coopératives formées entre producteurs et distributeurs– sont créées pour assurer l'alimentation de Paris : la TEMAC (Transport d'Énergie du Massif Central) ; l'UNIE (Union pour l'Industrie et l'Électricité), etc.

L'État exerce son contrôle à travers la création de la Direction des forces hydrauliques et des distributions d'énergie électrique au sein du ministère des Travaux publics. Le Corps des ingénieurs des Ponts et Chaussées et les Circonscriptions électriques régionales se voient assigner la mission d'encadrer l'activité des concessions locales et d'appliquer le régime des autorisations administratives instituées par les grandes lois de régulation de 1906, de 1919 et de 1922.

Expansion économique et concentration des entreprises

Au lendemain de la Première Guerre mondiale, l'industrie électrique connaît une phase de décollage rapide entraînée dans un « cercle vertueux » de croissance économique et de progrès techniques ! Rendements croissants et économies d'échelle se développent, avec des gains spectaculaires de productivité, la baisse des prix et l'extension de la consommation de masse.

La décennie des années 1920 apparaît comme un âge d'or pour l'électricité. La consommation, industrielle tout autant que domestique, s'accroît rapidement, accompagnant les progrès techniques et la régression du gaz de ville : triplant tous les dix ans dans les années 1900 et 1910 (soit une croissance de + 11 % par an environ), elle est multipliée par quatre dans les années 1920 (+ 14 % par an), pour atteindre 15 milliards de kWh en 1930, avant de stagner durablement pendant la « Grande Dépression ».

Pour répondre à cette expansion de la demande, la construction d'ouvrages de grande taille pour la production d'énergie se développe. Dans le thermique, le nombre d'usines de puissance supérieure à 50 MWe passe de 10 en 1924 à 42 en 1940. Des puissances supérieures à 300 MWe sont désormais couramment atteintes avec les centrales des mines du Nord et de la région parisienne – telles qu'Ivry, Gennevilliers, Saint-Denis.

Mais c'est surtout dans l'hydraulique que les années 1920 marquent une expansion spectaculaire. La taille unitaire des ouvrages s'accroît – là aussi considérablement – avec la construction des grands barrages : le nombre d'usines de puissance supérieure à 25 MWe passe de 20 % à 55 % de la puissance installée entre 1924 et 1940. Plusieurs usines hydrauliques de puissance unitaire supérieure à 100 MWe sont mises en service : barrages-réservoirs pour bassins entiers de montagne des Alpes et des Pyrénées – Le Chambon, Bissorte, Le Sautet sur le Drac, etc. ; équipement de cours entiers de rivières – la Truyère, la Dordogne, le Rhin avec le grand canal d'Alsace, etc. ; usines au fil de l'eau – Marèges, Kembs, Brommat, Sarrans, etc.

Dès 1926, Paris peut ainsi recevoir l'énergie hydraulique du Massif central grâce à la ligne à haute tension du barrage d'Eguzon. Accompagnant le développement de l'hydroélectricité distante des centres de consommation, la longueur du réseau à 220 000 volts s'accroît rapidement : elle sera multipliée par 10 entre 1920 et 1937 pour passer à 8 000 km. La part de l'hydraulique dans la production nationale s'accroît ainsi spectaculairement, passant de 30 % en 1910 à 45 % en 1921 pour culminer à 55 % en 1940.

La rationalisation et les progrès techniques induisent d'importants gains de productivité : l'indice des prix du kWh à Paris est ainsi divisé par 5 en francs constants entre 1914 et 1939. Grâce à la baisse des prix, l'image de l'électricité évolue : d'un produit de luxe, réservé aux riches et à la classe bourgeoise, elle devient un bien de grande consommation, accessible aux classes populaires, ayant pour vocation d'apporter le progrès technique et l'éclairage dans chaque foyer domestique en automatisant les tâches ménagères les plus pénibles à la ville et à la campagne. Dans les usines, la pénétration de l'électricité véhicule le progrès, en se substituant aux machines à vapeur mal commodes et en permettant l'automation des *process* de production, dont la base technique est la généralisation des moteurs électriques sur les chaînes de montagne. Force et lumière : la « fée électricité » incarne le progrès social et industriel, à la maison comme à l'usine.

Au cours des années 1920, coopérations et rapprochements se multiplient entre les compagnies privées, accompagnant l'expansion de la production et le développement des interdépendances économiques et techniques. L'interconnexion des réseaux, la construction de centrales de grande taille, la recherche de complémentarités entre productions thermique et hydraulique, ainsi qu'entre hydrauliciens de régimes d'eaux saisonnières différents, nécessitent en effet des accords multiples à l'échelle nationale entre des entreprises hier locales et régionales : coopération de transport à distance, *dispatching* et échanges d'énergie, accords de compensation diurnes et saisonniers, prises de participations, co-investissements, regroupements financiers et fusions, etc. Ainsi s'impose le principe d'intégration électrique sur une base régionale, ou nationale, la coordination des moyens de production, des réseaux d'interconnexion et du *dispatching* pouvant s'effectuer selon des modalités variables : arrangements coopératifs entre entreprises, cette formule prédominant dans les pays scandinaves ; accords de cartels entre grands groupes comme en Allemagne ; fusions et acquisitions capitalistes comme aux États-Unis ; interventions d'entreprises publiques ou semi-publiques comme en Angleterre, etc.

III – *Controverses politiques et sociales sur le service public de l'électricité*

La formation des trusts

Dans tous les pays industrialisés, à partir d'une situation historique initiale marquée par un grand nombre d'entreprises dispersées, l'industrie de l'électricité subit ainsi, entre 1920 et 1935, un vaste mouvement d'intégration verticale (entre production, transport et distribution) et d'intégration horizontale (par l'extension des territoires géographiques de desserte). Selon le processus du rendement croissant, caractéristique des industries lourdes et des réseaux, les entreprises se regroupent ainsi progressivement autour des plus puissantes, avec des gains de productivité spectaculaires.

Cette concentration économique s'accompagne d'une concentration financière. Dans chaque pays, on voit émerger des capitaines d'industrie – grandes figures du capitalisme qui réalisent l'intégration de l'industrie électrique par des regroupements et acquisitions autour de leurs entreprises.

Ainsi aux États-Unis, Samuel Insull applique son concept de baisse des prix et ses méthodes de management moderne autour de sa société Commonwealth Edison. Partie en 1910, de l'électrification du comté rural de Lake dans l'Illinois, l'entreprise dessert en 1923, 200 communes sur un territoire de 20 000 km^2. Dans ce processus de concentration monopolistique, une cinquantaine de centrales anciennes sont fermées, pour être remplacées par quatre grandes centrales reliées par un vaste réseau d'interconnexion : Chicago devient la première des « villes électriques ». En 1935, Insull contrôle toute l'électricité du MidWest : avec d'autres grandes holdings financières – l'Electric Bond and Share de General Electric et United Corporation de la Banque Morgan, le groupe Insull représente alors 45 % de la production américaine.

En Angleterre, un pôle de concentration se constitue autour de Newcastle-upon-Tyne Electric Supply Company (NESCO). Son directeur Merz transforme ce qui n'est en 1900 qu'une petite société locale d'éclairage du nord-est de l'Angleterre en entreprise de taille nationale, par intégration verticale et horizontale : au lendemain de la Première Guerre mondiale, NESCO contrôle près de 10 % de l'industrie électrique britannique.

En Allemagne, ce sont les personnalités de Hugo Stinnes, propriétaire de mines de la Ruhr à RWE, et de Von Miller à Bayernwerk, qui prennent le relais de Rathenau, président de l'AEG comme les grandes figures du progrès de l'industrie électrique. Von Miller, à la tête d'entreprises hydrauliques des Alpes bavaroises, prône la constitution d'un système régional intégré : il obtient, en 1918, la constitution de l'entreprise semi-publique Bayernwerk, contrôlée à 51 % par le *land*. En Rhénanie, la RWE, basée sur les charbonnages de la Ruhr et ses grandes centrales thermiques (la *Stammzentrale*) étend irrésistiblement son emprise territoriale par une politique agressive de fusions et acquisitions. Un accord de cartel (*Elektro-friede*) intervient en 1927 grâce à la conclusion de contrats de démarcation géographique (*demarkation vertrag*) conclus avec les compagnies des territoires contigus.

Les stratégies de concentration des grandes entreprises électriques vont se confronter, dans la réalisation de leur intégration territoriale, aux objectifs d'intérêt général des pouvoirs publics – tout comme, une génération plus tôt, leurs prédécesseurs électro-techniciens avaient rencontré les préoccupations régulatrices des collectivités locales et des municipalités. Mais, cette fois, la rencontre se fait avec les pouvoirs régionaux ou l'État national. Car la « maille » de la régulation s'est agrandie : du réseau local de distribution, on est passé au réseau régional – ou suprarégional – de transport. Cette conjonction entre l'industrie et l'intérêt public sera le plus souvent coopérative et convergente : mais aussi parfois, dans certains pays, conflictuelle – débouchant selon les cas sur la mise en tutelle des entreprises par la collectivité, voire sur la nationalisation de l'industrie.

La structure de l'industrie électrique en France

En France aussi, d'importants groupes financiers se structurent dès les années 1920 autour de l'industrie électrique par intégration verticale et intégration géographique. Avec le groupe Empain – présent en Belgique et dans le Nord – l'Union d'électricité – contrôlée par le groupe financier d'Ernest Mercier – restructure à son profit la production et la distribution de la Région parisienne, s'annexant l'hydroélectricité de la Dordogne. Dans le Nord et l'Est, les compagnies minières prédominent – notamment le groupe des Mines d'Anzin. Dans les Alpes, trois groupes hydroélectriques se partagent la production : Grenobloise Force et Lumière ; Alais, Forges et Camargue ; Énergie électrique du littoral méditerranéen ; l'Est du Massif central – Société Loire et Centre – et les Pyrénées Orientales – Union des Producteurs d'électricité des Pyrénées-Orientales – résultent également de concentrations économiques régionales.

La vague des concentrations se poursuit dans les années 1930, la « Grande Dépression » faisant disparaître les firmes les moins rentables, contraintes à la faillite ou absorbées par les plus puissantes. Peu à peu l'interconnexion totale du territoire – réalisée à partir de 1936 – et la nécessité de régulariser l'approvisionnement de Paris font émerger en France deux pôles de regroupement d'importance nationale : l'Union d'Électricité, centré sur la grande distribution parisienne et l'énergie thermique du Nord ; l'Énergie Industrielle, provincial, centré sur l'énergie hydraulique du Sud-Est et sur la distribution régionale. Les cadres de cette dernière fourniront d'ailleurs, plus tard, plusieurs des premiers dirigeants d'EDF, marquant ainsi la préférence hydraulique du futur établissement nationalisé.

En 1945, les cinq plus grands groupes privés de l'industrie électrique – pour lesquels la production d'électricité ne représente d'ailleurs le plus souvent qu'une activité parmi d'autres, au sein d'un portefeuille d'activités industrielles diversifiées – réalisent ensemble 74 % de la production totale : Lyonnaise des Eaux – Union d'Électricité (qui fait partie d'un puissant conglomérat industriel diversifié, le groupe Mercier qui comprend aussi la Compagnie Française des Pétroles, etc.) ; l'Énergie Industrielle (centré sur la production hydraulique et la distribution rhodanienne et alpine dit groupe Durand) ; la Compagnie Générale d'Électricité (ex-Société Normande d'Électricité, liée aux banques et à l'industrie de la construction électrique dit groupe Azaria-Jourdain) ; le Groupe Empain (filiale d'intérêts industriels et financiers belges) ; Thomson-Houston (lié à des intérêts américains). Les six groupes suivants regroupent seulement 16 % de la production : la Sofina (lié à la Société générale d'entreprises) ; le groupe des Houillères du Nord ; le groupe dit de l'électrochimie ; le groupe dit alsacien, etc. Les autres entreprises électriques restent d'importance seulement locale, municipale, départementale.

On remarquera que la structure régionale n'existant pas dans le découpage administratif français à cette époque, les groupes financiers de l'industrie électrique, bien qu'ayant le plus souvent une base régionale identifiée – ne rencontrent pas de frontières géographiques délimitées dans leurs stratégie d'expansion. Au contraire aux États-Unis, en Allemagne, au Canada et dans les pays fédéralistes, ce sont les frontières des régions (États fédérés, *Länder*, provinces) qui vont servir à l'application de la législation *antitrust* à partir de 1935 afin de contenir les concentrations économiques. Ainsi, c'est peut-être parce qu'elle n'a pas su trouver de « frontières naturelles » pour limiter l'expansion des grands groupes privés que la voie française de l'*antitrust* devra prendre, avec la nationalisation de 1946, la forme d'un contrôle direct de l'État : comme quoi la nationalisation peut être la forme extrême de la politique de concurrence...

TERRAIN DE COMBAT POLITICO-IDÉOLOGIQUE

C'est dans le contexte de la « Grande Dépression », consécutive à la crise de 1929, que se développent débats politiques et controverses idéologiques sur les responsabilités de l'État dans la croissance économique et le plein emploi – qui vont profondément transformer la politique économique. L'électricité est non seulement le symbole du progrès, mais aussi le premier des services d'intérêt général et des grands travaux publics que réclament les partisans de la relance de l'emploi et de l'économie dirigée. Les partis de gauche, les syndicats prônent la nationalisation – ou tout au moins un contrôle renforcé de l'État. La crise économique des années 1930 a rompu le cercle vertueux de croissance de la demande, d'investissements générateurs de spectaculaires gains de productivité, de baisse des prix et de diversification des usages qui avait si bien fonctionné auparavant. Le cercle vertueux des années 1920 se transforme alors en cercle vicieux : à cause d'une demande quasi-stagnante, tout au long de la « Grande Crise », les prix demeurent élevés, provoquant les récriminations des consommateurs et de leurs organisations représentatives, pendant que les investissements de production stagnent.

Les principaux débats concernent les tarifs et les investissements. Dénonçant l'électricité rare et chère, organisations de consommateurs et syndicats ouvriers reprochent aux compagnies privées de pratiquer à la fois des prix prédateurs et des investissements malthusiens, pendant que ces dernières réclament des prix plus rémunérateurs afin de pouvoir investir. Avant le régime du contrôle des prix institué dans le cadre de l'économie de guerre, les tarifs de vente, contrôlés par les concessions locales étaient largement laissés à la discrétion des concessionnaires.

Le dirigisme économique de l'après-guerre avait maintenu les instruments administratifs d'un contrôle national des prix de l'électricité : dans le cadre de la politique de déflation, les décrets-lois Laval de 1935 imposent une baisse autoritaire de 10 % des tarifs de l'électricité ainsi que l'établissement d'un barème national de tarifs applicable à tous les concessionnaires, blocage auquel les compagnies privées attribuent leurs difficultés financières. La presse de l'époque est remplie de ces controverses ; les partis politiques et les syndicats prennent position ; l'opinion publique se passionne et se divise. Les industries de service public sont celles où l'on trouve les taux de syndicalisation ouvrière les plus élevés : à l'instar des chemins de fer, l'électricité en est le front avancé, derrière la puissante Fédération CGT de l'éclairage.

Sous le gouvernement du Front populaire (1936-1937), la Confédération Générale du Travail, soutenue par la Fédération des collectivités concédantes, dénonce vivement la timidité de la politique d'investissement des entreprises privées, plus particulièrement l'abandon de nombreux projets hydroélectriques à partir de 1935. On fustige le désintérêt manifesté par les grandes sociétés pour l'électrification des zones de desserte à faible densité démographique ainsi que le niveau jugé excessif de leurs tarifs qui freine le développement de la consommation de masse. Les influents milieux agricoles réclament de leur côté réclament l'électrification des campagnes et des zones rurales isolées, prônant le principe d'obligation de desserte et de péréquation tarifaire.

Au moment où les plans quinquennaux de Staline tels que l'équipement hydraulique Don-Volga, Ienessii Angara, etc.) et les investissements fédéraux du *New Deal* de Roosevelt (équipement du Tennessee Valley, du Colorado, de la Columbia) exaltent les grands projets hydrauliques, le retard de la France s'accentue : la crise de 1929 a marqué un coup d'arrêt à la plupart des grands chantiers. Entre 1925 et 1939, quand la production mondiale a triplé, la production française n'a que doublé, passant de 10 à 20 milliards de kWh (contre 200 aux États-Unis, 60 en Allemagne).

La consommation des ménages stagne : reposant à l'époque principalement sur la demande des industries, l'expansion de l'électricité sera d'autant plus touchée par la récession économique. En 1936, la France ne se situe qu'au neuvième rang mondial pour la consommation domestique par habitant desservi (73 kWh par an contre 356 aux États-Unis, et 170 en Grande-Bretagne). L'électrification des chemins de fer est encore peu avancée : en 1939, 7 % seulement des lignes sont électrifiées. Au milieu des années 50, la moitié des zones rurales de l'Ouest ne seront toujours pas desservies.

L'ère des managers

Malgré ces difficultés économiques, les entreprises électriques se situent à la pointe de l'introduction des nouvelles méthodes de gestion. En France comme dans tous les pays développés, l'industrie électrique incarne la modernité, à la pointe du progrès, pionnière des méthodes de rationalisation industrielle, d'organisation scientifique et de management. Lorsque James Burnham aux États-Unis, ou Auguste Detœuf en France décrivent « l'ère managériale » ou la montée des « technocrates », c'est l'industrie électrique qui est un de leurs modèles de référence. C'est dans l'électricité que l'on rencontre le plus fréquemment ces directeurs – ingénieurs et gestionnaires-économistes – qui annoncent une nouvelle ère pour l'entreprise industrielle. Dans la direction des entreprises, les ingénieurs-organisateurs – plus particulièrement ceux issus de l'École Polytechnique, à l'origine école d'ingénieurs militaires – et les hauts fonctionnaires transfuges de l'administration prennent le pas sur les propriétaires-capitalistes et sur les anciens modes de gestion. L'industrie électrique est le terrain d'application privilégié pour les idées nouvelles : le management rationnel, le calcul économique, la productivité. Ils introduisent le gouvernement par les chiffres, font appel aux bureaux d'études pour moderniser le management, conciliant complexité scientifique, centralisation hiérarchique, intérêt général.

Les ingénieurs-organisateurs de la jeune industrie électrique veulent étendre leurs méthodes de gestion à l'ensemble de l'industrie. Dans le mouvement planiste – qui réclame une organisation dirigée de l'économie nationale pour rompre avec le libéralisme malthusien supposé avoir conduit la France au déclin industriel – on rencontre des cadres issus de l'industrie électrique. Les planistes préconisent une politique productiviste – où l'investissement volontariste doit précéder la demande, au lieu de la suivre. Selon eux, c'est ainsi que peut se réamorcer le cercle vertueux d'augmentation de la production, de baisse des prix et d'expansion de la demande de masse qui a été brisé par la « Grande Crise ». Qu'ils soient de droite ou de gauche plusieurs de ces managers prendront des responsabilités dans les ministères économiques dirigistes des gouvernements du Front populaire, de Vichy puis de la Libération – le ministère de l'Économie nationale, le ministère de la Production industrielle, le Comité d'Organisation de l'Électricité. Ils prennent aussi parfois des positions à caractère politique : cherchant à dépasser la lutte des classes qui oppose bourgeoisie et prolétariat, ils prônent une réconciliation entre le capital et le travail grâce à la gestion scientifique – annonçant ainsi la synthèse de la Reconstruction de l'après-guerre qui s'incarnera dans le Plan. Ils se rassemblent au sein d'organisations de réflexion et d'action : tels qu'X-Crise, le Comité national d'organisation français, le Mouvement du Redressement Français animé par Ernest Mercier.

Mais la coexistence entre propriétaires, managers, leaders syndicaux et partis politiques n'est pas toujours aussi harmonieuse que le voudraient les théoriciens de la rationalité industrielle. Les partis de gauche – socialistes et communistes – dénoncent d'une même voix l'insolente prospérité et l'influence politique, selon eux excessive, des trusts privés de l'électricité. On leur reproche d'utiliser les concessions publiques d'électricité comme une « vache à lait » générant des profits réinvestis dans d'autres secteurs, de ne pas desservir les régions rurales ou excentrées, de ne pas investir suffisamment pour répondre aux besoins de la Nation ; et enfin d'exercer des pressions sur les élus et sur les partis politiques à travers le contrôle de la presse patronale et des financements électoraux.

La Fédération de l'éclairage CGT, la puissante organisation syndicale des électriciens et des gaziers, a ainsi réclamé la nationalisation de l'électricité et du gaz et le bénéfice du statut de la fonction publique pour les personnels dès son congrès de 1919. Pour eux l'électricité, bien social et incarnation du progrès humain grâce à la maîtrise de la technique et l'exploitation de la nature, doit être placée sous contrôle public. Lénine, lui-même fondateur de la patrie du socialisme, l'URSS, n'a-t-il pas énoncé le slogan : le socialisme, c'est les soviets plus l'électricité ?

L'EMPRISE ADMINISTRATIVE : ÉLECTRIFICATION RURALE ET GRANDS TRAVAUX HYDRAULIQUES

C'est dans ce contexte politico-idéologique que s'affirme à partir du début des années 1930 l'emprise de l'État, dans un mouvement constant, indépendant de la coloration des majorités politiques qui se succèdent. Alors que l'interconnexion et les regroupements financiers ont transféré le champ de la régulation du niveau local au niveau national, l'État se voit ainsi amené à prendre progressivement la direction d'ensemble de l'industrie électrique. L'intervention de l'État ne se limite plus seulement aux concessions des forces motrices et du réseau de transport instituées au lendemain de la Première Guerre : elle englobe désormais tous les aspects de l'économie de l'électricité – desserte, tarifs, investissements, etc. La régulation de l'industrie électrique est devenue un choix de société.

Ainsi le décret-loi Laval de 1935 sur le contrôle des prix fixe-t-il un régime spécial pour l'aide à l'électrification rurale, posant le principe fondamental de la péréquation des tarifs entre villes et campagnes et instituant une caisse de compensation qui assure d'importants transferts économiques entre zones urbanisées et zones peu denses, entre régions riches et régions pauvres.

En juin 1936, les élections amènent au pouvoir le Front populaire, soutenu par le Parti communiste, qui va développer considérablement le dirigisme économique, tout particulièrement dans le secteur de l'énergie. Un Fonds d'amortissement des charges d'électrification (FACE), créé par la loi du 31 décembre 1936, permet de subventionner et de développer l'électrification rurale. Dans un but de contrôle des prix, un index électrique est créé, prémisse de l'établissement d'un tarif à l'échelle nationale. L'application d'un tarif unique sur l'ensemble du territoire sera plus tard un argument décisif en faveur de la nationalisation. Un Conseil supérieur de l'Électricité est fondé, associant les parlementaires et les élus locaux, pour créer un lieu de débat à caractère consultatif. Le gouvernement du Front populaire évoque en 1936 le projet de nationalisation du réseau de transport de l'électricité.

Alors que le potentiel hydroélectrique du pays est considéré comme sous-exploité, les importations de charbon pèsent lourdement sur la balance des paiements et sur la dépendance stratégique de la France en cette période de tensions internationales accrues. En 1936, une Commission extraparlementaire recommande une politique d'aide aux investissements. Le Programme gouvernemental des Grands Travaux comprend des investissements de production et de transport d'énergie : le décret-loi du 17 juin 1938 adopte un budget de financement sur cinq ans – dit Programme des trois milliards – et officialise la naissance d'un groupement professionnel des compagnies électriques chargé de la réalisation du programme sous l'égide de l'État. Une quarantaine de chantiers de barrages et de grandes lignes seront ouverts dès 1940 : construction des grands barrages de l'Aigle et de Génissiat ; programme d'équipement complet des vallées du Rhône et de la Dordogne, etc. en même temps que sont systématiquement répertoriés tous les sites à équiper dans le futur.

Parallèlement, l'emprise réglementaire de l'administration sur l'industrie de l'électricité s'est considérablement accrue. Chargé de l'application du régime des concessions nationales de production hydraulique et de transport, le Corps des ingénieurs des Ponts et Chaussées – déjà confronté à la nationalisation des Chemins de fer (1937) – impose ses vues à une profession traditionnellement dispersée et individualiste désormais en voie de concentration rapide. Les ingénieurs du ministère sont souvent recrutés par les compagnies d'électricité pour des postes de direction : assurant l'osmose entre contrôleurs et contrôlés, ils ont ainsi l'occasion de dégager des convergences de vues sur les moyens de redressement d'une industrie électrique en panne de croissance. Les compagnies, à la demande de l'Administration mettent en place un centre de coordination de leurs échanges d'électricité à Paris en 1939, qui préfigure le futur *dispatching* national de l'EDF.

Dans un contexte politique très différent le gouvernement de Vichy issu de la défaite de 1940 renforce encore ce dirigisme en instituant l'organisation corporative de l'économie autour du ministère de la Production industrielle, Henri Lafond, secrétaire général à l'Énergie, Robert Gibrat, directeur de l'électricité puis secrétaire d'État, Roger Boutteville, l'homme de confiance d'Ernest Mercier, secrétaire du comité d'organisation de l'électricité, etc.

Un mouvement mondial

A l'étranger aussi, l'emprise de la régulation s'étend. Au cours de la période politique troublée des années 1930, où la politique économique se cherche face à la crise, l'industrie électrique devient un enjeu majeur des grands débats économiques, qui opposent les idéologies libérales, keynésiennes, corporatistes, communistes, planistes, etc. Comme quelques autres grands secteurs économiques, elle sortira entièrement transformée de cette période – la nationalisation des instituts d'émission, le contrôle des banques, le soutien des marchés agricoles.

Aux États-Unis, la régulation par les municipalités est apparue progressivement, aux yeux du public, des élus et des juges, de plus en plus inefficiente, techniquement incompétente, et fréquemment viciée par les surenchères démagogiques, voire par la corruption. La régulation par les États et leurs *publics utilities commissions* prend la place de la régulation locale. Certains États prennent des initiatives – tels le Wisconsiu derrière son gouverneur populiste La Folette. Le *Federal Power Act* de 1920 crée la Federal Power Commission dans le but d'encourager le développement de la production hydraulique : ses pouvoirs sont étendus, en 1935, au contrôle des échanges d'électricité inter-États. Ainsi se construit l'amorce d'un pouvoir régulateur fédéral. A la fin des années 1920, les titres des compagnies électriques font l'objet d'intenses spéculations boursières avec l'extension des holdings. Leur hausse spectaculaire, suivie de leur baisse brutale, sera considérée comme l'une des causes du krach de Wall Street et entraînera des mesures correctives. Le New Deal de Roosevelt confie l'exploitation des ressources hydroélectriques du Tennessee et de l'Ouest et l'électrification rurale à des agences fédérales – le *Bureau of Reclamations*, le *Corps of the Army Engineer*, les *Power Marketing Administrations*. Surtout, il démantèle les trusts financiers de l'électricité par une loi très sévère de 1935.

Le Parlement britannique institue par la loi de 1926 le Central Electricity Board, investi de la mission de construire et gérer le réseau national d'interconnexion. Le gouvernement travailliste britannique de 1932, avec Herbert Morrisson, élabore un avant-projet de nationalisation de l'électricité. En Allemagne, le régime nazi place l'industrie électrique sous le contrôle étroit de l'État en 1935. Le gouvernement militaire au Japon établit le monopole d'État sur l'électricité en 1937, pour des raisons de sécurité nationale.

L'intervention de l'État ne se limite pas aux grands travaux : elle vise aussi à prévenir les abus de position dominante. Un changement de majorité politique est souvent l'occasion, pour le nouveau gouvernement, de mettre en œuvre une réforme spectaculaire. Les trusts privés d'électricité seront fragmentés, cantonnés à un territoire régional de desserte (États-Unis, Allemagne, Japon, etc.) ou bien dans certains pays nationalisés (France, Royaume-Uni, etc.). Il est à noter que les années 1935-1938 sont, dans tous les pays, de véritables dates-charnières dans l'histoire de la régulation électrique, avec l'adoption de grandes législations nationales aux États-Unis (*Public Utility Holding Company Act* de 1935 et *Tennessee Valley Authority Act* de 1933) ; en Allemagne (*Energie Wirtschaft Gesetz* de 1935) ; en France (décrets-lois Laval de 1935 et programme de grands travaux de 1938), au Japon (*Electric Utility Law* de 1935), etc. La révolution électrique culmine pendant les années de l'immédiat avant-guerre et de l'après-guerre : l'industrie capitaliste achève sa mue en « industrie keynésienne ».

Ces conflits politiques nationaux ne se retrouvent pas avec la même vigueur dans les pays où les collectivités locales ont continué de jouer un rôle important, face aux ambitions des trusts privés : le Yalta social de l'électricité s'y réalise plutôt en confortant le contrôle des municipalités et des districts ruraux sur la distribution et sur les moyens locaux de production et en limitant l'emprise des grands groupes industriels. La Suisse, la Belgique, les pays scandinaves échapperont ainsi à la révolution électrique : la régulation y évoluera de manière plus progressive, sans rupture brutale.

IV – *La nationalisation de l'électricité*

Une rupture politique et sociale

En France, l'Occupation allemande entre 1940 et 1944, puis la Libération, provoquent une rupture majeure dans l'équilibre des forces sociales et politiques. Dans le climat troublé de la Libération, la classe ouvrière occupe nombre d'usines électriques sur l'exemple de la confiscation des usines Renault : plusieurs compagnies privées d'énergie ont été réquisitionnées (Marseille, Toulouse, Gaz de Paris, etc.). Le discrédit du patronat capitaliste fustigé comme malthusien et collaborationniste, la puissance électorale sans précédent du Parti communiste devenu premier parti de France, la prééminence syndicale de la CGT (la CGT regroupe alors 95 % des 108 000 agents du gaz et de l'électricité) les générations nouvelles de technocrates acquises aux idées keynésiennes et à la planification des investissements créent un cadre politico-idéologique entièrement nouveau.

Gaullistes et communistes convergent : le Conseil National de la Résistance (CNR), qui regroupe les organisations de la France libre, a inscrit dans ses résolutions « l'instauration d'une véritable démocratie économique et sociale, impliquant l'éviction des grandes féodalités économiques et financières et le retour à la Nation des grands moyens de production monopolisées. » Le général de Gaulle, président du gouvernement provisoire de 1945, déclare que « les grandes sources de richesse commune seront exploitées à l'avantage de tous ». Ces résolutions considérées comme un « pacte social » entre les grandes forces politiques de la Chambre de la libération – dont la composition est la suivante : PCF : 30 % ; SFIO : 25 % ; MRP : 25 % – servent de base aux lois de nationalisation de 1945-1946. Le préambule de la Constitution de 1946 – qui fait encore aujourd'hui partie de notre bloc constitutionnel – stipule que « les activités économiques présentant le caractère d'un monopole national doivent être nationalisées ».

Parmi les arguments invoqués pour justifier la nationalisation sont mis en avant la nécessité de résorber la pénurie, de gérer les ressources nationales dans un *pool* commun, de coordonner la « concurrence stérile » entre l'électricité et le gaz, et de jeter les bases de la reconstruction économique du pays. La France, au sortir de la guerre, manque en effet de toutes les ressources de base – particulièrement de charbon et d'électricité. Les foyers domestiques et les usines vivent au rythme des coupures tournantes d'électricité, qui les privent de courant plusieurs heures par jour et qui se prolongeront jusqu'en 1949. Pour répartir la pénurie, l'administration du Ravitaillement et le Commissariat général du Plan, nouvellement créé définissent des priorités nationales. Pendant quinze ans les grands chantiers ont été interrompus, les matériels n'ont pas été remplacés ni modernisés. Avec les industries lourdes et les transports, l'électricité est retenue comme la principale prioriété d'investissement de la reconstruction. Afin d'épargner le charbon et de le réserver aux besoins du chauffage et de la sidérurgie, il est décidé de mettre l'accent sur les investissements hydroélectriques de préférence aux centrales thermiques. La nationalisation est l'instrument économique indispensable qui permettra de réaliser les options de la reconstruction.

La loi de nationalisation

La loi du 8 avril 1946 préparée par Marcel Paul, ancien employé de la concession de Paris, ancien secrétaire de la Fédération CGT de l'éclairage, résistant et déporté à Buchenwald, devenu ministre communiste de la Production industrielle place sous le contrôle de l'État l'ensemble de « la production, l'exportation-importation, la transmission et la distribution d'électricité ».

Ce sont au total près de mille cinq cents entreprises privées – dont 400 cotées en Bourse – qui sont concernées. Au moment de la nationalisation, la production était partagée entre 250 centrales thermiques propriétés de 54 sociétés et 300 usines hydrauliques propriétés de 100 sociétés. Le transport était partagé entre 86 sociétés et la distribution entre 1 150 sociétés. Un tiers environ de la capacité de production était assuré par les centrales des grandes industries utilisatrices (autoproducteurs et cogénérateurs) : chemin de fer, houillères, électrochimie, métallurgie, sidérurgie, etc. Toutefois, derrière cet émiettement apparent, ces sociétés, bien que juridiquement distinctes, étaient généralement liées entre elles par des relations financières et contrôlées par des holdings et groupes financiers.

Le gaz est nationalisé en même temps que l'électricité, soit 264 sociétés. Le gaz de ville est une énergie nettement déclinante depuis le début du XXe siècle : les compagnies gazières se sont généralement reconverties dans l'électricité. Ainsi de nombreuses sociétés de distribution (160) sont mixtes regroupant à la fois gaz et électricité.

Les entreprises nationalisées sont regroupées au sein d'un « établissement public à caractère industriel et commercial », Électricité de France, administré par un conseil d'administration tripartite de 18 membres composé à parts égales de représentants de l'État, des syndicats et des usagers.

Une loi de compromis

Les premiers projets proposés par le socialiste Robert Lacoste, d'inspiration réformiste, ont été écartés sous la pression des communistes. Mais les débats menés au Parlement font accepter à Marcel Paul un certain nombre d'exceptions et de compromis. D'autant qu'une course de vitesse est engagée : de nouvelles élections doivent avoir lieu en mai 1946, qui renforceront le poids du MRP dans la coalition tripartite. Le texte de loi adopté finalement résulte donc de compromis politiques qu'il est intéressant de les détailler, car ces points conditionnement aujourd'hui les débats sur la régulation de l'électricité en France.

Des zones de liberté subsistent : ainsi les entreprises qui se trouvaient déjà sous contrôle public avant 1946 échappent à l'intégration au sein du monopole ; les régies municipales et départementales de distribution (Usine d'Électricité de Metz, Électricité de Strasbourg, Régie de Grenoble, Régie du département des Deux-Sèvres, etc.) ; les coopératives d'usagers et les sociétés d'intérêt collectif agricole (SICAE) ; les centrales thermiques des houillères nationalisées en 1945 ; les centrales hydroélectriques des chemins de fer nationalisées en 1932 (Pyrénées) ; la Compagnie nationale du Rhône.

Toutefois, les centrales électriques des industries électrochimiques et électrométallurgiques – entreprises – qui demeurent privées – sont intégrées au sein d'EDF : les entreprises d'aluminium récrimineront longtemps contre cette confiscation de leurs actifs hydrauliques – même si elles disposent, aux termes de l'article 8, d'un régime tarifaire favorable. En 1949, la loi Armengaud – du nom du sénateur du groupe modéré qui la propose – établit le régime législatif des installations de production indépendante privée : elles doivent être limitées soit à une puissance de 8 MWe soit à l'autoproduction industrielle. Ces conditions très restrictives – et surtout la compétitivité du tarif du kWh EDF – ne permettront depuis lors qu'un développement très limité de la cogénération et de la production autonome hors du monopole EDF.

En 1946, EDF contrôle la totalité du transport et 95 % de la distribution mais seulement 40 % de la production thermique et 25 % de la production hydraulique, les centrales indépendantes vendant leur courant excédentaire à EDF. La part des producteurs restés indépendants d'EDF-SNCF, Charbonnages, etc. – va stagner, puis diminuer rapidement en valeur relative – à mesure que se développent les programmes d'investissement d'EDF. Ils ne représentent plus que 40 % en 1960, 20 % en 1980, 10 % aujourd'hui.

Les anciens actionnaires sont exclus du conseil d'administration, contrairement à la situation de la SNCF, nationalisée en 1937, dans un contexte politique différent. Les grands propriétaires capitalistes de l'avant-guerre – Ernest Mercier, Paul-Marie Durand, etc. – n'ont plus voix au chapitre. Les petits actionnaires dont les actions sont converties en obligations, s'estiment quant à eux très correctement indemnisés : le taux de remboursement des titres, effectué par tirage au sort sur cinquante ans, est indexé sur la croissance du chiffre d'affaires, ce qui représente une considérable plus-value. Leur indemnisation, à travers les obligations indemnitaires de la Caisse nationale de l'énergie, est financée à parité avec la Caisse d'action sociale (CCAS) par l'affectation de 1 % du chiffre d'affaires d'EDF. Cet intéressement paritaire traduit en quelque sorte l'esprit de partage de la rente électrique entre les forces sociales de la France nouvelle et les anciens propriétaires capitalistes.

Le projet de loi d'origne inspiré par les communistes comportait la création d'un établissement public unique, Électricité et Gaz de France (EGF). Les deux établissements publics, EDF et GDF, bien que finalement distincts du point de vue de leurs personnalités juridiques, gardent toutefois plusieurs directions communes – dites « mixtes » – dont la distribution, qui regroupe à elle seule les deux tiers des effectifs d'EDF et GDF. La mixité gaz-électricité, gérée à l'échelle nationale et à laquelle les personnes sont très attachées en raison du statut commun constitue, depuis lors, une caractéristique de l'organisation de l'énergie qui est très spécifique à la France.

V – *Le monopole public*

Un débat apaisé

Ces circonstances historiques d'exception font de la naissance d'EDF le symbole d'un Yalta social, une véritable conquête de la classe ouvrière : la mémoire de cet acte fondateur est toujours vivace. La grande majorité des forces politiques et sociales qui composent la France de la Libération et de la Reconstruction sont favorables à la nationalisation de l'électricité. Technocratie administrative et syndicats ; dirigeants politiques de la coalition du tripartisme ; ingénieurs et dirigeants des entreprises d'électricité et des administrations ; collectivités concédantes et milieux agricoles se retrouvent ensemble au chevet de la naissance d'EDF.

Après la guerre, les débats sur l'organisation de l'électricité paraissent apaisés pour longtemps. Au cœur des controverses politiques et sociales d'avant-guerre, l'électricité incarne dans l'immédiat après-guerre le consensus général de la France nouvelle, tendue vers l'objectif de reconstruction et de modernisation économique et sociale du pays : le meilleur élève du Plan. Les controverses sur l'électrification rurale, les investissements hydroélectriques et les tarifs sont calmées. Mais d'autres prennent le relais : EDF est critiquée comme forteresse syndicale, État dans l'État. L'industrie électrique nationalisée constitue sans doute le modèle le plus achevé du « service public à la française » qui a pris sa forme après la guerre : synthèse du Plan, du Conseil d'État, de l'École Polytechnique et de la CGT.

Des formes institutionnelles stables se sont mises en place dans tous les pays. Elles diffèrent, certes, les unes des autres, en fonction de l'histoire et des cultures politiques propres de chaque pays, avec des options diversifiées concernant la nationalisation, l'intégration verticale, l'organisation à l'échelle nationale ou régionale, le régime de la production indépendante. Mais elles ont en commun des éléments de base qui constituent le « service public » de l'électricité, incarnation industrielle de l'État-Providence : l'obligation de desserte, l'égalité de traitement, le contrôle public des tarifs et du volume des investissements, les choix énergétiques de production.

Les techniques de production et de transmission sont stabilisées ; l'interconnexion nationale s'achève. De l'après-gurerre jusqu'à la fin des années 1970, l'électricité est placée sous le signe de la maturité économique - avec une croissance forte et harmonieuse qui symbolise à elle seule le relèvement économique de la France, – la Reconstruction, puis l'Expansion (loi dite du doublement décennal », soit un taux de croissance régulier de 7 % par an).

Service public, optimum économique, avancées sociales

Le nom de Marcel Boiteux, successivement directeur des études économiques, directeur général et président reste attaché à ce système de gestion, qui explique en bonne part les performances enviables d'EDF dans les comparaisons internationales. Un système de gestion centralisée des décisions de production et d'investissements est mis en place, fondé sur le principe de l'optimisation économique dans les choix à court terme comme à long terme.

L'équilibre instantané offre-demande sur le réseau est régulié par le *dispatching* national, afin d'optimiser le fonctionnement des centrales à l'échelle nationale en fonction de leur coût économique. Mais le problème central est le choix des investissements et des tarifs. Combien EDF, chaque année, doit-elle budgéter pour ses investissements ? Quels équipements choisir, notamment quels choix opérer entre le thermique et l'hydraulique ? Avec quels emprunts et quel niveau de tarifs ? Quelle structure adopter pour la grille tarifaire, notamment entre tarifs industriels, tertiaires, domestiques ?

A quel moment faut-il lancer les programmes d'équipement ? Par quels équipements commencer ? La question la plus délicate à résoudre est le choix des investissements et la comparaison d'équipements et de techniques différents, fondamentale dans un secteur où les ouvrages sont très lourds en capital. Des rivalités opposent les partisans du thermique et de l'hydraulique. De puissants intérêts industriels et régionaux sont aussi en jeu. L'élaboration de la *Note Bleue* en 1955, permet de comparer les investissements du point de vue de l'intérêt général, à partir d'un taux d'actualisation fourni par le Plan.

Un tarif unique national est institué, d'abord pour la basse tension puis ultérieurement pour la moyenne et haute tension. Le tarif de service public vise à traduire la réalité des coûts dans les prix, de manière à donner aux consommateurs le « signal tarifaire » qui orientera leurs décisions de consommation dans le sens de l'intérêt général. La première application concrète en est le tarif vert, en 1957. La tarification au coût marginal de développement reste une caractéristique d'EDF, la plupart des autres compagnies d'électricité dans le monde tarifiant au coût historique moyen.

Grâce au calcul économique, EDF gagne un capital de légitimité vis-à-vis des tutelles administratives et, plus généralement, des pouvoirs politiques et de l'opinion publique. On fait confiance à la rigueur de méthodes de gestion et des choix économiques d'EDF. Cette confiance lui permettra de se voir conférer l'autonomie de gestion, par rapport à l'interférence des administrations, formalisée dans le Rapport Nora de 1967 et dans les contrats de plan quadriannuels à partir de 1970. EDF est ainsi capable de faire partager ses vues et de conduire des stragégies sur le long terme. EDF est aussi un laboratoire social. Avec la grève électrique, le syndicat détient une arme suprême pour exercer pression dans les négociations sociales, le droit de grève dans les services publics qui était quasi illégal avant guerre ayant été reconnu dans la Constitution de 1946 « dans le cadre des lois qui le réglementent » – lois qui ne seront jamais votées. Fréquentes en 1946 et 1947, les grèves se poursuivront jusqu'au milieu des années 1950. Dans le cadre du statut de personnel, inspiré de la fonction publique, de la gestion paritaire (Comités Mixtes à la Production) et des œuvres sociales (CCAS), les syndicats jouent un rôle important – qu'on a pu parfois qualifier de cogestion. Avec d'autres entreprises publiques telles que Renault, EDF sera le lien privilégié des progrès sociaux – hausses de salaires, congés payés, avantages sociaux, temps de travail, etc. – qui se diffusent ensuite à l'ensemble de l'économie.

Les investissements d'indépendance énergétique

Adossant l'électricité au crédit et au financement de l'État, La nationalisation atténue les contraintes financières qui avaient pesé avant-guerre sur les investissements des compagnies privées. L'électricité, secteur prioritaire, reçoit des financements abondants et réguliers de la part du Trésor public, canalisés par le Plan. En 1946, le Plan Monnet fixe l'objectif ambitieux d'accroissement de 10 milliards de kWh sur cinq ans pour la production hydraulique et de 6 milliards de kWh pour la production thermique. Le Plan Marshall bénéficie à EDF, lui permettant d'acquérir des équipements électrotechniques aux États-Unis. La charge des remboursements se trouve allégée rapidement par l'inflation galopante des années 1940 et 1950 et par les abandons réguliers de créances publiques. Dans un pays historiquement pauvre en ressources de combustibles fossiles, EDF va pouvoir lancer successivement, à vingt-cinq ans d'intervalle, deux grands programmes d'équipement, d'indépendance énergétique : l'hydraulique, puis le nucléaire.

Les structures d'organisation et les modes de régulation de l'industrie électrique ont des conséquences marquées sur les choix énergétiques. On observe que les choix de sources d'énergie primaire pour la production d'électricité – dont les principales sont le thermique (charbon, lignite, pétrole, gaz), le nucléaire et l'hydraulique – varient extrêmement d'un pays à l'autre. Dans aucune autre industrie, il n'existe de tels contrastes entre les modes de production – et ce alors même que l'électricité est un produit banalisé et que ses technologies sont stablisées. Les compromis économiques, politiques et sociaux se focalisent sur la génération d'électricité, lieu privilégié de l'arbitrage entre des sources concurrentes d'énergie, carrefour des choix énergétiques. Les choix énergétiques illustrent la préférence pour l'utilisation des ressources domestiques de matières premières.

Ainsi la production annuelle d'électricité dans le monde, estimée aujourd'hui à 13 000 TWh, est réalisée à 42 % au charbon, 23 % au fuel et au gaz, 18 % par l'hydraulique, 17 % par l'énergie nucléaire et moins de 1 % par les énergies nouvelles renouvelables. En Europe occidentale, la France produit son électricité principalement à partir de l'énergie nucléaire (76 %) ; la Norvège à partir de ressources hydrauliques (100 %) ; le Royaume-Uni et l'Allemagne fédérale essentiellement à partir du charbon (60 %) ; l'ex-Allemagne de l'Est à partir de lignite (90 %) ; les Pays-Bas à partir du gaz naturel (65 %) ; l'Italie à partir du fioul et du gaz (70 %) ; sans compter quelques sources d'énergie exotiques comme la tourbe en Irlande, la géothermie en Islande...

On observe de ces comparaisons que les structures industrielles fragmentées, la régulation libérale et décentralisée et la privatisation favorisent les centrales thermiques à combustibles – plus particulièrement le fuel et le gaz ; tandis que les entreprises publiques de grande taille, les statuts de monopoles et la planification centrale des investissements favorisent les investissements lourds à cycle long et les sources d'énergie non combustibles – tels que l'hydraulique et le nucléaire.

Le cas de la France est une claire illustration de cette thèse. Alors que le thermique-charbon est considéré comme une source d'énergie « privée » et « libérale », le monopole d'État EDF dès sa création se trouve intimement associée à l'ambition hydroélectrique du Plan national d'équipement.

Un des premiers grands chantiers de l'après-guerre est le barrage de Tignes, dans la haute montagne des Alpes, mis en service en 1952. Sa construction soulève l'émotion du public car le vieux village doit être submergé : mais l'impératif de la « Bataille du kilowattheure » triomphe sur les nostalgies de la vie rurale. Tignes demeurera un symbole de la modernisation de la France en reconstruction : mais il préfigure aussi le futur mouvement écologique. L'équipement des sites du Massif central (Bort-les-Orgues) et du Rhin (Ottmarsheim) se poursuivent, ainsi que l'aménagement du cours entier du Rhône et l'équipement de la vallée de la Durance, achevé en 1960 à Serre-Ponçon.

Les sites hydroélectriques étant désormais saturés, entre 1963 et 1970, EDF s'équipe en centrales thermiques au fioul, concomitamment à la pénétration du pétrole et à la construction des raffineries. Ensuite, c'est la préparation du programme nucléaire avec le choix de la technologie PWR-Westinghouse à l'issue d'une décennie de rivalité entre EDF et le Commissariat à l'énergie atomique autour de la « filière nationale » graphite-gaz génératrice de plutonium, liée à la force de frappe. La francisation réussie de la technologie de l'eau pressurisée autour de Framatome, la construction et l'exploitation réussies des premières centrales (Chooz en 1963, Fessenheim en 1970) ouvrent ainsi la voie au grand choix national de 1973-1974.

Face au choc pétrolier d'octobre 1973, qui voit les prix du pétrole multipliés par cinq en quelques semaines, l'impératif national, profondément ressenti par l'opinion publique, est de réduire le poids de la facture pétrolière qui creuse le déficit commercial et de réduire la dépendance énergétique extérieure, qui s'élève à 77 %. EDF sera l'instrument majeur de cette politique, étant appelée à lancer chaque année la construction de six réacteurs électronucléaires d'une puissance unitaire de 900 Mwe. L'option nucléaire sera encore renforcée en 1979, avec le passage au palier de 1 300 Mwe. Entre 1974 et 1985, la France aura ainsi lancé la construction de plus de 50 réacteurs électronucléaires répartis sur vingt sites géographiques. Le programme nucléaire national aura nécessité d'importants financements environ 600 milliards de francs constants, ou 100 milliards de dollars en valeur actuelle, provenant à parts à peu près égales de l'autofinancement et des emprunts.

Les 56 réacteurs nucléaires d'EDF en fonctionnement aujourd'hui produisent chaque année 300 milliards de kWh, épargnant l'importation de 60 millions de tonnes d'équivalent-pétrole de combustibles. Grâce au programme électronucléaire, la dépendance énergétique extérieure de la France aura été ramenée de 77 % en 1973 à moins de 50 % aujourd'hui, réalisant ainsi une ancienne ambition historique. Grâce à la standardisation technique, le kwh d'origine nucléaire est compétitif, avec un coût de 22 centimes en base, nettement moins cher que celui produit dans la plupart des pays qui ont eu recours à cette énergie.

Ainsi le programme nucléaire français, à ce jour le plus important dans le monde rapporté à la taille du pays, a-t-il fait l'objet d'un véritable « choix de société ». Ce n'est évidemment pas EDF seule qui l'a décidé, mais les gouvernements français successifs, avec l'appui d'un consensus multipartisan. Le choix nucléaire national a certes été contesté, parfois avec force, par des fractions de l'opinion publique et par des mouvements politiques – les écologistes en particulier. Mais il a été soutenu par la grande majorité des forces politiques et sociales : inspiré par la politique d'indépendance nationale du général de Gaulle, décidé par un gouvernement néogaulliste (Pompidou-Messmer), amplifié par un gouvernement centriste et libéral (Giscard-Barre), il s'est trouvé confirmé par un gouvernement socialiste et communiste (Mitterand-Mauroy) après le changement politique de 1981. Alors que, dans beaucoup de pays développés, ce sont des coalitions politiques orientées à gauche qui ont arrêté le développement des réacteurs nucléaires, en France les partis de gauche ont fait globalement le choix de l'énergie nucléaire, après des arbitrages souvent difficiles.

Dans le choix nucléaire national, il faut aussi attribuer un rôle décisif à la technocratie de l'État colbertise c'est-à-dire aux administrations et aux hauts fonctionnaires des ministères de l'Industrie, du Plan, des Finances, en liaison avec les équipes de direction d'EDF et du CEA. Le lien avec la force de frappe atomique est aussi à mentionner, l'ambition militaire ayant doté la France d'un potentiel technologique avancé. Les administrations se sont rassemblées derrière le choix nucléaire, notamment au sein de la commission PEON (Production d'électricité d'origine nucléaire). C'est probablement parce que ce débat a été mené de manière explicite et politique au niveau national qu'un programme nucléaire de cette ampleur a pu être mené à bien sans encombres. On le constate *a contrario* lorsqu'on examine les facteurs qui ont conduit à l'interruption du nucléaire presque partout ailleurs qu'en France, où ce sont généralement des concertations locales qui ont conduit au blocage.

VI – *Perspectives sur la dérégulation*

UNE ÉPOQUE NOUVELLE

A partir du début des années 1980 s'ouvre pour l'industrie électrique une période nouvelle, marquée par le ralentissement de la croissance, suivie du quasi-arrêt des investissements lourds de production en particulier par l'interruption de la plupart des programmes électronucléaires dans le monde entier. Le ralentissement économique entraîne aussi, pour les compagnies d'électricité, la recherche de nouveaux domaines de diversification : interventions au stade de l'utilisation de l'énergie, diversifications dans d'autres secteurs, exportations d'électricité, investissements à l'étranger – qui écartent les entreprises électriques du principe de spécialité. Et surtout, cette phase nouvelle est marquée par la remise en cause des formes traditionnelles de la régulation, sous l'influence des idées économiques néo-libérales. Privatisations, abrogation des régimes de monopoles, fragmentation des entreprises intégrées, ouverture des réseaux à la concurrence, développement de la production indépendante : la régulation de l'électricité fait aujourd'hui l'objet de débats et de réformes dans tous les pays, sur tous les continents s'inscrivant dans le cadre plus général de libéralisation, d'ouverture internationale et de déréglementation qui marque l'économie contemporaine. A ce jour, la dérégulation de l'électricité n'a pas encore touché la France. Aussi s'attachera-t-on surtout à analyser ici les tendances d'évolution qui sont à l'œuvre dans l'économie électrique et les réformes en cours dans le monde.

Le modèle anglo-saxon

Il faut d'abord tracer la perspective d'ensemble du mouvement de réformes réglementaires et de restructurations industrielles qui ont puissamment transformé, depuis une vingtaine d'années, les industries d'infrastructures et de services publics : transports, énergie, communication, etc. Ces industries considérées comme des services d'intérêt général, étaient traditionnellement gérées sous contrôle public étroit. La tendance est de les immerger dans l'économie concurrentielle de marché.

Le mouvement de dérégulation a été amorcé par l'Administration Carter aux États-Unis dès la fin des années 1970. Aux États-Unis, les administrations démocrates sont défiantes du *big business*, proches des minorités, des syndicats, des mouvements de consommateurs, des écologistes : la dérégulation vise à protéger par la concurrence les consommateurs et les usagers des éventuels abus de producteurs opérant dans le cadre de situations de monopoles. En 1977, les prix du gaz et du pétrole sont libérés. A partir de 1978, la déréglementation du transport aérien se traduit par des restructurations industrielles spectaculaires, une baisse des tarifs et une transformation profonde des lignes aériennes. En 1982, la décision du juge fédéral Green aboutit au démantèlement du monopole fédéral d'ATT en sept compagnies régionales (*Bell Operating Companies*) et à l'ouverture de la concurrence sur les communications à distance : la dérégulation des télécommunications multiplie l'offre des nouveaux services ainsi que les nouveaux opérateurs. Les secteurs des transports routiers et ferroviaires, du câble, de la télédiffusion, etc. connaissent aussi des réformes de déréglementation qui font évoluer profondément leur structure industrielle.

Au Royaume-Uni le mouvement de déréglementation et d'ouverture à la concurrence transforme encore plus radicalement les secteurs nationalisés des services publics. Les industries de réseaux au Royaume-Uni étaient généralement gérées, depuis le *Welfare State* instauré dans l'après-guerre, par des entreprises publiques bénéficiant d'un monopole national tout comme en France. Le gouvernement conservateur de Margaret Thatcher entreprend, à partir de 1979, une série de réformes de libéralisation – dont l'objectif est de rétablir la compétitivité et la productivité de l'économie britannique, ainsi que de réduire l'influence des syndicats qui sont particulièrement puissants dans le secteur public.

British Airways, privatisée en 1983, voit sa compétitivité s'améliorer. Le transport routier, les services des eaux, la télédiffusion sont déréglementés en 1985 et 1986. British Gas et British Telecom sont privatisées et des concurrents privés leur sont suscités. En 1990, le monopole de l'électricité est privatisé (voir plus loin). C'est au tour de British Rail d'être fragmenté et privatisé à partir de 1993.

C'est sous l'influence des expériences conduites dans les deux grands pays anglo-saxons que les déréglementations des services publics se développent ensuite au cours des années 1980 en Europe occidentale et au Japon (privatisation de Bundespost, de NTT, etc.). La contagion de la dérégulation s'opère aussi par le biais de la concurrence internationale : ainsi la liberté d'action et de tarifs conférés aux entreprises américaines de transport aérien et de télécommunications oblige les autres pays à réagir par davantage de libéralisation de leurs propres secteurs. Les négociations du Gatt sur la libéralisation des services jouent aussi leur rôle.

La Commission des Communautés européennes a pris sa part des idées nouvelles, avec la préparation des directives d'organisation du Marché unique de 1993 (Livre vert des télécommunications, directives du marché européen de l'électricité, etc.). La doctrine de l'accès des tiers aux réseaux s'applique dans les secteurs du gaz, de l'électricité, des télécommunications, du transport ferroviaire.

Ces idées ont eu une résonance bien au-delà des pays développés à l'économie de marché comme en témoigne le mouvement de privatisation observé dans les pays en développement et dans les pays d'Europe de l'Est. Le mouvement de dérégulation s'étend ainsi, à partir de la fin des années 1980, dans les pays en développement (en Amérique latine, en Asie du Sud-Est) et en Europe de l'Est (notamment en Pologne et en Hongrie). La crise financière y est peut-être la cause principale des réformes. La faillite des finances publiques, la réduction des financements internationaux contraignent ces pays, sous l'influence des organismes financiers internationaux soucieux de meilleure gestion, à rechercher des gains de productivité, à libéraliser et à privatiser certains de leurs services publics.

La dérégulation de l'électricité dans le monde

La régulation de l'électricité vers toujours plus de coordination et de planification semblait s'inscrire dans une logique dictée en quelque sorte par le sens de l'Histoire. Mais depuis une vingtaine d'années, l'Histoire semble avoir changé de sens : et, là encore, l'industrie électrique se trouve sur le front des débats. Une nouvelle période de mutations institutionnelles s'ouvre désormais dans le monde entier après un demi-siècle de stabilité.

L'expérience au monde la plus spectaculaire de dérégulation de l'industrie électrique est sans conteste la réforme conduite au Royaume-Uni dans le cadre de l'*Electricity Act*, élaboré et voté par le Parlement en 1989. Dé-intégration verticale et géographique et privatisation : la réforme britannique a consisté en le démembrement en quatre entités distinctes (trois entreprises de production d'énergie et une société coopérative pour le transport à haute tension) de l'ancien monopole public intégré de production et de transport, le CEGB (Central Electricity Generating Board) : les deux entreprises de production thermique ont été privatisées peu après – National Power et Power Gen – pendant que Nuclear Electric restait publique. Les douze établissements publics régionaux de distribution (Area Boards) ont également été privatisés indépendamment les uns des autres. Le réseau de transport, National Grid, est utilisé pour les échanges. Ces entités industrielles autrefois gérées de manière planifiée et centralisée au sein d'un ensemble intégré, entrent désormais en concurrence au sein d'un véritable marché libre de l'électricité où le prix est fixé par la concurrence. A l'issue d'une période de transition, le capital des entreprises de distribution a fait l'objet à partir de 1995 de mouvements boursiers importants. Beaucoup de centrales au charbon peu compétitives ont été fermées, pendant que se développait la production indépendante basée sur le gaz.

Aux États-Unis, la loi *Public Utility Regulatory Policy Act* (PURPA) votée en 1978 a établi un régime de production indépendante (IPP) qui, bien que conçu pour encourager les énergies nouvelles et renouvelables (éolienne, géothermie, solaire, etc.) a été à l'origine d'un développement considérable des moyens de production au gaz naturel – co-génération, turbines à gaz et cycles combinés. Un tiers des nouvelles capacités construites sont des IPP. La dérégulation se poursuit aujourd'hui dans le cadre du National Energy Policy Act (NEPA) de 1992 avec l'accès des tiers au réseau et un mouvement de concentration économique et d'internationalisation des *utilities* hors de leurs frontières géographiques de concession publique.

Dans la plupart des autres pays, au Nord comme au Sud, de multiples réformes du cadre de régulation électrique ont été mises en œuvre ces dernières années toutes plus ou moins inspirées des réformes anglo-saxonnes. Elles ont concerné selon les cas la libéralisation de la production indépendante ; l'ouverture, sous certaines conditions, des réseaux de transport au libre transit ; la privatisation, partielle ou totale des entreprises publiques et mixtes, la promotion des économies d'énergie et des énergies renouvelables, etc. L'Australie, la Nouvelle-Zélande, la Norvège, l'Argentine ont suivi le modèle britannique. Les pays scandinaves, l'Italie, l'Espagne et le Portugal, l'Allemagne fédérale, les pays d'Europe de l'Est post-communiste ont aussi réformé leur régulation quoique de manière moins radicale qu'au Royaume-Uni.

Mais l'époque contemporaine a aussi engendré de nouvelles formes de régulation, liées par exemple à la protection de l'environnement, aux économies et à l'utilisation rationnelle de l'énergie, etc. L'impact de préoccupations écologiques dans les choix énergétiques a commencé de se faire sentir, depuis le milieu des années 1970, d'abord en Europe occidentale et aux États-Unis : économies de matières premières pour anticiper l'épuisement des gisements, sûreté nucléaire, réduction des pollutions atmosphériques (SO_2, poussières), meilleure insertion des ouvrages dans les paysages et dans l'occupation de l'espace territorial, utilisation efficace de l'énergie, etc. Toutes ces préoccupations ont commencé d'influer sur les grands choix énergétiques – conduisant par exemple à la pénalisation du pétrole dans les centrales thermiques ; à l'arrêt du nucléaire, au développement des énergies nouvelles et renouvelables ; aux technologies du charbon propre ; à la pénalisation du charbon émetteur de gaz à effet de serre, etc.

La pression internationale a constitué un autre facteur important de dérégulation avec le développement des investissements internationaux des entreprises électriques. On peut signaler à cet égard le rôle des *utilities* américaines, sorties de leurs frontières d'exclusivité territoriale en créant des filiales internationales de production indépendante (elles ont notamment participé aux privatisations anglaises) ainsi que des opérateurs énergétiques d'un type nouveau, multi-énergies et multinationaux : par exemple la firme Enron, à l'origine producteur et transporteur de gaz du Texas, qui développe partout dans le monde des centrales électriques alimentées au gaz naturel. EDF, pour sa part, est devenue depuis 1992 un grand investisseur international participant activement aux privatisations et à la production indépendante (voir plus loin).

La diffusion internationale des centrales électriques à combustion de petites tailles a joué un rôle décisif. Le développement de la production indépendante aux États-Unis a permis aux technologies des turbines à combustion de réaliser des gains considérables de rendement énergétique et d'efficacité économique : cogénération force-chaleur ;

turbines à gaz dérivées des moteurs d'aviation ; cycles combinés à gaz, etc. Grâce aux innovations technologiques la production à partir de gaz est devenue compétitive et les centrales thermiques de petite et moyenne puissance sont désormais capables des mêmes rendements que les centrales de grande puissance. Le progrès technique a ainsi mis fin – au moins temporairement et partiellement – à la course à la puissance des unités de production qui avait été dans le passé, un facteur déterminant de concentration de l'industrie électrique, et a rendu possible la production d'électricité indépendante. Les contestations écologiques, les difficultés pour obtenir les permis de construire handicapent aussi sévèrement les grandes centrales et les grandes lignes de transport : EDF en a fait l'expérience ces dernières années avec ses projets de lignes transpyrénéenne et transalpine à la suite de l'ex-RFA et de l'Italie.

C'est ainsi que s'est trouvé progressivement rompu le cercle vertueux de la croissance rapide, du progrès technique, des investissements lourds et des gains de productivité considérables qui avait soutenu le développement de l'industrie électrique pendant trente ans et qui avait consolidé le régime institutionnel du service public. On retrouve là l'interprétation du monopole naturel régulé postulée par la théorie économique. La régulation publique des monopoles s'imposait tant que l'industrie électrique connaissait de puissants rendements croissants : des années 1920 jusqu'aux années 1970. Aujourd'hui, le progrès technique ne joue plus dans le même sens. Les gains de productivité liés à l'extension géographique du réseau d'interconnexion se stabilisent, l'optimum étant atteint à 20 GWe de puissance desservie.

L'électricité sous la pression du Marché unique européen

En France, l'organisation et la régulation de l'industrie électrique ont encore peu évolué. La production des producteurs indépendants avait constamment régressé depuis la nationalisation mais on a pu observer quelques mouvements récents, annonciateurs de changements. Les Charbonnages de France ont filialisé en 1994 leurs centrales thermiques en créant la SNET. La Compagnie nationale du Rhône de son côté manifeste des volontés croissantes d'autonomie afin d'acquérir un véritable statut de producteur indépendant. Les grandes sociétés privées de services aux collectivités locales – la Générale des Eaux, la Lyonnaise des Eaux – ont investi depuis 1993 dans les petites centrales de cogénération et visent à acquérir des références de producteur à l'étranger.

De son côté, face au monde nouveau, Électricité de France a entrepris des changements stratégiques importants. Les nouveaux investissements de production nucléaire sont interrompus depuis la fin des années 1980 en raison de la saturation de la demande : les investissements de réseaux marquent aussi le pas. Excédentaire, EDF développe depuis lors une politique active d'exportation d'électricité vers les pays limitrophes – 60 TWh par an, soit près de 15 % de sa production – et d'investissements à l'étranger – acquérant des concessions de production et de distribution en Amérique latine, en Chine, en Europe. EDF a aussi engagé d'importantes restructurations de son management interne, en décentralisant les responsabilités et en réformant ses services commerciaux et ses structures centrales. En 1997, dans le cadre du contrat de plan, une importante restructuration du bilan et des provisions est adoptée, accompagnée d'une baisse tarifaire de 15 %. EDF met en place, dans le cadre de la directive, une structure de « gestionnaire de réseau » pour se préparer à la directive européenne. Ainsi, EDF devient davantage une entreprise, s'éloignant du modèle du monopole administratif.

La législation de base de l'industrie électrique en France n'a en revanche pas encore changé, contrairement aux évolutions enregistrées à l'étranger au cours des dernières années. C'est sous la pression des directives communautaires d'ouverture du Marché européen que s'annoncent demain les changements législatifs et réglementaires. C'est en effet dans le courant de 1998 que devrait être proposé au Parlement le vote de la loi de transposition de la directive du marché intérieur de l'électricité adoptée le 20 juin 1996 par les États membres à l'issue de six années de négociations difficiles et d'un compromis final franco-allemand.

Cette directive stipule un calendrier progressif d'ouverture des réseaux électriques au libre-échange entre producteurs et consommateurs « éligibles » – c'est-à-dire les grandes industries consommatrices d'électricité pour commencer. Avec un plafond d'éligibilité réduit progressivement, c'est le quart environ du marché qui, à l'horizon d'une dizaine d'années devrait être ouvert à la concurrence – à la fois internationale entre les compagnies d'électricité établies et à celles des nouveaux entrants et producteurs indépendants.

Le service public à la française et l'Europe

Comme l'histoire économique en a témoigné à plusieurs reprises, la mutation contemporaine de l'industrie électrique dans le cadre européen illustre une mutation plus vaste : celle des services publics. Observons plus généralement que la construction européenne a été, depuis le traité de Rome, un puissant facteur de libéralisation de l'économie française : le libre-échange avec l'ouverture des frontières ; la rigueur monétaire et budgétaire, avec le système monétaire européen. C'est au nom de l'Europe, du Marché unique et de l'euro que la France a adopté de nombreuses réformes libérales. Entre tous les autres secteurs de services publics, l'industrie électrique incarne, par son organisation industrielle et sa régulation, le service public à la française. Le Traité du Marché unique de 1985 a créé une dynamique nouvelle en désignant trois cents textes de directives d'harmonisation dont l'adoption est souhaitée selon une procédure simplifiée de vote à la majorité qualifiée et non plus d'unanimité, qui transforme profondément la nature de la Communauté économique européenne en instituant une amorce de pouvoir économique fédéral.

Cette préparation a été marquée, au début de la décennie 1990, par un conflit entre les règles du libre-échange et de la concurrence et les régimes des services publics industriels et commerciaux. S'appuyant sur les articles 30 à 37 du traité de Rome réprimant les entraves au commerce entre les États, sur les articles 85 et 86 prohibant les pratiques anticoncurrentielles, telles qu'ententes et abus de position dominante, et sur l'article 90 qui applique explicitement ces dispositions aux entreprises de service public, la Commission, le Conseil, le Parlement et la Cour de justice ont commencé de mettre en question la régulation, l'organisation économique, les choix stratégiques et techniques des services publics des États membres. Les expériences de privatisation et de dérégulation conduites dans les pays anglo-saxons, l'emprise des idées économiques libérales n'ont pas été étrangères à ce mouvement.

L'élan nouveau ainsi impulsé à la construction du marché européen n'a pas tardé à faire ressentir ses conséquences sur les services publics. Partout, dans tous les secteurs concernés, à mesure que la Communauté prépare les livres Blancs, élabore des décisions, examine et adopte des textes de directives, à mesure que la direction générale en charge de la concurrence enjoint les pays-membres de modifier leur législation dans un sens concurrentiel, à mesure que la Cour de Luxembourg arbitre les différends, la concurrence et le libre-échange européens progressent puissamment dans les industries de services publics. Les secteurs du transport aérien et des télécommunications ont été à ce jour, ceux qui ont été le plus profondément transformés par la dérégulation communautaire – y compris en France. Le transport ferroviaire et l'électricité désormais ont aussi leurs directives, adoptées respectivement en 1991 et en 1996, La Poste et le gaz venant ensuite. Le choc des conceptions a été particulièrement frontal avec le modèle français de service public, dérivé d'une triple tradition : celle, institutionnelle, de l'État régalien de puissance publique, de l'ordre judiciaire autonome du droit public et des jurisprudences du Conseil d'État ; celle du colbertisme et des grands projets industriels, servis par les grands ministères techniques et les corps d'ingénieurs de l'État ; celle, enfin, des partenaires sociaux et des syndicats, qui jouèrent un rôle majeur dans la mise en place des grands établissements et de monopoles de services publics au lendemain de la guerre. Une page nouvelle de l'histoire économique et institutionnelle de l'électricité en France va donc s'ouvrir.

L'industrie du XXe siècle

Hier à la pointe de l'économie planifiée et de l'État-Providence, l'industrie de l'électricité se trouve aujourd'hui à la frontière du mouvement de libéralisation économique. Le « modèle EDF » – hier hautement valorisé, souvent imité, peut paraître aujourd'hui atypique – avec le tout-nucléaire, la mixité de la distribution gaz-électricité etc. Mais ses performances résistent bien au *benchmarking*. Ayant trouvé leur origine dans les pays anglo-saxons – les États-Unis, le Royaume-Uni et dans la Communauté européenne – des réformes du cadre réglementaire ont été engagées dans la plupart des pays, entraînant des conséquences déjà visibles sur les structures d'organisation industrielle et sur les choix énergétiques : dé-intégration verticale et/ou fragmentation des monopoles ; privatisation des entreprises publiques ; développement de la production indépendante et de la cogénération ; ouverture à la concurrence des réseaux de transport et des concessions de distribution ; entrée d'investisseurs et d'acteurs nouveaux sur le marché ; développement des investissements à cycle court et flexibles – tels que les turbines à gaz naturel ; internationalisation des échanges et des investissements électriques, etc.

En sens inverse de cette tendance qui voudrait faire considérer l'électricité comme une industrie comme une autre, des demandes sociales nouvelles sont adressées à l'industrie électrique – tout particulièrement sous l'influence du mouvement écologique et du développement durable : protection de l'environnement et des paysages, économie des ressources en matières premières, utilisation rationnelle de l'énergie et maîtrise de la demande, etc. – Ces nouvelles demandes sociales conduisent à une intervention accrue des pouvoirs publics dans l'industrie électrique au rebours de la tendance à la libéralisation.

Dérégulation ou nouvelles régulations ? Ces débats sont en plein développement dans tous les pays, et sous des formes diverses : dans les pays développés à l'économie de marché comme dans les pays en développement et les pays de l'Est. Aujourd'hui comme hier, les réformes du secteur électrique constituent, pour un gouvernement souhaitant incarner de nouvelles orientations de politique économique et sociale, un instrument d'action particulièrement visible et symbolique. La science économique contemporaine trouve de son côté, dans la théorie du monopole naturel, de la régulation et de l'économie industrielle, une discipline scientifique particulièrement complexe et en pleine évolution, où elle peut puiser des éléments théoriques visant à éclairer les choix contemporains.

Sortir du XIXe siècle : l'électricité a été le vecteur d'une révolution industrielle qui a marqué de son empreinte tout le XXe siècle – l'éclairage et l'électroménager, l'automation des usines, l'énergie nucléaire, etc. Mais elle a aussi façonné notre manière de voir l'économie et la société : depuis ses origines jusqu'à nos jours, la régulation de l'industrie électrique et le service public de l'électricité auront puissamment polarisé les débats économiques et sociaux de notre époque. Sa trajectoire n'est pas achevée.

Le miracle du franc Poincaré, 1926-1928

par

Jean-Charles Asselain

A plus de soixante ans de distance, le franc Poincaré fascine toujours. Pour les tenants du « franc fort », il est resté le symbole d'un redressement exemplaire, après les désordres financiers de la Première Guerre mondiale et du premier après-guerre. Récemment encore (décembre 1992), un colloque d'historiens et d'économistes se tenait au ministère des Finances, à l'instigation de Pierre Bérégovoy, sous l'intitulé significatif « Du franc Poincaré à l'Écu [1] », comme pour placer notre avenir monétaire sous le parrainage de Poincaré et conjurer le risque d'une nouvelle rechute du franc.

A l'époque pourtant, c'est plutôt avec décision ou nostalgie que l'opinion avait accueilli la naissance du franc de 4 sous [2] : car si la loi du 25 juin 1928 rétablit la convertibilité-or du franc après – quatorze ans de troubles monétaires, jalonnés de violentes « crises de change – », le franc ne retrouve en 1928 que le cinquième de sa valeur-or d'avant-guerre. Le retour à la stabilité marque donc aussi la fin des illusions : par rapport au dollar, à la livre sterling, au franc suisse, au florin, qui ont conservé ou rétabli leur parité-or de 1913, le franc français est dévalué des quatre cinquièmes.

Mais la loi de 1928 (« stabilisation de droit ») n'est que l'épilogue d'événements bien plus dramatiques, qui ont connu un dénouement inespéré avec la « stabilisation de fait » de l'automne 1926. Les contemporains, encore sous le choc de la violente inflation des années 1920, ont éprouvé alors le sentiment quasi unanime d'avoir échappé au pire, grâce à Poincaré. Le 23 juillet 1926, lorsque Poincaré, ancien président de la République, est appelé à former un nouveau gouvernement, la crise est à son paroxysme : la chute de la monnaie prend, depuis le printemps 1926, les proportions d'une catastrophe nationale, et la France est au bord de la crise de régime. Mais quelques semaines, quelques jours plus tard, Poincaré apparaît déjà comme le sauveur du franc.

La soudaineté du retournement de juillet 1926 semble, à première vue, défier toute interprétation logique. De 1918 à 1926, la crise monétaire et financière tend à s'aggraver irrésistiblement. La hausse des prix intérieurs et la dépréciation du franc sur le marché des changes s'accélèrent parallèlement, avec de brèves rémissions. Les gouvernements de tout bord s'épuisent à tenter de résorber le déficit budgétaire : ils sont renversés à une cadence de plus en plus rapide. L'opinion, tout en renâclant contre l'alourdissement de la fiscalité, les tient pour responsables de la persistance du déficit. Début 1926, deux ans après la victoire électorale du Cartel des Gauches, la situation se détériore brusquement : le Trésor ne parvient à assurer ses échéances que grâce aux « avances » de plus en plus massives de la Banque de France (en clair, par le recours à la « planche à billets »), l'évasion des capitaux se généralise, la dépréciation du franc laisse craindre une inflation galopante, comme en Allemagne trois ans plus tôt.

Puis d'un seul coup – par quel miracle ? – la formation du ministère Poincaré met fin à la spéculation contre le franc, le change se redresse, les prix cessent de monter, le déficit budgétaire fait place à des excédents croissants. Alors que la stabilisation du franc était jugée impossible par les experts sans le concours de crédits extérieurs (que les autorités de New York et de Londres ont fermement refusés, au printemps 1926, estimant les conditions non remplies), le franc amorce spontanément, dès les derniers jours de juillet 1926, une remontée fulgurante et qui s'amplifie d'elle-même avec le reflux des capitaux exportés, jusqu'à la « stabilisation de fait », en décembre 1926. On assiste en effet, comme l'écrit curieusement Jacques Rueff, à une « véritable panique de la confiance », et les autorités françaises, confrontées à une « inondation de capitaux rapatriés ou importés », s'inquiètent de la revalorisation excessive du franc presque autant que de son effondrement quelques mois plus tôt. L'encaisse-or de la Banque de France se gonfle, et son gouverneur, Émile Moreau, pour la première fois depuis la guerre, se trouve en position de force face à son collègue de la Banque d'Angleterre, Montaigu Norman. Contre toute attente, la France émerge de la grande inflation d'après-guerre en meilleure posture financière que la Grande-Bretagne, qui s'est pourtant imposé les plus grands sacrifices pour soutenir la livre ; ce qui inspire à Keynes en 1928 cette conclusion désabusée : *It does not pay to be good*[3].

L'inflation, puis la désinflation des années 1980 ont suscité un renouveau d'intérêt pour l'expérience Poincaré, notamment de la part d'auteurs étrangers[4]. Trois questions ont été au centre des débats. Poincaré a-t-il mené à bien un changement radical de politique économique, ou a-t-il seulement bénéficié du retour de la confiance ? Quelle a été la part respective du choix délibéré[5], des décisions longuement mûries, ou au contraire de l'improvisation, voire de l'accident heureux ? Enfin, le bilan proprement économique a-t-il été à la hauteur du redressement monétaire, ou s'agit-il d'une de ces victoires à la Pyrrhus, bien trop chèrement payées, dont l'histoire monétaire offre de nombreux exemples ? Au-delà des mérites personnels de l'homme d'État Poincaré, c'est en fait toute l'ambiguïté d'une stratégie de « franc fort » qui constitue le véritable enjeu du débat.

L'inflation, faillite de l'État

Pour comprendre la crise inflationniste des années 1920, il faut d'abord rappeler le désarroi des contemporains, brusquement confrontés à des dérèglements inouïs, après plus d'un siècle de stabilité du franc germinal[6]. Les questions financières sont appréhendées en termes moraux ; l'inflation est assimilée à une sorte de faillite de l'État, et condamnée comme un manquement vis-à-vis de ses créanciers. La relation entre le cours du change et la hausse des prix est encore très mal comprise. Aux yeux de l'opinion, vers 1918, le « retour à la normale » ne peut signifier que le rétablissement du franc-or à sa parité d'avant-guerre. Un diagnostic tout simple dicte le remède : les déficits budgétaires sont la source de l'inflation ; pour y mettre fin, il suffit de rétablir l'équilibre et de rembourser les « avances » de l'institut d'émission, qui ont abusivement gonflé la circulation monétaire pendant la guerre.

La « vie chère » est au centre de toutes les récriminations, mais les indices de prix demeurent rudimentaires et ne retiennent guère l'attention. L'opinion se focalise au contraire sur quelques indicateurs aisément connus et constamment mis en exergue dans la presse : le cours de la livre sur le marché des changes, le montant de la circulation monétaire et des « avances » de la Banque de France à l'État. Le gouvernement entre lui-même dans cette logique. Il s'efforce envers et contre tout, durant quatre ans, d'appliquer la « convention François Marsal » (intervenue en 1920 entre le ministre des Finances et la Banque de France), qui prévoit le remboursement de deux milliards d'avances chaque année.

Comme dans le même temps le déficit budgétaire persiste et même s'amplifie jusqu'en 1923, en raison notamment des dépenses de reconstruction, ce semblant d'assainissement financier ne peut être réalisé que par le recours massif à l'emprunt : auprès du public, principalement sous forme de « bons de la Défense nationale » à court et très court terme (dette flottante), et auprès des banques commerciales (qui s'empressent de réescompter auprès de la Banque de France les bons qu'elles ont souscrits, afin de se procurer des liquidités). Un tel mode de financement est donc presque aussi inflationniste que le recours direct aux avances de l'institut d'émission, mais il contribue en outre à accentuer la vulnérabilité de l'État, puisque le gouvernement se trouve à la merci aussi bien des banques, qui peuvent refuser ou marchander leur concours, que d'une crise de confiance dans le public, conduisant au non-renouvellement de la dette flottante.

Expliquer l'origine de l'inflation par les déficits accumulés depuis 1914 n'est pas faux. Mais l'analyse du processus doit prendre en compte aussi la relation (mouvante) entre le taux de change et les prix. La dépréciation du franc sur le marché des changes est d'abord, fondamentalement, un effet de la hausse des prix : elle reflète la diminution du pouvoir d'achat de l'unité monétaire. Mais, comme l'a fort bien montré à l'époque l'économiste Albert Aftalion, la relation est à double sens. Plus précisément, à un certain stade, dès lors que la majorité des agents économiques ont cessé de croire, vers 1922, que le franc retrouverait tôt ou tard son ancienne parité, et qu'ils anticipent au contraire une dépréciation de plus en plus profonde, « c'est le change qui mène les prix » (Aftalion). La dépréciation du taux de change n'est plus seulement un reflet, mais un moteur de la hausse des prix : la hausse du cours des devises se traduit par un renchérissement du prix des biens importés supérieur à la hausse moyenne des prix, et qui tend par conséquent à l'accélérer.

Autrement dit, sous l'influence des anticipations (Aftalion parle d'une « théorie psychosociologique » du change), la variation du change devance – et entraîne – constamment la variation des prix intérieurs. En juillet 1926, le niveau moyen des prix français est environ 6 fois plus élevé qu'en 1913, mais le cours de la livre est presque 10 fois plus élevé (25 francs par livre en 1913, 243 fin juillet 1926) : la variation du change fait plus que compenser la hausse des prix [7]. L'inflation a donc pour effet paradoxal de rendre les produits français bon marché pour les acheteurs étrangers : elle procure un très net avantage de compétitivité aux exportateurs français. Le dynamisme des exportations se traduit par des excédents commerciaux sans précédent, et contribue directement à expliquer le relèvement inespéré et la forte croissance de l'économie française entre 1922 et 1925.

Mais les effets stimulants de l'inflation sont rarement reconnus (même s'il arrive parfois à des dirigeants d'entreprise, tels ceux de Pont-à-Mousson, d'évoquer ouvertement « le formidable coup de veine de la dépréciation du franc). L'inflation est bien davantage ressentie comme un dérèglement scandaleux, une menace vitale qui pèse sur la société française.

Tous les partis de droite et de gauche rivalisent de professions de foi anti-inflationnistes, incriminent les méfaits du déficit budgétaire, mais s'affrontent sur les moyens d'y mettre fin. Le Cartel des gauches dénonce âprement le « double décime » (majoration de 20 % des impôts existants), voté par la majorité, mais après avoir gagné les élections de mars 1924, il se divise à propos de l'instauration d'un impôt sur le capital, défendu par les socialistes. Mais qu'importe ? La simple menace, le spectre de l'impôt sur le capital suffit à déchaîner l'inquiétude des possédants, que la presse de droite fait tout pour attiser.

A partir de là, les événements se précipitent. Les souscriptions de bons à court terme ne suffisent plus à assurer le simple renouvellement de la dette flottante. Les banques se dérobent. Les gouvernements sont acculés à assurer les échéances par création monétaire, sous forme d'avances de l'institut d'émission, auxquelles ils recourent comme à un expédient honteux (la révélation en 1925 d'un dépassement occulte du « plafond » des avances autorisées fait scandale et provoque la chute du ministère Herriot), avant de demander ouvertement à plusieurs reprises le relèvement du « plafond » par un vote du Parlement. Une fois que le verrou a sauté, le montant des avances explose : 21,8 milliards fin 1924, 43,6 milliards un an plus tard.

La presse a les yeux rivés sur le montant des avances à l'État ou de la circulation de billets, et accueille chaque relèvement du plafond comme une humiliation nationale. L'évasion des capitaux (c'est-à-dire la conversion en devises des avoirs en francs) gagne des couches de plus en plus larges de la population ; elle provoque à la fois la chute du franc sur le marché des changes et le tarissement des souscriptions de titres de la dette publique. Convaincus de l'urgence d'un redressement, les gouvernements qui se succèdent du printemps 1925 au printemps 1926 s'acharnent à créer des impôts nouveaux.

Leur action portera ses fruits à terme du point de vue de l'équilibre budgétaire, mais l'impact immédiat est bien trop faible pour surmonter la crise de trésorerie (comment faire face aux échéances de la dette à court terme ?), qui est le véritable problème de l'heure. Loin de reprendre confiance, l'opinion constate avec exaspération que l'austérité fiscale ne suffit plus à enrayer la chute du franc. Depuis des mois, les anticipations de baisse créent la baisse, et la dépréciation du change semble devoir s'accentuer sans limite. En mai 1925, la livre sterling vaut 90 francs ; en janvier 1926, 130 francs ; le 21 juillet 1926, 243 francs.

Le gouvernement Poincaré est constitué, le 23 juillet 1926, dans une atmosphère de crise politique et de panique financière. Depuis plusieurs semaines, le conflit des partis, le blocage du jeu parlementaire, l'usure des hommes semblent détruire tout espoir de solution. Caillaux, ministre des Finances du dixième cabinet Briand, a jeté un cri d'alarme le 6 juillet : « La Trésorerie est tarie à tel point qu'au moment où je parle, elle a, en tout et pour tout, 500 millions à la Banque de France » ; le 17 juillet, il insiste sur l'urgence, évoque « une nervosité qui s'accentue heure par heure, un désarroi qui s'étend de proche en proche dans le pays », en demandant les pleins pouvoirs ; la Chambre les lui refuse et le gouvernement tombe. Un nouveau ministère Herriot, aussitôt salué le 20 juillet par une nouvelle chute du franc, est renversé le jour même de sa formation. Le 21 juillet, le gouverneur de la Banque de France informe le Trésor que l'État n'a plus qu'un million à son compte...

Le ministère Poincaré se présente comme « au-dessus des partis ». Sa composition est déjà propre à frapper l'opinion : c'est un « gouvernement de têtes », qui compte treize ministres seulement, mais parmi eux six anciens présidents du Conseil. Il ne s'agit pas d'innover, mais de rassurer. La signification politique de l'Union nationale réalisée autour de Poincaré est claire : le Cartel des gauches a vécu. Le 24 juillet, avant même que le gouvernement n'ait présenté son programme, le franc a déjà regagné près de 20 % sur le marché des changes (le cours de la livre étant retombé à 199 francs), mais la sous-évaluation patente du franc à ce cours laisse encore une marge considérable pour la spéculation à la hausse.

La faible intentisté des mesures nouvelles

Le 3 août 1926, la Banque de France relève son taux d'escompte à 7 % ; cette mesure classique de politique monétaire n'aurait certainement pas suffi à arrêter l'évasion des capitaux quelques semaines plus tôt, mais elle contribue maintenant à accélérer leur reflux, en augmentant le « loyer de l'argent ». Quant au programme de redressement financier adopté au début du mois d'août, d'inspiration éclectique, il ne brille pas par son originalité. Certaines mesures ont une portée avant tout psychologique, qu'il s'agisse de la suppression de quelques dizaines de sous-préfectures à titre d'économie ou de la réforme constitutionnelle (adoptée par les deux Chambres solennellement réunies à Versailles) créant une Caisse d'amortissement de la dette, alimentée par les recettes de la Régie des tabacs. L'effort fiscal supplémentaire est modéré, et en partie compensé par diverses détaxes en faveur des hauts revenus.

Faut-il s'étonner de la disproportion entre la faible intensité de ces mesures nouvelles, et le tournant qu'elles vont marquer dans notre histoire financière ? Mais le véritable enjeu est politique. Le soulagement l'emporte dans les milieux aisés, qui ont échappé définitivement à l'impôt sur le capital et à la consolidation forcée de la dette d'État. L'action de Poincaré répond pleinement à l'attente de ceux qui déclaraient sans ambages : « les classes possédantes ont peur de l'arrivée au pouvoir d'une majorité de gauche et d'extrême-gauche » (*Bulletin Quotidien*, émanation du Comité des Forges, février 1924) ; « Toute la cause de nos maux vient de ce que les capitaux n'ont pas confiance et ne trouvent plus en France les conditions de leur sécurité » (Maurice Bokanowski, juillet 1926).

Le retour de la confiance (entendons : la confiance des possédants, rassurés par le tournant politique de juillet 1926) : telle est bien l'interprétation du miracle Poincaré qui a paru s'imposer à l'époque. Faut-il la rejeter ? Non, mais la compléter, en rappelant que l'action de Poincaré a bénéficié d'un concours de circonstances favorables.

En premier lieu, la crise du printemps 1926 a créé (temporairement) un large consensus parmi les Français : stopper l'inflation est reconnu, dans tous les milieux, comme une priorité absolue. L'inflation n'a pas empêché pourtant, et, comme on l'a vu, elle a même favorisé un remarquable redressement de l'équilibre extérieur; la remontée du franc pourra être rapide et durable parce que sa chute de 1925-1926 ne résultait d'aucun déséquilibre fondamental. L'équilibre des finances publiques, malgré toutes les apparences, est lui aussi en voie de redressement depuis 1923. La reconstruction approche de son terme. Elle a été un indéniable succès économique – en partie grâce à l'inflation, dont bénéficient tous ceux qui empruntent pour investir et remboursent en monnaie dépréciée : de sorte que la France a retrouvé et dépassé bien plus vite que prévu le niveau du revenu national réel de 1913.

L'existence du revenu taxable, il est vrai, ne signifie rien sans le courage fiscal. Mais le laxisme financier des premiers gouvernements de l'après-guerre (« L'Allemagne paiera ! ») a progressivement disparu. Les mesures fiscales de 1925 marquent déjà un pas décisif vers le rétablissement de l'équilibre budgétaire qui est virtuellement acquis à la suite du nouveau train de mesures adoptées en avril 1926 sous l'égide du ministre des Finances Raoul Péret (mais l'opinion en attribuera plus tard tout le mérite à Poincaré). Reste le problème de la dette, origine directe de la crise de trésorerie, que l'on a abusivement confondue avec une crise budgétaire. Il se règlera avec une facilité déconcertante à partir de l'été 1926, non seulement dans l'immédiat grâce au reflux des capitaux exportés, mais plus fondamentalement parce que l'inflation, là encore, a fait son œuvre : en quatre ans, elle a de manière drastique réduit la valeur réelle des créances sur l'État (fixées en valeur nominale, alors que les prix ont doublé entre 1922 et 1926), et du même coup allégé la charge réelle de la dette, en permettant à l'État – comme à tous les débiteurs – de s'acquitter en monnaie dépréciée. Selon la formule d'Alfred Sauvy : « Le fruit était mûr, il restait à le cueillir ».

Poincaré n'est pas le « magicien » que l'opinion a vu en lui, mais son grand mérite est d'avoir abordé avec réalisme et pondération le choix crucial du niveau de stabilisation du franc.

La question du taux de change avait été examinée et débattue dès l'été 1926 dans le cadre du Comité des experts, nommé par le gouvernement Briand, puis de la Banque de France (calculs de Quesnay) et du ministère des Finances (calculs du jeune inspecteur des finances Rueff). Selon le critère communément admis, le taux de change correct devait « découler du rapport entre prix français et prix étrangers » [9], autrement dit, dans les termes actuels, correspondre à la « parité de pouvoir d'achat » entre le franc et les devises étrangères. Il n'était donc pas question de maintenir délibérément un franc sous-évalué ; Rueff lui-même considérait comme un coût inévitable de la stabilisation de renoncer à la « prime de compétitivité » assurée à nos exportations par la dépréciation du franc. Du moins convenait-il d'éviter l'excès inverse d'un franc surévalué, qui placerait les exportateurs devant le choix inacceptable entre perdre leurs positions sur les marchés étrangers ou tenter d'imposer à leurs ouvriers une compression des salaires nominaux, avec toutes les conséquences sociales qui en découlent, comme l'avait montré peu auparavant l'expérience de la déflation en Angleterre et en Italie; Poincaré lui-même, dans ses instructions à Rueff, avait fortement insisté sur cet aspect du problème.

Or, à l'automne 1926, une fois amorcée la remontée du franc, elle tend à s'amplifier de son propre élan, selon un mécanisme cumulatif symétrique de celui qui avait marqué la phase de spéculation à la baisse. De 243 francs le 20 juillet, le cours moyen de la livre est revenu à 175 francs en août, 141 francs en novembre : la dépréciation des premiers mois de l'année est déjà presque totalement effacée. Mais la tentation est forte de laisser se poursuivre la revalorisation spontanée du franc, ressentie comme une sorte de revanche sur les malheurs passés, en ignorant l'impact économique sur les exportations.

Poincaré, partagé entre le cœur et la raison, hésite visiblement. En novembre, cependant, il reçoit Léon Jouhaux, dirigeant de la CGT, qui le met en garde contre la menace de chômage liée à une revalorisation excessive du franc; le gouverneur de la Banque de France, Émile Moreau, est lui aussi très impressionné par les difficultés aiguës de la construction automobile, grande industrie exportatrice. Le 20 décembre 1926, une nouvelle vague de spéculation fait chuter le cours de la livre à 120 francs; si la tendance s'amplifie encore, le franc, selon les calculs effectués quelques semaines plus tôt, va franchir le seuil de surévaluation. Dans une atmosphère d'urgence à peine moins tendue qu'en juillet, la décision est prise au plus haut niveau de faire intervenir pour la première fois la Banque de France sur le marché des changes, comme l'y autorise la loi du 7 août 1926 – l'objectif étant maintenant de stopper la hausse du franc, en achetant massivement des devises à taux fixe. Le franc est alors stabilisé « de fait », sur le cours de 124 francs par livre, correspondant au cinquième de sa parité d'avant-guerre.

Commence alors un long délai de réflexion, qui durera dix-huit mois (décembre 1926-juin 1928). Il n'y a plus, à vrai dire, péril en la demeure : l'afflux de capitaux étrangers ou rapatriés accroît les réserves d'or et de devises; l'abondance des capitaux rend possible une réduction par paliers du taux d'escompte; la situation de la trésorerie s'est brusquement améliorée, et les excédents budgétaires permettent d'amorcer le remboursement de la dette; l'inflation est jugulée (notamment parce que la remontée du franc a réduit le coût des matières premières importées). Poincaré peut prendre son temps. Mais la question demeure posée : faut-il s'arrêter au taux de change de décembre 1926, qui s'est imposé « à chaud » sous la pression des circonstances plutôt que par une véritable décision des autorités ? ou faut-il laisser la hausse du franc reprendre et se poursuivre tant qu'il n'aura pas regagné sa parité de 1913 (25 francs par livre) ?

« Stabilisateurs » ou « revalorisateurs »

De 1926 à 1928, le débat entre « stabilisateurs » et « revalorisateurs » divise les Français. Les rentiers et créanciers, à commencer par tous les petits et gros porteurs de titres d'État, ont bien évidemment intérêt à une revalorisation du franc aussi forte que possible. Les milieux financiers, qui se présentent comme leurs porte-parole, dénoncent la dépréciation du franc comme une faillite partielle et une menace sur le crédit de l'État. Au contraire, les intérêts des industriels et ceux que défendent les syndicats ouvriers se rejoignent, comme on l'a vu, pour dénoncer une revalorisation excessive, qui mettrait en danger tous les secteurs exposés à la concurrence étrangère ; une déflation, alourdissant la charge réelle des dettes, aurait aussi des conséquences particulièrement graves pour les entreprises qui ont emprunté pour investir pendant les années de « franc faible ».

Le gouverneur de la Banque de France, Émile Moreau, rallié au camp des stabilisateurs, résume ainsi le débat : « Il n'était pas possible de sacrifier les forces vives de la nation à sa richesse acquise ». Mais c'est là, sans doute, faire preuve d'un schématisme excessif. Les banquiers (« la richesse acquise ») n'étaient pas tous acquis à la revalorisation (Brincard, président du Crédit lyonnais, défendait au contraire la stabilisation), et les industriels (« les forces vives ») ne formaient pas davantage un bloc homogène : François de Wendel, député lorrain et responsable d'une grande firme exportatrice, devait demeurer jusqu'au bout un partisan déclaré de la revalorisation. En fait, il y avait interférence entre des clivages complexes (économiques, politiques, affectifs), et de nombreux Français se sentaient intérieurement partagés.

Poincaré lui-même n'a pas caché qu'il était « cœur et âme » du côté des revalorisateurs. Il répugnait instinctivement à devenir le fossoyeur du franc-or d'avant-guerre. Mais le retour à la parité de 1913 apparaissait vers 1927 comme un objectif totalement irréaliste : compte tenu du quintuplement des prix français depuis la guerre, il aurait fallu appliquer des politiques restrictives d'une intensité à proprement parler inconcevable pour tenter de ramener les prix français au niveau des prix étrangers. En Grande-Bretagne, le retour de la livre à sa parité d'avant-guerre (1925) avait été chèrement payé en termes économiques et sociaux, alors que la distance à franchir était bien moindre. Encourir tous les maux de la déflation pour parvenir seulement à une revalorisation partielle et limiter quelque peu, comme en Italie, le taux final de dévaluation (dévaluation des 3/4 au lieu des 4/5e par exemple) présentait encore moins d'attrait. Du reste, les économistes, tel Rist, comprenaient aussi bien que Keynes la nocivité de la déflation. Poincaré lui-même, enclin au compromis, était bien conscient des enjeux économiques et des conflits d'intérêt, et, d'après le témoignage de Moreau, considérait comme un repoussoir l'expérience de l'Italie fasciste, où la baisse autoritaire des salaires en 1926-1927, pour réduire les coûts dans les industries d'exportation, n'avait pas empêché une brusque flambée de chômage.

L'économie française au contraire semblait en voie d'adaptation à la nouvelle parité instaurée dans l'improvisation, en décembre 1926. Le dernier carré des revalorisateurs – François de Wendel, *le Journal des Économistes* – était de plus en plus isolé. La question monétaire, au demeurant, perdait de son acuité elle est pratiquement absente de la campagne électorale du printemps 1928. Déjà, la loi du 7 août 1926, autorisant la Banque de France à acheter de l'or et des devises au prix du marché (et non plus à l'ancienne parité d'avant-guerre, toujours en vigueur théoriquement), marquait un jalon vers l'abandon du franc germinal. Les achats massifs de devises opérés à partir de décembre 1926, au cours de 124 francs par livre, auraient entraîné, en cas de revalorisation ultérieure du franc, une perte sensible sur la valeur des avoirs en devises de la Banque : cet élément purement financier a sans doute pesé d'un certain poids sur la décision finale.

Rétablissement de la convertibilité du franc

En mai 1928, la question du franc paraît mûre pour une solution définitive. Prolonger l'attente n'est pas sans inconvénient : le gouverneur de la Banque de France s'inquiète de l'afflux de capitaux spéculatifs, entretenu par les rumeurs de revalorisation du franc. Il faudra, au début de juin 1928, une menace de démission d'Émile Moreau pour triompher des derniers scrupules de Raymond Poincaré. Toujours partagé entre des sentiments contradictoires, comme il le rappelle au Parlement, mais pas trop mécontent de paraître ainsi avoir la main forcée par les événements, Poincaré fait adopter la loi du 25 juin 1928, qui rétablit la convertibilité du franc (« stabilisation de droit »), en consacrant la parité de 124 francs par livre en vigueur depuis décembre 1926. C'est la raison qui l'emporte. Les protestations du *Journal des Économistes*, qui dénonce un « abandon scandaleux » « ne rencontrent qu'un faible écho. Pour l'opinion, c'est la fin des illusions du franc, mais aussi le soulagement du retour à la normale : pourvu du moins que cette dévaluation soit la dernière ! En fait, le franc Poincaré ne vivra que huit ans, jusqu'à la dévaluation de 1936. Mais cette fin prématurée ne l'empêchera pas de rester le symbole de la stabilité monétaire enfin rétablie, après la tourmente de la guerre.

Si Poincaré conserve sa réputation de sagesse monétaire, les controverses ont récemment rebondi à propos des conséquences économiques du franc Poincaré. Modèle de désinflation sans douleur, préservant l'élan de la croissance économique ? Ou grave coup dur pour les industries d'exportation, plongeant dans la crise des pans entiers de l'économie française dès avant 1929 ? Dans le premier cas, on insistera comme Sargent ou Dornbusch [11] sur les vertus d'un brusque changement de « régime économique », dû à l'annonce d'une nouvelle politique aussitôt jugée crédible par les agents économiques. Dans le second, on mettra l'accent, comme Jacques Marseille, sur le désarroi des exportateurs, contraints par le redressement du franc à un repli sur les marchés coloniaux, qui amorce un déclin à long terme de leur position mondiale, et l'on s'étonnera de l'aveuglement – ou du masochisme – par exemple de la chambre de commerce de Lyon qui se félicite du redressement monétaire, au moment même (avril 1929) où elle déplore une diminution accélérée des exportations. Ce conflit d'interprétation s'explique par les tendances contradictoires de 1926-1929 et les retournements qui jalonnent cette période mouvante ; comment du reste déterminer avec certitude ce qu'aurait été en fin de compte l'adaptation de l'économie française, sans le choc de la crise mondiale qui survient à l'automne 1929 ?

Quelques points essentiels peuvent néanmoins être dégagés sans ambiguïté sur la base des travaux récents. La sous-évaluation du franc par rapport à la livre, au dollar et à la plupart des autres monnaies persiste vers 1927-1928 (comme en témoignent les excédents touristiques), mais elle est considérablement réduite en comparaison de 1924-1926 [12]. La remontée du franc, bien que stoppée en décembre 1926, a effectivement suffi à créer de réelles difficultés dans le secteur d'exportations : ce dernier a perdu le rôle de moteur de la croissance qu'il remplissait jusqu'en 1926, le véritable enjeu étant désormais la consolidation du niveau atteint à cette date.

En 1927, pourtant, le volume global des exportations françaises progresse encore, pour des raisons complexes tenant surtout à la conjoncture interne. Le freinage des dépenses publiques, l'alourdissement des impôts, la hausse temporaire des taux d'intérêt, le dégonflement des stocks exercent à court terme un effet dépressif sur la demande globale [13] ; un chômage significatif (mais très mal recensé) apparaît dans certaines branches. Les entreprises, confrontées à la mévente interne, sont incitées à consentir des sacrifices sur les prix pour conserver les positions récemment acquises sur les marchés extérieurs. La plupart sont d'ailleurs en mesure de le faire, grâce à la baisse du coût des matières premières importées et aux profits élevés des années précédentes : les récriminations, rituelles en période d'ajustement, ne doivent pas toujours être prises au pied de la lettre. En 1928-1929, le secteur externe de l'économie française est globalement stabilisé, dans des conditions assez favorables pour assurer, compte tenu des revenus non commerciaux (revenus des investissements extérieurs et du tourisme), un confortable excédent de la balance des paiements courants, comme avant-guerre. Mais le fait nouveau majeur de 1928-1929 est le remarquable redressement de la conjoncture interne, et notamment l'essor de l'investissement productif, parallèle à la montée des cours en Bourse. L'épargne, largement absorbée jusqu'en 1926 par le financement du déficit budgétaire et les tâches de la reconstruction, se trouve « libérée [14] » pour financer la modernisation industrielle. La croissance de l'économie française, dont le dynamisme surclasse alors la plupart des économies européennes, semble avoir retrouvé tout son élan, lorsque survient la crise mondiale de 1929-1930.

Pourtant, les séquelles de la « crise des changes » de 1924-1926, ne sont certainement pas encore effacées vers 1929. La monnaie vient de subir pendant quelques années des fluctuations d'une violence inouïe : alors qu'aujourd'hui on s'émeut (à juste titre) d'une dévaluation de 10 %, d'une hausse de quelques points du cours du dollar, en 1924 et en 1926, on a vu le franc perdre en quelques mois la moitié de sa valeur, avant de regagner tout aussi brusquement une grande partie du terrain perdu. La « bataille du franc » suscite des métaphores guerrières dont l'outrance a de quoi choquer – mais les contemporains n'exagéraient pas lorsqu'ils parlaient de « drame financier ». Les uns y ont beaucoup gagné, les autres lourdement perdu.

Globalement, l'économie française a gagné des parts de marché pendant la phase de dépréciation du franc. Elle en émerge, vers 1926-1929, avec un secteur d'exportation élargi (la part des exportations dans le revenu national a augmenté par rapport à 1913, contrairement à la tendance dominante de l'entre-deux-guerres, qui va dans le sens d'une fermeture croissante des économies nationales), mais vulnérable. La France exporte davantage de matières premières et de demi-produits, à faible valeur ajoutée (alors que les progrès de l'industrialisation devraient normalement impliquer la tendance inverse), davantage aussi de produits d'industries vieillies, comme les textiles, voués à un déclin de long terme, mais qui ont bénéficié d'un sursis inespéré grâce à la dépréciation du franc (ce « formidable coup de veine »), indépendamment de tout effort de modernisation de leur part. Les premiers signes d'un renouveau des investissements de compétitivité, dans les vieilles industries exportatrices confrontées à la revalorisation du franc, se manifestaient tout juste vers 1929. Ces efforts tardifs n'auront guère le temps de porter leurs fruits avant la crise mondiale : de sorte que les « va-et-vient » du franc et leur impact sur le secteur d'exportation au cours des années 1920 contribuent à expliquer la sévérité de la dépression française des années 1930. L'obstination à repousser toute nouvelle dévaluation (responsable d'une surévaluation croissante du franc de 1931 à 1936) représente plus nettement encore un handicap supplémentaire pour l'économie française en ces temps difficiles.

Le souvenir du « franc fort » des années Poincaré, lorsque les capitaux affluaient en France et que les réserves de la Banque de France battaient tous les records, recouvre donc des réalités économiques pour le moins contrastées. Mais n'est-ce pas la notion même de « franc fort » qui prête à confusion ? L'économie française – qu'il s'agisse de l'entre-deux-guerres ou de notre histoire monétaire plus récente – n'a pas cessé de pâtir de l'alternance entre des phases de sous-évaluation et de surévaluation du franc. Mais cet enseignement de l'histoire, visiblement, passe mal. Le slogan du « franc fort » est souvent devenu l'apanage des partisans d'une politique volontariste, visant à « défendre » un franc surévalué : tout le contraire du choix lucide de Raymond Poincaré en 1928.

NOTES

1. *Du franc Poincaré à l'Écu*, Colloque tenu à Bercy les 3 et 4 décembre 1992 (voir bibliographie).

2. La pièce de 1 franc était couramment appelée pièce de 20 sous. Le « petit franc de 4 sous » est tombé au cinquième de son ancienne valeur.

3. « On ne gagne rien à se comporter comme il faut » (*Essays in Persuasion*, vol. IX Collected Writings, Londres, Macmillan, 1972). Mais Keynes se garde bien d'approuver pour autant le laxisme financier des Français !

4. Par exemple, R. Dornbusch, « The 1926 Poincaré Stabilization », *Economic Policy*, avril 1989 –, B. Eichengreen, *Elusive Stability*, Cambridge, Cambridge University Press, 1990 (recueil contenant notamment « The Economic Consequences of the Franc Poincaré », en collab. avec Ch. Wyplosz) ; T. Makinen, G. Woodward, « A Monetary Interpretation of the Poincaré Stabilization », *Southern Economic Journal*, 1989 ; J. Marseille, « Le franc Poincaré et le commerce extérieur de la France », in *Du franc Poincaré à l'Écu*, 1993 ; A. Prati, « Poincaré's Stabilization », *Journal of Monetary Economics*, 1991 ; P. Saly, « Poincaré keynésien ? » in *Le Capitalisme français*, sous la dir. de P. Fridenson et A. Straus, Fayard, 1987 ; T. Sargent, « Stopping Moderate Inflations. The Methods of Poincaré and Thatcher », in R. Dorrbusch, M. Simonsen eds, Inflation, Debt and Indexation, Cambridge, the MIT Press, 1983, P. Sicsic, « Was the Franc Poincaré Deliberately Undervalued ? », Explorations in Economic History, 1992 ; P. Villa, « Une explication des enchaînements macroéconomiques sur l'entre-deux-guerres », Le mouvement social, 1991.

5. « Il est clair comme le cristal que les Français ont stabilisé le franc à un taux qui maintenait délibérément l'avantage artificiel dont bénéficient les industries françaises d'exportation depuis quelques années » (« The Return to Gold, 1925 », in S. Pollard ed., *The Gold Standard and Employment Policies Between the Wars*, Londres, Methuen, 1970). Cette thèse fournit un repoussoir commode, mais il est tout à fait exagéré de la présenter comme l' « orthodoxie » en vigueur jusqu'aux travaux de B. Eichengreen (« the new view »).

6. Le franc germinal a été défini par la loi du 17 Germinal an XI (avril 1803). Il n'a subi aucune dévaluation jusqu'en 1914.

7. Si les prix français sont passés, entre 1913 et 1926, de 1 à 6 et les prix anglais de 1 à 2, le maintien de la correspondance entre prix et taux de change (relation de parité de pouvoir d'achat) impliquerait que le cours de la livre s'élève dans la proportion de 1 à 3. Or, en fait, il s'élève de 1 à 10 : le franc est donc très fortement sous-évalué vis-à-vis de la livre en juillet 1926.

8. D'après J. Baudant, cité par J. Marseille (« Les origines " inopportunes " de la crise de 1929 en France », *Revue économique*, 1980).

9. Cf. J. Rueff, « Sur un point d'histoire : le niveau de la stabilisation Poincaré », *Revue d'Économie Politique*, 1959, où l'auteur donne des précisions sur ses calculs de 1926.

10. Les prix de gros ont nettement diminué, en raison précisément de la remontée du franc et de son impact sur le coût des matières premières importées, à partir du maximum de l'été 1926, où ils atteignaient le coefficient 6. Le mouvement des prix de détail est plus atténué : leur hausse avait été moins forte, la baisse est plus tardive et plus faible.

11. Voir n. 4 ci-dessus.

12. Sur ce point controversé, les travaux récents convergent vers une conclusion intermédiaire entre celles de J. Marseille (disparition de la « prime de change ») d'une part, de R. Sayers d'autre part (maintien de la sous-évaluation du franc). Comment expliquer ce maintien partiel de la sous-évaluation antérieure, alors que les calculs préalables à la stabilisation visaient certes à éviter une sur-évaluation du franc, mais non à maintenir délibérément un franc sous-évalué ? Les précisions données par J. Rueff (cf. n. 9 et 10) éclairent l'origine d'un tel décalage entre les intentions et les réalités : ses calculs de l'été 1926, 1° étaient fondés sur les prix de gros, bien plus volatiles que les prix de détail, et très largement influencés par le coût des biens importés ; 2° ne prenaient pas en compte la retombée ultérieure des prix français (sous l'influence précisément du redressement du change fin 1926) ; 3° adoptaient comme référence les prix allemands, alors que le mark restait lui-même sous-évalué vis-à-vis de la livre et du dollar.

13. P. Saly défend la thèse, délibérément paradoxale, d'un Poincaré keynésien (cf. n. 4). En l'occurrence, s'il y a vers 1927 un « effet keynésien » de la politique budgétaire, P. Villa montre bien qu'il s'agit d'un effet dépressif.

14. Dans le jargon économique, on parle d'un effet de « crowding in » (par opposition à l'effet d'éviction, « crowding out »).

BIBLIOGRAPHIE

Plusieurs références essentielles sont mentionnées dans la note 4. Sont repris ci-dessous quelques titres, classés par langue de publication.

En français :

Du franc Poincaré à l'Écu, Comité pour l'Histoire économique et financière de la France, éd. du ministère des Finances, 1993.

Moreau (E.), *Souvenirs d'un gouverneur de la Banque de France,* Paris, Librairie de Médicis, 1954 ; préface de J. Rueff. L'édition italienne *(Memorie di un governatore della Banca di Francia,* Cariplo, Laterza, 1986) comporte une remarquable « Présentation » par Jean Bouvier.

Perrot (M.), *La Monnaie et l'opinion publique en France et en Angleterre de 1924 à 1936,* Paris, A. Colin, 1954.

Philippe (R.) : *Un point d'histoire. Le drame financier de 1924-1928,* Paris, 1931.

Rueff (J.) : « Sur un point d'histoire : le niveau de la stabilisation Poincaré », *Revue d'Économie Politique,* 69 (1959), p. 168-178.

En anglais :

Kemp (T.) : « The French Economy under the Franc Poincaré », The Economic History Review, 24, 1 (1971). Contient par avance les éléments pertinents de ce que l'on appellera plus tard la « new view ». Prati (A.) : « Poincaré's Stabilization. Stopping a Run on Government's Debt », *Journal of Monetary Economics*, 27 (1991). La plus convaincante des analyses récentes.

En italien :

Falco (G.), Storaci (M.), « Il ritorno all'oro in Belgio, Francia e Italia (1926-1928) », Italia Contemporanea, 1977.

Mouré (K.), *La Gestion du franc Poincaré,* ed. de la Banque de France, 1997.

Blancheton (B.), « Les mécanismes des faux bilans de la Banque de France ».

[illegible] 1931.

[illegible]

[illegible]

[illegible] Economie [illegible]

[illegible]

[illegible]

1929 [illegible]

[illegible]

[illegible]

La déflation Laval

par

Nicolas BAVEREZ

La déflation est l'un de ces sujets d'actualité à propos desquels on oublie souvent que l'Histoire peut offrir des pistes prometteuses.

Ainsi en va-t-il du protectionnisme et du libre-échange : la France est considérée comme un pays protectionniste et taxée de « colbertiste », quand l'Allemagne a la réputation d'être libre-échangiste. Cependant on oublie que le premier traité de libéralisation des échanges a été signé entre la France et le Royaume-Uni avant la Révolution française et que dès 1860 fut conclu le grand traité de commerce franco-anglais Cobden-Chevallier, au moment même où la Prusse de Bismarck organisait le Zollverein. Et Frédéric Bastiat était français alors que Friedrich List était allemand. Ce rappel peut à tort sembler éloigné des questions monétaires, qui présentent pourtant des traits similaires : la France est sensée être le pays du laxisme monétaire et des partisans de la dévaluation et l'Allemagne le pays de la stabilité monétaire. Ceci est à la fois vrai et faux.

Il est tout à fait exact que l'Allemagne a fait deux fois au XXe siècle l'expérience de la disparition de sa monnaie : dans les années 20 et dans la période 45-48. Il est établi que l'Allemagne s'est construite par trois fois de manière positive autour du mark, en 1870, en 1949 avec la trizone, puis avec la réunification monétaire de 1990. Ce qu'on oublie de dire c'est qu'en matière de disparition et d'effondrement de la monnaie, la France avait traversé ce type d'épreuve bien avant l'Allemagne. dès le XVIIIe siècle, avec la banqueroute de Law, puis l'émission des assignats, la France a fait cette expérience, et les périodes de stabilité monétaire sont beaucoup plus longues que les périodes où la monnaie a été dévaluée. C'est d'ailleurs l'attachement extrême des Français à la stabilité de la monnaie qui peut expliquer leur inclination fort peu libérale vers les exécutifs forts.

L'Histoire peut donc nous éclairer un certain nombre de points importants, où la monnaie n'apparaît qu'un élément de configurations complexes qui renvoient aux institutions et à la politique.

Le rapport des Français à la monnaie reste beaucoup plus ambivalent qu'on ne le présente habituellement. La dernière conférence-débat a ainsi traité de la période marquée par la restauration du franc, ce nouveau franc dont Pinay ne voulait pas et qui lui a été imposé par le général de Gaulle, de la même façon que Poincaré ne voulait pas de la stabilisation de 1928.

Parmi ces grands événements figure la période du « Bloc-or », qui n'est pas sans rappeler le franc fort, et qui demeure centrale. Car l'exception économique de la France n'est pas à chercher dans le prétendu tropisme pour le protectionnisme, le colbertisme, l'étatisme. Elle réside dans les ruptures qui marquent le développement économique de ce pays. Et dans les ruptures du développement français au XXe siècle, la monnaie a joué un rôle majeur.

Qu'est ce que la déflation ? Il y a une première définition étroite : c'est la baisse du niveau général des prix. Et puis, il y a une définition plus large : la baisse cumulée de la monnaie, des prix, de la production et du chômage, la monnaie étant un moyen de transmission essentiel des déséquilibres entre ces différents marchés. La démonstration de la puissance de l'instrument monétaire a été apportée par le retour de la Grande-Bretagne au Gold Exchange Standard, décidé par Churchill en 1925, qui s'est conclu par une performance très négative de l'économie britannique dans les années 1920, ou encore par les erreurs de la Federal Reserve Bank en 1929 qui ont contribuées à transformer l'éclatement d'une bulle spéculative sur le marché américain des actions, en crise mondiale des paiements.

J'aimerais essayer de défendre auprès de vous trois idées. La déflation Laval a été une expérience rare dans les années 30, une tentative cohérente de baisse des prix qui s'est achevée par un échec très lourd portant une responsabilité essentielle dans le décrochage de l'économie française au cours des années 30. Deuxièmement, cet échec doit être replacé dans le cadre plus large du « Bloc-or » : Laval fut l'homme public qui a donné l'expression la plus aboutie d'une politique qui faisait l'objet d'un large consensus en France au-delà même des milieux politiques. Dans un troisième temps on s'interrogera sur la comparaison que l'on peut essayer de dresser entre les années 1930 et les années 1990.

I. *Qu'est-ce que la déflation Laval ? Et quels ont été les résultats de cette expérience ?*

L'arrivée au pouvoir de Laval s'inscrit dans un contexte politique extrêmement difficile : c'est la suite du 6 février 1934 qui a vu la rue s'exprimer avec une violence ouverte contre la République parlementaire ; ensuite se constitue le gouvernement Doumergue, gouvernement d'union nationale qui avait comme projet de promouvoir la modernisation de l'État et qui échoue dans cette réforme, notamment en raison de l'opposition des radicaux, au premier rang desquels figure Édouard Henriot. Ceux-ci, conduits par Daladier, vont alors se tourner vers la stratégie qui donnera naissance au Front populaire. A la suite du retrait de Doumergue se succèdent deux gouvernements éphémères, Flandin et Buisson, avant la constitution du gouvernement de Pierre Laval, qui est à l'époque incontournable puisqu'il est le seul capable, grâce à ses réseaux d'amitié, de trouver une majorité dans une chambre qui est celle de 1932, c'est-à-dire une chambre de gauche. Laval va, au sein de cette chambre de gauche, réunir une majorité de centre droit sur un contrat de gouvernement qui se fixe comme objectif principal la politique de déflation.

Le tableau économique n'est guère plus favorable que la situation politique. La France n'est entrée en crise qu'en septembre 1931, à partir de la dévaluation de la livre britannique. Elle avait été protégée auparavant par l'avantage en matière de compétitivité de prix que représentait le franc Poincaré, sous-évalué de 10 à 20 %. Les industries exportatrices ont certes été touchées dès 1929 mais l'impact principal intervient en septembre 1931 sous la forme d'un événement monétaire majeur : la dévaluation de la livre britannique. C'est d'ailleurs un des éléments de rapprochement que nous pourrons faire avec la période actuelle : dans les années 30 comme dans les années 90, les Britanniques ont su « tirer les premiers », ce qui ne leur a pas mal réussi. Le paradoxe veut qu'ils ont été amenés par deux fois à dévaluer sous la pression, malgré l'opposition du gouvernement et de la Banque d'Angleterre, et que ce fut par deux fois un choix gagnant.

Revenons aux années 1930 : Laval arrive au pouvoir, sur le fondement d'un contrat de gouvernement clair pour conduire une politique de déflation, avec une majorité de centre droit, et ce en pleine crise économique, au moment où la production a très fortement diminué et où le chômage atteint en France son paroxysme. Il demande donc les pleins pouvoirs pour « lutter contre la spéculation et défendre le franc ».

Le principal objectif de cette politique consiste à défendre la monnaie, considérée comme une fin en soi et non comme un moyen au service d'autres objectifs. Cette politique se décline autour de trois grands piliers :

– l'équilibre budgétaire ;

– le refus de la dévaluation ;

– une politique internationale pacifiste, qui entend parvenir à un accord avec l'Italie et l'Allemagne. Nous n'aborderons pas cette question ici, mais méfions-nous de tout anachronisme : le Laval de 1935 n'est en aucune manière celui de 1940.

Contrairement à tous les gouvernements qui s'étaient succédé depuis 1929 et qui avaient oscillé, mélangeant des éléments assez hétéroclites, Laval avait une idée nettement arrêtée de ce qu'il souhaitait faire. Il se donna les moyens de cette politique et mit en place une série de mesures déflationnistes, qui aboutirent à des résultats tout à fait négatifs. L'objectif était clairement défini : il consistait à faire suffisamment baisser les prix français pour rattraper ceux des concurrents étrangers qui avaient dévalué ; et au plan national rétablir l'équilibre budgétaire en stabilisant les dépenses et en augmentant les impôts.

Quelles furent les mesures d'application de ces programmes ? Elles prirent la forme de décrets-lois qui effectivement organisèrent la baisse des prix et qui furent préparés par des gens tout à fait compétents : Jacques Rueff et Charles Rist notamment. Des gens qui avaient contribué à la stabilisation Poincaré et qui commençaient à avoir un certain nombre de doutes à propos de la politique de déflation ; mais des gens loyaux qui appliquèrent fidèlement la politique que leur demandait de mettre en œuvre Pierre Laval.

Ces décrets-lois portèrent sur deux grands champs : le budget proprement dit et l'économie.

Sur le budget de l'État la mesure la plus spectaculaire et celle qui fit la célébrité de Laval fut la diminution autoritaire de toutes les dépenses publiques, à commencer par le traitement des fonctionnaires. C'est ce qu'ont retenu la plupart des historiens de ces « décrets-lois scélérats ». Le paradoxe veut que, pour un certain nombre de produits, les prix diminuèrent plus vite et que sur moyenne période, dans les années 1930, et même avec les décrets-lois Laval, il y eut une augmentation significative du pouvoir d'achat des actifs occupés, y compris les agents publics. Mais les Français retinrent surtout la diminution des feuilles de paie, donnant raison à Keynes sur la résistance des salaires nominaux à la baisse. Autre mesure, la diminution de 3 % des pensions d'anciens combattants, ce qui était très courageux pour un gouvernement de droite ; la réduction autoritaire des intérêts de la dette publique, et hausse d'impôt. Voilà donc un gouvernement de droite qui s'attaque aux anciens combattants, aux rentiers, aux fonctionnaires : c'est suffisamment peu fréquent pour être souligné.

Côté économie : baisse des prix du pain, des loyers, du charbon, du gaz, de l'électricité, des engrais. Et ouverture d'une fenêtre de conversion des emprunts publics et privés : pendant quelques semaines, tous les emprunteurs eurent la possibilité de négocier quasi unilatéralement la baisse du taux des emprunts qu'ils avaient souscrits, y compris quand figuraient des clauses contraires dans les contrats qu'ils avaient souscrit. Voilà encore un dispositif tout à fait original et dérogatoire du droit commun.

Malheureusement, ce courage et cette imagination aboutirent à un quadruple échec. Le plus étrange reste l'échec monétaire et financier :

Laval va réussir à maintenir la parité du franc par rapport à l'or, mais à un prix terrible en matière de fuite des capitaux. Conformément à la célèbre formule de Paul Reynaud selon laquelle une monnaie surévaluée est comme le gros gibier blessé poursuivi par les loups, les capitaux partirent massivement : de janvier 1935 à septembre 1936, les réserves en or de la Banque de France fondirent de 82 à 54 millions de francs, et ses réserves en devises s'effondrent de 16 à 1 milliard de franc. L'impact en matière de taux d'intérêt fut tout aussi spectaculaire, Laval étant obligé de les augmenter pour défendre la parité-or. Le déficit public quant à lui diminua très faiblement, car les recettes fiscales s'écroulèrent et diminuèrent plus vite que les économies n'étaient réalisées. L'échec sur le plan monétaire et financier fut donc complet, sanctionné par un premier éclatement du « Bloc-or », à travers le départ de la Belgique.

Échec sur le plan économique également, avec une évolution paradoxale des prix : en dépit de toutes les mesures déflationnistes, l'indice général des prix eut tendance à augmenter en raison de la reprise mondiale et de récoltes médiocres. Cette hausse des prix était la meilleure chose qui pouvait arriver à l'économie ; elle fut malheureusement freinée par la politique de déflation qui provoqua un choc terrible sur la production : la production industrielle diminua de 10 %, ce qui déclencha une nouvelle hausse de chômage. Les exportations diminuèrent entre le début de la crise et fin 1935 de 44 % en volume et de 82 % en valeur. La France, qui avait raté la première reprise économique de 1933, vit, grâce à la déflation Laval, passer également le deuxième train de reprise de 1935 sans réussir à en tirer parti.

Sur le plan social, la déflation, comme l'inflation, est une machine opaque à opérer des transferts et des redistributions de richesse. Simplement le sens des transferts est opposé : les retraités et les rentiers sont les grands bénéficiaires de la déflation ; en revanche, les revenus agricoles, les salaires, les bénéfices industriels et commerciaux, souffrent terriblement. Ainsi la déflation des années 1930 se traduisit-elle par une augmentation du pouvoir d'achat des rentes et des retraites de l'ordre de 15 à 20 %, déplaçant la richesse vers les secteurs non productifs et les administrations publiques.

Les conséquences de ce choix furent très lourdes : 1935 marqua le décrochage de l'économie française. Les entreprises, qui avaient commencé à s'ajuster à partir de 1933 cessèrent totalement d'investir à partir de 1935. Le système productif se dégrada de manière accélérée et les stocks augmentèrent, de telle sorte que l'économie française fut incapable de répondre à la reflation impulsée par Blum et le gouvernement du Front populaire. De même l'échec de la dévaluation de septembre 1936 s'explique certes par son côté tardif, mais aussi par l'héritage considérable de la déflation Laval. Le programme du Front populaire, que résume la première formulation du « ni-ni », « ni dévaluation, ni déflation », démontre l'incapacité des dirigeants de l'époque à effectuer un choix clair. Laval lui avait su faire un choix clair, un choix tout à fait tragique pour la France, qui a débouché sur une activité qui s'effondre, une économie de rente qui s'affirme et un secteur productif qui disparaît avec l'euthanasie de l'investissement et de l'emploi. Voici pourquoi cette déflation, outre son échec sur le moment, eut des conséquences à moyen terme très importantes qui n'expliquent pas en totalité l'échec économique du Front populaire mais qui rendent compte d'une partie de cet échec.

II. *La compréhension de la déflation Laval est indissociable de la séquence économique du début des années 1930, placée sous l'égide du « Bloc-or »*

C'est dans le « Bloc-or » qu'il faut chercher l'origine de cette politique « aussi rationnelle qu'absurde », pour reprendre la formule de Jacques Rueff. Et le « Bloc-or » trouve sa source tant dans les illusions nées de la réussite de la stabilisation Poincaré que dans la rupture brutale des pourparlers engagés à Londres pour stabiliser le système mondial des paiements.

Le « Bloc-or » est né de l'échec de la conférence de Londres, convoquée en 1933 pour tenter d'organiser une réponse collective à la crise. La décision de Roosevelt de tirer les conséquences de la crise de 1929 et sa volonté de reprendre sa marge de manœuvre ont ruiné toute possibilité d'issue concertée à la crise et ouvert le cycle des dévaluations compétitives. Mais les principaux responsables de la rupture des négociations sont les dirigeants et les autorités monétaires français. Le ministre des finances de l'époque était l'otage de la Banque de France qui lui consentait les avances indispensables pour boucler le budget et financer son déficit; les conditions imposées par la Banque de France pour continuer à réaliser ses avances en faveur du Trésor, consistaient en une parfaite intransigeance sur le dossier de la parité or. C'est en raison du blocage français que Roosevelt finit par quitter la conférence et procéder à la dévaluation du dollar. Les Britanniques avaient déjà dévalué, Roosevelt se décide à son tour et la France proposa à un certain nombre de pays de créer le « Bloc-or », où l'on trouva notamment la Belgique, les Pays-Bas, l'Italie, la Pologne. C'est une expérience intéressante parce qu'elle préfigure par bien des traits le SME et le Marché commun. A l'origine le dispositif repose sur l'attachement à la parité-or mais aussi sur un accord de change avec la possibilité d'intervention des banques centrales pour soutenir la parité des différentes devises. L'ensemble constituait un authentique projet d'intégration économique européenne, qui entendait créer une zone de stabilité pour favoriser la constitution d'une zone de libre-échange. La construction était donc audacieuse et ambitieuse.

Pour les dirigeants français le « Bloc-or » s'enracinait également dans la stabilisation Poincaré qui avait permis aux Français d'échapper dans un premier temps à la crise, ce dont ils avaient conclu, de manière très légère, que le choc était dû au laxisme monétaire coupable des Anglo-Saxons et que ses conséquences se cantonneraient dès lors à leurs économies : les Français qui savaient ce qu'était une monnaie et comment il fallait la gérer ne connaîtraient pas la crise, puisque le franc était la meilleure monnaie du monde et qu'il restait accroché à l'or. Le franc Poincaré fut ainsi défendu par les mêmes qui l'avaient mis en place qui avaient lutté durant deux ans, de 1926 à 1928, pour convaincre le président du Conseil de l'absolue nécessité de réaliser l'opération de stabilisation qu'il refusait. En dépit de sa réussite, la dévaluation du franc à hauteur de 20 % du franc Germinal avait traumatisé à la fois la classe politique, qui était hostile à son principe, et les milieux d'affaires, à commencer par les régents de la Banque de France, Wendel et Rothschild en tête.

D'où la double méprise sur la nature même de la crise qui n'était pas conjoncturelle mais structurelle et sur les conséquences des dévaluations compétitives dans un environnement de déflation. Les Français vont donc imposer à leurs partenaires du « Bloc-or » une vision de la stabilité monétaire qui ne correspondait plus à la réalité économique et financière du monde. D'où également la double crise qui explique la performance dramatique de l'économie française dans les années 1930 : la crise internationale, contrairement à ceux qui avaient fait le choix de l'autarcie, avec les suites du krach américain, les faillites bancaires en chaîne, l'effondrement du commerce international et la tension mondiale des balances des paiements ; la crise proprement française, due à deux instruments redoutables, la surévaluation du franc qui atteignit en moyenne 15 % par rapport aux monnaies de nos partenaires et qui entraîna la chute dramatique des exportations tombées de 15 % à 6 % du PIB entre 1929 et 1935, les taux d'intérêts, qui augmentèrent en France entre la fin des années 1920 et le milieu des années 1930 de 3,9 à 5,6 %, tandis qu'ils chutaient en Grande-Bretagne de 4,6 % à 2,9 % et aux États-Unis de 3,6 % à 2,1 %.

Partout dans le monde, la séquence de la reprise vit succéder la dévaluation, la baisse des taux d'intérêts, les réformes d'un système qui se remettait progressivement en marche. La France se caractérisa au contraire par un double blocage : externe avec la surévaluation de la monnaie ; interne avec les taux d'intérêts qui contribuèrent à briser et l'investissement, et la consommation. A partir de 1933, l'activité s'améliore nettement dans les pays industriels, quand elle chute en France de 5 %. Pour le chômage, il en va de même : partant certes de niveaux très supérieurs en Grande-Bretagne et aux États-Unis, il diminue dans ces pays de façon significative alors qu'il augmente fortement en France. La faillite du « Bloc-or » est dès lors inéluctable, qui aboutit à la dévaluation de septembre 1936. Les derniers qui partirent, les Hollandais, souffrirent aussi beaucoup. Les Belges qui reprirent leur liberté dès 1935 s'en trouvèrent mieux. Ainsi s'achève la première grande tentative d'intégration monétaire et économique européenne : le « Blocor » superposa une crise proprement européenne à la crise mondiale. L'échec fut diplomatique également, car sa faillite laissa des traces politiques. Les grandes difficultés rencontrées par la France pour convaincre les Anglais et les Américains de la réalité des menaces fascistes et nazies ne peuvent être dissociées des tensions violentes provoquées par la question monétaire. Enfin, dans l'ordre interne, et de manière très comparable avec la situation actuelle, s'affirma une logique perverse entre un pays vieillissant, dominé par les rentiers, la déflation, l'effondrement de l'activité et de l'emploi, la dissolution du lien social et la montée des extrémismes.

III. *La comparaison entre les années 1930 et les années 1990 mérite d'être étudiée*

Bien sûr, les différences demeurent considérables. D'abord, en dépit d'une succession de chocs externes assez violents depuis le premier choc pétrolier, l'effondrement du système bancaire, du commerce international et des paiements mondiaux a été évité. Si, vaille que vaille, ces chocs ont été surmontés, c'est grâce aux effets d'apprentissage des gouvernements et des autorités monétaires, et en premier lieu de ceux qui ont la responsabilité première de ce système, c'est-à-dire le gouvernement américain et la FED.

La seconde divergence est à chercher dans le fait que l'économie mondiale a continué à croître, échappant à la spirale déflationniste où les prix, l'activité et l'emploi s'entraînent naturellement à la baisse. Tout ceci n'en rend que plus paradoxale la persistance de l'exception française de la déflation et du chômage de masse.

Contrairement à ce qu'on entend souvent dire, la croissance est en hausse et le chômage en baisse partout dans le monde, sauf en Europe et plus spécifiquement dans le couple franco-allemand. Une rupture historique en 1989, qui a clairement ouvert une nouvelle phase de l'histoire politique, diplomatique et économique. La référence normale et logique, pour établir des séries statistiques, doit être fixée en 1989, et non 1986 ou 1987 comme le fait la Banque de France. Si l'on choisit 1989 comme base de référence, les choses s'éclairent : en Asie 8,5 % de croissance, aux États-Unis 3,5 %, en Europe 2,1 %, en France 1,1 %. Sur le chômage : en France aujourd'hui 12,6 %, dont les deux tiers d'origine structurelle, avec une hausse moyenne de 1 % par an ; en Allemagne, une hausse de plus 300 000 chômeurs en un an, avec un chômage qui touche 4 millions de personnes et qui atteint 10,6 % de la population active ; en Grande-Bretagne, il est passé de 10 à 6,8 % ; aux États-Unis, le taux de chômage a été ramené à 4,8 %, soit une situation de plein emploi. C'est dire que contrairement à la vision française d'une crise continue et permanente depuis 1974, des chocs très divers et très variés sont intervenus qui n'ont pas empêché de créer des richesses et des emplois dans le monde, à l'exclusion des pays qui se sont enfermés dans une logique déflationniste.

Deuxième spécificité française, les conséquences sociales et politiques des choix effectués : les transferts de l'État-providence représentent 30 % du revenu national, soit un montant identique au montant de la rente au début du siècle. Les taux d'intérêt et l'État-providence se combinent donc pour fabriquer une double machine à transférer du pouvoir d'achat et des revenus des gens qui travaillent vers les inactifs. Ce sont mises en place une bulle spéculative du secteur public, financée par des obligations, et une bulle spéculative de droits sociaux fictifs, qui sont distribués à une partie de la population. Ceci provoque des tensions très fortes sur la répartition de la valeur ajoutée et des déséquilibres majeurs entre les générations avec le report de la charge financière des droits sociaux sur les actifs futurs, dont on sait qu'ils seront moins nombreux et qu'ils devront affronter une croissance faible et un chômage persistant. Les effets politiques et sociaux ne sont pas moindres puisque le laminage des classes moyennes comme dans les années 1930, encourage et nourrit l'extrémisme politique.

Pour évaluer la politique mise en place depuis la fin des années 1980, il est indispensable de revenir sur ses origines et ses objectifs. L'objectif comme dans le cas de Laval n'était ni médiocre ni stupide. Cette politique monétariste, qui s'inscrivait aussi dans le projet européen de la monnaie unique, a été imaginée en complément du grand marché à la fin des années 1980, dans une période marquée non seulement par une forte croissance mais aussi par l'environnement de la guerre froide. Ce projet élaboré dans un contexte historique a donc été appliqué avec un durcissement croissant dans un monde qui n'avait plus rien à voir : récession post-guerre du Golfe d'une part, chute du mur induisant un formidable changement géopolitique d'autre part. Le maintien du dispositif initial constitue à mon avis à la fois une erreur et une rupture car on est passé de la désinflation compétitive à la déflation, donc d'une conception interne de la stabilité monétaire – la lutte contre l'inflation –, à une conception externe de la stabilité monétaire – l'arrimage du franc au mark.

Ainsi a triomphé une même conception nominaliste de la monnaie, définie par rapport à un étalon de valeur posé comme absolu : l'or dans les années 1930, aujourd'hui le mark. Cette conception n'est pas seulement archaïque, dans un système de change flexible et un contexte déflationniste, mais grosse de risques : encore faut-il en effet lier son sort au vainqueur de la redistribution des cartes provoquée par la crise. Dans les années 1930 le choix de l'or fut catastrophique. Celui du mark, modèle allemand auquel on fait perpétuellement référence, est, sinon un modèle en crise, du moins un modèle en mutation, en raison de la réunification au plan interne du mouvement de globalisation, d'ouverture et d'exploitation des nouvelles technologies au plan externe.

Le refus de tirer des conséquences de cette réunification allemande a évidemment des conséquences politiques majeures mais aussi des effets économiques et monétaires. Pour ce qui est de l'économie française et de l'Europe en général, nous observons que les choix arrêtés à la fin des années 1980 ont été maintenus depuis cette époque-là ; il est remarquable de constater que l'élection d'une « Chambre introuvable », puis celle d'un président de la République qui était présenté comme un candidat de rupture, n'ont provoqué aucun changement. Bien au contraire, le dispositif initial n'a cessé d'être durci. Cela montre la force du consensus fabriqué autour de cette politique. Ce consensus et cette politique méritent que l'on s'interroge sur leur bien-fondé tant il est désormais évident que l'idée européenne ne sort pas grandie de l'aventure : le SME a plus ou moins explosé, l'enchaînement des dévaluations compétitives a perverti le grand marché, les économies française et allemande divergent.

Sur le plan français, une crise nationale a de nouveau été superposée à la crise mondiale. Les taux d'intérêts ont été en moyenne de 7,2 % depuis 1981, ce qui avec une inflation de l'ordre de 2 %, implique que l'économie a dû supporter des taux réels supérieurs à 5 % pendant sept ans dans un contexte économique extrêmement difficile. Les effets de long terme sur les structures économiques et sociales furent terribles. Non seulement l'investissement productif à disparu, la consommation reculé, mais, comme le souligne Jean-Paul Fitoussi, l'arbitrage entre le passé et le futur dont les taux sont le pivot a été profondément altéré : une société qui a des taux d'intérêt réels portés à ce niveau est une société qui ne croit pas en son avenir. Donc première arme à casser la croissance et l'emploi : les taux d'intérêt. Deuxième arme à casser la croissance et l'emploi : la parité du franc. Vis-à-vis du dollar, la surévaluation depuis le milieu des années 1980 jusqu'à 1997 a atteint 20 % en moyenne. Et la part du commerce extérieur qui est libellée en mark ne représente que 13 %, tandis que la part libellée en dollars dépasse 50 %. Quoi qu'on puisse dire sur le franc-mark, l'impact de la surévaluation par rapport au dollar est massif et affecte plus de la moitié de notre commerce extérieur. Sur le plan monétaire et financier, la volonté de rétablir l'équilibre budgétaire sans croissance est vouée à l'échec, les recettes s'effondrant plus vite que les économies engagées. Depuis deux ans les taux d'imposition ne cessent d'augmenter tandis que les recettes fiscales nettes diminuent. Sur le plan de la monnaie, le franc est de nouveau une monnaie en crise chronique, qui sert de cible à la spéculation.

La moindre des aberrations des choix effectués n'est pas qu'on a dissout la politique dans la politique économique, résumé la politique économique à la monnaie, et la monnaie à la parité du franc et du mark. Quelle que soit l'importance de la monnaie, elle n'est qu'un instrument au service de l'économie qui elle-même ne saurait prétendre résumer l'histoire d'une nation.

Il n'est certainement pas inutile de méditer aujourd'hui la phrase de Keynes selon laquelle « un pays riche peut avoir une très mauvaise monnaie, et un pays pauvre en avoir une très bonne ». Nous gagnerions à étudier plus attentivement. L'exemple des Anglais gagnerait à être médité qui firent un choix gagnant dans les années 1930 comme dans les années 1990. La France a effectué, à l'inverse, par deux fois des choix volontaires qui se sont révélés perdants. Il est donc plus que temps de dissiper les passions pour raisonner, et de retrouver des idées claires afin d'agir. La mondialisation ou les cycles économiques ne sont nullement des fatalités. Aujourd'hui, non par l'effet de la fatalité mais du fait d'erreurs graves de politique économique, la France court le risque de manquer le mouvement de croissance mondiale qui s'affirme, porté par le progrès technologique et l'ouverture de nouveaux continents au développement.

Jean-Baptiste Say avait conclu son cours, qui inaugurait la première chaire d'économie politique du Collège de France, en s'adressant à ses élèves en ces termes : « Et maintenant Messieurs, produisez ! » La France est désormais confrontée au même problème : il lui faut retrouver d'urgence la volonté de produire des richesses et des emplois au lieu de chercher un improbable salut dans quelque nouvelle utopie, la fin du travail se substituant au mythe de la société sans classe.

Christian Stoffaës :

Le plan Laval n'est pas un plan libéral. C'est un plan monétariste. Ce qui prouve bien que libéralisme et monétarisme c'est n'est pas la même chose. Le monétarisme et le libéralisme sont les fruits communs de la contre-révolution keynésienne mais ce n'est pas la même chose. Au contraire on observait l'autre jour que le plan de 58 est un plan libéral, le fait de gaullistes libéraux. Ce qui est frappant dans le plan Laval, c'est bien sa cohérence. C'est un plan du franc fort, du « Bloc-or », un plan européen, c'est la réduction du déficit public, avec un cercle vicieux déflationniste, comme aujourd'hui. On augmente les impôts, on essaie de réduire les dépenses publiques et la déflation s'enclenche c'est-à-dire moins de recettes, augmentation des taux, etc. L'intransigeance de la Banque de France (à l'époque c'était les régents, aujourd'hui c'est le gouverneur qui fait des remontrances au gouvernement), les partis d'extrême droite, le chômage... évidemment grande tentation de comparer cette époque avec celle d'aujourd'hui. Mais je voudrais faire une petite remarque politique car la dimension politique est très importante. Le plan Laval est resté comme le symbole même de l'échec, il a été diabolisé. Le Front populaire s'est construit sur la diabolisation du franc Laval, la théorie keynésienne a pénétré en France à partir de l'échec du plan Laval, c'était vraiment l'exemple de ce qu'il ne fallait pas faire. D'ailleurs dans la diabolisation du plan Laval, la rivalité droite-gauche n'est pas pour rien : c'est la gauche qui a diabolisé le plan Laval, qui s'en est servi pour discréditer la droite.

Pour les analogies avec la période contemporaine, je souligne que le monétarisme en France, et cette espèce de pensée unique, c'est une création de la gauche. A l'époque des années 30 il y avait des rivalités très graves entre la gauche et la droite en France. Le monétarisme en France c'est un consensus droite-gauche : je rappelle comment il s'est implanté en France : c'est la gauche qui l'a implanté aux États-Unis avec Carter. En Angleterre c'est la droite, Mme Thatcher. En France le grand tournant c'est 1983, le moment où la gauche au gouvernement s'est convertie à la rigueur et d'une certaine manière est obligée de se trouver un argument pour se convertir au monétarisme. Le détour qui a été trouvé c'est l'Europe. On a dit « Nous sommes monétaristes parce que nous sommes européens. » C'est ce côté qui est gênant dans ce qu'on appelle la pensée unique : il y a une manipulation de l'opinion. On dit : Nous sommes monétaristes parce que nous sommes européens. Il faut gagner la confiance des Allemands d'où l'attachement à la parité franc-mark. Et le couronnement c'est bien sûr Maastricht, un traité qui a été fait par un gouvernement de gauche. Qui est un traité hyper monétariste. Je crois que cela c'est une différence majeure avec la situation des années 30 où le conflit droite-gauche était grave, où la gauche était assez nettement keynésienne pour la relance et où la droite était déflationniste. En France depuis 1983, c'est le consensus, un nouveau parti, l'UGD, l'Union de la gauche et de la droite, qui est monétariste.

Nicolas Baverez :

Quels que soient les théories économiques ou les courants de pensée dont se réclament les économistes américains, ils sont tous d'accord sur le caractère d'impasse dans lequel la France et l'Europe se sont plaçées avec la monnaie unique et le franc fort. Cela n'implique pas qu'ils aient raison, mais cela devrait nous conduire à étudier leurs arguments au lieu de les écarter d'un revers de la main.

Sur le clivage droite-gauche il faut faire attention. C'est contraire, à mon avis, un des points de rapprochement avec l'entre-deux-guerres. Le tabou monétaire existait dans les années 1930. Si Blum fait campagne sur le thème « Ni déflation ni dévaluation », c'est justement parce que la dévaluation était un objet de consensus même à gauche. Il y a d'ailleurs un rapprochement que l'on pourrait effectuer avec le programme de Lionel Jospin : il est très intéressant de voir que parce qu'il ne veut pas s'attaquer au tabou monétaire, il s'est réfugié Léon Blum dans un argumentaire de campagne en dehors du réel avec « les 35 heures payées 39 » et la création de 700 000 emplois financés sur les fonds publics. Dans les deux cas, faute de vouloir s'attaquer aux problèmes monétaires, on élabore un programme dont on sait qu'il contient des mesures tout à fait déraisonnables, qui fabriqueront à coup sûr des chômeurs supplémentaires.

J'ajoute qu'il faut être prudent quand on critique Keynes et les keynésiens. D'abord les Trente Glorieuses, fondées sur une régulation keynésienne de l'économie française, restent la plus belle et la plus longue période de croissance depuis la révolution industrielle; ensuite le diagnostic keynesien de l'équilibre de sous-emploi s'applique parfaitement à la situation actuelle de la France, même si les préconisations de relance sont inapplicables, notamment en raison de l'accumulation vertigineuse des dettes publiques.

Jacques Rueff, un libéral perdu parmi les planistes

par

Georges Lane

Introduction : Jacques Rueff, les libéraux et les planistes

Il y a cent ans naissait Jacques Rueff. Mais permettez-moi de me placer directement 38 ans plus tard.

Écoutons Jacques Rueff :

On raconte qu'aux États-Unis, dans certains États du Sud, il existe des sectes nègres qui pratiquent la confession publique. Lorsqu'un membre de la communauté a commis un grand péché, les anciens lui imposent l'aveu de ses fautes devant le peuple assemblé. Eh bien, mes chers camarades, je me sens un peu comme le pauvre nègre.

Depuis que votre groupe existe, j'en ai observé la croissance avec le plus vif intérêt et je crois bien ne pas me tromper en affirmant qu'elle ne s'est pas effectuée dans un sens purement libéral.

Si telle elle était, elle serait d'ailleurs une exception dans notre pays comme dans tous les pays du monde. Je me sens donc parmi vous en état de singularité, et je vous prie de croire que je n'en éprouve nul plaisir, car ce n'est pas un mol oreiller que le non-conformisme.

C'est en ces termes que le 8 mai 1934, Jacques Rueff commença un exposé à ses camarades de l'École polytechnique à l'occasion d'une réunion à l'École organisée par le bureau des anciens élèves.

Une parenthèse d'éclaircissement : à quel *« groupe »* Jacques Rueff fait-il référence ? Tout simplement au groupe *« X Crise »* qui venait d'être créé (1931) et qui deviendra fameux pour diverses raisons.

En 1981, aux éditions Économica, paraîtra le livre *X Crise : son cinquantenaire 1931-1981.* Ce livre raconte l'histoire du groupe, *« la plus remarquable société de pensée, de confrontation, d'élaboration jamais rassemblée »,* selon Gérard Brun.

« X Crise » est né en 1931 d'une réaction à la crise. L'équipe du

debut comprend Gérard Bardet, André Loisillon, John Nicolétis, Jean Coutrot, Roland Boris, frère aîné de Georges Boris ami et conseiller de Mendès-France, Louis Vallon, Jules Moch. « *X Crise* » se fait connaître par des réunions publiques, deux conférences par mois. « *X Crise* » avait en vérité plusieurs objectifs :

– trouver une voie entre le libéralisme dont l'échec était total en Occident et une économie bureaucratique et centralisée dont l'échec était évident en URSS ;

– à partir de 1936-1937, appeler inlassablement l'attention sur la guerre qui venait et sur la nécessité de renforcer d'urgence l'économie française pour s'y préparer ;

– développer les sciences humaines comme un contrepoids aux progrès de la technique qui risquaient de devenir écrasants pour l'homme.

Avec la guerre de 1939-1945, les membres se disperseront dans les camps les plus opposés : Pucheu, Gibrat, Barnaud gagnent Vichy, Soulès dit Abellio la collaboration parisienne la plus engagée, G. Boris et Vallon rejoignent Londres, Mochtane crée un réseau auquel appartiendra Niassé. Et Coutrot sera accusé d'avoir été au centre d'une synarchie qui noyautait Vichy. Mais Alfred Sauvy le lavera de l'accusation.

1 – *Jacques Rueff signale sa singularité et son non-conformisme*

Jacques Rueff tenait beaucoup à cette conférence, il me l'a dit personnellement. Autre preuve : elle constitue l'un des rares textes économiques qu'il a joints en annexe de l'*Autobiographie* qu'il a écrite quelques mois avant sa mort en avril 1978. Enfin, il l'avait fait publier, en 1975, sans changement, dans la *Nouvelle Revue des Deux Mondes* sous le titre initial *« Pourquoi malgré tout je reste libéral ».*

S'il m'a paru bon de donner d'emblée cette citation, c'est qu'elle illustre très exactement le sujet que je me propose de traiter aujourd'hui devant vous : « Jacques Rueff : un libéral perdu parmi les planistes ».

Permettez-moi de répéter les mots de Rueff : *« Je me sens donc parmi vous en état de singularité, et je vous prie de croire que je n'en éprouve nul plaisir. Car ce n'est pas un mol oreiller que le non-conformisme. »*

2 – *Une protection contre des idées reçues dévastatrices*

Mais il y a d'autres raisons qui m'ont amené à mettre l'accent sur cette conférence de 1934 de Jacques Rueff et que je voudrais citer maintenant. Jacques Rueff de cette époque est méconnu et la conférence nous le restitue intact, ainsi que l'époque. Autrement dit, et en particulier, je vois dans le texte une protection contre certaines idées toutes faites qui circulent à son sujet aujourd'hui et que je considère dévastatrices.

Deux idées devastatrices par excellence méritent d'être citées :

• « *Plan de 1958* » et « *Plan de 1959-1960* ».

La première s'articule à la période 1958-1960. Quiconque parle – en bons termes – de Jacques Rueff ces derniers temps, fait référence soit aux résultats de ses travaux de 1958 sur l'assainissement financier de la France, connus sous le libellé « *Plan Pinay-Rueff* », soit aux résultats de ces travaux de 1959-1960 sur les obstacles à l'expansion économique, connu sous le libellé « *Plan Armand-Rueff* ». Cela dans le meilleur des cas. Dans le pire, il est question du Plan Pinay-Rueff de 1960 ou du Plan Armand-Rueff de 1958...

• L'étalon-or et le rôle des États-Unis dans le monde.

La seconde idee est moins d'actualité, quoique... comme dirait Raymond Devos. Il y a quelques années, en effet, le registre était différent. On voyait en Jacques Rueff « *l'homme de l'étalon-or* » et le grand pourfendeur du système monétaire international et du rôle des Américains dans le monde. Ses articles dans le journal *Le Monde* dans la decennie 1960 sont célèbres et que ce journal lui ait ouvert ses colonnes n'est pas innocent. Ils ont d'ailleurs été rasssemblés dans un livre intitulé *Le Péché monétaire de l'Occident,* qui a été traduit aujourd'hui dans la plupart des langues nationales.

Que les uns et les autres me pardonnent, ils sont sensibles, dans le meilleur des cas, à ce qui brille et, dans le pire, à ce qu'il leur plaît de croire et qu'ils imputent à Jacques Rueff. Ces idees sont devastatrices par les conséquences qui en sont abusivement tirées et qui sont de véritables perversions.

• Une première perversion : Plan et planisme.

Tout d'abord il y a une perversion coupable de l'esprit – à laquelle les commentateurs favorables à Rueff ne prennent pas garde – à parler couramment de « *Plan* » pour résumer les résultats des travaux respectivement de 1958 et de 1959-1960. Rueff parle de recommandations, voire de politiques, ajoutant qu'il y a deux moyens de déconsidérer la politique recommandée : l'une est de la qualifier de libérale, l'autre de dirigiste, alors qu'elle est simplement raisonnable.

Certes, me direz-vous, n'attachons pas trop d'importance aux mots, c'est une façon de parler et Jacques Rueff lui-même utilise le cas échéant le mot, bref il y a « *Plan* » et « *Plan* ». Le Plan n'est pas le planisme, et bien plus : « *Le planisme importe plus que le Plan !* » Mais c'est justement ce que Marcel Déat écrit dans la decennie 1930 dans la préface du livre intitulé le *Plan français.*

Qu'est-ce que le planisme alors dans cette décennie ? C'est l'étoile montante. Le planisme est une des modalités de l'économie dirigée. Il a pris, au lendemain de la guerre de 1914-1918, la forme d'un système que certains considèrent scientifique et doctrinal. Auparavant, il n'était pour tous qu'un amalgame de mots et d'idées *« incohérents »* (cf. Marlio).

D'origine belge et né sous l'inspiration de M. de Man, le planisme a émigré en France où il est soutenu par des esprits brillants, tels que M. Émile Roche et M. Marcel Déat ou les membres du *« groupe X crise »*. Il s'étend rapidement. En 1938, il aura dejà été question en France du Plan du travail, du Plan de la CGT, du Rassemblement pour le Plan, et du Plan français auquel je viens de faire allusion. Puis ce sera le Plan du CNR (Comité national de la Résistance), puis le Plan de la Sécurité sociale (Laroque) et les plans quinquennaux français (le premier sera celui de J. Monnet), nous en sommes aujourd'hui au XIe, je crois !

Les formes du planisme sont variées. Elles correspondent en fait à des conceptions différentes. Ici, c'est la suppression du profit et la notion *d'entreprise* est remplacée par celle de *service*. Là, on maintient le profit en supprimant ou en réduisant la concurrence, par l'intermédiaire de la corporation. Le but étant, sans dire comment, d'agir sur les prix (d'abaisser le prix de revient ou d'augmenter le prix de vente).

En vérité, tous ces systèmes se proposent de concilier des contraires, autorité et liberté, État et individu. M. Marcel Déat en convient luimême :

Peu importe, dit-il, que le Plan se fasse à partir d'une philosophie nationale ou d'une philosophie marxiste. Si on veut le faire sur la base d'une seule philosophie, il devient en effet impossible.

Au surplus, les auteurs du Plan paraissent avoir, eux-mêmes, quelque scepticisme sur l'efficacité des mesures qu'ils préconisent. D'où la déclaration de M. Marcel Déat que je viens de souligner au terme de laquelle le planisme importe plus que le Plan...

• *Le pervertissement de l'esprit libéral.*

Mais il y a une perversion dont la gravité me semble incommensurable comparée à celle du langage et à l'emploi du mot Plan pour designer les travaux de Jacques Rueff de 1958 et de 1959-1960, c'est celle qui consiste à braquer les projecteurs sur les résultats auxquels il parvient et non sur les principes qui l'ont conduit à ces résultats. Autrement dit, c'est la démarche qui pervertit l'esprit libéral de Jacques Rueff.

C'est le cas avec les propos tenus sur les travaux de 1958 et 1959-1960. L'accent n'est pas mis sur le principe des libéraux selon lequel l'inflation est destructrice ou sur celui selon lequel la croissance en France est entravée par des obstacles. Il est mis sur des aspects des propositions de réformes qui touchent des intérêts personnels ou collectifs et, par conséquent, soulèvent des oppositions.

Je retiendrai, à titre d'illustration d'actualité de cette démarche perverse, ce qui est écrit et dit ces dernières années sur le libéralisme dont auraient fait preuve les socialistes après être sortis de leurs errements de 1981-1983. Son actualité est brûlante : le dernier numéro de *L'Esprit libre* de Guy Sorman ne présente-t-il pas comme libéraux (politiques ou non) MM. Badinter, Strauss-Kahn, ou encore Kessler. La terre est ronde mais on peut toujours affirmer qu'elle est plate ! Cette démarche perverse se retrouve dans les conceptions que certains ont de ce que Jacques Rueff a écrit sur le rôle des Américains et sur le système monétaire international dans les décennies 1960 et 1970.

L'accent est mis sur des effets que denonce Jacques Rueff (comme, par exemple, le déficit de la balance des paiements des États-Unis ou le fonctionnement de l'étalon de change-or résultat des accords de Bretton-Woods en 1944. L'accent n'est pas mis sur certains principes des libéraux qu'il a toujours fait valoir en matière monétaire et qu'il s'efforçait de faire comprendre avec des titres parfois pédagogiques du *genre « des plans d'irrigation pendant le déluge », « les DTS, du néant habillé en monnaie »* pour ne pas parler du *« Péché monétaire de l'Occident »*. L'explication qui le conduit à affirmer que le non-respect de ces principes sera catastrophique ne pouvait qu'être laissée de côté...

Illustration d'actualité encore de la perversité de la démarche, elle-aussi brûlante : un commentaire de Philippe Séguin à propos d'un livre d'un dénommé Georges Valance sur la *Légende du Franc* (Flammarion). Ce commentaire paru dans Le *Figaro* du 7 février 1996 a pour conclusion :

« Jacques Rueff écrivit que l'Europe se fera par la monnaie ou ne se fera pas. Ajoutons que cette monnaie sera politique ou ne sera pas. »

Cette conclusion témoigne d'une ignorance absolue ou d'une incompréhension totale de son auteur de la pensée de Jacques Rueff, ou encore d'une volonté de mentir impunément – certains diront aujourd'hui *« de bonne foi » !* – et de conditionner le bon public de lecteurs du *Figaro*.

S'il y a quelque chose que Jacques Rueff a toujours condamnée, sur quoi il n'a jamais été nuancé, c'est bien la gestion de la monnaie par les hommes politiques, je dirai pour ma part, les *« hommes de l'État »*. Et tous ses efforts ont tendu à ce qu'ils retrouvent la raison et renoncent à leurs méfaits dans le domaine monétaire, qu'ils renoncent à manipuler la monnaie. Selon Jacques Rueff, le seul moyen d'y parvenir, en pratique, sans longue transition, était le retour à l'étalon-or.

• *Quels sont les principes de Jacques Rueff?*

Quels sont les principes de Jacques Rueff dont je parle, me direz-vous ? Je vais y venir dans un moment, ce sera la première partie de mon exposé. Je dirai seulement pour l'instant que ce sont en vérité des principes qu'expose Jacques Rueff, en particulier, dans la conférence de 1934. Ce sont aussi les principes des libéraux de l'époque – par opposition aux principes des planistes.

3 – *Jacques Rueff et l'Academie des sciences morales et politiques*

Troisième raison pour laquelle la conférence de 1934 de Jacques Rueff est importante. Il se trouve que quelques mois plus tard (huit exactement), son auteur est invité par l'Academie des sciences morales et politiques à faire une communication sur le même thème : le titre retenu cette fois est la *« Crise du capitalisme ».* Autrement dit, la pièce est la même, mais Jacques Rueff change l'éclairage.

Mais l'éclairage du monde a aussi changé : les pouvoirs de Hitler et Staline se sont affirmés dans l'intervalle et l'un et l'autre sont désormais sur une pente ascendante. Fait exceptionnel qu'il convient de signaler, l'Académie consacrera plusieurs séances à la discussion du texte de la conférence bien que Jacques Rueff n'en fût pas membre (il en sera élu membre en décembre 1944). Il est alors directeur adjoint du mouvement général des fonds depuis avril 1934.

4 – *La double singularité de Jacques Rueff*

Quatrième et dernière raison, très terre à terre celle-là, pour laquelle je soutiendrai que la conférence de 1934 est essentielle et pour laquelle je m'y suis référé d'entrée de jeu, elle donne la clé du sujet d'aujourd'hui. J'y vois en ce qui me concerne la raison pour laquelle Jacques Rueff occupe une position pour le moins originale dans la pensée économique.

Que dit Rueff, en effet, encore en introduction de la conférence ? (Soulignons en passant qu'il s'adresse à des polytechniciens, inspecteur des finances comme lui ou ayant choisi d'autres spécialités.)

> *A vous tous qui avez la même formation que moi, [...] je viens avouer mon péché qui est d'être resté libéral dans un monde qui cessait de l'être. Je viens vous en dire les raisons et vous demander de les apprécier, et tout à l'heure, vous me direz, je l'espère, si je suis fou ou si c'est le reste du monde qui a perdu l'esprit* (*Autobiographie*, 1977, p. 4).

Mais, quand Rueff fait cette entrée en matière qu'on peut qualifier, sans excès, de fracassante, nous sommes donc en 1934. Autant Jacques Rueff que les principes des libéraux, bref les connaissances de chacun, vont évoluer.

Jacques Rueff n'a pas été encore sous-gouverneur de la Banque de France, ni conseiller économique du Maréchal de Lattre de Tassigny, ni président de l'Agence interalliée des réparations allemandes (IARA), ni juge à la Cour de justice de la Communauté européenne du charbon et de l'acier (CECA), puis de la Communauté économique européenne (CEE), il affiche seulement la préoccupation d'écrire le second volet de sa *Théorie des phénomènes monétaires,* livre publié en 1927, le volet dynamique ce sera *L'Ordre social* publié en 1945

La société du Mont Pèlerin n'existe pas et n'est même pas à l'état de projet. Peut-être Hayek songe-t-il à écrire la *Route de la servitude* (1944), Mises *l'Action humaine* (1949), Milton Friedman les *Essais d'économie positive (1953),* je n'en sais rien.

Pourquoi ces remarques, me direz-vous, qui nous écartent du sujet ? Parce que va se tenir, en France, quelques années plus tard, en août 1938, un colloque, le colloque Walter Lippman, qui réunira les libéraux du monde entier, en particulier Ludwig von Mises, Friedrich von Hayek et Jacques Rueff (Milton Friedman est alors étudiant et n'a pas obtenu encore son Ph. D.). Le propos du colloque est de définir le libéralisme, sa doctrine, les conditions de réalisation et les taches nouvelles. Il est aussi de créer une association. Ce sera le *Centre international pour la rénovation du libéralisme,* dont la première session se tiendra à Paris en mars 1939.

Pourquoi donc ces remarques ? Parce que je ne puis m'empêcher de voir dans ce *Centre* la répétition de la pièce dont la générale sera la *Société du Mont Pèlerin,* après la guerre de 1939-1945, même s'il donnera naissance directement en 1956 à une organisation belge, le *Centre Paul Hymans,* dont le premier colloque aura lieu à Ostende en 1957 et auquel participeront Jacques Rueff et Ludwig von Mises (mais aussi entre autres Maurice Allais, F.A. Harper, Bruno Leoni ou encore D. Villey et L. Rougier). A ce colloque, Jacques Rueff fera d'ailleurs un exposé sur *« l'évolution des idées depuis le colloque Walter Lippman ».*

Revenons justement à un des produits de ce colloque Walter Lippman tenu à Paris : le *Centre international pour la rénovation du libéralisme* créé à Paris. A l'occasion de sa première session en 1939, Jacques Rueff écrit un texte intitulé *« les formes d'intervention des pouvoirs publics compatibles avec le mécanisme des prix »* qui sera discuté. Force est de reconnaître que son contenu tranche à certains égards, avec celui du texte de 1934.

Dans le texte de 1934, il expliquait que le mécanisme des prix, son libre jeu, était providentiel pour les hommes. Dans le texte de 1939, il fait apparaître que le mécanisme des prix n'est pas la panacée, il y a d'une certaine façon une autre marque de la Providence : l'intervention des pouvoirs publics. En cela, il est en desaccord avec Ludwig von Mises pour qui – et Mises le redira à la conférence d'Ostende : *« L'interventionnisme n'est qu'une étape à la communisation de la société. »*

Mais prenons garde, néanmoins. Jacques Rueff ne préconise pas l'intervention aveugle et arbitraire de l'État, disons pour fixer les idées, il ne préconise pas l'intervention du type préconisé alors par Keynes. Il a dejà eu l'occasion de s'opposer à lui à deux reprises :

– d'une part, à la fin de la décennie 20 sur la question des transferts en relation avec les réparations allemandes de la guerre de 1914-1918, et,

– d'autre part, au début de la décennie 30 sur la question du chômage en Angleterre.

Et ce n'est que partie remise : puisqu'en 1947 il écrit une critique destructrice, mais justifiée, de la *Théorie générale de l'emploi, de l'intérêt et de la monnaie,* à laquelle répondra James Tobin (Keynes étant mort entre-temps). Pour Jacques Rueff il y a des formes d'intervention, ponctuelles et éclairées qui échoient à la puissance publique : ce sont celles qui sont compatibles avec le libre jeu du mécanisme des prix. Bien plus, il considère que ces interventions sont nécessaires et souhaitables. Une des raisons qu'il donne est qu'il postule que l'ordre social n'est jamais spontané. Je ne pense pas faire un contresens en disant qu'en cela, il est aussi en désaccord avec Friedrich von Hayek. Il prendra la peine par la suite de développer les raisons de ce postulat dans maints écrits, à commencer par le plus épais d'entre eux, je viens d'en parler, *L'Ordre social,* (1945), mais surtout trois autres, plus récents, mais méconnus, à savoir *Les Dieux et les Rois* (1967), *La Montée de l'Ordre dans l'Univers* (1968) et *La Création du Monde,* une comédie-ballet (1974).

Je ferai remarquer en passant que, dans ces ouvrages, Jacques Rueff a comme cible non pas les idées d'absolutisme libéral (l'expression est de Mises à Ostende, on ne parlait pas alors d'ultralibéralisme), mais celles de Jacques Monod, le biologiste prix Nobel, que celui-ci fera connaître au grand public par son livre *Le Hasard et la Nécessité.* Autrement dit, Jacques Rueff apparaît en desaccord sur certains points avec les libéraux dignes de ce mot (Mises ou Hayek) et, *a contrario,* en accord sur quelques points avec les planistes...

Pour autant que l'on prend pour critère de classement cette dénomination *« libéral »,* on peut classer Jacques Rueff dans leur nombre avec l'étiquette *« interventionniste »* (à l'époque, on parlait de *« néo-libéral »* et Jacques Rueff n'attachait aucune espèce d'importance à ce mot). *A contrario,* si l'on prend pour critère du classement non plus la dénomination *« libéral »,* mais la denomination *« planiste »,* on peut classer Jacques Rueff parmi les planistes avec l'étiquette *« libéral perdu »* (au sens de l'expression des *« soldats perdus »* de l'Algérie française).

La seconde partie de mon exposé développera cette façon de voir en Jacques Rueff un *« libéral perdu »* parmi les planistes. Bref, Jacques Rueff a une double singularité, parmi les planistes et parmi les libéraux. Et, en pratique, si on est peu regardant, voire ignorant de ce qu'a écrit Jacques Rueff, mais familier des commentaires, cette caractéristique devient une ambiguïté ou un paradoxe.

Je vais donc tenter maintenant de vous exposer schématiquement le contenu de cette singularité en évoquant dans une première partie

« Jacques Rueff, un libéral perdu parmi les planistes » et dans une seconde *« Jacques Rueff, un " libéral perdu " parmi les planistes »*. Je conclurai sur l'interprétation pour le moins hative qui concerne son ambiguïté ou ses paradoxes que, je l'espère, j'aurais alors levé avec les éléments que j'aurais présentés.

I – Le libéralisme selon Jacques Rueff

Dans cette première partie, je vais m'efforcer de montrer le plus fidèlement possible, bien que schématiquement, ce que signifie, selon Jacques Rueff, « être libéral ». Selon lui, être libéral, c'est un état d'âme, mais c'est surtout un état de raison.

Il convient de reconnaître les trois faits que sont l'équilibre économique, le mécanisme des prix et le rôle du mécanisme des prix dans le déplacement de l'équilibre :

Je me déclare simplement libéral, c'est-à-dire je pense que c'est au mécanisme des prix qu'il faut demander le maintien de l'équilibre économique, qu'il faut confier le soin d'établir, de présenter et de réformer l'équilibre économique. Aux libéraux, s'opposent les planistes de diverses obédiences. Ils pensent que c'est à une construction consciente qu'il faut demander l'établissement de l'équilibre économique.

Mais qu'est-ce que l'équilibre économique ? Qu'est ce que le mécanisme des prix ? Comment le mécanisme des prix maintient-il l'équilibre économique ? C'est ce que je vais decrire dans un premier temps.

Jacques Rueff n'a jamais évolué sur ces points qui sont des conséquences de sa méthode. C'est un aspect incontestable de sa position libérale. Pour l'évoquer, on peut aussi bien faire référence à ses travaux du milieu de la décennie 1930, qui est aussi le milieu de la vie de Jacques Rueff, qu'à ceux de la décennie 1970. J'ai fait le choix de faire référence aux premiers.

Jacques Rueff est alors :

• ancien attaché financier à l'ambassade de France à Londres qui a démissionné (démélés avec le ministre de l'Agriculture du moment, Queuille)

• et critique de Keynes tant sur la question des transferts que sur celle du chômage anglais ;

• depuis avril 1934, directeur adjoint du Mouvement général des fonds.

Jacques Rueff n'a jamais évolué non plus sur la régulation monétaire, autre aspect incontestable de sa raison libérale. Je décrirai dans un second temps ce processus qui à la fois complète le mécanisme des prix et encadre celui-ci.

1.1. Le mécanisme des prix et le déplacement de l'équilibre économique

Selon Jacques Rueff, l'équilibre économique est l'équilibre du système économique. Le système économique est un ensemble de marchés : marché des richesses non monétaires et marché des titres financiers (créances ou richesses monétaires). Qu'est-ce qui caractérise le marché ? C'est l'existence d'un prix qui varie jusqu'au moment où la demande est égale à la valeur globale des offres.

Quels sont les facteurs (et non les forces...) de l'équilibre du marché ? L'offre ou la demande de richesses. L'équilibre du marché est un état du marché. Toute égalité entre la demande et l'offre, à un prix donné, exprime un équilibre du marché. Sur un marché en état d'équilibre et toutes *conditions égales,* les rapports des prix (prix des créances ou non) restent immuables, quelle que soit la valeur absolue des prix. Tout écart entre la demande et l'offre, à un prix donné, exprime un déséquilibre du marché.

L'équilibre du système économique est caractérisé par l'égalité, en une certaine séance de marché, de la demande globale libellée en unités monétaires et de la valeur globale des richesses offertes, calculée au prix du marché. Il est aussi caractérisé par les (le niveau des) prix (salaires, taux d'intérêt, taux de change, qui sont des phénomènes naturels inclus), par l'absence de chômage, par l'absence de surproduction. Soulignons que les prix forment une échelle, une structure à laquelle on peut juxtaposer le taux d'intérêt. Le taux d'intérêt sanctionne une parité du prix au comptant et du prix à terme.

Un système économique a deux grands types de condition : le droit et la monnaie. Les prix peuvent être immobilisés par les pouvoirs publics (point de vue du droit). Quand un prix est immobilisé, son marché n'a plus, de fait, d'équilibre. En régime de monnaie convertible (point de vue de la monnaie), l'immobilisation d'un prix quelconque entraîne l'immobilisation de toute l'échelle des prix.

Qu'est-ce que le mécanisme des prix ? Le mécanisme des prix est d'abord un fait incontournable. D'un point de vue méthodologique, il est le chaînon qui assure la transition entre sciences physiques et sciences morales. Il est un avatar de la loi naturelle du déplacement de l'équilibre. Cette loi régente la société comme elle régente la nature physique. Quel est le principe de cette loi ? Il est connu sous le nom de *« principe de modération »* en physique-chimie. Des particularisations en sont les lois de Le Chatelier et de Van't Hoff. Elles énoncent principalement que :

Dans tout système en équilibre stable, toute variation de l'un des facteurs de l'équilibre provoque un déplacement de cet équilibre dans un sens tel que l'effet produit par la résotion s'impose au cbangement initial et entraîne ainsi une variation en sens inverse du facteur en cause.

Selon J. Rueff, Bichat, le professeur de médecine bien connu dont un hôpital parisien en particulier porte le nom, la qualifiait de loi de « *l'emmerdement maximum* ».

• *Le libre jeu du mécanisme des prix permet le déplacement de l'équilibre économique.*

Le mécanisme des prix est donc l'expression sociale de la loi du déplacement de l'équilibre. En quoi consiste son libre jeu?

Étant donné l'équilibre initial d'un marché stable, toute variation de la demande – facteur de l'équilibre – provoque une variation du prix – un déplacement de l'équilibre du marché – dans un sens tel que l'effet produit par la réaction – la variation de prix – s'oppose à la variation initiale de la demande et entraîne ainsi une variation en sens inverse de la demande.

• *Application à l'augmentation de la demande.*

Étant donné l'équilibre initial d'un marché stable, toute augmentation de la demande provoque une variation du prix – c'est-à-dire un déplacement de l'équilibre du marché qui, s'il avait lieu seul, produirait par ses effets une diminution de la demande. Qu'est-ce qui est entraîné par une augmentation de la demande et, pris tout seul, entraîne une diminution de la demande? L'augmentation de prix. Toute augmentation de la demande est en fait une augmentation de la demande par rapport à l'offre. Il s'ensuit un écart entre la demande et l'offre que le libre jeu du mécanisme des prix résorbe.

En pratique, tout écart entre la demande et l'offre, à un prix donné, exprime certes un déséquilibre du marché, mais il peut être interprété comme une variation de la demande ou une variation de l'offre ou une variation de l'offre et de la demande. S'il est interprété comme une variation de la demande dans un sens, d'après le principe de modération, il y aura une variation de la demande dans l'autre sens et, pour qu'il y ait variation, il faut qu'il y ait variation du prix ou du taux d'intérêt (ce qui suppose que ni l'un ni l'autre ne soit immobilisé).

Le déplacement de l'échelle des prix entraîne, toutes autres conditions restant égales, déplacement temporaire en sens inverse du taux d'intérêt. Inversement, toute variation du taux de l'intérêt, en rompant la parité prix du comptant et prix du terme, provoquera mouvement de sens inverse ni niveau général des prix. La caractéristique des déplacements simultanés en question dépend du système monétaire institutionnel.

• *Autres rôles du mécanisme des prix.*

Le mécanisme des prix est donc un mécanisme de régulation sociale, mais il a d'autres rôles. Il fait sortir l'ordre collectif du désordre des initiatives individuelles. Plus généralement, il est un processus parmi d'autres d'un ensemble de process générateur de structures dans les sociétés qui ne sont pas entièrement planifiés par voie d'autorité.

Le mécanisme des prix a le soin d'inspirer aux producteurs et aux consommateurs les actes qu'il faut qu'ils accomplissent pour que les besoins soient servis et l'équilibre économique assuré. Pour ces raisons, personne ne saurait libérer l'économie du mécanisme des prix. L'économie libérée du mécanisme des prix est la négation même de l'économie libérale. Dire qu'on peut se libérer du mécanisme des prix et pratiquer la politique du juste prix sans la définir, c'est croire qu'on peut raisonner sans raison.

On n'intervient pas non plus sur le mécanisme des prix. Les interventions détruisent le régulateur. Si on intervient, se développe une économie en folie aux conséquences désastreuses. Malheureusement, le fait est que les gouvernements sont intervenus et, de façon croissante, depuis la fin de la guerre de 1914-1918, et, étant donné les conséquences désastreuses, a pris naissance la conception de réconomie consciente où la volonté des hommes doit remplacer le libre jeu du mécanisme des prix.

Mais Jacques Rueff de remarquer qu'alors (nous sommes en *1934* rappelons-le), la Russie elle-même est en train de restreindre le régime des équilibres conscients et de restaurer dans des domaines toujours plus étendus le mécanisme des prix. Ainsi les réalités se défendent, la crise endémique, résultat de l'économie organisée, a imposé le rétablissement du mécanisme des prix.

Faut-il déplorer cette évolution, considérer qu'elle nous ramène vers le régime immoral des intérêts privés, le régime où chacun cherche un avantage au détriment du voisin? Non, répond Jacques Rueff. Et d'ajouter :

Toutes les turpitudes de notre régime, j'en ai toujours trouvé la source dans des interventions de 1'État. Les systèmes malthusiens donnent à leurs auteurs toutes les apparences de l'action généreuse, alors qu'ils organisent la misère et la ruine.

1.2 *La régulation monétaire*

Si le mécanisme des prix est un processus de régulation sociale automatique, il n'est pas le seul processus de régulation sociale que discerne Jacques Rueff. Il faut juxtaposer à son libre jeu la régulation monétaire.

• *Définitions.*

Qu'est-ce que la régulation monétaire ?

• *Hypothèse préliminaire fondamentale de Jacques Rueff.*

Jacques Rueff considère que les utilisateurs de monnaie sont souverains, libres de fixer la quantité de monnaie au niveau qu'ils desirent... Rien ne peut les en empêcher. Il n'y a pas d'offre de *monnaie qui limite la demande.*

J'ai connu comme directeur du Mouvement général des fonds, des périodes d'égal déficit où la circulation augmentait, d'autres où elle diminuait, sans que les autorités monétaires, et malgré tout ce qu'elles pouvaient tenter, puissent les contrecarrer.

J'ai passé mon temps comme sous-gouverneur de la Banque de France à assister aux vains efforts de la Banque centrale, pour résister à l'augmentation de l'émission...

La quantité de monnaie est strictement déterminée par la volonté des hommes. Soulignons en passant que les notions de fonctions d'offre et de demande de monnaie, ainsi que le concept de marché de la monnaie sont en définitive récentes...

• *Le déséquilibre monétaire.*

Mais la volonté des utilisateurs de monnaie peut changer et causer un déséquilibre sur le marché des richesses non monétaires. C'est en vérité la théorie des variations du niveau général des prix.

En vérité, si la variation de la volonté des utilisateurs de monnaie cause un déséquilibre sur le marché des richesses non monétaires, il y a inflation ou déflation.

Selon Jacques Rueff :

« Il y a inflation lorsque, en une certaine séance de marché, la demande globale libellée en unités monétaires dépasse la valeur globale des richesses offertes, calculée au prix du marché.

Pareille situation ne peut exister que si la demande globale est alimentée, pendant la séance de marché considérée, non seulement par la contrepartie de l'offre globale, mais par la création de pouvoirs d'achat résultant soit d'une diminution des encaisses désirées, soit d'une augmentation des encaisses effectives, autrement dit de l'apparition d'encaisses désirées.

MM. Hayek et Friedman m'ont dit jadis voir dans cette affirmation l'effet d'une réaction de comportement. J'accepte leur interprétation. Elle ne diminue pas la portée de la liaison à laquelle elle s'applique.

• *Définition de la régulation monétaire.*

La régulation monétaire est le processus qui tend à assurer la stabilité des prix en monnaie en maintenant dans d'étroites limites les oscillations de l'activité économique. Cela dans le cadre national, d'une économie fermée ou presque. Dans le cadre international, d'une économie ouverte, elle est le processus qui tend à assurer l'équilibre des paiements à l'étranger en maintenant dans d'étroites limites les oscillations de l'activité économique.

Propriétés : le processus de régulation monétaire a des caractéristiques. Elles sont fonction du système monétaire existant :

C'est l'objet de tous les systèmes monétaires que d'assurer, par des procédures diverses et diversement efficaces, l'adaptation constante des encaisses effectives aux encaisses désirées et de réduire par-là au mimmum les variations du niveau général des prix.
Ils exercent ainsi une fonction essentielle, la régulation monétaire, d'où dépend la stabilité de la collectivité qui utilise la monnaie (1981, p. 221).

Par système monétaire il faut entendre l'ensemble des règles juridiques données aux autorités monétaires ou que celles-ci s'engagent à respecter. Un système monétaire ne saurait être confondu avec le marché de la monnaie au sens du concept théorique.

Dans certains systèmes monétaires, la régulation monétaire est automatique. Dans ces systèmes, est adaptée constamment, à chaque instant, la quantité de monnaie effective à la quantité de monnaie désirée. Dans ces systèmes, les variations du niveau général des prix sont réduites au minimum. Dans d'autres systèmes monétaires, la régulation monétaire n'est pas automatique. Dans ce cas, sauf à changer de système, elle doit être administrée par les autorités monétaires.

Mais l'administration peut être efficace ou non. Quand l'administration n'est pas réussie, il y a désordre monétaire (par exemple inflation). Jacques Rueff souligne que dans ce cas il ne faut pas rendre la monnaie cause de la situation.

Mettre dans la monnaie la cause des désordres monétaires, c'est chercher à s'excuser en accusant (1979, p. 292).

Selon Jacques Rueff, il y a plusieurs systèmes monétaires théoriques qui permettent la régulation monétaire automatique. Mais, on peut réduire leur nombre à deux grands types, à deux grands régimes de monnaie : le régime de la monnaie convertible et le régime de la monnaie inconvertible. Remarquons en passant que, dans un univers sans résistances ni frottements, c'est-à-dire un univers théorique, le niveau général des prix :

– reste sensiblement invariable en régime de convertibilité,

– ne subit que des variations limitées en régime de monnaie inconvertible.

Mais cette univers est théorique, irréel. Dans la réalité, il en est différemment.

Système à monnaie convertible à taux fixe.

La monnaie est convertible quand la valeur de son unité est définie par son égalité avec celle d'une quantité déterminée d'une richesse choisie une fois pour toutes, une égalité non proclamée, mais effective sur le marché de la richesse en question. Par richesse, Jacques Rueff entend les richesses non monétaires (biens et services) et les titres financiers (créances ou richesses monétaires). Par valeur, il entend la valeur d'échange, le prix ou le taux d'intérêt du marché de la richesse.

Jacques Rueff distingue les systèmes de monnaie convertible selon la contrepartie de la monnaie.

Une richesse non monétaire (richesse proprement dite de conversion).

La monnaie est convertible en or (à taux fixe) quand la valeur de son unité est définie par son égalité avec celle d'une quantité déterminée d'or choisie une fois pour toutes, une égalité non proclainée mais effective sur le marché de l'or. Le régime de convertibilité le plus fréquent est celui qui définit la valeur de l'unité monétaire comme celle d'un poids d'or déterminé. Il est qualifié de monométallisme-or.

La régulation monétaire a donc comme pièces principales le taux fixe, i.e. le prix auquel est échangé l'or par l'institution d'émission de la monnaie et sa position par rapport à celle du prix sur le marché de l'or. La tendance des prix sera stable s'il y a assez d'or. Il n'y aura ni conversion de monnaie en or, ni conversion d'or en monnaie. S'il n'y a pas assez d'or, il y aura un prix sur le marché de l'or supérieur à ce qu'il devrait être, et au taux de conversion, une tendance à convertir de la monnaie en or auprès de l'institution d'émission. Il y aura une tendance des autres prix orientée à la baisse qui stimulera la production d'or (la production d'or est beaucoup plus élastique qu'on le croit).

S'il y en a trop, il y aura un prix sur le marché de l'or inférieur à ce qu'il devrait être, et au taux de conversion, une tendance à convertir de l'or en monnaie. Il y aura une tendance des autres prix orientée à la hausse qui démotivera la production d'or. Le monométallisme-or permet la régulation monétaire automatique dans le cadre national comme dans le cadre international.

S'il y a trop de paiements à effectuer à l'étranger, il y a utilisation des réserves en or, réduction du stock d'or et tout se passe comme s'il n'y avait pas assez d'or (dans le cas national). Il y aura une tendance des prix orientée à la baisse qui stimulera les paiements à recevoir de l'étranger, l'accumulation de réserves en or et l'augmentation du stock d'or.

Mais, peu importe en définitive la référence à l'or, l'important est que la chose de référence ne soit pas librement créée, mais produite. Jacques Rueff est clair sur ce point :

Je suis convaincu que la seule voie efficace pour restaurer l'équilibre des paiements à l'étranger c'est la convertibilité en quelque chose qui ne soit pas librement créée par l'institution émettrice, comme c'est le cas de tous les types de monnaie fiduciaire, mais gagnée par la production.

L'après-guerre (1914-1918) a étendu à la monnaie les doctrines d'économie dirigée. Tout s'est passé comme si les autorités monétaires avait supposé qu'elles pouvaient faire abstraction des systèmes monétaires. Jacques Rueff aura l'occasion d'écrire que l'institution de Bretton Woods (à partir de 1945) permet de jouer à la convertibilité monétaire, non d'en recueillir les bienfaits.

Un titre financier (une créance, une richesse monétaire).

La monnaie est convertible en une créance (à taux fixe) quand la valeur de son unité est définie par son égalité avec celle d'une quantité déterminée de la créance choisie une fois pour toutes, une égalité non proclamée, mais effective sur le marché de la créance :

Pour qu'une richesse autre que l'or, puisse être, sans risque pour l'institution émettrice, transformée, il faut que comme l'or en régime de convertibilité métallique à taux fixe, cette richesse ait une valeur fixe en monnaie. Or seules les créances libellées en monnaie présentent, au moment de l'échéance, ce caractère.

La régulation monétaire a comme pièces principales le taux d'escompte de l'institut d'émission de la monnaie et sa position par rapport à celle du taux d'intérêt (sur le marché des créances).

Jacques Rueff distingue les monnaies convertibles en titres de créance véritables et celles en titres de créance fausses.

– Créances véritables.

Une créance est véritable quand sa valeur nominale sera égale à des richesses de même montant dans l'actif du débiteur. La régulation monétaire consiste pour la banque d'émission à fixer le taux d'escompte au niveau du taux d'intérêt du marché et à monétiser les créances éligibles à l'escompte qui lui sont présentées.

S'il y a égalité entre le taux d'escompte (taux auquel l'institut d'émission échange les créances) et le taux d'intérêt du marché des créances, il y a stabilité du niveau des prix.

S'il y a le *« bon montant »* de créances, il y a stabilité du niveau des prix. S'il y a trop de créances, le taux d'intérêt sur le marché des créances (resp. leur prix) est supérieur (resp. inférieur) à ce qu'il devrait être et au taux d'escompte, il y aura une tendance à convertir en monnaie les créances par l'escompte, une tendance des prix orientée à la hausse jusqu'au moment du remboursement des créances en question.

– Créances fausses.

Une créance est fausse quand sa valeur nominale sera supérieure au montant de richesses dans l'actif du débiteur. Seul l'État a le privilège de pouvoir injecter d'une façon continue une quantité appréciable de fausses créances par l'éligibilité à l'escompte (p. 486). Le montant des fausses créances attribuées est alors, en chaque période, égal à un montant du déficit de patrimoine.

Tant que le titulaire s'en contente, tout se passe comne si ses créances étaient de vraies créances. A partir du moment où il reprend ses esprits, tout change. Il lui reste à les escompter auprès de l'institut d'émission. Par l'éligiblilité des fausses créances à l'escompte, la monnaie devient véritablement l'égout collecteur des fausses créances indésirées (1981, p. 385).

Une telle situation de convertibilité est utopique et débouche sur l'inconvertibilité.

Richesses de conversion ou créances.

Les conclusions précédentes valent, *mutatis mutandis,* pour tout système de convertibilité, quelle que soit la richesse de conversion.

Régime de monnaie inconvertible.

La monnaie est inconvertible quand la valeur de son unité est définie comme celle dont est dotée en fait et à l'instant considéré, l'unité de quantité de monnaie.

Jacques Rueff distingue les systèmes à monnaie inconvertible selon leur élasticité.

Régime élastique.

La régulation monétaire consiste à fixer le taux d'escompte au niveau du taux d'intérêt. Mais le cours forcé de la monnaie est obligatoire.

Régime inélastique.

La monnaie n'a pas de contrepartie. La monnaie n'ayant pas de contrepartie, les autorités monétaires n'ont aucun moyen de pratiquer la régulation monétaire...

II – Deux désaccords entre Jacques Rueff et les libéraux

Je retiendrai deux grands désaccords entre Rueff et les libéraux qui me font dire qu'on peut considérer que Jacques Rueff est un *« libéral perdu »*... parmi les planistes.

Le premier est que, selon Jacques Rueff, l'ordre n'est jamais spontané. En cela, il est en désaccord avec Friedrich von Hayek, grand libéral devant l'Éternel, pour lequel l'ordre de marché est un ordre spontané. Second grand désaccord, Jacques Rueff ne rejette pas l'intervention de l'État. Selon lui, il existe des formes d'intervention de l'État qui sont non seulement nécessaires, mais encore souhaitables. En cela, il est en désaccord avec Hayek et Ludwig von Mises, autre grand libéral, pour qui l'État ne saurait intervenir dans l'économie.

Ces désaccords nous situent dans la seconde partie de sa vie. Jacques Rueff développe les idées qui les sous-tendent à partir de 1939...

1 – L'ordre n'est jamais spontané (désaccord avec Hayek)

Selon Jacques Rueff, l'ordre de marché n'est pas spontané :

Avant toute chose, je voudrais faire observer que l'ordre n'est jamais spontané. Une société naturelle, une société laissée à elle-même, ne serait pas une société ordonnée. Je n'ai pas besoin d'insister sur les caractéristiques profondes de la nature humaine. Vous savez tous qu'une société d'hommes livrés à eux-mêmes, donc affranchis de toute éducation religieuse ou morale et des contraintes civiques d'une société civilisée, serait une société sauvage où le fort s'approprierait le faible et où chacun déterminerait par la force le domaine de la souveraineté.

En cela, Rueff est en désaccord avec Hayek.

Libéraux et néo-libéraux (« libéraux perdus »).

Jacques Rueff le reconnaît : libéraux et néo-libéraux (ceux que j'appelle les *« libéraux perdus »*) ont une foi égale dans les bienfaits de la liberté. Mais les premiers attendent la liberté d'une génération spontanée qu'il faut seulement ne pas compromettre. Les seconds veulent la faire éclore, croître et se développer, en la rendant acceptable et en écartant d'elle les entreprises qui tendent constamment à l'annihiler. Et Jacques Rueff déclare faire partie des seconds...

L'ordre.

Qu'est-ce que l'ordre ou, plus exactement, l'ordre social ? Pour Jacques Rueff, c'est une société à la fois pacifiée et gouvernée. Il est à souligner que l'ordre social ne doit pas être confondu avec l'équilibre économique. L'ordre social est certes aussi peu probable *a priori* que l'équilibre du marché, mais il n'est pas assuré par un mécanisme puissant de régulation comme l'est l'équilibre économique par le mécanisme des prix, voire par un processus du type de la régulation monétaire.

Quels sont les facteurs de l'ordre social ? L'imposition de la paix sociale et le gouvernement.

L'imposition de la paix sociale.

La paix sociale est imposée par deux actes. Le premier est l'établissement d'un système tendant à la pacification et excluant la guerre. Le fait est qu'on est arrivé à une structure juridique fondée essentiellement sur le droit de propriété.

Sous cet angle, Rueff rejoint Hayek pour qui l'ordre de marché repose sur le droit. Mais Rueff ajoute que la première intervention économique est celle qui délimite les champs de souveraineté individuels pour créer une structure sociale dans laquelle chaque chose ne puisse être désirée que par une seule personne.

L'institution du droit de propriété, qui empêche l'appropriation par la violence, a pour conséquence immédiate et nécessaire l'établissement de marchés, car si on ne peut pas prendre par la violence, on ne peut acquérir qu'avec le consentement de celui qui détient, donc que par l'échange. Ainsi prend naissance, le second acte de l'imposition de la paix sociale, la deuxième institution fondamentale : le marché. En cela, Rueff se rapproche de Hayek qui en est arrivé à préférer le mot *« catallaxie »* au mot *« marché »* pour mettre l'accent sur l'échange.

Le gouvernement.

Selon Jacques Rueff, le monde qui ne sera que pacifié sera un monde d'homicide, de luxure et de mensonge. De plus, quid de l'avenir ? Il fait remarquer que le christianisme abandonne à César le soin d'imposer les actes qui détermineront l'évolution collective de la société ?

C'est ainsi que Jacques Rueff distingue la société pacifiée et la société gouvernée. La société pacifiée est une société dans laquelle chaque chose est assujettie à la volonté d'une seule personne, en d'autres termes, dans laquelle le droit de propriété existe, a été institué. L'institution du droit de propriété soumet toute chose à un maître et un seul. Pour l'individu, il divise l'univers en deux parts : le domaine possédé où il est souverain, le reste du monde où, sauf consentement du propriétaire, il est sans action.

La société gouvernée est la société dans laquelle le gouvernement modifie la valeur globale des droits de propriété et par là la répartition des richesses entre les individus puisque cette valeur et elle seule fixe la répartition (p. 531).

Qu'est-ce que le gouvernement ?

Jacques Rueff définit le gouvernement (qu'il soit théocratique, moral ou civil) comme cette action qui tend à faire que les sociétés soient autres que les feraient les seules volontés des personnes qui, dans leur sein, ont été élevées à la *« dignité de cause »*, par l'exercice d'une faculté de disposition sur les choses. C'est l'art de modifier, par voie de contrainte, la destination donnée à certaines richesses, en substituant des fins collectives, sociales ou morales aux fins individuelles.

L'ordre libéral et l'ordre socialiste.

Il s'ensuit que, selon Jacques Rueff, il y a non pas un mais deux types d'ordre social. L'ordre libéral est un ordre caractérisé par l'entière liberté du propriétaire à l'intérieur du domaine possédé. L'ordre socialiste dans sa forme extrême n'est qu'un ordre libéral où l'État est le seul propriétaire des instruments de production.

2 – L'intervention de l'État (désaccord avec Mises et avec Hayek)

Il reste que Rueff considère que l'équilibre du marché peut ne pas plaire et qu'en conséquence, le gouvernement doit agir et le rendre plus plaisant. C'est là le grand désaccord entre, d'un côté, Rueff et, de l'autre, Mises ou Hayek.

Selon Jacques Rueff, gouverner, c'est soustraire des richesses à la maîtrise de leurs propriétaires respectifs pour les consacrer aux emplois que les autorités gouvernementales venient pour elles. A cet égard, le libéralisme est une méthode de gouvernement, et non pas un degré de gouvernement, à laquelle s'oppose l'interventionnisme ou le socialisme. Le libéralisme porte sur les droits de propriété tandis que le socialisme tend à restreindre les volontés individuelles.

Si l'équilibre du marché ne plaît pas, que peut-on faire ? Peut-on chercher à améliorer l'équilibre du marché ? Rueff se pose donc la question et y répond par l'intervention de l'État. On sait que Hayek condamne la question (cf. par exemple son livre *Droit, législation et liberté,* t. 2), Mises la réponse (cf. ci-dessus introduction).

Selon Jacques Rueff, on doit faire appel à l'État et il doit intervenir sans nuire au libre jeu du mécanisme des prix. Il y a des interventions institutionnelles ou nécessaires et des interventions souhaitables.

• Les formes d'interventions nécessaires ou institutionnelles.

L'équilibre du marché peut ne pas plaire au regard d'objectifs particuliers ou au regard des process qui y conduisent

• Au regard d'objectifs particuliers.

• L'objectif de l'ordre.

L'ordre n'est jamais spontané, il faut le réaliser.

• L'objectif de la liberté.

Pour Jacques Rueff, la liberté n'est pas spontanée. Il fait partie de ceux qui veulent faire éclore, croître et se développer la liberté, en la rendant acceptable et en écartant d'elle les entreprises qui tendent constamment à l'annihiler. Jacques Rueff considère aussi que la liberté peut engendrer des abus. Les associations de toute espèce nuisent au marché. La liberté peut engendrer des abus contre lesquels non seulement le mécanisme des prix lui-même ne peut rien, mais encore qui risquent de faire disparaître le mécanisme

• L'objectif du bien-être.

Jacques Rueff définit le gouvernement (qu'il soit théocratique, moral ou civil) comme cette action qui tend à faire que les sociétés soient autres que les feraient les senies volontés des personnes qui, dans leur sein, ont été élevées à la « dignité de cause », par l'exercice d'une faculté de disposition sur les choses. C'est l'art de modifier, par voie de contrainte, la destination donnée à certaines richesses, en substituant des fins collectives, sociales ou morales aux fins individuelles.

La simple existence de l'institution juridique qu'est le marché n'assure pas son efficacité. Le juriste peut la décréter, elle reste illusoire, si l'économiste ne l'établit pas.

• Au regard des process sociaux.

• Le libre jeu du mécanisme des prix.

Le mécanisme des prix ne fonctionne pas sans conditions. Il fait sortir du désordre des initiatives individuelles. Il faut une structure juridique fondée sur le droit de propriété.

• La régulation monétaire.

Dans certains systèmes monétaires, la régulation monétaire est automatique. Dans d'autres, la régulation monétaire n'est pas automatique. Dans ceux qu'on connaît aujourdhui nationalement et internationalement, il en est ainsi. Tant qu'on n'aura pas découvert le *« bon système monétaire »*, c'est-à-dire le système monétaire automatique qui fasse l'unanimité, la régulation monétaire doit être administrée.

La régulation monétaire tient ainsi dans la démarche des autorités monétaires pour faire en sorte d'adapter constamment, à chaque instant, la quantité de monnaie d'équilibre – effective – à la quantité de monnaie désirée.

• Les formes d'intervention souhaitables.

Pour atteindre les objectifs et étant donné les process sociaux, il faut donc des interventions de l'État. Mais il ne faut pas des interventions qui portent atteinte au mécanisme des prix, à son libre jeu. Il faut des interventions qui établissent les conditions de son fonctionnement.

• Les interventions incompatibles.

Que faut-il entendre par interventions incompatibles avec le mécanisme des prix, avec son libre jeu ? Elles désignent toutes les interventions qui portent sur les prix eux-mêmes. à savoir les prix, taux de salaire, taux d'intérêt ou taux de change. L'immobilisation des prix ou la bonification d'intérêt en sont des exemples. Il en est de même de la fixation de plancher (salaire minimum) ou de plafond aux prix (taux de l'usure). Se rendre compte que le mécanisme des prix est puissant, ne veut pas dire qu'il n'est pas fragile, incassable au contraire. De telles interventions le cassent et créent ainsi des désordres et portent préjudice au bien-être des individus contrairement à ce qui peut leur être dit.

• Les interventions compatibles.

Au nombre des interventions qui ne portent pas atteinte au mécanisme des prix, à son libre jeu, il y a les interventions sur le cadre juridique et sur le cadre monétaire.

Sur le cadre juridique, il y a par exemple :

– Les interventions qui tendent à sauvegarder le mécanisme des prix lui-même contre les abus mêmes que la liberté peut y engendrer, donc à sauvegarder le marché contre les associations de toute espèce.

– Les lois anticartel ou lois antitrust (entreprise contre le libre jeu du mécanisme).

– Les lois sur les sociétés (pour rendre impossible le mensonge).

Il y a donc aussi la gestion monétaire qui tend à assurer la stabilité des prix dans un système monétaire non automatique. Mais attention ! Comme le souligne Jacques Rueff, parfois, c'est malheureusement le desordre monétaire lui-même qui est administré sans consideration du mécanisme de régulation monétaire. Ce qui lui fait écrire à Rueff :

Vouloir lutter contre l'inflation, sans connaître le mécanisme de la régulation monétaire, c'est partir sans savoir où l'on veut aller et surtout en ignorant les moyens d'y parvenir.

Il y a enfin les interventions ponctuelles qui affectent les causes du mécanisme des prix comme par exemple :
- la fixation de la durée de travail ;
- la fixation de droit de douane.

Quelle intervention de l'État ?

Toutes les formes d'interventions de l'État ne sont pas à mettre sur un même pied. Certaines sont nécessaires, d'autres preférables à des troisièmes. En vérité, pour Rueff, elles se ramènent à dire qu'il faut que le marché soit institutionnel. Le marché institutionnel se distingue du marché manchestérien : il est une zone de laisser-passer, non de laisser-faire.

Conclusion : Jacques Rueff – une double singularité sans ambiguïté ni paradoxe

Jacques Rueff est donc en accord avec les libéraux pour lesquels les prix ne doivent pas être manipulés, d'une façon ou d'une autre, par les bons esprits qui se veulent omniscients, je veux parler des hommes de l'État. Il est aussi en accord avec les libéraux pour lesquels la monnaie doit échapper à l'emprise des hommes de l'État au niveau international. De ce point de vue, et étant donné le haut fonctionnaire qu'a été Jacques Rueff et qui a combattu les idées de ceux qu'il dénomine *« planistes »* en 1939, il faut voir en lui un *« libéral perdu parmi les planistes »*.

Mais Jacques Rueff apparaît en désaccord sur deux points avec les libéraux pour lesquels l'ordre (l'ordre de marché ou l'ordre social) est spontané et l'État ne saurait intervenir dans l'économie, même si l'intervention ne porte pas sur le libre jeu du mécanisme des prix.

Si l'on n'y prend garde, on peut lui imputer, *a contrario,* un accord avec les planistes. Une telle démarche serait hâtive et doit être dénoncée. Cela reviendrait à voir dans Jacques Rueff, un *« planiste perdu parmi les libéraux »*.

Rien ne justifie un tel jugement. C'est la raison pour laquelle j'ai parlé de Jacques Rueff, en tant que *« libéral perdu »* parmi les planistes, au sens où on a parlé, à une époque pas si lointaine, des *« soldats perdus »*. Autrement dit, Jacques Rueff n'est ni ambigu, ni paradoxal. Il a une double singularité quand on prend pour référence soit les planistes, soit les libéraux.

Et, en pratique, cette caractéristique devient une ambiguïté ou un paradoxe pour l'opinion en raison de la démarche qui conduit à porter attention à des résultats qu'il donne et non aux deux principes fondamentaux d'où il les tire : libre jeu du mécanisme des prix et monnaie hors de l'orbite des hommes de l'État. Soulignons en passant que cette démarche est en opposition avec la méthodologie de Jacques Rueff et des libéraux en général, elle leur fournit un autre point d'accord contre les planistes.

La double singularité de Rueff me semble suffire pour comprendre son isolement dans la pensée économique tant en France que dans le reste du monde. Cela dans le meilleur des cas. Dans le pire, elle explique l'incompréhension, la déconsidération, voire l'ostracisme dont il a été et est encore aujourd'hui l'objet. J'en ai donné des illustrations en introduction. Permettez-moi de vous en donner deux autres pour conclure.

Certains d'entre-vous se souviennent, je pense, des propos de Raymond Aron dans la décennie 1960 qui stigmatisait la pensée de Jacques Rueff sur le système monétaire international et sa publicité pour l'étalon-or en écrivant qu'*« on était plus du temps de la lampe à huile et de la marine à voile »*.

La déconsideration est évidente, je n'insiste pas.

Plus proche de nous, il y a un article de *Sciences et vie économie* de décembre 1986 qui prête à Jacques Rueff, comme solution au chômage, la proposition *« de diminuer le salaire réel et les allocations distribuées aux chômeurs pour permettre à la loi de l'offre et de la demande de fonctionner » (p. 46).*

Ce que je viens de vous dire sur le libre jeu du mécanisme des prix qui ne doit pas être entravé révèle l'ignorance, volontaire ou non, du journaliste.

J'ai tenté de vous exposer très schématiquement le contenu de la singularité de la pensée économique de Jacques Rueff pour lever toute ambiguïté ou paradoxe à son sujet. Si vous avez le sentiment que je n'y suis pas parvenu, j'espère au moins y avoir contribué un peu et pourquoi pas vous avoir donné envie de lire ou relire Jacques Rueff.

Le Plan de 1958 et l'enracinement économique de la Ve République

avec

François Caron
Alain Cotta
Antoine Dupont-Fauville
François Lefebvre
Alain Madelin
Jean Méo
Paul Mentré
Jean-Jacques Rosa
Christian Stoffaës

Introduction

par Christian Stoffaës

L'ALLIANCE DU GAULLISME ET DU LIBÉRALISME

Après les troubles inflationnistes et les déficits de la IVe République – qui furent particulièrement aigus dans ses premières (1945-51), comme dans ses dernières années (1955-58) – le Plan économique de 1958 rétablit les grands équilibres de l'économie française et fonde les bases de l'expansion soutenue et harmonieuse de la période 1959-1973.

Réunis par le général de Gaulle, des personnalités politiques et de grands experts économiques libéraux – comme Antoine Pinay, Jacques Rueff, Louis Armand, etc. – inspirent les grandes mesures du Plan : dévaluation du franc, grand emprunt d'État, rééquilibrage des dépenses publiques, ouverture des frontières du Marché commun, insertion de l'industrie française dans la compétition internationale, réformes de structures pour développer la concurrence dans les secteurs protégés, etc.

Les résultats sont rapides. Plein emploi, croissance, stabilité des prix, équilibres budgétaires et extérieur : l'économie française est installée pour une longue période dans un mouvement de croissance puissante et équilibrée. Inséparable du nouveau régime constitutionnel – après les impuissances de la IVe République –, le Plan de 1958 enracine pour longtemps l'adhésion à la Ve République.

La table ronde réunie le 30 octobre 1996 à la Sorbonne visait à réunir grands témoins, historiens et économistes pour rappeler dans quelles auditions fut conçu le Plan de 1958 et le remettre en perspective dans l'histoire économique contemporaine.

Un cas d'école de réussite d'une politique économique

Le Plan de 1958 restera – non seulement pour la France mais dans les annales de l'histoire économique – comme un modèle de réussite sans égal. Fruit d'une alliance entre le volontarisme du gaullisme et l'efficacité du libéralisme, il fera de la France le champion, pour un temps, de l'expansion :

– une dévaluation de 17 % du franc, accompagnée de l'adhésion de la France à l'accord européen de convertibilité des monnaies et de l'établissement du « franc lourd » ;

– la libération des restrictions quantitatives frappant 90 % de nos importations : un an après le traité de Rome, la France entre ainsi pleinement dans le Marché commun ;

– un budget pour 1959 adopté par ordonnance : l'« impasse budgétaire » ramenée à zéro par des augmentations d'impôts, une simplification de la structure fiscale et par la suppression de nombreuses subventions économiques compensées par des accroissements de tarifs et de prix ;

– un allègement des règles de la Sécurité sociale et des dépenses sociales à la charge de l'État – en particulier des multiples prestations familiales – accompagné d'un sensible relèvement du salaire minimum ;

Le Plan de 1958 forme un tout : ses aspects budgétaires, fiscaux, monétaires, économiques, commerciaux et sociaux, étroitement imbriqués, se consolident l'un l'autre.

La nouvelle parité, conforme à la réalité économique – consacrée psychologiquement par l'institution du franc lourd – permet de faire du franc une monnaie forte, d'attirer les flux d'investissements étrangers, de faire baisser les taux d'intérêt, de libéraliser le marché financier, de débudgétiser le financement des investissements.

Quelques semaines plus tard, le comité Rueff-Armand dressera un inventaire des obstacles à l'expansion : les rigidités économiques des situations protégées et des corporatismes professionnels qui entravent la liberté d'entreprendre – dont le diagnostic frappe encore aujourd'hui par sa pertinence.

Quinze ans de prospérité

La réussite du Plan de 1958 fut immédiate et spectaculaire. Jusqu'en 1962, le taux de croissance atteint 7 %, la balance commerciale est excédentaire, les réserves de changes se gonflent, l'inflation est réduite à 4 %, le chômage réduit à 30 000 personnes. Après le plan de stabilisation de 1963, la croissance rapide, harmonieuse et équilibrée se poursuivra jusqu'aux troubles de 1968-1969, puis, devenue plus inflationniste, jusqu'au choc pétrolier de 1973.

L'économie française des années 1950 était enfermée dans des frontières protectionnistes, étroitement encadrée par le dirigisme, minée par l'inflation endémique de la IVe République, entravée par ses archaïsmes et ses corporatismes.

Les réformes de 1958 la libèrent de ses blocages. L'impasse budgétaire est ramenée à zéro. Les gains de compétitivité tirés de la dévaluation permettent l'adhésion au système européen de convertibilité des monnaies – condition de l'entrée dans le Marché commun – et de libérer les contingentements d'importations et d'engager la baisse des droits de douane. Ainsi le commerce extérieur peut-il se redéployer de l'Empire colonial vers l'Europe, posant ainsi les bases économiques qui rendront possible ultérieurement la décolonisation.

Le pivot du plan est monétaire : la convertibilité du franc, c'est le contraire d'un « franc fort » imposé artificiellement.

Le cercle vertueux de l'ouverture s'enclenche sans délai ; les flux de capitaux s'inversent ; la nouvelle parité propulse les exportations ; l'équilibre commercial est rétabli ; les droits de douane peuvent être réduits rapidement. En quelques mois, nos entreprises, rendues si frileuses à l'abri de la France protectionniste, sont immergées dans le marché international, où elles découvrent que leurs craintes n'étaient pas fondées. La distribution des fruits de la croissance permet de faire accepter les puissantes mutations structurelles qui font sortir la France de ses archaïsmes.

La réussite du Plan n'était pas évidente a priori. La majorité de l'opinion paraissait opposée aux mesures. Le patronat était partagé ; les syndicats étaient hostiles. L'opposition la plus déterminée était celle des hauts fonctionnaires, convaincus que le franc fort était le meilleur rempart contre les revendications corporatistes et l'infernale spirale des salaires et des prix. Telle était la pensée unique de l'époque.

Sens de l'État et libéralisme

Une histoire réécrite a laissé du général de Gaulle l'image d'un dirigiste. Tout au contraire, pour lui, le sens de l'État est le contraire de l'étatisme : c'est parce qu'il rétablit l'autorité de l'État qu'il fait confiance au libéralisme et aux responsabilités individuelles. Lui, il n'a pas besoin d'une parité artificielle pour imposer la discipline sociale. La stratégie a été mûrement réfléchie ; le rétablissement de l'autorité de l'État ; une action rapidement menée ; pas de consultations superflues : les positions des syndicats professionnels, agricoles, salariés sont amplement connues.

La réussite du Plan de 1958 est inséparable du nouveau cadre institutionnel. L'arrivée au pouvoir du général de Gaulle était improbable seulement trois mois avant : mais son mandat était d'autant plus clair que sa désignation par la France en crise était inattendue. En quelques semaines, la Constitution de la Ve République a été adoptée, un nouveau président a été élu, dont l'autorité s'impose à tous.

Le 18 novembre, un comité d'experts est rassemblé autour de Jacques Rueff, qui vient d'expliquer à de Gaulle, en trois heures d'entretien, l'ensemble de ses conceptions. Le 27 décembre, le Plan est annoncé, le lendemain du jour où la presse pressent qu'« un grand bouleversement se prépare ».

Militaire de carrière, le chef de l'État sait que le succès dépend de la rapidité dans l'action. Le plan de 1958 a tout d'une opération-commando, dirigée par une volonté sans faille.

Impuissance publique

Avant le plan de 1958, il y avait la IVe République finissante :
– les fins de mois difficiles, la surenchère des corporatismes et de la démagogie partisane, la crise des paiements de 1956-57, l'inflation galopante ;
– la France, mauvais élève de l'Europe, le contrôle des charges financières, l'assistance financière américaine quémandée ;
– le refus de dévaluer, de peur d'alimenter la spirale inflationniste des salaires et des prix, face aux revendications.

Pas davantage qu'aujourd'hui le mot de dévaluation n'était à l'époque prononçable. Les gouvernements de la IVe République s'obstinaient à maintenir une parité artificiellement gonflée, contraints au contrôle des changes, étouffant les exportations, dissuadant les capitaux étrangers. La France avait signé le traité du Marché commun, tout en se pensant incapable de l'appliquer.

Entre les dirigistes, les socialistes, les chrétiens-démocrates et les libéraux qui composent son gouvernement, de Gaulle tranche en faveur de son ministre des finances, Antoine Pinay, porteur des idées de René Mayer et de Félix Gaillard, qui furent un peu l'équivalent des Turgot et Necker de l'Ancien Régime.

Du vrai pour du neuf

Les libertés, ce n'est pas une idéologie : c'est le triomphe du principe de réalité sur les astuces des politiques, du bon sens sur la pensée unique. 1958, au fond, c'est la réponse évidente à l'aspiration profonde du pays, qui ressentait que le vieux système était à bout de souffle : une remise en cause pour une remise en ordre.

Opération-vérité : de Gaulle démontre que l'indépendance nationale, ce n'est pas le repli sur soi – qui débouche sur l'humiliant déficit des paiements extérieurs – mais l'ouverture offensive sur le monde. Opération-vérité : la monnaie forte, ce n'est pas la monnaie surévaluée.

Face au maelström de réformes qui, en quelques semaines, mettent la France sur les rails de la prospérité, une question s'impose : comment a-t-on pu concevoir et mettre en œuvre aussi rapidement un programme aussi ambitieux ?

La réponse, sans doute, est que tout le monde savait ce qu'il fallait faire mais que personne n'osait le faire. Il a suffi d'une volonté – répondant à l'aspiration profonde du pays – pour chasser les *lobbies* et les corporatismes, pour réduire au silence les langues de bois, pour dissiper d'un coup les charmes maléfiques qui endormaient les énergies. L'adhésion des Français de la Ve République, l'enracinement durable de nos institutions sont sans nul doute la conséquence de ce remarquable résultat.

François Caron

Il faut se représenter la France de 1958 comme étant dans une situation économique que l'on peut sans exagération qualifier de catastrophique ; dans l'esprit du général de Gaulle, il y avait un certain sentiment d'humiliation face à cette situation économique. Dans ses *Mémoires* il parle à propos d'une mission de Jean Monnet qui va demander un prêt auprès de l'Union européenne des paiements de *« l'implorante mission de Jean Monnet »*. Ceci prouve combien cette situation économique était intolérable pour le Général. Et combien le rétablissement de la stabilité des grands équilibres économiques était pour lui une question non seulement de court terme, mais de très long terme. Il fallait rétablir l'indépendance de la France et lui faire définitivement renoncer à ce qu'il appelle ailleurs « *l'assistance étrangère* ».

La France a vécu à ses yeux pendant toute la IVe République sous la dépendance des États-Unis, sous la dépendance d'un endettement considérable, et cela il ne le voulait plus.

La crise de 1956-1957 est d'abord une crise de la balance des paiements. Le déséquilibre de la balance des paiements a atteint en 1956-1957 des sommets considérables et ce déficit n'a pu être comblé que par l'appel à l'aide américaine, par un endettement massif auprès du FMI et de l'Union européenne des paiements et par la réalisation des réserves qui avaient atteint, ainsi que le dit un rapport *« un niveau dangereusement bas »* dès le mois de juin 1957. Ainsi, première crise en 1957, crise des paiements, crise du franc. Mais cette crise externe n'est que le reflet de déséquilibres internes fondamentaux et en particulier de l'inflation. Les prix en France, sont (sur une base 149), de 174 en mai 1958 ; en Allemagne ils sont au niveau de 111. Il est donc clair que l'inflation compromet la compétitivité de l'économie française et explique en très grande partie sa très mauvaise position sur le plan extérieur.

Face à cette situation il y a déjà eu la politique de Félix Gaillard en 1957 : politique de rigueur mais qui commence aussi l'ouverture libérale dans le cadre du contrôle des prix, dans le cadre de la libération des prix. Il est le disciple d'un autre grand libéral de la IVe République dont on parle trop peu, qui est René Maillaire. Félix Gaillard reprend en quelque sorte la politique de libération des prix qu'avait tentée René Maillaire quelques années plus tôt : il commence par bloquer les prix et un mois plus tard il les libère. La conviction profonde de Félix Gaillard est que c'est par la libération des prix qu'on obtiendra la stabilité des prix, et que le contrôle des prix risque au contraire d'aggraver l'inflation au lieu de la contenir. Par conséquent nous avons déjà chez Félix Gaillard une inspiration libérale sur laquelle je voulais insister.

Mais les choses ne se sont pas arrangées et une nouvelle crise grave se produit en juin 1958. C'est alors qu'est mis en place l'emprunt Pinay, et un plan fiscal est organisé et surtout une grande politique libérale va être définie. Ainsi, face à cette situation tragique qui aurait pu mener à des mesures de rigueur extrêmement interventionnistes, à des mesures de limitation de la liberté, on mène au contraire une grande politique libérale ! Pierre Mendès-France a dit : *« Une chose est certaine, la France ne pourra pas mettre en œuvre le Marché commun »*. Et la gloire de ce gouvernement de 1958 est justement d'avoir totalement assumé les engagements de la France, d'avoir pris l'option fondamentale de la libéralisation des échanges.

Trois décisions sont concomitantes :

La décision de mettre effectivement en œuvre le Marché commun, la décision d'appliquer les engagements à l'égard de l'OECE qui ont été suspendus en 1957 (80 % des importations françaises étaient contingentées), et la décision d'accepter la convertibilité totale des monnaies dans le cadre de l'AEME. C'est donc un défi que la France lance au monde : beaucoup de gens à cette époque ont dit : *« La France ne va pas réussir »*, et de ce point de vue la phrase de Mendès-France est caractéristique.

Sur le plan externe, deuxième décision : une dévaluation qui prolonge la dévaluation à chaud qui avait dû être faite par Félix Gaillard en juin 1958. C'est une dévaluation offensive, à froid, qui va être une des bases essentielles de la prospérité du commerce extérieur français dans les années suivantes. Il y a donc un défi lancé au destin et l'aspect interne de cette politique, c'est bien une politique de libéralisation qui repose sur le diagnostic extrêmement précis, extrêmement concret, que les mécanismes de l'économie libérale ne sont pas respectés dans le pays. Car il y a, d'une part, des mécanismes de rigidité qui sont au fond des formes toujours existantes de corporatisme, et il y a une non-application en quelque sorte des mécanismes de régulation de l'offre et de la demande par l'intermédiaire des prix. Donc un double programme de libéralisation : économique par la libéralisation annoncée des prix, de suppression du contrôle des prix et social, d'autre part, par la lutte contre les rigidités.

Les limites de cette politique de libéralisation tiennent au fait que l'influence de Rueff est certainement très grande mais qu'elle a aussi ses limites. Dans le second rapport il y a une allusion : il est dit qu'il faut considérer comme une donnée fondamentale le caractère mixte de notre économie qui combine initiatives privées et intervention publique. Ce caractère mixte a des conséquences qui limitent énormement le champ d'action pour aboutir à une véritable libéralisation de l'économie, en particulier dans les deux domaines du contrôle du crédit et de la libéralisation du marché du travail.

Autre limitation : l'aménagement du territoire. On dit ceci expressément : *« La libre concurrence européenne pourrait conduire à l'accroissement des disparités entre les régions françaises. Il est donc nécessaire de mettre en place une politique économique d'incitation suscitée par l'État pour compenser ses inégalités. »*

Par conséquent nous sommes en présence d'une très grande avancée libérale dont les limites tiennent au mode de pensée de la technocratie française de l'époque, prisonnier de modèles non libéraux.

La suite malheureusement ne va pas aller vers une confirmation du modèle libéral. Le tournant de 1963 est un terrible retour en arrière du point de vue de la libéralisation, avec en particulier le rétablissement du contrôle des prix.

Alain Cotta

Je ne me fais plus guère d'illusions sur l'envie des Français d'accorder à l'économique la même importance qu'au politique, ni même d'ailleurs de lui accorder la moindre importance. Les témoins pourront d'ailleurs nous éclairer sur la place de l'économique dans la pensée du Général. J'ai tendance à croire qu'il appliquait déjà le principe de subsidiarité et qu'il estimait que l'économique était là pour aider à la réalisation des grands desseins politiques, en tous cas pour ne pas les empêcher.

Ce qui m'intéresse particulièrement dans cette période, c'est qu'elle renvoie à une politique tout à fait exceptionnelle. Et sur laquelle nous devons réfléchir aujourd'hui, à supposer que nous puissions réfléchir autrement que dans la rue, ce que je ne pense plus. Pourquoi cette période est-elle exceptionnelle ? En 1958, quand le Général commence à appliquer cette politique, la croissance du PIB est de 2,5 % ; l'inflation est de 15 %, le déficit extérieur est d'un peu plus de 1 % du PIB et le déficit budgétaire est conséquent. Il ne s'agit pas de déficits extraordinaires. On a vu désormais bien pire. Ces deux déficits extérieurs et intérieurs étaient tout à fait modestes, mais pour l'époque ils pouvaient inquiéter le Général dans la mesure où il était nécessaire d'envoyer nos ambassadeurs pour demander de les financer.

La politique qui est suivie a essentiellement deux volets : l'un que je qualifierai de parapolitique, c'est la vocation de Jacques Rueff, la libéralisation, le fameux comité qui voudrait bien poursuivre en France toutes les corporations. Et un volet économique qui est une dévaluation qui est environ 17 % au mois de décembre puis un certain nombre de mesures, les mesures essentielles étant une tentative de réduction des dépenses.

Le taux de croissance du PIB qui était de 2,5 en 1958 est de 7,2 en 1960, c'est-à-dire le taux de croissance le plus élevé jamais enregistré par la France. L'année suivante c'est 6,3. La décennie 60 est la seule dans l'histoire économique française où le taux de croissance du PIB est resté très voisin de 6 %. L'inflation ensuite, dont on aurait pu s'attendre qu'elle allait faire des bons à la suite de la dévaluation, est de 15 % en 1968, de 3,7 en 1960 et de 2,5 %, c'est-à-dire à notre niveau actuel, en 1965. Le déficit extérieur est comblé presque immédiatement, tout simplement parce que les effets de la dévaluation sur les exportations ne sont pas suivies ou au contraire ne sont pas annihilées par une quelconque évolution des importations à la suite de la croissance du Produit national. Et bien évidemment le déficit budgétaire est lui aussi réduit de la seule façon dont on pouvait le réduire à l'époque, par la croissance, et non pas par la réduction des dépenses. Le général de Gaulle ne pensait pas encore à Maastricht, à mon avis, il en eût été incapable par tendance.

C'est donc une politique extraordinairement réussie, c'est une dévaluation française réussie encore plus que celle de 1968. En général en France les gouvernements de droite réussissent la dévaluation et les gouvernements de gauche ne le font pas tout simplement car étant de gauche ils ont suffisamment de contraintes pour que la majorité des effets mécaniques de la dévaluation ne se produisent pas. Ce qui explique qu'en France, ce sont les gouvernements de gauche qui ont initié la politique dite du franc fort, par peur, par volonté d'être plus orthodoxes encore qu'ils ne l'auraient voulu.

A quoi cet extraordinaire succès peut-il être comparé ? Cette politique fait penser à la politique Reagan en 1981 où deux ans après le taux de croissance est de 7 %, avec une diminution de l'inflation. Mais différence notable, nous n'avons pas de dévaluation du dollar avant 1985. Nous retrouvons la même aspiration d'ordre libérale, plus nette chez Reagan que chez le général de Gaulle. Pensons aussi à l'Italie en 1993 où la lire a été dévaluée de quelque 25 %, comme en Grande-Bretagne.

On connaît les résultats de ces dévaluations. En Italie, ils sont positifs : le taux de croissance bondit en passant de 1 à 3 %, la part des exportations dans les exportations mondiales passent à 1 %. Chez les Anglais, la dévaluation de 1993 a eu les mêmes effets bénéfiques sur le taux de croissance, le même effet bénéfique sur la réduction de l'inflation, le même effet bénéfique sur le chômage (le taux de chômage britannique est à l'heure actuelle un des plus faibles de la Communauté économique européenne).

En conclusion, cette politique du général de Gaulle en 1958 montre que marché ou pas marché, nous pouvons très bien mettre en œuvre une autre politique et qu'il s'agit d'une véritable escroquerie qui se double d'un terrorisme intellectuel que de prétendre un seul instant qu'il n'y a pas d'autre politique compte tenu des contraintes du marché. Toute nation, *a fortiori* une nation comme la nôtre qui est la cinquième du monde, a toujours les pouvoirs d'engager mille politiques possibles. On essaie à l'heure actuelle de faire avaler à la France un projet qui est purement politique. Certaines de nos élites pensent qu'ils pourront faire travailler les Allemands pour eux, qu'au fond l'économie est une chose trop peu noble pour être laissée aux soins de l'intelligence française, et c'est la raison pour laquelle ils pensent qu'ils pourront exercer d'avantage de pouvoir politique dans une Europe qui aurait admis dans son sein la monnaie unique. Heureusement cette éventualité ne se produira pas.

Jean MÉO

En tant qu'acteur et témoin participant à la réforme de 1958, je crois que le premier point à rappeler concerne l'immense interrogation concernant l'arrivée du général de Gaulle au pouvoir dans le domaine économique. De Gaulle était un sphinx économique en 1958, car si on pouvait imaginer la politique algérienne à partir du discours de Brazzaville, ou imaginer sa politique d'indépendance à l'égard des États-Unis en fonction de ses rapports avec Roosevelt, ou bien encore imaginer la Constitution de la Vᵉ République à partir du discours de Bayeux, autant dans le domaine économique, c'était l'inconnue totale.

Si l'on essaie de suivre les décisions de l'homme pour tenter de définir ce qu'il voulait, la première décision qui a été prise dans le domaine économique avec l'assentiment du Général est le choix de Jacques Rueff comme président d'une Commission de réflexion dans le domaine économique. C'était évidemment un premier signal. Le deuxième signal fort (et la deuxième interrogation absolue) a été la rencontre entre de Gaulle et Adenauer à Colombey. Avant cette rencontre, personne ne savait comment les choses tourneraient entre les deux hommes, si la France entrerait ou non dans le Marché commun et honorerait le traité de Rome. Après ce week-end passé à Colombey, nous avons su que les choses s'étaient bien passées entre les deux hommes et que la France allait rentrer dans le Marché commun avec toutes les décisions économiques qui en découlaient. Décisions qui à l'époque paraissaient révolutionnaires : abandonner les contingents, supprimer les droits de douane ou les abaisser très fortement, se lancer dans l'économie de marché, c'était rompre avec une tradition et des modalités qui étaient indispensables à la gestion de la France dans la situation économique qu'elle connaissait avant 1958.

Cette décision d'appliquer le traité de Rome, de faire entrer la France dans le Marché commun et dans l'économie de marché, c'est évidemment la décision la plus importante prise en matière économique depuis le début du siècle. Toutes choses qui paraissaient réellement impossible aux économistes et aux politiques avant l'arrivée du général de Gaulle au pouvoir, car le traité de Rome avait été signé bien que chacun pense qu'il ne serait pas appliqué, en particulier par la France.

En 1958 se sont déroulés un certain nombre de mécanismes : la commission de Rueff a fait un rapport qui était libéral et le conseiller économique principal du général, Roger Goetze, a fait le *« mécano »* budgétaire, réglementaire, législatif, pour que finalement la France puisse entrer dans le Marché commun.

Mais quelles ont été les oppositions ? Je crois pouvoir dire que la majorité de l'opinion, des décideurs étaient opposés à l'application du traité de Rome. Le patronat était très partagé et se demandait ce que pourrait faire l'industrie française livrée à la concurrence, chose qu'elle ne connaissait pas depuis la guerre. L'opposition la plus déterminée était à mon avis celle des hauts fonctionnaires. J'avais été moi-même pendant un an et demi conseiller technique des ministres des Finances qui avaient précédé le retour du Général, et je peux affirmer que la grande majorité des hauts fonctionnaires était fondamentalement opposée à cette dévaluation, opposant ces arguments que nous connaissons : *« Toute dévaluation est un échec... il faut appliquer la politique du franc fort même si c'est un franc artificiel parce que ni le patronat français ni les syndicats français ne sont assez raisonnables pour contrôler les prix et les salaires pour les faire évoluer correctement... il faut donc qu'il y ait une contrainte monétaire qui les oblige à être raisonnable... »*

Il y avait comme aujourd'hui une sorte de religion de la monnaie forte, artificiellement forte, contre toute décision de dévaluation. (Il y a eu aussi l'opposition de M. Pinay.)

Mais c'est vraiment le général de Gaulle qui a pris la responsabilité de faire appliquer les décisions Rueff-Goetze. La chose s'est jouée avant le comité interministériel qui a duré huit heures et elle s'est jouée dans l'esprit et par la décision du général de Gaulle. Militaire visionnaire, homme d'État visionnaire, ce prophète de l'histoire fut également à l'époque tout à fait visionnaire dans le domaine économique en prenant une décision qui paraissait à l'époque d'une immense audace.

L'après-décembre 1958 ? Personne, le 27 décembre 1958 ne savait si cela allait réussir ou pas. Et ce fut réellement, de la part des financiers, une divine surprise. Je me souviens que la Banque de France téléphonait presque tous les jours à l'Elysée pour dire : « *L'argent rentre ! ! l'argent rentre ! ! des torrents d'argent rentrent ! !* » En un mois et demi nous avons eu l'assurance que la partie était gagnée. Elle était gagnée sur le plan du déficit extérieur, qui était un plébiscite de la finance internationale, mais la partie était aussi gagnée sur le plan intérieur parce que les syndicats acceptaient les blocages des salaires pendant un an qui permettaient le lancement du Plan.

La dévaluation de 1958 a également reçu un coup de pouce de Pompidou qui l'a poussée d'environ 5 % au-delà de la parité des pouvoirs d'achat notamment entre le franc et le mark. Peut-être avait-il deviné que la dévaluation avait besoin d'une marge supplémentaire de chance pour réussir, mais certainement aussi avait-il l'idée que la France, dans sa compétition avec l'Allemagne, avait besoin d'un léger avantage de change, avantage qui a été pratiquement conservé jusqu'en 1974. Et l'un des éléments profonds du développement économique si rapide dont parlait Alain Cotta, c'est le fait que la France disposait par rapport à l'Allemagne de ce petit différentiel de change qui lui permettait, comme l'Italie aujourd'hui, de tourner plus vite que l'économie allemande.

Cette époque m'a enseigné que dans les crises sérieuses, la méthode chirurgicale est par moments nécessaire. Quand une situation est grave, il faut savoir prendre des mesures brutales, rapides, qui ramènent la confiance et relancent la machine.

Et je peux ajouter que jamais après 1958 le général de Gaulle n'a perdu de vue l'aspect économique des choses ; c'est lui qui relançait ses Premiers ministres pour qu'ils soient vigilants dans le domaine économique car jamais il n'a supporté l'inflation, ni relâché sa vigilance dans le domaine économique.

Antoine Dupont-Fauville

Jean Méo disait que nous ne savions pas ce que pensait le Général en domaine économique. Pour ma part, je me souviens que lors de ma première conversation avec le Général, il m'a dit : « *Écoutez, vous allez travailler avec moi comme beaucoup de vos confrères et collègues inspecteurs des finances ont travaillé auparavant à Matignon, mais dites-vous bien qu'il y a une différence : moi je sais ce que je veux, car j'ai eu le temps d'y réfléchir.* »

Revenons un peu sur le climat et les circonstances de 1958 qui expliquent tout de même beaucoup de choses, à la fois ce qui a été fait et ce qui n'a pas été fait. La situation en 1958 me paraît caractérisée par la rencontre de trois éléments qui étaient chacun très important et tout à fait exceptionnels : le premier élément était un élément économique, on l'a rappelé mais j'y ajoute une anecdote : quand la mission Monnet est allée demander quelques dollars au début de 1958 aux Américains, ces derniers ont mis comme condition technique à l'octroi du prêt le plafonnement des encours de la CACOM. Il s'agissait en réalité de plafonner les effets escomptés par la Banque de France pour le logement social. Cela signifie que les Américains nous ont dit : *« Je veux bien vous prêter, mais vous ne ferez pas plus de tant de logements sociaux en France. »* Le jeune fonctionnaire que j'étais a vécu cela comme une humiliation profonde.

Le second élément est que l'on ressentait profondément être à la fin d'une période : la reconstruction était finie et l'on savait très bien qu'on pouvait et devait aller plus loin mais pas dans le même système. N'oublions pas que la France était un pays jeune, qui depuis la fin de la guerre avait une population à forte croissance : cela poussait les gens à agir et constituait un élément de confiance. Ces éléments de la démographie et de la confiance d'une population jeune étaient des éléments très positifs qui facilitaient la tâche. Au niveau politique, tant que la guerre d'Algérie durait, personne ne voulait prendre le pouvoir – personne ! Le Général était prêt à le prendre, ainsi il pouvait faire ce qu'il voulait. Mais dès que la guerre d'Algérie a été terminée, les circonstances politique ont totalement changé et on a vu se constituer, chez les adversaires, mais aussi parmi les amis, une opposition de plus en plus virulente.

La troisième circonstance exceptionnelle, c'est bien clair, c'est la personnalité du Général. Il avait un objectif : que la France retrouve son rang dans le monde, ce qui impliquait notamment que les affaires économiques et sociales de la France soient en ordre. Il considérait que c'était sa tâche propre et que sans assainissement économique et financier, tout le reste serait vain. J'ai eu le privilège exceptionnel de déjeuner régulièrement en tête à tête avec le Général en 1958. Il parlait souvent d'économie, et je me rappelle un de ses propos *: « Je suis pour le mouvement, n'oubliez pas que j'ai été colonel d'un régiment de chars. »*.

1958 comporte deux aspects essentiels. Le premier c'est l'ouverture sur l'extérieur à la concurrence. Il y avait là le mécanisme essentiel pour casser les règlements et les privilèges.

La seconde idée était que cette ouverture s'opérait de façon ordonnée. Le Général qui avait un sens tactique tout à fait remarquable c'était rendu compte que le Marché commun était une chance à cet égard. Nous avions des structures encore mal adaptées avec une population agricole très nombreuse, une industrie faible ; prendre la concurrence internationale de plein fouet, sans précautions, aurait été vraiment un pari très très risqué. Or le Marché commun nous offrait une chance extraordinaire parce qu'on avait justement la possibilité de faire les choses de façon plus ordonnée : c'est cette rencontre qui a donné le succès.

Le général de Gaulle a redonné la confiance au pays, les gens se sont sentis gouvernés. Pinay qui, c'est vrai, n'a pas beaucoup participé à

l'élaboration du Plan, a apporté tout son poids politiqu
affaire en la cautionnant, ce qui était très courageux de sa
c'était exactement le contraire de ce qu'il avait préconisé
la dévaluation et le blocage des prix. Mais il y avait l'affai
rie. M. Pinay (comme Guy Mollet, venu au Conseil des m
qu'il ait démissionné la veille parce qu'il savait que la Fr
vait pas se permettre une grave crise politique intérieur
poids en jeu. Ce sont tous ces éléments qui font que la co
un cadre modéré, mais avec une large ouverture sur des m
concurrence, ce plan a été un succès.

Paul MENTRÉ

Je tirerai un autre enseignement : c'est avec le rétabliss
convertibilité externe des monnaies européennes, auquel
pu se joindre grâce à la mise en œuvre du plan Rueff, qu'e
vrai système monétaire international. Si le traité de Rome,
ments opérationnels se mettent en place à partir du 1er jan
contient pas de dispositions particulières relatives aux
change intraeuropéennes, celles-ci sont en effet couve
accords de Bretton Woods créant en 1945 le Fonds mon
national et les textes qui les ont complétés (notamment l'
péenne des paiements puis, à compter du 1er janvier 19
monétaire européen). Je voudrais ici mettre en perspectiv
cette décision monétaire majeure.

La convertibilité externe, permettant à tout détente
d'arbitrer entre monnaies, va donner toute leur portée à
La fixité des relations entre le dollar et les monnaies eur
survivra que douze ans à ce nouveau régime, et pour proté
turbations monétaires le commerce intraeuropéen, les Eur
mettre en place un système régional de change : progress
passant du serpent monétaire au système monétaire europ
système monétaire européen à l'Union économique et m
Européens, et notamment les Français, découvrent que
inexorable de cette intégration monétaire régionale les
suppression du contrôle des changes, à l'indépendance d
centrales, à une gestion plus rigoureuse des finances publiq
vatisations, au développement d'un marché financier dérég
paneuropéen.

En somme, même si, en termes doctrinaux, on peut
préférer un système de taux de change flottants à une U
taire – en réalité indissociable d'un projet politique, une
vocation fédérale –, ces dispositions – mises en œuvre par l
décembre 1958 avec le Général, puis en août 1969 av
Pompidou à travers deux dévaluations, et par l'Allemagne
travers deux réévaluations en 1961 et en 1969 – sont le
constitutifs de tous les vecteurs de la transformation libér

a convertibilité du dollar, le 15 août 1971, suivie deısonian, et, à partir de mars 1973, une nouvelle dénte, conduisant au flottement libre du dollar (si:ux ans après les accords de la Jamaïque) obligent leslapter, d'abord à un serpent se déroulant autour d'u, puis mobile avant d'adopter, en 1978-1979, un noe système monétaire européen. Le serpent a alors véc

I mérite historique qu'il a eu : la reconnaissance de la saire européenne et l'abandon des tentatives fran-çais de changes renforcé face aux turbulences inter-natid apport du système monétaire européen aura été d'iriplines garantissant, sinon des options pleinement libé un refus des dérives. C'est sur cette base que va se conère crédible l'ambitieux projet d'Union économique et r

Irans une stabilité monétaire retrouvée, le projet d'Uique et monétaire, lancé à partir de 1989, s'est égale-mene prolongement du marché unique se réalisant à par-tir die de 1984, qui inscrit notamment dans le traité de Romdu système monétaire européen et prévoit ses déve-loppeurs. Chacun sait le rôle majeur qu'a joué le marché uniqréglementation de l'économie française : concurrence d'actiens en provenance d'autres pays en matière de banqnce, de services aux entreprises et aux particuliers; ouveroncurrence domestique et européenne du transport aériere partielle à la concurrence du marché de l'électricité et, saemain, du marché du gaz; dissociation des infrastruc-tures loitation ferroviaires; ouverture large à la concurrence à par anvier 1998 du marché des télécommunications.

Danp de domaines la France n'a pas fait preuve d'un zèle excessfinancières et dispositifs techniques de protection pour Air-Fnpagnie sinistrée; maintien d'une approche intégrée du secteuaire; concept de l'acheteur unique préservant le rôle d'Élec France et de Gaz de France; refus de l'harmonisation des tal A. En outre le processus de privatisation dont certains aspects période 1986-1988 étaient d'ailleurs critiquables (les « noyau ») s'est arrêté aux limites du secteur concurrentiel, seules ticipations privées minoritaires étant envisagées (mais, désormerme) pour les grands opérateurs des secteurs des télé-communs, de l'énergie, des transports alors que la quasi-totalité de nos aires européens ou étrangers considéraient que dérégle-mentati privatisation étaient indissociables. Mais le marché unique : pas moins constitué pour la France un grand vecteur de la mutate notre économie vers une véritable économie de marché.

A cette succession d'impulsions fondamentales, le projet de monnaie unique incorporé dans le traité de Maastricht conçu en 1989, signé en 1991 et entré en vigueur fin 1993, apporte une dimension supplémentaire : le processus d'Union économique et monétaire a déjà diffusé de nouveaux germes libéraux dans la gestion de l'économie française. Il s'est agi d'abord de la suppression du contrôle des changes, mettant fin en France (avec quelques qualifications) à cinquante ans de tradition étatique ininterrompue depuis 1939, acte d'une ampleur comparable à l'abolition, trois ans auparavant, des ordonnances de 1945 instituant le contrôle des prix. Et associée à ce mouvement et dans la perspective d'un marché des capitaux, un allégement, trop modeste, de la fiscalité de l'épargne.

Le deuxième geste décisif a été l'octroi d'un statut d'indépendance à la Banque de France. Annoncée dès 1986 dans le programme de la nouvelle majorité, ce n'est qu'en 1993 – et au prix d'une réforme de la Constitution – que cette indépendance a été finalement réalisée. Il est clair que – comme le prévoit le traité de Maastricht pour la Banque centrale européenne en charge de la politique monétaire unifiée – l'indépendance de la Banque centrale est la condition d'une gestion monétaire durablement orientée vers la stabilité et fournissant à ce titre un cadre cohérent aux initiatives décentralisées et concurrentielles des acteurs économiques, le fondement même d'une économie libérale.

Enfin la marche vers la monnaie unique impose à tout pays désireux de se qualifier dès 1999 le respect de critères de convergence, et notamment un déficit budgétaire n'excédant pas 3 % du PIB. Cela a imposé une modération dans l'évolution des dépenses publiques, le recours à des opérations de privatisation pour réduire la charge de la dette et financer des dotations en capital, une évolution des relations financières entre l'État et les grandes entreprises publiques, actions allant toutes dans le sens d'une place plus large laissée aux mécanismes de marché, en soutien des mouvements fondamentaux associés au marché unique et à la marche vers la monnaie unique.

On voit bien que le potentiel de l'Union économique et monétaire continuera de développer ses effets : maintien des disciplines budgétaires, à travers le respect du pacte de stabilité, et financières, à travers la définition et l'exécution de la politique monétaire unifiée par des autorités indépendantes du pouvoir politique ; renforcement des mécanismes d'une économie de marché libérale.

Comme on le sait, la diffusion de mécanismes de marché sur le marché du travail demeure le grand enjeu de l'Europe et de la France de demain. Les études de l'OCDE montrent que, pour les quatre cinquièmes, ce sont les rigidités structurelles du marché de l'emploi qui expliquent les piètres performances européennes, comparées aux performances américaines. Rien en ce domaine ne peut se substituer à une volonté politique nationale fondée sur le refus, avec Tony Blair, de l'idée selon laquelle « les solutions d'hier pourraient répondre aux problèmes d'aujourd'hui ».

La construction monétaire de l'Europe a déjà, du système monétaire européen à l'acte unique puis à l'Union économique et monétaire, conduit l'économie française à intégrer davantage les fondements d'une économie de marché. La mise en place de la monnaie unique prolongera la diffusion de ces effets, de manière indissociable, à l'ensemble des comportements, publics ou privés, au niveau tant des gouvernements que des partenaires sociaux, sur les marchés des biens, des services ou des capitaux dans un mouvement d'ensemble essentiellement libéral.

Tel est, à quarante ans de distance, l'héritage du plan Rueff : le Marché commun ; l'euro, qui était en germe dans le rétablissement de la convertibilité externe du franc – pivot du Plan de 1958 ; et, dans le sillage de la construction européenne, la libéralisation de l'économie française.

Jean-Jacques Rosa

Ce que l'on peut retenir de cette politique de 1958 c'est qu'elle a consisté essentiellement dans une ouverture de l'économie française, une ouverture à la compétition, accompagnée d'une politique macroéconomique de relance (une relance keynésienne au fond) qui ont permis de soutenir la croissance et de rendre la compétition et les réformes profondes de structure du pays plus acceptables pour les acteurs économiques.

Si nous regardons les problèmes de 1996, nous dirions que ce sont fondamentalement les mêmes : nous avons aujourd'hui la même nécessité d'introduire la concurrence, mais avec une dimension toute différente. En 1958, c'était l'intensification de la concurrence des entreprises, aujourd'hui ce que nous avons en face de nous c'est la concurrence entre les États par la remise en cause des interventions, les subventions, par l'allégement de la pression fiscale. Nous avons ainsi affaire à quelque chose qui est tout à fait différent des réformes de 1958.

Louis Armand a dit de ces réformes : *« Nous étions parti pour chasser l'éléphant et finalement nous avons tiré le lapin »,* en regrettant qu'elles n'aient pas été plus importantes et qu'elles n'aient pas atteint le cœur du dispositif français, étatiste et dirigiste. Aujourd'hui nous sommes confrontés à cela, notamment avec l'hypertrophie de l'État-providence et les réformes sont extraordinairement difficiles à faire, non pas tellement au point de vue de leur conception, mais sur le plan politique. Pour qu'elles aient de petites chances de réussir, il faut nous donner les mêmes atouts qu'en 1958, c'est-à-dire commencer par libérer les prix. Vous me direz que les prix sont libres en France : je ne le crois pas. A travers le taux de change fixe avec le mark, nous gelons en réalité les prix en nous fixant un taux d'inflation artificiel qui n'est pas le taux naturel qui conviendrait à l'économie française. La première condition des réformes structurelles sérieuses serait de libérer le change en le laissant flotter, ce qui n'a pas de raison d'amener plus d'inflation que ce qui a été fait en 1958; moyennant quoi le niveau des prix français pourrait se fixer librement et permettrait de relancer la machine économique dans son ensemble.

Ceci est la condition de la réforme structurelle qui consiste à séparer l'économie de l'État. Pour cela, il faut réduire rapidement et massivement la dimension du secteur public et il faut enfin s'attaquer massivement aux monopoles publics, surtout au quasi-monopole de l'assurance maladie, qui se traduit par une pression constante de la pression fiscale, et que l'on confond avec le système de redistribution des revenus auquel il est intimement mêlé, et qu'il faut impérativement dissocier. Nous avons là la source de l'alourdissement permanent de la charge fiscale sur l'économie française et tant que nous ne nous attaquerons pas à ces monopoles, tant que nous n'introduirons pas la concurrence dans ce secteur, il ne faut pas espérer de véritable allégement de la charge fiscale. Aujourd'hui le cahier des charges est particulièrement lourd, peu de choses sont faites dans ce domaine et nous suivons des politiques macroéconomiques qui interdisent toute perspective de réforme sérieuse. Pourtant il faudrait aujourd'hui adopter la solution de 1958 avec le même courage : une réforme consistant à libérer les prix, une réforme consistant à adopter une politique macroéconomique de stimulation de l'économie, et entamer une véritable réforme de la concurrence en introduisant la concurrence dans l'immense secteur de monopole qu'est aujourd'hui le secteur de l'économie publique.

Vaste programme! Je ne sais si nos hommes politiques actuels auront le même courage qu'a pu avoir de Gaulle en 1958, il faut en tous cas l'espérer, sinon les perspectives sont, sinon catastrophiques du moins un enlisement qui peut se comparer avec ce qui se passait avant 1958.

François Lefebvre

J'étais en 1957 chargé de mission auprès du secrétariat général de l'Association technique de l'importation charbonnière et le Général m'avait demandé d'aller voir de sa part 18 chefs d'entreprise, alarmé qu'il était du concert d'oppositions au traité de Rome et de l'évocation constante de la nécessité absolue de faire jouer tout de suite les clauses de sauvegarde à la signature du traité. Ces personnes comportaient des sommités de l'industrie et de la finance, et le Général les considérait comme des amis personnels. Au fond il m'avait demandé de les voir moins pour leur rang dans la société de l'époque que pour la conviction qu'il avait que leur témoignage serait acquis.

Sur ces 18 personnes il y en a cependant pratiquement 15 qui ont répondu dans le sens de l'époque, c'est-à-dire évidemment une ambition économique pour la France mais un préalable absolu des clauses de sauvegarde pour s'accorder un délai car *« la bonne volonté de chacun est intacte mais les obstacles si nombreux qu'il fallait s'accorder une sorte de sas de sécurité »*... Trois autres avaient au contraire abondé dans le sens non pas qu'ils savaient être celui du Général – on ne savait pas dans quel sens celui-ci allait –, mais avaient carrément dit que c'était au fond un problème de confiance et de liberté et qu'il fallait accepter de jouer le jeu et se servir même en quelque sorte du traité de Rome pour bousculer les monopoles, les structures conservatrices de l'économie française ; et que la France n'avait rien à redouter à cet exercice, au contraire.

Un mois après je lui ai relaté ces conversations et quelques semaines après il m'a rendu mon petit document avec cette phrase : *« Ils ne savent pas qu'ils sont forts, qu'ils peuvent beaucoup. »*

J'ai compris depuis lors que le parti du Général était pris et qu'il voulait aller incontestablement vers la compétition, le combat et la relance de l'économie par la responsabilité de l'entrepreneur.

Alain Madelin

Je vous cite cet article de Pierre Drouin, dans *Le Monde* du 31 décembre 1958 : *« La France est passée sans transition de 40 % à 90 % de libération des échanges. »* Les professionnels n'ont pas été consultés. Lorsqu'on se rappelle les pratiques d'antan, les *« commandos »* d'experts des chambres syndicales envoyés rue de Rivoli – après être passés rue de Grenelle – pour faire retirer tel ou tel produit d'une liste de libération, on s'aperçoit tout de même que quelque chose a changé.

Antoine Dupont-Fauville

Il ne faut pas oublier que le général de Gaulle avait reçu les pleins pouvoirs et que tout cela expirait le 31 décembre. Donc il était condamné (sauf à demander dérogation, et il n'aimait pas ça), à ce que tout sorte pour le 31 décembre 1958 ; c'était donc une date butoir.

Conclusion

par Alain MADELIN

Nous avons commencé ce cycle de conférence en essayant de relever les parentés qui pouvaient exister entre la France d'aujourd'hui et la fin de l'Ancien Régime à la veille de la Révolution. C'est vrai qu'il y a bien des similitudes, et depuis le début de ce cycle de conférences il semble que les similitudes n'ont fait que se renforcer au niveau du diagnostic.

Avec 1958, nous nous situons plutôt sur le plan des remèdes. Après l'épuisement de la IVe République, c'est-à-dire après l'épuisement d'un système de pouvoir et de décision usé, l'impuissance publique, la confiscation de l'État par les partis et par les lobbies, et une situation économique calamiteuse. Le général de Gaulle dans sa conférence de presse du 28 décembre 1958 dit bien : *« Nous étions sur la route de la catastrophe. »*

1958, c'est à la fois la restauration de l'autorité de l'État et le succès des plans de redressement financier élaborés par Antoine Pinay et Jacques Rueff avec le soutien du général de Gaulle, face à une administration sinon franchement hostile en tous cas ironique et guère complaisante. C'est ce plan qui a permis de casser l'inflation, de procéder à l'assainissement financier, d'ouvrir une période de prospérité pour l'économie française dont le général de Gaulle dira plus tard dans ses *Mémoires* que ce fut une *« période d'expansion dans la stabilité »*. Ce Plan de 1958, on peut le juger libéral aujourd'hui. Il est intéressant d'observer qu'il a été jugé tel à l'époque ; et à la « une » du *Monde* on pouvait lire le 31 décembre 1958, un article de Pierre Drouin intitulé *« Une fièvre de libéralisme. »*.

1958, c'est aussi le triomphe de la volonté politique (M. Dupont-Fauville a rappelé que le général de Gaulle savait ce qu'il voulait, car il avait eu le temps d'y réfléchir), et le triomphe de la rapidité d'exécution. En ces périodes où parfois on prône le gradualisme, ce fut une opération de blitzkrieg : en quelques semaines la Constitution de la

Ve République a été adoptée, un président a été élu, l'autorité s'impose à tous et l'opération de décembre 1958 a toutes les allures d'une opération de commando dirigée par une volonté sans faille. Entre toutes les différentes tendances qui composent son gouvernement de l'époque, le général de Gaulle tranche clairement en faveur du Plan d'Antoine Pinay et Jacques Rueff.

Antoine Pinay et Jacques Rueff, c'est pour moi l'alliance d'une image de bon sens et du meilleur de la science économique. C'est le triomphe des principes économiques sur les astuces traditionnelles des hommes politiques : on ne cherche pas à redistribuer artificiellement du pouvoir d'achat, on ne cherche pas à partager le travail existant, ni à multiplier les mesures de protection, au contraire.

1958 : une opération menée de main de maître ; pas de consultations superflues : on ne fait pas de tables rondes, on ne consulte pas les syndicats tour à tour ; les positions des syndicats sont connues et d'ailleurs ce n'est que la veille du 27 décembre que la presse pressent qu'un bouleversement est en train de se préparer. Je crois qu'ici la méthode a son importance.

C'est pour moi une politique libérale en ce sens que c'est une politique qui libère les énergies, c'est une politique de vérité économique et c'est en même temps une politique de restauration de l'autorité de l'État, le court-circuit des groupes de pression traditionnels et des partis.

Politique libérale : elle libère les énergies. Le rapport Rueff puis en 1959 le rapport Rueff-Armand, même s'il fut d'application douteuse, montre bien le sens de la manœuvre. Faire sauter toute une série de rigidités qui bloquent la société française comme d'autres rigidités bloquaient la France à la fin de l'Ancien Régime. Donc la vérité économique, selon la pensée même de Jacques Rueff, vérité des prix mais aussi vérité de la monnaie, ce qui est important dans l'opération de dévaluation c'est que c'est une opération de dévaluation et de convertibilité.

C'est en réalité une opération d'ouverture au vent de la concurrence qui fait éclater toutes les rentes de situation, tous les privilèges. C'est cela le plus important : on a mis en place une machine à faire sauter tous les privilèges de la société française et peut-être que le préfet Lefebvre nous rappellera tout à l'heure l'anecdote qu'il m'avait contée sur le général de Gaulle et sa volonté de faire entrer en application contre vents et marées le traité de Rome. C'est cela le miracle de 1958. Il est vrai qu'il se déroule aussi sur un fond culturel qui était celui de la montée du planisme mais il y avait tous les ingrédients politiques et économiques du redressement du pays, du refus de la fatalité... Dans son discours de décembre, le général de Gaulle est bien clair, c'est l'appel à l'effort, au renouveau, en fixant le cap.

Il est ainsi une comparaison que l'on peut faire entre la période de

1958 et celle d'aujourd'hui. Elle me vient de Bertrand de Jouvenel qui disait qu'il y avait dans l'Histoire des périodes de remise en ordre, des désordres que l'on essayait de corriger, et des périodes de remises en cause. Les périodes de remise en ordre exigent des qualités d'écoute, d'arbitre, de patience. Les périodes de remise en cause exigent des qualités d'entraîneur de la part de ceux qui ont la charge de conduire la politique. C'est bien l'épuisement d'un système, celui de la IVe République, et c'est bien une période de profonde remise en cause. Il est évident que la similitude avec la situation d'aujourd'hui s'impose. Le message de 1958 est d'actualité.

C'est un sursaut, qui d'un côté permet de restaurer l'autorité de l'État, de remettre l'État à sa place contre les partis, contre les lobbies, et, d'autre part, une politique libérale, qui ouvre l'économie, qui l'élargit, qui libère les énergies. L'Histoire nous a montré qu'il y avait des occasions privilégiées qu'il fallait savoir saisir. L'Histoire nous a montré aussi qu'il était parfois des occasions ratées.

Présentation des auteurs et de leurs contributions

Alain MADELIN
Député d'Ille-et-Vilaine, maire de Redon, il a été ministre de l'Industrie, des Postes et Télécommunications et du Tourisme de 1986 à 1988, ministre des Entreprises de 1993 à 1995 et ministre de l'Économie et des Finances en 1995. Fondateur du mouvement Idèes Action, président de Démocratie libérale, il est l'auteur de *Libérer l'école*; *Chers compatriotes*; *Quand les autruches relèveront la tête*.

I. L'Ancien Régime : de la société bloquée à la révolution libérale, 1750-1791

Jean MEYER
Professeur émérite de l'Université de Paris IV Sorbonne, spécialiste d'histoire moderne, est l'auteur notamment de : *La Noblesse bretonne au XVIIIe siècle*; *L'Armement nantais dans la deuxième moitié du XVIIIe siècle*; *Le Poids de l'État, du XVIe siècle au XXe siècle*; *L'Europe des Lumières*.

La difficile émergence d'une économie libérale : A la veille de la Révolution française, la société française se trouve dans une situation de blocage qui se manifeste sous de multiples formes : l'impossible remis en cause des privilèges et des avantages acquis, l'impasse financière, l'usure des mécanismes politiques, l'hésitation politique devant les réalités économiques et les réformes nécessaires, etc. La fin de l'Ancien Régime, c'est l'impuissance à se réformer.

Hilton ROOT
Professeur d'histoire et chercheur à la Hoover Foundation de Stanford University, Californie (États-Unis).
Auteur d'ouvrages sur la vie des paysans en Bourgogne au Moyen Age (*Peasants and King in Burgundy : Agrarian Foundations of French Absolutism*) et sur les origines comparées de la croissance en France et en Angleterre.

Marché politique et droits de propriété – les origines institutionnelles du retard français : Une comparaison entre l'histoire économique de l'Angleterre et de la France du début de l'ère moderne permet d'observer comment les différences au niveau des institutions politiques et des marchés ont été à l'origine du développement économique. En comparant plusieurs dispositifs redistributifs dans la France d'Ancien Régime avec ceux de l'Angleterre des George, on distingue les catégories bénéficiaires de celles des classes privilégiées. L'incapacité de la classe moyenne du XVIIIe siècle à racheter les droits aux détenteurs inéfficents s'oppose radicalement aux échanges effectués dans le contexte des arrangements politiques et institutionnels de l'Angleterre à la même époque.

Jacques GARELLO
Professeur à l'université d'Aix-Marseille III, président de l'Association pour la liberté économique et le progrès social.
Ses travaux portent sur les grands courants de la pensée économique à la fin du XVIIIe siècle (Turgot, Quesnay, Gournay, du Pont de Nemours, Destut de Tracy, Jean-Baptiste Say...).

La vitalité de la pensée libérale à la fin de l'Ancien Régime : Deux grands courants ont particulièrement marqué la période précédant la Révolution française : le rationalisme français et le *jus naturalis* anglais. Entre Descartes et Locke, entre positivisme et individualisme, se développe un mouvement de réflexion qui va donner naissance au libéralisme moderne, prônant à la fois le rejet de la société ancienne – mercantiliste et étatiste – et la croyance dans l'ordre spontané, fondé sur la capacité naturelle de l'homme à s'auto-organiser.

Alain LAURENT
Enseignant de philosophie, essayiste et directeur de la collection « Iconoclastes » aux Belles Lettres, en particulier auteur de : *Solidaire si je veux* (Les Belles Lettres, 1991) ; *Histoire de l'individualisme* et *l'individualisme méthodologique* (« Que sais-je ? ») ; *Du bon usage de Descartes* (Maisonneuve, 1996), et le préfacier de *Turgot : laissez faire* (Les Belles Lettres, 1997).

Turgot : le vrai sens du « laissez-faire » : Tout au long du XIXe siècle, les grands penseurs libéraux français (Tocqueville, Bastiat,...) se sont intellectuellement opposés avec vigueur et rigueur à la montée du solidarisme – visage doux du collectivisme – au nom de la responsabilité individuelle et du droit de propriété. Vingt ans avant Adam Smith, Turgot énonce le premier avec concision les principes fondateurs du libéralisme moderne : contre le protectionnisme et le dirigisme, il prône le laissez-faire générateur d'ordre social spontané et voit dans l'intérêt général le résultat du concours des intérêts particuliers du droit naturel des individus.

François CROUZET
Ancien élève de l'École normale supérieure de la rue d'Ulm, professeur d'Université à trente-quatre ans. Professeur émérite de l'université de Paris IV Sorbonne où il a dirigé le Centre de recherches sur la civilisation de

l'Europe moderne (Unité associée au CNRS). Renommé pour ses travaux d'histoire économique qui portent notamment sur la France et l'Angleterre aux XVIIIe et XIXe siècles, il a publié récemment la grande inflation, la monnaie en France de Louis XIV à Napoléon (Fayard). Membre du Conseil franco-britannique, membre correspondant de la British Academy et commandeur de l'ordre de l'Empire britannique, il a été professeur visitant pour enseignement et recherche – à Berkeley, Cambridge, Columbia, Harvard et Oxford.

La logique libérale de la Révolution française : Après une longue tradition historiographique de la Révolution française qui visait surtout à légitimer les a priori idéologiques, l'historiographie récente a ramené l'épisode montagnard à ses justes proportions : un bref intermède de treize mois dans une Révolution dont le principe fondamental, sur le plan économique, est le libéralisme. Libération de la propriété, loi d'Allarde et liberté d'entreprendre, loi Le Chapelier et liberté du travail, liberté de circulation des marchandises, liberté bancaire, la Révolution a été un moment de rupture libérale décisive dans l'histoire économique de la France.

II. Naissance des libertés économiques, 1815-1840

Ralph RAICO
Professeur d'histoire à la State University de Buffalo (New York).
Spécialiste de l'histoire de la pensée libérale en Europe aux XVIIIe et XIXe siècles, il a publié notamment *The Theory of Economic Development and the European Miracle* (New York University Press, 1994).

Le rôle central des libéraux français au XIXe siècle : Jusqu'à une époque récente, notre compréhension du développement historique du libéralisme était biaisée. Trop souvent, il a été conçu comme un phénomène largement anglo-saxon. Les Européens du continent ont régulièrement invoqué cette généalogie supposée comme un argument contre la doctrine libérale. Ainsi, le libéralisme, encore aujourd'hui et surtout en France, serait-il un phénomène étranger à la tradition nationale. Le professeur explique pourquoi cette conception des choses est erronée et nous propose un tour guidé de la pensée des principales personnalités du libéralisme français du siècle dernier.

Henri LEPAGE
Économiste, délégué général de l'Institut Euro 92, professeur associé à l'université de Paris IX Dauphine.
Auteur de nombreux ouvrages ou articles sur les nouveaux courant de la pensée libérale.

Redécouvrir les libéraux de la Restauration, Comte et Dunoyer : Le libéralisme de la Restauration est une école de pensée oubliée. A tort, car c'est un courant d'idées original qui se situe dans une continuité philosophique radicalement différente du libéralisme anglo-saxon ou économique traditionnel. Il renoue avec le droit naturel lockien pour formuler une théorie des droits antérieurs à l'État, concourt à une analyse politique annonciatrice de la théorie moderne du *Public Choice*, et comporte une analyse libérale en termes de classes sociales élaborée bien avant la théorie de Marx. Il s'agit d'une perspective éminemment moderne de la relation entre l'homme, l'État et le système de production capitaliste qui oblige à revoir bien des idées reçues sur le contenu de la pensée libérale française de l'époque.

Jean-Claude PAUL DEJEAN
Professeur agrégé d'histoire.
Consacre ses travaux à la vie et l'œuvre de Frédéric Bastiat.

Les années de formation de Frédéric Bastiat : Cette réflexion sur la genèse des idées de Frédéric Bastiat vise à comprendre comment il a pu concevoir une théorie économique originale. La formation et la généalogie des idées de Bastiat se situent à trois niveaux : sa formation intellectuelle et l'héritage familial, ses expériences personnelles et l'influence qu'ont exercée sur lui des philosophes et des économistes.

Jean-Michel POUGHON
Professeur d'histoire des Institutions à l'Université Robert-Schuman (Strasbourg), il s'attache, depuis sa thèse sur l'histoire doctrinale des échanges, à approfondir les liens entre le droit et l'économie politique.
Cette recherche se poursuit dans différents articles qui concernent *L'Approche économique du Contrat*; *Les Origines juridiques de l'économie politique*; *Le Code civil* (« Que sais-je ? »); ou dernièrement *Molinari, une approche de la démocratie économique*.

Gustave de Molinari : une approche de la démocratie économique : Molinari, économiste belge qui vécut à la charnière des XIXe et XXe siècles, pourrait être qualifié aujourd'hui d'ultra-libéral, voire d'anarcho-capitaliste. Il souhaite substituer à un État qui, selon lui, outrepasse ses compétences, l'initiative créatrice privée, la responsabilité individuelle, et la libre concurrence. Toute société moderne aurait ainsi avantage à fonder Justice, Sécurité, Enseignement sur ces nouvelles valeurs, plutôt que de les confier à un État incapable désormais d'assurer ses fonctions traditionnelles. Son ultra-libéralisme le conduira même à refuser le monopole de l'État sur la monnaie, pour la livrer à la concurrence des monnaies étrangères et à la libre appréciation des citoyens. Excessif peut-être : n'est-ce pas le propre des visionnaires ?

Philippe NATAF
Chargé de cours à l'université de Paris IX Dauphine.
Auteur de *An Inquiry into the Free Banking Movement in Nineteenth Century France, with particular Emphasis on Charles Coquelin's Writings* (San Diego, 1994).

Le secret de la liberté des banques et de la monnaie : La crise des finances publiques et la politique des assignats, la stabilisation monétaire, la création de la Banque de France et de la Cour des Comptes... L'expérience de la pluralité d'instituts d'émission est à reprendre autour de deux questions : le système de la pluralité d'émission produit-il de l'inflation ? Engendre-t-il des crises régulières ?

Guy Millière
Économiste, historien des cultures, il est professeur à l'université de Paris VIII, mais aussi éditeur et écrivain.
Rédacteur en chef de la revue *Liberalia*, il dirige la collection *Liberalia – économie et liberté* (éditions Littré).

Les libéraux français et le colonialisme : Le discours libéral autour de la question coloniale et le lien qui existerait entre socialisme et colonialisme ont été souvent occultés. La colonisation apparaît notamment comme la conséquence directe de politiques interventionnistes, une extension du dirigisme condamnée à échouer comme tout ce qui est issu du dirigisme.

III. La dynamique libérale de l'ère industrielle, 1840-1914

François Caron
Professeur d'histoire économique et d'histoire des techniques à l'université de Paris IV Sorbonne.
Directeur du Centre de recherches en histoire de l'innovation, il a consacré ses recherches à l'histoire des grands systèmes techniques et à leur relation avec le développement économique à la suite de sa thèse portant sur le développement des chemins de fer au XIXe siècle. Il est l'auteur, notamment, de : *Histoire économique de la France, XIXe-XXe siècles* (A. Colin, 1995) ; *Le Résistible Déclin des sociétés industrielles* (Perrin, 1995) ; *Entreprises et entrepreneurs* (PUF).

Le développement économique, entre libéralisme et intervention : l'action économique de l'État au XIXe siècle a été écartelée pendant tout le siècle par des influences contradictoires dont les auteurs eux-mêmes n'avaient pas toujours conscience puisque les deux influences pouvaient s'exercer sur un même acteur : il pouvait être l'héritier de deux traditions. L'une de ces traditions est la conception d'un État qui a en charge l'intérêt et le bien publics ce qui peut théoriquement justifier toute intervention de l'État. A l'inverse, il a existé aussi en France une tradition libérale forte déjà vivante avant 1789, et qui a inspiré bon nombre de penseurs. Mais victimes de leur propre division, les libéraux ont laissé « monter » un État interventionniste de plus en plus régulateur sous le prétexte que le marché aurait besoin d'être perfectionné.

Bertrand Lemennicier
Professeur agrégé des facultés de droit et sciences économiques, professeur à l'université de Paris II Assas.

Auteur de nombreux articles parus dans des revues scientifiques, il enseigne la micro-économie, l'économie de la famille et des phénomènes démographiques, les économies en transition et l'analyse économique du droit. Il a publié : *Le Marché du mariage et de la famille* (PUF) ; *Pourquoi les syndicats ?* en collaboration avec Jacques Garello et Henri Lepage ; *L'Économie du droit* (Cujas).

Propriété industrielle et protection des idées – la bataille du XIXe siècle : La propriété intellectuelle est connue comme un cas difficile pour les libéraux. L'idée est-elle une ressource rare ? Y a-t-il usage conflictuel à son propos ? L'article y répond en affirmant qu'en matière de droit, il n'est nul besoin d'établir des protections légales ou d'attribuer des privilèges. Le droit fondamental que la loi doit faire respecter est plus immatériel : reconnaître aux inventeurs, écrivains, entrepreneurs et aux individus en général le droit d'exclure autrui des fruits de leur travail ou de leur investissement.

Claude HARMEL
Directeur des Études sociales syndicales (1955-1983) et rédacteur d'*Est en Ouest*. Il est président d'honneur de l'Institut supérieur du Travail et fondateur de l'Association pour la liberté économique et le progrès social (ALEPS).
Auteur d'ouvrages : *Lettres à Léon Blum sur le socialisme et la paix* ; *Histoire de l'anarchie* ; *La CGT* (« Que sais-je ? ») ; *Le Congrès de Limoges et les origines de la CGT.*

La pensée libérale et les questions sociales : Les libéraux témoins de la révolution industrielle, loin d'ignorer les problèmes sociaux liés à la condition matérielle et morale des ouvriers, ont cherché et proposé des solutions visant à améliorer le sort des salariés. Ils ont été à l'origine de la création d'une grande partie de nos institutions de protection sociale.

Roland DRAGO
Agrégé des facultés de droit, président de la Société de législation comparée et professeur émérite auprès de l'université de Paris II Assas.
Auteur, entre autres, des *Crises de la notion d'établissement public, Traité de contentieux administratif, Traité du droit de la presse* et *de Science administrative.*

L'apparition de la notion de service public dans la conception libérale du droit au XIXe siècle : le service public industriel et commercial est apparue de façon progressive et incertaine ; c'est la jurisprudence administrative qui finalement l'a fait naître, liée à la notion de concession apparue séparément. Le Conseil d'État, libéral au début du XIXe siècle, a eu un rôle décisif pour lui donner son importance et ses caractères principaux en posant deux conditions : le service public ne peut exister que sur le domaine public et en cas de carence absolue de l'initiative privée.

IV. Crises, expansion, Europe : de la France dirigiste à la France libérale ; de 1919 à nos jours

Christian STOFFAËS
Directeur à Électricité de France, après une carrière au ministère de l'Industrie. Formé à l'École Polytechnique, à l'École des Mines et à Harvard, également professeur associé à l'université de Paris IX Dauphine, ses travaux d'économiste portent sur la politique industrielle et sur les questions de régulation.
Il a notamment publié : *La Grande Menace industrielle* (1978) ; *French Industrial Policy* (Brookings, 1985) ; *Fins de mondes* (Odile Jacob, 1987) ; et a rédigé plusieurs rapports officiels, récemment : *Services publics : question d'avenir* (Odile Jacob, 1993) ; *L'Europe de l'utilité publique* ; *L'Europe – avenir du ferroviaire.*

La régulation de l'industrie électrique : une synthèse des débats dirigisme/libéralisme au XXe siècle : Des ingénieurs entrepreneurs aux grands trusts, du monopole national de service public à la dérégulation européenne : la trajectoire historique de l'industrie électrique depuis son origine en 1880 n'est pas seulement celle d'une révolution industrielle ; elle résume à elle seule les grands débats économiques du XXe siècle. Autour de l'enjeu de la régulation de l'énergie se positionnent les courants idéologiques et les forces sociales : patronat et syndicats, technocratie administrative, indépendance nationale, égalité de traitement et aménagement du territoire, planification et centralisation.

Jean-Charles ASSELAIN
Correspondant de l'Institut et ancien élève de l'École normale supérieure de la rue d'Ulm, agrégé d'histoire et de sciences économiques, professeur de sciences économiques à l'université de Montesquieu Bordeaux IV, ancien directeur du Laboratoire politique de l'École normale supérieure.

Le franc Poincaré : Libéralisme et monnaie. Pour les tenants du franc fort, l'expérience Poincaré est restée le symbole d'un redressement exemplaire, après les désordres financiers de la Première guerre mondiale. Le rétablissement de la confiance, dès la formation du nouveau gouvernement qui succède au Cartel des Gauches met fin à la crise des changes : le franc amorce alors une remontée fulgurante qui se poursuit jusqu'en décembre 1926. Le mérite de Raymond Poincaré fut en réalité de savoir renoncer à une revalorisation plus forte, en fixant une parité réaliste, qui épargnait à l'économie française le handicap d'une monnaie surévaluée.

Nicolas BAVEREZ
Historien et économiste, a publié *L'Invention du chômage* avec Robert Salais et Bénédicte Reynaud ; *L'Impuissance publique* avec Denis Olivennes ; *Raymond Aron, un moraliste au temps des idéologies* (Flammarion, 1993) ; *Les Trente Piteuses* (Flammarion, 1997).

La déflation Laval : il n'est pas une économie de pire danger que l'inflation, à l'exclusion de la déflation, affirmait Jacques Rueff. La déflation organisée par le gouvernement Laval en 1935 le prouve, qui a superposé à la dépression mondiale une crise spécifiquement française, enfermant l'économie dans la récession et le chômage. A l'égal de la politique Hoover aux État-Unis, elle demeure un cas d'école d'échec de politique économique suscitant par contrecoup l'élection du Front populaire et l'avènement des politiques keynésiennes. Une faute identique a été commise dans les années 1990, qui explique que la France s'enfonce dans la croissance molle et le chômage structurel alors que l'ensemble du monde développé – à l'exception de l'Europe continentale – a renoué avec l'expansion et le plein emploi.

Georges LANE
Professeur à l'université de Paris IX Dauphine.
Docteur d'État en sciences économiques, co-responsable de la publication des *Œuvres complètes de Jacques Rueff* (Plon, 1977-1980), administrateur et trésorier de l'Association pour la Liberté économique et le progrès économique (ALEPS).

Jacques Rueff, un libéral perdu parmi les planistes : Alors que l'administration et le monde universitaire français de l'après-guerre paraissent convertis aux idées keynésiennes et planistes, la pensée libérale survit. Jacques Rueff est en accord avec les libéraux en ce qui concerne la nécessité de laisser libre la formation des prix, ou la monnaie qui doit échapper à l'emprise des hommes politiques. Il apparaît en revanche en désaccord sur deux points avec les libéraux pour qui l'ordre de marché et l'ordre social sont spontanés et l'État ne saurait intervenir dans l'économie. On aurait pourtant tort d'en conclure que Jacques Rueff était d'accord avec les planistes. Il n'est ni ambigu, ni paradoxal.

Le Plan de 1958 – Table ronde avec

Alain COTTA
Diplômé de l'École des hautes études commerciales, agrégé des facultés de droit et de sciences économiques. Professeur à l'université de Paris IX Dauphine et directeur du Centre de recherches économiques pures et appliquées. Auteur de nombreux ouvrages, entre autres : *Dépréciation du capital et du sujet économique* ; *Théorie générale du capital, de la croissance et des fluctuations* ; *Dictionnaire de sciences économiques* ; *Le Triomphe des corporations*, etc. et divers articles dans les revues françaises et étrangères.

Antoine DUPONT-FAUVILLE
Diplômé de l'École nationale d'administration, inspecteur général des Finances.

Jeune inspecteur des Finances, il était chargé des affaires financières en 1958 au cabinet du général de Gaulle au moment de l'élaboration du plan de redressement économique et financier. Après vingt années au service de la fonction publique, il a été président de banques.

François LEFEBVRE
Préfet hors cadre, membre de l'Institut des sciences administratives.
Diplômé de l'Institut d'études politiques de Paris, il a été notamment attaché au secrétariat de l'Association technique de l'importation charbonnière, chargé de mission, puis conseiller technique au cabinet de plusieurs ministres de la Ve République, dont Robert Buron, Roger Frey, Alain Peyrefitte.

Paul MENTRÉ
Ancien élève de l'École Polytechnique et diplômé de l'École nationale d'administration, inspecteur général des Finances. Il a été notamment conseiller au cabinet de Valéry Giscard d'Estaing, ministre des Finances, délégué général à l'Énergie et conseiller financier à Washington.
Ancien administrateur du Fonds monétaire international et ancien président du Crédit national, il est secrétaire exécutif du comité pour l'Union monétaire de l'Europe.
Auteur de *Gulliver enchaîné*; *L'Amérique et nous*; *Le Nouveau Marché pétrolier.*

Jean MÉO
Ancien élève de l'École Polytechnique, ingénieur du corps des Mines, il a été chargé de mission pour les affaires économiques au cabinet du général de Gaulle et au secrétariat général de la Présidence de la République au moment du Plan de 1958, puis vice-président d'Elf Aquitaine, président de Havas, président de l'Institut français du pétrole.

Jean-Jacques ROSA
Économiste, professeur des Universités à l'Institut d'Études politiques de Paris, conseiller scientifique auprès de la direction économique du *Figaro* et directeur des pages *Cheminement du futur.*
Auteur notamment de : *Théorie microéconomique* (IEP, 1977); *Principes d'analyse économique* (IEP, 1982); *The World Crisis in Social Security* (Bonnel, 1982); *Le Médicament en économie de marché* (1986); *French Policy and Growth* (1987).

Ont participé aux débats et à l'organisation des séances

Jacob ARFEWEDSON, après des études en sciences sociales, a été l'assistant d'Henri Lepage à l'Institut Euro 92. Actuellement directeur de la recherche à l'Association mondiale des journaux.

Delphine GAYRARD, diplômée d'études approfondies de l'Institut d'études politiques de Paris, titulaire d'une maîtrise de philosophie de l'université de Paris I Sorbonne et chargée de cours à l'université de Paris I Sorbonne. Études notamment sur l'art lyrique et sur l'égoïsme dans l'œuvre de F. Nietzsche. A été conseiller technique d'Alain Madelin au ministère des Entreprises et au ministère de l'Économie et des Finances.

Nathalie MANGIN, docteur de l'université de Paris Sorbonne. Auteur d'une thèse, sous la direction du professeur François Crouzet, sur *La Vie de société dans les villes d'eaux européennes de 1850 à 1914. Cosmopolitisme et nationalisme.*

Philippe MULLER FEUGA, diplômé d'études approfondies de l'Institut d'études politiques de Paris et chargé de cours à l'université de Paris X Nanterre. Secrétaire général de l'Institut d'Histoire de l'Industrie, il participe à de nombreux travaux sur la politique industrielle et énergétique de la France. Auteur d'articles sur l'influence américaine en France (*Missions de productivité*), *La Genèse des décrets portant création de l'Inspection générale de l'industrie et du commerce*. Il anime le séminaire de recherche sur les transferts de technologie dans le secteur de l'électro-nucléaire inscrit dans le DEA de l'université de Paris IV Sorbonne des professeurs François Caron et Georges-Henri Soutou.

Index des principales personnalités citées

C

D

E

F

G

M

N

O-P-Q

R

S

T

V-W-Z

Remerciements

Les organisateurs du Séminaire d'histoire libérale, Christian Stoffaës et Henri Lepage, remercient vivement Nathalie Mangin, Delphine Gayrard, Philippe Muller-Feuga et Jacob Arfewedson de leur contribution à l'organisation matérielle des réunions et à la préparation du présent ouvrage. Ils remercient également l'ensemble des intervenants et des auteurs.

Table

III

La dynamique libérale de l'ère industrielle 1840-1914

IV

Crises, expansion, Europe
De la France dirigiste à la France libérale de 1919 à nos jours

Imprimé en France par la Société Nouvelle FIRMIN-DIDOT
Dépôt légal : novembre 1997
N° d'édition : 12872 – N° d'impression : 40129